Entscheidungen des Reichsarbeitsgerichts

Sammlung der noch wichtigen Entscheidungen zeitlich geordnet

Herausgegeben

von

Ewald Köst
Landesarbeitsgerichtsdirektor
beim Landesarbeitsgericht Hannover

Berlin 1954

Walter de Gruyter & Co.

vormals G. J. Göschen'sche Verlagshandlung / J. Guttentag, Verlagsbuchhandlung / Georg Reimer / Karl J. Trübner / Veit & Comp.

Entscheidungen
des Reichsarbeitsgerichts

Herausgegeben
von
Ewald Köst
Landesarbeitsgerichtsdirektor
beim Landesarbeitsgericht Hannover

Band 4

Berlin 1954

Walter de Gruyter & Co.
vormals G. J. Göschen'sche Verlagshandlung / J. Guttentag, Verlagsbuchhandlung / Georg Reimer / Karl J. Trübner / Veit & Comp.

Archiv Nr. 28 18 54
Satz und Druck: Berliner Buchdruckerei Union GmbH., Berlin SW 29

Inhaltsverzeichnis

Anmerkung: RAG = Entscheidungen des Reichsarbeitsgerichts, Amtliche Sammlung, Verlag Walter de Gruyter & Co.

ARS = Arbeitsrechts-Sammlung, herausgegeben von Dersch u. a. Verlag Bensheimer-Vahlen.

Verzeichnis

der aufgenommenen Entscheidungen aus der alten Sammlung

\+ Entscheidung ist gekürzt

RAG. 20, 55.

Nach welchen Grundsätzen ist der Erwerb des Anspruchs auf die Abschlußgratifikation zu beurteilen?

BGB. § 611 flg., AOG. § 2.

Urteil vom 29. Juni 1938.

I. Arbeitsgericht Oldenburg. — II. Landesarbeitsgericht daselbst.

Der Kläger war seit dem 1. Mai 1934 bei der Beklagten, einer Versicherungsgesellschaft, als Außenbeamter tätig. Am 31. März 1937 ist er auf seinen Wunsch und im Einvernehmen mit der Beklagten aus dem Dienst ausgeschieden. — Die Beklagte gewährte ihren Angestellten seit einer Reihe von Jahren regelmäßig zu Weihnachten eine „Weihnachtsgratifikation" und im Frühjahr, in der Regel im Mai, eine „Abschlußgratifikation". Beide Gratifikationen zusammen pflegten etwa den Betrag eines Monatsgehaltes auszumachen. Auch der Kläger hatte bis einschließlich Weihnachten 1936 die Gratifikationen ausgezahlt erhalten. Die am 12. Mai 1937 gewährte Abschlußgratifikation von 60 v. H. des Monatsgehaltes (25 v. H. bei den erst am 1. Januar 1937 oder später in den Dienst getretenen Angestellten) für das sich mit dem Kalenderjahr deckende Geschäftsjahr 1936 zahlte die Beklagte ihren am 8. Mai 1937 bei ihr im Dienst stehenden Angestellten aus; der vorher aus dem Dienste ausgeschiedene Kläger wurde davon ausgenommen.

Der Kläger erhob Anspruch auf diese Abschlußgratifikation, weil er das ganze Geschäftsjahr 1936 und noch darüber hinaus bei der Beklagten im Dienst gestanden habe, und klagte zunächst auf Zahlung von 140 RM (= 40 v. H. des Monatsgehalts). Die Beklagte bestritt den Anspruch. Sie war der Ansicht, daß der Kläger, weil er zur Zeit der Auszahlung der Abschlußgratifikation nicht mehr in ihren Diensten gestanden habe, keinen Anspruch mehr habe.

Das Arbeitsgericht erkannte nach Klageantrag. Das Landesarbeitsgericht wies den in der Berufungsinstanz auf 210 RM erhöhten Klageanspruch ab.

Die Revision des Klägers hatte keinen Erfolg.

Gründe:

Das Arbeitsgericht hat in Anlehnung an die Entscheidung des Landesarbeitsgerichts Berlin vom 27. August 1928 (JW. 1928 S. 2937 Nr. 3) die Auffassung vertreten, daß die Abschlußgratifikation der Beklagten eine zusätzliche Entlohnung für die Arbeit des Angestellten in dem verflossenen Geschäftsjahre darstelle, daß der Anspruch auf diese Gratifikation daher mit dem Ende des Geschäftsjahres für alle zu dieser Zeit im Dienst der Beklagten stehenden Angestellten erwachse und durch ein Ausscheiden aus dem Dienst nach diesem Zeitpunkt nicht verloren gehe. Der Zeitpunkt der Auszahlung der Abschlußgratifikation, der regelmäßig nach Beendigung der Abschlußarbeiten im Mai des folgenden Jahres liege, betreffe nur die Fälligkeit des Anspruchs, berühre aber dessen Erwerb nicht. — Demgegenüber stellt das Landesarbeitsgericht die Entscheidung darauf ab, ob das Arbeitsverhältnis im Zeitpunkt der Auszahlung der Abschlußgratifikation noch fortbestehe, und verneint den Anspruch im Falle der Auflösung des Arbeitsverhältnisses vor diesem Zeitpunkt.

Der Standpunkt des Landesarbeitsgerichts trifft uneingeschränkt auf die Weihnachts- und Neujahrsgratifikation zu. Bei dieser hat sich, der tatsächlichen Übung entsprechend, eine feste Rechtsprechung dahin herausgebildet, daß sie zu gewähren ist, wenn das Dienstverhältnis zur Zeit der Auszahlung dieser Gratifikation noch besteht, daß aber eine auch nur anteilmäßige, nach der Länge der Dienstzeit im laufenden Jahre zu bestimmende Beteiligung des Beschäftigten an dieser Gratifikation entfällt, wenn das Dienstverhältnis vor diesem Zeitpunkt endet, daß es andererseits unschädlich ist, wenn es alsbald nach diesem Zeitpunkt erlischt, bei der Weihnachtsgratifikation etwa zu Neujahr (RAG. Bd. 5 S. 22, Bd. 6 S. 93; Arbeitsrechtskartei 502 vom 8. Dezember 1934 „Gratifikationen" I Abt. IV). Die für die Weihnachtsgratifikation entwickelten Rechtsgrundsätze entsprechen ihrem Wesen, denn sie stellt sich als ein zusätzliches Entgelt und eine Anerkennung für geleistete Dienste, aber zugleich auch noch als eine Gabe aus Anlaß des Festes und eine Beihilfe für den Gefolgsmann wegen vermehrter Ausgaben gelegentlich des Festes dar. Die für sie geltenden Rechtsgrundsätze sind aber für die anders geartete Abschlußgratifikation nicht ohne weiteres verwendbar.

Die Rechtsprechung ist hier bisher noch zu keiner einheitlichen Beurteilung gelangt, obwohl die Frage des Rechts des Beschäftigten auf diese Gratifikation vielfach die Gerichte, so besonders früher auch schon die Kaufmanns- und Gewerbegerichte, beschäftigt hat (vgl. Jahrbuch des Kaufmannsgerichts Berlin Bd. II S. 138). Auf der einen Seite wird die, offensichtlich auch vom Arbeitsgericht geteilte, Auffassung, vertreten, die Abschlußgratifikation stelle in erster Linie eine zusätzliche Vergütung für die im vergangenen Geschäftsjahr geleisteten Dienste, für die Miterarbeitung des Ergebnisses des Geschäftsjahres dar, der Anspruch auf sie erwachse daher mit dem Ende des Geschäftsjahres und sei nur davon abhängig, daß das Arbeitsverhältnis bis zu diesem Zeitpunkt fortdaure, ein Ausscheiden aus dem Dienst nach diesem Zeitpunkt beeinträchtige den Anspruch nicht mehr. Von anderer Seite wird betont, die Abschlußgratifikation sei eine besondere Vergütung, die an den Geschäftsabschluß selbst geknüpft sei, sie stelle eine besondere Belohnung an die Beschäftigten für das Ausharren im Dienst des Unternehmens dar, eine Art Treuprämie, die nicht an Leistungszeiten und Leistungsergebnisse gebunden sei, die vielmehr, auch in ihrer Entstehung, an die Zeitpunkte geknüpft sei, zu denen sie nach dem Willen des Gefolgschaftsführers oder kraft ausdrücklicher oder stillschweigender Vereinbarung zwischen dem Gefolgschaftsführer und der Gefolgschaft gewährt werde. Zwischen beiden Anschauungen liegen noch weitere Spielarten der rechtlichen Beurteilung dieser Gratifikation.

Die verschiedene rechtliche Beurteilung der Abschlußgratifikation hat ihren Grund in der Vielgestaltigkeit ihres Charakters, der Mannigfaltigkeit ihrer praktischen Handhabung und der Verschiedenartigkeit ihres wirtschaftlichen Zwecks. Es läßt sich daher auch ein allgemein gültiger Grundsatz für die rechtliche Beurteilung des Anspruchs auf diese Gratifikation nicht aufstellen. Die Beurteilung ist vielmehr auf den einzelnen Fall abzustellen und es ist, sofern nicht eine besondere Regelung etwa in der Tarifordnung erfolgt ist, nach der tatsächlichen, vereinbarungsgemäßen oder stillschweigenden, Handhabung der Gratifikation, nach der Übung, die sich in dem Unternehmen herausgebildet hat, zu fragen. Hiermit ist bereits auch zu den Ausführungen der Revision Stellung genommen, die, wie das Arbeitsgericht, nach dem Gesagten zu Unrecht die Entscheidung über die Begründetheit des Anspruchs auf die Abschlußgratifikation allgemein darauf abstellen will, ob der Gefolgsmann noch am Ende des Geschäftsjahres im Dienst des Unternehmens gestanden hat, und bejahendenfalls ihm den Anspruch zuerkennen will, auch wenn er nach diesem Zeitpunkt, vor Auszahlung der Gratifikation, aus dem Dienst ausgeschieden ist.

Im vorliegenden Falle läßt nun der Umstand, daß, wie schon in früheren Jahren, so auch nach dem Rundschreiben der Beklagten vom 4. Mai 1937 an ihre Gefolgsleute, nicht nur die bereits im vorhergehenden Jahre im Dienst befindlichen, sondern auch die später eingetretenen Gefolgschaftsmitglieder an der Abschlußgratifikation, wenn letztere auch in geringerer Höhe, teilgehabt haben, den Schluß zu, daß in dem Unternehmen der Beklagten die Übung galt, an der Abschlußgratifikation gerade die zur Zeit der Auszahlung im Dienste stehenden Gefolgsleute teilnehmen zu lassen, nicht dagegen die inzwischen ausgeschiedenen Gefolgschaftsmitglieder, auch wenn sie etwa das ganze vorhergehende Jahr im Dienst der Beklagten gestanden haben sollten. Nach dieser praktischen Handhabung hatte der Umstand, daß der Gefolgsmann noch am Jahresschluß im Dienst des Unternehmens gestanden hat, wie erkennbar, für die Austeilung der Gratifikation keine Bedeutung.

Nach feststehender Rechtsprechung, von der abzugehen kein Anlaß besteht, kann die regelmäßige, wenn auch zunächst freiwillige Gewährung einer Gratifikation an die Gefolgschaft zur Begründung eines Rechtsanspruchs auf sie führen (RAG. Bd. 4 S. 67/68, Bd. 7 S. 135/138, Bd. 15 S. 38/39, Bd. 18 S. 158). Dieser Anspruch wird dann naturgemäß nur in einer Gestalt erworben, die der bisherigen Handhabung der Gewährung der Gratifikation entspricht. Daraus ergibt sich für den vorliegenden Fall, daß der Kläger einen Anspruch auf die Abschlußgratifikation nur gehabt hätte, wenn er zur Zeit ihrer Auszahlung noch im Dienst der Beklagten gestanden hätte. Wegen seines Ausscheidens aus dem Betrieb der Beklagten vor diesem Zeitpunkt ist ihm der Anspruch auf die Gratifikation nicht erwachsen.

Somit ist dem Landesarbeitsgericht in der Verneinung des Klageanspruchs zuzustimmen.

RAG. 20, 65.

1. Unter welchen Umständen liegt in dem Antwortschreiben eines Hotelbesitzers auf die Bewerbung einer Angestellten um Einstellung, in welchem er die näheren Bedingungen mitteilt, bereits der Antrag zum Vertragsabschluß?

2. Muß er bei zweideutiger Abfassung des Antwortschreibens dem Bewerber den durch ein Mißverständnis entstehenden Schaden ersetzen?

BGB. §§ 145, 155, 276.

Urteil vom 13. Juli 1938.

I. Arbeitsgericht Neustadt (Schwarzwald). — II. Landesarbeitsgericht Freiburg (Breisgau)

Die Klägerin bewarb sich im März 1937 um eine Stelle beim Beklagten. Am 12. März wurde sie aufgefordert, ihr Bild einzuschicken.

Dies tat sie mit Schreiben vom 15. März. Darauf erhielt sie am 18. März 1937 vom Beklagten folgende Antwort:

„Antwortlich Ihres Schreibens vom 15. ds. Mts. wären wir gewillt, Ihnen den Posten als Zimmermädchen für die kommende Saison zu übertragen.

Sie hätten eine Etage mit 30 Betten allein zu versorgen. . . .

Die Bezahlung ist durch Tarif geregelt und kommen wie allgemein üblich die Prozente Anfang jeden Monats zur Verteilung. . . .

Der Eintritt wäre am 1. Juni, vielleicht auch schon kurz vor Pfingsten. Dies wäre noch zu vereinbaren. Im Interesse anderer Bewerberinnen wollen Sie mir möglichst bald Bescheid zukommen lassen."

Die Klägerin teilte mit, sie sei bereit, ihren Dienst am 1. Juni 1937, erforderlichenfalls schon vor Pfingsten, anzutreten. Am 21. April 1937 erwiderte der Beklagte, er könne besonderer Umstände wegen der Klägerin den Posten nicht übertragen.

Mit der Klage verlangte die Klägerin Zahlung von 105 RM als Schadensersatz in Höhe des Monatseinkommens eines Zimmermädchens.

Beide Vorinstanzen wiesen die Klage ab. Die Revision der Klägerin führte zur Aufhebung und Zurückverweisung.

Gründe:

. . . Zu der Frage, ob ein Vertragsangebot des Beklagten vorliegt, führt der Berufungsrichter aus:

Das Schreiben des Beklagten vom 18. März 1937 habe nur bezweckt, die Klägerin zur Ergänzung ihrer Bewerbung in dem noch offenen Punkte des möglichen Zeitpunktes des Dienstantritts zu veranlassen; es enthalte danach noch nicht eine eingeschränkte Annahme der Bewerbung der Klägerin, d. h. nach § 150 Abs. 2 BGB. deren Ablehnung verbunden mit einem neuen Antrage, sondern lediglich eine Rückfrage rein tatsächlicher Art, ohne daß sich der Beklagte dadurch habe rechtlich festlegen wollen. Dies sei auch durch die „offenbar bewußt gewählte" bedingte Ausdrucksweise des Schreibens: „Wir wären gewillt, Ihnen den Posten zu übertragen", „Sie hätten zu versorgen", „der Eintritt wäre am 1. Juni", „dies wäre noch zu vereinbaren" angedeutet. Insbesondere die erste Wendung weise darauf hin, daß die Entscheidung über das Zustandekommen einer Anstellung nicht von der Klägerin, sondern von einer ausdrücklichen (weiteren) Entschließung des Beklagten habe abhängen sollen.

Zuzugeben sei, daß die Abgrenzung des vorliegenden Falls gegenüber dem § 150 Abs. 2 BGB. etwas flüssig sei; aber der Beklagte habe voraussetzen dürfen, daß bei sorgfältigem Lesen der dargelegte Sinn seines Schreibens auch für die Klägerin erkennbar sei. Es könne ihm nicht vorgeworfen werden, er habe durch eine schuldhaft unklare Ausdrucksweise ein Mißverständnis und damit den Schaden der Klägerin verursacht, zumal er sich bei seinem Verfahren auf eine im Hotelfach weitverbreitete Übung berufen könne und habe annehmen können, daß diese auch im Kreise der Beschäftigten bekannt sei.

Mit Recht wendet sich die Revision gegen diese Ausführungen. Sie enthalten zwar im wesentlichen eine tatsächliche Würdigung dessen, was der Beklagte in seinem Schreiben erklären wollte und erklärt hat. Diese Würdigung beruht aber auf einer unzutreffenden rechtlichen Grundlage. Der Vorderrichter verwertet zu Unrecht für seine Ansicht das vom Arbeitsgericht eingeholte Sachverständigengutachten. Nach diesem Gutachten pflegt der Hotelinhaber jedem der Bewerber, die ihm für die engere Wahl geeignet erscheinen, mitzuteilen, er sei eventuell bereit, ihn einzustellen, und um Angabe etwa noch fehlender Einzelheiten und gleichzeitig um Mitteilung zu bitten, ob er unter den maßgebenden Anstellungsbedingungen zum Eintritt bereit sei und wann er gegebenenfalls eintreten könne; die Antwort des Bewerbers sei dadurch Vertragsangebot, nicht schon die Rückfrage des Hotelinhabers, der nur seine grundsätzliche Einstellung erkläre mit dem stillen Vorbehalt, daß er von den eingehenden Angeboten von demjenigen Gebrauch machen werde, das am geeignetsten erscheine.

Wenn der Beklagte so verfahren wäre, wäre die Sache allerdings klar gewesen. Sein Schreiben vom 18. März 1937 an die Klägerin ist aber nicht so vorsichtig abgefaßt, wie es der Sachverständige als die Regel aufstellt und wie es bei der vom Vorderrichter selbst hervorgehobenen Flüssigkeit der Abgrenzung erforderlich war. Das verkennt der Berufungsrichter. Bei der durch § 157 BGB. gebotenen Auslegung nach Treu und Glauben mit Rücksicht auf die Verkehrssitte kann das Schreiben nicht eindeutig im Sinne des Beklagten ausgelegt werden. Der Hinweis, daß die genaue Zeit des Eintritts (1. Juni oder kurz vor Pfingsten) noch zu vereinbaren sei, und die Bitte um baldigen Bescheid im Interesse anderer Bewerberinnen spricht mehr für ein festes Angebot als für das Gegenteil. Das Schreiben war jedenfalls mißverständlich und die Klägerin hat es in der Tat mißverstanden und als endgültiges Angebot der Stellung aufgefaßt.

Ein Vertrag zwischen den Parteien ist allerdings auch hiernach nicht zustande gekommen (§ 155 BGB.). Die Klägerin kann aber von dem Beklagten Ersatz des ihr entstandenen Schadens verlangen, wenn ihn ein Verschulden bei den Vertragsverhandlungen trifft (RGZ. Bd. 104 S. 267). Nicht richtig ist es, wenn der Berufungsrichter ein Verschulden des Beklagten bei der Abfassung des Schreibens verneint. Bei Anwendung der im Verkehr erforderlichen Sorgfalt hätte ihm die Mehrdeutigkeit seines Schreibens nicht entgehen können. Schuldhaft handelte der Beklagte aber vor allem dadurch, daß er die durch sein Schreiben irregeführte Klägerin nach Empfang ihres das vermeintliche Angebot annehmenden Schreibens nicht sofort darauf aufmerksam machte, daß der Vertrag noch nicht zustande gekommen sei, sie vielmehr bis zum 21. April 1937 über seinen Standpunkt im Unklaren ließ. Sein Verhalten machte ihn der Klägerin verantwortlich, er ist deshalb verpflichtet, ihr den Schaden zu ersetzen, der ihr durch sein Verhalten entstanden ist.

RAG. 20, 88.+

1. . . .

2. Kann im Arbeitsgerichtsverfahren Ersatz der Kosten für einen Prozeßbevollmächtigten aus dem Grunde des Schuldnerverzugs verlangt werden?

Urteil vom 27. Juli 1938.

I. Arbeitsgericht Rostock. — II. Landesarbeitsgericht Güstrow.

. . .

Gründe:

. . .

Der Schadensersatzanspruch stützt sich darauf, daß der Kläger zur Wahrung der Ausschlußfrist nach § 358 Abs. 3 RVO. zur Klagestellung und Beiziehung eines Anwalts gezwungen gewesen sei, weil die Beklagte nach dem Beschluß des Oberversicherungsamts vom 25. Mai 1937 in Schuldnerverzug gekommen sei. Insoweit kann auf das Urteil des Reichsarbeitsgerichts vom 21. Juni 1930 (RAG. Bd. 6 S. 97 = JW. 1930 S. 3369 Nr. 1 und ArbRspr. 1930 S. 346 Nr. 290) Bezug genommen werden. § 61 ArbGG. schließt die Kostenerstattung für die Zuziehung eines Prozeßbevollmächtigten im Rechtsstreit vor dem Arbeitsgericht aus. Dagegen kann nicht aus § 286 BGB. geltend gemacht werden, daß die Kosten durch Schuldnerverzug notwendig gewesen seien. Tatsächlich hat das Arbeitsgericht, dem sich das Berufungsgericht angeschlossen hat, festgestellt, daß die Verzögerung der Gehaltsnachzahlung weder böswillig noch sittenwidrig war, weil die Beklagte nach der ihr im Juni zugegangenen Kenntnis von der Entscheidung des Oberversicherungsamts sich im Juli beim Versicherungsamt erkundigt habe, welche Ansprüche der Kläger daraufhin erheben könne, und alsbald nach erhaltener Auskunft dem Kläger Abrechnung erteilt habe. Es kann deshalb auch hier dahingestellt bleiben, ob in dem Falle bewußt böswilliger Anspruchs- oder Prozeßverschleppung nach § 826 BGB. ein Erstattungsanspruch entstehen könnte. Weiter kann die Frage offenbleiben, inwieweit für eine nur vorprozeßliche Rechtsberatung aus dem Gesichtspunkt des Schuldnerverzugs etwa Ersatz zu verlangen wäre. Hier handelt es sich um Rechtsberatung im unmittelbaren Zusammenhang mit dem Rechtsstreit, in dem der Anwalt dann auch für den Kläger auftrat. Unter den gegebenen Umständen ist der Schadensersatzanspruch demnach ohne Rechtsirrtum abgewiesen worden. Insoweit war die Revision als unbegründet zurückzuweisen.

RAG. 20, 99.+

Kann durch Tarifordnung bestimmt werden, daß ein Gefolgschaftsmitglied, das noch nicht 6 Monate im laufenden Jahr der Betriebszugehörigkeit beschäftigt war, aber den Urlaub dieses Jahres schon gehabt hat, die Urlaubsvergütung im Falle seines Ausscheidens aus dem Betriebe zurückzahlen muß?

Tarifordnung für die Eisen-, Metall- und Elektroidustrie des Wirtschaftsgebietes Westfalen vom 28. Mai 1937 (RArbBl. VI S. 589) Nr. V, 3.

Urteil vom 31. August 1938.

I. Arbeitsgericht Oberhausen. — II. Landesarbeitsgericht Duisburg.

Der Kläger war vom 5. August 1935 bis 20. September 1937 bei der Beklagten in Arbeit und schied dann auf eigene Kündigung aus. Er hatte Ende August bis Anfang September 1936 und vom 31. August bis 6. September 1937 Urlaub gehabt. Bei der letzten Lohnzahlung zog ihm die Beklagte die zweite Urlaubsvergütung mit 38,40 RM von seinem Restlohn ab, nämlich 6,80 RM für den 31. August und den Rest für 1. bis 6. September 1937.

Der Kläger hat auf den Betrag Klage erhoben, da der Abzug, wenn überhaupt, höchstens im Rahmen des § 850 b ZPO. mit 2,25 RM hätte erfolgen dürfen.

Die Beklagte wurde in zwei Rechtszügen zu dem ganzen Klagebetrag verurteilt. Ihre Revision blieb ohne Erfolg aus folgenden

Gründen:

Beim Eintritt des Klägers bei der Beklagten galt für ihn der Rahmentarifvertrag über die Arbeitsverhältnisse der Arbeiter in der Rheinisch-Westfälischen Eisen- und Stahlindustrie vom 26. Mai 1930 als Tarifordnung. Nr. VIII C 1 b dieses Tarifs gewährte im zweiten Jahre der Werksangehörigkeit 3, im 3. Jahre 4 Arbeitstage als Urlaub.

Am 1. April 1936 trat die Tarifordnung zur Regelung des Urlaubs der gewerblichen Gefolgschaftsmitglieder in der Metallindustrie des Wirtschaftsgebietes Westfalen vom 23. Juni 1936 (RArbBl. VI S. 624) in Kraft. Sie gewährte dem Gefolgschaftsmitglied im zweiten bis fünften Jahr der Betriebszugehörigkeit 6 Werktage Urlaub.

Mit Wirkung vom 1. April 1937 galt die Tarifordnung zur Regelung des Urlaubsverhältnisses der gewerblichen Arbeiter einschließlich der Nichtmetallarbeiter in allen Betrieben der Eisen-, Metall- und Elektroindustrie vom 5. April 1937 (RArbBl. VI S. 362) Nr. II a mit der Bestimmung:

1. Der Urlaub für die Gefolgschaftsmitglieder über achtzehn Jahre beträgt im ersten bis fünften Jahr der Betriebszugehörigkeit sechs Arbeitstage.
2. Der Urlaub wird erstmalig nach sechsmonatiger Dauer der Betriebzugehörigkeit erworben.
3. Der Urlaubsanspruch entfällt, falls das Gefolgschaftsmitglied im zweiten oder in den folgenden Jahren aus der Betriebszugehörigkeit ausscheidet und noch nicht vier Monate im laufenden Jahr der Betriebszugehörigkeit beschäftigt war. War dem Gefolgschaftsmitglied bereits Urlaub gewährt, so kann die Urlaubsvergütung nicht zurückgefordert werden.

Nr. 3 wurde mit Wirkung vom 1. April 1937 durch die Tarifordnung vom 5. Mai 1937 RArbBl. VI S. 430 dahin geändert, daß der Urlaub bei Ausscheiden des Gefolgschaftsmitgliedes entfalle, wenn es noch nicht sechs Monate im laufenden Jahr der Betriebszugehörigkeit beschäftigt gewesen sei.

Schließlich verfügte die Tarifordnung für die Eisen-, Metall- und Elektroindustrie des Wirtschaftsgebietes Westfalen vom 28. Mai 1937 mit Wirkung vom 25. Juni 1937 in Nr. V:

1. Der Urlaub für Gefolgschaftsmitglieder über achtzehn Jahre beträgt im 1. bis 5. Jahr der Betriebszugehörigkeit sechs Arbeitstage . . .
2. Der Urlaubsanspruch wird erstmalig nach sechsmonatiger Dauer der Betriebszugehörigkeit erworben.

3. Der Urlaubsanspruch entfällt, falls das Gefolgschaftsmitglied im zweiten oder in den folgenden Jahren der Betriebszugehörigkeit ausscheidet und noch nicht sechs Monate im laufenden Jahr der Betriebszugehörigkeit beschäftigt war. Ferner entfällt der Urlaubsanspruch . . .

War dem Gefolgschaftsmitglied bereits Urlaub gewährt, so kann die Urlaubsvergütung nicht zurückgefordert werden, es sei denn, daß das Gefolgschaftsmitglied noch nicht sechs Monate im laufenden Jahr der Betriebszugehörigkeit beschäftigt war.

Dem Berufungsgericht ist darin beizupflichten, daß der Urlaubsanspruch des Klägers im Jahre 1937 nicht aus den früheren Tarifbestimmungen hergeleitet werden kann. Der Wechsel in der Urlaubsregelung konnte allerdings zur Folge haben, daß ein nach früherem Tarifrecht erworbener Urlaubsanspruch nach der neuen Tarifordnung durch die Bedingung der sechsmonatigen Beschäftigung im Betrieb im laufenden Jahr vernichtet wurde. Dadurch kann aber die Maßgeblichkeit der jeweiligen Tarifordnung nicht berührt werden. Es kann deshalb dahingestellt bleiben, ob nach der alten Tarifordnung das erste Beschäftigungsjahr als Wartejahr oder als Sperrjahr anzusehen war und ob der im Jahr 1936 gewährte Urlaub demnach Urlaub für das Jahr 1935 oder für 1936 war. Nr. V 3 der TO. vom 28. Mai 1937 setzt nicht voraus, daß der erste Urlaubsanspruch nach Nr. V 2 schon nach sechsmonatiger Dauer der Betriebszugehörigkeit erworben worden ist, sondern gilt uneingeschränkt für alle Gefolgschaftsmitglieder ohne Rücksicht auf das bei ihrem Dienstantritt maßgeblich gewesene Tarifrecht.

Diesen Standpunkt hat das Reichsarbeitsgericht auch schon in RAG. 279/37, Urteil vom 29. Juni 1938 (RAG. Bd. 20 S. 44) zu derselben Tarifordnung eingenommen. Dort war die Sachlage aber insofern anders, als der Arbeitnehmer nach Inkrafttreten der Tarifordnung vom 5. April 1937 in dem Betrieb der Beklagten kein neues Urlaubsjahr, das mit dem Beschäftigungsjahr zusammenfällt, mehr begonnen hat. Hier begann das neue Urlaubsjahr des Klägers nach Einführung der neuen Tarifordnung am 5. August 1937. Der Urlaub vom 31. August bis 6. September 1937 war Urlaub für dieses Beschäftigungs- und Urlaubsjahr.

Der Urlaubsanspruch ist aus seinem Erholungszweck einheitlich auf Freitzeitgewährung und Lohnvergütung während der Freizeit gerichtet. Freizeitgewährung ohne Lohnvergütung ist begrifflich kein Urlaub, zweckdienliche Freizeitgestaltung ohne Verfügungsfreiheit über die

Urlaubsvergütung in aller Regel unmöglich. Nun besteht allerdings heute noch gesetzlich außerhalb der Tarifordnung oder des Einzelvertrags kein Urlaubsanspruch. Allein die hier maßgebliche Tarifordnung gibt das Recht auf Urlaub unverkennbar in dem Sinne der Freizeitgewährung mit Lohnvergütung. Dann ist es aber schlechterdings unmöglich, den verbrauchten „Urlaub" zurückzufordern. Kein Gefolgschaftsmitglied weiß, ob es die Beschäftigungszeit von sechs Monaten erfüllen wird, wenn es den Urlaub aus Betriebsgründen vorwegnehmen muß. Die Rückforderungsklausel würde daher praktisch für die ganze Gefolgschaft, soweit sie die sechsmonatige Wartezeit nicht vor Urlaubsbeginn erfüllen konnte, den Urlaubsanspruch wieder vernichten und an seine Stelle eine unbezahlte Freizeit und einen Lohnzuschlag nach Ablauf der jährlichen Bewährungsfrist setzen. Eine solche Zerreißung des Urlaubs in zwei selbständige Ansprüche mochte der früheren Rechtsauffassung des Urlaubsanspruchs als eines Teils des Arbeitsentgelts entsprechen. Die heute zum Durchbruch gekommene Erkenntnis des Urlaubs als einer für die Erhaltung der Arbeitskraft des schaffenden Menschen im Interesse des Volksganzen nicht minder als im Interesse des einzelnen selbst unentbehrlichen Einrichtung (RAG. Bd. 19 S. 299) verträgt die Zerlegung des Urlaubsanspruchs nicht mehr. Gewährt die Tarifordnung demnach einmal Urlaub, so ist mit der Freizeit auch die Urlaubsvergütung endgültig verbraucht, die Durchführung der Rückforderungsbestimmung der Tarifordnung also tatsächlich und rechtlich unmöglich.

Diesen Erwägungen steht es nicht entgegen, daß nach der Rechtsprechung des Reichsarbeitsgerichts unter Umständen die Urlaubsvergütung noch verlangt werden kann, wenn die Freizeitgewährung wegen Beendigung des Arbeitsverhältnisses nicht mehr möglich ist. Auch in diesen Fällen hat das Reichsarbeitsgericht betont, daß die Auszahlung der Urlaubsvergütung der nachträglichen Erfüllung des Urlaubszwecks zu dienen hat. Die unlösliche Verbundenheit der Freizeitgewährung mit der Urlaubsvergütung schließt auch nicht aus, daß besondere Gründe der Arglist oder eines sonstigen sittenwidrigen Verhaltens des austretenden Gefolgschaftsmitglieds die Rückforderung der Urlaubsvergütung rechtfertigen können, wobei es dahingestellt bleiben kann, ob die Wirkung eines solchen Verhaltens darin zu erblicken wäre, daß dadurch der Urlaubsanspruch im ganzen rückwirkend aufgehoben und der verbrauchte Urlaub in unbezahlte Freizeit verwandelt würde, oder darin, daß dadurch eine Schadenersatzforderung für den gewährten Urlaub entstünde. Das Gefolgschaftsmitglied muß aber, soll der Urlaub überhaupt als solcher verbraucht werden, damit rechnen können, daß er ihm in seinem ganzen Inhalt nicht ohne sein Verschulden nachträglich wieder entzogen werden kann. Das hat offenbar auch dazu geführt, daß der Entwurf eines Gesetzes über das Arbeitsverhältnis des Arbeitsrechtsausschusses der Akademie für Deutsches Recht — Arbeitsberichte der Akademie Nr. 8 — in § 77 ausdrücklich bestimmt, daß ein Urlaubsanspruch im allgemeinen nicht entstehen soll, wenn das Arbeitsverhältnis vor dem 1. Mai endet, daß aber der für die Urlaubszeit gezahlte Lohn trotzdem nicht zurückgefordert werden kann, wenn der Urlaub da schon gewährt ist.

. . .

Schuldhaftes Verhalten mit der Folge der Ersatzpflicht der Urlaubsentschädigung kann aber nicht schon allein darin gesehen werden, daß das Gefolgschaftsmitglied seinerseits nach dem Urlaub kündigt. Sonst würde sich das Recht auf Rückforderung der Urlaubsvergütung als eine wieder unzulässige Beschränkung des freien Kündigungsrechts auswirken. Es müssen besondere Umstände hinzukommen, die die Kündigung nach dem Urlaub als arglistig oder sittenwidrig kennzeichnen. Solche Umstände hat die Beklagte nicht geltend gemacht.

Die Klage auf Zahlung des ganzen Restlohns ist demnach gerechtfertigt, ohne daß erst noch die Unzulässigkeit der Einhaltung aus § 394 BGB., § 850b ZPO. zu untersuchen wäre.

RAG. 20, 119.

1. Bedarf es vor Erhebung der Klage der Anrufung des Innungsausschusses für Lehrlingsstreitigkeiten gemäß § 44 Abs. 2 der Ersten Verordnung über den vorläufigen Aufbau des deutschen Handwerks vom 15. Juni 1934 (RGBl. I S. 493), wenn das Lehrlingsverhältnis aufgelöst ist? Wie beurteilt sich die Rechtslage in dieser Hinsicht, wenn die Auflösung des Lehrlingsverhältnisses erst während des Rechtsstreits erfolgt ist?

2. Wird der an sich noch länger dauernde Lehrvertrag durch die mit Zustimmung des Lehrherrn erfolgte vorzeitige Ablegung der Gesellenprüfung durch den Lehrling und die Aushändigung des Gesellenprüfungszeugnisses an ihn von selbst beendet? Ist der Lehrling, dem nach vorzeitiger Ablegung der Gesellenprüfung das Gesellenprüfungszeugnis ausgehändigt worden ist, als Geselle im Sinne tariflicher Bestimmungen anzusehen?

RGewO. § 130a.

Urteil vom 7. September 1938.

I. Arbeitsgericht Kaufbeuren. — II. Landesarbeitsgericht Augsburg.

Der Beklagte war auf Grund eines schriftlich geschlossenen Lehrvertrags seit dem 4. Juni 1934 bei dem Kläger, einem selbständigen Schreinermeister, als Lehrling beschäftigt. Die Lehrzeit betrug vertragsgemäß 4 Jahre; es wurde darauf aber die von dem Beklagten vorher bei einem anderen Meister abgeleistete Lehrzeit von sechs Monaten angerechnet, so daß die Lehrzeit beim Kläger am 3. Dezember 1937 enden sollte. Im März 1937 wurde der Beklagte vorzeitig auf Grund eines Zeugnisses, das ihm der Kläger am 2. März 1937 ausgestellt hatte, zur Gesellenprüfung zugelassen. Er bestand sie mit gutem Erfolge und erhielt in der Folge das Gesellenprüfungszeugnis ausgehändigt. Daraufhin forderte er von dem Kläger eine Lohnerhöhung und verließ, als ihm diese unter Hinweis auf den Fortbestand des Lehrvertrages versagt wurde, am 6. April 1937 die Lehrstelle.

Der Kläger wandte sich am 29. April 1937 an den für den Bezirk bestellten Vorsitzenden des Innungsausschusses für Lehrlingsstreitigkeiten. Dieser, ein Richter, war abwesend und es fand alsdann unter dem Vorsitz seines amtlichen Stellvertreters im Beisein des Kreishandwerksmeisters eine Schlichtungsverhandlung statt, die ergebnislos blieb. Am 20. Mai 1937 erhob der Kläger die vorliegende Klage, mit der er im ersten Rechtszuge die Verurteilung des Beklagten zur restlosen Erfüllung des Lehrvertrags sowie zur Nachholung der durch die eigenmächtige Entfernung versäumten Zeit und für den Weigerungsfall zur Schadenersatzleistung nach § 127 g RGewO. begehrte. Der Beklagte beantragte Klageabweisung, indem er vortrug, daß er mit der Aushändigung des Lehrzeugnisses seiner Verpflichtung aus dem Lehrvertrag entbunden worden sei und als Geselle — der er durch die Aushändigung des Gesellenprüfungszeugnisses geworden sei — Entlohnung nach dem Tarifvertrage habe begehren können. Das Arbeitsgericht hat die Klage abgewiesen. Im zweiten Rechtszuge hat der Kläger Schadenersatz gemäß § 127 g RGewO. in Höhe von 436,80 RM verlangt und dazu geltend gemacht, er sei zur Lösung des Lehrvertrages berechtigt gewesen, weil der Beklagte seine Lehrstelle unbefugt verlassen habe. In der Schlußverhandlung vor dem Landesarbeitsgericht lag eine zwischen den Parteien unter dem 11. November 1937 ergangene Entscheidung des Ausschusses für Lehrlingsstreitigkeiten für die Schreinerinnung M.-O. vor, der zufolge der Beklagte angewiesen wurde, die durch sein vorzeitiges Ausscheiden aus dem Lehrverhältnis versäumte Lehrzeit nachzuholen und zu diesem Zweck spätestens innerhalb eines Monats ab Zustellung des Beschlusses in das Lehrverhältnis wieder einzutreten, für den Fall der Nichtfortsetzung des Lehrverhältnisses aber für verpflichtet erklärt wurde, dem Kläger eine Entschädigung von 436 RM zu zahlen. Der Beklagte ist der Weisung, das Lehrverhältnis fortzusetzen, nicht nachgekommen.

Das Landesarbeitsgericht hat in Abänderung des arbeitsgerichtlichen Urteils den Beklagten nach dem in der Berufungsinstanz geänderten Antrag des Klägers verurteilt. Die Revision des Beklagten blieb erfolglos.

Gründe:

Das Berufungsgericht hat zunächst die Zulässigkeit der Klage im Hinblick auf § 111 ArbGG. untersucht, mit dessen Nr. 2 der § 91 b RGewO. einen neuen Inhalt erhalten hat. § 91 b RGewO. gilt aber für Handwerkerinnungen nach § 96 der ersten Verordnung über den vorläufigen Aufbau des Deutschen Handwerks vom 15. Juni 1934 nicht mehr. Diese Verordnung enthält in § 43 Abs. 1 Nr. 2b in Verbindung mit § 44 das. eine selbständige Regelung über die Zuständigkeit der Handwerkerinnungen zur Entscheidung von Streitigkeiten zwischen selbständigen Handwerkern und ihren Lehrlingen, die jener der Gewerbeordnung jedoch völlig entspricht, so daß dem Irrtum des Berufungsgerichts hier keine rechtliche Bedeutung zukommt.

Nach § 44 Abs. 1 der erwähnten Verordnung vom 15. Juni 1934 hat die Innung als das für die Verhandlung von Streitigkeiten zwischen selbständigen Handwerkern und ihren Lehrlingen zuständige Organ einen Ausschuß zu bilden, dem Betriebsführer und Mitglieder des Gesellenbeirats in gleicher Zeit angehören müssen. Im Abs. 2 das. ist bestimmt, daß die Klage beim Arbeitsgericht binnen 2 Wochen nach ergangenem Spruch des Ausschusses erhoben werden kann, wenn der Spruch nicht innerhalb einer Woche von beiden Parteien anerkannt ist, und daß der Klage in allen Fällen die Verhandlung vor dem Ausschuß vorangegangen sein muß.

Unzweifelhaft bildet hiernach der Spruch des Innungsausschusses bei Lehrlingsstreitigkeiten eine die Zulässigkeit der Klage erst eröffnende Prozeßvoraussetzung, deren Vorliegen die Arbeitsgerichtsbehörden von Amts wegen zu prüfen haben. Mit Recht hat aber das Berufungsgericht vorweg untersucht, ob überhaupt eine Lehrlingsstreitigkeit in diesem Sinne vorliegt. Es bejaht dies, weil der Kläger seinen Anspruch auf die Behauptung des Fortbestehens des Lehrlingsverhältnisses des Beklagten und auf das Fortbestehen seiner Lehrlingseigenschaft nach Ablegung der Gesellenprüfung stütze und der Beklagte nach jenem Zeitpunkt auch wirklich noch dem Kläger aus dem Lehrvertrag verpflichtet geblieben sei. Dem kann nicht beigetreten werden.

Der Kläger hatte zunächst in der Tat die weitere Erfüllung des Lehrvertrages und nur für den Weigerungsfall Schadenersatz nach § 127g der RGewO. verlangt. Am Schlusse der mündlichen Verhandlung vor dem Berufungsgericht ging sein Begehren aber nur noch auf Schadenersatz, und zwar auf Grund der von ihm selbst vorgenommenen Auflösung des Lehrlingsvertrages. Die Klage ist gerade darauf gestützt, daß er den Lehrlingsvertrag rechtmäßig aufgelöst habe und daß diese Auflösung durch den Beklagten verschuldet worden sei. Dann liegt aber, wie das Reichsarbeitsgericht in seiner auch weiterhin festzuhaltenden Entscheidung vom 6. April 1938 RAG. 1/38 (RAG. Bd. 19 S. 320) ausgesprochen hat, keine Lehrlingsstreitigkeit mehr vor, da sich nach der Auflösung des Lehrvertrags die Parteien nicht mehr als Lehrherr und Lehrling gegenüberstehen. Daß aber für die Beurteilung der Frage, ob es für die Zulässigkeit der Klage der Erfüllung einer Prozeßvoraussetzung bedarf, der am Schluß der mündlichen Verhandlung erhobene Anspruch maßgeblich ist, ist ebenso außer Zweifel, wie die Maßgeblichkeit dieses Zeitpunkts nach ständiger Rechtsprechung für die Frage feststeht, ob die etwa zu erfüllende Prozeßvoraussetzung erfüllt ist. Diese Rechtsprechung bezieht sich zwar nur auf ähnliche Fälle (vgl. z. B. RGZ. Bd. 104 S. 23 für die beamten-rechtlichen Vorbescheide; s. auch J o n a s 16. Aufl. Erl. III 1 bei Note 34 zu § 300 ZPO.). Der dieser Rechtsprechung zugrunde liegende Gedanke beansprucht aber auch für die vorliegende Frage Geltung.

Bedurfte es hiernach für die Zulässigkeit der Schadenersatzklage der vorherigen Anrufung des Innungsausschusses für Lehrlingsstreitigkeiten nicht mehr, so kann dahinstehen, ob das Berufungsgericht ohne Rechtsirrtum angenommen hat, daß es im vorliegenden Falle der Erfüllung der Prozeßvoraussetzung aus besonderen Gründen nicht bedurft hätte oder daß diese doch wenigstens durch die nachträgliche Einholung und Vorlegung des Spruchs des Ausschusses erfüllt worden sei.

In sachlicher Hinsicht ist dem Berufungsgericht beizutreten. Im Grunde handelt es sich um die Frage, ob die vorzeitige Ablegung der Gesellenprüfung in Verbindung mit der Aushändigung des Gesellenprüfungszeugnisses den noch weiterlaufenden Lehrvertrag von selbst beendet oder ob es hierzu einer Auflösung des Lehrvertrags bedurft hat. Eine ausdrückliche Bestimmung über eine von selbst eintretende Beendigung des Lehrvertrags oder auch nur des Lehrverhältnisses als Folge der erfolgreichen Ablegung der Gesellenprüfung besteht nicht.

Freilich ist an sich vorgesehen, daß die Prüfung erst bei Beendigung des Lehrverhältnisses und damit des Lehrvertrages erfolgen soll. Es ist jedoch kein gesetzliches Hindernis erkennbar, die Prüfung bereits vor Beendigung des Lehrverhältnisses stattfinden zu lassen. Das kann in der Weise geschehen, daß der Lehrvertrag und das Lehrverhältnis abgekürzt werden. Diese Abkürzung kann, soweit es sich um das öffentlich-rechtliche Lehrverhältnis handelt, nach § 130a Abs. 3 RGewO. nur durch die Handwerkskammer verfügt werden. Erfolgt sie mit Zustimmung des Lehrherrn, so kann darin unter Umständen die Zustimmung zur vorzeitigen Beendigung des Lehrvertrags liegen. Solchenfalls steht außer Zweifel, daß der Lehrling mit der erfolgreichen Ablegung der Gesellenprüfung Geselle geworden und gleichzeitig aus dem zwischen ihm und seinem Meister bestehenden Lehrvertragsverhältnis ausgeschieden ist. Es kann aber mangels entgegenstehender Bestimmung auch in der Weise verfahren werden — wie das im vorliegenden Fall geschehen ist —, daß Lehrlinge, die ihre Lehrzeit noch nicht beendet haben, ohne Abkürzung und Beendigung der Lehrzeit vorzeitig zur Prüfung zugelassen werden. In solchem Falle müssen die Lehrlinge ihre Lehrzeit trotz bestandener Gesellenprüfung nachträglich zu Ende führen. Die frühere Prüfung bestätigt dann zwar die Eignung des Lehrlings zum Gesellen, macht ihn aber noch nicht dazu. Sie wirkt vielmehr erst auf den künftigen Zeitpunkt der Beendigung des Lehrverhältnisses (der Lehrzeit). Der vorzeitig zur Prüfung zugelassene Lehrling wird daher, wenn er die Prüfung besteht, erst mit dem Ablauf der Lehrzeit Geselle. Daß sich die Aushändigung des Gesellenprüfungszeugnisses und die Ablegung der Prüfung mit der Innehaltung der Lehrzeit nicht mehr vertragen könnten, trifft aus diesem Grunde nicht zu. Dauert aber die Lehrzeit trotz bestandener Prüfung bis zum Ende des Lehrvertrags und ist der Lehrling vorher nicht Geselle, so entfallen die sämtlichen Folgerungen, die der Beklagte aus seiner Eigenschaft als Geselle ziehen möchte. Insbesondere kann der Grundsatz nicht zur Anwendung kommen, daß dem Gesellen für seine höhere Leistung eine höhere Entlohnung hätte gezahlt werden müssen; auch ein etwa für Gesellen einschlägiger Tarifvertrag und eine etwa bestehende Tarifordnung kommen dann nicht zur Anwendung.

Im vorliegenden Falle kann es sich demnach nur noch um die Frage handeln, ob die Lehrzeit des Beklagten etwa ordnungsmäßig abgekürzt worden ist. Durch die Handwerkskammer ist eine solche Abkürzung nicht erfolgt. Aber auch eine vertragliche Abkürzung verneint das

Berufungsgericht mit überwiegend tatsächlicher Begründung ohne erkennbaren Rechtsirrtum.

Ein anderes ergibt sich auch nicht aus der in neuerer Zeit in den Vordergrund tretenden Betrachtung des Lehrverhältnisses unter mehr personen-rechtlichen Gesichtspunkten. Denn auch sie kann ein einseitiges Abgehen des Beklagten von dem tatsächlich noch bestehenden Lehrvertrage nicht rechtfertigen. Wenn schon der Kläger dem Beklagten in seinem Interesse die vorzeitige Ablegung der Gesellenprüfung ermöglicht hat, so gebot es dem Beklagten die Treupflicht, die Lehrzeit auch nachher noch auszuhalten.

RAG. 20, 124.+

Behält die Bestimmung einer Tarifordnung, die die beim Serviersystem übliche Verrechnung zwischen dem Anspruch des Wirts auf das Bedienungsgeld und dem Anspruch des Kellners auf den in dem Bedienungsgelde enthaltenen Lohn gesetzlich festlegt, bei der Beschlagnahme der Lohnforderung des Kellners durch Pfändungs- und Überweisungsbeschluß gegenüber dem Pfändungspfandgläubiger ihre Rechtswirksamkeit oder ist der Wirt dem Pfandgläubiger gegenüber verpflichtet, die Herausgabe des Bedienungsgeldes von dem Kellner zu verlangen, um davon den gepfändeten Betrag zum Zwecke der Abführung an den Pfandgläubiger einzubehalten?

ZPO. §§ 829, 835, 836. BGB. §§ 388, 389, 392. RGewO. § 123 Nr. 3.

Urteil vom 7. September 1938.

I. Arbeitsgericht Leipzig. — II. Landesarbeitsgericht daselbst.

Der Kellner We. schuldete dem klagenden Bezirksfürsorgeverband 120 RM für Fürsorgeaufwendungen, die seinen beiden Kindern zugeflossen sind. Wegen dieses Anspruchs hatte der Fürsorgeverband die Pfändung und Überweisung der Lohnforderungen des We. an den Beklagten in Höhe von 20 RM monatlich erwirkt. Der am 4. September 1936 erlassene Pfändungs- und Überweisungsbeschluß ist dem Beklagten am 8. September 1936 zugestellt worden.

Der Schuldner We. stand vom 5. Juli bis 31. Dezember 1936 in dem Dienst des Beklagten. Für das Arbeitsverhältnis galt die Tarifordnung für das Wirtschaftsgebiet Sachsen vom 29. Februar 1936 — Nr. 123/11 des Tarifregisters des Treuhänders der Arbeit —, die am 1. April 1936 in Kraft getreten war. We. erhielt danach als Arbeitslohn das von ihm eingenommene Bedienungsgeld in Höhe von 10 v. H. des Umsatzes abzüglich der gesetzlichen Abgaben.

Der Beklagte hat auf den Pfändungs- und Überweisungsbeschluß hin an den Kläger nichts gezahlt. Mit der vorliegenden Klage verlangte der Kläger die Verurteilung des Beklagten zur Zahlung von 80 RM, nämlich der gepfändeten Beträge für die Monate September bis Dezember 1936.

Das Arbeitsgericht und das Landesarbeitsgericht haben dem Klagantrage entsprochen. Die Revision hatte keinen Erfolg.

Gründe:

. . .

Der Beklagte meint, er sei nicht in der Lage gewesen, der ihm in dem Beschlusse auferlegten Verpflichtung nachzukommen und einen dem Pfandbetrage entsprechenden Teil des Lohnes des We. zum Zwecke der Abführung an den Kläger einzubehalten, weil er durch die Vorschrift des § 5 Abs. 5 Satz 2 TO. daran gehindert gewesen sei. Diese Bestimmung schreibe vor, daß der Lohn des Kellners, der in 10 v. H. des Umsatzes bestehende Bedienungsgeldaufschlag, in den Händen des Kellners verbleibe, der davon nur die gesetzlichen Abzüge in Höhe von $^1/_{10}$ des Bedienungsgeldes an den Wirt abzuliefern verpflichtet sei. Dem Wirt sei damit das Verfügungsrecht über das Bedienungsgeld entzogen. Er habe kein Recht, die Ablieferung des Bedienungsgeldes an sich zu verlangen, und sei daher nicht in der Lage, Einbehaltungen von dem Lohne des Kellners zu machen.

Die maßgebende Bestimmung der Tarifordnung lautet:

§ 5

. . .

Das Servierpersonal erhält als Bedienungsgeld nach Abzug aller Steuern 10 v. H. des Umsatzes. Die monatlichen Garantielöhne der am Umsatz beteiligten Gefolgschaftsmitglieder werden in Betrieben, in denen in eine gemeinsame Kasse (Tronc) gearbeitet wird, aus dieser bezahlt. Der überschießende Betrag wird nach dem Verhältnis der Garantielöhne an die beteiligten Gefolgschaftsmitglieder verteilt.

Wo eine solche gemeinsame Kasse nicht besteht, erhalten die am Umsatz beteiligten Gefolgschaftsmitglieder ihren Anteil an dem von ihnen selbst erzielten Umsatz. Davon dürfen nur die gesetzlichen Abzüge gemacht werden, wofür das Gefolgschaftsmitglied $^1/_{10}$ seiner täglich vereinnahmten Bedienungsgelder abzuliefern hat. Die Endabrechnung erfolgt am Monatsschluß.

Über die Rechtsnatur des auch in dieser tariflichen Bestimmung als Lohn des Kellners vorgesehenen Bedienungsgeldes im allgemeinen hat sich das Reichsarbeitsgericht in wiederholten Entscheidungen ausgesprochen (RAG. Bd. 2 S. 193, Bd. 6 S. 205). Danach stellt das Bedienungsgeld — im Gegensatz zum Trinkgeld (RAG. Bd. 17 S. 194) — einen Aufschlag auf den Kaufpreis der dem Gaste verabreichten Speisen und Getränke dar, der von dem Kellner für den Wirt erhoben und des letzteren Eigentum wird. Der Gast entlohnt mit dem Bedienungsgeldaufschlag nicht den Kellner, sondern er zahlt ihn an den durch den Kellner vertretenen Wirt. Es entsteht damit eine Forderung des Wirts an den Kellner auf Aushändigung des Bedienungsgeldes (§§ 675, 667 BGB.), aus dem der Wirt den Lohn des Kellners unter Einbehaltung der gesetzlichen Abzüge in Höhe von $^1/_{10}$ zu befriedigen hat. Das trifft grundsätzlich nicht nur auf das Troncsystem zu, nach dem jeder Kellner seine Einnahmen in die gemeinsame Kasse einzuwerfen hat, aus der er den ihm zustehenden Anteil wieder zurückerhält, sondern auch auf das vorliegend in Betracht kommende Serviersystem, nach dem jedem Kellner das von ihm selbst vereinnahmte Bedienungsgeld zukommt (RAG. Bd. 2 S. 193, Bd. 6 S. 205).

Bei dem letzteren System geschieht indes die Entlohnung des Kellners zumeist in der Form, daß dieser auf Grund einer ausdrücklich oder stillschweigenden Vereinbarung mit dem Wirt das von dem Gaste vereinnahmte Bedienungsgeld zur Befriedigung des ihm gegen den Wirt zustehenden Lohnanspruchs behält. Er liefert demgemäß mit dem Preis für die dem Gaste gereichten Speisen und Getränke nur die gesetzlichen Abzüge, das eine Zehntel des Bedienungsgeldes, an den Wirt ab. Es liegt in dieser Handhabung eine Tilgung der beiderseitigen Verbindlichkeiten durch Aufrechnungsvertrag (§§ 388, 389 BGB.). An dem rechtlichen Charakter des Bedienungsgeldes wird dadurch nichts geändert.

Die beiden Systeme sind auch in den oben angeführten Absätzen 4 und 5 des § 5 TO. behandelt. Es ist nicht zu erkennen und auch in Rücksicht auf die durch die Abschaffung des Trinkgeldes erstrebte Anpassung des Kellnerdienstvertrags an den allgemeinen Dienstvertrag (RAG. Bd. 6 S. 206) nicht anzunehmen, daß dem Bedienungsgeld hier ein anderer als der vorbezeichnete Charakter beigelegt worden wäre. In § 5 Abs. 5 Satz 2 TO. hat, wie die Fassung dieser Bestimmung deutlich zeigt, die erwähnte Art der Verrechnung zwischen dem Wirt und dem Kellner bei dem Serviersystem ihren Niederschlag gefunden. Diese Verrechnungsart ist damit entsprechend dem Charakter der Tarifordnung als einer Rechtsnorm mit gesetzlicher Kraft ausgestattet und sie ist danach für den Wirt und den Kellner bindend geworden. Das hat die rechtliche Folge, daß der Wirt keinen Anspruch gegen den Kellner auf Ablieferung des Bedienungsgeldes hat und damit die Mittel, aus denen der Lohn des Kellners sonst zu bestreiten wäre, nicht in die Hand bekommt.

Hätte nun die genannte Bestimmung der Tarifordnung auch gegenüber der Beschlagnahme des Lohnes des Kellners durch den Pfändungs- und Überweisungsbeschluß Geltung, dann wäre allerdings der Wirt, wie der Beklagte meint, nicht in der Lage, dem in dem Beschlusse enthaltenen Gebote nachzukommen, den Lohn des Kellners in Höhe des Pfandbetrages nicht an diesen zu zahlen, sondern ihn einzubehalten und an den Pfandgläubiger abzuführen. Die Rechtswirksamkeit der tariflichen Bestimmung muß jedoch gegenüber einer Beschlagnahme der Lohnforderung des Kellners angesichts der Vorschrift des § 392 BGB., die als Reichsrecht der aus einer schwächeren Rechtsquelle fließenden Bestimmung der Tarifordnung vorgeht, zurücktreten. Wie nach dieser Vorschrift infolge der Beschlagnahme der Lohnforderung des Kellners die vertragliche Vereinbarung zwischen dem Wirt und dem Kellner über die Aufrechnung der dem Wirt gegen den Kellner nach der Beschlagnahme laufend erwachsenden Forderung auf Ablieferung des Bedienungsgeldes gegen die Lohnforderung des Kellners gegenüber dem Pfandgläubiger ihre Wirksamkeit verlieren würde, so verliert auch die tariflich bestimmte Verrechnung ihm gegenüber ihre Gültigkeit. Infolge der Beschlagnahme der Lohnforderung des Kellners wird somit der Wirt ungeachtet der Bestimmung des § 5 Abs. 5 Satz 2 TO. wieder in den Stand gesetzt, seinen Anspruch auf Herausgabe des Bedienungsgeldes gegen den Kellner geltendzumachen. Er ist daher gemäß dem in dem Pfändungs- und Überweisungsbeschlusse ihm erteilten Gebot als Drittschuldner verpflichtet, den gepfändeten Betrag von dem Lohne des Kellners einzubehalten und an den Pfandgläubiger abzuliefern, wobei es sich übrigens nicht, wie das Berufungsgericht meint, um einen gesetzlichen, d. h. unmittelbar auf Gesetz beruhenden Abzug handelt. Unterläßt er es, dieser Verpflichtung nachzukommen, und duldet er weiter die von dem Kellner vorzunehmende Aufrechnung der gegenseitigen Forderungen, so bleibt er dem Pfandgläubiger in Höhe des Pfandbetrages haftbar (§ 836 Abs. 1 ZPO. i. V. mit §§ 1275, 407 BGB., RAG. Bd. 5 S. 208, Bd. 6 S. 204 flg.).

Der Wirt kann sich solchenfalls nicht, wie der Beklagte will, darauf berufen, daß er, wenn er auch rechtlich einen Anspruch gegen den Kellner auf Aushändigung des Bedienungsgeldes habe, die Ablieferung dieses Geldes doch nicht erzwingen könne. Dem Wirt steht, worauf die

Vorinstanzen bereits zutreffend hingewiesen haben, im Falle beharrlicher Weigerung des Kellners, der bezeichneten Verpflichtung nachzukommen, gemäß § 123 Nr. 3 RGewO. das Recht auf fristlose Entlassung des Kellners zu. Dabei ist es, wie gegenüber der Revision zu bemerken ist, ohne Belang, ob etwa der Kellner, anstatt dem Verlangen des Wirts nachzukommen, diese Entlassung über sich ergehen läßt. In letzterem Falle hat der Wirt seiner Pflicht gegenüber dem Pfandgläubiger genügt. Macht der Wirt aber von jenem ihm zur Seite stehenden Recht keinen Gebrauch, läßt er weiter den Kellner Dienst tun und duldet er, daß dieser seinen laufend neu entstehenden Lohnanspruch mit der Forderung des Wirts an ihn auf Herausgabe des Bedienungsgeldes verrechnet, so haftet er dem Pfandgläubiger für die Unterlassung der Einbehaltung und Abführung des gepfändeten Lohnbetrages.

RAG. 20, 129.+

1. Rechtfertigt der Umstand, daß ein Gefolgsmann nach Eintritt in ein Arbeitsverhältnis mit der gesetzlichen Kündigungsfrist von 14 Tagen davon erfährt, daß in dem Unternehmen eine kürzere Kündigung üblich ist, ohne weiteres die Annahme seines Einverständnisses mit der Geltung der kürzeren Kündigungsfrist auch für sein Vertragsverhältnis, wenn er es ohne Einspruch gegen die kürzere Kündigungsfrist fortsetzt?

2. Ist der Gefolgsmann zur Erhaltung seines Rechts auf die gesetzliche Kündigungsfrist aus dem Gesichtspunkt der Betriebsgemeinschaft und der Treupflicht verpflichtet, das Festhalten an seiner Kündigungsfrist dem Betriebsführer gegenüber besonders zum Ausdruck zu bringen?

3. Unter welchen Umständen kann sein Verhalten den Einwand der unzulässigen Rechtsausübung begründen?

BGB. § 611 flg. RGewO. § 122, AOG. §§ 1, 2, 35.

Urteil vom 7. September 1938.

I. Arbeitsgericht Köln. — II. Landesarbeitsgericht daselbst.

. . .

Gründe:

Die Arbeitsstätte des Klägers bei der Beklagten lag im Bezirk Köln. Für diesen Bezirk besteht, wie festgestellt, keine Tarifordnung, die auf das Arbeitsverhältnis zwischen den Parteien Anwendung zu finden hätte. . . . Mangels einer tariflichen Regelung der Kündigung oder deren Regelung durch eine Betriebsordnung galt für den Arbeitsvertrag die gesetzliche Kündigung mit einer Frist von 14 Tagen (§ 122 RGewO.), sofern zwischen den Parteien nicht vertraglich eine andere Vereinbarung über die Kündigung getroffen worden war. Den Beweis für eine solche Vereinbarung zu führen, oblag der Beklagten, die sich darauf gegenüber der gesetzlichen Regel berief.

Von dieser Rechtsauffassung sind auch die Vorinstanzen ausgegangen. Beide, insbesondere auch das Landesarbeitsgericht, erklärten eine ausdrückliche vertragliche Vereinbarung zwischen den Parteien über die Kündigungsfrist beim Eintritt des Klägers in den Dienst der Beklagten für nicht bewiesen. Das Landesarbeitsgericht war aber der Ansicht, daß das Bestehen des Klägers auf der vierzehntägigen Kündigungsfrist mit dem Grundsatz von Treu und Glauben und der in den §§ 1, 2 und 35 AOG. verankerten Treupflicht der Gefolgschaftsmitglieder gegenüber dem Betriebsführer nicht zu vereinigen sei. Es nahm ferner an, daß der Kläger, wenn nicht schon bei seiner Einstellung, dann doch in der Folgezeit während seiner Beschäftigung bei der Beklagten sich mit der in ihrem Betriebe allgemein üblichen eintägigen Kündigungsfrist stillschweigend einverstanden erklärt habe. Es folgerte daraus, daß damit an die Stelle der zunächst vertraglich geltenden gesetzlichen Kündigungsfrist von 14 Tagen eine solche von einem Tage getreten sei.

Das Urteil begegnet nach mehreren Richtungen Bedenken.

Zunächst sind die getroffenen Feststellung nicht eindeutig, und die daraus gezogenen Schlußfolgerungen sind nicht frei von Rechtsirrtum. Das Landesarbeitsgericht meint, der Kläger habe entweder schon bei seiner Einstellung gewußt, daß in dem Betriebe der Beklagten eintägige Kündigung allgemein üblich sei, oder er sei sich jedenfalls bald nachher darüber klar geworden. Im ersteren Falle wäre die Entscheidung richtig. Denn dann wäre bei dem Fehlen einer besonderen Vereinbarung über die Kündigung das Einverständnis des Klägers mit der ihm bekannten Kündigungsbedingung der Beklagten anzunehmen, und sie hätte damit als stillschweigend vereinbart zu gelten. Mit dieser Folgerung kann indessen das Urteil nicht gestützt werden, weil das Berufungsgericht die ihr zugrunde liegende Feststellung nicht unbedingt, sondern wahlweise mit der Feststellung getroffen hat, daß der Kläger erst nachträglich von der Üblichkeit eintägiger Kündigung im Betriebe der Beklagten erfahren habe. Solchenfalls kann aber aus dem bloßen Schweigen des Klägers nicht ohne weiteres auf sein — stillschweigendes — Einverständnis mit einer entsprechenden Änderung der für sein Vertragsverhältnis bei der Beklagten ursprünglich geltenden Kündigungsfrist zu seinen Ungunsten geschlossen werden. Das Reichsarbeitsgericht hat in einem anderen Falle (RAG. Bd. 20 S. 16) ausgesprochen, daß das Schweigen eines Gefolgschaftsmitgliedes zu einer, ungünstigere Arbeitsbedingungen festsetzenden Betriebsordnung nicht als stillschweigende Zustimmung zu der Verschlechterung seiner einzelvertraglich bestimmten Arbeitsbedingungen angesehen werden kann. Ähnliches muß in einem Falle wie dem vorliegenden gelten. Die Zustimmung des Gefolgsmannes zu einer an sich zulässigen nachträglichen Abänderung der für sein Arbeitsverhältnis ursprünglich infolge nachgiebiger gesetzlicher Regelung geltenden Arbeitsbedingungen durch einzelvertragliche Abrede kann, selbst wenn sie zu einer Verschlechterung der ursprünglichen Arbeitsbedingungen führt, auch stillschweigend erteilt werden; es muß aber eine diese Zustimmung klar und zweifelsfrei ausdrückende Willenskundgebung des Gefolgsmannes vorliegen. Bloßes Schweigen des Gefolgsmannes, wenn ihm nachträgilch eine in dem Betriebe bestehende, von der gesetzlichen Regelung zu seinen Ungunsten abweichende Übung bekannt wird, genügt hierfür nicht; es müssen noch besondere Umstände dazu kommen, damit das Schweigen im Sinne einer stillschweigenden Zustimmung zur nachträglichen vertraglichen Verschlechterung der bestehenden Arbeitsbedingungen aufgefaßt werden könnte. Die Feststellung solcher Umstände läßt das Urteil vermissen. Es genügt nicht, wie es dort heißt, daß der Kläger, nach der Aussage des Zeugen G. öfters gesehen habe, daß Arbeiter mit eintägiger Frist entlassen worden seien, daß er verschiedentlich bei dem Zeugen gewesen sei und ihn gefragt habe, ob ihm auch gekündigt werden würde. Notwendig wäre es gewesen, festzustellen, wie sich der Kläger im ersteren Falle dazu gestellt hat, was ihm im zweiten Falle auf seine Frage geantwortet worden ist und wie er sich hierauf verhalten hat. Auch aus dem im Urteil erwähnten Umstand, daß die Frage der Arbeitsbedingungen (Lohn, Urlaub, Kündigungsfristen) unter den Gefolgschaftsmitgliedern häufig besprochen werde und der Kläger auch aus solchen Gesprächen von der bei der Beklagten üblichen eintägigen Kündigung — nachträglich — erfahren haben werde, ist ohne weiteres nichts für sein Einverständnis auch für sein Arbeitsverhältnis zu folgern. Die Ausführungen des angefochtenen Urteils erscheinen hier überall von dem Rechtsirrtum beeinflußt, daß die nach Vertragsabschluß erlangte Kenntnis von der Üblichkeit der eintägigen Kündigung in dem Unternehmen und die Weiterarbeit trotz erlangter Kenntnis hiervon schon das stillschweigende Einverständnis des Gefolgsmannes mit der Änderung seiner vierzehntägigen Kündigungsfrist in eine eintägige Kündigungsfrist beweise. Diese Auffassung ist rechtlich nicht haltbar.

Das angefochtene Urteil kann daher, sofern sich nicht feststellen läßt, daß dem Kläger die Üblichkeit eintägiger Kündigung im Betriebe der Beklagten bereits bei seiner Einstellung bekannt gewesen ist, mit der bisher erörterten wahlweisen Begründung nicht aufrechterhalten werden. Freilich sieht das Berufungsgericht das Verlangen des Klägers auch noch aus dem Grunde als nicht gerechtfertigt an, weil es mit dem auch den Arbeitsvertrag beherrschenden Grundsatz von Treu und Glauben und insbesondere auch mit der in den §§ 1, 2 und 35 AOG. verankerten Treupflicht der Gefolgschaftsmitglieder gegenüber dem Betriebsführer nicht vereinbar sei. Dem angefochtenen Urteil ist nicht klar zu entnehmen, inwiefern es die beiden rechtlichen Gesichtspunkte für geeignet ansieht, den Kläger so zu stellen, als wenn eine eintägige Kündigungsfrist vom Beginn seines Arbeitsverhältnisses an oder später in Abänderung der ursprünglich maßgeblichen Frist von vierzehn Tagen vereinbart worden wäre. Das Berufungsgericht führt dazu noch aus, es verstoße gegen den Geist der Betriebsgemeinschaft, wenn der Kläger ein Versehen der Beklagten bei seiner Einstellung, sofern überhaupt von einem solchen gesprochen werden könne, sich zunutze mache, um für sich Sondervorteile gegenüber seinen Arbeitskollegen herauszuholen oder gar durch diesen Rechtsstreit der Schrittmacher für andere zu sein, die nur den Ausgang dieses Rechtsstreits abwarteten, um im Falle des Obsiegens des Klägers mit denselben Ansprüchen gegen die Beklagte hervorzutreten. Ein solches Verhalten entspreche nicht der Treupflicht, die vom Gefolgschaftsmitgliede verlange, bei Verfolgung von Ansprüchen aus dem Arbeitsvertrag nicht nur seine Interessen, sondern auch die berechtigten Interessen des Betriebsführers im Auge zu behalten. In letzterer Hinsicht verkennt das Berufungsgericht die unleugbare Tatsache, daß auf seiten der Gefolgschaftsmitglieder einerseits und des Betriebsführers (Unternehmers) andererseits Interessen bestehen, die zunächst wenigstens gegensätzlich zu sein scheinen. . . . Wenngleich demnach bei der Regelung der Betriebsverhältnisse das höhere Interesse der Betriebsgemeinschaft ausschlaggebend ist, so kann daraus doch nicht gefolgert werden, daß das einzelne Gefolgschaftsmitglied bei der Geltendmachung von — wie hier zu unterstellen ist — rechtlich begründeten Ansprüchen aus seinem Arbeitsvertrag ohne weiteres gehalten wäre, das Interesse des Betriebsführers seinem eigenen Interesse voranzustellen. Ebensowenig läßt sich aber aus dem das Arbeitsrecht beherrschenden Grundsatz der Betriebsgemeinschaft oder dem überwiegend personenrechtlichen Charakter des Arbeitsverhältnisses der Satz ableiten, daß die Arbeitsbedingungen oder gar die Kündigungsfristen für alle Gefolgschaftsmitglieder, wenn sie in einzelnen Fällen übereinstimmend vereinbart worden sind, schlechthin dieselben sein müßten.

Es kann daher auch nicht ohne weiteres gesagt werden, daß es gegen den Geist der Betriebsgemeinschaft verstoße, wenn der Kläger die mangels einer Vereinbarung gesetzlich bestimmte Kündigungsfrist beansprucht, und daß er insoweit Sondervorteile gegenüber seinen Arbeitskollegen herauszuholen versuche. Ein anderes müßte nur dann gelten, wenn die von dem Berufungsgericht hervorgehobene Üblichkeit der eintägigen Kündigung im Betriebe der Beklagten auf einer dort bestehenden bekannten und ohne weiteres erkennbaren allgemeinen und für den Betrieb verbindlichen Ordnung beruhen würde. In dieser Beziehung käme in erster Linie die Betriebsordnung in Frage. Hierüber enthält das angefochtene Urteil nichts. Die Feststellungen des Berufungsgerichts reichen auch nicht aus, um die Annahme zu begründen, es sei aus der in Rede stehenden Üblichkeit bereits eine derart feststehende und bestimmte, bekannte Übung geworden, daß sie als eine solche Ordnung angesehen werden könnte und müßte. Dem Grundsatz nach wäre das rechtlich möglich. Denn ebenso wie aus solchen Ordnungen sich zugunsten der Gefolgschaftsmitglieder Rückwirkungen auf ihr Arbeitsverhältnis und ihren Arbeitsvertrag ergeben können, muß das auch zu ihren Ungunsten zutreffen. Es genügt insoweit auf die grundsätzlichen Ausführungen in der Entscheidung des Reichsarbeitsgerichts vom 19. Januar 1938 (RAG. Bd. 19 S. 281) zu verweisen. Eine solche Übung hat das Berufungsgericht im vorliegenden Falle nicht festgestellt, und sie kann angesichts seiner Annahme, daß andere Gefolgschaftsmitglieder der Beklagten nur das Obsiegen des Klägers abwarteten, um dann mit denselben Ansprüchen gegen den Beklagten hervorzutreten, wohl überhaupt nicht in Frage kommen.

Es kann sich also nur fragen, ob die Geltendmachung der vierzehtägigen Kündigungsfrist durch den Kläger im Rechtsstreit wegen der bereits erörterten und der sonst noch bestehenden besonderen Sachlage in solcher Weise gegen Treu und Glauben verstößt, daß die Beklagte so gestellt werden muß, als wenn eine eintägige Kündigungsfrist vereinbart worden wäre. Insoweit könnte neben der dem Kläger bekannt gewordenen Üblichkeit auch der Gesichtspunkt der Treupflicht des Klägers in Anbetracht der besonderen Betriebsverhältnisse der Beklagten (Abbruchbetrieb, wirtschaftliche Auswirkung einer etwa in größerem Maße zu erwartenden Nachzahlung bei längeren Kündigungsfristen, Gesamtlage des Betriebs des Beklagten) von Bedeutung sein; ferner könnte für den Kläger bei solchen Umständen die Pflicht erwachsen sein, bei etwa erkennbar bevorstehender Beendigung der in Frage stehenden Abbrucharbeiten die Beklagte rechtzeitig darauf hinzuweisen, daß er eine Kündigungsfrist von 14 Tagen für sich in Anspruch nehme, dies jedoch nur, wenn der Kläger, was das Berufungsgericht wohl annimmt, erkannt hatte, daß die Beklagte davon ausging, es könne auch ihm, wie den vorher gekündigten Arbeitern, mit einer Frist von einem Tage aufgesagt werden. Dagegen wird man schlechthin eine allgemeine Verpflichtung des Klägers, die Beklagte auf ein etwa anzunehmendes Versehen hinsichtlich der Kündigungsfrist aufmerksam zu machen, nicht anerkennen können, mindestens dann nicht, wenn er selbst an dem Versehen der Beklagten keine Schuld trägt, in gutem Glauben an die Geltung der gesetzlichen Kündigungsfrist das Arbeitsverhältnis begonnen und erst nachträglich gemerkt hat, daß die Beklagte in den bisherigen Kündigungsfällen mit nur eintägiger Frist gekündigt hat.

RAG. 20, 143.+

Kann der Mehrarbeitszuschlag durch übertarifliche Lohnzahlung für die regelmäßige Arbeitszeit abgegolten werden? . . .

Arbeitszeitordnung in der Fassung der Verordnung vom 26. Juli 1934, §§ 4, 14.

Urteil vom 21. September 1938.

I. Arbeitsgericht Siegen. — II. Landesarbeitsgericht Hagen.

. . .

Gründe:

Die Beklagte behauptete, mit den Kraftfahrern ihrer Gefolgschaft vereinbart zu haben, daß ein fester Wochenlohn gewährt werde, der über dem tarifmäßigen Stundenlohn, der unbestritten 66 Pf. ist, gelegen sei; dafür sollten Überstunden in fortlaufender Verrechnung ohne Beschränkung auf die nach § 4 ArbZO. in der Fassung der Verordnung vom 26. Juli 1934 zulässige Ausgleichung der Mehrarbeit mit dem Ausfall von Arbeitsstunden in der gleichen oder der folgenden Woche mit dem Ausfall an Arbeitsstunden ohne Lohnzuschlag ausgeglichen werden.

Das Arbeitsgericht sah in einer solchen Vereinbarung einen Verstoß gegen § 4 ArbZO. und hielt sie deshalb für nichtig, obwohl § 4 Abs. 3 des für die Rechtsbeziehungen der Parteien maßgebenden, als Tarifordnung weitergeltenden Tarifvertrags für gewerbliche Arbeitnehmer in den Groß- und Einzelhandelfirmen im Stadt- und Landkreis Siegen vom 21. März 1933 bestimme, daß mit den Kraftfahrern die Zahl der anzurechnenden Überstunden von Fall zu Fall zu vereinbaren sei. Denn hier sei nicht die Art der Ausgleichung der Überstunden gemeint, sondern nur bezweckt, zwischen den Beteiligten über die Anzahl der Überstunden Übereinstimmung herbeizuführen. Diese Ansicht ist rechtsirrig. § 4 ArbZO. hat weder mit der Zulässigkeit der über seinen Rahmen hinaus verlangten Überstunden noch mit ihrer Bezahlung etwas zu tun, sondern gestattet — nach seiner Überschrift — die „andere Verteilung der Arbeitszeit" in der nach § 3 Abs. 1 — 96stündigen Doppelwoche.

Die Zulässigkeit von Überstunden über 96 Arbeitsstunden in der Doppelwoche ergibt sich aus § 2 Abs. 3 des Tarifvertrags, wonach aus zwingenden wirtschaftlichen oder betrieblichen Gründen eine wöchentliche Mehrarbeit bis zu 12 Stunden angeordnet werden kann. § 4 TV. schreibt für diese Mehrarbeit einen Zuschlag von 12 % über den jeweiligen Tariflohn vor. Jedenfalls mußte also bei der von der Beklagten behaupteten Vereinbarung der 12 %ige Überstundenzuschlag eingehalten sein. Die Vereinbarung mußte aber auch eindeutig erkennen lassen, daß und inwieweit der zugesagte Lohn neben der Grundvergütung den Überstundenzuschlag enthielt. Der Betriebsführer kann nicht nachträglich einseitig den über den Tariflohn hinausgehenden Betrag als Überstundenzuschlag erklären und kann sich nicht darauf berufen, von dem Überstundenzuschlag ohne Vereinbarung befreit zu sein, weil er ohnehin übertarifliche Löhne zahle. § 4 TV. ist nicht dahin auszulegen, daß seiner Vorschrift genügt sei, wenn überhaupt 12 % über den Tariflohn bezahlt werden, sondern der Zuschlag muß zu dem jeweiligen Lohn für die regelmäßige Arbeitszeit dazu kommen. Das folgt aus der zwingenden Vorschrift des § 14 ArbZO. — es ist nicht ersichtlich, warum das Berufungsgericht auf die alte Fassung der Arbeitszeitordnung und auf ihren § 6 a zurückgegriffen hat —, daß für Mehrarbeit eine angemessene Vergütung über den Lohn für die regelmäßige Arbeitszeit hinaus zu beanspruchen ist. Die Tariflöhne sind nur Mindestsätze nicht nur nach § 32 Abs. 2 Satz 1, § 29 AOG., sondern waren es auch schon nach § 1 TarifVO., wenn der Tarifvertrag nicht selbst in dieser Richtung eine Einschränkung vorsah. Eine solche Einschränkung enthält der hier maßgebliche Tarifvertrag nicht. Werden höhere Löhne zugestanden, so treten sie auf Grund des Einzelvertrages an Stelle des Tariflohns und müssen nach § 4 TV. für Überstunden um 12 % erhöht werden.

Für den Überstundenzuschlag kam es demnach in der Tat darauf an, ob die Beklagte das von ihr behauptete Abkommen bewiesen hat, nicht nur als Abkommen mit der Gefolgschaft, die bei Einführung der Regelung bei ihr in Arbeit stand, sondern im besonderen auch als Abkommen mit dem Kläger. Es kann keine Rede davon sein, daß der

Kläger das Abkommen schon deshalb gegen sich gelten lassen mußte, weil es bei seinem Eintritt vorhanden war, auch wenn er über seinen Inhalt damals nicht unterrichtet wurde. Konnte die Beklagte dagegen beweisen, daß der Kläger bei seinem Eintritt auf die Abgeltung des Überstundenzuschlags durch die Bezahlung übertariflicher Löhne hingewiesen worden war, dann mochten der Vereinbarung keine rechtlichen Bedenken entgegenstehen. Diese Auslegung gibt die Beklagte ihrer Regelung in ihren Ausführungen über die Zulässigkeit einer Pauschalvergütung für Mehrarbeit und der Vertragsfreiheit hinsichtlich der Zeit der Zahlung für die Mehrarbeit. Die Ausführungen liegen aber neben der Sache, wenn die eindeutige Aufklärung des Klägers über diesen Sinn der übertariflichen Wochenlöhne nicht bewiesen ist. . . .
. . .

RAG. 20, 228.

Kann der Wille der Fürsorgebehörde, kein bürgerlich-rechtliches Arbeitsverhältnis zu begründen, dann die Entstehung eines bürgerlichrechtlichen Anspruches verhindern, wenn einem auf Grund der Fürsorgeverordnung Unterstützten Arbeiten nicht zusätzlicher Art überwiesen werden?

Verordnung über die Fürsorgepflicht vom 13. Februar 1924 (RGBl. I S. 100) § 19.

Urteil vom 19. Oktober 1938.

I. Arbeitsgericht Neuwied. — II. Landesarbeitsgericht Koblenz.

Der Kläger war im Jahre 1933 seit längerer Zeit arbeitslos. Er bezog von der Reichsanstalt für Arbeitsvermittlung und Arbeitslosenversicherung eine wöchentliche Krisenunterstützung von 19,80 RM. In der Zeit vom 21. August 1933 bis zum 31. Mai 1934 war er bei dauerndem Weiterbezug der Krisenunterstützung bei der beklagten Stadtgemeinde mit Büroarbeiten beschäftigt. Während dieser Gesamtzeit erhielt er von der Beklagten 672,75 RM, teils in Mietbeihilfen, teils in bar. In diesen Beträgen ist eine Vergütung von 78 RM (Tagessatz von 6 RM) enthalten, die der Kläger für Arbeiten für die Reichstagswahlvorbereitung in der Zeit vom 17. bis zum 31. Oktober 1933 von der Beklagten gezahlt erhalten hat.

Der Kläger glaubt, daß er während der Gesamtzeit vom 21. August 1933 bis zum 31. Mai 1934 zur Beklagten in einem privatrechtlichen Arbeitsverhältnis gestanden habe und macht im Rechtsstreit noch Ansprüche auf einen Restdienstlohn geltend.

Die Beklagte hat dagegen den Standpunkt vertreten, der Kläger sei von ihr nur als Pflichtarbeiter im Rahmen eines öffentlich-rechtlichen Unterstützungsverhältnisses beschäftigt worden.

Das Arbeitsgericht hat dem Kläger unter Abweisung weitergehender Ansprüche 1194 RM nebst Zinsen zugesprochen, das Berufungsgericht die Klage abgewiesen. Die Revision des Klägers führte zur Aufhebung und Zurückverweisung.

Gründe:

Das Berufungsgericht führte zur Begründung seines auf Klageabweisung lautenden Urteils aus, der Rechtsweg sei unzulässig. Zwischen den Parteien habe kein privatrechtliches Arbeitsverhältnis, sondern ein öffentlich-rechtliches Unterstützungsverhältnis bestanden. Der Kläger habe wegen des Bezuges der Krisenunterstützung überhaupt kein Arbeitsverhältnis eingehen dürfen. Die Beklagte habe ihren Willen, mit dem Kläger kein Arbeitsverhältnis einzugehen, auch deutlich zu erkennen gegeben. Sie habe ihm keinen Arbeitslohn gewährt, sondern zusätzliche Wohlfahrtsunterstützung. Nur für die Zeit der Wahlvorbereitung habe ein Arbeitsverhältnis bestanden; insoweit habe der Kläger aber Entgelt erhalten. Ob ein Arbeitsverhältnis oder ein Unterstützungsverhältnis vorliege, richte sich nach dem erklärten Willen der Parteien. Auch der Umstand, daß die Beklagte den Kläger teilweise mit Arbeiten beschäftigt haben möge, die nicht als gemeinnützige zu betrachten seien, auch daß die übliche Pflichtstundenzahl von einer Arbeitsstunde für je 50 Rpf. Unterstützung überschritten sei, könne nicht die Annahme rechtfertigen, daß die Beklagte ein privatrechtliches Arbeitsverhältnis habe begründen wollen. Da hiernach lediglich ein öffentlich-rechtliches Arbeitsverhältnis vorgelegen habe, sei der Rechtsweg überhaupt nicht zulässig.

Zunächst mußte die rechtliche Tragweite der angefochtenen Entscheidung ermittelt werden. Das Berufungsgericht sagt zwar, daß die Klage wegen Unzulässigkeit des Rechtsweges abgewiesen werde. Die Klage ist aber auf das Vorliegen eines bürgerlich-rechtlichen Arbeitsverhältnisses gestützt. Daß für den Lohnanspruch aus einem solchen der Rechtsweg zulässig ist, bedarf keiner Erörterung. Für einen solchen Anspruch hat das Berufungsgericht den Rechtsweg auch nicht verneinen wollen. Es liegt ein Fehlgreifen des Berufungsgerichts im Ausdruck vor. Entgegen der äußeren Fassung der von der Unzulässigkeit des Rechtswegs handelnden Sätze enthält das angefochtene Urteil, wenn man seine Begründung im ganzen prüft, in Wirklichkeit nicht nur eine Entscheidung üben der Rechtsweg. Das Vorliegen eines bürgerlich-rechtlichen Arbeitsverhältnisses wird erörtert und verneint. Es wird daher auch der hierauf gestützte Anspruch in den Gründen als nicht gerechtfertigt bezeichnet. Darin liegt aber eine Abweisung dieses Anspruchs in der Sache selbst. Die Zulässigkeit des Rechtsweges wird — und mit Recht — nur für den dann noch verbleibenden Anspruch aus einem öffentlich-rechtlichen Fürsorgeverhältnis verneint.

Lediglich die Verneinung des bürgerlich-rechtlichen Arbeitsverhältnisses wird mit der Revision angegriffen.

Das Berufungsgericht verkennt zunächst nicht, daß ein wesentlicher Unterschied zwischen öffentlich-rechtlichen Arbeiten und Arbeiten im Rahmen eines privatrechtlichen Arbeitsverhältnisses zu machen ist. Beide Arten von Arbeiten können auf Grund des § 19 der Verordnung über die Fürsorgepflicht vom 13. Februar 1924 zugewiesen werden. Das Berufungsgericht geht weiter auch zu Recht davon aus, daß es sich bei den im § 19 a. a. O. genannten Arbeiten gemeinnütziger Art zugleich um sogenannte zusätzliche Arbeiten handeln muß, also um Arbeiten, die sonst entweder überhaupt nicht oder doch nicht zu dieser Zeit oder in diesem Umfange ausgeführt worden wären (RAG. Bd. 18 S. 160 [163]). Daß diese Voraussetzungen bei der Tätigkeit des Klägers jedenfalls zum Teil nicht vorgelegen haben, hält das Berufungsgericht sichtlich für wahrscheinlich, wenngleich es insoweit tatrichterliche Feststellungen nicht getroffen hat.

Das Berufungsgericht entnimmt dann dem ganzen Sachverhalt, daß abgesehen von der Zeit der Vorbereitung der Reichstagswahlen, für die der Kläger aber bereits abgefunden sei, die Parteien kein privatrechtliches Arbeitsverhältnis haben begründen wollen. Es schließt dies aus der Art der gewährten Gegenleistungen, sowie daraus, daß der Kläger weiter im Einvernehmen mit der Beklagten die Krisenunterstützung bezog. Dann nimmt es im Anschluß an die Entscheidung des Reichsarbeitsgerichts vom 25. November 1936 RAG. 152/36 (RAG. Bd. 17 S. 352) an, daß allein dieser erkennbare Wille der Parteien für die Frage, ob ein öffentlich-rechtliches oder ein privatrechtliches Verhältnis vorliege, maßgebend sei.

Diese Ausführungen des Berufungsgerichts werden zu Recht von der Revision angegriffen.

Zunächst lassen die Ausführungen des Berufungsurteils, mit denen es den Willen der Beklagten, ein privatrechtliches Arbeitsverhältnis zu begründen, verneint, eine erschöpfende Erörterung des Sachverhalts vermissen. Es fehlen bereits Feststellungen über Art und Maß der vom Kläger geleisteten Arbeit. Daß aber Art und Maß der von der Beklagten geforderten Arbeit auch für die Erforschung ihres Willens, ein öffentlich- oder ein privatrechtliches Verhältnis zu begründen, mitentscheidend sein müssen, ist selbstverständlich. Denn zunächst muß davon ausgegangen werden, daß eine Stadtgemeinde nicht Arbeiten, die der normale Geschäftsverkehr mit sich bringt, dem Gesetz zuwider von einem Erwerbslosen nur gegen Gewährung von Wohlfahrtsleistungen erledigen läßt. Auch andere Tatumstände, die gleichfalls für die Feststellung des Willens der Parteien wesentlich und die auch im Berufungsurteil unerörtert geblieben sind, kommen noch in Betracht, so die etwaige Gewährung eines Urlaubs, die Innehaltung einer Kündigungsfrist, der Inhalt des dem Kläger erteilten Zeugnisses. Hier wäre zu erörtern gewesen, ob die Beklagte die Dinge im ganzen so gestaltet hat, daß Treu und Glauben zu der Annahme zwingen, daß ein bürgerlich-rechtliches Arbeitsverhältnis begründet werden sollte. Daneben bleiben aber auch für die Frage der Willensrichtung der Parteien neben den vom Berufungsgericht insoweit bereits angezogenen Umständen auch die etwaigen ausdrücklichen Erklärungen festzustellen, insbesondere die Erklärungen, die gelegentlich der Übertragung der Arbeiten für die Reichstagswahl abgegeben worden sind. Hier nimmt das Berufungsgericht selbst das Vorliegen eines bürgerlich-rechtlichen Arbeitsverhältnisses an, ohne jedoch die dafür sprechenden, nach seiner Ansicht eine andere rechtliche Beurteilung rechtfertigenden Tatumstände irgendwie darzulegen. Zu Recht rügt die Revision in diesem Punkte eine Verletzung der richterlichen Aufklärungspflicht (§ 139 ZPO.).

Auf Grund der hiernach noch zu treffenden Feststellungen kann das Berufungsgericht zu dem Ergebnis kommen, daß aus der Gestaltung der Dinge nach Treu und Glauben ein bürgerlichrechtliches Arbeitsverhältnis zu entnehmen ist, insbesondere wenn keine ausdrücklichen Erklärungen der Beklagten dieser Annahme entgegenstehen. In diesem Fall müßte zunächst davon ausgegangen werden, daß dem Kläger ein Lohnanspruch entstanden ist.

Sollte das Berufungsgericht auf Grund seiner Feststellungen aber zu dem Ergebnis kommen, daß ein klarer Wille der Beklagten gegen den Abschluß eines privatrechtlichen Arbeitsverhältnisses vorgelegen hat, so würde dieser Wille dennoch nicht allein entscheidend sein können. Das Berufungsgericht stützt sich, wie bereits erwähnt, auf die Entscheidung RAG. Bd. 17 S. 352, die sich ihrerseits auf die ältere Entscheidung vom 14. Juni 1933 RAG. 38/33 (ArbRSamml. Bd. 18 S. 377) beruft. An der Rechtsprechung, daß für die Frage, ob ein öffentlich-rechtliches Fürsorgeverhältnis oder ein bürgerlich-rechtliches Arbeitsverhältnis vorliege, allein der Wille der Fürsorgebehörde maßgebend sei, und daß es diesem Willen gegenüber auf die Frage, ob die geforderten Arbeiten als zusätzliche anzusehen sind, nicht ankomme, kann nach erneuter Prüfung nicht festgehalten werden. Werden nichtzusätzliche Arbeiten einem Erwerbslosen übertragen, so gibt § 19 FürsorgepflichtVO. keine Rechtsgrundlage dafür, ihm eine Vergütung für seine Arbeit zu versagen. Mit der Rechtsordnung wäre es vielmehr nicht zu vereinbaren, den Gemeinden als Fürsorgebehörden zu verstatten, sich durch Heranziehung von Erwerbslosen zu nichtzusätzlichen Arbeiten geldlich zu entlasten. (Nationalsozialistische) Auffassung verlangt für jede Arbeit den gerechten Lohn. Daß dieses Erfordernis insbesondere für die Erwerbslosen gelten muß, also für die, die sich in äußerst gefährdeter sozialer Lage befinden, ist selbstverständlich. Nach alledem verstößt eine Gemeinde gegen Absicht und Zweck des Gesetzes, wenn sie sich beim Fehlen der Voraussetzungen des § 19 a. a. O. auf ihren Willen beruft, kein privatrechtliches Arbeitsverhältnis mit dem von ihr beschäftigten Erwerbslosen einzugehen. Ein solcher Wille kann, weil mit dem Gesetz unvereinbar, keine rechtliche Beachtung beanspruchen. Vielmehr kommt alles darauf an, ob der Erwerbslose das Verhalten der Gemeinde im übrigen nach Treu und Glauben dahin auffassen konnte, daß mit ihm in gleicher Weise wie mit den sonst von der Gemeinde beschäftigten Personen ein bürgerlich-rechtliches Arbeitsverhältnis begründet werden sollte.

Auch aus dem Gesichtspunkt der zwingenden Wirkung eines Verwaltungsaktes ist ein abweichendes Ergebnis nicht zu rechtfertigen. Ein Verwaltungsakt besitzt nicht die Kraft, der Zuweisung nichtzusätzlicher Arbeit die vom Gesetz nicht gewollte Wirkung zu geben, bürgerlichrechtliche Vergütungsansprüche auszuschließen. Soweit die frühere Entscheidung des Reichsarbeitsgerichts auf einem abweichenden Standpunkt gestanden haben sollte, wird daran nicht festgehalten. Demnach könnte das Berufungsgericht auch für den Fall der Feststellung eines klaren Willens der Beklagten, kein bürgerlich-rechtliches Arbeitsverhältnis zu begründen, keine Entscheidung ohne die Erörterung der Frage der Zusätzlichkeit der dem Kläger übertragenen Arbeiten fällen.

Erst wenn das Berufungsgericht zu der Feststellung kommt, daß die Arbeiten des Klägers zusätzlicher Art waren, kann es, sofern die Beklagte kein bürgerlich-rechtliches Arbeitsverhältnis begründen wollte, die aus diesem hergeleiteten Ansprüche des Klägers abweisen.

Hiernach war die angefochtene Entscheidung aufzuheben, und es war, da der Rechtsstreit noch weiterer tatrichterlicher Erörterung bedarf, die Sache an das Berufungsgericht zurückzuverweisen.

Für die etwa zu erörternde Höhe des Lohnanspruches wird das Berufungsgericht folgendes zu beachten haben: Ging der erkennbare Wille der Beklagten dahin, dem Kläger die Arbeiten nur als öffentlich-rechtliche Fürsorgearbeiten zu überweisen, so wäre bisher für das nach dem Gesagten unter Umständen dennoch anzunehmende bürgerliche Arbeitsverhältnis überhaupt noch kein Arbeitslohn vereinbart. In diesem Falle müßte, da der anzunehmende Arbeitsvertrag von keinem Tarifvertrag erfaßt wurde, der angemessene Lohn ermittelt werden (§ 612 Abs. 2 BGB.). Muß aber angenommen werden, daß ein bürgerliches Arbeitsverhältnis bereits von den Parteien gewollt war, so kann ein angemessener Lohn nur zugesprochen werden, wenn entweder keine Einigung über die Lohnhöhe — etwa zufolge wirksamen Widerspruchs des Klägers gegen das gewährte Entgelt — zustande gekommen ist oder wenn die vorhandene Einigung — etwa wegen Verstoßes gegen die guten Sitten oder wegen Wuchers — als nichtig angesehen werden muß. Sollten dem Kläger im Endergebnis noch Lohnansprüche entstanden sein, so wird das Berufungsgericht weiter bei der Frage, ob der Kläger trotz erhaltener Krisenunterstützung Zahlung des vollen Lohnes an sich beanspruchen kann oder ob er insoweit auf Zahlung an die Reichsanstalt für Arbeitsvermittlung und Arbeitslosenversicherung klagen muß, die in der Entscheidung des Reichsarbeitsgerichts vom 25. Mai 1938 RAG. 289/37 (RAG. Bd. 20 S. 7) niedergelegten Grundsätze zu beachten haben.

RAG. 20, 255.

1. Ist die Pfändung nach § 850 d ZPO. für die Vergangenheit möglich?

2. Kann der Empfänger der Dienstleistung Gegenforderungen an den Schuldner aufrechnen?

3. Sind solche Forderungen bei der Festsetzung der Höhe der als geschuldet anzunehmenden Vergütung zu berücksichtigen?

4. In welcher Weise können Vorschüsse berücksichtigt werden?

5. Kann die Höhe der angemessenen Vergütung für mehrere Gläubiger, über deren Ansprüche in demselben Rechtsstreit zu entscheiden ist, verschieden festgesetzt werden?

6. Kann der Empfänger der Dienstleistung wegen der Möglichkeit, daß ein Gläubiger wegen seiner Ansprüche gegen den Schuldner einen vollstreckbaren Titel erwirken und auf Grund dieses Titels pfänden

könnte, Feststellungsklage erheben, daß dem Gläubiger aus einer etwaigen späteren Pfändung Ansprüche aus § 850 d ZPO. nicht zustehen würden?

ZPO. §§ 256, 850 d.

Urteil vom 23. November 1938.

I. Arbeitsgericht Königsberg (Pr.). — II. Landesarbeitsgericht daselbst.

Der Zweitbeklagte war bis zum Jahr 1927 Inhaber der Firma Schm. und Schu., die einen Kolonialwarengroßhandel betrieb. Später hat er die H.er Hartsteinwerke gegründet und betrieben. Diese Firma wurde zahlungsunfähig, zur Durchführung eines Konkurses kam es mangels Masse nicht, der Schuldenbestand betrug 200 000 RM. Unter diesen Schulden befindet sich eine Kontokorrentforderung der Klägerin von 77 714,87 RM.

Nach Erlöschen der Firma H.er Hartsteinwerke begründete die Erstbeklagte selbst einen Großhandel mit Lebensmitteln und Konserven unter der Firma S. Schm. Der Umsatz betrug im Jahre 1935 560 215 RM, im Jahre 1936 nach Vortrag der Beklagten noch mehr, während im Jahr 1937 nach ihren Angaben der Umsatz zurückgegangen sein soll. In diese Firma der Erstbeklagten, seiner Ehefrau, trat der Zweitbeklagte angeblich als stiller Teilhaber mit der Bestimmung ein, daß er die Rechte und Pflichten eines tätigen Teilhabers haben solle. Für seine Tätigkeit erhielt er einen Betrag von 150 RM monatlich sowie Ersatz sämtlicher Spesen und Reisekosten.

Wegen einer vollstreckbaren Teilforderung von 3000 RM nebst Zinsen und Kosten gegen den Zweitbeklagten hat die Klägerin durch Pfändungs- und Überweisungsbeschluß vom 18. März 1937 dessen angeblichen Vergütungsanspruch gegen die Erstbeklagte, insbesondere auch gemäß § 850 d ZPO., pfänden und sich zur Einziehung überweisen lassen, und zwar in Höhe von $^1/_3$ des 150 RM monatlich übersteigenden Betrages, für die 500 RM monatlich übersteigenden Beträge jedoch in voller Höhe. Die Zustellung ist am 24. März 1937 erfolgt. Vor der Pfändung durch die Klägerin sind weitere Pfändungen desselben Vergütungsanspruches erfolgt

für die Stadtgemeinde K. über 136,37 RM,

für die Allgemeine Ortskrankenkasse in K. über 2870,06 RM,

für die Ziegeleiberufsgenossenschaft in Ch. über 1017,87 RM,

für Gustav Schm., einen Neffen des Zweitbeklagten, über 21 370,11 RM und für Gertrud W., eine frühere Angestellte des Zweitbeklagten und jetzige Angestellte der Erstbeklagten über 5032,85 RM.

Für die beiden letztgenannten Gläubiger sind allgemein $^2/_3$ des 150 RM monatlich übersteigenden Gehalts gepfändet worden, die Allgemeine Ortskrankenkasse und die Ziegeleiberufsgenossenschaft gehen von einem angemessenen Gehalt des Zweitbeklagten in Höhe von 500 RM aus. Die Erstbeklagte behauptet, Gegenforderungen gegen ihren Ehemann zu haben, mit denen sie notfalls aufrechnen will.

Die Klägerin hält ein Gehalt des Zweitbeklagten von monatlich mindestens 1000 bis 1100 RM für angemessen und glaubt deshalb, trotz der ihr vorgehenden Pfändungen schon jetzt Befriedigung fordern zu können; eine Aufrechnung hält sie für unzulässig. Sie verlangt mit der Klage von der Erstbeklagten Zahlung von 3050,84 RM, notfalls Hinterlegung dieser Summe zu Gunsten aller Pfändungspfandgläubiger, sowie Verurteilung des Zweitbeklagten zur Duldung der Zwangsvollstreckung in das eingebrachte Gut seiner Ehefrau. Das Arbeitsgericht hat die Erstbeklagte zur Hinterlegung verurteilt. Beide Parteien haben Berufung eingelegt, die Beklagten haben außerdem Feststellung begehrt, daß die Klägerin nicht berechtigt sei, wegen der ihr angeblich gegen den Zweitbeklagten zustehenden Ansprüche auf Grund des § 850 d ZPO. noch weitere Ansprüche in Höhe von 3100 RM gegen die Erstbeklagte geltendzumachen. Das Landesarbeitsgericht hat die Berufung der Beklagten zurückgewiesen, auf die Berufung der Klägerin aber die Erstbeklagte zur Zahlung von 3050,84 RM und ihren Ehemann zur Duldung der Zwangsvollstreckung verurteilt. Die Revision führte zur Aufhebung und Zurückverweisung, soweit der Klage stattgegeben war.

Gründe:

I. Wenn der Schuldner einem Dritten in einem ständigen Dienstverhältnis Dienste, die nach Art und Umfang üblicherweise vergütet werden, unentgeltlich oder gegen eine unverhältnismäßig geringfügige Vergütung leistet, so gilt im Verhältnis des Gläubigers zu dem Empfänger der Dienstleistung nach § 850 d ZPO. eine angemessene Vergütung als geschuldet. Bei der Prüfung der Voraussetzungen und bei der Bemessung der Vergütung ist auf alle Umstände des Einzelfalls Rücksicht zu nehmen. Der Berufungsrichter erwägt nun, daß der Umsatz des Geschäfts der Erstbeklagten in den Jahren 1935 und 1936 je etwa 600 000 RM betragen habe, daß der Zweitbeklagte die Seele des Geschäfts und sein eigentlicher Leiter gewesen sei und daß er es durch seine Tätigkeit sich und seiner Ehefrau ermöglicht habe, ein großes

Haus zu führen und in außerordentlich wohlhabenden Verhältnissen zu leben. Er weist weiter darauf hin, daß die Klägerin als fremdes Bankinstitut dem früheren großen Geschäft der Zweitbeklagten weitgehenden Kredit eingeräumt habe und daher nach den Grundsätzen von Treu und Glauben im Geschäftsverkehr verlangen könne, daß eine nutzbringende und wirtschaftliche Tätigkeit ihres Schuldners bei seiner Ehefrau auch angemessen in ihrem Werte abgeschätzt werde, um auf diese Weise eine allmähliche Tilgung seiner früheren erheblichen Geschäftsschulden zu erreichen. Auf Grund aller dieser Umstände kommt er aus eigener Sachkunde zu dem Ergebnis, daß im Verhältnis zwischen der Klägerin und der Erstbeklagten eine Monatsvergütung des Zweitbeklagten von mindestens 800 RM seit dem 1. Januar 1935 als geschuldet anzusehen sei.

Der zu Gunsten der Klägerin erlassene Pfändungs- und Überweisungsbeschluß vom 18. März 1937 erstreckt sich nach der Meinung des Vorderrichters auch auf die Vergangenheit. In erster Reihe ist zu prüfen, ob dies zutrifft. An sich ist eine Pfändung der Ansprüche aus § 850 d ZPO. für die Vergangenheit möglich, wenn die für diese Zeit gezahlte Vergütung unverhältnismäßig gering war. Es kommt also nur darauf an, ob der ergangene Pfändungsbeschluß dahin auszulegen ist, daß er auch die Ansprüche für die vergangene Zeit ergreift. Da es sich um die Auslegung einer gerichtlichen Entscheidung handelt, unterliegt die Auslegung des Berufungsgrichters der freien Nachprüfung durch das Revisionsgericht. In dem Pfändungsbeschluß findet sich nun kein Hinweis, daß entgegen mit dem allgemein Üblichen auch die Ansprüche des Schuldners auf Vergütung für die Vergangenheit gepfändet würden; insbesondere ergibt sich ein solcher Hinweis auch nicht daraus, daß „auch die Ansprüche aus § 850 d ZPO." gepfändet worden sind. Sollten auch die Ansprüche für die Vergangenheit von der Pfändung ergriffen werden, so hätte das deutlich ausgesprochen werden müssen. Da dies nicht geschehen ist, bezieht sich die Pfändung nur auf diejenigen Ansprüche, die nach der Zustellung des Pfändungsbeschlusses als fällig geworden anzusehen sind. Der für die Klägerin zur Verfügung stehende Betrag ist daher sehr viel niedriger als der Berufungsrichter angenommen hat. Schon aus diesem Grunde kann seine Entscheidung zur Klage nicht aufrechterhalten werden.

Der Vorderrichter hat aber auch entgegen der Vorschrift des § 850 d Satz 2 ZPO. bei der Festsetzung der Höhe der als geschuldet anzusehenden Vergütung nicht alle Umstände des Einzelfalles berücksichtigt. Die Revision rügt mit Recht, daß er die durch Berufung auf

Sonnabend nicht als Urlaubstag angerechnet werden dürfe, und der einzelne Urlaubstag mit 9 Stunden und 36 Minuten zu vergüten sei.

Während das Arbeitsgericht dem Klageantrag stattgegeben hat, hat das Landesarbeitsgericht die Klage abgewiesen.

Die Revision wurde zurückgewiesen aus folgenden

Gründen:

. . . Im übrigen ist aber auch die Auslegung des Landesarbeitsgerichts mit den Grundsätzen der Arbeitszeitregelung, wie sie in § 1 S. 3 der AZVO. vom 21. Dezember 1923 (RGBl. I S. 1249), in § 4 der Arbeitszeitordnung vom 26. Juli 1934 und in § 4 der Arbeitszeitordnung vom 30. April 1938 getroffen wurde, durchaus vereinbar. Die Bestimmung über den Ausgleich oder die anderweite Verteilung der Arbeitszeit galt und gilt nicht nur bei unvorhergesehenen Ausfällen von Arbeit, sondern wie jetzt in § 4 der AZO. vom 30. April 1938 durch Einfügung des Wortes „regelmäßig" klar gestellt ist, allgemein. Sie soll gerade die Durchführung des freien Sonnabendnachmittag ermöglichen, indem sie die Verlegung der dadurch ausfallenden Arbeitszeit auf die anderen Wochentage zuläßt. Auch wenn zur Durchführung des freien Sonnabendnachmittags in manchen Betrieben die Arbeit am Sonnabend ganz ausfallen muß, weil die Aufrechterhaltung des Betriebes in der verkürzten Zeit sich nicht lohnt, handelt es sich doch immer nur um eine anderweitige Verteilung, einen Ausgleich, nicht um einen Fortfall der Arbeit oder um Mehrarbeit i. S. des § 14 der AZO. vom 26. Juli 1934 und § 15 AZO. vom 30. April 1938. Der Sonnabend bleibt deswegen ebenso, wie wenn nur am Vormittage gearbeitet wird, doch Arbeitstag, wird kein Feiertag, zumal wenn nicht der ganze Betrieb stilliegt, sondern ein Teil der Gefolgschaft, mag er auch nur ein kleiner sein, tätig sein muß. Ebenso wie nun der Sonnabend als ganzer Urlaubstag gerechnet wird, wenn der Nachmittag von der Arbeit frei ist, und wie bei der Berechnung der Vergütung die anderen Tage allgemein nur mit 8 Stunden angerechnet werden, obwohl infolge der am Sonnabend verkürzten Arbeitszeit an diesen Tagen eine halbe Stunde und länger mehr gearbeitet wird, so ist auch bei völliger Freistellung des Sonnabends die Urlaubsvergütung für die einzelnen Tage grundsätzlich ohne Rücksicht auf die Verlegung der Arbeitszeit zu berechnen, da der Gefolgsmann während des Urlaubs seinen vollen Lohn, also 48 Stundenlöhne, erhalten muß. Diesen Wochenverdienst erhält er, wenn für jeden Urlaubstag ohne Rücksicht darauf, ob an einem Urlaubstag nicht und an dem anderen mehr gearbeitet wird, 8 Stunden in Ansatz gebracht werden, wie dies jetzt die Urlaubsordnung für das Jahr 1939 vorsieht, und ebenso, wenn zwar der Sonnabend als Urlaubstag gilt, aber bei der Berechnung der Urlaubsvergütung nicht berücksichtigt und für die anderen Tage der Lohn für 9 Stunden 36 Minuten angesetzt wird. Keineswegs entspricht es aber den Grundsätzen des Urlaubsrechts und der hier maßgebenden Tarifordnung, daß der freie Sonnabend für die davon betroffenen Arbeiter überhaupt bei dem Urlaub nicht berücksichtigt wird, so daß sie dadurch zur Erholung 1 bis 2 Tage länger Urlaub erhalten würden, als diejenigen Gefolgschaftsmitglieder, bei denen die Arbeitszeit vom Sonnabend nicht auf die anderen Tage verlegt ist. Mit Recht hat daher des Landesarbeitsgericht die vom Kläger gewollte Auslegung, die zu einer ungleichen Behandlung der Gefolgschaftsmitglieder eines Betriebes führen würde, als nicht gerechtfertigt angesehen.

RAG. 21, 296.

1. Können auch solche Gefolgschaftsmitglieder Feiertagsentlohnung verlangen, die für den Feiertag zulässigerweise zur Arbeitsleistung bestellt waren, sich der Arbeit aber entzogen haben?

2. Über das Erfordernis der inhaltlichen Wiedergabe von Zeugenaussagen im Berufungsurteil.

Anordnung zur Durchführung des Vierjahresplans über die Lohnzahlung an Feiertagen vom 3. Dezember 1937 (RAnz. Nr. 280 vom 4. Dezember 1937, RArbbl. I S. 320). ZPO. §§ 161, 313 Abs. 1 Nr. 3.

Urteil vom 2. August 1939.

I. Arbeitsgericht Dortmund. — II. Landesarbeitsgericht daselbst.

Die drei Kläger wurden von dem beklagten Unternehmer seit Mai 1937 als Platzarbeiter auf der Zeche Min. A. in B. beschäftigt. Da sie für den Pfingstmontag 1938 den Schichtlohn nicht erhalten hatten, nahmen sie den Beklagten auf Zahlung von je 5,30 RM in Anspruch. Sie stützten sich dabei auf die Anordnung zur Durchführung des Vierjahresplans über die Lohnzahlung an Feiertagen vom 3. Dezember 1937. Der Beklagte hielt diese Anordnung nicht für anwendbar, weil der Schichtlohn den Klägern nicht infolge des Feiertags, sondern infolge ihres Leistungsverzugs entgangen sei. Die Kläger seien nämlich in seinem Auftrage durch den Platzarbeiter St. zur Ausführung notwendiger Arbeiten für den Pfingstmontag bestellt worden; sie hätten die Arbeitsleistung aber verweigert in dem Glauben, sie müßten den

Schichtlohn für diesen Tag auch ohne Arbeit erhalten. Die Kläger behaupteten demgegenüber, durch St. nicht zur Arbeit bestellt, sondern nur gefragt worden zu sein, ob sie am Pfingstmontag arbeiten wollten; sie hätten die Frage verneint, weil sie hätten verreisen wollen; St. habe darauf nichts mehr erwidert. Außerdem sei die Anfrage erst 10 Minuten vor Schichtschluß am Pfingstsamstag an sie ergangen und daher nicht rechtzeitig gewesen. Endlich habe der Beklagte in sonstigen Fällen keine Folgerung daraus gezogen, wenn zur Sonntags- oder Feiertagsarbeit bestellte Platzarbeiter weggeblieben seien.

Das Arbeitsgericht hat der Klage stattgegeben. Vom Landesarbeitsgericht wurde sie auf die für zulässig erklärte Berufung des Beklagten abgewiesen. Die Revision der Kläger führte zur Aufhebung des Berufungsurteils und zur Zurückverweisung der Sache aus folgenden

Gründen:

Nach Nr. 1 der im Tatbestand genannten Anordnung vom 3. Dezember 1937 ist den Gefolgschaftsmitgliedern für die Arbeitszeit, die „infolge" bestimmter Wochenfeiertage, darunter des Pfingstmontags, „ausfällt", der regelmäßige Arbeitsverdienst zu zahlen. Der Zweck der Anordnung ist, dem Gefolgsmann den vollen Lohn einer Arbeitswoche von 6 Tagen, auf den sein Haushalt abgestellt ist, zu gewährleisten; aus diesem Grunde soll ihm, zumal bei der gegenwärtigen Wirtschaftslage Lohnverbesserungen nicht gewährt werden können, sein Arbeitsverdienst auch für die in der Anordnung genannten Wochenfeiertage belassen werden (RAG. Bd. 21 S. 17 [19/20]). Nach diesem Zweck der Anordnung und übrigens auch nach ihrem klaren Wortlaut wird die darin vorgesehene Vergünstigung gegenstandslos, wenn der Gefolgsmann an einem dieser Feiertage zulässigerweise zur Arbeit herangezogen wird. Für ihn tritt dann ein „Ausfall" an Arbeitszeit nicht ein und die Lohngrundlage für seine Haushaltsführung bleibt ungeschmälert. Gerät er aber mit dieser Arbeit in Leistungsverzug und erwirbt er deshalb keinen Anspruch auf Arbeitslohn, dann entgeht ihm der Lohn ausschließlich aus diesem Grunde und nicht infolge eines Ausfalls der Arbeitszeit wegen des Feiertags, wie es die Anordnung voraussetzt. Hiervon ist auch das Berufungsgericht ausgegangen.

Die Klageansprüche hängen daher davon ab, ob die Kläger im Leistungsverzuge waren. Das wäre zu bejahen, wenn sie zur Arbeitsleistung am Pfingstmontag verpflichtet gewesen sein würden, sich dieser Verpflichtung aber schuldhaft entzogen hätten. Die Revision stellt indessen grundsätzlich in Zweifel, ob den Klägern eine Arbeitsleistung am Pfingstmontag überhaupt zuzumuten war. Sie meint, die Anordnung vom 3. Dezember 1937 habe den Gefolgschaftsmitgliedern nicht nur die Zahlung des Lohns, sondern auch die Freistellung von Arbeit gewährleisten wollen. Das entspreche dem sozialpolitischen Zweck der Anordnung, der in ihrem Vorspruch zum Ausdruck komme und darauf abziele, den Gefolgschaftsangehörigen zum Ausgleich für die erhöhten Anforderungen des Vierjahresplans die Möglichkeit zu gewähren, die Feiertage „in Freude" zu verleben. Die Revision übersieht dabei, daß die Anordnung, woran außer ihrer Überschrift auch ihr Inhalt keinen Zweifel läßt, nur eine Lohnregelung geben will, und daß sie keine Vorschriften enthält, wonach die Bestimmungen in § 105 c RGewO. über die Zulässigkeit von Sonntags- oder Feiertagsarbeit etwa abgeändert oder verschärft werden sollen. Die Revision unterstellt der Anordnung daher eine Wirkung, die ersichtlich nicht in ihrer Absicht liegt. Im übrigen läßt § 105 c der RGewO. aus zwingenden wirtschaftlichen Gründen für die Sonn- und Feiertage nur unaufschiebbare Arbeiten zu, und insoweit liegen die Verhältnisse bei den in der Anordnung genannten Feiertagen nicht anders, wie bei den sonstigen Feiertagen und den Sonntagen, so daß auch kein vernünftiger Grund dafür ersichtlich wäre, hierin einen Unterschied zu machen. Auch im gegenwärtigen Falle soll es sich nach der Behauptung des Beklagten um unaufschiebbare Arbeiten nach § 105 c Abs. 1 Nr. 3 RGewO. gehandelt haben, nämlich um solche, von denen die Wiederaufnahme des vollen werktätigen Betriebs abhängig war und die an einem Werktage nicht vorgenommen werden konnten. Mit Recht hat das Berufungsgericht hierin eine wesentliche Vorfrage für den Leistungsverzug der Kläger erblickt. Dabei hat es ohne Rechtsirrtum angenommen, daß der Beklagte nach § 2 Abs. 1 und § 3 Abs. 2 Satz 2 AOG. berechtigt war, die Einteilung der Platzarbeiter zu der Arbeit am Pfingstmontag vorzunehmen oder durch einen Beauftragten vornehmen zu lassen. Daß dabei willkürlich oder unsachlich vorgegangen wäre, ist von den Klägern nicht behauptet worden.

Nach dem Vorausgeschickten war für die Entscheidung also im einzelnen zu prüfen, ob die Arbeit in der Tat den oben genannten Voraussetzungen des § 105c RGewO. entsprach, ob eine als endgültig und ordnungsgemäß anzusehende Einteilung der Kläger zu der Arbeit erfolgt ist, und ob die Kläger schuldhaft der Arbeit ferngeblieben sind, sich also nicht als entschuldigt oder anderweitig berechtigt ansehen durften, den Pfingstmontag für ihre Privatzwecke zu verwenden. Über diese Punkte hat das Berufungsgericht im Verhandlungstermin am

11. November 1938 den Platzarbeiter St. und den Schachtmeister D. als Zeugen gehört. Die Aussagen dieser Zeugen sind in der Sitzungsniederschrift nicht niedergelegt worden. Das war nach § 161 ZPO. freilich auch nicht erforderlich. Dann aber hätte es nach den vom Reichsgericht und Reichsarbeitsgericht in ständiger Rechtsprechung aufgestellten Grundsätzen einer Aufnahme der Aussagen in das Urteil bedurft, das insoweit, wenn dies nicht durch Verweisung auf das Vernehmungsprotokoll geschehen kann, gemäß § 313 Abs. 1 Nr. 3 ZPO. den Sachstand d. h. auch das Ergebnis der Beweisaufnahme wiedergeben muß (vgl. RAG. Bd. 21 S. 58 und die dort angeführten weiteren Entscheidungen). Der Tatbestand des Berufungsurteils enthält jedoch keine Darstellung der Zeugenaussagen. Auch in den Entscheidungsgründen ist das nicht nachgeholt. Diese führen in der Hauptsache nur an, was das Berufungsgericht in Würdigung der Beweisaufnahme „feststellen" will. Dabei wird die Aussage des Zeugen St. überhaupt nicht, diejenige des Zeugen D. ersichtlich nur bruchstückweise wiedergegeben. Hinsichtlich des Zeugen St. ist nicht einmal erwähnt, ob sich seine Aussage vor dem Berufungsgericht etwa mit seiner erstinstanzlichen Aussage, die im Tatbestand des arbeitsgerichtlichen Urteils niedergelegt war, deckte. Damit ist aber dem Revisionsgericht die Möglichkeit entzogen, die Feststellungen und Schlußfolgerungen des Berufungsurteils auf ihre Grundlagen hin nachzuprüfen. Dieser von Amts wegen zu beachtende Mangel des Urteils mußte ohne weiteres zu seiner Aufhebung und zur Zurückverweisung der Sache führen.

RAG. 21, 300.

Unter welchen Voraussetzungen ist die Anordnung über die Bezahlung von Feiertagen auch auf Handlungsgehilfen anzuwenden, die gegen Provision angestellt sind?

Anordnung des Beauftragten für den Vierjahresplan über die Lohnzahlung an Feiertagen vom 3. Dezember 1937 (RAnz. 1937 Nr. 280, RArbbl. I S. 320).

Urteil vom 12. August 1939.

I. Arbeitsgericht Hamburg. — II. Landesarbeitsgericht daselbst.

Der Kläger ist seit Juni 1935 bei der Beklagten als Bezieherwerber hauptberuflich tätig. Nach der Nr. 1 des zwischen den Streitteilen bestehenden Arbeitsvertrages ist er „Gefolgschaftsmitglied der Betriebsgemeinschaft der Beklagten mit den Rechten und Pflichten eines Angestellten". Entgelt für seine Tätigkeit erhält er nach der vom

Sondertreuhänder der Arbeit erlassenen Reichstarifordnung für Bezieherwerber vom 24. September 1937 (RArbBl. VI S. 1085), in deren § 3 Abs. 1 bestimmt ist, daß der Bezieherwerber Anspruch auf Provision für die von ihm vermittelten Aufträge hat, und der Anstellungsbetrieb, wenn die Provision in einem Monat unter 100 RM brutto bleibt (Garantieeinkommen), den Fehlbetrag zu zahlen hat.

Der Kläger verlangte mit der Klage unter Berufung auf die Anordnung zur Durchführung des Vierjahresplans über die Lohnzahlung an Feiertagen vom 3. Dezember 1937 den Lohnausfall ersetzt, den er am 1. Weihnachtsfeiertag 1937, am Neujahrstag, am Oster- und am Pfingstmontag 1938 in Höhe von insgesamt 53,80 RM erlitten haben will. Die Beklagte hielt die Anordnung auf den Kläger nicht für anwendbar und beantragte die Abweisung der Klage.

Die beiden Vorinstanzen haben nach dem Antrage der Beklagten erkannt. Die Revision des Klägers führte zur Aufhebung und Zurückverweisung.

Gründe:

In der Anordnung über die Lohnzahlung an Feiertagen vom 3. Dezember 1937, auf die der Kläger seinen Anspruch stützt, wird, soweit sie hier in Betracht kommt, folgendes bestimmt:

> Auf die Arbeitszeit, die infolge des Neujahrstages, des Oster- und Pfingstmontages sowie des ersten und zweiten Weihnachtsfeiertages ausfällt, ist den Gefolgschaftsangehörigen der regelmäßige Arbeitsverdienst zu zahlen. Dies gilt nicht, soweit der Neujahrstag und die Weihnachtstage auf einen Sonntag fallen. Durch Tarifordnung oder Betriebs- (Dienst-) Ordnung kann bestimmt werden, was als regelmäßiger Arbeitsverdienst anzusehen ist.

Zweck der Anordnung ist, wie das Reichsarbeitsgericht bereits in mehreren Entscheidungen (vgl. RAG. Bd. 20 S. 302, Bd. 21 S. 17 und S. 26) klargestellt hat, dem Gefolgsmann den vollen Lohn einer Arbeitswoche zu gewährleisten, damit er die Feiertage in Freude verleben kann. Aus diesem Grunde soll ihm sein regelmäßiger Arbeitsverdienst auch für den Wochentag zukommen, auf den einer der bezeichneten Feiertage fällt. Der Gefolgsmann soll an diesem Tage in seinem Arbeitseinkommen so gestellt werden, als wenn Werktag gewesen wäre und er gearbeitet hätte: nicht schlechter, freilich auch — weil nicht Lohnverbesserung der Zweck der Anordnung ist — nicht besser. Daraus erhellt, daß die Anordnung überhaupt nur da zur Anwendung kommen kann, wo infolge des Feiertags ein Lohnausfall eingetreten ist. Das kann nur der Fall sein, wenn infolge des Feiertags Arbeitszeit versäumt wird und wenn die Entlohnung des Gefolgsmanns zu dieser Arbeitszeit in irgendeine Beziehung gesetzt, davon abhängig ist. Hiernach scheiden Wochenlöhner und Gehaltsempfänger, die unabhängig davon, ob in die Wochen oder den sonstigen Zeitraum, für den sie Gehalt bekommen, ein Feiertag fällt, ihren vollen Wochenlohn oder ihr volles Monatsgehalt bekommen, ohne weiteres aus dem Anwendungsbereich der Anordnung aus. Auf Angestellte, insbesondere auf Handlungsgehilfen, die in der Regel Monatsgehaltsempfänger sind (vgl. § 64 HGB.) wird daher die Anordnung nur selten Anwendung finden können. Die Sachlage kann dies bei denjenigen Angestellten gebieten, die nicht oder nicht ausschließlich Festgehalt beziehen, sondern Provisionsempfänger sind. Auch die Provision ist bei unselbständigen Angestellten nur eine besondere Art der Entlohnung, die an die Leistung oder den Erfolg der Leistung geknüpft ist. Rechtlich knüpft sich der Provisionsanspruch zwar regelmäßig nicht an die Arbeitszeit. Das wäre mit seinem Wesen nicht vereinbar. Allein tatsächlich kann — und das ist für die Anwendung der Feiertagsanordnung, wenn man ihrem Sinn und Zweck gerecht werden will, entscheidend — eine mehr oder minder starke Verknüpfung zwischen aufgewendeter Arbeitszeit und Provisionsanspruch bestehen. Es wird darauf ankommen, ob die Provision im einzelnen Fall ihrem Wesen nach mehr auf den Erfolg oder auf die Leistung abgestellt ist. Wohlgemerkt bezieht sich diese Erörterung nicht auf Handelsagenten, sondern ausschließlich auf abhängige Provisionsvertreter. Es gibt z. B. Werber, insbesondere bei Adreß- oder Branchenbücherverlagen, denen für jeden nachgewiesenen Besuch ein bestimmtes Entgelt und daneben für den Fall der Vermittlung besonderer Aufträge noch besondere Provisionen gewährt werden. Auf der anderen Seite gibt es auf Provision gestellte Handlungsgehilfen, deren Tätigkeit in dem Aufsuchen und Bearbeiten bestimmter einzelner Kunden besteht, und bei denen für die Provisionspflicht lediglich der Erfolg entscheidet, ohne daß der Ausfalls eines Werktags als Arbeitszeit diesen Erfolg beeinträchtigen oder die Arbeit an dem Feiertag, wenn er Werktag wäre, den Erfolg gerade herbeiführen könnte. Es handelt sich dabei um Geschäfte, die nicht von heute auf morgen geschlossen werden, sondern Zeit zum Ausreifen brauchen, und bei denen dem Provisionsvertreter gerade die Tätigkeit obliegt, während dieser Zeit den Kunden zu beeinflussen.

Bei den Bezieherwerbern, insbesondere auch den Werbern des Lesezirkelverleihgewerbes, dem die Beklagte angehört, ist die Sachlage erfahrungsgemäß meist so, daß der Ausfall eines Arbeitstages auch den Ausfall von Erfolg und Provision bedeuten muß, ohne gewisse Tagesleistungen daher kein Erfolg und keine Provision zu erwarten ist. In der Regel werden diese Bezieherwerber Arbeitstag für Arbeitstag in bestimmten Bezirken eingesetzt, und ihre Aufgabe ist es nun, innerhalb der für Besuche solcher Art überhaupt geeigneten Tageszeiten eine größere Anzahl von Einwohnern des Bezirkes aufzusuchen und für den Bezug der Zeitschrift oder die Beteiligung an dem Lesezirkel zu gewinnen. Gewiß sind die äußeren Verhältnisse, die Vermögenslage, die Kulturbedürfnisse und überhaupt die Gestaltung und Zusammensetzung des aufgesuchten Personenkreises sowie die Gewandtheit und Eignung des Werbers selbst dafür, welche Erfolge erzielt werden, von erheblicher Bedeutung. Es läßt sich aber nicht leugnen, daß der Erfolg — also auch die Entstehung von Provisionsansprüchen — an einem Tage, an dem nicht gearbeitet werden kann, für diesen Tag von vornherein ausfallen muß, der tägliche Erfolg also von der Leistung und von der Arbeitszeit wesentlich mit abhängt. Für die Frage, ob ein auf Provision arbeitender Werber infolge eines Feiertags einen Verdienstausfall hat, auf ihn also — grundsätzlich — die Anordnung über die Lohnzahlung an Feiertagen anwendbar ist, kommt es demnach sehr wohl auf die Gestaltung seiner Tätigkeit an. Der Kläger und auch die Beklagte haben dazu im Laufe des Verfahrens Ausführungen gemacht, auf welche die Vordergerichte aber nicht eingegangen sind, weil sie diese rechtsirrtümlich für unbehelflich angesehen haben.

Das Berufungsgericht ist mit dem Arbeitsgericht der Ansicht, der Anwendung der Anordnung auf das Beschäftigungsverhältnis des Klägers stehe schon die Tatsache entgegen, daß er — anders als der Arbeiter — in der Lage sei, durch vermehrte und intensivere Arbeit an den übrigen Tagen den Arbeitszeitausfall auszugleichen. Es führt dazu aus, der Arbeiter könne nichts dazu tun, um den unabweisbar eintretenden Lohnausfall auszugleichen, selbst wenn er es wollte. Der Kläger dagegen werde durch erhöhten Arbeitseinsatz, der keineswegs mit verlängerter Arbeitszeit gleichzusetzen sei, sehr wohl in der Lage sein, den Ausfall durch die Wochenfeiertage auszugleichen. Dabei komme es nicht etwa darauf an, daß er die ausgefallene Zeit auf eine Woche oder auf einen Monat verteile, auch nicht darauf, ob ihm das physisch möglich sei oder nicht, sondern lediglich darauf, daß er durch besonderes Bemühen, auch ohne Arbeitszeitverlängerung, jeden etwa zu erwartenden Verdienstausfall ausgleichen könne. An einer anderen Stelle sagt es dann noch, man werde dem Sinn der Anordnung nicht gerecht, wenn man im Einzelfall mit mathematischer Genauigkeit ausrechne, ob Arbeitszeit- und Lohnausfall vorlägen und ob demnach ein

Ersatz des Verdienstausfalles Platz greifen solle. Sinngemäßer erscheine es, wenn man sich in jedem einzelnen Falle frage, ob der Betroffene sich in einer solchen Lage befinde, wie der Stundenlohnarbeiter, d. h. ob er ohne Einfluß auf die Gestaltung von Arbeitszeit und damit Arbeitslohn sei oder ob er die Möglichkeit habe, einen ihm durch Arbeitsausfall an einem Wochenfeiertag entstehenden Lohnausfall selbst auszugleichen. Der Kläger sei dazu sehr wohl in der Lage, da er das Tempo seiner Arbeit und damit seine Einkommenshöhe selbst bestimme.

An sich mag es zutreffen, daß die Feiertagsanordnung in erster Linie den im Stundenlohn tätigen Arbeitern zugute kommen soll und auf ihre Verhältnisse vorwiegend abgestellt ist. Ihrem Wortlaut, Inhalt und Zweck nach ist sie aber in ihrem Anwendungsbereich keineswegs auf Zeitlohnarbeiter beschränkt. Es geht nicht an, ihren Anwendungsbereich dadurch einzuschränken, daß ihre Anwendung, wenngleich die Voraussetzungen hierfür sonst gegeben sind, unter dem Gesichtspunkt abgelehnt wird, die tatsächlichen Verhältnisse lägen anders als beim Zeitlohnarbeiter. Rechtsirrtümlich stellt übrigens das Berufungsgericht auf den Arbeiter ab, der „im Stundenlohn arbeitet". Das kann schon deswegen nicht richtig sein, weil die Anordnung bei gegebenen Voraussetzungen unbestreitbar auch auf Akkordarbeiter Anwendung finden muß, obgleich ihre Lohnverhältnisse ganz anders geregelt sind als die der reinen Zeitlöhner. Richtig ist, daß der Arbeiter in der Regel nicht in der Lage ist, den infolge eines Wochenfeiertages erlittenen Lohnausfall durch freiwillige Nacharbeit oder durch erhöhten Arbeitseinsatz auszugleichen, daß er insoweit vielmehr von dem Willen des Betriebsführers abhängig ist. Allein der Sinn der Anordnung ist es gerade, daß der Verdienstausfall des Arbeiters nicht so, wie es vorher die Regel war, durch Vor- oder Nacharbeit ausgeglichen, sondern daß der Ausfall als solcher ersetzt wird. Darum kann die vom Berufungsgericht zum Ausgangspunkt seiner Entscheidung gemachte Möglichkeit, daß der Kläger den Verdienstausfall in der im Berufungsurteil näher dargelegten Weise ausgleichen kann, für die Anwendbarkeit der Anordnung nicht entscheidend sein. Der Fehler des Berufungsgerichts besteht darin, daß es hinsichtlich der Anwendbarkeit der Anordnung den Kläger, der unselbständiger Angestellter ist, dem selbständigen Handlungsagenten gleich behandeln will. Wenn das — vom Berufungsgericht freilich nicht berücksichtigte — Vorbringen des Klägers richtig ist, so trifft es zudem nicht zu, daß er über seine Zeit in so weitgehender Weise verfügen kann, wie das Berufungsgericht das annehmen will. Es entspricht überdies der Erfahrung, daß die tägliche Arbeitszeit eines Bezieherwerbers der Natur der Sache nach beschränkt ist. Für solche Werbungen eignen sich nur ganz bestimmte Stunden am Tag, und es muß aus der Erfahrung heraus auch anerkannt werden, daß der Tätigkeit eines Werbers physische Grenzen gesetzt sind. Davon abgesehen aber ergibt sich das Irrige der Auffassung des Berufungsgerichts in dieser Beziehung ohne weiteres daraus, daß es offenbar die von der Beklagten hervorgehobene Tatsache, der Kläger arbeite nur eine beschränkte Anzahl von Stunden am Tage, seinen Erwägungen zugrunde gelegt hat. Es hätte insbesondere, da es gegenteilige Feststellung nicht getroffen und die in dieser Richtung angebotenen Beweise nicht erhoben hat, den Fall zugrunde legen müssen, daß der Kläger die ihm nach den Umständen zur Verfügung stehende und mögliche Arbeitszeit sowohl nach der Dauer der Arbeit als auch nach der bestmöglichen Leistung voll ausnützte. Folgerichtig hätte es dann zu dem Ergebnis kommen müssen, daß der Kläger, wie der Zeitlöhner, den Ausfall, den er an einem Wochenfeiertag erleidet, durch besonderes Bemühen ohne Arbeitszeitverlängerung nicht ausgleichen kann. Daran hätte es gesehen, daß sein Ausgangspunkt irrig sein muß und daß jedenfalls von seinem Standpunkt aus die Annahme nicht zutreffen kann, es komme nicht darauf an, daß er die ausgefallene Zeit auf eine Woche oder auf einen Monat verteilt, und auch nicht darauf, ob ihm das physisch möglich ist oder nicht.

In der Tat kommt es darauf nicht an, weil für die Frage der Anwendbarkeit der Anordnung davon auszugehen ist, daß der Kläger als Angestellter der Beklagten seine Werbetätigkeit hauptberuflich ausübt und täglich das mögliche Maß an Zeit für seine Arbeit aufwendet. Selbst wenn es ihm freisteht, je nach seiner eigenen Leistungsfähigkeit oder den besonders liegenden äußeren Verhältnissen (besonders günstige oder ungünstige Tage) an einem Tag mehr, am anderen weniger zu arbeiten, so bleibt die Tatsache bestehen, daß er an einem Wochenfeiertag infolge des Feiertags nicht arbeiten kann und deshalb an diesem Tage auch keine Erfolge erzielt. Das bedingt aber für diesen Tag einen Lohnausfall. Wenn die Abrechnung über die Provision nur allmonatlich oder, wie es in den §§ 65, 88 Abs. 4 HGB. vorgesehen ist, etwa auch nur halbjährlich erfolgt, so beeinträchtigt das jene Tatsache nicht. Die Anordnung will aber gerade verhüten, daß ein Gefolgsmann in der Lage des Klägers durch den Feiertag gezwungen sein soll, den eingetretenen Ausfall durch erhöhten Arbeitseinsatz an einem anderen Tag oder durch Nacharbeit oder sonstige Mehrarbeit wettzumachen.

Rechtsirrig ist ferner die Auffassung des Berufungsgerichts, der Anwendbarkeit der Anordnung stehe entgegen, daß der Kläger einem

Angestellten mit festem Gehalt ähnlich sei. Das dem Kläger in Höhe von 100 RM garantierte Bruttoeinkommen würde zwar für die Frage, ob infolge des Feiertags ein Verdienstausfall eingetreten ist, dann von Bedeutung sein und wohl zu ihrer Verneinung führen müssen, wenn ein Mehrverdienst darüber hinaus überhaupt nicht oder doch regelmäßig nicht in Betracht käme. Wie die überreichten Einkommenaufstellungen ergeben, verdient aber der Kläger regelmäßig mehr als 100 RM im Monat. Insofern liegen die Verhältnisse bei ihm ganz anders als bei der vom Berufungsgericht herangezogenen Stenotypistin, die lediglich ein Festgehalt von 100 RM hat, und kann der Kläger infolge des Feiertags und des dadurch bedingten Ausfalls an Arbeitszeit ohne weiteres auch einen Verdienstausfall haben.

Schließlich meint das Berufungsgericht, es sei auch nicht nachweisbar, daß der Kläger überhaupt einen Ausfall an Einkommen gehabt habe. Sein Einkommen in den einzelnen Monaten des Jahres schwanke erheblich, ohne daß festgestellt werden könne, worauf das zurückzuführen sei. Ein Nachweis aber, daß er tatsächlich in den Monaten, in denen die Wochenfeiertage liegen, einen Mehrverdienst gehabt hätte, wenn er auch an diesen Tagen hätte arbeiten können, sei gar nicht möglich. Ob in der Tat ein Verdienstausfall eingetreten ist, ist zwar in der Hauptsache Tatfrage. Dem Berufungsgericht ist auch darin beizutreten, daß es Sache des Klägers ist, die Höhe des infolge des Wochenfeiertags eingetretenen Verdienstausfalls nachzuweisen. Allein das Berufungsgericht hat sich, hier wiederum unter dem Einfluß seines, wie dargelegt, unzutreffenden Standpunktes, mit der Erfahrungstatsache, daß der Arbeitszeitausfall beim Bezieherwerber notwendig auch für diesen Tag einen Verdienstausfall zur Folge hat, nicht auseinandergesetzt. Hätte es das getan, so wäre der Verdienstausfall so weit dargetan gewesen, daß es sich in Anwendung der Vorschriften in §§ 286, 287 Abs. 2 ZPO. über die Höhe dieses Ausfalls eine Überzeugung hätte bilden können und müssen. Überdies hatte es nach der Anordnung den regelmäßigen Arbeitsverdienst zu gewähren. Ist dieser nicht durch Tarifordnung oder Betriebsordnung festgelegt, so hätte ihm dafür die Bestimmung in der Nummer 7 des Arbeitsvertrags einen Anhalt geben können, wonach im Krankheitsfalle für jeden Werktag ein 25stel des errechneten durchschnittlichen Monatseinkommens vergütet wird, in Verbindung mit § 9 der Reichstarifordnung vom 24. September 1937, wonach sich das durchschnittliche Monatseinkommen nach den Provisionseinnahmen der letzten sechs Monate oder, wenn die Beschäftigungsdauer kürzer ist, nach der gesamten Beschäftigungsdauer berechnet, wobei Beträge, die als Werbungskosten anerkannt sind, in bestimmten Grenzen nicht als Einkommen zählen.

RAG. 21, 322.

Erlischt der Ruhegeldanspruch notwendig mit der Beendigung des Beschäftigungsverhältnisses durch Kündigung oder können vertragliche Abreden oder die Einzelumstände des Falles ergeben, daß der Unternehmer dem ausgeschiedenen Gefolgschaftsmitglied von dem Eintritt der Invalidität ab das vertraglich festgesetzte oder das im Betrieb übliche Ruhegeld zu zahlen hat?

AOG. §§ 1, 2. BGB. §§ 611, 642.

Urteil vom 23. August 1939.

I. Arbeitsgericht Hannover. — II. Landesarbeitsgericht daselbst.

Der Kläger war bei der Beklagten seit dem Jahre 1915 als Brauer beschäftigt. Am 16. März 1938 wurde er fristlos entlassen, weil er sich aus der Abfüllhalle 1/2 Maßkrug Bier eingeschenkt hatte. Die Entnahme dieses Bieres war streng verboten, weil es noch nicht versteuert war. Der Kläger wurde bei der Entnahme des Biers von dem Zollkommissar K. überrascht, der darob auch Anzeige erstattete.

Da der Kläger die fristlose Entlassung für unberechtigt hielt, erhob er am 30. März 1938 vor dem Arbeitsgericht Klage mit dem Antrage auf Feststellung, daß die Kündigung unwirksam sei, hilfsweise auf Widerruf der Kündigung. Durch Urteil des Arbeitsgerichts H. vom 5. Mai 1938 wurde die Beklagte verurteilt, die am 16. März 1938 ausgesprochene fristlose Kündigung des Klägers zu widerrufen und für den Fall, daß sie die Kündigung nicht widerrufe, an den Kläger eine Entschädigung von 1200 RM zu zahlen. Dieses Urteil wurde rechtskräftig. Die Beklagte lehnte die Wiedereinstellung des Klägers ab und zahlte ihm die Entschädigung von 1200 RM.

Der Kläger beantragte mit der im September 1938 erhobenen Klage, die Beklagte mit Wirkung vom 1. Juni 1938 an zur Zahlung einer fortlaufenden Pension von wöchentlich 10 RM zu verurteilen. Zur Begründung trug er vor, er sei seit dem 1. Juni 1938 invalid. Es sei bei der Beklagten seit 15 Jahren Brauch, an solche Gefolgschaftsmitglieder, die infolge Alters, Invalidität oder andauernder Krankheit ausscheiden, ein Ruhegeld von wöchentlich 10 RM zu zahlen. Er habe 25 Jahre im Dienste der Beklagten gestanden, ohne sich etwas zuschulden kommen zu lassen, und habe während seiner Dienstzeit bei der Beklagten drei Betriebsunfälle erlitten. Wenn er auch bereits vor dem 1. Juni 1938 bei der Beklagten ausgeschieden sei, sei die Beklagte unter dem Gesichtspunkt ihrer Fürsorgepflicht gehalten, ihm als 62jährigen Mann die Pension ebenso wie allen übrigen altgedienten Gefolgschaftsmitgliedern zu gewähren, zumal das Arbeitsgericht die Beklagte zum Widerruf der fristlosen Kündigung verurteilt habe.

Die Beklagte wendete ein, daß mit der Zahlung der Entschädigung von 1200 RM sämtliche Ansprüche des Klägers abgefunden seien, dieser zudem nicht wegen Invalidität oder andauernder Krankheit ausgeschieden, sondern als er invalid wurde, bereits aus ihren Diensten ausgeschieden gewesen sei.

Das Arbeitsgericht hat der Klage stattgegeben, das Berufungsgericht hat sie abgewiesen. Die Revision führte zur Aufhebung und Zurückverweisung.

Gründe:

Nach dem unstreitigen Sachverhalt und den Feststellungen des Berufungsgerichts zahlt die Beklagte ihren — jedenfalls den langjährigen — Gefolgschaftsmitgliedern, wenn sie wegen Alters, Invalidität oder andauernder Krankheit aus ihren Diensten ausscheiden, ein zusätzliches Ruhegeld von wöchentlich 10 RM. Sie tut das bereits seit 15 Jahren, und es kann kein Zweifel darüber obwalten, daß auf diese Weise aus den in der Entscheidung des Reichsarbeitsgerichts vom 19. Januar 1938 (RAG. Bd. 19 S. 281) näher dargelegten Gründen für die Beklagte die Rechtspflicht entstanden ist, ihre Gefolgschaftsmitglieder, welche die der bisherigen Handhabung der Pensionszahlung entsprechenden Voraussetzungen erfüllt haben, gleich zu behandeln und keines ohne beachtliche Gründe von der Gewährung des Ruhegeldes auszuschließen, daß andererseits diese Gefolgschaftsmitglieder in dem angegebenen Rahmen einen zum Inhalt ihres Arbeitsvertrages gewordenen Rechtsanspruch auf die dem Gebote der Gleichbehandlung entsprechende Leistung erworben haben. Der Kläger hätte also die Zahlung des Ruhegeldes jedenfalls dann verlangen können, wenn er erst am 1. Juni 1938 wegen der in diesem Zeitpunkt eingetretenen Invalidität aus den Diensten der Beklagten ausgeschieden wäre.

Es kann sich also nur fragen, ob die Rechtslage hier die gleiche ist, trotzdem der Kläger rund 10 Wochen vor dem Eintritt der Invalidität wegen der unberechtigten Entnahme von unversteuertem Bier von der Beklagten fristlos entlassen wurde und diese fristlose Entlassung, nicht aber die erst nachher eingetretene Invalidität den Grund für die Beendigung seines Dienstverhältnisses bei der Beklagten gebildet hat.

Das wäre jedenfalls zu verneinen, wenn die Beklagte, wie der Kläger behauptet hat, die Kündigung lediglich deshalb ausgesprochen hätte, um den Ruhegeldanspruch des Klägers zu vereiteln. Denn wenn solchenfalls nicht schon die Kündigung wegen Sittenwidrigkeit als nichtig zu behandeln wäre, so würde doch die Berufung auf diese Kündigung gegenüber dem Ruhegeldanspruch des Klägers eine unrichtige, wenn nicht unzulässige Rechtsausübung der Beklagten darstellen und den Anspruch des Klägers nicht beeinträchtigen können.

Das Berufungsgericht hat eine solche Absicht der Beklagten bei der Kündigung aber verneint und ausgeführt, es könne davon nicht im entferntesten die Rede sein. Denn die Beklagte habe sehr wohl einen Anlaß zur Kündigung gehabt, weil der Kläger trotz strengster Anordnung Bier entnommen habe, das noch nicht versteuert war, und weil die Beklagte diesen Verstoß des Klägers unter den obwaltenden Umständen zum Anlaß für die Kündigung nehmen durfte, zumal ein energisches Vorgehen geboten gewesen sei, um die andernfalls möglicherweise zu erwartende unliebsame Auseinandersetzung mit der Steuerbehörde zu vermeiden.

Die in dieser Beziehung von der Revision erhobenen Verfahrensrügen sind nicht ausreichend begründet. . . (Das wird näher dargelegt.)

Nun ist freilich die Beklagte im Vorprozeß zum Widerruf der an sich als wirksam angesehenen Kündigung des Klägers — über deren rechtliche Bedeutung wird noch die Rede sein — oder für den Fall, daß sie nicht widerruft, zur Zahlung einer Entschädigung in Höhe von 1200 RM verurteilt worden und sie hat sich für die Zahlung der Entschädigung entschieden. Das war ihr Recht. Denn ihr stand die Wahl zwischen den beiden Möglichkeiten offen. Zutreffend weist aber die Revision darauf hin, daß das Berufungsgericht hätte prüfen müssen, ob nicht die Beklagte sich, wie geschehen, entschieden hat, um den Ruhegehaltsanspruch des Klägers zu vereiteln. Träfe das zu, so müßte die Berufung der Beklagten darauf, daß durch die Kündigung und die von ihr im Hinblick auf das Urteil des Arbeitsgerichts gezahlte Entschädigung der Ruhegeldanspruch des Klägers nicht zur Entstehung gelangt sei, ebenso eine unzulässige Rechtsausübung darstellen, wie wenn schon die Kündigung zu solchem Zweck erfolgt wäre. Allerdings geht es nicht an, aus der bloßen Tatsache, daß die Beklagte sich für die Zahlung einer Entschädigung und die Nichtwiedereinstellung des Klägers entschieden hat, einen solchen Schluß zu ziehen. Es müssen vielmehr in solchem Falle besondere Umstände dies rechtfertigen, indem z. B. auf der einen Seite jeder vernünftige Grund für die Nichtwiedereinstellung des Gekündigten fehlen würde, auf der anderen Seite aber der Zeitpunkt der Versetzung in den Ruhestand oder der Invalidisierung unmittelbar bevorstände oder mit andauernder Krankheit des Gekündigten und deshalb mit alsbaldiger Zahlung des Ruhegeldes zu rechnen wäre. Die Revision möchte es im Falle des Klägers für solche Schlußfolgerung gegen die Beklagte genügen lassen, daß die Beklagte durch die Zahlung der Urteilssumme in der Tat die Zahlung des Ruhegeldes an den Kläger erspart oder doch an diese Ersparnis geglaubt habe. Daß diese Erwägung, auch wenn sie von der Beklagten angestellt worden wäre, nicht hinreichen würde, um ihre Berufung auf die Nichtwiedereinstellung des Klägers und auf das Erlöschen seiner Ruhegeldanwartschaft infolge der Kündigung als unzulässige Rechtsausübung erscheinen zu lassen, ergibt sich bereits aus dem Dargelegten. Sonstige ausreichende Behauptungen hat aber weder der Kläger in den Vorinstanzen aufstellen können, noch hat die Revision in dieser Instanz auf solche Zusammenhänge hingewiesen.

Hiernach hängt die Entscheidung davon ab, ob der Auffassung des Berufungsgerichts beigetreten werden kann, daß mit der Beendigung des Arbeitsverhältnisses des Klägers infolge seiner Kündigung und Nichtwiedereinstellung durch die Beklagte auch seine Anwartschaftsrechte auf das Ruhegeld erloschen sind, daß er demgemäß, weil seine Invalidität erst nach der Beendigung des Arbeitsverhältnisses eingetreten und diese nicht eine Folge der Invalidität des Klägers gewesen ist, auch keine Ruhegeldansprüche erheben könne, und daß sich bei der gegebenen Sachlage solche Ansprüche auch nicht aus der Treu- und Fürsorgepflicht der Beklagten ergeben könnten.

Die Beklagte hat gegen den Kläger die fristlose Entlassung ausgesprochen. In dem Vorprozeß hat sich das Arbeitsgericht — wie die Auslegung der Entscheidungsgründe seines Urteils ergibt — auf den Standpunkt gestellt, es habe ein die fristlose Entlassung im Sinne des § 626 BGB., also die außerordentliche Kündigung, rechtfertigender wichtiger Grund nicht vorgelegen. Das ist in den Urteilsgründen ausgesprochen, ergibt sich aber auch daraus, daß das Arbeitsgericht die Beklagte zum Widerruf der fristlosen Kündigung des Klägers verurteilt hat, was, wie aus § 61 AOG. zu folgern ist, gesetzlich unzulässig wäre, wenn das Arbeitsgericht diese fristlose Kündigung als außerordentliche Kündigung aus wichtigem Grunde angesehen hatte (vgl. RAG. Bd. 19 S., 92 [94]). Mag jenes Urteil nur eine fristlose Entlassung des Klägers in diesem Sinne als unwirksam haben feststellen wollen oder nicht, für das vorliegende Verfahren ist, wie auch das Berufungsgericht zugunsten des Klägers mindestens unterstellt, jedenfalls davon auszugehen, daß eine wirksame außerordentliche Kündigung des Klägers aus wichtigem Grunde nicht zur Beendigung seines Arbeitsverhältnisses geführt hat.

Indessen weist die Revisionsbeantwortung mit Recht darauf hin, es sei damit noch nicht gesagt, daß die fristlose Kündigung des Klägers, zu deren Widerruf die Beklagte verurteilt worden ist, nicht doch als solche und nicht als nur befristete Kündigung wirksam gewesen ist. In dieser Beziehung ergibt die Betriebsordnung der Beklagten vom 29. September 1934 (unter II, j), daß die „fristlose Entlassung" im Falle unberechtigter Entnahme von Bier nach vorheriger Rücksprache des Führers des Betriebes mit dem Vertrauensrat zulässig ist. Offenbar geht das Arbeitsgericht in überzeugender Übereinstimmung mit der Ausdrucksweise der Bestimmung davon aus, daß durch die Betriebsordnung für den angeführten Fall eine fristlose Kündigung vorgesehen ist, die nicht als außerordentliche Kündigung aus wichtigem Grunde (§ 626 BGB.) angesehen werden kann, weil die unberechtigte Entnahme von Bier, objektiv betrachtet, wenigstens nicht schlechthin einen wichtigen Grund in diesem Sinne darzustellen braucht. Daß durch die Betriebsordnung eine solche Kündigungsbedingung angeordnet werden kann, ist rechtlich unbedenklich. Sie kann auch einzelvertraglich vereinbart werden, und es ist deshalb kein Grund ersichtlich, weshalb sie nicht bei der Feststellung der Arbeitsbedingungen durch die Betriebsordnung in gleicher Weise bestimmt werden könnte.

Die Rechtslage ist dann so anzusehen, daß es sich um eine ordentliche Kündigung handelt, wobei für den Fall des Vorliegens des in Rede stehenden Grundes infolge Bestimmung durch die Betriebsordnung vorgesehen ist, daß die ordentliche Kündigungsfrist nicht eingehalten zu werden braucht. Die Kündigung kann in solchen Fällen nach der Betriebsordnung beim Vorliegen des Grundes fristlos erfolgen, auch wenn sich dieser nicht als wichtiger Grund im Sinne des § 626 BGB. darstellt. Diese fristlose Kündigung steht hinsichtlich des Kündigungsschutzes der befristeten Kündigung gleich. Das Kündigungswiderrufsverfahren in den §§ 56 flg. AOG. bezieht sich auch auf diese Fälle, da eine solche fristlose Kündigung mangels Erfordernisses eines wichtigen Grundes eine unbillige Härte bedeuten kann. Denn eine Kündigung aus einem Grunde, der nach dem in der Betriebsordnung zum Ausdruck gelangten Urteil des Betriebsführers so wichtig ist, daß er fristlose Entlassung gestattet, kann gleichwohl eine unbillige Härte enthalten. wenngleich solche Sachlage nur in Ausnahmefällen anzunehmen sein wird.

Durch das Urteil im Vorprozeß ist die Beklagte zum Widerruf dieser Kündigung oder, wenn sie den Widerruf ablehne, zur Zahlung einer Entschädigung von 1200 RM verurteilt worden. Das Berufungsgericht hat diese Entscheidung offenbar als für sich verbindlich angesehen und ist demgemäß davon ausgegangen, daß die Kündigung als solche in diesem Sinn rechtswirksam gewesen sei und demnach das Arbeitsverhältnis des Klägers sogleich zur Beendigung gebracht habe. Diese Auffassung von der Wirksamkeit der Kündigung kann zwar nicht aus der Rechtskraft jenes Urteils abgeleitet werden, da sie nur in seinen Entscheidungsgründen ausgesprochen ist und diese an der Rechtskraft nicht teilnehmen; sie ergibt sich aber aus sachlichen Gründen im Hinblick auf das über den Inhalt der Betriebsordnung Ausgeführte ohne weiteres als zutreffend.

Hiernach kommt es auf die von der Revision aufgeworfenen Frage nicht an, welche Kündigungsfrist die Beklagte dem Kläger gegenüber im Falle einer befristeten Kündigung — wenn man nämlich in der fristlosen Entlassung in Anbetracht ihrer Unwirksamkeit eine solche befristete Kündigung hätte erblicken müssen — hätte einhalten müssen. Damit entfällt auch die von der Revision angedeutete Möglichkeit, daß das Arbeitsverhältnis des Klägers noch im Zeitpunkte seiner Invalidität bestanden habe, weil es erst mit dem Ablauf der dem Kläger zukommenden Kündigungsfrist zu Ende gegangen und dieser erst nach dem 1. Juni 1938 erfolgt sei.

Nach ständiger Rechtsprechung des Reichsarbeitsgerichts ist es rechtlich zulässig, daß der Unternehmer dem Arbeiter vertraglich einen Pensionsanspruch einräumt und sich dennoch das freie Kündigungsrecht — mit der Wirkung des Erlöschens des Pensionsanspruchs — vorbehält (RAG. Bd. 17 S. 244, Bd. 20 S. 24). Demgemäß kann auch der bei der Beklagten bestehende Brauch, altgedienten Arbeitern und Angestellten eine Pension zu zahlen, der Kündigungsbefugnis der Beklagten — von Willkür- und Mißbrauchsfällen abgesehen — an sich nicht entgegenstehen. Das gilt besonders für den Fall der fristlosen Kündigung in dem in der Betriebsordnung vorgesehenen Sinn. Erfolgt hiernach eine wirksame Kündigung, so erlischt das Vertragsverhältnis zwischen den Parteien, und es endigen damit auch die Anwartschaft des Dienstverpflichteten auf Ruhegeld und sein Ruhegeldanspruch.

Allein, wie das Reichsarbeitsgericht bereits im Zusammenhang mit der Entlassung aus wichtigem Grunde (§ 826 BGB.) ausgesprochen hat (vgl. Urteil vom 11. Mai 1938 RAG. 13/38 in ArbRSamml. Bd. 33 S. 107 [110]), ist dieses Erlöschen des Ruhegeldanspruchs, wenn nicht gerade eine schwere Treupflichtverletzung auf der Seite des Gefolgsmannes vorliegt, nicht eine unabdingbare Folge der Kündigung. Was dort für die fristlose Entlassung aus wichtigem Grunde gesagt ist, muß erst recht für die fristlose Entlassung auf Grund besonderer vertraglicher Vereinbarung oder Bestimmung durch die Betriebsordnung gelten: es kann sich aus den vertraglichen Abreden der Parteien oder aus den sonst für das Dienstverhältnis zwischen ihnen maßgebenden Grundsätzen, Umständen und Bestimmungen ein anderes ergeben.

Eine einzelvertragliche Abrede in dem Sinn, daß der Ruhegeldanspruch des Klägers auch seine Kündigung oder die fristlose Entlassung gemäß der in Rede stehenden Bestimmung der Betriebsordnung überdauern solle, kommt hier nicht Frage. Es bedarf daher der Prüfung, ob anderweitige mit dem Beschäftigungsverhältnis des Klägers zusammenhängende Umstände es erfordern, daß die Beklagte ihm, trotzdem er schon einige Zeit vor Eintritt seiner Invalidität aus ihren Diensten ausgeschieden ist, das dem Brauch entsprechende Ruhegeld zahlt.

In die erste Reihe muß in diesem Zusammenhang die Frage treten, ob nicht die fristlose Kündigung, wenn sie auch, wie dargelegt, rechtswirksam war und das Dienstverhältnis beendigte, doch eine unbillige Härte gegenüber dem Kläger enthielt. Das hat im Vorprozeß das Arbeitsgericht angenommen und darum die Beklagte zum Widerruf der Kündigung (§ 56 AOG.) verurteilt. Wenn diese Annahme auch als bloße Grundlage des Urteilsausspruchs, wie ebenfalls gezeigt, nicht in Rechtskraft erwachsen ist, so liegt es doch nahe, daß sie sich aus sachlichen Gründen als zutreffend erweist. Das wird das Berufungsgericht zu prüfen haben. Sollte diese Prüfung die Beurteilung des Sachverhalts im Vorprozeß bestätigen, so ergibt sich daraus die weitere Frage, ob diese unbillig harte Kündigung außer der Beendigung des Dienstverhältnisses auch noch die fernere Folge haben kann, den Kläger in dem alsbald eingetretenen Fall seiner Invalidität des Ruhegehaltsanspruchs zu berauben, den er erworben haben würde, wenn ihn jene — trotz ihrer Rechtswirksamkeit dann zu mißbilligende — Kündigung nicht betroffen hätte.

Das ist nicht selbstverständlich, sondern kann nur unter Heranziehung aller sonstigen Umstände des Falles und unter Abwägung des durch sie gebotenen Für und Wider entschieden werden. Denn die Ruhegehaltanwartschaft und der Ruhegeldanspruch der Gefolgschaftsmitglieder der Beklagten haben ihre rechtliche Grundlage zwar in den Arbeitsverträgen; deren Inhalt ist nach dieser Richtung hin aber durch den bei der Beklagten bestehenden Brauch bestimmt worden (vgl. RAG.

Bd. 19 S. 281). Die Rechtsbeziehungen haben demnach ihre Wurzel letzten Endes in dem Gemeinschaftsverhältnis zwischen der Beklagten und ihrer Gefolgschaft und in dem dieses beherrschenden Grundsatz der Gleichbehandlung und Gleichstellung der Gefolgschaftsmitglieder, mit anderen Worten in der der Beklagten ihren Gefolgschaftsmitgliedern gegenüber obliegenden und durch eine bestehende Ordnung inhaltlich bestimmten Fürsorgepflicht. Die Frage, ob dem Kläger trotz seines durch die fristlose Entlassung herbeigeführten Ausscheidens aus dem Arbeitsverhältnis und die dadurch bedingte Beendigung der vertraglichen Beziehungen zwischen den Parteien darüber hinaus die Ruhegeldanwartschaft und der Ruhegeldanspruch erhalten geblieben sind und in welchem Umfange das etwa der Fall gewesen ist, ist daher weiterhin unter diesen Gesichtspunkten zu betrachten.

Da das Berufungsgericht, wie gesagt, eine schwere Treupflichtverletzung des Klägers als Grund für die fristlose Entlassung bisher nicht festgestellt hat, ist eine solche Verletzung als Grund für den Wegfall des Ruhegeldanspruchs zur Zeit außer Betracht zu lassen. Ob im übrigen die Fürsorgepflicht der Beklagten gegenüber dem Kläger so weit reicht, daß sie trotz Beendigung seines Dienstverhältnisses verpflichtet geblieben ist, ihm für den Fall seiner Invalidität oder auch der Erreichung der Altersgrenze Ruhegeld zu gewähren und in welcher Höhe sie das gegebenenfalls tun muß, ist unter Berücksichtigung der Einzelumstände des Falles zu entscheiden. Dabei wird nicht daran vorübergegangen werden können, daß der Kläger 23 Jahre im Betriebe der Beklagten seine Pflicht getan und in diesem Betriebe unbestritten drei Betriebsunfälle erlitten, sich also mit seiner ganzen Person und Arbeitskraft für die Beklagte eingesetzt und auch gesundheitliche Opfer für sie gebracht hat. Zu berücksichtigen ist auch, daß er bei seinem Ausscheiden aus den Diensten der Beklagten bereits 62 Jahre alt gewesen ist, also in einem Alter gestanden hat, in welchem erfahrungsgemäß wenigstens unter normalen Zeit- und Wirtschaftsverhältnissen das Auffinden eines neuen Arbeitsplatzes außerordentlich erschwert, wenn nicht unmöglich ist, und daß annehmbar der Gesundheitszustand des Klägers im Zeitpunkte seines Ausscheidens bei der Beklagten bereits erheblich herabgesetz gewesen ist, wie die Tatsache zeigt, daß er kurze Zeit nachher invalide geworden ist.

Im Zusammenhang hiermit kann auch der bisher von dem Berufungsgericht nicht aufgeklärte Sachverhalt, aus dem die Invalidität entstanden ist, von Bedeutung werden; es würde nicht unberücksichtigt bleiben können, wenn dieser Sachverhalt etwa, was die zeitlichen Zusammenhänge nahelegen, ursächlich in das Dienstverhältnis des Klägers oder seine dadurch bedingte Lebensumstände hineinreichte.

Auf der anderen Seite müßte es gegen den Kläger ins Gewicht fallen, wenn er seine Gemeinschaftspflichten und Dienstpflichten die letzten Jahre nur lässig erfüllt oder dagegen verstoßen hätte, wobei allerdings kleinere Vorkommnisse und Verstimmungen, wie sie schließlich trotz aller Bemühungen im menschlichen Zusammenleben immer wieder täglich auftreten, nicht übermäßig scharf gewertet werden dürfen. Auch könnten zugunsten der Beklagten die Tatsache, daß der Kläger von ihr bereits eine erhebliche Entschädigung bei seinem Ausscheiden erhalten hat — insbesondere, wenn etwa bei ihrer Festsetzung der Ruhegeldanspruch des Klägers mitberücksichtigt worden wäre — und andere Billigkeitserwägungen ins Gewicht fallen, z. B. auch, daß der Kläger durch sein Verhalten Anlaß zu der Kündigung gegeben hat und somit die Beklagte nötigen würde, ihm, der vielleicht sonst seine Tätigkeit noch längere Zeit hätte versehen können, vorzeitig Ruhegeld zu gewähren.

Alle diese Einzelumstände müssen nicht nur bei der Beantwortung der Frage, ob dem Klägr ein Ruhegeld zuzubilligen ist, sondern auch bei der Bestimmung der Höhe des Ruhegeldanspruchs, die mit dem Ziele eines gerechten Ausgleichs dem Gericht obliegt, Berücksichtigung fordern.

Diese Abwägung unter dem Gesichtspunkt der Treupflicht des Klägers auf der einen Seite, der Fürsorgepflicht der Beklagten auf der anderen Seite und der Interessenlage auf beiden Seiten vorzunehmen, ist Aufgabe des Tatrichters, der er sich im vorliegenden Fall bisher verschlossen hat, weil er es als eine Überspannung der Fürsorgepflicht der Beklagten angesehen hat, wenn sie trotz Ausscheidens eines Gefolgschaftsmitglieds verpflichtet würde, diesem bis zu seinem Tode Ruhegeld zu gewähren. Da dieser Standpunkt des Berufungsgerichts nach dem Dargelegten durch die bisherigen Feststellungen nicht gerechtfertigt wird, muß das angefochtene Urteil aufgehoben und die Sache zur Verhandlung und Entscheidung an den Vorderrichter zurückverwiesen werden.

RAG. 21, 364.

1. Kann ein Gefolgschaftsmitglied, das die Voraussetzungen einer Tarifgruppe an sich erfüllt, insbesondere die erforderlichen Prüfungen abgelegt hat, mit Rücksicht auf seine Beschäftigung nur mit leichteren Arbeiten oder wegen seiner unterdurchschnittlichen Leistungsfähigkeit

untertariflich entlohnt werden? — Kann ein Facharbeiter als Helfer entlohnt werden?

2. Wird durch eine wegen ihrer Tarifwidrigkeit nichtige Lohnvereinbarung der ganze Arbeitsvertrag nichtig?

3. Kann gegen die nachträgliche Forderung auf tarifliche Entlohnung Arglist eingewendet werden?

Tarifordnung für das Blechner-, Spengler-, Installateur- und Kupferschmiedehandwerk im Wirtschaftsgebiet Saarland-Pfalz vom 17. Dezember 1935 (RArbBl. 1936 VI S. 41), § 4. AOG. § 32.

Urteil vom 27. September 1939.

I. Arbeitsgericht Kaiserslautern. — II. Landesarbeitsgericht Zweibrücken.

Der Kläger ist gelernter Spengler und hatte seine Lehrzeit beim Beklagten zurückgelegt. Er war, nachdem er inzwischen anderweit beschäftigt gewesen war, in der Zeit vom 14. März bis zum 26. August 1938 erneut beim Beklagten in dessen Spenglerbetrieb tätig. Er stand während dieser Tätigkeit im 3. Berufsjahr nach vollendeter Lehrzeit und erhielt einen Stundenlohn von 50 Rpf.

Der Betrieb des Beklagten unterliegt der Tarifordnung für das Blechner-, Spengler-, Installateur- und Kupferschmiedehandwerk im Wirtschaftsgebiet Saarland/Pfalz vom 17. Dezember 1935. Diese Tarifordnung enthält in ihrem § 4 „Entlohnung" unter B. „Lohngruppeneinteilung" die folgenden Bestimmungen:

B. Lohngruppeneinteilung.

Lohngruppe A: Gehilfen im 1. und 2. Berufsjahr nach vollendeter Lehre.

Lohngruppe B: Gehilfen im 3. und 4. Berufsjahr nach vollendeter Lehre. . . .

Die Löhne sind Mindestlöhne und gelten für Facharbeiter, welche die ihnen zugewiesenen Arbeiten nach den fachüblichen Regeln sauber und in angemessener Zeit ausführen können. Für höhere oder bessere Leistungen sollen Zulagen gewährt werden, deren Höhe der freien Vereinbarung unterliegt.

Mit nachweislich minderleistungsfähigen Gefolgschaftsmitgliedern kann ein vom Tariflohn abweichender Lohn vereinbart werden, bei Bestehen eines Vertrauenrates nach Beratung mit diesem. Wo kein Vertrauensrat besteht, wird die Vereinbarung wirksam mit der Anzeige beim Treuhänder der Arbeit. . . .

Die Mindestlöhne der angelernten Arbeiter liegen 10 v. H., die der ungelernten 20 v. H. unter den Mindestlöhnen der Facharbeiter. . . .

Der Kläger verlangte auf Grund dieser Tarifbestimmungen die Nachzahlung des Unterschiedes zwischen dem ihm gezahlten und dem für Facharbeiter festgesetzten Stundenlohn von 56 Rpf. (Ortsklasse II, 3. Berufsjahr) im Gesamtbetrage von 94,02 RM für die von ihm geleisteten Arbeitsstunden.

Der Beklagte wendet ein, der Kläger sei nicht als Geselle, sondern als Helfer eingestellt und beschäftigt worden. Er sei eine minderwertige Arbeitskraft. Die Gehilfenprüfung habe er nur zur Not bestanden. Sein nachträgliches Verlangen, als Facharbeiter voll bezahlt zu werden, verstoße gegen Treu und Glauben.

Beide Vorinstanzen haben gegen den Kläger erkannt. Das Berufungsgericht hielt für erwiesen, daß der Kläger als Helfer eingestellt worden sei, und hielt diese Vereinbarung für zulässig. Die Tarifordnung verbiete nicht, einen Gehilfen als Helfer zu beschäftigen. Der Kläger habe auch keine Gehilfendienste geleistet, sodern sei als Monteurhandlanger und mit den einfachsten Taglöhnerverrichtungen beschäftigt worden. Das Verlangen des Klägers verletze auch Treu und Glauben.

Die Revision führte zur Aufhebung der Vorentscheidungen und zur Verurteilung des Beklagten nach dem Klageantrag.

Gründe:

Es muß davon ausgegangen werden, daß der Kläger nach seiner Vorbildung die Voraussetzungen erfüllt, die die Tarifordnung an den Begriff des Facharbeiters stellt. Er hat die vorgeschriebene Lehrzeit eines Spenglers abgeleistet und hat die Gesellenprüfung abgelegt. Unerheblich ist hier, ob er die Gehilfenprüfung mit gutem oder nur mit noch ausreichendem Erfolge bestanden hat. Unerheblich für den Begriff des Facharbeiters ist auch die volle Fertigkeit im beruflichen Können. Auch der minderleistungsfähige Facharbeiter ist nach der streitigen Tarifordnung zunächst als Facharbeiter zu bezahlen. Somit steht auch dem Kläger dieser Anspruch an sich zu. Nun eröffnet allerdings die Tarifordnung die Möglichkeit, auch mit einem Facharbeiter bei Nachweis seiner minderen Leistungsfähigkeit einen vom Tariflohn abweichenden Lohn zu vereinbaren. Die Tarifordnung will damit sichtlich Härten für den Unternehmer ausschalten, die sich möglicherweise bei der Einstellung minderleistungsfähiger Facharbeiter ergeben, Härten, wie sie nach dem Vortrag des Beklagten zu dem vorliegenden Rechtsstreit geführt haben. Die Vereinbarung eines minderen Lohnes setzt aber die Beratung im Vertrauensrat voraus oder, falls dieser nicht vorhanden ist, die Anzeige an den Reichstreuhänder der Arbeit. Ganz offenbar soll durch diese Bedingungen ein Mißbrauch der Bestimmungen über minderleistungsfähige Facharbeiter zum Zwecke der Umgehung der Tarifordnung verhindert werden. Diesen Bedingungen hat der Beklagte nicht genügt. Damit ist aber die an sich zulässige Vereinbarung des Minderlohns bei Vorliegen einer Minderleistungsfähigkeit des Klägers unwirksam geblieben. Als Facharbeiter hat der Kläger daher Anspruch auf den vollen Tariflohn. Keinesfalls kann er, der die Voraussetzungen des Facharbeiters erfüllt, als angelernter oder ungelernter Arbeiter im Sinne der Tarifordnung angesehen werden.

Die etwaige Vereinbarung der Parteien, den Kläger nicht als Facharbeiter, sondern als Helfer zu beschäftigen, wäre tarifwidrig. Es kann unerörtert bleiben, ob und unter welchen Voraussetzungen es bei bestehendem Tarif möglich ist, einen Facharbeiter, der mit völlig abweichenden oder untergeordneten Arbeiten beschäftigt wird, außer Tarif zu bezahlen. So würde etwa, um ein Beispiel zu bilden, ein Chemiker mit abgeschlossener Hochschulbidung, der als Laboratoriumsdiener in einem chemischen Betriebe beschäftigt wird, keinen Anspruch auf Bezahlung nach dem Tarif für Chemiker mit abgeschlossener Hochschulbildung haben. So liegt der Fall hier aber nicht. Der Kläger ist ganz offensichtlich mit in seinen Beruf als Spenglergeselle einschlägigen Arbeiten beschäftigt worden. Nach den Feststellungen des Berufungsgerichts wird allerdings anzunehmen sein, daß dem Kläger keine Arbeiten, die eine vollkommene Durchbildung voraussetzen, übertragen werden konnten, und daß auch die ihm sonst übertragenen Arbeiten in vielen Fällen durch einen anderen Facharbeiter nachgeprüft werden mußten. Deswegen bleibt der Kläger aber doch Facharbeiter. Die Vereinbarung, ihn als Helfer zu bezahlen, würde gegen unabdingbare Tarifvorschriften verstoßen. Aus den gleichen Erwägungen heraus kann der Beklagte auch keine Einwendungen gegen den Klaganspruch aus der tatsächlichen Ausgestaltung des Arbeitsverhältnisses herleiten.

Die Revisionsbeantwortung weist weiter im Anschluß an Ausführungen des ersten Richters darauf hin, daß die etwaige Vereinbarung eines nichtigen Lohnes die Gesamtnichtigkeit des Arbeitsvertrages zur Folge haben würde. Sie übersieht hierbei, daß aus der Unabdingbarkeit der in Tarif- und auch in Betriebsordnungen festgesetzten Mindestbedingungen zwar folgt, daß abweichende ungünstigere Bedingungen nichtig sind. An die Stelle der vereinbarten treten in solchen Fällen die tariflichen Mindesbedingungen. Im übrigen wird aber, sofern nicht besondere Voraussetzungen im einzelnen Fall zu einem anderen Ergebnis führen sollten, durch die Vereinbarung ungünstigerer Bedingungen keine Gesamtnichtigkeit des Arbeitsvertrages herbeigeführt (vgl. RAG. Bd. 2 S. 356 [358]).

Hiernach ist der Klageanspruch, dessen rechnerische Höhe unstreitig ist, nach der Tarifordnung begründet. Ihm kann auch nicht die Einrede der allgemeinen Arglist entgegengehalten werden. Zwar ist auch gegenüber dem Anspruch auf die Gewährung des Tariflohnes diese Einrede nicht unbedingt ausgeschlossen. Sie erfordert aber, wenn sie gegenüber dem Grundsatz der Unabdingbarkeit des Tariflohnes durchdringen soll, besonders wesentliche und erschwerende Umstände (RAG. Bd. 18 S. 113 [115] und 160 [163]). Solche Umstände liegen hier nicht vor. Der Kläger handelte nicht arglistig, als er sich mit der untertariflichen Bezahlung einverstanden erklärte. Eine Vereinbarung dieser Art war im Tarif sogar ausdrücklich vorgesehen. Sache des Beklagten wäre es gewesen, sich durch die Beratung im Vertrauensrat oder hilfsweise durch die Anzeige an den Reichtreuhänder der Arbeit das Recht zur untertariflichen Bezahlung endgültig zu erwirken. Es ist auch nicht zu erkennen, daß der Kläger den Beklagten etwa durch eine Erklärung, er würde auch ohne die Anzeige keinesfalls den Tariflohn beanspruchen, veranlaßt hat, von der ihm zustehenden Rechtsbehelfen keinen Gebrauch zu machen. Unterließ bei dieser Sachlage der Beklagte es, sich das Recht zur untertariflichen Bezahlung zu sichern, so kann er nicht nachträglich dem Kläger, der den ihm zustehenden Tariflohn verlangt, einen Verstoß gegen Treu und Glauben oder gar Arglist vorwerfen.

RAG. 22, 13.

1. Über die Tragweite der Vorschrift des § 17 Nr. 4 Abs. 2 der Dienstordnung für die Arbeiter der Deutschen Reichspost, daß zuviel gezahlte Löhne zurückzuzahlen sind.

2. Ist aus den §§ 2 Abs. 2 AOG., AOGöV. eine allgemeine Fürsorgepflicht des Inhaltes herzuleiten, daß der Unternehmer die Löhne seiner Gefolgschaft richtig berechnen muß, mit der Folge, daß eine Falschberechnung gegenüber einem Anspruch auf Zurückzahlung zuviel gezahlten Lohnes eine Arglisteinrede begründet?

3. Über das Erfordernis der inhaltlichen Wiedergabe solcher Zeugenaussagen im Berufungsurteil, die in der Sitzungsniederschrift nicht festgelegt worden sind.

Dienstordnung für die Arbeiter der Deutschen Reichspost, gültig ab 20. Mai 1934 (Amtsblatt des Reichspostministeriums 1934 Nr. 46). — AOG. § 2, AOGöV. § 2, BGB. § 818 Abs. 3, ZPO. §§ 161, 313 Abs. 1 Nr. 3.

Urteil vom 27. September 1939.

I. Arbeitsgericht Berlin. — II. Landesarbeitsgericht daselbst.

Der Beklagte hat längere Jahre als Kraftfahr- und Werkstättenarbeiter in Diensten der Deutschen Reichspost gestanden. Er war zuletzt bis zu seinem am 8. August 1937 erfolgten Ausscheiden aus dem Postdienst beim Postamt in L. beschäftigt, nachdem er vorher beim Telegraphenbauamt in Fr. gearbeitet hatte. Versehentlich ist ihm vom Postamt in L. derselbe Lohn, wie er ihn vorher in Fr. gehabt hatte, ausgezahlt worden, obwohl ihm nach der maßgebenden „Dienstordnung für die Arbeiter der Deutschen Reichspost", wie sie seit 1934 in Kraft war, in L. nur ein geringerer Lohn zustand. Der Kläger forderte den zuviel gezahlten Lohn mit der Klage zurück und berief sich dabei auf § 17 Nr. 4 Abs. 2 der genannten Dienstordnung, wo es bezüglich überhobener Lohnbeträge heißt: „Etwa zuviel gezahlte Beträge sind zurückzuzahlen".

Der Beklagte hielt den Rückzahlungsanspruch für unbegründet, weil er die zuviel erhaltenen Beträge in gutem Glauben empfangen und für seinen notwendigen Lebensbedarf verbraucht habe, so daß er mangels noch vorhandener Bereicherung zu einer Rückzahlung nicht verpflichtet sei. Er berief sich auch darauf, er habe auf seiner Arbeitsstelle in L. keine Möglichkeit gehabt, die Richtigkeit seines Lohnes nachzuprüfen, weil die Dienstordnung dort nirgends ausgehangen habe. Auf eine Anfrage bei dem dortigen Oberpostmeister L. sei ihm versichert worden, er bekomme denselben Lohn wie in Fr. ausbezahlt.

Beide Vorinstanzen haben die Klage abgewiesen. Die Revision führte zur Zurückverweisung aus folgenden

Gründen:

Das Berufungsgericht geht davon aus, daß der sich aus § 818 Abs. 3 BGB. ergebende Einwand des Wegfalls einer früheren Bereicherung, mit dem der Beklagte dem Klagebegehren in erster Reihe entgegentritt, sowohl durch Einzelabrede als auch durch Tarif-, Betriebs- oder Dienstordnung ausgeschlossen werden könne. Sodann führt es des näheren aus, daß ein solcher Ausschluß der vom Kläger zur Grundlage seiner Klagforderung gemachten Vorschrift der Dienstordnung (§ 17

Nr. 4 Abs. 2) zu entnehmen sei, indem es namentlich darauf hinweist, daß diese — auch in die neue Dienstordnung für die Arbeiter der Reichspost im Jahre 1938 wieder aufgenommene — Vorschrift überflüssig und zwecklos wäre, wenn damit lediglich der sich ohnehin aus § 812 BGB. ergebende Rückzahlungsanspruch hätte festgelegt werden sollen. Weiter erörtert es, ob die genannte Vorschrift mit ihrem vorbehaltlosen Ausschluß des Einwandes etwa deshalb als sittenwidrig anzusehen sei, weil vorher, in § 17 Nr. 4 Abs. 1, für etwaige Einwendungen, d. h. Einwendungen des Arbeiters, gegen die Richtigkeit der Lohnabrechnung eine nur dreitägige Frist festgelegt worden sei. Diese Frage verneint es.

Bis hierher geben die Urteilsgründe zu rechtlichen Bedenken keinen Anlaß. Der § 17 Nr. 4 Abs. 2 der Dienstordnung läßt sich übrigens auch so auffassen, daß damit ohne weiteres ein Vertragsanspruch auf Zahlung des betreffenden Betrages begründet werden sollte.

Das Berufungsgericht weist dann gleichwohl die Klage ab, indem es die von ihm in dem Vorbringen des Beklagten erblickte Einrede der Arglist durchschlagen läßt. Hierzu hat es folgendes ausgeführt: Bei der aus § 2 AOG. und § 2 AOGöV. sich ergebenden Vertiefung der allgemeinen Fürsorgepflicht erscheine es als eine Pflicht der Betriebsführung, für eine ordnungsmäßige Berechnung der Arbeitslöhne zu sorgen. Das müsse sicherlich gelten, wenn es sich um schwierige Berechnungen handele, wie es hier der Fall sei. Der Arbeiter müsse sich darauf verlassen können, daß sein Lohn richtig berechnet sei, er dürfe deshalb den vom Unternehmer berechneten Lohn ohne nähere Nachprüfung in Empfang nehmen und verbrauchen, es sei denn, daß er die Zuvielzahlung bemerkt habe oder daß er sie ohne weiteres hätte erkennen müssen. Damit sei aber das Recht des Unternehmers auf Rückerstattung zuviel gezahlter Beträge insoweit ausgeschlossen; denn es widerspreche Treu und Glauben, wenn der Arbeiter den Wert des Lohnbetrages, den er zufolge Verletzung einer Fürsorgepflicht des Unternehmers zuviel erhalten und verbraucht habe, aus seinem Vermögen ersetzen sollte, wodurch er in aller Regel nicht unerheblichen Schaden leiden würde. In solchen Fällen — und so auch hier — sei deshalb gegenüber dem Rückerstattungseinspruch die allgemeine Einrede der Arglist gegeben. Im vorliegenden Fall sei die Verletzung der Fürsorgepflicht um so größer und die Arglisteinrede desto eher begründet, als auf Grund der Beweisaufnahme für erwiesen zu erachten sei, daß dem Kläger auf Befragen nach der Lohnhöhe alsbald nach seinem Dienstantritt in L. von dem Oberpostmeister L. ausdrücklich die Richtigkeit des empfangenen Lohnes bestätigt worden sei und er mangels ordnungsmäßigen Aushangs der

Dienstordnung in L. die Lohnabrechnung nicht selbst habe nachprüfen können.

Diese Ausführungen werden von der Revision mit Recht angegriffen. Lediglich aus der sich aus § 2 AOG., § 2 AOGöV. ergebenden allgemeinen Fürsorgepflicht eine rechtliche Verpflichtung des Unternehmers zur richtigen Lohnberechnung herzuleiten mit der Folge, daß ein Berechnungsfehler als eine zum Schadensersatz verpflichtende Fürsorgepflichtverletzung angesehen werden müßte, geht nicht an. In der vom Berufungsgericht angeführten Entscheidung des Reichsarbeitsgerichts vom 17. April 1937 RAG. 300/36 (ArbRSamml. Bd. 29 S. 363 flg.) findet seine Ansicht keine Stütze, es handelt sich dort um einen völlig anders liegenden Fall. Es bedeutet aber eine Überspannung der Fürsorgepflicht, wenn das Berufungsgericht meint, ein Arbeiter müsse sich ohne weiteres darauf verlassen können, daß sein Lohn richtig berechnet werde und er dürfe deshalb regelmäßig seinen Lohn ohne nähere Nachprüfung in Empfang nehmen und verbrauchen. Es ist dem Arbeiter durchaus zuzumuten, daß er sich auch selbst um den ihm zustehenden Lohn kümmert. Deshalb werden ja auch die Lohntarife den Gefolgsleuten grundsätzlich zugänglich gemacht; außerdem stehen ihnen im Vertrauensrat, im Betriebsobmann oder in der Deutschen Arbeitsfront Hilfen zur Nachprüfung ihres Lohnes zur Seite. Bei Prüfung der Frage, ob durch § 17 Nr. 4 Abs. 2 der Dienstordnung der Einwand aus § 818 Abs. 3 BGB. ausgeschlossen sei, hat das Berufungsgericht zur Unterstützung seiner Ansicht darauf hingewiesen, die dort vom Beklagten vertretene gegenteilige Ansicht müsse dazu führen, daß praktisch in fast keinem Fall zuviel gezahlter Lohn zurückgefordert werden könne, da dann regelmäßig der Einwand aus § 818 Abs. 3 BGB. Platz greifen werde. Dasselbe Ergebnis würde aber eintreten, wenn man mit dem Berufungsgericht regelmäßig in einer falschen Lohnberechnung eine Fürsorgepflichtverletzung mit der daraus von ihm hergeleiteten Folge, nämlich einer Arglisteinrede gegenüber dem durch die Dienstordnung festgelegten Rückerstattungsanspruch, erblicken wollte. Die Auffassung des Berufungsgerichts vom Umfang der Fürsorgepflicht des Unternehmers ist deshalb als rechtsirrig abzulehnen.

Das hindert aber nicht, daß sich im Einzelfall aus den besonderen Umständen gegenüber einem Anspruch auf Rückzahlung zuviel gezahlten Lohnes doch die Einrede einer unrichtigen Rechtsausübung ergeben kann mit der Folge, daß der Anspruch abgewiesen werden müßte. Das würde hier der Fall sein, wenn es zuträfe, daß der Beklagte, dem damals die fragliche Dienstordnung mangels Aushangs nicht zugänglich gewesen sein soll, auf Nachfrage von dem Oberpostmeister in L. die Zusicherung erhalten hätte, daß sein Lohn in L. derselbe bleibe, wie er in Fr. gewesen sei. Dann wäre allerdings die spätere Rückforderung mit Treu und Glauben nicht mehr vereinbar und der Kläger müßte sich dann die genannte Einrede entgegenhalten lassen. Das Berufungsgericht hat in dieser Beziehung dem Kläger nachteilige Feststellungen getroffen; doch greift hier die Rüge einer Verletzung des § 313 Abs. 1 Nr. 3 ZPO. durch, da das Berufungsgericht trotz wiederholter Hinweise in der höchstrichterlichen Rechtsprechung die Aussagen der vernommenen Zeugen weder in einer Sitzungsniederschrift festgelegt, noch im Berufungsurteil wiedergegeben hat. Darin liegt nach ständiger Rechtsprechung (vgl. RGZ. Bd. 151 S. 249, RAG. Bd. 14 S. 179, Bd. 21 S. 58 flg.) ein auch schon von Amts wegen zu berücksichtigender Tatbestandsmangel, der zur Aufhebung des angefochtenen Urteils und zur Zurückverweisung der Sache an das Berufungsgericht führen mußte.

RAG. 22, 41.+

Welche Anforderungen sind an die nach Beendigung eines Arbeitsverhältnisses ausgestellte „Ausgleichsquittung“ gegenüber einer bloßen Lohnquittung zu stellen?

AOG. § 32 Abs. 2.

Urteil vom 11. Oktober 1939.

I. Arbeitsgericht Neustrelitz. — II. Landesarbeitsgericht Güstrow.

. . .

Der Kläger verlangte von der Beklagten auf Grund der Tarifordnung für sämtliche am Bauvorhaben der Lagerbauten bei Neustrelitz beteiligten Betriebe vom 14. Juni 1935 (RArbBl. VI S. 475) für die Zeit vom 19. Oktober 1936 bis zum 18. Januar 1937 und vom 18. Februar bis 13. April 1937 für jeden Kalendertag eine Auslösung in Höhe von 1 RM, für die 147 Tage also 147 RM.

Die Beklagte wendete ein, dem Anspruche stehe schon die Ausgleichsquittung entgegen, die der Kläger bei seiner Entlassung am 13. April 1937 erteilt und in der er bekannt habe, keinerlei Ansprüche mehr gegen die Beklagte zu haben. . . .

Während das Arbeitsgericht der Klage stattgab, wies das Landesarbeitsgericht sie ab. Die Revision hatte keinen Erfolg.

Gründe:

Das Berufungsgericht hat die Berechtigung des Klageanspruchs, ohne ihn im übrigen einer Prüfung zu unterziehen, aus dem Grunde verneint, weil ihm die schriftliche Erklärung entgegenstehe, die der Kläger am 13. April 1937, nach Beendigung seines Arbeitsverhältnisses bei der Beklagten, dieser gegenüber abgegeben hat und in der es eine „Ausgleichsquittung“ erblickt. In der Rechtsprechung des Reichsarbeitsgerichts ist anerkannt (RAG. Bd. 14 S. 180, Bd. 16 S. 213 [216], Bd. 17 S. 5), daß der Beschäftigte, der nach Beendigung des Arbeitsverhältnisses über seine Lohnforderung und so besonders auch über den Tariflohnanspruch frei verfügen und darauf verzichten kann (RAG. Bd. 16 S. 213), sich nach Abrechnung über seine Forderungen auch seinem Arbeitgeber gegenüber in einer schriftlichen Erklärung mit Rechtswirksamkeit wegen aller Ansprüche aus dem Arbeitsverhältnis für befriedigt erklären kann. Diese als Ausgleichsquittung bezeichnete Erklärung stellt rechtlich kein einfaches Empfangsbekenntnis über die Leistung des Arbeitgebers dar, sondern einen Vertrag zwischen dem Arbeitgeber und dem Beschäftigten des Inhalts, daß das Arbeitsverhältnis restlos erledigt ist und der Beschäftigte aus ihm nichts mehr zu fordern hat. Ob im gegebenen Falle eine solche Ausgleichsquittung vorliegt, ist nach der Art der Erklärung und den etwa in Betracht kommenden Umständen zu beurteilen. Erforderlich ist eine unzweideutige Erklärung, daß der Beschäftigte an seinen Arbeitgeber keine Ansprüche mehr zu stellen hat. Die Art, wie sie abgegeben wird, ob in einem besonders angefertigten Schriftstück oder lediglich durch Unterzeichnung eines die Erklärung enthaltenden, von dem Arbeitgeber bereitgehaltenen Vordrucks durch den Beschäftigten, ob dieser hierbei etwa noch die Frage, ob er wegen seiner Ansprüche befriedigt sei, besonders zu bejahen hat oder nicht, ist für ihre Rechtswirksamkeit ohne Belang. Das Recht macht in dieser Richtung in der Bewertung einer Erklärung keinen Unterschied. Dem Beschäftigten muß jedoch klar erkennbar sein, daß es sich um die endgültige Erledigung seiner arbeitsvertraglichen Beziehungen zu seinem bisherigen Arbeitgeber handelt. Verwendete Vordrucke müssen sich daher deutlich unterscheiden von den etwa laufend in dem Unternehmen verwendeten Vordrucken für bloße Lohnquittungen, die ebenfalls die Erklärung enthalten, daß der Beschäftigte keine weiteren Ansprüche mehr zu stellen habe. Ist das nicht der Fall, so kommt der nach Beendigung des Arbeitsverhältnisses ausgestellten Erklärung der Charakter einer Ausgleichsquittung nicht zu. Denn es kann nicht damit gerechnet werden, daß dem Beschäftigten bei ihrer Unterzeichnung die ihr beigelegte Bedeutung zum Bewußtsein kommt. Sie hat dann keine andere Bedeutung als eine einfache Empfangsbescheinigung über den erhaltenen Lohn.

Die Ausgleichsquittung betrifft regelmäßig, wie der Verzicht, nicht nur die dem Beschäftigten bei der Unterzeichnung bekannten Ansprüche aus dem Arbeitsverhältnis, sondern auch solche, mit deren möglichen Bestehen er rechnet (RAG. Bd. 7 S. 143 [149]). Ob sie überhaupt jedweden Anspruch, also auch alle ihm zur Zeit der Unterzeichnung unbekannten Ansprüche mit betrifft, ist nach der Besonderheit des einzelnen Falles zu beurteilen. Erst später entstandene Ansprüche werden von ihr nicht erfaßt.

Die vorliegende Ausgleichsquittung entspricht den an sie zu stellenden Anforderungen. Sie trägt die Überschrift: „Austritt". Es folgt die Erklärung über den Empfang der Arbeitspapiere (Invalidenkarte, Urlaubskarte, Steuerkarte, Arbeitsbescheinigung für Arbeitslosenversicherung und Arbeitsbuch), und sie enthält am Schlusse im Druck hervorgehoben den Satz: „Ich entsage allen Ansprüchen gegen die Firma aus dem Arbeitsverhältnis und aus seiner Beendigung." Diese Fassung, die keinerlei Ähnlichkeit mit einer einfachen Bescheinigung über den Empfang des Lohnes während des Bestehens des Arbeitsverhältnisses hat, läßt über den Sinn der Erklärung als des Anerkenntnisses des Gefolgsmannes, daß er wegen aller Ansprüche aus dem beendeten Arbeitsverhältnis befriedigt sei, keinen Zweifel aufkommen. Dem Kläger mußte dieses bei der Unterzeichnung der Erklärung auch zum Bewußtsein kommen, und er mußte sich klar darüber sein, daß er damit auf die Geltendmachung ihm etwa noch aus dem Arbeitsverhältnis zustehender, bekannter und möglicherweise bestehender Ansprüche verzichtete.

In dieser Beurteilung der Erklärung des Klägers vom 13. April 1937 ist hiernach dem Berufungsgericht zuzustimmen. Dieses hat auch nicht, wie die Revision meint, die Ausgleichsquittung schlechthin für rechtswirksam erklärt, ohne Rücksicht darauf, ob der Kläger den Anspruch auf Auslösung kannte oder kennen mußte, sondern es hat — die Fassung des Urteils ist hier allerdings nicht sehr klar —, wie sich aus dem Zusammenhang der Urteilsgründe in Verbindung besonders mit der Erwähnung der Aussage des Zeugen F. im Tatbestande ergibt, feststellen wollen und festgestellt, daß dem Kläger mindestens die Möglichkeit des Bestehens dieses Anspruchs bewußt war. Es genügte dazu aber auch die Feststellung des Berufungsgerichts, daß der Kläger jedenfalls nicht behauptet hat, daß ihm der Anspruch nicht bekannt war oder daß er nicht wenigstens mit der Möglichkeit des Bestehens des Anspruchs gerechnet hat (vgl. auch RAG. Bd. 17 S. 7). Eine besondere Befragung durch das Berufungsgericht danach war, zumal nach der Aussage des

Zeugen F., daß sich der Kläger mit ihm über den Anspruch auf Auslösung auseinandergesetzt habe, nicht erforderlich. Daß der Kläger die Ausgleichsquittung etwa unter einem durch die Beklagte ausgeübten Druck unterschrieben habe, behauptet er selbst nicht.

Hiernach hat das Berufungsgericht mit Recht den Kläger an die in der Ausgleichsquittung abgegebene Erklärung für gebunden und damit den Klageanspruch für unbegründet erachtet.

RAG. 22, 49.

Zur Frage der Rückforderung einer bezahlten Urlaubsvergütung.

Tarifordnung für die gewerblichen Arbeiter, einschl. der Nichtmetallarbeiter, in den Betrieben der Metallindustrie im Wirtschaftsgebiet Brandenburg vom 19. März 1936 (RArbBl. VI S. 265) in der Fassung der Tarifordnung zur Änderung und Ergänzung der Tarifordnung vom 27. Juni 1937 (RArbBl. VI S. 759).

Urteil vom 18. Oktober 1939.

I. Arbeitsgericht Berlin. — II. Landesarbeitsgericht daselbst.

Die Kläger waren bei der Beklagten, einem zur Metallindustrie gehörenden Unternehmen als gewerbliche Arbeiter beschäftigt. Sie sind auf eigenen Wunsch ausgeschieden.

Auf die Arbeitsverträge fand die Tarifordnung für die gewerblichen Arbeiter, einschließlich der Nichtmetallarbeiter, in den Betrieben der Metallindustrie im Wirtschaftsgebiet Brandenburg vom 19. März 1936 in der Fassung der Tarifordnung zur Änderung und Ergänzung der Tarifordnung vom 27. Juni 1937 Anwendung. Hier ist bestimmt:

VII. Urlaub.

1. a) Jeder Arbeiter erwirbt erstmalig nach einer ununterbrochenen Beschäftigung (Wartezeit) von 6 Monaten im Unternehmen Anspruch auf Urlaub. Er erhält, sofern er einen Anspruch auf Urlaub erworben hat, für jeden Monat seiner Beschäftigung, einschließlich der Wartezeit in dem Kalenderjahr, in dem er eintritt, $^{1}/_{12}$ des ihm auf Grund seines Alters zustehenden Jahresurlaubs, wobei angefangene Monate voll gerechnet werden.

In jedem folgenden Kalenderjahr wird der Urlaubsanspruch nach Ablauf der ersten drei Monate — und zwar in vollem Umfange — erworben. Scheidet jedoch ein Arbeiter im weiteren Verlauf des Kalenderjahres auf eigenen Wunsch aus dem Unternehmen aus, so steht ihm der Urlaub nur anteilig zu; hat der Arbeiter hiernach zuviel Urlaub erhalten, so kann der Unternehmer das zuviel bezahlte Urlaubsgeld zurückfordern . . .

Die Kläger hatten den ihnen im Jahre 1938 nach diesen Vorschriften nach Ablauf der ersten drei Monate zustehenden Urlaub erhalten. Nachdem sie auf eigenen Wunsch die Arbeitsverträge gelöst hatten, erhob die Beklagte aus der angezogenen Tarifbestimmung Anspruch auf Rückgewähr des anteiligen Urlaubsgeldes. In Verfolg dieses Anspruches kürzte sie den letzten Wochenlohn der Kläger um die entsprechenden Beträge, und zwar bei dem Kläger Hei. um 51,68 RM, bei dem Kläger Hae. um 33,25 RM und bei dem Kläger K. um 31,08 RM.

Die Kläger hielten diese Kürzungen für unbegründet. Sie verneinten die tatsächliche und rechtliche Möglichkeit der Durchführbarkeit der Rückforderungsbestimmung der Tarifordnung mit Rücksicht auf die Einheitlichkeit des Urlaubsanspruchs. Die Kläger Hae. und K. machten außerdem geltend, daß die von der Beklagten vorgenommenen Kürzungen des letzten Lohnes um das anteilige Urlaubsgeld den Pfändungsschutzvorschriften widersprächen und daß seine Aufrechnung somit unzulässig sei.

Die Kläger beantragten, die Beklagte zur Zahlung der einbehaltenen Beträge zu verurteilen.

Die Beklagte trat dem Vorbringen der Kläger entgegen. Sie beantragte weiter im zweiten Rechtszuge hilfsweise für den Fall, daß bei Berechtigung ihres Standpunktes im übrigen gegenüber den Klägern Hae. und K. die Aufrechnung für unzulässig erklärt werden sollte, widerklagend, den Kläger Hae. zu verurteilen, an sie 28,87 RM, den Kläger K., an sie 25,08 RM zu zahlen.

Die rechnerische Richtigkeit der Beträge ist nicht bemängelt.

Das Arbeitsgericht hat den Rückforderungsanspruch der Beklagten an sich für gegeben erachtet, die Beklagte aber insoweit verurteilt, Teilbeträge an die Kläger Hae. und K. zu zahlen, als sie die Aufrechnung unter Verletzung der Pfändungsschutzvorschriften vorgenommen habe. Das Berufungsgericht hat in vollem Umfange zu Gunsten der Kläger erkannt.

Die Revision der Beklagten blieb ohne Erfolg aus folgenden

Gründen:

Das Reichsarbeitsgericht sieht keine Veranlassung von den in der Entscheidung Bd. 20 S. 99 niedergelegten Grundsätzen abzugehen, die auch im Schrifttum Zustimmung gefunden haben (Dersch Anm. zu dem Urteil in ArbRSamml. Bd. 34 S. 26; Anm. zu dem Urteil in DAF.-

EntschSamml. 1938 Folge 11 S. 242). Der Urlaubsanspruch ist aus seinem Erholungszweck einheitlich auf Freistellung von der Arbeit und Weitergewährung der Arbeitsvergütung gerichtet. Freizeitgewährung ohne Lohnvergütung ist begrifflich kein Urlaub, zweckdienliche Freizeitgestaltung ohne die Vergütung in aller Regel unmöglich. Die Urlaubserteilung erfolgt, wenn schon im Interesse des Urlaubers, so doch auch im Interesse der Volksgesamtheit, das die Erhaltung der Arbeitskraft aller schaffenden Volksgenossen erfordert. Diese Erkenntnis verträgt die Zerlegung des Urlaubsanspruchs nicht. Aus der Unteilbarkeit des Urlaubsanspruchs folgt aber die rechtliche und tatsächliche Unmöglichkeit, den verbrauchten Urlaub auch nur hinsichtlich der Urlaubsvergütung zurückzufordern.

Die Lehre von der Unteilbarkeit des Urlaubs hat sich im Arbeitsrecht jetzt allgemein durchgesetzt. Sie hat ihren Niederschlag insbesondere auch im Entwurf eines Gesetzes über das Arbeitsverhältnis gefunden, den die Akademie für deutsches Recht aufgestellt und in dessen § 77 sie vorgeschlagen hat, der für die Urlaubszeit gezahlte Lohn solle nicht zurückgefordert werden können, wenn der Urlaub schon gewährt gewesen sei. Es ist selbstverständlich, daß auch der Reichstreuhänder der Arbeit, der die hier in Rede stehende Tarifordnung erlassen hat, sich dieser Erkenntnis von dem Inhalt des Urlaubsanspruchs nicht mehr verschließt, selbst wenn er zur Zeit des Erlasses der Tarifordnung oder ihrer Änderung und Ergänzung sich von der früheren Auffassung der Doppelnatur des Anspruchs noch nicht ganz frei gemacht haben sollte. Es ist weiter allgemein anerkannt, daß die Auslegung eines Gesetzes von der fortgeschrittenen Entwicklung der Rechtserkenntnis nicht unbeeinflußt bleiben kann, sondern ihr gerecht zu werden hat, auch wenn das Gesetz von einem inzwischen überwundenen Rechtsstandpunkt aus erlassen worden ist. Gewiß ist die Tarifordnung eine Rechtsnorm, die den Richter bindet, und es ist, wie die Revision ausführt, nicht Aufgabe der Gerichte, über Zweckmäßigkeit und sachliche Richtigkeit einer solchen Rechtsnorm zu befinden. Aber es ist die Aufgabe der Gerichte, das Gesetz mit lebendigem Inhalt zu erfüllen und an seine Auslegung mit dem Rüstzeug der fortgeschrittenen Rechtserkenntnis heranzutreten. Die Achtung vor dem Gesetz kann nicht schlechthin und unter allen Umständen zu seiner Auslegung aus überholten Rechtsbegriffen führen; gerade sie gebietet vielmehr, es auf die Rechtbedürfnisse der Gegenwart sinngemäß anzuwenden. Das hat ja auch dazu geführt, die schuldrechtlichen Vorschriften des Bürgerlichen Gesetzbuchs nicht mehr schlechthin und uneingeschränkt auf das

Arbeitsverhältnis anzuwenden, sondern nur insoweit, als es sich mit der heutigen Erkenntnis von seinem personenrechtlichen Inhalt verträgt, obwohl das Gesetz selbst allein von der schuldrechtlichen Betrachtung ausgegangen ist. Ergibt sich aus seiner personenrechtlichen Natur ein unvereinbarer Widerspruch mit den Vorschriften des Allgemeinen Teils des Bürgerlichen Gesetzbuchs, des Rechts der Schuldverhältnisse oder des besonderen Abschnitts über den Dienstvertrag, so wird heute kaum mehr bezweifelt, daß solche Bestimmungen auf die Beurteilung des Arbeitsverhältnisses nicht mehr angewendet werden können.

Es handelt sich demnach hier nicht um einen Gegensatz zwischen der Tarifordnung und übergeordnetem zwingendem Gesetzesrecht und nicht um Sittenwidrigkeit der Bestimmung. Es handelt sich auch nicht darum, ob ein Urlaubsanspruch allgemein aus § 2 AOG. oder nur aus einer ausdrücklichen gesetzlichen oder vertraglichen Bestimmung abgeleitet werden kann. Wesentlich ist für die Entscheidung allein, daß der Begriff des Urlaubsanspruchs in der Tarifordnung heute kein anderer sein kann, als der, wie er sich nach Rechtslehre und Rechtsprechung als richtig herausgestellt hat und wie er auch vom Gesetzgeber, dem Reichstreuhänder, heute nicht mehr anders verstanden werden kann. Ist dem aber so, so ergibt sich eben daraus, daß der Urlaubsanspruch begrifflich nicht bloß ein Anspruch auf Freizeitgewährung, sondern ein Anspruch auf bezahlte Freizeitgewährung ist, die Unmöglichkeit der auch nur teilweisen Zurückerstattung des verbrauchten Urlaubs und damit ein unlösbarer Widerspruch der Tarifordnung in sich, die den Urlaubsanspruch zuerst schafft und dann durch die nur bedingte Gewährung der Urlaubsvergütung wieder vernichtet. Dieser Widerspruch der Rechtsnorm in sich und er allein führt zu ihrer Undurchführbarkeit, auch wenn der Reichstreuhänder bei dem Erlasse der Tarifordnung die Undurchführbarkeit als Folge des inneren Widerspruchs der Bestimmung nicht erkannt hat. Bei dieser Rechtslage kann es nicht erst dem Treuhänder überlassen bleiben, den Widerspruch auszumerzen, es muß vielmehr schon jetzt daraus die zwingende Folgerung gezogen werden, daß das Recht, das dem Gefolgsmann zuerst gegeben worden ist, nicht mehr rückgängig gemacht werden kann, wenn er davon Gebrauch gemacht hat.

Dieses Ergebnis kann nicht durch den Einwand erschüttert werden, daß der Zusatz der Tarifbestimmung, das Ausscheiden zum Zwecke der Erfüllung der Wehr- und Arbeitsdienstpflicht solle nicht als Ausscheiden auf eigenen Wunsch gelten, zeige, daß der Reichstreuhänder von einer anderen Auffassung des Urlaubsbegriffs ausgegangen sei, nämlich von der begrifflichen Teilbarkeit des Urlaubsanspruchs. Der Zusatz zeigt höchstens, daß die Tarifordnung den Begriff in seiner Tragweite verkannt oder nicht beachtet und dadurch eben ihre Undurchführbarkeit verursacht hat. Damit wird in die Rechtsnorm nicht etwas hineingetragen, was in ihr nicht enthalten ist, sondern nur ihr Inhalt klargestellt und daraus die unvermeidliche Folgerung gezogen.

Die Revision meint weiter, die Tarifbestimmung habe bezweckt, den Grundsatz der Gefolgschaftstreue zu stärken. Das Gefolgschaftsmitglied solle dadurch dazu angehalten werden, in Erfüllung seiner Treuepflicht die bis zum Erwerb des vollen Urlaubsanspruchs vorgesehene Zeit in dem Arbeitsverhältnis auszuhalten. Aber auch darin kann ihr nicht gefolgt werden. Die Treuepflicht gebietet es dem Gefolgschaftsmitglied nicht, unter allen Umständen in dem Betrieb zu bleiben. Nach Nr. VII 5 TO. wird der Zeitpunkt, zu dem die einzelnen Arbeiter ihren Urlaub antreten können, nach den Erfordernissen des Betriebs vom Betriebsführer festgesetzt. Der Arbeiter hat es grundsätzlich also gar nicht in der Hand, seinen Urlaub nach seinen Kündigungsabsichten einzurichten. Soweit seine Kündigung aber die Treuepflicht verletzt, stehen dem Unternehmer andere Wege zur Verfügung, sich dagegen zu wehren, sei es auf Grund besonderer Verordnungen zur Verhinderung von Arbeitsvertragsbrüchen, auf die die Revision selbst verweist, sei es aus den Rechtsgedanken der Arglist oder eines sonstigen sittenwidrigen Verhaltens des Gefolgschaftsmitglieds, worauf schon das erwähnte Urteil in RAG. Bd. 20 S. 99 (103) Bezug genommen hat. Dort ist aber auch betont, daß schuldhaftes Verhalten mit der Folge der Verpflichtung zur Rückerstattung der Urlaubsentschädigung nicht schon allein darin gesehen werden kann, daß das Gefolgschaftsmitglied nach dem Urlaub kündigt. Besondere Umstände, die eine Ersatzpflicht rechtfertigen könnten, sind auch hier von der Beklagten nicht geltend gemacht. Eine weitergehende allgemeine Kündigungsbeschränkung kann die Tarifordnung nicht gewollt haben. Sie würde ihrerseits mit den allgemeinen Rechtsgrundsätzen über das Selbstbestimmungsrecht des Arbeiters in Widerspruch stehen, das auch heute nur so weit eingeschränkt ist, als es die Belange der Betriebsgemeinschaft und der Volksgemeinschaft erfordern. Der Rückerstattungsanspruch kann deshalb auch nicht etwa in eine Art Vertragsstrafe umgedeutet werden, abgesehen davon, daß es fraglich ist, ob sich eine solche mit dem personenrechtlichen Inhalt des Arbeitsverhältnisses vereinbaren ließe.

Aus diesen Erwägungen kann auch der Unterschied der Fassung der jetzt in Rede stehenden Tarifordnung von der Tarifordnung in RAG. Bd. 20 S. 99 ihre Undurchführbarkeit nicht berühren. Dort sollte der Urlaubsanspruch allgemein entfallen, falls das Gefolgschaftsmitglied vorzeitig ausschied, hier nur dann, wenn es auf eigenen Wunsch ausschied. Auch in dieser Beschränkung kann der verbrauchte Anspruch nicht rückgängig gemacht werden, sondern es können nur besondere Rechtsgründe einen Ersatzanspruch rechtfertigen, also die Entstehung eines ganz anders gearteten Anspruchs, nicht die Auslösung eines schon vorhandenen aufschiebend bedingten Rückforderungsanspruchs herbeiführen.

Dabei übersieht die Revision noch ein weiteres, worauf schon eingangs hingewiesen worden ist. Der Urlaubsanspruch dient nach heutiger Rechtserkenntnis nicht nur den Belangen des Urlaubers, sondern vor allem auch der Erhaltung der Arbeitskraft im Interesse der Lebensnotwendigkeiten der Volksgemeinschaft. Wenn der auf seinen Wunsch ausscheidende Gefolgsmann die Urlaubsvergütung zurückzahlen müßte und deshalb sich vorher überhaupt keinen Urlaub im Rechtssinne verschaffen könnte, so läuft er Gefahr, im neuen Betrieb wieder erst eine Wartezeit einhalten zu müssen und dadurch vielleicht für ein Jahr den Urlaub überhaupt zu verlieren. Die Tarifbestimmung würde also nichts anders als einen Rückfall in die überholte Anschauung bedeuten, daß der Urlaub, wenn nicht im Interesse des Urlaubers, so doch nur im Interesse des Betriebes gegeben wird und deshalb soweit als möglich zurückzuerstatten ist, wenn sein Zweck vom Standpunkt des Betriebs aus nicht erfüllt wird, letzten Endes zugleich ein Rückfall in die Entgelttheorie. Weil aber auch dieser Sinn der Tarifordnung nicht unterstellt werden kann, führt diese Erwägung gleichfalls zu dem Schluß, daß aus dem richtig verstandenen Urlaubsbegriff die Unmöglichkeit der Rückerstattung der Urlaubsvergütung herzuleiten ist. Zum Ausgleich aller Nachteile, die einem Betrieb daraus zu Gunsten des den Arbeiter übernehmenden Betriebs erwachsen können, dient für Betriebszweige mit gewöhnlich rasch wechselnder Gefolgschaft die Einrichtung der Urlaubsmarken.

Daß der ausdrücklichen Zustimmungserklärung der Kläger zu der unmöglichen Tarifbestimmung keine Bedeutung zukommen kann, hat das Berufungsgericht zutreffend ausgeführt.

Die Revision der Beklagten war demnach zurückzuweisen, ohne daß noch auf die Frage der Zulässigkeit der Aufrechnung der bezahlten Urlaubsvergütung gegen die letzten Lohnansprüche der Kläger einzugehen war.

RAG. 22, 63.

Können für einen Betrieb geleistete und ihm fachlich zugehörige Arbeiten der Entlohnung nach der für diesen Betrieb geltenden Tarifordnung dadurch entzogen werden, daß sie organisatorisch zum Gegenstand einer Betriebsabteilung eines fachlich andersgearteten Betriebs gemacht werden? — Zum Begriff des Nebenbetriebes.

Tarifordnung für das rheinisch-westfälische Steinkohlenrevier vom 30. Mai 1932/28. Januar 1936 § 1. AOG. § 4 Abs. 2.

Urteil vom 1. November 1939.

I. Arbeitsgericht Essen. — II. Landesarbeitsgericht daselbst.

Die Beklagte ist eine der selbständigen Betriebsgesellschaften der Vereinigten Stahlwerke AG. Sie gliedert sich unter ihrer Hauptverwaltung in sechs Abteilungen. Fünf davon umfassen eine in ebensoviel Gruppen geteilte große Anzahl von Kohlenzechen, während der sechsten Abteilung die Verwaltung des über das ganze Reich verstreuten land- und forstwirtschaftlichen Grundbesitzes der Vereinigten Stahlwerke obliegt. Zu einer der Zechengruppen, der Gruppe G., gehört die Steinkohlenzeche Zollverein, eines der verwalteten Güter ist das der Beklagten gehörige Gut Zollverein. Seine 168 Morgen Land erstrecken sich von der die Schächte I, II und VIII mit dem Schacht III der Zeche verbindenden Zechenbahn nach Süden. Angegliedert ist dem Gut noch der etwa 15—20 Minuten nördlich der Schächte I und II in E.-K. an der Viktoriastraße gelegene frühere Schultesche Hof, dessen Ländereien die Beklagte nicht selbst bewirtschaftet, sondern ohne das Gehöft verpachtet hat. Auf diesem Gehöft befindet sich ein Fuhrpark, aus Wagen und durchschnittlich 12 Pferden bestehend, die für die Bewirtschaftung des Gutes Zollverein, das selbst 5 Ackerpferde besitzt, nicht erforderlich sind.

Auf dem Gehöft in der Viktoriastraße ist der Kläger am 1. Oktober 1937 gegen das Versprechen des landwirtschaftlichen Tariflohnes bei der Beklagten in Dienst getreten. Er hat bis zu seinem Ausscheiden am 10. Juni 1938, also 36 Wochen lang, mit einem Gespann des Fuhrhofs auf dem Zechengelände der Schächte I und II Baumaterialien und Bauschutt gefahren und den vereinbarten Lohn von wöchentlich 21 RM erhalten.

Er vertritt die Ansicht, unter den Zechentarif oder unter den örtlichen Tarif für das Fuhrwesen gefallen zu sein. Indem er den seiner Höhe nach unstreitigen Tariflohn des Zechenfuhrmanns von wöchentlich 31,80 RM bei 9stündiger täglicher Arbeitszeit zugrunde legt, aber täglich mit Ausnahme der Sonnabende 10 Stunden gearbeitet haben will, verlangt er neben dem Wochenmehrlohn von 10,80 RM für 36 Wochen mit zusammen 388,80 RM noch für 180 Überstunden den einfachen Stundenlohn von 0,59 RM mit zusammen 106,20 RM und hat demgemäß Verurteilung der Beklagten zur Zahlung von insgesamt 495 RM erbeten.

Die Beklagte ist seinem Vorbringen mit der Bitte um Klageabweisung entgegengetreten.

In beiden Vorinstanzen unterlegen, hatte sie mit der zugelassenen Revision ebenfalls keinen Erfolg.

Gründe:

Die Anwendbarkeit einer Tarifordnung auf ein Arbeitsverhältnis hängt nach ständiger Rechtsprechung, die sich bereits für Tarifverträge gebildet hatte und seit Inkrafttreten des Arbeitsordnungsgesetzes festgehalten worden ist, nicht allein von der Art der geleisteten Arbeit ab, sondern zugleich von der Art des Betriebes, in welchem die Arbeit geleistet wird. Erst die fachliche und die betriebliche Zugehörigkeit der Arbeit zusammen bestimmen die tarifliche Einordnung des Arbeitsverhältnisses (RAG. Bd. 19 S. 79 [81] und oft.).

Der Kläger leitet seinen Klageanspruch in erster Linie aus dem als Tarifordnung in Geltung gebliebenen Tarifvertrag für das rheinisch-westfälische Steinkohlenrevier vom 30. Mai 1932, dem sogenannten Zechentarif, her. Was zunächst die Art der Arbeiten, die der Zechentarif erfassen will, betrifft, so läßt der Tarif selbst sich darüber nicht näher aus. Er erstreckt seinen Geltungsbereich im § 1 unter Nr. 1 nur ganz allgemein auf „alle bergbaulichen Betriebsanlagen der Zechen" des bezeichneten Reviers „einschließlich der mit ihnen örtlich und organisch zusammenhängenden Nebenbetriebe". Danach muß es sich bei den tariflich erfaßten um solche Arbeiten handeln, wie sie in derartigen Betrieben oder Nebenbetrieben vorzukommen pflegen. Der Kläger hat ausschließlich Baumaterialien und Bauschutt gefahren. Zu den Arbeiten, die der Erreichung des eigentlichen technischen Arbeitszwecks des Steinkohlenbergbaus, der Steinkohlenförderung, unmittelbar dienen, gehören solche Fuhrleistungen nicht. Sie sind aber, da bei dem großen Umfange der Zechenanlagen auf ihnen ständig Bauarbeiten, sei es zur Neuerrichtung, sei es zur Erhaltung der Betriebsbauten, verrichtet werden, dort dauernd erforderlich; sie tragen mittelbar zur Kohlenförderung bei. Sie gehören daher zu den regelmäßigen Hilfsarbeiten des Bergbaus. Von der Seite der Art der von dem Kläger geleisteten

Arbeit aus bestehen deshalb keine Bedenken gegen die Anwendung des Zechentarifs.

Nicht so einfach ist die Frage der betrieblichen Zugehörigkeit der geleisteten Arbeiten zu beantworten. Diese Zugehörigkeit setzt voraus, daß der Kläger die Fuhren als Angehöriger eines bergbaulichen Hauptbetriebes oder doch eines Nebenbetriebes der im § 1 Nr. 1 des Zechentarifs bezeichneten Art geleistet hat. Auch das Berufungsgericht verkennt nicht, daß der Kläger, als er die Fuhren für die Zeche Zollverein und auf deren Gelände ausführte, dem Betrieb der Zeche nicht angehört hat. Wie es auf Grund der Beweisaufnahme feststellt, ist er vom Stallmeister Sch., dem Leiter des dem Gut Zollverein angegliederten Fuhrhofs in der Viktoriastraße, als Fuhrmann eingestellt worden, nachdem er vom Gutsverwalter, der für ihn keine Arbeit hatte, an jenen verwiesen worden war. Er ist von Sch. der Zeche Zollverein immer nur auf jedesmalige Anforderung der Zechenverwaltung mit Gespann zugewiesen und für die dort erteilten Fuhraufträge zur Verfügung gestellt worden und ist nicht von der Zeche, sondern vom Gute entlohnt worden. Danach ist er Gefolgsmann des Gutsbetriebes gewesen. Wenn das Berufungsgericht trotzdem Anwendbarkeit des Zechentarifs auf den Kläger bejaht, so gelangt es dazu auf folgende Weise: Zunächst sieht es das Gut mit dem zugehörigen Fuhrhof als einen Nebenbetrieb der Zeche an, der mit ihr örtlich und organisch zusammenhänge, also die im § 1 Nr. 1 des Zechentarifs aufgeführten Merkmale aufweise. Ohne zu begründen, weshalb das gesamte Gut nicht deshalb mit allen seinen Arbeitsverhältnissen dem Zechentarif unterfalle, zieht es sodann diese Folgerung nur für Arbeitsverhältnisse des zum Gut gehörigen Fuhrhofs, der eine selbständige Abteilung des Gutes bilde. Die Ausführungen des Berufungsgerichts werden aber von der Revision mit Recht angegriffen; sie sind in mehrfacher Hinsicht rechtlich unhaltbar.

Es ist schon verfehlt, in dem Gutsbetrieb einen Nebenbetrieb der Zeche zu sehen. Das Berufungsgericht betont zwar richtig, daß der für einen Nebenbetrieb notwendige besondere Betriebszweck zugleich einen Hilfszweck für den Hauptbetrieb darstellen muß. Es beachtet aber nicht, daß dabei nicht jeder auch nur ganz entfernte Zweck, den jemand im Einzelfalle mit einem Betriebe verfolgen mag, sondern nur der dem Betriebe innewohnende arbeitstechnische Betriebszweck in Betracht kommt. Der arbeitstechnische Zweck eines Betriebes muß denjenigen eines anderen, des Hauptbetriebes, fördern oder ergänzen, wenn die Nebenbetriebseigenschaft gegeben sein soll. Andernfalls liegt auch im Sinne des vom Berufungsgericht erwähnten § 4 Abs. 2 AOG. kein Nebenbetrieb vor. Nach dieser Vorschrift gelten durch gemeinsame Leitung verbundene Betriebsbestandteile und Nebenbetriebe nur dann als selbständige Betriebe, wenn sie räumlich weit vom Hauptbetrieb getrennt sind. Der Umkehrschluß daraus ergibt, daß derartige Nebenbetriebe, wenn sie diesem räumlich nahe sind, trotz ihrer eigenen betrieblichen Selbständigkeit gesetzlich nicht als selbständige Betriebe gelten, sondern wie einfache unselbständige Betriebsbestandteile des Hauptbetriebs zu behandeln sind. Beide Betriebe bilden dann nur e i n e Betriebsgemeinschaft mit einer einzigen Gefolgschaft, von deren Mitgliederzahl die Notwendigkeit eines Vertrauensrates und seiner Größe sowie die Notwendigkeit einer Betriebsordnung abhängen, und für die gemeinsame Gefolgschaft gilt dieselbe Tarifordnung. Eine derartige Regelung setzt eine innerliche Beziehung zwischen Hauptbetrieb und Nebenbetrieb voraus, wie sie nur bei einer Verbundenheit ihrer arbeitstechnischen Betriebszwecke besteht. Sie wäre sonst weder verständlich noch gerechtfertigt, da das für eine Betriebsgemeinschaft notwendige Gefühl enger Zusammengehörigkeit der Gefolgschaftsmitglieder beider Betriebe untereinander und mit dem gemeinsamen Betriebsführer fehlen würde. Der eine, der Nebenbetrieb, muß zu dem anderen, dem Hauptbetrieb, arbeitstechnisch eine ausgesprochene Hilfsstellung einnehmen.

Ein solches Verhältnis besteht zwischen den Betrieben des Gutes und der Zeche Zollverein nicht. Der arbeitstechnische Betriebszweck eines Gutes ist auf Ackerbau und Viehzucht, der einer Kohlenzeche auf Gewinnung von Kohle gerichtet. Beide Betriebszwecke haben überhaupt keine Beziehung zueinander. Sie folgt nicht etwa, wie das Berufungsgericht glaubt, schon daraus, daß Futter und Streu, die auf dem Gute gewonnen werden, auch — nicht etwa ausschließlich — für Pferde des Zechenbetriebes Verwendung finden, und noch weniger daraus, daß Betriebsüberschüsse des Gutes von der Beklagten der Zeche als Betriebskapital überwiesen werden können. Ebenso abwegig ist es, eine nur aus der Verbundenheit der arbeitstechnischen Betriebszwecke folgende Hilfseigenschaft des Gutsbetriebes gegenüber dem Zechenbetrieb mit dem Berufungsgericht daraus herzuleiten, daß die Beklagte, eine Bergwergsaktiengesellschaft, Landgüter nur deshalb aufkauft, um die Ausdehnung ihrer Zechenbetriebe oder deren Bergschädenabwicklung zu erleichtern. Nebenbetriebe einer Zeche sind im allgemeinen nur solche, in denen die geförderte Kohle veredelt oder aufbereitet wird, insbesondere Kokereien und Brikettfabriken.

Es kommt hinzu, daß der Zechentarif die innere Zusammengehörigkeit eines von ihm erfaßten Nebenbetriebes mit dem Hauptbetrieb noch ausdrücklich verlangt. Er erstreckt ja seinen Geltungsbereich nur auf nicht allein örtlich, sondern zugleich organisch mit dem Hauptbetrieb zusammenhängende Nebenbetriebe. Der danach für die Anwendbarkeit des Zechentarifs notwendige örtliche Zusammenhang des Gutes mit der Zeche Zollverein ist unbedenklich zu bejahen. Gut und Zeche liegen einander so nahe, daß die Entstehung eines wirklichen Gemeinschaftsgefühls zwischen ihren Gefolgschaften nicht gehindert ist. Ein organischer Zusammenhang zwischen den Betrieben fehlt jedoch. Er erfordert eine aus dem Wesen der Betriebe, aus ihren arbeitstechnischen Betriebszwecken sich ergebende innere Zusammengehörigkeit und kann nicht, wie es vom Berufungsgericht geschieht, einem bloß organisatorischen Zusammenhang gleichgestellt werden. Übrigens ist selbst ein solcher nicht schon dadurch gegeben, daß Gut und Zeche, deren Betriebe je einen eigenen Leiter haben, zugleich mit einer großen Anzahl weiterer Guts- und Zechenbetriebe in der Hauptverwaltung der Beklagten zu einem Gesamtunternehmen zusammengefaßt worden sind.

Wäre das Gut, wie das Berufungsgericht fälschlich annimmt, ein mit der Zeche organisch zusammenhängender Nebenbetrieb derselben gewesen, so würde es, weil der örtliche Zusammenhang mit dem Zechenbetrieb gegeben ist, dieselbe tarifrechtliche Behandlung wie dieser erfahren müssen. Es wäre mithin grundsätzlich im vollen Umfange vom Zechentarif miterfaßt worden. Dieser notwendigen Folge ist sich das Berufungsgericht offenbar nicht bewußt geworden; denn ohne für den Gutsbetrieb, etwa mit Rücksicht auf seine Eigenart, eine Ausnahme vom Grundsatz der betrieblichen Tarifeinheit zu machen und zu begründen, geht es bei seinen Ausführungen in richtigem Empfinden ohne weiteres davon aus, daß der Gutsbetrieb dem örtlich geltenden Landarbeitertarif unterfällt. Es will nur den zugehörigen Fuhrhof von der Geltung dieses Tarifs ausgenommen wissen. Es erblickt in dem Fuhrhof nämlich eine selbständige Betriebsabteilung von beosnderer Eigenart und hält deshalb für ihn eine tarifliche Sonderbehandlung für notwendig. Damit berührt es einen rechtlichen Gesichtspunkt, der für die Entscheidung auch bei Ablehnung der vermeintlichen Nebenbetriebseigenschaft des Gutes beachtlich ist.

Wenn nicht eine tarifliche Vorschrift ihren Geltungsbereich abweichend umschrieb, hat allerdings seit jeher nur der Betrieb und nicht die einzelne Betriebsabteilung den gesetzlichen Rahmen für die tarifliche Behandlung abgegeben. Das war schon der Fall unter der Herrschaft der Tarifvertragsverordnung und gilt weiter seit Inkrafttreten des Arbeitsordnungsgesetzes, das gleichfalls allein den Betrieb zur Grundlage seiner Ordnung der nationalen Arbeit gemacht hat. Die Tarifvertragsverordnung vom 1. März 1928 (RGBl. I S. 47) kannte freilich schon eine Ausnahme. Nach ihrem § 2 Abs. 2 war, wenn ein Arbeitsvertrag unter mehrere allgemein verbindliche Tarifverträge fiel, derjenige von ihnen maßgebend, der für die größte Zahl von Arbeitsverträgen in dem Betrieb oder der Bertiebsabteilung Bestimmungen enthielt. Der Grund dafür, hier den Rahmen für die tarifrechtliche Regelung enger zu ziehen und ihn auch schon in einer Betriebsabteilung zu finden, liegt aber nicht in der Besonderheit des Ausnahmefalles einer echten Tarifkonkurrenz zwischen zwei allgemeinverbindlichen Tarifverträgen, sondern ist allgemeiner Natur. Verfolgt eine Betriebsabteilung einen besonderen arbeitstechnischen Betriebszweck und unterscheidet sie sich deshalb durch die Art der in ihr geleisteten Arbeiten wesentlich vom übrigen Betriebe, so würde die strenge Durchführung des Grundsatzes der Tarifeinheit des Betriebes leicht zu unerwünschten oder gar untragbaren Ergebnissen führen. In solchem Falle erscheint die Durchbrechung des Grundsatzes geboten. Deshalb hat die Rechtsprechung auch über den erwähnten gesetzlichen Ausnahmefall hinaus die Betriebsabteilung ganz allgemein als einer tariflichen Sonderbehandlung zugängig und unter Umständen bedürftig anerkannt und daran seit Inkrafttreten des AOG. festgehalten (RAG. 238/38, Urt. vom 11. Januar 1939, abgedr. in ArbRSamml. Bd. 35 S. 125 flg.; so auch Hueck-Nipperdey-Dietz. AOG. 3. Aufl., § 32 Anm. 157, abweichend von Nipperdey in seiner Anmerkung zu der genannten Entscheidung). Sie hat nur verlangt, daß die Betriebsabteilung ein nicht unerhebliches Maß von Selbständigkeit besitzt und hat an das Vorhandensein dieser Selbständigkeit strenge Anforderungen gestellt. Die Abteilung muß innerhalb des Betriebes räumlich und organisatorisch deutlich abgegrenzt sein und muß ferner einen eigenen arbeitstechnischen Betriebszweck haben, so daß die in ihr geleisteten Arbeiten gegenüber denen des übrigen Betriebes fachfremde sind (RAG. 113/38, Urt. vom 19. Oktober 1938, abgedr. in ArbRSamml. Bd. 34 S. 171 flg.).

Nach den tatsächlichen Feststellungen des Berufungsgerichts sind alle diese Erfordernisse für den dem Gutsbetrieb eingeordneten Fuhrhof erfüllt. Er ist für sich allein abseits des Gutshofs und der bewirtschafteten Gutsländereien gelegen. Er untersteht ferner innerhalb des Gesamtgutsbetriebes einem besonderen Leiter, dem Stallmeister Sch. Dieser wohnt auf dem Fuhrhof und ist den dort beschäftigten Leuten vorgesetzt, die er mit den Gespannen selbständig für die Arbeiten einteilt. Diese haben endlich mit der Landwirtschaft, für die das Gut auf dem Gutshof besondere Pferde besitzt, nichts zu tun. Nur ganz selten in der Erntezeit fordert der Gutsverwalter wohl einmal ein Gespann beim Stallmeister zur Aushilfe an, während umgekehrt dieser häufiger sich ein Gutsgespann für die Aufgaben des Fuhrhofs erbittet. Abgesehen von der verhältnismäßig nebensächlichen bloßen Überlassung einiger Pferde an die im Eigentum der Vereinigten Stahlwerke befindliche Westdeutsche Haushalts-VersorgungsA.-G., die dazu die Wagen und Fuhrleute selber stellt, bestehen die ganz überwiegenden eigentlichen Aufgaben des Fuhrhofs, die ihm das Gepräge aufdrücken, lediglich in der Ausführung von Fuhren für Betriebe der Beklagten, und zwar fast ausschließlich für die Zeche Zollverein. So sind in der Zeit vom 1. Oktober 1937 bis dahin 1938 neben 1560 $^4/_9$ Tagewerken für die Zeche Zollverein nur noch 196 Futtermittelfuhren nach W., Gl. und G. geleistet, die nicht diese Zeche betrafen. Nach alledem bildet der Fuhrhof innerhalb des Gutsbetriebes eine ausreichend selbständige Abteilung, deren Arbeiten ihrer fachlichen Art nach nicht zur Landwirtschaft gehören, sondern ihr fremd sind.

Daraus folgt zunächst, daß der Landarbeitertarif auf sie keine Anwendung findet. Ob aber eine andere und welche Tarifordnung für den Fuhrhof Geltung hat, wird durch die Wesensart der Arbeiten bestimmt, welche die arbeitstechnische Eigenart des Fuhrhofs kennzeichnen. Das sind, wie oben dargelegt, solche Fuhrleistungen, wie sie im Bergbau gang und gäbe sind. Obwohl ihm nicht wesenseigentümlich, stellen sie doch in den Betrieben des Bergbaues, die bei ihrer Größe und Vielgestaltigkeit eines geordneten Fuhrwesens nicht entbehren können, übliche Nebenarbeiten dar und sind daher unter die bergbaulichen Arbeiten einzurechnen. Insofern gehört der Fuhrhof, der zwar äußerlich dem landwirtschaftlichen Gutsbetrieb angegliedert ist, in ihm aber eine selbständige Abteilung bildet und deshalb tarifrechtlicher Sonderbehandlung unterliegt, seiner Wesensart nach zum Bergbau. Die Arbeiten des ausschließlich in der Fuhrhofabteilung beschäftigt gewesenen Klägers sind demnach auch von der betrieblichen Seite aus gesehen bergbaulicher Natur. Damit ist die zweite Voraussetzung für die Anwendbarkeit des Zechentarifs auf sein Arbeitsverhältnis gegeben.

Es fällt nicht etwa, wie noch mit wenigen Worten bemerkt werden soll, unter die vom Kläger in zweiter Linie in Anspruch genommene und ihm noch günstigere Tarifordnung für das Speditionsgewerbe im Wirtschaftsgebiet Westfalen vom 22. Mai 1936 (RArbBl. 1936 VI S. 716). Diese gilt nach ihrem § 1 u. a. für Fuhrleute in Fuhrbetrieben ihres örtlichen Geltungsbereichs. Gegenstand eines Fuhrbetriebes bildet jedoch die Leistung von Lohnfuhren für Dritte. Der in Rede stehende Fuhrhof dagegen führt Fuhren nicht für Dritte, sondern nur innerhalb des Gesamtunternehmens der Beklagten aus. Seine Fuhrleistungen sind auch keine Lohnfuhren; denn für sie findet naturgemäß keine wirkliche Bezahlung statt, sondern lediglich eine buchmäßige Verrechnung unter den beteiligten Betrieben der Beklagten.

Diese hat mithin den Kläger in gleicher Weise zu entlohnen wie den Fuhrmann S., der ebenfalls mit einem Gespann des Fuhrhofs die gleichen Arbeiten wie der Kläger ausgeführt hat, aber von der Zeche eingestellt und deshalb von der Beklagten ohne weiteres nach dem Zechentarif entlohnt worden ist. Dies allein billige Ergebnis folgt eben aus der tarifrechtlichen Sonderstellung der selbständigen Betriebsabteilung. Das praktische Bedürfnis für deren tarifliche Sonderbehandlung tritt im vorliegenden Fall besonders deutlich hervor. Nur sie hindert die Beklagte daran, durch eine rein organisatorische Maßnahme, wie die Angliederung des bergbaulichen Zwecken dienenden Fuhrhofs an das Gut anstatt an die Zeche Zollverein, einem Arbeiter die ihm nach der Art seiner Arbeit zukommende gerechte Entlohnung vorzuenthalten.

Nach dem Zechentarif sind auch die mit der Klage begehrten Sätze für Wochenlohn und Überstunden gerechtfertigt. Insoweit sind die Ausführungen des Berufungsgerichts nicht zu beanstanden und nicht beanstandet worden.

RAG. 22, 81.

Ist der Urlaubsanspruch, der erst nach einer gewissen Wartezeit entsteht, von der Weiterbeschäftigung nach der Wartezeit abhängig oder ist dem Gefolgsmann das Urlaubsgeld auch dann zu zahlen, wenn das Arbeitsverhältnis mit der Wartefrist beendet wird?

Tarifvertrag für die kaufmännischen und technischen Angestellten im Bereich des Arbeitgeberverbandes des unteren Kreises Solingen vom 3. April 1928, § 7.

Urteil vom 7. November 1939.

I. Arbeitsgericht Opladen. — II. Landesarbeitsgericht Düsseldorf.

Der Kläger wurde am 1. April 1938 auf ein Jahr bei der Beklagten als Formermeister mit einem Monatsgehalt von 430,— RM eingestellt. Da die Beklagte mit seinen Leistungen nicht zufrieden war, stellte sie ihm bald anheim, sich nach einer anderen Stelle umzusehen und, wenn er diese gefunden habe, auszuscheiden. Am 16. August 1938 einigten sich die Parteien dahin, daß der Kläger zum 30. September ausscheide, um am 1. Oktober eine andere Stelle antreten zu können. Am 19. September bat der Kläger, ihm den ihm zustehenden Urlaub von 10 Tagen zu geben. Die Beklagte lehnte dies mit der Begründung ab, daß er noch kein halbes Jahr tätig sei. Darauf erklärte der Kläger, daß er den Urlaub nach dem 1. Oktober nehmen könnte, was die Beklagte wiederum ablehnte.

Seine Klage auf Zahlung des Urlaubsgeldes für die 10 Tage in Höhe von 143,30 RM hatte in allen Rechtszügen Erfolg.

Gründe:

§ 7 des als Tarifordnung weiter geltenden Tarifvertrages für die kaufmännischen und technischen Angestellten im Bereich des Arbeitgeberverbandes des unteren Kreises Solingen vom 3. April 1928 bestimmt:

1. Jeder Angestellte hat nach beendigter Lehrzeit bzw. nach Vollendung des 17. Lebensjahres und nach halbjähriger Zugehörigkeit zum Betriebe Anspruch auf einen Erholungsurlaub,

   Der Urlaub beträgt im ersten Dienstjahr in Gruppe A 5, B 6, C 9 Tage.

2. Angestellten, denen in der Zeit vom 1. Mai bis 31. Oktober gekündigt wird, und Angestellten, welche ihre Stellung wechseln, muß der Urlaub von der Firma gegeben werden, bei welcher sie am 1. Mai in Beschäftigung waren, wenn sie am Tage der Kündigung mindestens 1 Jahr im Dienste der Firma standen . . .

Nach Ansicht des Landesarbeitsgerichts entstand demgemäß der Urlaubsanspruch des Klägers bereits mit dem Ablauf des halben Jahres, d. h. dem 30. September, und nicht erst, wenn der Kläger darüber hinaus weiter tätig gewesen war. Die Tatsache, daß nach Beendigung des Arbeitsverhältnisses keine Freizeit mehr gewährt werden könne, könne den Anspruch auf Urlaub mit Fortzahlung des Lohnes nicht zu Fall bringen. Der Urlaub sei nicht mehr Entgelt für früher geleistete Arbeit, sondern diene der Erhaltung der Arbeitskraft des Gefolgsmannes. Deshalb müsse der Unternehmer kraft der ihm nach § 2 AOG. obliegenden Fürsorgepflicht dafür sorgen, daß der Gefolgsmann soweit wie möglich diese Erholung erhalte, und ihm zu diesem Zweck die entsprechende Vergütung zahlen, insbesondere, wenn er sich die Erholung dadurch verschaffen könne, daß er seine neue Stellung entsprechend später antrete oder sich eine unbezahlte Freizeit geben lasse. Das habe der Kläger tun wollen. Die Behauptung des Beklagten, daß es ihm damit nicht ernst gewesen sei, sei nicht bewiesen, gehe insbesondere nicht aus dem Schreiben vom 17. August 1938 hervor, wonach er seine neue Stelle am 1. Oktober antreten wolle, da er den Entschluß hierzu, wie er behaupte, erst nachträglich gefaßt habe. Eine Verletzung der Treupflicht seitens des Gefolgsmannes, die den Anspruch auf Urlaub ausschließe, liege nicht schon darin, daß er kündige, außerdem sei dies nicht einmal geschehen, da das Arbeitsverhältnis im beiderseitigen Einverständnis auf Anregung der Beklagten aufgelöst sei. Die Bestimmung des § 7 Nr. 2 des Tarifvertrages könne hier keine Anwendung finden, da die Einwilligung des Klägers, seinen auf ein Jahr festgelegten Vertrag schon früher zu lösen, wenn er eine andere Stelle finde, ein Entgegenkommen bedeute und er nicht deswegen einen Nachteil dadurch erleiden dürfe, daß er in seiner neuen Stelle voraussichtlich im gleichen Jahr keinen bezahlten Urlaub erhalte.

Diese Begründung ist im wesentlichen frei von Rechtsirrtum. Wenn ein Gefolgsmann einen Anspruch auf Urlaub erst nach einer gewissen Frist erhalten soll, so setzt dies in der Regel zwar voraus, daß er nach Ablauf der Frist weiter beschäftigt wird, damit ihm der Urlaub, d. h. die Freizeit gewährt werden kann. Daraus folgt nun aber nicht, daß der Urlaubsanspruch durch diese Weiterbeschäftigung bedingt ist, zumal auch bei einem Ausscheiden am 2. oder 3. Tag nach Ablauf der Frist der Urlaub nicht voll erteilt werden könnte, im Grunde genommen also auch dann die Bedingung noch nicht erfüllt wäre. Da der Urlaub nach heutiger Erkenntnis nicht mehr Entgelt für bereits geleistete Arbeit ist (RAG. Bd. 19 S. 299, 303), soll die Wartezeit besonders verhindern, daß sich ein Gefolgsmann schon kurz nach Beginn des Arbeitsverhältnisses den Urlaub erteilen läßt, dann ausscheidet und womöglich in einer neuen Stelle sich in demselben Jahr nochmals Urlaub verschafft. Die Wartezeit dient also in erster Linie der Vermeidung von Doppelurlaub. Deshalb kann es nur darauf ankommen, ob die Wartezeit erfüllt ist, nicht aber, ob oder wie infolge Ausscheidens aus der Betriebsgemeinschaft an diesem Tage der Urlaubsanspruch erfüllt werden kann (RAG. Bd. 19 S. 305 [307/308]). Dies läßt sich nur aus dem Zweck des Urlaubs und aus dem Wesen der Verpflichtung zur Gewährung des Urlaubs als Ausfluß der Fürsorgepflicht beurteilen. Ist der Gefolgsmann in der Lage und gewillt, sich die Freizeit nach Beendigung des Arbeitsverhältnisses vor Antritt einer neuen Stellung zu nehmen, so muß der Unternehmer gerade kraft seiner Fürsorgepflicht ihm dies durch Zahlung des Urlaubsgeldes ermöglichen (RAG. Bd. 20 S. 3 und 233 [240]). Aber auch wenn dies nicht angeht, hat er, falls nicht etwa der Gefolgsmann sich eines Verstoßes gegen die Treupflicht schuldig gemacht hat, ihm das Urlaubsgeld auszuzahlen, da dieser auch sonst imstande sein kann, sich mit dem Urlaubsgeld die notwendige Erholung zu verschaffen (RAG. Bd. 19 S. 299 [304]). Denn entgegen der Meinung der Revision endet die Treupflicht des Unternehmers nicht schlechthin mit dem Arbeitsverhältnis. Auch nach dessen Ende können sich noch Auswirkungen aus der Fürsorgepflicht ergeben. Ausfluß solcher nachwirkenden Fürsorgepflicht ist aber die Erfüllung des Anspruchs des Gefolgsmannes, der ohne sein Verschulden den ihm zustehenden Urlaub vorher nicht hat nehmen können, ihm dafür die Möglichkeit durch die Urlaubsvergütung zu gewähren (RAG. Bd. 20 S. 111 und S. 241) oder das Arbeitsverhältnis für die Dauer des Urlaubs zu verlängern (RAG. Bd. 20 S. 5).

Diese aus dem Wesen des Urlaubs in seiner heutigen Ausgestaltung folgenden Grundsätze müssen auch auf die Urlaubsbestimmungen in den weiter geltenden Tarifverträgen Anwendung finden, es sei denn, daß in ihnen etwas anderes bestimmt ist. Daß ist aber hier nicht der Fall. Denn aus § 7 Nr. 2 kann nicht entnommen werden, daß der erste Urlaubsanspruch mit der Kündigung oder dem Stellungswechsel wieder entfällt, wenn das Arbeitsverhältnis bei der Kündigung nicht mindestens 1 Jahr bestand. Wenn nach § 7 Nr. 1 schon nach einem halben Jahr Urlaub zu gewähren ist, kann der bereits entstandene Anspruch nicht bei Kündigung während des weiteren halben Jahres wieder verloren gehen. Dagegen spricht auch, daß in Nr. 1 ausdrücklich die im ersten Dienstjahr zu gewährende Urlaubszeit festgelegt ist. § 7 Nr. 2 des Tarifvertrages betrifft vielmehr offensichtlich nur das zweite und die folgenden Beschäftigungsjahre und soll, da nicht festgelegt ist, wann der Urlaub in jedem Jahr zu erteilen ist, verhindern, daß der Unternehmer den Urlaub so weit hinausschiebt, daß er vor dem Stellungswechsel nicht mehr erteilt werden kann. Vom zweiten Urlaubsjahr an ist der Urlaub immer dann zu gewähren, wenn der Gefolgsmann am 1. Mai im Betriebe war, und zwar nicht am 1. Mai, aber vor der Kündigung das erste Dienstjahr vollendet hatte.

Der Anspruch des Klägers ist daher schon aus den allgemeinen Gründen gerechtfertigt. Zutreffend hat aber das Landesarbeitsgericht auch angenommen, daß gerade, weil die Beklagte die Anregung zur vorzeitigen Lösung des auf ein Jahr abgeschlossenen Vertrages gegeben hat und der Kläger nur auf der Innehaltung seines Vertrages nicht bestanden hat, die Fürsorgepflicht besonders von der Beklagten erforderte, daß sie den Wünschen des Klägers nachkam, ihm den Urlaub nach Beendigung der Beschäftigung zu gewähren, oder ihm das Urlaubsgeld zu zahlen, damit er sich von seinem neuen Betriebsführer eine unbezahlte Freizeit geben lassen konnte, da ihm sonst die Erholungszeit für dieses Jahr verloren ging. Das neue Vorbringen der Revision, das die Weigerung der Beklagten mit eigenen Treupflichtverletzungen des Klägers durch falsche Angaben über seine Leistungsfähigkeit bei der Anstellung begründen soll, ist für das Revisionsverfahren unbeachtlich. Im übrigen würde es in seiner Allgemeinheit die Weigerung nicht rechtfertigen können, sondern es hätten wissentlich unwahre Angaben über Eigenschaften behauptet und nachgewiesen werden müssen, die für die Stellung ersichtlich wesentlich waren.

RAG. 22, 88.+

Entfällt der Anspruch auf Urlaub bei fristloser Entlassung wegen grober Pflichtverletzung des Gefolgsmannes? Bedarf es für den Wegfall einer ausdrücklichen Bestimmung in der Tarifordnung?

AOG. § 2 Abs. 2.

Urteil vom 15. November 1939.

I. Arbeitsgericht Kiel. — II. Landesarbeitsgericht daselbst.

Der Kläger war seit dem 4. April 1926 bei der Beklagten als Schiffsführer tätig. Er ist am 30. September 1938 fristlos entlassen worden, weil er im betrunkenen Zustande den von ihm geführten Fährdampfer gegen die Kaimauer gefahren hat und ihm deswegen von dem Wasserstraßenverkehrsamt die Erlaubnis zum Führen von Schiffen auf dem Kaiser-Wilhelm-Kanal entzogen ist. Mit der Klage verlangt er den ihm für acht Tage Urlaub zustehenden Lohn in Höhe von 64,— RM mit der Begründung, daß er den ihm für das Jahr 1938 gemäß der Tarifordnung für die Kieler Fördeschiffahrt zustehenden Urlaub nicht erhalten habe und durch seine fristlose Entlassung mindestens nicht der der Beschäftigungszeit im Jahre 1938 entsprechende Urlaub fortgefallen sei.

Die Klage wurde in allen Rechtszügen abgewiesen.

Gründe:

. . .

Zu Unrecht meint die Revision, daß der einmal erworbene Urlaubsanspruch dem Gefolgsmann auch bei verschuldeter fristloser Entlassung erhalten bleiben müsse, da der Urlaub keine Belohnung für gute Führung sei. Zwar hatte die frühere Rechtsprechung (vgl. RAG. Bd. 19 S. 25 mit

Nachweisung) dem Gefolgsmann beim Ausscheiden die Urlaubsvergütung ohne Rücksicht auf den Grund seines Ausscheidens zugebilligt. Diese Rechtsprechung beruhte aber auf der Anschauung, daß der Urlaubsanspruch durch die in der Wartezeit geleistete Arbeit erworben werde, daß er auf Gewährung von Freizeit und auf Zahlung des Lohnes für die Urlaubstage gehe und daß der Anspruch in seinem zweiten Teile nicht dadurch wieder hinfällig werden könne, daß die Freizeit infolge Beendigung des Arbeitsverhältnisses nicht mehr gewährt werden könne. Nach der jetzigen Rechtsauffassung ist der Urlaubsanspruch dagegen ein einheitlicher; er ist kein Entgelt für früher geleistete Dienste, sondern soll der Stärkung und Erhaltung der Arbeitskraft nicht nur zum Besten des einzelnen Gefolgsmannes, sondern im Interesse der Volksgesamtheit dienen (RAG. Bd. 19 S. 299 [303], Bd. 20 S. 4 und S. 241). Der Unternehmer hat dem Gefolgsmann diese Erholungsmöglichkeit kraft seiner Fürsorgepflicht zu geben; seine Fürsorgepflicht endet deshalb in diesem Falle nicht mit dem Arbeitsverhältnis, sondern bleibt auch nach dessen Beendigung bestehen, da der Gefolgsmann sich die für das Urlaubsjahr nötige Erholung vor Antritt seiner neuen Arbeitsstelle verschaffen oder sich von seinem neuen Betriebsführer eine unbezahlte Freizeit gewähren lassen kann. Deshalb ist auch nach der jetzigen Rechtsanschauung grundsätzlich dem Gefolgsmann die Urlaubsvergütung zu zahlen, wenn er vor seinem Ausscheiden den Urlaub nicht erhalten hatte (RAG. Bd. 20 S. 240). Indessen kann, gerade weil es sich hier um eine Nachwirkung der Fürsorgepflicht handelt, das eigene Verhalten des Gefolgsmannes nicht unberücksichtigt bleiben (RAG. Bd. 20 S. 241). Denn der Treu- und Fürsorgepflicht des Betriebsführers steht die Treupflicht des Gefolgsmannes gegenüber. Hat dieser seine Treupflicht selbst gröblich verletzt, also etwa unter Vertragsbruch seine Arbeitsstelle verlassen und dadurch selbst die Unmöglichkeit, ihm den Erholungsurlaub für dieses Jahr zu gewähren, herbeigeführt, so kann er nicht von dem Unternehmer verlangen, daß er ihm in nachträglicher Erfüllung seiner Fürsorgepflicht die Erholung durch Zahlung der Urlaubsvergütung ermögliche. Dies ist mit dem Grundgedanken des auf gegenseitiger Treue beruhenden Gemeinschaftsverhältnisses, das das Arbeitsverhältnis nach heutiger Rechtsanschauung ist, nicht vereinbar. Ebenso muß auch der Anspruch auf Zahlung der Urlaubsvergütung grundsätzlich entfallen, wenn der Gefolgsmann durch grobe Pflichtverletzung den Unternehmer veranlaßt hat, das Arbeitsverhältnis fristlos zu lösen, er also damit wiederum selbst die Unmöglichkeit, ihm den Erholungsurlaub zu gewähren, herbeigeführt hat. Auch hier wäre es mit den Grundsätzen der gegenseitigen Treupflicht nicht vereinbar, wenn der Gefolgsmann trotz seiner eigenen Verletzung der Treupflicht von dem Unternehmer noch die Erfüllung der Fürsorgepflicht verlangen würde. Dies würde eine unrichtige Ausübung im Sinne der ständigen Rechtsprechung sein (vgl. RGZ. Bd. 157 S. 75, Bd. 160 S. 357). Bei fristloser Entlassung des Gefolgsmannes wegen seines eigenen Verhaltens wird also der Anspruch auf Zahlung der Urlaubsvergütung nur bei besonderen Umständen bestehen, etwa wenn der Gefolgsmann durch den unmittelbaren Vorgesetzten oder Arbeitskameraden zu seinem Verhalten gereizt war oder zwar sein Verbleiben in der Gefolgschaft im Interesse des Arbeitsfriedens nicht tragbar ist, sein Verhalten aber doch kein so grober Verstoß gegen seine eigenen Treupflichten ist, daß deswegen auch der bereits entstandene Urlaubsanspruch hinfällig werden müßte. Da dieser Grundsatz aus dem Wesen des Arbeitsverhältnisses und des Urlaubs als Ausfluß der Fürsorgepflicht folgt, gilt er selbst dann, wenn er nicht, wie das in den meisten neueren Tarifordnungen geschehen, ausdrücklich ausgesprochen ist. Nur wenn aus den Urlaubsbestimmungen das Gegenteil sich ergeben sollte, würde auch in solchem Falle das Urlaubsgeld nach der Entlassung zu zahlen sein. . . .

RAG. 22, 91.

Inwieweit besteht ein Anspruch eines Gefolgschaftsmitglieds, das gekündigt hat, auf Weihnachtsgratifikation, obwohl der Anspruch nach dem Wortlaut der vom Unternehmer herausgegebenen Richtlinien ausgeschlossen ist?

AOG. § 2 Abs. 2.

Urteil vom 15. November 1939.

I. Arbeitsgericht Hannover. — II. Landesarbeitsgericht daselbst.

Die Klägerin war bei der Beklagten mehr als zehn Jahre als Kontoristin tätig, kündigte aber ihre Stellung zum 31. Dezember 1938, um im Geschäft ihres kranken Mannes, den sie $1^1/_2$ Jahr vorher geheiratet hatte, tätig zu sein. Während sie in den beiden vorherigen Jahren ebenso wie die übrigen Angestellten eine Weihnachtsgratifikation erhalten hatte, ist ihr diese zu Weihnachten 1938 mit Rücksicht auf ihre Kündigung nicht ausgezahlt worden, weil nach den von der Hauptverwaltung des Unternehmens herausgegebenen Richtlinien Angestellten, die erst nach dem 31. Dezember 1937 eingetreten waren oder sich in gekündigter Stellung befanden, die Weihnachtsgratifikation nicht gezahlt werden sollte. Die Klägerin ist der Ansicht, daß mit Rücksicht auf ihre lange Tätigkeit und den Grund ihrer Kündigung die Nichtgewährung der Weihnachtsgratifikation unbillig sei und gegen Treu und Glauben verstoße, und verlangte mit der Klage die in den Richtlinien vorgesehenen 35,— RM. Die Beklagte machte geltend, daß die von ihr gezahlten Weihnachtsgratifikationen stets als eine einmalige freiwillige Leistung bezeichnet worden seien und daß auch nicht etwa die Klägerin allein davon ausgenommen sei, sondern die Ausnahme für alle in den zahlreichen Betrieben der Firma Sch. beschäftigten Angestellten gegolten habe, wenn sie sich in gekündigter Stellung befunden hätten. Diese Ausnahme sei auch mit Rücksicht auf das Wesen der Weihnachtsgratifikation als einer Treuprämie zulässig und nicht unbillig.

Die Klage hatte in allen Rechtszügen Erfolg.

Gründe:

Das Landesarbeitsgericht geht zunächst davon aus, daß es sich bei den von dem Gesamtunternehmen Sch. gewährten Weihnachtsgratifikationen stets um freiwillige Zahlungen gehandelt habe und daß die Firma daher auch berechtigt gewesen sei, jeweils besondere Voraussetzungen für ihre Gewährung festzusetzen. Die Bestimmung, daß die Weihnachtsgratifikationen nur diejenigen Angestellten erhalten sollten, die sich im Zeitpunkt der Gewährung in ungekündigter Stellung befanden, sei also rechtlich zulässig gewesen, wenn es auch sonst nach allgemeiner Übung und Rechtsprechung nur darauf ankomme, daß das Dienstverhältnis zur Zeit der Zahlung noch bestehe, ohne Rücksicht darauf, ob es etwa kurz darauf ende. Die Anwendung dieser Bestimmung sei aber im vorliegenden Fall mit der Treu- und Fürsorgepflicht nicht vereinbar. Denn wenn auch die Weihnachtsgratifikation zugleich ein Ansporn für künftige Leistungen sei, der Stärkung des gegenseitigen Treueverhältnisses diene, so sei sie doch in erster Linie eine Anerkennung für geleistete Dienste und eine Beihilfe zu den erhöhten Ausgaben des Weihnachtsfestes. Die Klägerin sei über zehn Jahre ununterbrochen und vorher schon zwei Jahre zur vollen Zufriedenheit der Beklagten tätig gewesen und sei auch nur ausgeschieden, da ihr kranker Mann ihrer Mithilfe bedürfe. Unter diesen Umständen sei es nicht gerechtfertigt, der Klägerin die Anerkennung für ihre langjährigen Dienste und die Beihilfe zu den erhöhten Ausgaben des Weihnachtsfestes, der sie mit Rücksicht auf ihr Ausscheiden am 1. Januar 1939 vielleicht besonders bedürfe, zu versagen.

Diese Begründung ist im wesentlichen frei von Rechtsirrtum. Das Landesarbeitsgericht hat nicht etwa den Anspruch der Klägerin aus den früheren Zahlungen einer Weihnachtsgratifikation gefolgert, sondern gerade festgestellt, daß es sich um eine freiwillige Zahlung handele. Mit Recht nimmt es aber an, daß für jedes Gefolgschaftsmitglied ein solcher Anspruch entstehe, wenn der Unternehmer seinen Entschluß zur Ausschüttung einer Weihnachtsgratifikation auch im laufenden Jahre kundgegeben habe (RAG. Bd. 20 S. 349 [352], S. 362).

Zutreffend geht es weiter davon aus, daß der Betriebsführer die Bedingungen und Voraussetzungen, unter denen für die einzelnen Gefolgschaftsmitglieder ein solcher Anspruch entstehen soll, im allgemeinen regeln, insbesondere vorsehen kann, daß die im gekündigten Arbeitsverhältnis stehenden Gefolgsleute die Weihnachtsgratifikationen nicht erhalten sollen (RAG. Bd. 21 S. 73). Indessen dürfen solche von dem Leiter eines größeren Unternehmens aufgestellten Richtlinien nicht rein schematisch angewendet werden, wenn diese Anwendung zu groben Unbilligkeiten führen und deswegen mit dem Sinn und Zweck der Richtlinien und dem Wesen der Weihnachtsgratifikationen nicht vereinbar sein würde. Denn diese Richtlinien und allgemeinen Grundsätze sollen doch nur den mit der Gewährung und Auszahlung der Weihnachtsgratifikation betrauten Angestellten die Entscheidung im einzelnen Fall erleichtern, sie aber nicht jeder Prüfung entheben, ob nicht eine wörtliche Auslegung im einzelnen Fall eine nicht verdiente Mißachtung jahrelanger treuer Dienste und damit eine nichtgewollte Kränkung des Gefolgsmannes zur Folge hat. Auch bei Auslegung und Anwendung solcher Richtlinien darf der Zweck und das Wesen der Weihnachtsgratifikation als Anerkennung für geleistete Dienste und als Zeichen der Treue und Verbundenheit anläßlich des Weihnachtsfestes wie der von der Rechtsprechung aufgestellte Grundsatz, daß ein grundloser Ausschluß des Gefolgsmannes gegen den Gedanken der Betriebsgemeinschaft und der Treue- und Fürsorgepflicht verstoßen würde (RAG. Bd. 20 S. 349 [352] und S. 362), nicht unbeachtet bleiben. Diese rechtfertigen wohl eine Ausnahme für diejenigen Gefolgsleute, die selbst gekündigt haben, um bei einem anderen Unternehmen eine neue, womöglich besser bezahlte Stellung anzutreten, oder denen von dem Unternehmer gekündigt worden ist, da eine solche Kündigung im Hinblick auf die Grundsätze des § 56 flg. AOG. doch nur aus besonderen, meistens in ihrem Verhalten liegenden Gründen ausgesprochen wird oder aufrechterhalten werden kann (RAG. Bd. 20 S. 362), nicht aber, wenn das Gefolgschaftsmitglied nach jahrelangen treuen Diensten seine bisherige Tätigkeit wegen Krankheit, Alters oder zur Erfüllung höherer Pflichten gänzlich aufgeben muß, also nicht etwa in einen neuen Betrieb eintritt. Auch solchen Gefolgsleuten die Weihnachtsgratifikation für das letzte Jahr zu versagen, wenn aus diesen Gründen das Arbeitsverhältnis zu Ende des Jahres von ihnen oder vom Unternehmer gekündigt wird, sie sich deshalb also in gekündigter Stellung befinden, würde mit dem Gedanken der Betriebsgemeinschaft nicht im Einklang stehen und wird deshalb in der Regel bei Aufstellung der Richtlinien gar nicht gewollt sein. Ihnen kann daher auch nicht unter Berufung auf den Wortlaut der Richtlinien die Weihnachtsgratifikation für das laufende Jahr versagt werden.

Nach den Feststellungen des Landesarbeitsgerichts hat nun aber die Klägerin gekündigt, um im Haushalt und Geschäft ihres Mannes, den sie 1½ Jahr vorher geheiratet hatte, tätig zu sein. Das hat die Beklagte offenbar auch gar nicht bestreiten wollen. Darauf, ob ihr Mann ihrer Hilfe im Geschäft jetzt wegen seiner Krankheit bedurfte, kam es nicht an. Entscheidend ist nur, daß die Klägerin ihre Angestelltentätigkeit aufgab, um ihre Frauenpflichten (§ 1356 BGB.) zu erfüllen, ihre Kündigung selbst also nicht etwa gegen die Treupflicht und Betriebsverbundenheit verstieß.

Ohne Rechtsverstoß hat deshalb das Landesarbeitsgericht die Anwendung der in den Richtlinien gegebenen Sondervorschrift auf die mehr als zehn Jahre beschäftigte Klägerin abgelehnt.

RAG. 22, 154.+

Kann ein außerhalb der Heilanstalt wohnender Pfleger, so oft er neben seiner regelmäßigen Arbeitszeit, um im Notfalle bereitzustehen, in der Anstalt schlafen muß, dafür Vergütung beanspruchen und in welchem Umfange?

Verordnung über die Arbeitszeit in Krankenpflegeanstalten vom 13. Februar 1924 (RGBl. I S. 66) §§ 1, 3; Bezirksmantel- und Bezirkslohntarifvertrag für das Krankenhauspersonal Mitteldeutschlands vom 8. April 1925 und 22. Mai 1931.

Urteil vom 20. Dezember 1939.

I. Arbeitsgericht Helmstedt. — II. Landesarbeitsgericht Braunschweig.

Von den zahlreichen Pflegern an der Landes-, Heil- und Pflegeanstalt des verklagten Landes in K. sind nur einige wenige ledig und wohnen in der Anstalt, wo sie neben dem tariflichen Barlohn freie Station erhalten. Die Verheirateten, zu denen der Kläger gehört, wohnen in der Stadt und erhalten tarifgemäß anstatt der freien Station einen Zuschlag zum Barlohn. Da die eingeteilten Nachtwachen nicht ausreichen, die notwendige Sicherheit der Anstalt zu gewährleisten, läßt die Anstaltsleitung seit Jahren von den verheirateten Pflegern abwechselnd in regelmäßiger Wiederkehr mehrere in der Anstalt schlafen, um in Notfällen (bei Feuer, Ausbruchsversuchen usw.) sofort zur Stelle zu sein. Eine Vergütung dafür ist neben der tarifmäßigen Entlohnung der wöchentlichen Arbeitszeit von 60 Stunden nicht gezahlt worden. In den seltenen Fällen, daß jemand nachts auf ganz kurze Zeit Hilfe leisten mußte, ist er am folgenden Tage lediglich auf 1 bis 2 Stunden vom Dienst befreit worden.

In der Zeit vom 1. Oktober bis 31. Dezember 1937 hat der Kläger auf genannte Art dienstplanmäßig insgesamt 352 Stunden in der Anstalt nachts zugebracht. Dafür verlangte er eine Vergütung in halber Höhe seiner tariflichen Entlohnung.

Seiner demgemäß auf 112,64 RM gerichteten Klage hat das Arbeitsgericht in vollem Umfange stattgegeben.

Das Berufungsgericht hat die Verurteilung des Beklagten auf die Hälfte der Klagesumme beschränkt und die Berufung des Beklagten im übrigen abgewiesen. Die Revisionen beider Parteien sind ohne Erfolg geblieben.

Gründe:

Der Streit der Parteien geht in der Hauptsache darum, ob die Zeit, in welcher der Kläger dienstplanmäßig seine Nachtruhe in der Anstalt gehalten hat, als Arbeitszeit anzusehen ist. Das ist der Fall, wenn der Kläger sich in dieser Zeit im Zustand der Arbeitsbereitschaft befunden hat, die nach unbestrittener arbeitsrechtlicher Auffassung als Arbeit zu bewerten ist. Das Berufungsgericht hat es bejaht, die Revision des Beklagten will es verneint wissen, da die Arbeitsbereitschaft nach der Rechtsprechung immer noch eine „wache Achtsamkeit im Zustande der Entspannung" voraussetze, wovon bei einer schlafend verbrachten Zeit nicht die Rede sein könne. Diese von der Rechtsprechung mehrfach (RAG. Bd. 2 S. 310 [313], Bd. 5 S. 130 [133]) angewendete Ausdrucksweise trifft jedoch streng genommen nur auf die geistige Arbeitsbereitschaft, dagegen nicht auf die zutreffend ebenfalls als ausreichend angesehene bloß körperliche Arbeitsbereitschaft zu. Gegenüber der vollen Arbeitstätigkeit, die eine Anspannung der geistigen oder körperlichen Kräfte erfordert, bedeutet die Arbeitsbereitschaft einen Zustand der Entspannung. Der noch statthafte Grad der Entspannung kann jedoch sehr verschieden sein und unter Umständen bis zum völligen Aussetzen aller geistigen und körperlichen Kräfte gehen, wie sie im Schlafe stattfindet. Ihren anderen Gegensatz hat die Arbeitsbereitschaft in der

Arbeitsruhe, in der keinerlei Leistung für den Betrieb mehr verlangt wird, sondern der Gefolgsmann über seine Zeit völlig frei verfügen kann. Schon eine vom Betriebsführer angeordnete bloß körperliche Anwesenheit des Gefolgsmanns im Betriebe für die Zwecke des Betriebes (so die Begriffsbestimmung in RAG. Bd. 2 S. 251 [253/254]), nämlich um nach Bedarf im Betriebe eingesetzt werden zu können, stellt dagegen eine Leistung für den Betrieb dar. Mithin hat der Kläger, sobald er auf Anordnung der Anstaltsleitung nicht in seiner eigenen Wohnung, sondern in der Anstalt geschlafen hat, um im Notfalle jederzeit für die Sicherheit der Anstalt bereitzustehen, Arbeitsbereitschaftsdienst geleistet.

. . .

Was endlich die Höhe der dem Kläger für die in Rede stehenden 352 Stunden Arbeitsbereitschaft vom Berufungsgericht zuerkannten Vergütung anbetrifft, so wird sie sowohl von der Revision des Beklagten, als auch von der des Klägers angegriffen, von jener als zu hoch, von dieser als zu niedrig. Mit Recht hat das Berufungsgericht zunächst die Bestimmungen des § 3 des Bezirksmanteltarifs über die Entlohnung von Überstunden als nicht anwendbar angesehen. Sie betreffen erlaubte Überstunden und gelten nicht für verbotswidrig verlangte und auf solches Verlangen hin geleistete. Deshalb bleibt aber auch entgegen der Auffassung der Revision des Klägers ohne Bedeutung, daß Tariflöhne stets Mindestsätze für die Entlohnung tarifmäßiger Leistungen bilden. Es war daher geboten, die Höhe der Vergütung für den vom Kläger geleisteten Bereitschaftsdienst mit dem Maßstab der Angemessenheit zu bestimmen.

Als angemessene Vergütung verbotener Mehrarbeit ist in der Regel der Tariflohn mit Mehrarbeitszuschlag zu zahlen (RAG. Bd. 17 S. 229 [230, 231]; Bd. 18 S. 299 [301]; Bd. 21 S. 257 und S. 351). Dieser Grundsatz kann jedoch für den vorliegenden Fall nicht gelten. Seine Befolgung setzt voraus, daß die verbotene Mehrarbeit von der in der regelmäßigen Arbeitszeit geleisteten Arbeit sich nicht oder nicht wesentlich unterscheidet. Der Kläger, der nur zum Zweck der Bereitschaft in der Anstalt schlief, hat aber damit keine seiner sonstigen Tätigkeit gleichwertige Arbeit, sondern lediglich einen denkbar leichten Arbeitsbereitschaftsdienst geleistet. Das Berufungsgericht hat dafür selbst eine Vergütung in Höhe des Zuschlages von 50 v. H., den § 3 Nr. 2 Abs. 3 des Bezirksmanteltarifs für nächtliche Überstunden festsetzt und den der Kläger bei Bemessung seiner Klageforderung im Auge gehabt hat, als zu hoch und nur 25 v. H. des Tariflohns als angemessen angesehen. . . . Diese Ausführungen liegen auf tatsächlichem Gebiete und entziehen sich deshalb einer Nachprüfung im Rechtszuge der Revision.

RAG. 22, 172.

1. Inwiefern können die Umstände ergeben, daß die Weihnachtsgratifikation unter dem Vorbehalt der Freiwilligkeit gegeben ist?

2. Können wirtschaftliche Schwierigkeiten eine öffentliche Stiftung berechtigen, eine zum Rechtsanspruch gewordene Weihnachtsgratifikation zu kürzen?

3. Kann auf die Verfahrensvorschrift, daß die Beweisaufnahme am Sitz des Arbeitsgerichts nicht dem Vorsitzenden allein übertragen werdenn kann, wirksam verzichtet werden?

AOG. § 2 Abs. 2, BGB. § 242. ArbGG. §§ 58, 64. ZPO, § 295 Abs. 2.

Urteil vom 12. Dezember 1939.

I. Arbeitsgericht Essen. — II. Landesarbeitsgericht daselbst.

Der Kläger ist an dem Krankenhaus H.-Stiftung der Beklagten als Schlosser angestellt. Die Gefolgschaft der Beklagten erhielt seit Jahren eine Weihnachtsgratifikation, der Kläger in den Jahren 1934, 1935 und 1936 in Höhe von 50 RM. Der Betrag wurde den Gefolgschaftsmitgliedern im Rahmen einer religiösen Feier in einem weihnachtlich verzierten Briefumschlag übergeben, eine Quittung nicht verlangt. An Weihnachten 1937 wurde die Gratifikation erstmals gekürzt, der Kläger bekam nur noch 40 RM. Er erhob dagegen bei einem Mitglied des Kuratoriums der Beklagten Einspruch, hatte jedoch keinen Erfolg. An Weihnachten 1938 erhielt er nur noch 36 RM. Diese Gratifikation wurde nicht mehr in der bisherigen Form, sondern durch die Krankenhausverwaltung am Tage vor Weihnachten übergeben und eine schriftliche Mitteilung beigefügt, daß das Weihnachtsgeld, das in diesem Jahre nochmals freiwillig gezahlt würde, in Zukunft nicht mehr gewährt werden könne. Die Beschwerde des Klägers wies die Beklagte mit dem Hinweis auf die schlechte finanzielle Lage des Krankenhauses ab.

Der Kläger verlangte darauf im Klageweg, die Beklagte zu verurteilen, an ihn die gekürzten Beträge mit 10 und 14, insgesamt 24 RM zu zahlen. Die Beklagte wendete ein, aus der besonderen Form der Gewährung der Gratifikation in den früheren Jahren hätte die Gefolgschaft ersehen, daß es sich um ein Geschenk gehandelt habe. Durch die notwendige Errichtung eines Neubaues für das von ihr betriebene Krankenhaus und durch die infolgedessen eingetretenen geldlichen

Schwierigkeiten sei sie in den letzten Jahren außerstande gewesen, die Gratifikation in der früheren Höhe weiter zu gewähren.

Die beiden Vorinstanzen haben die Klage abgewiesen. Die Revision des Klägers hatte keinen Erfolg.

Gründe:

Das Berufungsgericht ist zutreffend von der ständigen Rechtsprechung ausgegangen, daß der Gefolgschaft aus einer gleichmäßigen Übung ein Rechtsanspruch auf die Weihnachtsgratifikation erwächst, wenn die Freiwilligkeit der Leistung nicht ausdrücklich vorbehalten wird oder sich aus den Umständen klar ergibt. Das letztere hat es aber dann als gegeben erachtet und sich dafür auf zwei Gründe gestützt: Das Krankenhaus sei ein zweckgebundenes Vermögen der evangelischen Gemeinde, das Kuratorium daher an die Weisungen der Kirchenaufsichtsbehörde gebunden, wie dem Kläger nach der unwidersprochenen Behauptung der Beklagten bekannt gewesen sei. Außerdem hätte die Gefolgschaft aus der Form der Leistung entnehmen müssen und entnommen, daß sie ein freiwilliges Geschenk gewesen sei.

Diese tatrichterliche Beweiswürdigung ist rechtlich unbedenklich. Es ist insbesondere nicht richtig, wie die Revision meint, das Berufungsgericht hätte es nicht ausreichend begründet, daß auch der Kläger sich über die Rechtslage im klaren gewesen wäre. Vielmehr hat das angefochtene Urteil ganz offensichtlich aus den Umständen geschlossen, daß die ganze Gefolgschaft, also auch der Kläger, die Abhängigkeit der Maßnahme von der jeweiligen Zustimmung der Kirchengemeindeverwaltung gekannt hat und daß die Form der Gabe bei der ganzen Gefolgschaft keinen Irrtum über die Freiwilligkeit der Leistung aufkommen lassen konnte.

Das Berufungsgericht hat sich für die Auffassung der Gefolgschaft außerdem auf das Zeugnis der Schwester Helene F. gestützt. Sie war im Einverständnis der Prozeßbevollmächtigten und in ihrer Anwesenheit einige Tage vor dem Berufungstermin vom Vorsitzenden am Gerichtssitz vernommen worden, weil sie zur Zeit der Berufungsverhandlung bei einem Kurs in K. abwesend war. Diese Vernehmung entsprach nicht dem Gesetz. Nach §§ 58, 64 ArbGG. kann die Beweisaufnahme nur dann dem Vorsitzenden übertragen werden, wenn sie nicht am Sitz des Gerichts erfolgt; sonst hat sie vor der Kammer stattzufinden.

Allein es handelt sich dabei nicht um eine Verfahrensvorschrift, auf deren Befolgung die Parteien nicht wirksam verzichten könnten

(§ 295 Abs. 2 ZPO.). Gewiß ist die Unmittelbarkeit der Beweiserhebung, wie die Allgemeine Verfügung des Reichsjustizministers vom 11. November 1935 (DJ. S. 1654) über Beschleunigung und Unmittelbarkeit des Rechtsgangs besonders deutlich zeigt, jetzt noch stärker zu betonen als früher. Aber weder daraus noch aus dem Erfordernis der gesetzmäßigen Besetzung des Gerichts ist die Unverzichtbarkeit der mangelhaften Form der Beweiserhebung herzuleiten. § 551 Nr. 1 ZPO. nennt als unbedingten Revisionsgrund nur die vorschriftswidrige Besetzung des erkennenden, nicht die des beweiserhebenden Gerichts. Die Parteien können sich sogar mit der schriftlichen Aussage eines Zeugen, wenn auch in der Form des Urkundenbeweises, begnügen. Dagegen bietet die Vernehmung durch den Vorsitzenden in Gegenwart der Prozeßbevollmächtigten eine viel weitergehende Gewähr für die Richtigkeit und Vollständigkeit der Aussage. Das Gesetz selbst gestattet die Beweiserhebung durch den Vorsitzenden im Gerichtsbezirk, wenn sie nicht am Gerichtssitz erfolgt. Wenn nun, wie hier, die Vernehmung des Zeugen im angesetzten Verhandlungstermin wegen seiner Abwesenheit unmöglich ist, so wäre es eine dem Rechtsempfinden zuwiderlaufende Formstrenge, würde die Beweisaufnahme durch den Vorsitzenden trotz des Einverständnisses der Parteien und trotz der Anwesenheit ihrer Prozeßbevollmächtigten bei der Vernehmung für unbeachtlich erklärt, zumal der Mangel des Verfahrens im vorliegenden Fall ersichtlich nur die Handhabe bieten soll, die Sache wiederholt zur Entscheidung, nicht etwa zu anderer tatsächlicher Aufklärung zu bringen. Der Kläger stellt selbst nicht die Vermutung auf, daß die wiederholte Vernehmung der Zeugin ein anderes Ergebnis haben würde. Das Urteil beruht also selbst nach Annahme der Revision nicht auf dem Formfehler. Er wird nur benützt, um andere Beschwerden gegen das Urteil noch einmal geltend machen zu können, obwohl der Kläger selbst vorher gegen die Art der Beweisaufnahme keine Bedenken hatte. Schließlich sprechen auch nicht öffentliche Belange gegen die Zulässigkeit des Verzichts auf die Formvorschrift.

Nach alledem kann an dem Urteil des Reichsarbeitsgerichts vom 22. November 1930 RAG. 249/30, abgedruckt in ArbRSamml. Bd. 11 S. 372 und in ArbRspr. 1931 S. 66 Nr. 57, wo die Unverzichtbarkeit nur mit dem Hinweis auf die unvorschriftsmäßige Besetzung des Gerichts begründet ist, nicht festgehalten werden. Auch das diesem Urteil sich anschließende Schrifttum hat für seine Rechtsmeinung nirgends eine überzeugende Begründung gegeben.

Es besteht daher kein Rechtsbedenken gegen die Verwertung dieses Zeugnisses in dem angefochtenen Urteil. Außerdem ist durch die Form der Gabe bei der Weihnachtsfeier bestätigt, daß die Freiwilligkeit der Leistung nicht zu verkennen war und daß auch der Kläger über das Wesen der Zuwendung nicht im Irrtum sein konnte. Diese Form aber ist von keiner Seite bestritten. Demnach war überhaupt kein Rechtsanspruch der Gefolgschaft entstanden.

Das Berufungsgericht hat dann weiter hilfsweise erwogen, daß die Beklagte selbst bei einem Rechtsanspruch der Gefolgschaft auf Grund ihrer wirtschaftlichen Schwierigkeiten die Gratifikation herabsetzen konnte, weil das Krankenhaus im Interesse der Allgemeinheit lebensfähig erhalten werden müsse. Auch darin liegt kein Rechtsirrtum. In RAG. Bd. 20 S. 63 ist darauf hingewiesen, daß Rechatsansprüche der Angestellten einer Sparkasse auf Weihnachtszuwendungen im bisherigen Umfang zu befriedigen seien, „sofern dies nicht etwa der einzelnen Sparkasse mit Rücksicht auf ihre geldliche Lage nicht zuzumuten war (§ 242 BGB.)". Der Rechtsanspruch der Gefolgschaft kann mit Rücksicht auf die Eigenschaft des Krankenhauses als einer den öffentlichen Belangen dienenden Wohltätigkeitsstiftung nach dem Parteiwillen höchstens mit der Einschränkung entstanden sein, daß dadurch das Krankenhaus in der Erfüllung seiner Aufgaben nicht beeinträchtigt wird. Es braucht hier gar nicht erst auf die besondere Treupflicht der Gefolgschaft gegenüber der Betriebsgemeinschaft abgestellt zu werden, wie etwa bei der Kürzung eines Ruhegeldanspruchs aus Gründen des Fortbestandes eines gewerblichen Unternehmens, sondern der Inhalt der Leistung, die nicht auf Tarifrecht beruht und daher nicht unabdingbar ist, kann von vornherein für die Gefolgschaft erkennbar nur mit der aus der Stellung des Krankenhauses zur Allgemeinheit sich ergebenden Einschränkung gewollt gewesen sein.

Die schwierige Lage des Krankenhauses ist nicht bestritten und nicht behauptet worden, daß es durch ein schuldhaftes Verhalten der Verwaltung in diese Lage gekommen wäre. Die Kürzung der Gratifikation ist im möglichen Umfang gehalten, zu ihrer Auszahlung sind sogar von dritter Seite zur Verfügung gestellte Mittel verwendet worden.

RAG. 22, 182.

1. Ist der Anspruch des ausgeschiedenen Lehrlings auf Schadensersatz wegen ungenügender Ausbildung eine Lehrlingsstreitigkeit, über die zuvörderst der Innungsausschuß zu entscheiden hat?

2. Ist die gerichtliche Geltendmachung eines solchen Anspruchs an die Ausschlußfrist für Klagen auf Entschädigung, wenn das Lehrverhältnis vor Ablauf der verabredeten Lehrzeit sein Ende erreicht, gebunden?
Erste Verordnung über den vorläufigen Aufbau des Deutschen Handwerks vom 15. Juni 1934 (RGBl. I S. 493) § 44 Abs. 1 und 2, RGewO. § 127 flg. Abs. 2.

Urteil vom 12. Dezember 1939.

I. Arbeitsgericht Güstrow. — II. Landesarbeitsgericht daselbst.

Der Kläger war auf Grund schriftlichen Lehrvertrages vom 1. August 1934 für die Zeit vom 1. Juli 1934 bis zum 30. Juni 1938 vom Beklagten als Lehrling zur Erlernung des Schuhmacherhandwerks angenommen. Er hatte sich bereits der Zwischenprüfung mit nicht befriedigendem Erfolg unterzogen. Die dann — vorzeitig am 30. März 1938 — abgelegte Gesellenprüfung bestand er nicht. Dieses Ergebnis beruhte nach dem Urteil der Prüfungskommission auf seiner mangelhaften praktischen Ausbildung. Er trat auf Veranlassung der Handwerkskammer am 27. April 1938 zu einem anderen Lehrherrn über. Seine Nachlehrzeit wurde auf 1/2 Jahr festgesetzt; sie endete am 31. Dezember 1938. Er hat dann die Prüfung mit gutem Erfolge bestanden.

Mit der im Oktober 1938 — ohne Vorverfahren vor dem Innungsausschuß — bei dem Arbeitsgericht erhobenen Klage behauptete er, durch die Verlängerung der Lehrzeit um 6 Monate sei ihm für diese Zeit der Unterschied zwischen dem Gesellenlohn und dem Lehrlingslohn entgangen. Die Verlängerung sei vom Beklagten verschuldet, der seine Ausbildung vernachlässigt habe. Der Beklagte sei somit schadensersatzpflichtig geworden. Der Unterschied zwischen dem Gesellen- und dem Lehrlingslohn betrage wöchentlich 13,26 RM. Er verlangte zunächst einen Teilbetrag von 53,04 RM als Unterschied für die Dauer von 4 Wochen.

Der Beklagte hat eingewandt, die Klage sei verspätet nach Ablauf der vierwöchigen Ausschlußfrist des § 127 flg. RGewO. erhoben, sei aber auch in der Sache selbst unbegründet.

Beide Vorinstanzen haben gegen den Kläger entschieden. Das Arbeitsgericht hat den Anspruch für sachlich unbegründet erachtet, das Berufungsgericht die Klage wegen Versäumung der Ausschlußfrist des § 127f Abs. 2 RGewO. abgewiesen.

Die Revision des Klägers führte zur Aufhebung und Zurückverweisung.

Gründe:

Nach § 44 Abs. 1 und 2 der Ersten Verordnung über den vorläufigen Aufbau des Deutschen Handwerks vom 15. Juni 1934 muß bei Streitigkeiten zwischen selbständigen Handwerkern und ihren Lehrlingen der Klage vor dem Arbeitsgericht ein Verfahren vor dem Innungsausschuß vorausgehen. Der Spruch dieses Ausschusses ist bei Lehrlingsstreitigkeiten eine die Zulässigkeit der Klage erst eröffnende Prozeßvoraussetzung, deren Vorliegen von Amts wegen zu beachten ist. Dies Verfahren hat nicht stattgefunden. Als Lehrlingsstreitigkeit im Sinne der genannten Vorschrift ist aber der vorliegende Rechtsstreit nicht anzusehen. Der Kläger verlangte nach der Auflösung des Lehrverhältnisses Schadensersatz wegen schuldhafter Vernachlässigung seiner Ausbildung durch den Beklagten. Die Parteien stehen sich nicht mehr als Lehrherr und Lehrling gegenüber. Die Rücksichtnahme auf das Erziehungs- und Vertrauensverhältnis zwischen ihnen entfällt. Nach Beendigung des Lehrverhältnisses kann dem ausgeschiedenen Lehrling bei unmittelbarer Erhebung der Klage nicht mehr der § 44 Abs. 2 a. a. O. entgegengehalten werden. Die Erhebung der Klage ist ohne die Erfüllung dieser Prozeßvoraussetzung zulässig (RAG. Bd. 19 S. 320 [322], Bd. 20 S. 119 [122]). Insofern bestehen somit gegen sie keine prozeßrechtlichen Bedenken.

Die Annahme des Berufungsgerichts, daß dem Klageanspruch die Ausschlußfrist des § 127f Abs. 2 RGewO. entgegenstehe, ist aber rechtsirrtümlich. Nach dieser Vorschrift in Verbindung mit Abs. 1 das. erlischt, sofern das Lehrverhältnis vor Ablauf der verabredeten Zeit sein Ende erreicht, der Anspruch des Lehrherrn oder des Lehrlings auf Entschädigung, wenn er nicht innerhalb 4 Wochen nach Auflösung des Lehrverhältnisses im Wege der Klage oder Einrede geltend gemacht ist. Um einen solchen Anspruch handelt es sich aber vorliegend nicht. Es kann schon fraglich sein, ob das Lehrverhältnis der Streitteile überhaupt als „vor Ablauf der verabredeten Lehrzeit" beendet angesehen werden kann. Richtig ist zwar, daß es bis zum 30. Juni 1938 laufen sollte. Richtig ist auch, daß der Kläger etwas über 2 Monate vor diesem formalen Ende aus dem Lehrverhältnis geschieden ist. Das vorzeitige Ausscheiden erfolgte aber nicht aus einem Grunde, der während des Laufes der Ausbildungszeit eingetreten war, sondern aus einem Grunde, der mit dem Ende des Lehrverhältnisses in seiner eigentlichen Bedeutung zusammenhing, nämlich mit dem Nichtbestehen der Gesellenprüfung. Zu diesem Zweifelspunkt bedarf es aber keiner abschließenden Stellungnahme. Denn der hier streitige Entschädigungsanspruch ist überhaupt kein Schadensersatzanspruch wegen vorzeitiger Beendigung des Lehrverhältnisses, sondern gründet sich auf einen demgegenüber selbständigen Sachverhalt, auf die angebliche Vernachlässigung der geschuldeten Ausbildung. Entschädigungsansprüche wegen Beendigung der Lehrzeit vor Ablauf der verabredeten Zeit liegen nur dann vor, wenn der Schaden gerade durch die vorzeitige Beendigung der Lehrzeit entstanden ist. Dieser Umstand muß ursächlich für die Entstehung des Schadens gewesen sein. Der hier dem Kläger erwachsene Schaden beruht aber nicht auf der vorzeitigen Beendigung des Lehrverhältnisses — durch diese ist dem Kläger vielmehr ein Schaden überhaupt nicht entstanden, er hat bei dem neuen Lehrherrn bis zum Ende der in dem ursprünglichen Vertrage vorgesehenen Lehrzeit das gleiche Lehrgeld weitererhalten —, sondern auf der mangelhaften Ausbildung. Der Klageanspruch fällt demnach nicht unter § 127f RGewO.

Zu Unrecht hat das Berufungsgericht die Klage somit wegen Fehlens formaler Voraussetzungen aus § 127f RGewO. abgewiesen. Die angefochtene Entscheidung war aufzuheben und die Sache an das Berufungsgericht zurückzuverweisen, welches nunmehr über den eigentlichen Streit der Parteien, die schuldhafte Vernachlässigung der Ausbildung des Klägers und den dadurch entstandenen Schaden, zu entscheiden haben wird.

RAG. 22, 219.

Wie gestalten sich die Ansprüche eines nichtbevorrechtigten Pfandgläubigers, der den allgemein pfändbaren Teil des Arbeitseinkommens seines Schuldners pfänden ließ, wenn der Schuldner vorher einen Teil seines Einkommens an einen bevorrechtigten Unterhaltsgläubiger abgetreten hat, ohne dabei zu bestimmen, auf welchen Teil des Einkommens sich die Abtretung beziehen soll?

ZPO. §§ 850 Abs. 3, 850b Abs. 1 und 4.

Urteil vom 10. Januar 1940.

I. Arbeitsgericht Berlin. — II. Landesarbeitsgericht daselbst.

Die geschiedene Ehefrau des bei der Beklagten beschäftigten Ingenieurs R. hatte gegen diesen eine vollstreckbare Kostenforderung in Höhe von 111,60 RM einschließlich Zustellungskosten. Sie hat wegen dieser Forderung durch Pfändungs- und Überweisungsbeschluß des zuständigen Amtsgerichts vom 23. Juni 1938 — zugestellt am 27. Juni 1938 — die Ansprüche ihres früheren Ehemannes gegen die Beklagte aus seinem Dienstverhältnis in Höhe von 1/3 des monatlich

150 RM übersteigenden Bruttoeinkommens pfänden und sich zur Einziehung überweisen lassen. Sie hat alsdann ihre Ansprüche gegen R. und ihre Rechte aus dem Pfändungs- und Überweisungsbeschluß an den Kläger abgetreten.

R. bezog von der Beklagten bisher ein Gehalt von monatlich 382 RM (neuerdings ist das Gehalt erhöht worden). Schon vor dem Erlaß des Pfändungs- und Überweisungsbeschlusses hatte er zur Erfüllung seiner Unterhaltspflicht gegenüber seinen beiden ersteheliehen Kindern an diese einen Teilbetrag seines Gehalts in Höhe von monatlich 70 RM abgetreten und die Beklagte angewiesen, diesen Betrag an den Pfleger der Kinder auszuzahlen. Die Beklagte ist dem nachgekommen. Um dann weiter auch dem ergangenen Pfändungs- und Überweisungsbeschluß zu entsprechen, hat sie den pfändbaren Betrag des dem R. zustehenden Gehalts mit monatlich 77,35 RM errechnet, hat davon weiterhin 70 RM an den Pfleger der erstehelichen Kinder des R. abgeführt und an den Kläger für die Monate Juli und August 1938 je nur die restlichen 7,35 RM ausgezahlt.

Der Kläger hielt dieses Vorgehen der Beklagten für gesetzwidrig. Er hat den Standpunkt vertreten, unpfändbar seien zunächst 150 RM und ein Drittel des Mehrgehalts, zusammen also 227,30 RM; von dem weiter für unpfändbar erklärten Drittel sei auf die beiden Kinder höchstens die Hälfte, also ein Sechstel zu rechnen mit 38,65 RM, so daß die Beklagte an ihn für die Monate Juli und August 1938 statt je 7,35 RM je 38,65 RM hätte auszahlen müssen und daß sie ihm für diese Monate nach 62,60 RM schulde. Er hat dazu noch darauf hingewiesen, daß dem Schuldner R., soweit es sich um die Erfüllung der Unterhaltsansprüche seiner Kindern handele, nur etwa 104 RM monatlich zur Bestreitung seines eigenen notwendigen Unterhalts belassen werden müßten. Mit der Klage forderte der Kläger Zahlung des genannten Betrages von 62,60 RM.

Die Beklagte ist dem entgegengetreten und hat um Klageabweisung gebeten.

Das Arbeitsgericht hat der Klage stattgegeben, das Landesarbeitsgericht hat sie abgewiesen. Die Revision wurde zurückgewiesen aus folgenden

Gründen:

Die Parteien stritten in den Vorinstanzen allein um die Frage, ob die Beklagte auf Grund der ihr zunächst mitgeteilten Abtretung eines Teilbetrages der Gehaltsansprüche des Schuldners R. an dessen ersteheliche Kinder und der späteren Pfändung und Überweisung der

Gehaltsansprüche in den im Gerichtsbeschluß vom 23. Juni 1938 angegebenen Grenzen verpflichtet war, von sich aus die Forderungsübergänge unterschiedlich zu behandeln, nämlich die zugunsten der Kinder erfolgte Abtretung im Hinblick auf § 850 Abs. 3 ZPO. auf die Gehaltsteile zu beziehen, die durch die von der Rechtsvorgängerin des Klägers gemäß § 850 b ZPO. erwirkte Pfändung nicht erfaßt werden konnten.

Es ist mit dem Berufungsgericht grundsätzlich davon auszugehen, daß durch die ausgebrachte Pfändung und Überweisung der Gehaltsforderung des R. gegen die Beklagte bereits vorher an der Forderung begründete Rechte Dritter nicht berührt werden konnten. Nun hat das Reichsarbeitsgericht erst kürzlich im Urteil vom 6. Mai 1939 RAG. 222/38 (RAG. Bd. 21 S. 172) für einen ähnlich liegenden Fall dahin entschieden, daß ein Schuldner nicht verpflichtet ist, zur Befriedigung bevorrechtigter Unterhaltsgläubiger in erster Reihe denjenigen Teil seines Arbeitseinkommens zu verwenden, der dem allgemeinen Zugriff nichtbevorrechtigter Gläubiger nicht zur Verfügung steht. Das Reichsarbeitsgericht hat in derselben Entscheidung ferner dargelegt, daß ein Vertrag, durch den ein Schuldner an bevorrechtigte Unterhaltsgläubiger Teile seines Arbeitseinkommens abtritt, die dem allgemeinen Gläubigerzugriff freistehen, im allgemeinen auch nicht gegen die guten Sitten verstößt. Diese Rechtsgrundsätze, an denen festzuhalten ist, sind auch hier von entscheidender Bedeutung.

Daß die Gehaltsabtretung zugunsten der ersteheliehen Kinder des R. ausdrücklich auf den Teil des Gehalts bezogen worden sei, der dem allgemeinen Gläubigerzugriff nicht freistand, hat der Kläger selbst nicht behauptet. Ohne eine dahin gehende ausdrückliche Abmachung muß aber in Fällen wie hier, wo der abgetretene Betrag aus dem allgemein pfändbaren Gehaltsteil ohne weiteres entrichtet werden konnte, nach allgemeiner Lebenserfahrung davon ausgegangen werden, daß die Abtretung sich auf den allgemein pfändbaren Gehaltsteil beziehen sollte. Es kann nicht ohne weiteres angenommen werden, daß der Schuldner zugunsten später gegen ihn vorgehender anderer Gläubiger ohne Not bei der Abtretung sich auf seinen notdürftigen Unterhalt hat beschränken wollen. Wenn dann auch der Beklagten, was das Berufungsgericht unterstellt, mitgeteilt worden ist, daß die Gehaltsabtretung zur Deckung der Unterhaltsansprüche der Kinder erfolgt sei, so durfte sie doch damit rechnen, daß die Abtretung sich auf den dem allgemeinen Gläubigerzugriff unterliegenden Gehaltsteil erstrecken sollte. Eine weitere Nachforschungspflicht ist ihr, wie das Berufungsgericht mit Recht angenommen hat, nicht zuzumuten. Umstände, die hier eine Sittenwidrigkeit solcher Abtretung ergeben könnten, sind in dem beiderseitigen Parteivorbringen nicht zutage getreten. Dem Berufungsgericht ist deshalb zuzustimmen, wenn es annimmt, daß die von der Beklagten nach der Zustellung des Pfändungs- und Überweisungsbeschlusses vorgenommene Verteilung der allgemein pfändbaren Gehaltsteile nicht zu beanstanden sei.

Wie die Dinge hier liegen, kann entgegen der Ansicht der Revision auch nicht angenommen werden, daß die Beklagte verpflichtet gewesen sei, den abgetretenen Gehaltsteil von monatlich 70 RM gemäß § 372 BGB. zu hinterlegen. Nach dem klaren Wortlaut und auch nach dem Sinn dieser Gesetzesvorschrift ist ein Schuldner in den dort angegebenen Fällen zur Hinterlegung nur berechtigt, nicht aber verpflichtet (RGZ. Bd. 61 S. 250). Aus der von der Revision angeführten Entscheidung RGZ. Bd. 59 S. 18 flg. läßt sich eine Hinterlegungsverpflichtung der Beklagten nicht herleiten.

Ob der Kläger durch eine Änderung des Pfändungs- und Überweisungsbeschlusses eine andere Verteilung der streitigen Gehaltsteile hätte erreichen oder ob er die Abtretung hätte anfechten können, braucht hier nicht untersucht zu werden. Bei der gegebenen Sachlage war die Beklagte jedenfalls nicht verpflichtet, an ihn vom Gehalt des Schuldners R. mehr auszuzahlen, als sie getan hat.

RAG. 22, 241.+

Verliert eine bisher als Handlungsgehilfin beschäftigte Angestellte diese Eigenschaft ohne weiteres, wenn sie vom Unternehmer auf einen anderen Arbeitsplatz gestellt wird, auf dem sie nur gewerbliche Arbeit verrichtet?

HGB. §§ 59, 63.

Urteil vom 23. Januar 1940.

I. Arbeitsgericht Breslau. — II. Landesarbeitsgericht daselbst.

Die Klägerin stand seit dem Jahre 1923 in Diensten des Beklagten. Sie war zunächst als Büfettfräulein im Wartesaal des Hauptbahnhofs in B. beschäftigt, war dann etwa 10 Jahre lang alleinige Verkäuferin in dem vom Beklagten in der Bahnhofshaupthalle betriebenen Tabakwaren-Verkaufsstand und hat seit 1934 den Dienst in der vom Beklagten dort auch noch betriebenen Milchhalle versehen. Seit ihrer Tätigkeit in dem Tabakwaren-Verkaufsstand hat der Beklagte für sie Beiträge zur Angestelltenversicherung entrichtet. Sie bezog ein Monatsgehalt von 125 RM. Ende 1938 ist das Dienstverhältnis gelöst worden.

Im Jahre 1938 war die Klägerin zunächst vom 26. Juni bis zum 10. August infolge einer Blinddarmerkrankung arbeitsunfähig, bereits am 12. August erkrankte sie erneut für längere Zeit, diesmal an einem Herzleiden. Für die ersten 6 Krankheitswochen (ab 26. Juni 1938) hat der Beklagte ihr das volle Gehalt weitergezahlt. Mit der Klage fordert die Klägerin die Weiterzahlung ihres Gehalts auch für 6 Wochen der zweiten Erkrankung (ab 12. August 1938) abzüglich des von ihr während dieser Zeit bezogenen Krankengeldes (täglich 2 RM) in Höhe von noch 90,72 RM.

Der Beklagte hielt den Anspruch für unbegründet, weil die Klägerin zur Zeit der Erkrankung nicht Handlungsgehilfin, sondern Gewerbegehilfin gewesen, die zweite Erkrankung auch lediglich eine Folge der vorhergegangenen Krankheit gewesen sei.

Beide Vorinstanzen erkannten nach dem Klageantrage. Die Revison des Beklagten blieb erfolglos aus folgenden

Gründen:

. . . Rechtlich nicht zu beanstanden ist die Annahme des Berufungsgerichts, daß die Tätigkeit der Klägerin in der Milchhalle an sich als die einer Gewerbegehilfin zu werten ist. Diese Auffassung steht im Einklang mit der im angefochtenen Urteil angeführten Entscheidung des Reichsarbeitsgerichts RAG. 277/35 vom 15. Februar 1936 (RAG. Bd. 16 S. 154). Wenn das Berufungsgericht dann gleichwohl das kaufmännische Angestelltenverhältnis als fortbestehend angesehen hat, so sind auch dagegen keine durchschlagenden Bedenken zu erheben. Wohl bedarf es nicht unbedingt einer Kündigung und eines neuen Vertragsangebots, um ein kaufmännisches Angestelltenverhältnis in ein gewerbliches Dienstverhältnis umzuwandeln. Solche Umwandlung kann vielmehr auch stillschweigend geschehen, wenn die Umstände, insbesondere eine völlig andersgeartete Tätigkeit, einwandfrei erkennen lassen, daß das bisherige Angestelltenverhältnis nach dem Willen des Führers des Betriebes nicht weiter fortgesetzt werden sollte. und der Gefolgschaftsangehörige sich mit der Änderung stillschweigend einverstanden erklärt. So liegen die Dinge aber nach den Feststellungen des Berufunggerichts hier nicht. Wie das Reichsarbeitsgericht in der angeführten Entscheidung ausgesprochen hat, läßt sich die Frage, ob Verkäuferinnen in Trinkhallen als Handlungsgehilfinnen oder als Gewerbegehilfinnen anzusprechen sind, auch nicht einheitlich beantworten, vielmehr entscheidet sich das jeweils nach den Umständen des Einzelfalls. Im Einzelfall aber wird sich darüber streiten lassen, welche Art Tätigkeit bei einer solchen Verkäuferin überwiegt (vgl. hierzu auch ArbRSamml. Bd. 27 S. 298 [304], Anmerkung von Dersch). Zweifel für die Beteiligten werden deshalb in vielen Fällen, und so auch hier, möglich sein. Dann aber muß allerdings dem Berufungsgericht darin zugestimmt werden, daß es Sache des Beklagten gewesen wäre, klare Verhältnisse zu schaffen, wenn er das bisherige langjährige kaufmännische Angestelltenverhältnis mit der Klägerin nicht weiter fortsetzen wollte. Denn nach Treu und Glauben konnte und mußte die Klägerin unter den gegebenen Umständen, besonders da vom Beklagten das bisherige Gehalt weitergezahlt und auch die Beiträge zur Angestelltenversicherung wie bisher weiterentrichtet wurden, annehmen, daß sich in ihrem bisherigen Angestelltenverhältnis grundsätzlich nichts ändern sollte. Damit blieben ihr aber im Verhältnis zum Beklagten die Rechte einer Handlungsgehilfin, auch wenn seit der Änderung ihre Tätigkeit nicht mehr überwiegend kaufmännisch war. . . .

. . .

RAG. 22, 257.+

1. . . .

2. Inwieweit kann das Recht auf fristlose Entlassung durch den Arbeitsvertrag eingeschränkt werden?

BGB. § 626.

Urteil vom 13. Dezember 1939.

I. Arbeitsgericht Bonn. — II. Landesarbeitsgericht Köln.

. . .

Gründe:

. . .

Die in § 626 BGB. getroffene Bestimmung enthält unabdingbares Recht. Sie beruht auf dem Gedanken, daß das Dienstverhälnis bei Eintritt unvorhergesehener Umstände für die eine oder die andere Partei zu einer unerträglichen Fessel und zu einer Quelle unbilligen Schadens werden kann. Ein solches Ergebnis wäre aber mit der Natur des Dienstverhältnisses, das in besonderem Maße zu gegenseitiger Rücksichtnahme verpflichtet, unvereinbar und kann deshalb von der Rechtsordnung nicht hingenommen werden. Diese hält daher mit der Vorschrift in § 626 BGB. für solche Fälle ein Mittel zur Abhilfe bereit, indem sie die sofortige Lösung der dienstvertraglichen Bindungen zuläßt, sofern ein gerechter und billiger Interessenausgleich dies erfordert. Daher kann es nicht in dem Belieben der Vertragsbeteiligten stehen, die Kündigung aus wichtigem Grunde von vornherein auszuschließen oder zu beschränken. Dieser Grundsatz ist in der Rechtsprechung des Reichsgerichts und des Reichsarbeitsgerichts stets anerkannt worden (vgl. ErlB. RGR. Anm. 2 zu § 626 BGB. und die dort angeführten Entscheidungen). Indessen hat das Gesetz für die Wichtigkeit des Kündigungsgrundes keinen starren Maßstab aufgestellt. Dieser muß sich daher den Umständen des Einzelfalles und in diesem Zusammenhang auch dem anpassen, was die Parteien selbst als erträglich und zumutbar ansehen. Vereinbarungen der Parteien nach dieser Richtung hin sind somit nicht schlechthin bedeutungslos oder unzulässig. Vielmehr bleibt es den Parteien unbenommen, sich schon bei Eingehung des Dienstverhältnisses darüber zu verständigen, daß nur gewisse Tatsachen und gewisse Tatsachen nicht oder nur unter bestimmten erschwerenden Umständen einen wichtigen Grund bilden sollen, insbesondere auch, daß der Dienstverpflichtete in bezug auf Entlassungsmöglichkeiten einem Beamten gleichgestellt werden soll. Allerdings vermögen solche Vereinbarungen dem § 636 BGB. an sich keinen Abbruch zu tun, sie sind aber geeignet, für dessen Anwendung im Einzelfalle das Maß zu beeinflussen, das der Tatrichter vom Standpunkte einer gerechten Interessenabwägung an die Wichtigkeit des Grundes anzulegen hat. Insoweit wirken sie sich zwar nicht eigentlich nach der rechtlichen, wohl aber nach der tatsächlichen Seite hin aus. Diese Unterscheidung mag zwar in manchen Entscheidungen des Reichsarbeitsgerichts, welche die praktische Seite in den Vordergrund stellen, nicht besonders betont worden sein. Sie ist vom Reichsarbeitsgericht aber bereits mehrfach festgelegt worden (vgl. RAG. 130/31 vom 10. Oktober 1931 ArbRSamml. Bd. 13 S. 308, RAG. 97/33 vom 5. Juli 1933 ArbRSamml. Bd. 18 S. 263, RAG. 20/34 vom 28. März 1934 ArbRSamml. Bd. 20 S. 281) und muß auch weiterhin aufrechterhalten werden.

Danach ergibt sich, daß ein Angestellter, dessen Dienstverhältnis nur aus disziplinaren Gründen kündbar sein soll, nicht unter allen Umständen vor der außerordentlichen Kündigung wegen solcher wichtiger Gründe geschützt ist, die außerhalb seines Verschuldens liegen. Wegen der zwingenden Vorschrift im § 626 BGB. kann der Privatdienstvertrag einem solchen Angestellten eben nicht in vollem Umfange die Rechtsstellung verschaffen, die insoweit einem Staatsbeamten durch das öffentliche Recht verliehen ist. Freilich werden in solchem Falle an die Gewichtigkeit unverschuldeter Kündigungsgründe besonders hohe Anforderungen zu stellen sein.

. . .

RAG. 22, 271.

1. Findet die kurze Verjährungsfrist des § 196 Abs. 1 Nr. 8 BGB. auf Forderungen gegen Handlungsagenten, die arbeitnehmerähnliche Personen i. S. des § 5 ArbGG. sind, Anwendung?

2. Wann ist der Bezieherwerber für Zeitschriften Handlungsagent?

BGB. § 196 Nr. 8. HGB. § 84.

Urteil vom 31. Januar 1940.

I. Arbeitsgericht Dresden. — II. Landesarbeitsgericht daselbst.

Der Beklagte war vom 1. Februar 1930 bis Sommer 1931 bei der Klägerin als Bezieherwerber für Zeitschriften tätig. Er erhielt für jede Bestellung einer Zeitschrift eine Provision, die ihm sofort gutgeschrieben wurde, die er aber zurückvergüten mußte, wenn der Bezieher den Bezug der Zeitschrift vorzeitig aufgab (sogenannte Sprunghaftung). Nach einem von der Klägerin am 31. Dezember 1931 aufgestellten Kontoauszuge sollte der Beklagte aus dieser Sprunghaftung noch 933,50 RM schulden. Von diesem Betrage hat die Klägerin im Jahre 1932 300,— RM eingeklagt, die der Beklagte, der gegen sich Versäumnisurteil ergehen ließ, bis zum Jahre 1938 abgezahlt hat. Mit der vorliegenden Klage verlangte die Klägerin den Restbetrag von 633,50 RM. Der Beklagte bestritt die Forderung.

Während das Arbeitsgericht den Klageanspruch abgewiesen hat, hat das Landesarbeitsgericht den Anspruch dem Grunde nach für gerechtfertigt erklärt. Die Revision des Beklagten führte zur Aufhebung und Zurückverweisung aus folgenden

Gründen:

. . .

Im Gegensatz zu dem Arbeitsgericht hält das Landesarbeitsgericht die kurze Verjährungsfrist des § 196 Abs. 1 Nr. 8 BGB. auf die arbeitnehmerähnlichen Agenten nicht für anwendbar. Der Handlungsagent sei selbständiger Kaufmann und stehe, auch wenn er wirtschaftlich von seinem Auftraggeber abhängig sei, nicht in dessen Privatdienst im Sinne das § 196 Abs. 1 Nr. 8 BGB. Die Verjährung der Ansprüche der Agenten sei vielmehr in § 196 Abs. 1 Nr. 1 und § 196 Abs. 2 geregelt, wobei im Gegensatz zu § 196 Abs. 1 Nr. 8 die Ansprüche des Auftraggebers auf Rückzahlungen von Vorschüssen dieser kurzen Verjährung nicht unterworfen seien.

Zuzustimmen ist dem Landesarbeitsgericht darin, daß die Verjährungsbestimmung des § 196 Abs. 1 Nr. 8 BGB. nicht auf selbständige

Agenten Anwendung findet, auch wenn sie wegen ihrer wirtschaftlichen Abhängigkeit arbeitnehmerähnliche Personen im Sinne des § 5 ArbGG. sind. Denn Personen, die hinsichtlich der Ausführung ihrer Arbeit an keine Weisungen ihres Auftraggebers gebunden sind, frei über ihre Arbeitszeit und den Umfang ihrer Tätigkeit verfügen, selbst das Geschäftsrisiko tragen und womöglich noch für andere Unternehmer tätig sind, leisten keine fortlaufenden Dienste im Sinne des § 196 Abs. 1 Nr. 8 (RAG. Bd. 15 S. 156 und RAG. 81/39 Urt. vom 28. November 1939, abgedr. in ArbRSamml. Bd. 37 S. 392), mögen sie auch wegen des geringen Umfanges ihrer Tätigkeit oder der geringen Höhe ihrer Provisionen zu ihrem Lebensunterhalt auf diese angewiesen sein und daher in größerer wirtschaftlicher Abhängigkeit als ein Vertreter eines großen Unternehmens für hochwertige Erzeugnisse stehen.

Indessen hat das Landesarbeitsgericht nicht geprüft, ob nicht die persönliche Abhängigkeit des Klägers so groß war, daß er Handlungsgehilfe war und damit in Diensten des Klägers stand. Dieser Prüfung war es nicht deshalb enthoben, weil die Parteien nach dem Tatbestand des Urteils darüber einig gewesen sind, daß der Kläger arbeitnehmerähnlicher Handlungsagent und kein Handlungsgehilfe sei. Es handelt sich hier um eine Rechtsfrage, die von Amts wegen zu prüfen war. Bestimmte Tatsachen, aus denen die gezogene Schlußfolgerung sich ohne weiteres ergab, standen nicht fest. Denn die Bezeichnung des Beklagten als Handelsvertreter im Anstellungsvertrage war für die Frage, ob der Beklagte Handlungsagent oder Handlungsgehilfe war, nicht entscheidend (RAG. Bd. 15 S. 339, Bd. 19 S. 112 und das erwähnte Urt. vom 28. November 1939, RAG. 81/39). Für eine persönliche Bindung des Beklagten an die Weisungen der Klägerin sprach im gewissen Sinne schon die Bestimmung des Vertrages, daß er alle ihm gemeldeten Sprünge, auch bei von anderen Handelsvertretern gewonnenen Beziehern, zu kontrollieren habe und dafür 200 RM erhalten sollte, auch wenn diese Bestimmung dann nicht in Kraft getreten ist. Weiter hatte der Beklagte in der Berufungsbeantwortung, wenn auch ohne nähere Angaben, behauptet, daß er nach genauen Anordnungen tätig gewesen sei. Das Landesarbeitsgericht hätte daher die Arbeitsweise des Klägers aufklären und namentlich prüfen müssen, ob ihm etwa Anweisungen für Werbung in bestimmten Bezirken gegeben wurden oder ob er die Kunden nach Listen in bestimmter Reihenfolge besuchen mußte und inwieweit seine Tätigkeit sich von der jetzigen Tätigkeit der Bezieherwerber der Klägerin unterschied. Liegt ein solcher Unterschied nicht vor, ist die Tätigkeit im wesentlichen dieselbe, wie sie als Voraussetzung für die Geltung der TO. für Bezieherwerber vom 24. September 1937 (RArbBl. VI S. 1085) verlangt wird, so würde der Beklagte schon damals Handlungsgehilfe und nicht arbeitnehmerähnlicher Handlungsagent gewesen sein.

RAG. 22, 327.+

1. . . .

2. Kann eine Arbeitsversäumnis als unverschuldet angesehen werden, die auf eine ambulante ärztliche Behandlung zurückzuführen ist, die ein Gefolgschaftsmitglied ohne zwingende Gründe in die Arbeitszeit legt?

Urteil vom 10. Januar 1940.

I. Arbeitsgericht Magdeburg. — II. Landesarbeitsgericht daselbst.

. . .

Gründe:

. . .

Nur bei unverschuldeter Arbeitsversäumnis nämlich gibt § 616 Abs. 1 BGB. sowohl wie § 4 TO. überhaupt den Lohnanspruch. Daß die Arbeitsversäumnis des Klägers unverschuldet war, verneint aber das Berufungsgericht. Es führt dazu aus, daß es dem Kläger möglich gewesen sei, durch Vereinbarung mit dem Dentisten K. die Zahnbehandlung auch außerhalb der Sprechstunden durchzuführen und damit die Arbeitsversäumnis zu vermeiden. Eine solche Regelung sei dem Kläger auch zuzumuten gewesen. Rechtliche Bedenken hiergegen bestehen nicht. Ein Gefolgsmann muß seine persönlichen Angelegenheiten grundsätzlich außerhalb der Arbeitszeit erledigen und darf diese Erledigung nur dann in die Arbeitszeit verlegen, wenn triftige Gründe eine andere Regelung nicht zulassen. Etwas anderes kann auch für eine Zahnbehandlung nicht gelten. Auch diese muß, sofern nicht besondere Umstände im Einzelfall es anders bedingen, außerhalb der Arbeitszeit erfolgen. Geschieht dies ohne zwingenden Grund nicht, so ist die durch die Zahnbehandlung bedingte Arbeitsversäumnis keine unverschuldete. Damit entfällt aber für den Kläger in jedem Fall die Möglichkeit, einen Lohnanspruch für die Zeit seiner Zahnbehandlung aus § 616 Abs. 1 BGB. oder der Tarifordnung herzuleiten.

RAG. 22, 358.+

Kann bei einer für bestimmte Zeit vereinbarten Probezeit vor dem Ende der Probezeit tariflich gekündigt werden, wenn im Tarif für das Arbeitsverhältnis eine kürzere Kündigungsfrist vorgesehen ist?

Manteltarifvertrag für die bei den Arbeitgebern des Groß- und Einzelhandels beschäftigten Arbeiter und Arbeiterinnen sowie für die Führer von Lastkraftwagen einschließlich Lieferwagen in Groß-Stuttgart usw. vom 17. Juni 1932. BGB. §§ 157, 620.

Urteil vom 14. Februar 1940.

I. Arbeitsgericht Stuttgart. — II. Landesarbeitsgericht daselbst.

Der Kläger wurde von der Beklagten am 22. November 1933 zum Eintritt als Kraftfahrer am 23. November auf vierzehn Tage zur Probe eingestellt. Noch am 22. November abends erhielt er von der Beklagten eine schriftliche Absage. Erst am Montag, dem 28. November, bekam er eine neue Stelle. Er verlangte Ersatz des Lohnausfalls für vier Tage vom 23. bis 26. November mit 33,33 RM, da ihm tarifmäßig nur mit Frist von einer Woche auf den Schluß der Kalenderwoche habe gekündigt werden können.

Das Arbeitsgericht wies die Klage ab, das Berufungsgericht verurteilte die Beklagte nach dem Klagantrag. Ihre Revision blieb ohne Erfolg aus folgenden

Gründen:

... Mangels einer Sondertarifbestimmung wird das streitige Arbeitsverhältnis von dem Manteltarifvertrag für die bei den Arbeitgebern des Groß- und Einzelhandels in Groß-Stuttgart usw. beschäftigten Arbeiter und Arbeiterinnen vom 17. Juni 1932 beherrscht, da die Firma der Beklagten ein Handelsunternehmen ist. In diesem Tarifvertrag ist bestimmt:

> Das Arbeitsverhältnis kann täglich durch eine jedem Teil freistehende wöchentliche Kündigung gelöst werden. In der ersten Woche nach der Einstellung kann das Arbeitsverhältnis von beiden Teilen ohne Einhaltung einer Frist sofort gelöst werden.

Das Berufungsgericht hat dazu ausgeführt, nach der im Arbeitsleben herrschenden Verkehrssitte sei eine vereinbarte Probezeit auszuhalten, wenn nicht wenigstens stillschweigend etwas anderes vereinbart sei. Für eine solche Vereinbarung lägen keine Anhaltspunkte vor. Die Vereinbarung über die Probezeit sei daher günstiger als die tarifliche Bestimmung und daher maßgebend.

Diese Begründung des angefochtenen Urteils läßt keinen Rechtsirrtum erkennen. Ebenso wie in einem auf endgültige Anstellung gerichteten Dienstvertrag die Kündigung auf eine gewisse Zeit ausgeschlossen und damit die Anwendung der wöchentlichen Kündigung des Tarifvertrags wegbedungen werden kann, kann bei der Anstellung auf Probe ausdrücklich oder stillschweigend die Kündigung vor Ablauf der vereinbarten Probezeit, abgesehen von einem wichtigen Grunde, ausgeschlossen werden. Schon der Begriff der Probezeit deutet darauf hin, daß der Gefolgsmann Gelegenheit haben soll, sich in der dafür vereinbarten Zeit zu bewähren, sich während dieser Zeit einzuarbeiten, und daß erst am Ende der Probezeit über seine Eignung entschieden werden soll. Im übrigen ist die Auslegung des Vertrags über die Einstellung auf Probe Sache des Tatrichters. Er hat den Vertragswillen, ohne auch in verfahrensrechtlicher Hinsicht einen Rechtsverstoß erkennen zu lassen, dahin ausgelegt, daß das Aushalten der Probezeit auf beiden Seiten gewollt war und keine Umstände vorliegen, die annehmen ließen, daß an eine vorzeitige Kündigung der probeweisen Anstellung gedacht war. Wenn die Beklagte in der Berufung nachträglich vorgetragen hat, daß sie nach der Einstellung des Klägers von seinem früheren Arbeitgeber eine ungünstige Auskunft erhalten habe, so ändert das nichts an dem Inhalt der ursprünglichen Vereinbarung, sich über die Eignung des Klägers für eine Daueranstellung erst nach Ablauf der Probezeit zu entscheiden. Es ist nicht erfindlich, inwiefern der Kläger den Anspruch nach den Grundsätzen von Treu und Glauben nicht soll geltend machen können, weil er bei sofortiger Kündigung eine andere Arbeit gefunden hätte. Diese Möglichkeit entband die Beklagte so lange nicht von ihrer Vertragspflicht, als der Kläger nicht böswillig unterlassen hat, seine Dienste anderweitig zu verwenden (§ 615 BGB.). Sie ist aber auch kein zwingender Beweis gegen die Vertragsauslegung des Berufungsrichters.

Daß der Kläger der Beklagten in der nachträglich erholten Auskunft als Trinker und Schwarzfahrer geschildert worden sei, ist nirgends festgestellt, auch aus den Akten nicht zu entnehmen. . . .

RAG. 22, 362.

Kann der Drittschuldner sich gegenüber der auf Zahlung der gepfändeten Lohnbeträge gerichteten Klage des Gläubigers damit verteidigen, daß der Vollstreckungsschuldner, der auf Grund einer Vereinbarung mit dem Drittschuldner, seinem Dienstherrn, die Befugnis hatte, sich seinen Lohn jeweils bei Fälligkeit aus einer von ihm verwalteten Kasse des Drittschuldners zu entnehmen, den ihm zugestellten Pfändungs- und Überweisungsbeschluß nicht beachtet, sondern auch die gepfändeten und dem Gläubiger überwiesenen Lohnbeträge aus der Kasse entnommen habe?

ZPO. §§ 829, 835, 836. BGB. § 392.

Urteil vom 14. Februar 1940.

I. Arbeitsgericht Oppeln. — II. Landesarbeitsgericht Gleiwitz.

Der Beklagte ist Reeder der Binnenschiffahrt. Der Erzeuger des Klägers, Schiffsheizer Z., ist Angestellter des Beklagten. Er geht mit dem Dampfer des Beklagten monatelang auf Fahrt und hat während solcher die Schleppgelder einzuziehen und davon Ausgaben zu bestreiten, also insbesondere Kohlen zu kaufen, Heizer und Bootsmann zu löhnen, Schleusengelder zu bezahlen. Er darf auch seinen eigenen Lohn aus der Kasse entnehmen.

Während einer solchen Fahrt ist gegen ihn wegen der Unterhaltsforderung des Klägers ein Pfändungs und Überweisungsbeschluß ergangen. Dadurch ist die Lohnforderung des Z. an den Beklagten in Höhe von 4 RM wöchentlich gepfändet und dem Kläger zur Einziehung überwiesen worden; auch ist an den Beklagten das gesetzlich vorgeschriebene Zahlungsverbot (§ 829 Abs. 1 Satz 1 ZPO.) erlassen worden. Der Beschluß ist an den Beklagten am 27., an Z. am 29. Oktober 1938 zugestellt worden. Am 23. Dezember 1938 ist zwischen dem Beklagten und Z. abgerechnet woreden. Es ergab sich, daß Z. nicht nur seinen ganzen Lohn einschließlich des gepfändeten Betrages verbraucht hatte, sondern darüber hinaus noch 98,35 RM zu wenig ablieferte.

Die Klage ist auf Zahlung von 32 RM (8mal 4 RM) gerichtet, die der Beklagte nach der Meinung des Klägers bis zum 21. Dezember 1938 an ihn hätte abführen müssen.

Der Beklagte hielt sich dazu nicht für verpflichtet. Z. habe seinen Lohn in voller Höhe verbraucht. Er habe das nicht verhindern können.

Das Arbeitsgericht erkannte nach dem Klagantrag. Das Landesarbeitsgericht wies die Klage ab. Die Revision führte zur Wiederherstellung des arbeitsgerichtlichen Urteils.

Gründe:

Die Pfändung nahm dem Z. die Befugnis, über den gepfändeten Betrag zu verfügen (§ 829 ZPO.), also auch das Recht, sich wegen seiner zu befriedigen. Dabei gilt es gleich, ob man dem zwischen ihm und dem Beklagten bestehenden Vertragsverhältnis eine Aufrechnungsabmachung oder die Einräumung der Befugnis entnimmt, sich die Lohnbeträge jeweils anzueignen. Es genügt, festzustellen, daß Z. nicht etwa durch Aushändigung eines Vorschusses oder durch den Empfang und die Ausführung des Auftrages, für den Beklagten die

Schleppgelder einzuziehen, schon im voraus Befriedigung für die erst künftig fällig werdenden Lohnanteile erhalten hat, sondern daß diese offenblieben und daher auch von Pfändungen und Überweisungen ergriffen werden konnten.

Die Folge ist, daß der Beklagte dem mit der Überweisung verbundenen Gebot (§§ 835, 836 ZPO.) zu genügen, das ist die Beträge, sobald sie fällig wurden, an den Kläger abzuführen hatte. Freilich kann sich der Drittschuldner gegenüber dem Vollstreckungsgläubiger der ihm gegenüber dem Vollstreckungsschuldner zustehenden Rechtsbehelfe bedienen; aber solche standen dem Beklagten, als die Pfändung und Überweisung erfolgte, dem Z. gegenüber nicht zu. Er schuldete ihm insbesondere den gepfändeten Lohnbetrag ohne Rücksicht auf den Bestand der von Z. verwalteten Kasse. Die Rechtslage wird also allein durch die Tatsache beherrscht, daß Z. nach Empfang des Pfändungsbeschlusses sich die gepfändeten Beträge nicht mehr aus der Kasse entnehmen durfte. Darauf war er, wie gesagt, durch den ihm zugestellten Pfändungs- und Überweisungsbeschluß hingewiesen worden. Der Beklagte war so in der Lage, den gepfändeten Teil des Lohns an den Kläger abzuführen. Handelte Z. dem Verbot zuwider, so beging er freilich eine Unterschlagung; aber er unterschlug dann Geld des Beklagten. Das konnte die Rechtslage des Klägers nicht berühren.

Dadurch, daß Z. wirklich dem Pfändungs- und Überweisungsbeschluß zuwider gehandelt und auch sonst Beträge aus der Kasse entnommen hat, die er sich nicht zueignen durfte, hat der Beklagte allerdings inzwischen eine Gegenforderung gegen ihn auf Ersatz des unterschlagenen Geldes erworben, aber erst nach der Beschlagnahme. Denn es ist nicht behauptet, daß Z. schon vorher Geld unterschlagen hätte und daß dagegen die Lohnschuld aufgerechnet werde, sondern nur, daß er mit der Herausnahme des fälligen Lohnes die Zahlung an den Kläger unmöglich gemacht, das Lohngeld sich also nach der Beschlagnahme widerrechtlich angeeignet habe. Für diesen Fall wird aber die Aufrechnung durch § 392 BGB. ausgeschlossen.

RAG. 23, 16.

Zur Auslegung tariflicher Verwirkungsklauseln.

BGB. §§ 611, 242. Tarifvertrag zwischen dem Verband der Metallindustriellen Kassels und benachbarter Industriebezirke e. V. in Kassel und der Geschäftsstelle Kassel des Gewerkschaftsbundes der Angestellten sowie anderen Angestelltenverbänden vom 27. März 1932 § 13 Nr. 2.

Urteil vom 27. Februar 1940.

I. Arbeitsgericht Kassel. — II. Landesarbeitsgericht daselbst.

Der Kläger trat nach einem Studium der Rechts- und Staatswissenschaften und einer Tätigkeit als juristischer Hilfsarbeiter bei einer anderen Firma bei der Beklagten als kaufmännischer Angestellter ein. Sein Monatsgehalt betrug zuletzt 250 RM. Anfang November 1936 kündigte er das Dienstverhältnis zum 31. Dezember 1936.

Am 4. November 1936 wurde der Beklagten ein Pfändungs- und Überweisungsbeschluß des Amtsgerichts in K. zugestellt, den ein Gläubiger des Klägers gegen diesen über eine Forderung von 21,02 RM nebst 5 v. H. Zinsen und Kosten erwirkt hatte. Diese Urkunde geriet auf nicht aufgeklärte Weise in den Besitz des Klägers. Mit Schreiben vom 20. November 1936 teilte der Gläubiger der Beklagten mit, daß der Kläger ihm auf die Forderung einen Betrag von 26,01 RM bezahlt habe, daß ihm aber noch ein Unkostenbetrag von 3,45 RM zuzüglich 0,38 RM Porto zustehe und daß die Beklagte ihm diese Beträge überweisen möge. Dem Kläger wurde dies Schreiben von der Beklagten unter dem 23. November 1936 zur Kenntnis übersandt. In dem Begleitschreiben forderte die Beklagte den Kläger auf, den Pfändungs- und Überweisungsbeschluß, den er sich allem Anschein nach widerrechtlich angeeignet habe, zurückzugeben, da jener wesentlicher Bestandteil ihrer Akten sei. Mit Schreiben vom 25. November 1936 erinnerte die Beklagte den Kläger an die Rückgabe. Sie erklärte, daß sie nicht in der Lage sei, ihm das Novembergehalt auszuzahlen, bevor diese Sache in Ordnung sei. Mit Schreiben vom 28. November 1936 teilte der Gläubiger des Klägers der Beklagten mit, daß der Kläger den Betrag von 3,83 RM bezahlt habe und daß die ergangene Gehaltspfändung damit ihre Erledigung gefunden habe. Mit Schreiben vom 4. Dezember 1936 forderte die Beklagte den Kläger erneut zur Rückgabe des Pfändungs- und Überweisungsbeschlusses auf. Sie drohte ihm schärfere Maßregeln an. Mit Schreiben vom 21. Dezember 1936 händigte sie ihm das Zeugnis und seine Arbeitspapiere aus. Ferner fügte sie dem Schreiben eine eidesstattliche Erklärung und einen Abgeltungsrevers zur Unterzeichnung durch den Kläger bei. In dem Begleitschreiben forderte die Beklagte ihn auf, bei der eidesstattlichen Erklärung zu berücksichtigen, daß er noch den Pfändungs- und Überweisungsbeschluß, den er sich unrechtmäßig angeeignet habe, im Besitz habe. Sie bat nochmals dringend um Rückgabe und erklärte, sie werde dem Kläger alsbald nach Eingang der eidesstattlichen Versicherung und des Abgeltungsreverses das Gehalt für November und Dezember übersenden. Unter dem 24. Dezember 1936 schrieb die Beklagte dem Kläger:

> Wir nehmen Bezug auf Ihr Schreiben vom 21. 12. 1936 und teilen Ihnen mit, daß Herr Dr. G. zur Zeit verreist ist.
>
> Der Unterzeichnete wird die Angelegenheit mit Herrn Dr. G. alsbald nach dessen Rückkehr besprechen und hofft, daß bis dahin auch unser Schreiben vom 21. 12. 1936 durch Sie Erledigung gefunden hat.

Unter dem 11. Januar 1937 erklärte sie ihm weiter:

> Wir nehmen Bezug auf Ihr Schreiben vom 21. Dezember 1936, betreffend Ihre Überstunden und unser Schreiben vom 21. 12. 1936.
>
> Wir bringen die Vollziehung und umgehende Rücksendung der eidesstattlichen Erklärung und des Abgeltungs-Revers, sowie die Bestätigung unseres Schreibens vom 21. 12. 1936 in Erinnerung. Weiter bitten wir Sie um die Beantwortung der Frage, weshalb Sie den zu unseren Akten gehörigen Pfändungs- und Überweisungsbeschluß immer noch nicht zurückgesandt haben.
>
> Die Frage der Abgeltung der nach Ihrer Angabe vom Januar bis November 1936 geleisteten Überstunden unterliegt zur Zeit noch der Nachprüfung. Wir werden in Kürze auf die Angelegenheit zurückkommen, bitten jedoch nochmals dringend, auch Ihrerseits unser Schreiben nunmehr zu beantworten.

Da der Kläger dies Schreiben unbeantwortet ließ und sich auch in der Folgezeit nicht meldete, überwies die Beklagte am 9. Juni 1937 die bis dahin in einem Briefumschlag besonders aufbewahrten Monatsgehälter des Klägers für November und Dezember 1936 in Höhe von insgesamt 337,80 RM an ihre Kameradschaftskasse.

Mit Schreiben vom 21. Juli 1938 und vom 11. Dezember 1938 forderte der Kläger die Beklagte zur Zahlung der beiden Monatsgehälter auf. Die Beklagte verweigerte diese mit dem Hinweis, daß der Anspruch nach § 13 Nr. 2 des Tarifvertrags zwischen dem Verband der Metallindustriellen Kassels und benachbarter Industriebezirke e. V. in Kassel und der Geschäftsstelle Kassel des Gewerkschaftsbundes der Angestellten sowie anderen Angestelltenverbänden vom 27. März 1932 verwirkt sei.

Die Klage wurde im Januar 1939 erhoben. Mit ihr begehrte der Kläger die Verurteilung der Beklagten zur Zahlung der beiden Novembergehälter in Höhe von insgesamt 500 RM „brutto".

Die Beklagte setzte diesem Verlangen das gedachte Vorbringen entgegen. Sie erhob auch die Einrede der Arglist mit der Begründung, daß die nachträgliche Geltendmachung der Forderung gegen Treu und Glauben verstoße.

Der Kläger trat dem entgegen. Er behauptete insbesondere unter Beweisantritt, die Beklagte mit einem Schreiben vom 21. Dezember 1936 zur Zahlung der beiden Monatsgehälter aufgefordert zu haben.

Das Arbeitsgericht gab der Klage statt. Die Berufung der Beklagten führte zu ihrer Abweisung. Die Revision führte zur Wiederherstellung des Urteils des Arbeitsgerichts mit der Maßgabe, daß die Verurteilung in Höhe von 100 RM nur Zug um Zug gegen Aushändigung des Pfändungs- und Überweisungsbeschlusses an die Beklagte erfolgte.

Gründe:

(Nach Erörterung der Klageforderung, der Gegenforderung und des wegen dieser von der Beklagten geltend gemachten Zurückbehaltungsrechts fährt das Urteil fort:) Die Beklagte ist daher in Höhe von 400 RM schlechthin, in Höhe der restlichen 100 RM aber, da ihrer Verteidigung zu entnehmen ist, daß sie ihr Zurückbehaltungsrecht nach wie vor geltend machen will, Zug um Zug gegen die Herausgabe der Urkunde an sie zur Zahlung verpflichtet.

Die Beklagte beruft sich demgegenüber auf eine Bestimmung des im Tatbestande näher bezeichneten Tarifvertrages — im folgenden kurz Tarifvertrag genannt —, der, nach der Anordnung des Reichstreuhänders als Tarifordnung fortgeltend, das Rechtsverhältnis der Streitteile regelte. In § 13 ist unter Nr. 2 vorgeschrieben:

> Mit dem Ausscheiden eines Angestellten erlöschen sämtliche Ansprüche aus dem Dienstverhältnis, die er nicht spätestens binnen zwei Wochen seit dem Ausscheiden bei der Geschäftsleitung geltend gemacht und binnen weiterer vier Wochen arbeitsgerichtlich anhängig gemacht hat.

Nach der Feststellung des Berufungsgerichts ist der hier vorausgesetzte Sachverhalt gegeben: Der Kläger ist danach gegenüber der Beklagten erstmalig durch sein Schreiben vom 21. Juli 1938 mit seiner Lohnforderung hervorgetreten.

Der Kläger behauptete jedoch, er habe bereits in einem Schreiben vom 21. Dezember 1936 bei der Beklagten den Anspruch auf Zahlung der beiden Monatsgehälter geltend gemacht. Das Berufungsgericht hat diese Behauptung für widerlegt erachtet. Die Revision greift diese Feststellung indessen mit einer Verfahrensrüge an. . . . (Es wird dargelegt, daß diese begründet ist.)

Es bleibt freilich, auch wenn an Stelle der Beweiswürdigung des Berufungsgerichts unterstellt werden würde, daß das Schreiben des Klägers vom 21. Dezember 1936 die Aufforderung zur Zahlung der beiden Monatsgehälter enthalten hat, und wenn ferner angenommen werden würde, daß damit die Zweiwochenfrist des § 13 Nr. 2 des Tarifvertrages gewahrt worden wäre, die Tatsache bestehen, daß der Kläger nicht binnen der weiteren Frist von vier Wochen, mag diese nun von der Beendigung des Dienstverhältnisses oder schon von einem früheren Zeitpunkt ab zu berechnen sein, Klage erhoben hat. Es bedarf jedoch keines Eingehens auf diese besonderen Zusammenhänge, da die Folgerungen, die das Berufungsgericht aus dem Ergebnis seiner Beweiswürdigung gezogen hat, der rechtlichen Nachprüfung nicht standhalten. Es ergibt sich vielmehr, daß die Verteidigung der Beklagten auch dann keinen Erfolg haben kann, wenn mit dem Berufungsgericht davon auszugehen wäre, daß der Kläger vor Juli 1938 seinen Gehaltsanspruch überhaupt nicht gegenüber der Beklagten geltend gemacht hat.

Das Berufungsgericht hat aus dieser Annahme den Schluß gezogen, daß der Klageanspruch mangels Beachtung der Fristen des § 13 Nr. 2 der Tarifordnung als verwirkt zu erachten sei und daß der Kläger die Zahlung des Gehaltes für die Monate November und Dezember 1936 jetzt nicht mehr verlangen könne. Es hält rechtliche Bedenken gegen die Zulässigkeit der tariflichen Regelung nicht für gegeben und weist darauf hin, daß sie ihrem klaren Wortlaut nach auf alle nicht bereinigten Ansprüche des ausgeschiedenen Angestellten Anwendung zu finden habe. Die Einschränkung ihrer Geltung auf nicht zu vermutende Ansprüche, die das Arbeitsgericht angenommen hatte, sei daher nicht gerechtfertigt. Das entspreche dem Bedürfnis des Rechtslebens, das insbesondere auch für solche Fälle bestehe, in denen die Bereinigung des Streites eine vorausgehende oder gleichzeitige Leistung des anderen Teiles erfordere, wie hier die Bewirkung der dem Kläger obliegenden Rückgabe des Pfändungs- und Überweisungsbeschlusses.

Diese Ausführungen werden von der Revision mit Recht beanstandet.

Freilich ist die tarifvertragliche Vereinbarung von Verwirkungsfristen in der Zeit vor dem Inkrafttreten des Gesetzes zur Ordnung der nationalen Arbeit von jeher als zulässig angesehen worden, und diese können auch nach der Umgestaltung des Arbeitsrechts gemäß den Grundsätzen des neuen Staates nicht entbehrt werden (RAG. Bd. 19 S. 117 [119 mit Nachweisungen]). Die hier in Rede stehende Vorschrift verstößt demgemäß nicht gegen die guten Sitten oder gegen zwingende Grundsätze des Arbeitsrechts.

Aber ihr Inhalt ist durch Auslegung festzustellen, und diese hat mit Strenge und Vorsicht zu geschehen. Grundsätzlich muß in abhängigen Arbeitsverhältnissen der Gefolgsmann, wie jeder andere Gläubiger, das Recht haben, mit der Geltendmachung seiner Ansprüche bis unmittelbar vor dem Ablauf der Verjährungsfrist (§ 196 Nr. 8 und 9 BGB.) zu warten, zumal diese — gerade zur Wahrung der berechtigten Belange des Dienstherrn — für Lohnforderungen besonders kurz ist (RAG. Bd. 16 S. 69 und S. 262 [264]). Von diesem Ausgangspunkt betrachtet, können nur besondere Umstände eine noch weitergehende Beschränkung der Befugnis des Gefolgsmannes zur Geltendmachung seiner Forderung rechtfertigen. Solche können in dem Bedürfnis der Betriebe nach Ordnung und Übersicht der Verhältnisse begründet sein. Außerhalb dieses Bedürfnisses aber widerspricht es der heutigen Auffassung, dem Unternehmer zu gestatten, durch weitgehende Verwirkungsklauseln die Rechte des Gefolgsmannes zu gefährden (RAG. Bd. 21 S. 202 [208]). Das Reichsarbeitsgericht hat daher, sofern die Verwirkungsfristen eine besondere Kürze aufweisen, daraus in ständiger Rechtsprechung gefolgert, daß diese Fristen nur für Ansprüche aus unrichtiger Berechnung des Lohns gedacht seien, nicht aber dazu dienen sollten, solche aus selbständigen Rechtsgründen auszuschließen (RAG. Bd. 20 S. 150; Bd. 21 S. 202 [208], sowie S. 345 [350]).

Ob auch die Fristen der hier in Rede stehenden Bestimmung als in solchem Maße kurz zu beurteilen sind, und ob daher derselbe Gesichtspunkt auch der Entscheidung des gegenwärtigen Falles zugrunde gelegt werden könnte, kann indessen dahinstehen. Denn die Anwendung der Bestimmung wird für diesen schon durch andere Erwägungen ausgeschlossen. Das Ziel der Verwirkung überhaupt und demgemäß auch dasjenige solcher Tarifbestimmungen kann aus dem gedachten Ordnungsbedürfnis heraus nur darin bestehen, den Unternehmer vor unzumutbaren Ansprüchen zu bewahren, das ist vor solchen, mit deren Geltendmachung er nicht gerechnet hatte und auch nicht zu rechnen brauchte. Diese Voraussetzungen sind nicht nur bei den schon erwähnten Ansprüchen aus unrichtiger Abrechnung anzunehmen, sondern sie können sich auch aus anderweitigen Umständen ergeben, beispielsweise aus der geringen Höhe und darum Unwichtigkeit der Forderung oder aus der Tatsache, daß das Gefolgschaftsmitglied eine Belehrung des Betriebsführers über die Unbegründetheit seines Anspruchs widerspruchslos hingenommen hat. Im Gegensatz zu solchen Fällen fehlt es aber an der hier erörterten Grundlage für die Zulassung der Verwirkung, wenn ein nach Grund und Höhe unbestrittener und lebenswichtiger Anspruch des Gefolgschaftsmitgliedes in Frage steht. Darum handelt es sich hier: Die Forderung betrifft das ganze Gehalt des Klägers für zwei Monate. Sie ist von jeher nach Grund und Höhe unbestritten gewesen. Der Gegenanspruch, wegen dessen die Beklagte ihr Zurückbehaltungsrecht ausübt, berührt beide nicht; denn er konnte seinem Inhalt nach nicht zu einer Minderung des Anspruchs des Klägers führen, schon deshalb nicht, weil nach Lage der Sache keine irgendwie geartete Möglichkeit eines bezifferbaren Schadens der Beklagten aus seiner Nichterfüllung ersichtlich war. Die Beklagte konnte daher bei verständiger Überlegung in dem Zeitpunkt des Ablaufs der Vierwochenfrist und erst recht in dem des Ablaufs der Zweiwochenfrist nicht der Meinung sein, daß der Kläger seine Forderung gegen sie nicht mehr geltend machen werde.

Nun ist freilich die sog. Verwirkung nur ein Sonderfall der unzulässigen — richtiger unrichtigen — Rechtsausübung (RAG. Bd. 20 S. 168 [170]), und es bedarf daher der weiteren Untersuchung, ob dem Kläger, wenn nicht infolge seiner Untätigkeit innerhalb der gedachten Fristen des § 13 Nr. 2 des Tarifvertrags, so doch als Folge seines späteren Verhaltens die Möglichkeit abzusprechen ist, seinen Anspruch noch gegen die Beklagte geltend zu machen. Auch das ist, entgegen der Meinung des Berufungsgerichts, zu verneinen. Allerdings hat der Kläger die Aufforderung der Beklagten zur Rückgabe der Urkunden und ihre Erklärung, daß sie ihm ohne sie sein Gehalt nicht zahlen werde — wenn von seinem Schreiben vom 21. Dezember 1936 (s. oben) abgesehen wird —, unbeantwortet gelassen und eineinhalb Jahre verstreichen lassen, ehe er wegen seines Anspruchs an die Beklagte herantrat. Gewiß mag ferner seine Handlungsweise mit dem Verhalten, wie es von einem Manne des Alters, der Vorbildung und der Stellung des Klägers erwartet werden darf, nur schwer vereinbar sein. Aber es handelt sich bei der hier in Rede stehenden Befugnis des Schuldners, unter Umständen die Erfüllung des Anspruchs zu verweigern, nicht um eine Bestrafung des Gläubigers, sondern allein um die Wahrung der schutzwürdigen Belange des Schuldners, mit denen die verspätete Durchsetzung des Anspruchs unvereinbar sein würde. Solche Gründe stehen der Beklagten aber nach Maßgabe des dargelegten Sachverhalts auch bei Anwendung dieser zeitlich und begrifflich erweiterten Betrachtungsweise nicht zur Seite. Daß der Kläger auf seine für ihn erhebliche Gehaltsforderung überhaupt nicht mehr zurückkommen werde, war eine Erwartung, der sich die Beklagte bei lebensnaher Betrachtung der Dinge nicht wohl hingeben konnte. Dazu kommt, daß die Verzögerung der Auszahlung der Gehaltsbeträge für die Beklagte, zumal bei der Größe ihres Unternehmens, mit keinen erheblichen Nachteilen verbunden war. Sie war nicht verpflichtet, das Geld von ihrem übrigen Vermögen abzutrennen und für den Kläger gesondert aufzubewahren. Wenn sie es gleichwohl getan und in der Folgezeit sogar die in einem Briefumschlag befindlichen Monatsgehälter des Klägers an die Kameradschaftskasse überwiesen hat, so wurde ein derartiges Verfahren durch die Sachlage nicht gefordert. Die dadurch geschaffene Änderung kann daher die Beurteilung nicht berühren.

Nach alledem ist es der Beklagten noch zuzumuten, den Anspruch des Klägers zu erfüllen.

RAG. 23, 80.+

1. Über den Umfang der Verpflichtung der Ehefrau zur Mitarbeit im Geschäfte des Mannes.

2. Unter welchen rechtlichen Gesichtspunkten kann eine Ehefrau für die über ihre familienrechtliche Pflicht hinausgehende Mitarbeit im Geschäfte des Mannes eine Vergütung verlangen?

BGB. §§ 1356 Abs. 2, 612 Abs. 1, 812 Abs. 1 Satz 2.

Urteil vom 9. April 1940.

I. Arbeitsgericht Strehlen. — II. Landesarbeitsgericht Breslau.

Die am 16. Juli 1894 geborene Klägerin war nach angeblich genossener Vorbildung auf einer Handelsschule seit 1914 als kaufmännische Angestellte, und zwar als Kontoristin, Kassiererin und Buchhalterin tätig gewesen. Zuletzt hatte sie sich an einem Handelsunternehmen beteiligt, dessen Bestand aber nur von kurzer Dauer war. Im Dezember 1933 suchte sie durch die Zeitung eine Stellung als Buchhalterin. Dadurch lernte sie den früheren Beklagten, den fast 60jährigen Fleischermeister und Fabrikbesitzer S., kennen, dem seine zweite Frau gestorben war und der für die von ihm in St. betriebene Gemüsekonservenfabrik eine tüchtige kaufmännische Kraft suchte. Beide schlossen indessen kein Arbeitsverhältnis ab, sondern zogen es vor, sich nach kurzer Bekanntschaft im März 1934 zu heiraten, worauf S. der Klägerin alsbald im wesentlichen die gesamte kaufmännische Leitung der Fabrik überließ, während er selbst sich mehr oder weniger der technischen Leitung des Unternehmens widmete, in welchem auch noch einige seiner Söhne aus-

früheren Ehen tätig waren. Das Unternehmen, das in den vergangenen Jahren mit Verlust gearbeitet hatte, nahm seitdem einen gewissen Aufschwung.

Schon im Sommer 1934 stellten sich immer tiefergehende Zerwürfnisse zwischen den Eheleuten ein. . . . Im Jahre 1936 entfernte S. die Klägerin aus dem Betriebe. Daraufhin betrieb die Klägerin mit Unterstützung der Deutschen Arbeitsfront gegen ihn ein Verfahren mit dem Ziele, ihn unter Pflegschaft zu stellen oder zu entmündigen. Unter dem Drucke der Verhältnisse — es soll ihm auch mit der Unterbringung in ein Konzentrationslager gedroht worden sein — stellte S. im September 1936 eine Urkunde aus, worin er bekennt, die Klägerin am 24. August 1936 zum alleinigen Betriebsführer für die Konservenfabrik ernannt zu haben, und zwar unwiderruflich bis zum 1. Juli 1939. In der Folgezeit entstand Streit über die Tragweite dieser Erklärung. S. beanspruchte nach wie vor die wirtschaftliche Oberleitung des Unternehmens, während die Klägerin sich in den Ein- und Verkauf, die Arbeitseinteilung, die Kalkulation und Finanzierung, die Geräte- und Maschinenbeschaffung nicht hineinreden lassen wollte. Schließlich trennte sich S. von der Klägerin, zog sich auf sein Besitztum in M. zurück und kümmerte sich eine Zeitlang um nichts, bis er Anfang 1938 die Ehescheidungsklage gegen die Klägerin einreichte. Im Ehescheidungsverfahren sprach das Landgericht durch Urteil vom 26. September 1938 die Scheidung der Ehe aus beiderseitigem Verschulden aus. Das Urteil hatte jedoch bei Erlaß des Berufungsurteils im gegenwärtigen Rechtsstreit die Rechtskraft noch nicht beschritten. Anfang Mai 1938 widerrief S. die Einsetzung der Klägerin als Betriebsführerin und setzte sie am 5. Mai 1938 zum zweiten Male gewaltsam aus dem Betriebe heraus. Seit dem 1. Mai 1938 zahlte S. der Klägerin auf Grund einer einstweiligen Verfügung einen monatlichen Unterhalt von 150 RM. Die Fabrik hat er am 13. Juni 1938 gegen einen monatlichen Zins von 500 RM verpachtet.

Die Klägerin verlangte mit der gegenwärtigen Klage eine Vergütung für die Tätigkeit, welche sie in der Zeit vom 1. April 1934 bis zum 30. April 1938 — also 49 Monate hindurch — in dem Fabrikbetriebe geleistet hat. Sie beanspruchte je Monat 500 RM. Danach war ihr ursprünglicher Klageantrag auf 24 500 RM gerichtet.

Die Klage ist auf Arbeitsvertrag, unerlaubte Handlung und ungerechtfertigte Bereicherung gestützt. Die Klägerin trägt dazu vor: Sie sei im Betriebe ihres Ehemannes weit über das Maß der einer Ehefrau nach § 1356 Abs. 2 BGB. obliegenden Arbeitsleistung tätig gewesen.

Der Betrieb habe in der Kampagne etwa 120 Gefolgschaftsmitglieder umfaßt und der jährliche Umsatz habe 280 000 RM erreicht. Sie habe stets den Ein- und Verkauf, die Reisetätigkeit, die steuerlichen Angelegenheiten, den Verkehr mit den Banken, die Einteilung der Arbeit, die Organisation und Modernisierung des Betriebs, die Buchhaltung und Kasse, den Verkehr mit der Gefolgschaft und die Einstellung und Entlassung der Gefolgschaftsmitglieder wahrnehmen müssen. Sie sei insoweit die Generalbevollmächtigte ihres Ehemannes gewesen und von ihm zur Betriebsführerin bestellt worden. Durch ihre unermüdliche, Tag und Nacht fortgesetzte Arbeit und ihre geschäftliche Tüchtigkeit habe sie das heruntergewirtschaftete Unternehmen überhaupt erst rentabel und schließlich zu einem Musterbetriebe gemacht. Auf der anderen Seite habe ihr völlig geschäftsuntüchtiger Ehemann ein faules Genießerleben geführt und den glänzend dastehenden Betrieb schließlich zu einem Spottpreise verpachtet. Er sei nur darauf ausgegangen, sich durch die Eheschließung, zu der er sie verleitet habe, eine billige Arbeitskraft zu verschaffen, um sich durch ihre Ausnützung mühelos einem unsittlichen Lebenswandel ergeben zu können. Aus den gesamten Umständen müsse der Abschluß eines Arbeitsvertrages gefolgert werden. Wenigstens sei die Haftung ihres Ehemannes wegen der verwerflichen Ausnutzung ihrer Arbeitskraft aus dem Gesichtspunkte der unerlaubten Handlung, auf alle Fälle aber auch nach den Grundsätzen der ungerechtfertigten Bereicherung begründet.

Der Ehemann der Klägerin hat demgegenüber den Standpunkt vertreten, daß die Tätigkeit der Klägerin den Rahmen ihrer familienrechtlichen Pflicht zur Mitarbeit nach den gegebenen Verhältnissen nicht überschreite. Auch seine früheren Ehefrauen hätten fleißig mitarbeiten müssen. Die Wiedergewinnung einer tüchtigen Mitarbeiterin sei zugleich ein ausgesprochener und der Klägerin bekannter Zweck seiner Eheschließung mit ihr gewesen. Was die Klägerin über ihre geschäftliche Tüchtigkeit sage, entspreche ihrem Vorleben und früher gegen sie anhängig gewesenen Strafverfahren nicht. Sie übertreibe auch das Maß der von ihr geforderten und geleisteten Tätigkeit. Sie habe ihn aus dem Betriebe zu drängen versucht und viel zu viel Geld verbraucht, so daß sich sein Betriebskapital um 11 000 RM vermindert habe. Das habe er schließlich nicht weiter mit ansehen können. Das Aufsteigen des Betriebes während der Tätigkeit der Klägerin sei auf die Besserung der allgemeinen Wirtschaftlage zurückzuführen. Es habe ihm völlig ferngelegen, mit der Klägerin einen Arbeitsvertrag abzuschließen. Im übrigen habe die Klägerin sich durch ihre Entnahmen aus dem Geschäfte für ihre Arbeit bereits reichlich entschädigt. Endlich hat der Beklagte mehrere Gegenforderungen hilfsweise zur Aufrechnung gestellt.

Die schließlich auf 6100 RM ermäßigte Klage ist in beiden Vorinstanzen erfolglos geblieben. Nach Erlaß des Berufungsurteils ist der Beklagte verstorben. Die Klägerin hat das Verfahren gegen seine Erbin aufgenommen. Ihre Revision führte zur Aufhebung des Berufungsurteils und zur Zurückverweisung der Sache.

Gründe:

Die Sachbefugnis der jetzigen Beklagten, der Testamentserbin des früheren Beklagten, gegen die der Rechtsstreit aufgenommen worden ist, wird gemäß § 2213 Abs. 1 BGB. durch das Vorhandensein eines Testamentsvollstreckers nicht beeinträchtigt.

I. Das Berufungsgericht hat den Klageanspruch unter sämtlichen dafür geltend gemachten rechtlichen Gesichtspunkten verneint. Soweit es sich dabei um den Rechtsgrund der unerlaubten Handlung handelt, ist dem unbedenklich zuzustimmen. . . .

II. Hinsichtlich der übrigen Klagegründe — Arbeitsvertrag und ungerechtfertigte Bereicherung — hat das Berufungsgericht folgendes ausgeführt:

Der Ehemann sei mit seinen 60 Jahren ein im Beruf alt gewordener kleinstädtischer Fleischermeister gewesen, der sich in den Krisenjahren um 1927 herum noch eine Gemüsekonservenfabrik beigelegt habe, die bis 1934 nie recht floriert habe. Jeder Fleischermeister sei aber auf die geschäftliche Mitarbeit seiner Frau angewiesen; meist sei diese geradezu die Seele des Geschäfts. An diesen Lebensgewohnheiten habe der Ehemann verständlicherweise auch als „Fabrikbesitzer" festgehalten. Er habe die um 20 Jahre jüngere und körperlich voll leistungsfähige Klägerin, die sich damals um eine kaufmännische Stellung beworben habe, in der Erwartung geheiratet, daß sie die gesamte kaufmännische Arbeit in der Konservenfabrik übernehme, weil er sich, vor allem in seinem vorgerückten Alter, dieser Arbeit nicht mehr gewachsen fühlte. Um den Einkauf habe er sich zwar noch gekümmert, auch hier und da um die technische Leitung, alles übrige hätte jedoch die Klägerin gemeinsam mit den drei im Betriebe beschäftigten Söhnen des Ehemanns besorgen sollen und das hätte sie auch willig besorgt. Was sie im Laufe der Zeit darüber hinaus getan habe, habe nicht dem Willen des Beklagten entsprochen und habe schließlich den Anlaß zu den immer heftiger werdenden Streitigkeiten zwischen den Ehegatten gegeben. Das Berufungsgericht bezweifelt sodann unter Hinweis auf gewisse

Vorkommnisse aus der früheren kaufmännischen Betätigung der Klägerin, daß diese wirklich durch überragendes Organisationstalent den Betrieb wieder zur Blüte gebracht habe, hält vielmehr für wahrscheinlich, daß sie einen Mangel an Verantwortungsbewußtsein, Zuverlässigkeit und Berufskenntnissen aufgewiesen habe, der das wachsende Mißtrauen des Ehemanns gegen ihre Geschäftsgebarung erklärlich erscheinen ließe. Indessen stellt das Berufungsgericht hierauf nicht entscheidend ab. Es hält vielmehr allein für wesentlich, daß die Klägerin alle die Tätigkeit, die sie in der Folgezeit entfaltet habe mit dem Ziele, den Ehemann aus dem Geschäfte mehr und mehr auszuschalten, diese Tätigkeit, die seinem Willen widersprochen habe — insbesondere die ihm abgenötigte Einräumung der Betriebsführung im August 1936 —, nunmehr nicht ins Feld führen dürfe, um damit darzutun, daß das Maß ihrer Tätigkeit den Rahmen des § 1356 Abs. 2 BGB. gesprengt habe. Auch der Umstand, daß der Ehemann diesen Zustand schließlich über Jahr und Tag mehr oder weniger widerstrebend geduldet habe, könne nicht zugunsten der Klägerin verwertet werden. Der Ehemann sei schließlich alt, anscheinend auch in seiner Nervenkraft ziemlich verbraucht gewesen und habe sich offensichtlich vorübergehend mit dem Gedanken abgefunden, daß er gegen die sehr viel jüngere Klägerin, die überdies die Partei und die Deutsche Arbeitsfront noch sehr stark hinter sich gehabt habe, nicht mehr aufkommen könne. Deshalb habe er sich schließlich grollend nach M. zurückgezogen, sich dort eine Weile untätig verhalten und auf seine Weise zu trösten versucht. Zur Gewährung von Gehalt an die Klägerin habe er sich — abgesehen von einem erfolglosen Vergleichsangebote im Jahre 1938 — nie bereit gefunden. Auch die Klägerin selbst habe, wenn man von einem sehr bald wieder stornierten Betrage im Jahre 1938 absehe, nie Gehalt für sich entnommen, habe sich nicht zur Angestelltenversicherung angemeldet und auch keine Lohnsteuer für sich abgeführt; überhaupt habe sie während der ganzen Betätigung in ihrer Ehe nichts getan, was darauf schließen ließe, daß sie ihre geschäftliche Mühewaltung als Ehefrau eines alten Fleischermeisters und kleinen Fabrikanten anders gewertet sehen wollte als jede Fleischersfrau in landläufigem Sinne ihre Mitarbeit im Geschäfte des Mannes. Danach sei kein Arbeitsvertrag zwischen den Eheleuten zustande gekommen und die Klägerin könne auch nicht so behandelt werden, als wenn das geschehen sei. Ebensowenig ständen ihr Ansprüche aus auftragsloser Geschäftsführung oder ungerechtfertigter Bereicherung zu.

In seinen vorstehenden Erwägungen stellt das Berufungsgericht mit Recht die Frage in den Vordergrund, ob die von der Klägerin entfaltete Tätigkeit im Umkreise ihrer familienrechtlichen Arbeitspflicht nach § 1356 Abs. 2 BGB. lag. Wäre das zu bejahen, so könnte von einer ungerechtfertigten Bereicherung des Ehemanns selbstverständlich nicht die Rede sein. Aber auch für den Klagegrund des Arbeitsvertrags ist diese Frage bedeutungsvoll. Freilich ist es nach der Rechtsordnung nicht ausgeschlossen, daß der Ehemann der Ehefrau für deren Mitarbeit in seinem Geschäfte eine Entlohnung versprechen kann, auch wenn sie nach der genannten Bestimmung zur unentgeltlichen Mitarbeit verpflichtet ist (RGZ. Bd. 64 S. 328). Allein hier wird immer besonders nachzuweisen sein, daß die Eheleute in Abweichung von der gesetzlichen Regel die Entgeltlichkeit der Dienste vereinbart haben. Umgekehrt werden Dienste der Ehefrau, wenn sie erkennbar über das gesetzliche Maß hinausgehen, nicht schon deswegen als unentgeltliche anzusehen sein, weil sie von einer Ehefrau geleistet sind. Da nun — wie das Berufungsgericht feststellt — zwischen der Klägerin und ihrem Ehemann keine Vereinbarung über die Entgeltlichkeit ihrer Dienste getroffen war, mußte es in der Tat zunächst darauf ankommen, ob die Tätigkeit der Klägerin innerhalb ihres familienrechtlichen Pflichtenkreises lag, also nach den Verhältnissen, in denen die Ehegatten lebten, üblich war.

Soweit das Berufungsgericht bei Prüfung dessen einen Unterschied macht, je nachdem die Klägerin ihre Tätigkeit mit Zustimmung des Mannes oder gegen seinen Willen ausgeübt hat, läßt sich das rechtlich nicht bestanden. Denn die Mitarbeit im Geschäfte des Mannes ist kein Recht, sondern nur eine Pflicht der Ehefrau, über deren Inanspruchnahme der Mann nach § 1354 Abs. 1 BGB. entscheidet. Soweit der Ehemann die Mitarbeit ablehnt, ist es daher müßig, zu fragen, ob sie im Rahmen des § 1356 Abs. 2 BGB. gelegen hätte oder darüber hinausgegangen wäre, sofern sie der Mann verlangt haben würde. Auch schuldrechtlich gesehen, würde die Klägerin für eine gegen den Willen ihres Ehemanns geschehene Geschäftsbetätigung keinerlei Vergütung zu beanspruchen haben. Grundsätzlich nämlich steht dem auftraglosen Geschäftsführer eine Entlohnung für seine Mühewaltung nicht zu. Sie kann zwar in besonderen Fällen unter dem Gesichtspunkte gehabter Aufwendungen verlangt werden, aber auch das ist nach § 683 BGB. nur möglich, wenn die Geschäftsführung dem wirklichen oder mutmaßlichen Willen des Geschäftsherrn entspricht oder sein entgegengesetzter Wille nach § 679 BGB. unbeachtet bleiben muß. Diesen Weiterungen braucht im gegenwärtigen Falle nicht nachgegangen zu werden, denn hier handelt es sich einfach darum, ob und in welchem Umfange die Klägerin gegen den Willen ihres Ehemannes tätig geworden ist. Die Ausführungen des Berufungsgerichts hierzu sind aber nicht bedenkenfrei. Der Ehemann hatte sich, wie das Berufungsgericht feststellt, schließlich, wenn auch nur widerstrebend, damit abgefunden, daß seine Einflußnahme auf das Geschäft von der Klägerin unterbunden worden war. Er hatte die Klägerin sogar durch eine im September 1936 ausgestellte Urkunde zum alleinigen Betriebsführer bestellt und ihr damit — sofern das nicht schon früher geschehen sein sollte — den Auftrag erteilt, die damit zusammenhängenden Geschäftsangelegenheiten zu erledigen. Selbst wenn er hierzu widerrechtlich durch Drohung bestimmt worden wäre, muß er an seiner Erklärung festgehalten werden, weil weder behauptet noch festgestellt ist, daß er sie gemäß § 123 BGB. angefochten hat. Freilich kann der Bedrohte, ohne auf die Anfechtung angewiesen zu sein, nachteilige Folgen seiner Erklärung auch mit dem Einwande der unerlaubten Rechtsausübung abwenden. Aber das ist nur möglich, wenn der Tatbestand einer unerlaubten Handlung im Sinne der §§ 823 flg. BGB. erfüllt ist (Erlb. RGR. Bem. 5 zu § 123, Bem. 1 zu § 124 und Bem. 1 zu § 853 BGB.). Indessen sind vom Berufungsgericht auch nach dieser Richtung hin keine Feststellungen getroffen worden. Endlich lassen die Ausführungen des Berufungsgerichts nicht klar erkennen, welches dem Ehemanne vorbehaltene Tätigkeitsgebiet die Klägerin nun eigentlich an sich gezogen hat. Soweit ersichtlich, kann es sich dabei wohl nur darum handeln, daß sie sich der Oberleitung des Ehemannes entzogen hat, die diesem in seiner Eigenschaft als Ehemann und Geschäftsinhaber zustand. Das wäre aber keine sachliche Erweiterung ihres Tätigkeitsfeldes als solchen gewesen und es ist auch fraglich, ob damit eine Erschwerung ihrer Tätigkeit verbunden war, da das Berufungsgericht die Einflußnahme des Ehemannes auf die Geschäftsführung als ein eigenwilliges Hereinreden in die geschäftlichen Angelegenheiten, also nicht gerade als eine sachgemäße Leitung, kennzeichnet.

Geht man aber auch mit dem Berufungsgericht von den Verhältnissen aus, wie sie vor der Abdrängung des Ehemanns aus der Geschäftsleitung gegeben waren, so ist jedenfalls unstreitig, daß die Klägerin im wesentlichen alle kaufmännischen Angelegenheiten der Fabrik wahrnehmen sollte und wahrgenommen hat. Die Ansicht des Berufungsgerichts, daß diese Aufgabe den Rahmen der familienrechtlichen Arbeitspflicht der Klägerin nicht überschritten habe, hält der Nachprüfung indessen ebenfalls nicht stand. Für die Auffassung des

Berufungsgerichts sind hauptsächlich drei Gründe maßgebend gewesen: Einmal die im Berufsstande der Fleischermeister herrschende Gepflogenheit, wonach die Ehefrauen in besonderem Maße im Geschäfte mitarbeiten; ferner der Umstand, daß der Ehemann der Klägerin infolge seines vorgerückten Alters das Bedürfnis nach einer weitgehenden Entlastung im Geschäfte empfand und gerade deshalb die Ehe mit der viel jüngeren, kaufmännisch vorgebildeten Klägerin abschloß; endlich das zwischen beiden herrschende Einvernehmen darüber, daß die Klägerin ihm nach der Eheschließung die gesamte kaufmännische Arbeit abnehmen sollte. Diese Betrachtungsweise ist weder in tatsächlicher noch in rechtlicher Hinsicht erschöpfend. Nach der reichsgerichtlichen Rechtsprechung (RGZ. Bd. 133 S. 381, ferner RGUrt. vom 22. Mai 1939 II 168/38 HRR. 1939 Nr. 1221), der insoweit zu folgen ist, kommt es für die hier zu entscheidende Frage außer allen sonstigen Umständen, insbesondere auf die Art, den Umfang und die Schwierigkeit des Unternehmens, die Kräfte und Fähigkeiten der Frau, ihre sonstigen Pflichten und die wirtschaftlichen Verhältnisse der Ehegatten an. Wenn das Berufungsgericht daher auch die Anschauungen des Berufsstandes berücksichtigen durfte, aus dem der Ehemann hervorgegangen war, so hätte doch nicht außer acht bleiben dürfen, daß er zur Zeit der Eheschließung das Fleischergewerbe gar nicht mehr betrieb, sondern sich allein dem Betriebe der Fabrik zugewandt hatte. Die Revision weist zutreffend darauf hin, daß dies zwischen den Parteien unstreitig war. Die Klägerin übernahm daher mit ihrer Verheiratung nicht die Aufgaben einer Fleischersfrau, sondern diejenigen, welche die Stellung der Ehefrau eines Fabrikanten mit sich brachte. Beide sind so verschieden, wie die Art der Betriebe selbst, wobei auf der einen Seite der handwerkliche und in kaufmännischer Hinsicht einfachere Betrieb dem organisatorisch und kaufmännisch verwickelteren und in der Regel schwierigeren Fabrikationsbetriebe gegenübersteht. Angesichts dieser Wesensverschiedenheit der Betriebe, auf die das Berufungsgericht nicht eingegangen ist, ist es aber nicht unbedenklich, daraus, daß eine Fleischersfrau in dem Geschäfte ihres Mannes — übrigens wohl meistens im Ladendienste — tatkräftig mitzuwirken pflegt, zu schließen, daß ein Gemüsekonservenfabrikant die gesamten kaufmännischen Angelegenheiten seines Betriebes seiner Frau aufzubürden berechtigt sei. Eine solche Berechtigung des Ehemannes mag zwar im Einzelfalle nicht schlechthin ausgeschlossen sein. Dabei kommt es aber nicht nur auf die persönlichen Verhältnisse der Ehegatten — wie Alter und Leistungsfähigkeit — an, die vom Berufungsgericht berücksichtigt sind, sondern wesentlich auch auf den

Umfang des Betriebes und der zu bewältigenden kaufmännischen Geschäfte. Die Klägerin hatte über die Größe des Betriebes, die Zahl der Belegschaft, den Umsatz und den Ertrag sowie über die Vielseitigkeit und Schwierigkeit ihrer kaufmännischen Aufgaben eingehende Darlegungen gemacht. Dieses Vorbringen, dessen Erheblichkeit ins Auge springt, ist vom Berufungsgericht völlig übergangen worden. Das Berufungsgericht hat ferner unbeachtet gelassen, daß die Klägerin nach § 1356 Abs. 1 BGB. das Recht und die Pflicht hatte, dem gemeinsamen Hauswesen vorzustehen, wenn ihr auch die körperliche Mitarbeit in diesem (§ 1356 Abs. 2 BGB.) durch zwei Hausangestellte abgenommen worden sein mag. Auch diese Aufgabe mußte zu einer nicht unerheblichen zusätzlichen Belastung der Klägerin führen, sofern ihre Angabe zutreffend ist, daß die Familie aus 7 Köpfen bestand. Endlich hätte die Vermögenslage des Ehemanns in Betracht gezogen werden müssen, die anscheinend schon bei der Eheschließung eine günstige war. Auch hierüber, insbesondere über die Einnahme des Ehemanns aus der Verpachtung und Vermietung seiner Grundstücke und dem Ertrage der Fabrik lagen eingehende Erklärungen der Parteien vor. Auf diese wäre einzugehen gewesen, denn, wenn sich auch die Pflicht der Ehefrau zur Mitarbeit keineswegs nur nach wirtschaftlichen Gesichtspunkten bestimmt, wird das Maß der daran zu stellenden Anforderungen je nach dem ungünstigeren oder günstigeren Vermögensstande des Ehemanns ein größeres oder geringeres sein. Schon wegen dieser Lückenhaftigkeit der tatrichterlichen Würdigung kann dem Berufungsurteil nicht gefolgt werden.

Dazu ergeben sich Zweifel, ob das Berufungsgericht nicht in Verkennung des Wesens der Ehe zu einer Überschätzung der geschäftlichen Ziele gelangt ist, welche sich mit der Eheschließung verbanden. Dem richtig verstandenen Wesen der Ehe widerspricht es, wenn diese vom Ehemann im wesentlichen deshalb eingegangen wird, um sich die Arbeitskraft der Ehefrau für sein Geschäft zu sichern. Jedenfalls kann sich, auch wenn die Ehefrau das erkannt und gebilligt hat, ihre Pflicht zur Mitarbeit in dem Geschäfte dadurch nicht über den gesetzlichen Umfang hinaus erweitern. Dieser Umfang ihrer Arbeitspflicht unterliegt keiner Vereinbarung und untersteht nur insoweit der Bestimmung des Mannes, als letzterer auf die Mitarbeit der Frau ganz oder teilweise verzichten kann. Im übrigen aber bestimmt sich der Pflichtenkreis der Frau auf Grund der objektiven Lebensverhältnisse der Familie und ist mit dem vom Willen der Beteiligten unabhängigen Maßstabe des Üblichen zu messen. Dabei gilt nach der reichsgerichtlichen Rechtsprechung (vgl. RGSt. Bd. 52 S. 279 sowie die zuletzt erwähnten weiteren Entscheidungen) der Grundsatz, daß die Ehefrau in aller Regel nur zu Hilfsdiensten, aber nicht zur selbständigen Leitung des Geschäftsbetriebes oder eines Teiles des Betriebes herangezogen werden darf. Daran ist festzuhalten. Das angefochtene Urteil läßt nicht erkennen, daß sich das Berufungsgericht dieser Rechtslage bewußt gewesen ist. Es hätte sonst erörtern müssen, ob nicht die der Klägerin aufgebürdete Tätigkeit, obwohl sie unter der Oberaufsicht und Oberleitung des Ehemanns stehen sollte, dennoch im wesentlichen eine solche war, in der die Klägerin auf sich selbst gestellt war, ohne eine sachgemäße Beteiligung ihres Ehemanns hieran erwarten zu können. Für diese Instanz ist daher zu unterstellen, daß die Klägerin eine leitende Tätigkeit im Geschäfte ausüben sollte und ausgeübt hat. Freilich können außergewöhnliche Umstände auch eine derartige Heranziehung der Ehefrau rechtfertigen. So ist in RGZ. Bd. 133 S. 381 ein solches Einspringen der Ehefrau als in ihrem natürlichen Pflichtenkreis liegend für den Fall anerkannt worden, daß der Mann zum Kriegsdienst eingezogen ist und es sich darum handelt, ihm und der Familie durch die Weiterführung des Geschäfts die Grundlage der wirtschaftlichen Existenz zu erhalten. Eine Lage, die dem vergleichbar wäre, ist vom Berufungsgericht aber nicht festgestellt. Der Wunsch des Ehemannes, sich im Geschäft zu entlasten, rechtfertigt sie noch nicht. Daß er zur Leitung des Betriebs etwa unfähig gewesen wäre, hat er selbst nicht einmal behauptet. Dem Wunsche nach einer Entlastung hätte er möglicherweise auch durch Einstellung eines Geschäftsführers oder einer anderweitigen kaufmännischen Hilfskraft genügen können. Von einer Zwangslage kann daher, soweit bisher ersichtlich, nicht die Rede sein.

Die damit aufgezeigten Mängel des Urteils würden nur dann unbeachtlich sein, wenn der Klageanspruch aus anderweitigen Gründen als ungerechtfertigt angesehen werden müßte. Das ist aber nicht der Fall. Zunächst läßt sich nicht schlechthin verneinen, daß einer Ehefrau, die über ihre familienrechtliche Pflicht hinaus Dienste im Geschäfte ihres Mannes leistet, dafür nach dienstvertraglichen Grundsätzen ein Entgelt zusteht, auch wenn es an einer besonderen Vereinbarung über die Entgeltlichkeit der Dienste fehlt. Zum mindesten wird eine sinngemäße Anwendung der Grundsätze über die dienstvertragliche Entlohnung dann vertretbar sein, wenn die Dienste nach der Überzeugung der Eheleute einer bestehenden Pflicht der Ehefrau zur fortlaufenden Dienstleistung entspringen. Solche Rechtsbeziehungen zwischen den Eheleuten, die in den familienrechtlichen Bestimmungen keine Grundlage finden, können sich dienstvertraglichen Verhältnissen so weitgehend annähern, daß ihre Beurteilung unter dem in § 612 Abs. 1 BGB. niedergelegten Rechtsgedanken gerechtfertigt sein kann, besonders wenn die Beziehungen der Ehegatten — wie hier — einen stark geschäftlichen Einschlag haben und der Gedanke einer Schenkung, die nach § 530 BGB. nur bei grobem Undank einen Rückforderungsanspruch begründet, fernliegen muß. Daneben steht der Klägerin der Gesichtspunkt der ungerechtfertigten Bereicherung zur Seite. Denn ein Rechtsgrund für ihre Dienste lag jedenfalls in Gestalt einer gesetzlichen Verpflichtung, wie in diesem Zusammenhange zu unterstellen ist, nicht vor. Freilich könnte der Rechtsgrund auch darin erblickt werden, daß die Klägerin einen Ausgleich für ihre Arbeit etwa darin gefunden haben mag, daß sie dadurch in die Lage gesetzt war, ihre Lebensführung zu verbessern und durch reichliche Entnahmen größere Aufwendungen für ihre persönlichen Zwecke zu machen, was eine Bereicherung insoweit schon begrifflich ausschließen würde; endlich mag sie zugleich den Erfolg angestrebt haben, beim Ableben ihres Mannes einen um so größeren Erbteil zu erhalten, in welchem Falle ihr dann bei Scheidung der Ehe ein Anspruch aus § 812 Abs. 1 Satz 2 zweiter Halbsatz BGB. erwachsen sein könnte (vgl. hierüber RGZ. Bd. 158 S. 380 [383]). Über diese Zusammen hänge wird nur der Tatrichter zu entscheiden vermögen. Für das Revisionsgericht muß die Feststellung genügen, daß der Anspruch der Klägerin sich bei der bisherigen Lage des Sach- und Streitstandes nicht als unbegründet abtun läßt.

RAG. 23, 91.

Hat das Gefolgschaftsmitglied auf das seit Jahren jedem Gefolgsmann im Betriebe nach 25jähriger Zugehörigkeit gewährte Ehrengeschenk einen Rechtsanspruch?

BGB. §§ 611 fg., 157, 242.

Urteil vom 10. April 1940.

I. Arbeitsgericht Halberstadt. — II. Landesarbeitsgericht daselbst.

Der Kläger trat im Oktober 1913 in den Dienst der Beklagten und wurde am 29. März 1938 fristlos entlassen. Das von ihm angerufene Arbeitsgericht sah die Entlassung als ungerechtfertigt an und verurteilte die Beklagte, da dem Kläger nach 20jähriger Dienstzeit nur mit 6monatiger Frist zum Jahresschluß gekündigt werden konnte, zur Weiterzahlung des Gehalts bis 31. Dezember 1938. Das Urteil wurde noch im Oktober 1938 rechtskräftig.

Im Januar 1939 erhob der Kläger unter anderem Klage auf Zahlung eines sog. Ehrengeschenkes in Höhe seines letzten Monatsgehalts von 247,20 RM. Solches hatte die Beklagte unstreitig seit Jahren jedem Gefolgschaftsmitgliede bei Erreichung einer 25jährigen Betriebszugehörigkeit gewährt. Der Kläger hat es, da sein Dienstverhältnis nach dem Urteil im Vorprozeß erst mit Ende 1938 abgelaufen war, auch für sich gefordert in der, wie er behauptet, üblich gewesenen Höhe des letzten Monatsgehalts, das bei ihm vor Ablauf der Kündigungsfrist 247,20 RM betragen hat.

Die Beklagte hat entgegnet, die Gewährung des Ehrengeschenks unterliege seiner Natur nach ihrer freien Entschließung. Der Kläger habe ferner durch sein Verhalten, namentlich durch einen Brief an den Generalfeldmarschall Göring, sich der Ehrengabe nicht würdig gezeigt.

Das Arbeitsgericht hat die Klage auch hinsichtlich des Ehrengeschenkes abgewiesen. Der Kläger hat deswegen ebenfalls Berufung eingelegt. Die Beklagte hat nunmehr den Anspruch auf das Ehrengeschenk auch der Höhe nach bestritten mit der Behauptung, die Höhe habe gewechselt. Das Berufungsgericht hat der Berufung in einem andern Punkte stattgegeben, sie aber hinsichtlich des Ehrengeschenkes zurückgewiesen und die Kosten verhältnismäßig verteilt.

Mit der zugelassenen Revision hat der Kläger die Abweisung des Klageanspruchs auf das Ehrengeschenk und die Kostenentscheidung angegriffen. Das Rechtsmittel hatte insoweit die Aufhebung des Urteils und die Zurückverweisung der Sache zur Folge.

Gründe:

Das Berufungsgericht sieht die unbestrittene Tatsache, daß das Ehrengeschenk im Betriebe des Beklagten üblich und seit Jahren den Gefolgschaftsmitgliedern bei Erreichung einer 25jährigen Betriebszugehörigkeit ausnahmslos gezahlt worden ist, nicht als ausreichend an, um dem betreffenden Mitglied einen Rechtsanspruch darauf zu verleihen. Seine Begründung dafür ist jedoch in mehrfacher Hinsicht von Rechtsirrtum beeinflußt.

Es erkennt zwar an, daß nach ständiger Rechtsprechung aus der Üblichkeit einer Weihnachts- oder einer Abschlußgratifikation den beteiligten Gefolgschaftsmitgliedern des Betriebes ein Rechtsanspruch darauf erwächst, weil in solchen Fällen ein Verpflichtungswille des Unternehmers vorliege und aus den Umständen ohne weiteres zu erkennen sei. Dabei übersieht es schon, daß entscheidend nicht das wirkliche Vorhandensein des Verpflichtungswillens ist, sondern daß ein

Verhalten des Unternehmers genügt, welches seinen Verpflichtungswillen voraussetzen läßt. Im Rechtsverkehr muß ein jeder sein Verhalten so gelten lassen, wie es nach Treu und Glauben verstanden werden muß. So kann eine den Gefolgschaftsmitgliedern gewährte einmalige Weihnachtszuwendung, die weder im Einzelvertrag noch in der Tarifordnung oder der Betriebsordnung vorgesehen ist, allerdings nur im Sinne eines Geschenks, auf das kein Anspruch besteht, aufgefaßt werden. Wiederholt sie sich aber öfters, vielleicht sogar stets in gleichmäßiger Höhe, ohne daß der Unternehmer die Freiwilligkeit ihrer Gewährung durch einen Vorbehalt besonders hervorhebt, so dürfen die Gefolgschaftsmitglieder daraus einen Verpflichtungswillen des Unternehmers entnehmen und sie erwerben infolge der Üblichkeit der Gewährung ein Recht darauf. Die Zuwendung wird dadurch ein Teil der ihnen zustehenden Entlohnung.

Es kann auch nicht anerkannt werden, daß, wie das Berufungsgericht annimmt, die äußeren Umstände bei dem in Frage stehenden Ehrengeschenk wesentlich andere seien als bei einer üblichen Weihnachts- oder Abschlußgratifikation. Diese Zuwendungen wiederholen sich allerdings alljährlich, werden dann stets allen oder doch einer größeren Anzahl von Gefolgschaftsmitgliedern zuteil und können dem einzelnen Mitglied mehrfach zufallen. Die im Rechtsstreit in Frage stehende Ehrengabe wird dagegen im Laufe des Jahres immer nur verhältnismäßig wenigen Gefolgschaftsmitgliedern zuteil und kann, da dem einzelnen eine 25jährige Betriebszugehörigkeit nur einmal erreichbar ist, von ihm nicht mehrfach erworben werden. Sie tritt daher nicht so augenfällig in Erscheinung wie die Weihnachts- oder Abschlußzuwendung, kann sich aber im Laufe der Jahre im Betriebe ebenfalls häufig wiederholen und dadurch üblich werden. Ist sie, wie im Betriebe der Beklagten unstreitig, seit Jahren jedem Gefolgschaftsmitglied bei Erreichung einer 25jährigen Betriebszugehörigkeit vorbehaltslos gezahlt worden, so hat auch sie damit die ursprüngliche Eigenschaft eines freiwilligen Geschenks verloren und es steht dem Gefolgschaftsmitglied auf sie als einen Teil seiner Entlohnung ein Recht zu.

Das Berufungsgericht bezeichnet sie als eine Art Treuprämie. Sie ist in der Tat nichts anderes als eine solche. Daraus folgt aber, worauf die Revision zutreffend hinweist, kein begrifflicher Unterschied von der Weihnachtszuwendung, der eine Verpflichtung der Beklagten zur Gewährung der Ehrengabe ausschließen könnte, sondern im Gegenteil eine Übereinstimmung mit jener. Auch die übliche Weihnachtszuwendung bildet in aller Regel eine Treuprämie, die nur dem gewährt wird, der dem Betriebe eine bestimmte Zeit die Treue gehalten hat. Sie und die umstrittene Ehrengabe sollen beide das Gefolgschaftsmitglied für geleistete Dienste belohnen und es, falls das Dienstverhältnis fortgesetzt wird, zu weiteren Leistungen anspornen. Ein nach 25jähriger Betriebszugehörigkeit gezahltes im Betriebe übliches Ehrengeschenk hat sogar die besondere Aufgabe, die Gefolgschaftsmitglieder dem Betriebe möglichst lange zu erhalten, eine Aufgabe, die es nur dann voll erfüllen kann, wenn den dem Betriebe so lange Zeit treu gebliebenen Gefolgschaftsmitgliedern ein Rechtsanspruch auf die Gabe erwächst.

Das Gefolgschaftsmitglied kann den Anspruch auf die Ehrengabe ferner nicht ohne weiteres dadurch verlieren, daß es sich bei ihrem Anfall in gekündigter Stellung befindet, sondern nur dadurch, daß es sich nicht treu erweist, etwa selbst vorher gekündigt oder zur Kündigung durch sein eigenes Verhalten im Betriebe, gegenüber dem Betriebsführer oder seinen Mitarbeitern, berechtigten Anlaß gegeben hat. Solchen Anlaß kann jedoch, wenn der Gekündigte wie der Kläger eine 25jährige Betriebszugehörigkeit im Augenblick der Kündigung fast vollendet hatte, nicht mehr jede dienstliche Verfehlung, sondern nur eine so schwere bilden, daß sie eine fristlose Entlassung rechtfertigen würde. Durch den Vorprozeß der Parteien ist aber rechtskräftig und daher für sie auch im gegenwärtigen Rechtsstreit bindend festgestellt, daß die am 29. März 1938 von der Beklagten ausgesprochene fristlose Entlassung des Klägers ungerechtfertigt gewesen und daß deshalb das Dienstverhältnis bis zum Jahresschluß, also über die 25jährige Betriebszugehörigkeit des Klägers hinaus, weitergelaufen ist. Der Kläger hat daher mit Erreichung dieser Betriebszugehörigkeit den Anspruch auf das im Betriebe der Beklagten übliche sogenannte Ehrengeschenk als einen Teil der ihm zukommenden Entlohnung erworben. Durch späteres Verhalten, namentlich den ihm von der Beklagten vorgeworfenen, erst vom 31. Dezember 1938 datierenden und Anfang 1939 abgeschickten Brief an den Generalfeldmarschall Göring, in welchem er gegen den Betriebsführer Beschuldigungen trotz Kenntnis von ihrer Unwahrheit wiederholt haben soll, konnte er des Anspruchs nicht wieder verlustig gehen.

Die Revision irrt lediglich in der Annahme, daß der seinem Grunde nach gerechtfertigte Anspruch der Höhe nach unstreitig sei. Die Beklagte hat, wenn auch erst in der Berufungsverhandlung, ausdrücklich auch dessen Höhe bestritten und hat behauptet, die Ehrengabe sei in wechselnder Höhe gezahlt worden. Hinsichtlich seiner Höhe ist der Anspruch somit noch nicht spruchreif.

RAG. 23, 102.+

Ist bei der Erkrankung eines Angestellten die Anrechnung der Bezüge aus der gesetzlichen Krankenversicherung auf das Arbeitsentgelt zulässig?

BGB. § 616 Abs. 2. RGewO. § 133 c Abs. 2. RVO. § 189.

Urteil vom 24. April 1940.

I. Arbeitsgericht Halle a. d. Saale. — II. Landesarbeitsgericht daselbst.

Der Schachtmeister Sch. erlitt im Betriebe der Beklagten einen von ihm nicht verschuldeten Unfall. Wegen der Unfallfolgen mußte er am 9. Juli 1937 die Arbeit bei der Beklagten aufgeben. Als Mitglied der klagenden Kasse erhielt er von dieser für die Zeit vom 12. bis 16. Juli 1937 10,75 RM Hausgeld und für die Zeit vom 17. Juli bis 19. August 1937 146,20 RM Krankengeld. Die Beklagte zahlte während der genannten Zeit an ihn den Unterschiedsbetrag zwischen seinem Gehalt und den Kassenleistungen. Den ihm vermeintlich in Höhe der letzteren noch zustehenden Gehaltsanspruch trat Sch. durch Abtretungsurkunde vom 13. August 1937 an die Klägerin ab. Diese machte den Anspruch in Höhe von 105,35 RM (d. i. außer dem Hausgeld das Krankengeld nur bis zum 7. August 1937) nebst 4 v. H. Zinsen seit dem 1. September 1938 in dem vorliegenden Rechtsstreit geltend.

Die Beklagte vertrat den Standpunkt, daß Sch. nach § 8 Abs. 2 des als Tarifordnung weitergeltenden Reichstarifvertrags für Schachtmeister und Unterschachtmeister im Baugewerbe vom 14. September 1923 in der Fassung vom 21. August 1933 während seiner Krankheit nur das Gehalt abzüglich des ihm gewährten Haus- und Krankengeldes zugestanden habe, wie es ihm ausgezahlt worden sei. Die bezeichnete Bestimmung lautet:

> In unverschuldeten Krankheitsfällen wird das Gehalt des Schachtmeisters bis zu einem Monat, der Lohn des Unterschachtmeisters bis zu vierzehn Tagen unter Abzug von Bar- und Sachleistungen gesetzlicher Versicherungen weitergezahlt.

Die Klägerin meint, diese Bestimmung besitze gegenüber § 616 Abs. 2 BGB. und § 133 c Abs. 2 RGewO. keine Gültigkeit; im übrigen stehe sie dem Klageanspruch auch nicht entgegen, weil der Anspruch des Sch. auf das Krankengeld nach § 189 RVO. nF. geruht habe.

Während das Arbeitsgericht den Anspruch für begründet erachtet hat, hat das Landesarbeitsgericht ihn für unbegründet erklärt und die Klage abgewiesen.

Die Revision führte zur Aufhebung des Berufungsurteils und Wiederherstellung des Urteils des Arbeitsgerichts.

Gründe:

Die Klägerin klagte aus abgetretenem Recht des Schachtmeisters Sch. gegen die Beklagte. Durch die Abtretung des Anspruchs des Sch. an sie wurde an dessen Charakter nichts geändert; er blieb ein Anspruch aus dem Arbeitsverhältnis auf Zahlung eines Gehaltsteils. Die Zulässigkeit des Rechtswegs und die Zuständigkeit der Arbeitsgerichte ist damit gemäß § 2 ArbGG. gegeben.

Der Streit der Parteien geht darum, ob die Beklagte gemäß der im Tatbestand angeführten Bestimmung des § 8 Abs. 2 des dort näher bezeichneten Tarifvertrags auch angesichts der Vorschriften des § 189 Abs. 1 RVO. und des § 616 Abs. 2 BGB. wie des § 133 c Abs. 2 RGewO. berechtigt war, das dem Sch. während seiner Erkrankung gewährte Haus- und Krankengeld von seinem Gehalt in Abzug zu bringen. § 189 Abs. 1 RVO., der durch die Notverordnung vom 26. Juli 1930, Vierter Abschnitt, Zweiter Titel, Nr. 14 a (RGBl. I S. 311, 322) eingefügt wurde und dessen Satz 2 durch die Notverordnung vom 1. Dezember 1930, Erster Teil, Kapitel II, Artikel 2 Nr. 3 (RGBl. I S. 517, 520) seine jetzige Fassung erhielt, bestimmt:

> Der Anspruch auf Kranken- und Hausgeld ruht, wenn und soweit der Versicherte während der Krankheit Arbeitsentgelt erhält. Für solche Versicherte hat die Satzung die Beiträge entsprechend zu kürzen; sie kann zugleich das Krankengeld (§ 182 Abs. 1 Nr. 2) nach Wegfall des Arbeitsentgelts auf sechzig vom Hundert des Grundlohns erhöhen. Zuschüsse des Arbeitgebers zum Kranken, oder Hausgeld gelten auch dann nicht als Arbeitsentgelt, wenn sie auf einer Verpflichtung beruhen.

Der Zweck dieser Bestimmung war einmal, zu vermeiden, daß dem erkrankten Beschäftigten neben seinem Lohn oder Gehalt noch Krankengeld gezahlt wurde, er also im Krankheitsfalle besser dastand als sonst, dann aber auch, eine Entlastung der Krankenkassen durch Einschränkung der Leistungen zu erzielen (Satz 1), wofür die Beiträge gesenkt wurden (Satz 2 erster Halbsatz) [vgl. die amtliche Begründung des Regierungsentwurfs eines Gesetzes über Änderungen in der Krankenversicherung, der die Grundlage für den die Krankenversicherung betreffenden Zweiten Teil im Vierten Abschnitt der Notverordnung vom 26. Juli 1930 bildete, abgedruckt in Verhandlungen des Reichstags, IV. Wahlperiode 1928, Anlagen Nr. 2221 S. 14 Nr. 11; ferner Entscheidung des Reichsversicherungsamts vom 4. November 1931 II a K 147/31; abgedruckt AN. 1932 in RArbBl. IV S. 81/82].

Erkennbar um den letzteren Zweck der Bestimmung zu sichern und ihr wenigstens hinsichtlich der Angestellten volle Wirksamkeit zu verleihen, wurde durch die Notverordnung vom 1. Dezember 1930 (RGBl. I S. 517, 521), Erster Teil, Kapitel II, Artikel 3 unter Nr. 2, 3 und 4 dem § 63 Abs. 1 HGB., dem § 133 c Abs. 2 RGewO. und dem § 616 BGB. jeweils die Bestimmung angefügt: „Der Anspruch kann nicht durch Vertrag ausgeschlossen oder beschränkt werden". Diese Bestimmung wurde für § 616 BGB. zunächst durch den Reichsminister des Innern am 8. Dezember 1930 (RGBl. I S. 608) dahin berichtigt, daß hinter dem Wort „Anspruch" einzufügen sei: „eines Angestellten (§ 1 Abs. 1, 2 des Angestelltenversicherungsgesetzes) für den Krankheitsfall", und durch die Notverordnung vom 5. Juni 1931 Erster Teil, Kapitel IV § 1 (RGBl. I S. 279, 281) erhielt sie, als Absatz 2 des § 616 BGB., die jetzt geltende Fassung:

> Der Anspruch eines Angestellten (§ 1 Abs. 1, 2 des Angestelltenversicherungsgesetzes) auf Vergütung kann für den Krankheitsfall nicht durch Vertrag ausgeschlossen oder beschränkt werden. Hierbei gilt als verhältnismäßig nicht erheblich eine Zeit von sechs Wochen, wenn nicht durch Tarifvertrag eine andere Dauer bestimmt ist.

Für § 616, jetzt Absatz 1, BGB., der bei unverschuldeter Verhinderung des Beschäftigten an der Dienstleistung für eine verhältnismäßig nicht erhebliche Zeit den Anspruch auf Fortzahlung der Vergütung zugebilligt hat, und ebenso § 133 c Abs. 2 RGewO., der dasselbe für den dort gemeinten Personenkreis bei Verhinderung an der Dienstverrichtung durch unverschuldetes Unglück für die Dauer von sechs Wochen aussprach, war in der Rechtsprechung (RAGUrteile vom 19. Januar 1929 RAG. 334/28 und vom 11. Dezember 1929 RAG. 242/29, abgedr. ArbRSamml. Bd. 5 S. 122/123, Bd. 8 S. 3 [5]; Urteil vom 10. Januar 1940 RAG. 70/39, RAG. Bd. 22 S. 327) und überwiegend auch in der Wissenschaft der nachgiebige Charakter anerkannt. Hinsichtlich des § 63 HGB. bestand zwar Streit, ob nur der Absatz 1 oder auch der Absatz 2 abdingbar sei, d. h. ob nur die Vereinbarung der Anrechnung des Krankengeldes (Absatz 2), nicht aber die des völligen Ausschlusses der Gehaltszahlung für den Krankheitsfall (Absatz 1) unzulässig war. Vorwiegend und so besonders auch in der Rechtsprechung (u. a. RAG. Bd. 1 S. 37 [41]) wurde jedoch die nachgiebige Natur des Absatzes 1 bejaht. Es lag danach in allen diesen Fällen in der Macht der Vertragsparteien, soweit nicht Tarifverträge entgegenstanden, durch

Ausschluß des Arbeitsentgelts für den Krankheitsfall oder auch durch Gewährung nur eines Zuschusses zum Krankengeld (§ 189 Abs. 1 Satz 3 RVO.) den vorbezeichneten Zweck des § 189 Abs. 1 Satz 1 RVO., die Entlastung der Krankenkasse durch Ruhen des Anspruchs auf Kranken- und Hausgeld, zu vereinteln. Aus diesem Grunde erwies sich die Einführung jener zwingenden Bestimmungen für die Weitergewährung des Arbeitsentgelts im Krankheitsfalle als notwendig.

Das mit dem § 189 Abs. 1 Satz 1 RVO. erstrebte Ziel wäre aber weiter nicht oder nur unvollkommen erreicht worden, wenn in den Fällen des § 616 Abs. 2 BGB., § 63 HGB. und § 133 c Abs. 2 RGewO. die Anrechnung des Krankengeldes auf die weiterzugewährende Vergütung gestattet wäre (was im Falle des § 63 HGB. nach dessen Absatz 2 allerdings von vornherein nicht der Fall war). Aus der Bestimmung des § 189 Abs. 1 Satz 1, daß der Anspruch auf Kranken- und Hausgeld ruht, wenn und soweit der Versicherte während der Krankheit Arbeitsentgelt erhält, kann, wie das Reichsarbeitsgericht wiederholt entschieden hat (RAG. Bd. 8 S. 21 [25/26], Bd. 9 S. 4 [8], Urteil vom 5. Dezember 1931 RAG. 287/31, abgedr. ArbRSamml. Bd. 15 S. 222, auch RAG. Bd. 20 S. 218 für den Fall einer tariflichen Regelung) und wie der Klägerin auch im vorliegenden Falle entegegenzuhalten ist, nicht etwa gefolgert werden, daß der Arbeitgeber infolge des Ruhens dieses Anspruchs nunmehr entgegen dem ihm etwa gesetzlich eingeräumten Recht auf Anrechnung des Krankengeldes das Arbeitsentgelt uneingeschränkt weiter zu zahlen hätte, mit der Folge, daß die Krankenkasse um das Krankengeld entlastet würde. Will man andererseits auch in dem Falle, daß der Angestellte sein Arbeitsentgelt nur unter Abzug des gesetzlichen Krankengeldes erhält, den Anspruch auf Krankengeld nach § 189 Abs. 1 Satz 1 RVO. als ruhend ansehen, so wäre die Folge, daß der Angestellte trotz entsprechender Minderung seines Arbeitsentgeltes während des Bestehens seines Arbeitsverhältnisses kein Krankengeld erhielte, falls die Krankenkasse nicht etwa trotzdem solches gewährte. (Vgl. hierzu die Entscheidung des Reichsversicherungsamts vom 14. November 1931 II a K 98/31, abgedr. AN. 1932 in RArbBl. IV S. 79/80, die die Verpflichtung zur einstweiligen Gewährung des Krankengeldes anerkennt, falls das Arbeitsentgelt tatsächlich nicht gezahlt wird, jedoch gegen Abtretung des Anspruchs auf das in Höhe des Krankengeldes einbehaltene Arbeitsentgelt, der indes, wir dargelegt, im Falle der Zulässigkeit des Abzugs nicht besteht.) Eine solche Rechtslage kann vom Gesetzgeber nicht gewollt sein. Wollte dieser bei Erlaß der Notverordnung, was offenbar in seiner Absicht lag, wenigstens hinsichtlich der

Angestellten eine wirkliche Entlastung der Krankenkassen herbeiführen, dann mußte er unabdingbar die Weitergewährung des vollen Arbeitsentgelts an sie, unter Ausschluß der Möglichkeit des Abzugs des Krankengeldes, für den Fall der unverschuldeten Dienstverhinderung durch Erkrankung vorschreiben und dem Unternehmer die entsprechende Verpflichtung auferlegen, wobei dann als Ausgleich eine Senkung der Beiträge für die Krankenversicherung gemäß § 189 Abs. 1 Satz 2 RVO. vorgesehen wurde. Was nach § 63 Abs. 2 HGB., der eine Vereinbarung über die Anrechnung des dem Handlungsgehilfen aus einer Kranken- oder Unfallversicherung zukommenden Betrages auf sein Arbeitsentgelt ausdrücklich für nichtig erklärt, schon vorher galt, muß jetzt, wenigstens soweit die Anrechnung von Kranken- und Hausgeld in Frage kommt, ebenso für die Bestimmung des § 616 Abs. 2 BGB. und § 133 c Abs. 2 RGewO. gelten. Die erstere Bestimmung ist sonach im Sinne ihrer Wortfassung dahin zu verstehen, daß der Anspruch eines Angestellten (§ 1 Abs. 1, des Angestelltenversicherungsgesetzes) auf Vergütung für den Krankheitsfall durch Vertrag (damit ist auch eine Tarifordnung gemeint, § 69 AOG., RAG. Bd. 18 S. 276 [280] nicht ausgeschlossen, aber auch nicht, nämlich nicht durch den Abzug von Krankengeld, wie im Fall des § 616 Abs. 1, eingeschränkt werden kann. Die Bestimmung des § 133 c Abs. 2 RGewO., die wie entsprechend § 616 Abs. 1 BGB., im Satz 2 noch die Anrechnung der aus der gesetzlichen Kranken- und Unfallversicherung fließenden Beträge auf das Arbeitsentgelt vorsieht, und daher allerdings ihrem Wortlaut nach zunächst zugunsten des Unternehmers zu sprechen scheint, ist hinsichtlich des Kranken- und Hausgeldes aus den obigen grundsätzlichen Erwägungen heraus nicht anders zu beurteilen. Auch bei ihr muß als Folge des ihr durch die Notverordnung vom 1. Dezember 1930 verliehenen unabdingbaren Charakters die Zulässigkeit des Abzugs jedenfalls des Kranken- und Hausgeldes von dem Arbeitsentgelt verneint werden.

Die Einführung der Unabdingbarkeit der Ansprüche der Angestellten aus § 616 Abs. 2 BGB., § 63 Abs. 1 HGB. und § 133 c Abs. 2 RGewO. durch die oben bezeichneten Notverordnungen ist, wie hervorzuheben ist, nicht vom bürgerlich-rechtlichen Standpunkt einer Regelung der vertraglichen Beziehungen zwischen dem Unternehmer und dem Angestellten aus zu betrachten — diese, nämlich die Einräumung einer günstigeren Rechtsstellung an die Angestellten konnte als solche nicht Sinn und Zweck der Notverordnung sein —, sondern unter dem öffentlich-rechtlichen Gesichtspunkt, wie er sich aus der Bezeichnung der Notverordnungen als solche zur „Sicherung von Wirtschaft und Finanzen" ergibt. In dieser Hinsicht kann in dem vorliegend in Betracht kommenden Bereich die Entlastung der Krankenkassen in Frage. Diese Betrachtung führt zu einer anderen Beurteilung des § 616 Abs. 2 BGB. und des § 133 c Abs. 2 RGewO., als wie sie bisher vielfach, so auch durch das Reichsarbeitsgericht (RAG.-Urteile vom 4. September 1937 RAG. 111/37, abgedr. ArbRSamml. Bd. 31 S. 198 [202], und vom 16. Januar 1940 RAG. 140/39, abgedr. ArbRSamml. Bd. 38 S. 139 [141]) geschehen ist, nämlich wie dargelegt, zur grundsätzlichen Verneinung des Rechts auf Anrechnung des Krankengeldes auch in diesen Fällen wie im Falle des § 63 Abs. 2 HGB. Dieser Auffassung steht die Entscheidung des Reichsarbeitsgerichts in RAG. Bd. 20 S. 218 nicht entgegen. Der dort behandelte, als Tarifordnung weitergeltende Reichstarifvertrag für die Angestellten der privaten Versicherungsunternehmungen vom Jahre 1927 sah die Anrechnung der dem Angestellten aus einer Kranken- oder Unfallversicherung in gesetzlicher Höhe zustehenden Beträge erst vom Beginn der 7. Woche ab vor, also von einem Zeitpunkt, der außerhalb der im § 616 Abs. 2 BGB. vorgesehenen (allerdings tariflich anderweitig bestimmbaren) verhältnismäßig nicht erheblichen Zeit von sechs Wochen liegt. Die in den erstgenannten Entscheidungen des Reichsarbeitsgerichts vertretene Ansicht kann dagegen nicht beibehalten werden. Daß die vorliegend vertretene Auffassung dem Willen des Gesetzgebers entspricht und daß die Frage der Anrechenbarkeit des Krankengeldes in allen drei Fällen gleich zu beurteilen ist, ergibt sich auch aus dem Erlaß des Reichsarbeitsministers vom 9. Dezember 1930 II a 12 000/30 (abgedr. RArbBl. IV S. 501), in dem unter Nr. 3 jene Änderung des § 63 Abs. 1 HGB., § 133 c Abs. 2 RGewO. und die Neueinführung des § 616 Abs. 2 Satz 1 BGB. durch Artikel 3 Kapitel II Erster Teil der Notverordnung vom 1. Dezember 1930 besprochen und in dem nichts davon gesagt ist, daß in der bezeichneten Richtung die genannten Bestimmungen unterschiedlich zu beurteilen seien.

Ist nach § 133 c Abs. 2 RGewO. der Abzug des Krankengeldes von dem den dort gemeinten Beschäftigten im Falle der Erkrankung für sechs Wochen weiterzugewährenden Arbeitsentgelt nicht für zulässig zu erachten, dann entbehrt auch die Bestimmung des § 8 Abs. 2 des im Tatbestand erwähnten Reichstarifvertrags für Schachtmeister und Unterschachtmeister im Baugewerbe, die jenen Abzug bei den von ihm betroffenen Beschäftigten zuläßt, der Gültigkeit. Der Schachtmeister gehört, wie nicht zweifelhaft, zu dem im § 133 c Abs. 2 in Verbindung mit § 133 a RGewO. gedachten Personenkreise (in Gewerbeunternehmungen gegen feste Bezüge beschäftigte Personen, welche nicht lediglich vorübergehend mit der Leitung oder Beaufsichtigung des Betriebes oder einer Abteilung beauftragt sind . . .). Er untersteht also der Vorschrift des § 133 c Abs. 2 RGewO. Für ihn konnte daher hinsichtlich der Möglichkeit des Abzugs des Krankengeldes von seinem Arbeitsentgelt mit Rechtswirksamkeit keine von dieser unabdingbaren Gesetzesvorschrift zu seinen Ungunsten abweichende Bestimmung getroffen werden. Eine solche Bestimmung enthält aber § 8 Abs. 2 des Reichstarifvertrages. . . .

RAG. 23, 118.+

1. . . .

2. Ist ein Dienstherr, für den ein Angestellter infolge seines Verschuldens in der von ihm bekleideten Stellung untragbar geworden ist, verpflichtet, ihn an einem anderen, weniger verantwortungsvollen Platze zu verwenden?

BGB. § 626.

Urteil vom 30. April 1940.

I. Arbeitsgericht Düsseldorf. — II. Landesarbeitsgericht daselbst.

. . .

Gründe:

. . .

Doch nötigt die Lage dieses Rechtsstreits nicht, hierzu abschließend Stellung zu nehmen. Denn auch das Berufungsgericht hat den vorliegenden Sachverhalt ungeachtet der von ihm hervorgehobenen Milderungsgründe dahin gewürdigt, daß der Kläger für die Beklagte in seiner bisherigen Stellung nicht mehr tragbar gewesen sei. Es kommt gleichwohl zu dem Ergebnis, daß die Beklagte ihn nicht habe fristlos entlassen dürfen. Das beruht auf der Meinung, es sei der Beklagten zuzumuten gewesen, den Kläger an weniger verantwortungsvollem Posten weiter zu beschäftigen. Diese Auffassung ist rechtsirrtümlich. Das Reichsarbeitsgericht hat sie bereits in einem anderen in diesem Teile nicht veröffentlichten Urteil vom 2. August 1939 (RAG. 65/38, teilweise abgedruckt ArbRSamml. Bd. 36 S. 439) ausdrücklich abgelehnt: Ein Dienstherr, für den ein Angestellter infolge seines Verschuldens in der von ihm bekleideten Stellung untragbar geworden ist, ist nicht gehalten, ihn auf einem anderen Platze zu verwenden. Er braucht daher auch nicht die Prüfung anzustellen, ob für den Angestellten ein solcher Platz verfügbar ist und von ihm angenommen werden würde. Die Würdigung, die das Berufungsgericht dem Sachverhalt in tatsächlicher Beziehung hat zuteil werden lassen, kann hiernach bei zutreffender rechtlicher Würdigung nur zu der Folgerung führen, daß die Beklagte berechtigt war, den Kläger schlechthin fristlos zu entlassen.

RAG. 23, 141.+

Kann der Jugendliche, der einen Tag über drei Monate des Urlaubsjahres in einem Betriebe tätig war, von diesem Betrieb Urlaubsvergütung verlangen, auch wenn er infolge eigener Kündigung den Urlaub als Freizeit während der Dauer des Arbeitsverhältnisses nicht mehr nehmen kann?

Jugendschutzgesetz vom 30. April 1938 (RGBl. I S. 437) § 21. BGB. § 242.

Urteil vom 7. Mai 1940.

I. Arbeitsgericht Hamburg-Harburg. — II. Landesarbeitsgericht Hamburg.

Der Kläger war vom 4. Januar 1938 bis einschließlich dem 1. April 1939 — einem Sonnabend — bei dem Beklagten in Arbeit. Am 1. April 1939 schied er auf Grund eigener, tarifmäßig eine Woche vorher erklärter Kündigung aus, ohne bis dahin Urlaub verlangt zu haben. Im Jahre 1938 hat er 18 Tage Urlaub erhalten. Am 10. März 1936 ist er 16 Jahre alt geworden. Er begehrt Urlaubsentschädigung für 15 Tage mit 46,05 RM.

Das Arbeitsgericht hat den Beklagten nach dem Klageantrag verurteilt, das Berufungsgericht hat dagegen die Klage abgewiesen. Die Revision des Klägers führte zur Aufhebung des Berufungsurteils und zur Wiederherstellung des Urteils des Arbeitsgerichts.

Gründe:

Nach § 21 des Jugendschutzgesetzes vom 30. April 1938, der nach § 29 mit dem Tag der Verkündung des Gesetzes, also mit dem 2. Mai 1938 in Kraft getreten ist, hat jeder Jugendliche, das ist nach § 1 Abs. 3 d. G., wer über 14 Jahre, aber noch nicht 18 Jahre alt ist, für jedes Kalenderjahr, in dem er länger als 3 Monate ohne Unterbrechung des Arbeitsverhältnisses im Betriebe tätig gewesen ist, Urlaub zu bekommen, soweit er nicht für das Kalenderjahr bereits von einem anderen Betriebsführer Urlaub erhalten hat. Der Anspruch entfällt nur, wenn der Jugendliche durch eigenes Verschulden entlassen wird oder das Arbeitsverhältnis unberechtigt vorzeitig löst. Die Mindestdauer des Urlaubs beträgt für Jugendliche unter 16 Jahren 15, für Jugendliche über 16 Jahre 12 Werktage. Maßgebend für die Urlaubsdauer ist das Alter des Jugendlichen bei Beginn des Kalenderjahres. Der Kläger war im

Jahr 1939 einen Tag länger als 3 Monate bei dem Beklagten beschäftigt, hat also für dieses Jahr noch den Urlaubsanspruch erworben. Er hat allerdings unmittelbar anschließend eine andere Stellung angetreten, war also zunächst nicht in der Lage, den Urlaub als Freizeit zu verbringen. Dadurch war er aber noch nicht gehindert, die Erholungszeit im Laufe des Jahres nachzuholen. Er konnte zwar von einem späteren Arbeitgeber für das Jahr 1939 keinen Urlaub mehr verlangen, wenn er die Urlaubsvergütung von dem Beklagten nahm, sich aber doch die entsprechende Freizeit geben lassen, zu der er die Urlaubsvergütung des Beklagten verwenden konnte. Dabei kann dahingestellt bleiben, ob ein späterer Arbeitgeber auch ohne Erfüllung der dreimonatigen Wartezeit zur Freistellung für eine unbezahlte Erholungszeit verpflichtet ist. Jedenfalls konnte der Kläger mit einer solchen Freistellung durch einen späteren Betriebsführers rechnen, schließlich auch bei öfterem Stellenwechsel eine Zwischenzeit für die Nachholung des Urlaubs benützen.

Dafür, daß er sich nur die Urlaubsvergütung verschaffen wollte, ohne selbst die damit pflichtmäßig verbundene Nachholung der Freizeit bei gegebener Gelegenheit zu beabsichtigen, gibt das angefochtene Urteil keine Anhaltspunkte. . . .

Welchen Unternehmer der Jugendliche bei der Möglichkeit, zwischen mehreren Betrieben zu wählen, für den Urlaub in Anspruch nehmen will, ist grundsätzlich ihm überlassen. Davon ist auch in RAG. Bd. 22 S. 197 ausgegangen, wenn dort ausgeführt wurde, daß der einmal entstandene Urlaubsanspruch durch das Ausscheiden des Jugendlichen aus dem Betrieb nur unter besonderen Umständen untergehe, nicht aber schon deshalb, weil der Jugendliche im Falle des Wechsels des Arbeitsplatzes in der Lage sei, den zweiten Betriebsführer zur Gewährung des noch ausstehenden Urlaubs anzuhalten.

RAG. 23, 155.+

Wann sind Arbeitsbuch, Invalidenversicherungskarte und Steuerkarte bei sonst aus Vertrag, Tarif- oder Betriebsordnung oder auch aus wichtigem Grunde (§ 626 BGB.) ordnungsmäßig, aber ohne Zustimmung des Arbeitsamts ausgesprochener Kündigung des Beschäftigten zurückzugeben?

Verordnung über das Arbeitsbuch vom 22. April 1939 (RGBl. I S. 824), § 19. Siebente Anordnung zur Durchführung des Vierjahresplans über die Verhinderung rechtswidriger Lösung von Arbeitsverhältnissen vom 22. Dezember 1936 (RAnz. Nr. 299, RArbBl. 1937 I S. 13). Zweite

Durchführungsanordnung zur Verordnung zur Sicherstellung des Kräftebedarfs für Aufgaben von besonderer staatspolitischer Bedeutung — Beschränkung des Arbeitsplatzwechsels — vom 10. März 1939 (RGBl. I S. 444/704), § 3 Abs. 2. Verordnung über die Beschränkung des Arbeitsplatzwechsels vom 1. September 1939 (RGBl. I S. 1685) §§ 1 und 4.

Urteil vom 21. Mai 1940.

I. Arbeitsgericht Stuttgart. — II. Landesarbeitsgericht daselbst.

. . .

Gründe:

. . .

Die Zulässigkeit des Rechtswegs für den Anspruch auf Herausgabe der Arbeitspapiere ist schon in dem Urteil RAG. Bd. 21 S. 288 bejaht worden. . . .

. . .

. . . Eine etwa von seiten des Klägers ausgesprochene Kündigung konnte also sein Arbeitsverhältnis rechtlich nicht zur Lösung bringen. Es hat vielmehr nach seinem tatsächlichen Ausscheiden aus dem Dienst der Beklagten weiter bestanden. In der Aufgabe der Arbeit ist somit eine unberechtigte vorzeitige Lösung des Arbeitsverhältnisses im Sinne der Anordnung vom 22. Dezember 1936 zu erblicken.

. . .

Das angefochtene Urteil wird . . . mit Recht angefochten, soweit der Anspruch des Klägers auf Aushändigung der Invalidenversicherungs-Quittungskarte und der Steuerkarte an ihn gerichtet war. Nach § 1245 RVO. darf niemand die Quittungskarte wider den Willen des Inhabers zurückbehalten. Dieses Verbot gilt grundsätzlich und so auch für den Fall einer unberechtigten vorzeitigen Beendigung eines Arbeitsverhältnisses. Eine Ausnahme von der Verpflichtung zur Rückgabe der Karte, wie beim Arbeitsbuch, ist hier gesetzlich nicht vorgesehen. Es handelt sich um eine Verpflichtung öffentlich-rechtlicher Art, der gegenüber privatrechtliche, aus dem Arbeitsverhältnis herrührende Belange des Unternehmers nicht in Betracht kommen. Schon aus diesem Grunde ist die Erwägung des Berufungsgerichts hinfällig, das Verlangen des Klägers auf Herausgabe der Quittungskarte verstoße nach den gegebenen Umständen gegen Treu und Glauben, und es könne ihm von seiten der Beklagten mit dem Einwande der unzulässigen Rechtsausübung begegnet werden. Abgesehen davon ist aber auch nicht zu ersehen, inwiefern das Verlangen des Klägers auf Herausgabe der Karte gegen Treu und Glauben verstoßen haben sollte. In der Geltendmachung eines ausdrücklich gesetzlich eingeräumten Rechts kann, wenn überhaupt, so doch nur unter ganz besonderen Umständen eine unzulässige Rechtsausübung gefunden werden. Eine solche wäre in dem Verlangen des Klägers auf Herausgabe der Quittungskarte auch dann nicht zu erblicken, wenn ihn dabei, wie das Berufungsgericht meint, der Gedanke mit geleitet hätte, die Quittungskarte zur Gewinnung einer Arbeitsstelle mitzubenutzen. Inwiefern dabei ein Mißbrauch der gesetzlichen Bestimmungen in Frage kommen sollte, ist nicht ersichtlich. Der Anspruch des Klägers auf Herausgabe der Quittungskarte war somit sachlich begründet.

Das gleiche gilt von der Steuerkarte. Nach § 42 des Einkommensteuergesetzes vom 27. Februar 1939 (RGBl. I S. 297/310) hat der Arbeitgeber die Steuerkarte während der Dauer des Dienstverhältnisses aufzubewahren und sie dem Arbeitnehmer am Ende des Kalenderjahres oder bei Beendigung des Dienstverhältnisses zurückzugeben. Auch hier ist, entgegen der Ansicht des Berufungsgerichts, wie im § 19 Satz 1 der Verordnung vom 22. April 1939 beim Arbeitsbuch, unter „Beendigung des Dienstverhältnisses" nicht dessen rechtliche, sondern dessen tatsächliche Beendigung zu verstehen. Das hat das Reichsarbeitsgericht noch in dem Urteil vom 20. März 1940 RAG. 206/39 (RAG. Bd. 23 S. 50) ausgesprochen. Nach § 29 der in diesem Urteil angezogenen Lohnsteuerdurchführungsbestimmung vom 10. März 1939 (RGBl. I S. 449, 463) hat der Arbeitnehmer seine Lohnsteuerkarte dem Arbeitgeber bei Beginn des Kalenderjahres oder des Dienstverhältnisses vorzulegen. Der Arbeitgeber hat die Karte während der Dauer des Dienstverhältnisses aufzubewahren, d. h. mindestens bis zu dem Zeitpunkt, bis zu welchem dem Arbeitnehmer aus dem Dienstverhältnis Arbeitslohn zufließt, und zwar auch dann, wenn er vor Beendigung des Dienstverhältnisses keinen Dienst mehr leistet. Alsdann hat der Arbeitgeber die Steuerkarte zurückzugeben, und im Weigerungsfalle kann sie ihm durch die Ortspolizeibehörde weggenommen und dem Arbeitnehmer ausgehändigt werden. Aus dieser Vorschrift erhellt, daß die Bestimmungen über den Besitz der Steuerkarte durch den Arbeitgeber im öffentlichen Interesse getroffen sind und nur dem einen Zwecke dienen, den richtigen und rechtzeitigen Steuerabzug vom Arbeitslohn zu gewährleisten. Privatrechtliche Belange haben daher auch hier, wie bei der Invalidenversicherungs-Quittungskarte, auszuscheiden. Von dem Zeitpunkt ab, wo das Arbeitsverhältnis tatsächlich beendet ist und dem Arbeitnehmer kein Lohn mehr aus ihm zukommt, besteht die unbedingte Verpflichtung zur Rückgabe der Steuerkarte. (Vgl. auch das Urteil RAG. Bd. 21 S. 192/193.) . . .

RAG. 23, 170.

1. Kann der Vorsitzende des Arbeitsgerichts einen Berichtigungsbeschluß über die Streitwertfestsetzung nach § 319 ZPO. ohne Mitwirkung der Beisitzer erlassen?

2. Wann beginnt die Berufungsfrist, wenn in einem arbeitsgerichtlichen Urteile die Streitwertfestsetzung unterblieben und durch Berichtigungsbeschluß nachgeholt worden ist?

ZPO. §§ 319, 516. ArbGG. §§ 53, 61 Abs. 2 u. 3, §§ 64, 66.

Beschluß vom 5. Juni 1940.

I. Arbeitsgericht Burg. — II. Landesarbeitsgericht Magdeburg.

Der Beklagte war als Betriebsleiter bei der Klägerin tätig und ist am 10. Mai 1939 fristlos entlassen worden. Die Parteien stritten über die Berechtigung der fristlosen Entlassung und haben klagend und widerklagend die Feststellung der Wirksamkeit bzw. der Unwirksamkeit derselben begehrt . . .

Das Arbeitsgericht hat durch Urteil vom 11. Januar 1940 festgestellt, daß der Dienstvertrag zwischen den Parteien durch die fristlose Kündigung aufgehoben sei, und die Feststellungswiderklage abgewiesen, den Streitwert in dem Urteil aber zunächst nicht festgesetzt. Erst auf den Antrag des Beklagten vom 2. Februar ist durch Berichtigungsbeschluß vom 12. Februar 1940 gemäß § 319 ZPO. der Streitwert auf 3938,33 RM festgesetzt worden. Das Urteil war dem Beklagten schon vorher von Amts wegen am 19. Januar 1940 zugestellt worden. Der Berichtigungsbeschluß ist am 22. Februar zugestellt. Der Beklagte hat am 17. Februar gegen das Urteil Berufung eingelegt und gleichzeitig Wiedereinsetzung in den vorigen Stand begehrt, da die Durchführung der Berufung vor der Wertfestsetzung unmöglich gewesen sei.

Durch Beschluß des Landesarbeitsgerichts, der die Beschwerde zugelassen hat, wurde die Berufung wegen Versäumung der Berufungsfrist als unzulässig verworfen, da bei Berichtigung des Urteils gemäß § 319 ZPO. das Urteil so anzusehen sei, als ob es von Anfang an in dieser Fassung ergangen sei. Die Berichtigung habe deshalb auf den Lauf der Berufungsfrist keinen Einfluß. Die Voraussetzungen für die Wiedereinsetzung seien nicht gegeben, da das Fehlen der Wertfestsetzung kein Hindernis für die Berufungseinlegung gewesen sei.

Auf die hiergegen rechtzeitig eingelegte Beschwerde wurde der Beschluß des Landesarbeitsgerichts aufgehoben aus folgenden

Gründen:

Bedenken gegen die Rechtswirksamkeit des Berichtigungsbeschlusses bestehen nicht. Zwar ist der Beschluß nur von dem Vorsitzenden unterschrieben; auch geht weder aus dem Beschlusse selbst noch etwa sonst aus den Akten hervor, daß er unter Mitwirkung der Beisitzer gefaßt ist. Indessen bedarf es zum Erlaß eines Berichtigungsbeschlusses gemäß § 319 ZPO. nicht der Mitwirkung der Beisitzer des Arbeitsgerichts. Denn ein solcher Beschluß bedeutet nicht eine neue Willensentschließung des Gerichts, die allerdings nur von dem Vorsitzenden und den Beisitzern gemeinsam getroffen werden kann, sondern nur die Verlautbarung einer vor Verkündigung des Urteils bereits getroffenen Entscheidung, die nur in der verkündeten Entscheidung versehentlich nicht zum Ausdruck gekommen ist. Da die Berichtigung ohne mündliche Verhandlung ergehen kann, kann der Beschluß gemäß § 53 ArbGG. von dem Vorsitzenden allein erlassen werden, zumal dieser nach § 60 Abs. 4 ArbGG. auch das Urteil selbst allein zu unterschreiben hat. Auch im ordentlichen Verfahren muß die Berichtigung nicht in der nämlichen Besetzung beschlossen werden. Die Entscheidung RAG. Bd. 1 S. 5 steht nicht entgegen, da dort die Streitwertfestsetzung von dem Vorsitzenden allein nachgeholt und zunächst nicht nur das Urteil berichtigt war. Ob die Voraussetzungen des § 319 ZPO. vorhanden waren, ist vom Revisionsgericht nicht nachzuprüfen.

Das Reichsarbeitsgericht hat nun allerdings in der Entscheidung vom 16. November 1929 RAG. 202/29 (abgedruckt in ArbRSamml. Bd. 7 S. 446 und ArbRspr. 1930 S. 39) ausgesprochen, daß eine Berichtigung des Urteils gemäß § 319 ZPO. auf den Lauf der Berufungsfrist keinen Einfluß habe, die Berufungsfrist also von der Zustellung des Urteils laufe, auch wenn in dem Urteil der Streitwert nicht festgesetzt oder die Berufung nicht zugelassen war. Diese Entscheidung kann indessen bei nochmaliger Prüfung nicht aufrechterhalten werden. Zwar wirkt grundsätzlich der Berichtigungsbeschluß auf die Zeit der Verkündung zurück und die neue Fassung des Urteils gilt als die ursprüngliche. Daher kann die Berichtigung eine bereits in Lauf gesetzte Rechtsmittelfrist grundsätzlich nicht ändern und neben dem bisher bereits zulässigen Rechtsmittel ein neues Rechtsmittel nicht begründen (RGZ. Bd. 29 S. 406 und Bd. 110 S. 428 mit Ausführungen). Dies mag auch gelten, wenn die Partei durch das Urteil in der ursprünglichen Fassung nicht beschwert war, diese Beschwer sich vielmehr erst durch die Berichtigung ergibt, z. B. infolge Berichtigung eines Rechenfehlers nunmehr ein Teil des Klageanspruches abgewiesen wird (RGZ. Bd. 116 S. 14).

Denn hier war das Rechtsmittel immerhin zulässig und der Kläger konnte, wenn er den Irrtum aus den Gründen erkannte, das Rechtsmittel einlegen; wenn er es unterlassen hat, so hat er es infolge des unrichtigen Urteils getan, so daß Wiedereinsetzung wegen eines unabwendbaren Zufalles in Frage kommen kann.

Anders ist aber die Rechtslage, wenn gegen das Urteil in seiner Fassung vor der Berichtigung ein Rechtsmittel überhaupt nicht zulässig, das Rechtsmittel vielmehr gerade von der Fassung der Urteilsformel abhängig ist, wie nach § 64 ArbGG. Denn danach findet eine Berufung gegen Urteile des Arbeitsgerichts nur statt, wenn der in dem Urteil gemäß § 61 Abs. 2 festgesetzte Streitwert den Betrag von 300 RM übersteigt oder wenn die Berufung in dem Urteil ausdrücklich zugelassen ist. Nach der Rechtsprechung des Reichsarbeitsgerichts genügt beim Fehlen der Streitwertfestsetzung, daß sich aus der Urteilsformel ohne weiteres ein Streitwert von über 300 RM ergibt oder eine im Urteil vorgenommene Kostenfestsetzung klar erkennbar macht, daß über einen die Berufungssumme ergebenden Anspruch verhandelt ist. Dagegen darf die Rechtsmittelfähigkeit nicht nur aus dem Tatbestand oder den Parteianträgen zu entnehmen sein (RAG. Bd. 14 S. 33 [39] mit Nachweisung). Urteile, bei denen sich die Zulässigkeit der Berufung nicht ohne weiteres aus der Urteilsformel ergibt, sind also mit dem Rechtsmittel nicht angreifbar und es kann deshalb eine Berufungsfrist nicht zu laufen beginnen. Erst wenn durch nachträglichen Beschluß gemäß § 319 ZPO. das Urteil durch eine Streitwertfestsetzung, die die Berufung als zulässig erscheinen läßt, oder durch Zulassung der Berufung berichtigt wird, wird der Rechtsmittelweg gegen das Urteil eröffnet. Erst die Zustellung des berichtigten Urteils oder des Berichtigungsbeschlusses kann die Grundlage für die Entschließung der Partei über die Einlegung eines Rechtsmittels bilden. Bis dahin kann die Partei nicht die Frist zur Einlegung des noch gar nicht zulässigen Rechtsmittels im Sinne des § 233 ZPO. versäumen. Diesen Standpunkt vertritt, soweit ersichtlich, auch das Schrifttum, soweit es sich nicht, wie Baumbach-Teichmann ArbGG. § 66 Bem. 2, mit dem Hinweis auf die Rechtsprechung begnügt, so Dersch-Volkmar ArbGG. § 61 Anm. 6 und 7, Volkmar in ArbRSamml. Bd. 21 S. 18/19 und Jonas in ErlB. zur ZPO. § 319 Bem. VII Abs. 2 und besonders in ArbRspr. 1930 S. 39. Hier wird namentlich auch darauf hingewiesen, daß die maßgebende Grundlage für die Entschließung der Partei die ihr zugestellte Ausfertigung sein müsse. Es könne nicht zweifelhaft sein, daß der Partei das Rechtsmittel nicht verlorengehen könne, wenn ihr eine unvollständige, mit der Urschrift nicht übereinstimmende Ausfertigung zugestellt werde. Davon könne aber der Fall nicht verschieden behandelt werden, daß die Ausfertigung infolge einer versehentlichen Auslassung in der Urschrift selbst unvollständig geblieben sei. Auch dann könne sie daher die Rechtsmittelfrist nicht in Lauf setzen.

Daraus, daß erst mit der Zustellung des Berichtigungsbeschlusses die Berufungsfrist zu laufen beginnt und damit überhaupt erst der Rechtsmittelweg eröffnet wird, folgt nun aber nicht, daß die vorher eingelegte Berufung als unzulässig zu verwerfen ist und eine neue Berufung eingelegt werden muß. Denn die Berufung kann vor Beginn der Berufungsfrist eingelegt werden und das Erfordernis ihrer Erneuerung wäre nur eine überflüssige Wiederholung (vgl. RAG. Bd. 14 S. 39).

Die von dem Beklagten am 17. Februar, vor dem Beginn der Berufungsfrist, eingelegte Berufung war sonach rechtzeitig.

RAG. 23, 173.+

Berechnung des Urlaubsentgeltes, wenn der Beurlaubte vor und nach dem Urlaub regelmäßig Überstunden geleistet hat, während der Urlaubszeit aber keine Überstunden zu leisten gehabt hätte.

Urlaubstarifordnung für die Metallindustrie im Wirtschaftsgebiet Rheinland vom 5. Mai 1938 (RArbBl. VI S. 671) § 8.

Urteil vom 21. Mai 1940.

I. Arbeitsgericht Köln. — II. Landesarbeitsgericht daselbst.

. . .

Gründe:

Das Reichsarbeitsgericht hat in Auslegung verschiedener tariflicher Regelungen in ständiger Rechtsprechung einen allgemeinen Grundsatz dahin entwickelt, daß das Urlaubsentgelt so festzusetzen ist, als hätte der Gefolgsmann während der Urlaubszeit gearbeitet. So ist in RAG. Bd. 18 S. 56 in Auslegung einer Tarifbestimmung, daß während des Urlaubs die Bezüge fortzuzahlen seien, die Gewährung einer tariflichen Zulage für Nachtarbeit einem regelmäßig in Nachtarbeit beschäftigten Gefolgsmann, in RAG. Bd. 6 S. 118, auf Grund tariflicher Bestimmungen, daß während des Urlaubs der tarifliche Stundenlohn zu zahlen sei, einem mit Schmutzarbeit Beschäftigten während des Urlaubs auch die Schmutzzulage zugesprochen worden, da unter tariflichem Stundenlohn der Normallohn zuzüglich der Schmutzzulage zu verstehen sei. Mit der Berechnung des Urlaubsentgeltes in Fällen, in denen der Urlauber vor dem Urlaub Überstunden geleistet hatte, aber diese auch während der Urlaubszeit hätte leisten müssen, befassen sich — gleichfalls zunächst in Anlehnung an tarifliche Regelungen — die Entscheidungen RAG. Bd. 13 S. 121 [125] und RAG. Bd. 20 S. 345. In beiden Fällen ist der Mehrarbeitszuschlag auch für die Urlaubszeit zugesprochen worden. Der Gefolgsmann ist also in allen diesen erörterten Fällen so gestellt worden, als wäre er während des Urlaubs an seinem Arbeitsplatz in dem Betriebe beschäftigt worden.

So liegt der Fall hier aber nicht. Der vorliegende Fall unterscheidet sich von den beiden angezogenen Fällen, die die Bezahlung eines Mehrarbeitszuschlages während der Urlaubszeit behandelt haben, gerade dadurch, daß der Kläger zwar vor Urlaubsantritt über 5 Wochen regelmäßig Überstunden, daß er diese auch nach dem Urlaub erneut geleistet hat, daß er aber während der Urlaubstage im Betriebe keine Überstunden hätte leisten können. Seine engeren Arbeitskameraden haben demnach während der Urlaubszeit auch nur 8 Stunden täglich, aber nicht mehr bezahlt erhalten. Der Kläger verlangt also für die Urlaubszeit nicht nur den Betrag, den er im Betriebe verdient haben würde, sondern mehr. Dies ist aber, wenn nicht etwa die hier anzuwendende Tarifordnung eine anderweite Regelung getroffen hat, grundsätzlich unberechtigt. Der Urlaub darf nicht zu einer Besserstellung des beurlaubten Gefolgsmannes gegenüber seinen arbeitenden Kameraden führen. Die Frage der Bezahlung eines Gefolgsmannes in einem verkürzt arbeitenden Betriebe für die Urlaubszeit muß hier ausschalten. Dort können je nach der Sachlage andere Grundsätze für die Urlaubsentlohnung gefunden werden müssen.

RAG. 23, 187.

Zur Frage der Bindung der Gerichte an die durch den Führer der Verwaltung vorgenommene Tarifeinstufung eines Angestellten im öffentlichen Dienst.

Tarifordnung A für Gefolgschaftsmitglieder im öffentlichen Dienst vom 1. April 1938 — TO. A — (RArbBl. VI S. 475) § 3 Abs. 2 Satz 2.

Urteil vom 29. Mai 1940.

I. Arbeitsgericht Berlin. — II. Landesarbeitsgericht daselbst.

Der Kläger ist Angestellter im Dienste der Beklagten und besorgt seit längerer Zeit in der in mehrere Abteilungen gegliederten Verwaltung ihres Vieh- und Schlachthofes die Buchhaltung des Fleischgroßmarktes. Er befand sich in der Vergütungsgruppe 4a der 1. Dienstordnung für die Angestellten der Stadt Berlin vom 26. April 1935 (1. DOAng.) und wurde nach Inkrafttreten der Tarifordnung A für Gefolgschaftsmitglieder im öffentlichen Dienst vom 1. April 1938 (TO. A) in deren Vergütungsgruppe V b eingereiht. Er nimmt aber nach der Art einer Tätigkeit die höhere Gruppe IV für sich in Anspruch und hat mit der Klage den Unterschiedsbetrag zwischen den genannten Gruppen der TO. A, der monatlich 90,99 RM beträgt, für die Zeit vom 1. April 1938 bis einschließlich Februar 1939 mit zusammen 216,59 RM nachgefordert.

Die Beklagte ist dem mit der Bitte um Klageabweisung entgegengetreten. Sie verneinte unter Berufung auf § 3 Abs. 2 TO. A die gerichtliche Nachprüfbarkeit der Eingruppierung des Klägers und bestritt ferner, daß der Kläger unrichtig eingruppiert worden sei.

Die Klage wurde in den drei Rechtszügen abgewiesen.

Gründe:

Die mit dem 1. April 1938 an die Stelle der 1. DOAng. getretene Tarifordnung A beherrscht seitdem das Arbeitsverhältnis der Parteien. Der Anspruch auf das mit der Klage geforderte tarifliche Mehrgehalt seit jenem Zeitpunkt hängt daher davon ab, welcher Vergütungsgruppe des der Tarifordnung angehängten Gruppenplanes der Kläger unterfällt, ob der Gruppe V b, in die er eingereiht worden ist, oder der höheren Gruppe IV, die er nach der Art seiner Tätigkeit für sich in Anspruch nimmt. Das Berufungsgericht hat sich in seiner die Klage abweisenden Entscheidung an die erfolgte Einreihung für gebunden gehalten, sie aber ferner auch als der Tätigkeit des Klägers entsprechend angesehen. Die Revision greift das Urteil nach beiden Richtungen an.

Seinen ersten Abweisungsgrund entnimmt das Berufungsgericht dem Absatz 2 Satz 2 des § 3 der TO. A, dessen Inhalt schon häufiger zu Zweifeln Anlaß gegeben und im Schrifttum eine verschiedene Auslegung gefunden hat. Das Reichsarbeitsgericht hat bereits in seinem RAG. Bd. 22 S. 330 zum Abdruck gelangten Urteil vom 16. Januar 1940, RAG. 132/39, die Gebundenheit des Arbeitsgerichts an die von der tariflich zuständigen Stelle vorgenommene Einreihung auf Grund der umstrittenen Tarifvorschrift bejaht und sieht nach erneuter eingehender Prüfung der Frage keinen Anlaß, hiervon abzugehen.

Der erwähnte Absatz 2 des § 3 hat mit seinen drei Sätzen folgenden Wortlaut:

Jedes Gefolgschaftsmitglied ist vom Führer der Verwaltung oder des Betriebes oder der von ihm hierzu ermächtigten Stelle nach seiner überwiegenden Tätigkeit nach den in der Anlage 1 festgelegten Tätigkeitsmerkmalen in die entsprechende Vergütungsgruppe einzureihen; durch die Dienstordnung kann die Ablegung von Prüfungen vorgeschrieben werden. Die Einreihung ist bei Arbeitsstreitigkeiten, wenn nicht eine Vertragsänderung vorgenommen wird, bis zur Beendigung des Dienstverhältnisses maßgebend. Über den Aufstieg des Gefolgschaftsmitgliedes in eine höhere Vergütungsgruppe während des Dienstverhältnisses entscheidet der Führer der Verwaltung oder des Betriebes oder die von ihm hierzu ermächtigte Stelle.

Hierin kommt zunächst der Grundsatz, der vordem bereits für die vom Reichsangestelltentarifvertrage und vom Preußischen Angestelltentarifvertrage (RAT. und PAT.) erfaßten Angestellten gegolten hatte (RAG. Bd. 8 S. 92 [96], Bd. 10 S. 248, Bd. 19 S. 186 [199/200] und S. 205), zum Ausdruck, daß nicht schon die Erfüllung der tariflichen Tätigkeitsmerkmale, sondern erst die Tatsache der Einreihung in eine Tarifgruppe die Rechtsgrundlage für den unabdingbaren Gehaltsanspruch des Angestellten abgibt. Diese Einreihung ist dem Führer der Verwaltung oder des Betriebs, der zu ihrer Vornahme eine andere Stelle ermächtigen kann, überlassen. Die danach zuständige Person hat die Einreihung auf Grund des ersten Satzes des Absatz 2 nach der überwiegenden Tätigkeit des Angestellten gemäß den im Gruppenplan festgelegten Tätigkeitsmerkmalen in die entsprechende Vergütungsgruppe vorzunehmen. Die Merkmale sind für ihn nicht etwa nur Richtlinien, die er beachten soll, sondern enthalten die rechtlichen Gesichtspunkte, die er befolgen muß. Daraus wäre an sich zu schließen, daß der Behördenangestellte die seiner Tätigkeit entsprechende Einreihung und das ihm danach zustehende Tarifgehalt auch im Klagewege müßte durchsetzen können. Entgegen der Auffassung des Berufungsgerichts ist jedenfalls die Einreihung des Klägers nicht etwa wie die eines Beamten eine bloße Verwaltungsentscheidung, ein Staatshoheitsakt gewesen, gegen den von dem Betroffenen nur der Verwaltungsweg beschritten werden kann, also ihm lediglich Vorstellungen und Beschwerden bei den Vorgesetzten zur Verfügung stehen.

Soweit erscheint alles klar. Schwierigkeiten entstehen erst bei Beantwortung der Frage, ob und in welchem Umfange der Tarifgesetzgeber der Tarifordnung A die gerichtliche Nachprüfung der Einreihung hat ausschließen wollen und ausschließen können.

Die oben mitgeteilten Vorschriften der Tarifordnung A unterscheiden rein äußerlich betrachtet, ebenso wie es die früheren Tarifverträge für die Angestellten des Reichs und des Landes Preußen getan haben, den Aufstieg des Angestellten in eine höhere Gruppe von seiner ersten Einreihung, um welche es sich bei dem Kläger handelt. Über den Aufstieg hat, wie früher nach den genannten Tarifverträgen die vorgesetzte Dienstbehörde, so auch jetzt nach Satz 3 des Abs. 2 allein die für die tarifliche Einreihung zuständige Stelle zu entscheiden. Der Behördenangestellte besaß und besitzt mithin keinen Anspruch auf Höhergruppierung infolge Änderung seiner Tätigkeit. Der Grund für die Versagung des Anspruchs lag und liegt vor allem in der Rücksicht auf den Haushaltsplan der öffentlichen Körperschaft. Der Behördenangestellte ist damit zwar hinsichtlich einer seiner veränderten Tätigkeit entsprechenden Höhergruppierung nicht jeden Rechts beraubt; aber er bleibt doch auf den etwaigen Schadensersatzanspruch beschränkt.

Es könnte nun angenommen werden, daß die durch die Vorschrift des dritten Satzes des Absatz 2 äußerlich in die Erscheinung getretene Unterscheidung der Höhergruppierung von der ersten Einreihung auch einen wesentlichen inneren Unterschied habe begründen sollen, und daß deshalb die gerichtliche Nachprüfbarkeit, ob die tarifliche Einreihung des Behördenangestellten seiner Tätigkeit entspricht, nur dann habe ausgeschlossen werden sollen, wenn der Betroffene infolge Veränderung seiner bisherigen Tätigkeit eine Höhergruppierung begehrt. So ist denn auch mehrfach die Vorschrift des zweiten Satzes des Absatz 2, daß die Einreihung, wenn nicht eine Vertragsänderung vorgenommen wird, bis zur Beendigung des Dienstverhältnisses maßgebend ist, nicht auf jede auch unter Abweichung von den Bestimmungen des ersten Satzes vorgenommene, sondern nur auf eine diesen Bestimmungen entsprechende Einreihung bezogen und in jener Vorschrift keine Ausschließung der gerichtlichen Nachprüfbarkeit der ersten Einreihung gesehen worden (vgl. vor allem den Aufsatz von Dr. Kranefuß, des Sachbearbeiters beim Reichstreuhänder für den öffentlichen Dienst, in der Zeitschrift Deutsche Verwaltung, Jahrgang 1940 S. 99 bis 101; ferner das Erläuterungsbuch zur Tarifordnung A von Melcher und Schilling Anm. 4 zu § 3). Der Auffassung kann jedoch nicht beigepflichtet werden. Sie beachtet nicht, daß die Vorschrift von der Maßgeblichkeit der Einreihung „bei Arbeitsstreitigkeiten" spricht. Hätte die Vorschrift nichts weiter als die, wie oben bereits bemerkt, an sich selbstverständliche Rechtswirkung jeder Tarifvorschrift ausdrücken sollen, die darin besteht, daß sie von dem Berechtigten im Wege der Klage durchgesetzt werden kann, so wäre sie überflüssig gewesen. Die eingefügten Worte „bei Arbeitsstreitigkeiten" können deshalb nicht gut eine andere Bedeutung haben als die, den Arbeitsgerichten bei ihren Entscheidungen die Nachprüfung der Richtigkeit der Einreihung zu entziehen. Damit geht die Tarifordnung A über die in den früheren Tarifverträgen für die Angestellten des Reiches und des Landes Preußen getroffene Regelung hinaus. Nach dieser blieb, wenn das dort eingehend geordnete Einreihungsverfahren auch in dem zur Nachprüfung der Einreihung bestimmten paritätischen Ausschuß zu keiner Einigung geführt hatte, dem Angestellten, wie es in § 24 Abs. 5 der Tarifverträge lautete, noch „der Rechtsweg offen". Die Ausdrucksweise ist ungenau (vgl. dazu RAG. Bd. 19 S. 186 [199/200]). Richtiger hätte es heißen müssen, daß wenigstens in dem genannten Fall die gerichtliche Nachprüfung der Einreihung noch offen steht. Nach Abs. 2 des § 3 TO. A ist sie überhaupt nicht mehr statthaft.

Um eine unzulässige Ausschließung des Rechtswegs handelt es sich dabei nicht. Der Rechtsweg ist dem Angestellten für seine tariflichen Gehaltsansprüche nach § 13 GVG. unzweifelhaft gegeben. Zu Unrecht glaubt die Revision ferner, daß der Reichstreuhänder für den öffentlichen Dienst mit der Tarifvorschrift seine Befugnisse zur Ausschließung der Arbeitsgerichtsbarkeit überschritten habe. Die Arbeitsgerichtsbarkeit kann er allerdings für bürgerliche Rechtsstreitigkeiten aus einem Arbeits- oder Lehrverhältnis, das sich nach einer Tarifordnung bestimmt, nach § 32 Abs. 2 Satz 4 AOG. und § 18 Abs. 3 AOGöV. nur in dem gleichen Umfange ausschließen, wie es nach dem Arbeitsgerichtsgesetz den Tarifvertragsparteien möglich gewesen war, also nur durch Einführung eines Schiedsgerichts gemäß § 91 flg. ArbGG. Die Vorschrift enthält auch keine Beschränkung des Rechtswegs, sondern ordnet lediglich an, daß die Arbeitsgerichte bei der Entscheidung über tarifliche Gehaltsansprüche, deren Höhe sich nach der dem Angestellten zukommenden Tarifgruppe richtet, in der Vorfrage seiner Gruppenzugehörigkeit an die von einer anderen Stelle vorgenommene Einreihung gebunden sind. Die rechtliche Zulässigkeit einer derartigen tariflichen Anordnung läßt sich nicht beanstanden.

Die neuere Rechtsentwicklung hat auf vielen Gebieten zu einer stärkeren Berücksichtigung der öffentlichen Belange geführt. Im Zuge dieser Entwicklung hat es gelegen, auch die Stellung der Behörden gegenüber ihren Angestellten immer mehr zu befestigen und damit, wie zuzugeben ist, im gewissen Grade eine beamtenähnliche Gebundenheit der Behördenangestellten zu begründen, die in den Vorteilen der gefestigten Beamtenstellung keinen entsprechenden Ausgleich finden mag. Die Belange des öffentlichen Dienstes haben es aber geboten und gerechtfertigt, die Eingruppierung der Behördenangestellten, wie in der

Tarifordnung A geschehen, der alleinigen Verfügung der öffentlichen Behörden zu überlassen und sie der Nachprüfung der Gerichte zu entziehen. Das entspricht auch einem unverkennbaren praktischen Bedürfnis. Denn die Eingruppierung der Behördenangestellten wird bei den großen öffentlichen Verwaltungen durch die Vielgestaltigkeit der dort ausgeübten Tätigkeiten nicht selten ganz ungemein erschwert. Sie erfordert oft eine ins einzelne gehende genaue Kenntnis des Aufbaus und der Gliederung der Verwaltungen und eine Vertrautheit mit den dem einzelnen Angestellten in dem gesamten Verwaltungsbetriebe obliegenden Aufgaben und Verrichtungen in einem Ausmaße, in welchem sie sich ein Außenstehender wie der Richter nur mit größter Mühe und auch dann kaum stets mit unbedingter Zuverlässigkeit verschaffen kann. Zudem hängt die Einreihung häufig in besonders weitem Umfange von der Anwendung billigen Ermessens ab. Die Vertreter der Behörden besitzen nun ohne Zweifel die beste Sachkenntnis in den einschlägigen tatsächlichen Verhältnissen, die für die Eingruppierung der Behördenangestellten in Betracht kommen. Andererseits gewährleisten sie kraft ihrer Beamtenstellung die zur Eingruppierung erforderliche Unparteilichkeit, so daß daraus, daß ihnen die Eingruppierung ohne die Möglichkeit einer gerichtlichen Nachprüfung anvertraut worden ist, eine ernstliche Gefährdung der Belange der Angestellten nicht zu besorgen ist. Auch die Befolgung des Leistungsgrundsatzes, der in den Vorschriften des tariflichen Gruppenplanes seinen Niederschlag gefunden hat, ist durch den dem Angestellten offenstehenden Verwaltungsweg ausreichend gesichert.

Unter welchen Voraussetzungen ein Gefolgschaftsmitglied trotz dieser durch die Tarifordnung A geschaffenen Rechtslage ausnahmsweise — sei es unter dem Gesichtspunkt der schuldhaften Fürsorgepflichtverletzung, sei es unter dem der unerlaubten Handlung — Schadensersatz wegen unrichtiger Eingruppierung fordern kann, bedarf im vorliegenden Fall keiner Erörterung. Denn für das Vorliegen eines derartigen Schadensersatzanspruches hat der Kläger nichts vorgebracht und offensichtlich auch nichts vorbringen können. Das Gericht ist daher an die erfolgte Eingruppierung des Klägers gebunden. Der Klageanspruch könnte sich mithin nur noch aus § 5 Abs. 2 TO. A insoweit rechtfertigen, als das dem Kläger für die in Frage kommende Zeit gezahlte Tarifgehalt hinter seinen früheren Dienstbezügen zurückgeblieben wäre. Dies ist jedoch unstreitig nicht der Fall gewesen.

RAG. 23, 206.+

Wem obliegt die Fürsorgepflicht, wenn Arbeiter von dem Unternehmer auf Grund eines Dienstverschaffungsvertrages einem Dritten zur Leistung von Diensten zur Verfügung gestellt werden oder in dem Betriebe eines Dritten zu arbeiten haben und dessen Aufsicht unterstehen?

AOG. § 2.

Urteil vom 5. Juni 1940.

I. Arbeitsgericht Bernburg. — II Landesarbeitsgericht Dessau.

Die Beklagte hat im Jahre 1936 auf dem Flugplatz in B. eine Tankanlage hergestellt. Nach Beendigung dieser Arbeiten hat die staatliche Bauleitung von ihr 5 Tagelohnarbeiter angefordert, die bei der Eichung der Tankanlage Hilfe leisten sollten. Die Arbeiter unterstanden der Aufsicht der Bauleitung des Flughafens, insbesondere dem Bauleiter H., blieben aber im Arbeitsverhältnis zu der Beklagten, erhielten von dieser ihren Lohn ausgezahlt; die Beklagte hatte auch die Sozialbeiträge abzuführen, wie die sonstigen Pflichten aus der Sozialversicherung, insbesondere die Anmeldung von Unfällen, zu erfüllen. Sie erhielt von der Bauleitung die Löhne der Arbeiter mit einem Zuschlag von 35 % erstattet. Zu diesen Arbeitern gehörte der Kläger, der schon bei der Herstellung der Tankanlage mit tätig war und vom Anfang November bis zum 10. Dezember bei der Eichung der Tankanlage geholfen hat. Er will sich bei diesen Arbeiten durch Erkältung eine Gesichtslähmung zugezogen haben. . . . Für den ihm durch die Erkrankung entstandenen Schaden nimmt er auf Grund des § 618 in Verbindung mit § 278 BGB. die Beklagte in Anspruch, da der Bauleiter H. ihr Erfüllungsgehilfe gewesen sei. . . . Die Beklagte machte dagegen geltend, daß der Kläger, wenn sein Arbeitsvertrag mit ihr auch förmlich fortbestanden habe, doch nicht mehr ihren Anweisungen und ihrer Leitung unterstellt gewesen sei. Da es sich um geheimzuhaltende Arbeiten gehandelt habe, hätte sie keine Möglichkeit gehabt, die Ausführung der Arbeiten der von ihr gestellten Leute zu überwachen und ihnen Anordnungen zu erteilen. Dazu sei vielmehr allein die Bauleitung des Flugplatzes, insbesondere der Bauleiter H. befugt gewesen, der deswegen nicht ihr Erfüllungsgehilfe gewesen sei. . . .

Während das Arbeitsgericht nach dem Klageantrage verurteilt hat, hat das Landesarbeitsgericht die Klage abgewiesen. Auf die Revision des Klägers wurde das Urteil aufgehoben und die Sache zurückverwiesen aus folgenden

Gründen:

Das Landesarbeitsgericht hat die Klage abgewiesen, weil die Voraussetzungen des § 618 BGB. auf seiten der Beklagten nicht gegeben seien. Zwar habe der Kläger in einem Arbeitsverhältnis zu der Beklagten gestanden, indessen habe diese mit den von ihm auszuführenden Arbeiten selbst nichts zu tun gehabt. Nicht sie, sondern nur die staatliche Bauleitung des Flughafens habe wegen der besonderen Art der Arbeiten als geheimzuhaltender Rüstungsarbeiten die erforderlichen Anweisungen und Anordnungen treffen dürfen. Die Bauleitung habe sich von der Beklagten die Leute nur stellen lassen, weil sie nach der Anordnung des Reichsluftfahrtministers Arbeiten in eigener Regie nicht ausführen sollte. Die Anordnungen insbesondere auch über den Schutz der Arbeiter, z. B. das Aufstellen einer Wärmebude, seien demgemäß von dem Bauleiter H. ausgegangen. Daher sei die Beklagte auch nicht verpflichtet gewesen, Vorrichtungen und Gerätschaften für die Arbeiter zu gestellen, diese Pflicht habe allein der Bauleitung obgelegen. Durch den Vertrag mit der Bauleitung habe die Beklagte ihre Ansprüche auf die Dienste des Klägers an die Bauleitung übertragen. Das gemäß § 613 Abs. 2 BGB. erforderliche Einverständnis des Klägers sei daraus zu entnehmen, daß er während der Arbeiten gesehen habe, daß nur der Bauleiter H., nicht aber die Beklagte oder einer ihrer Angestellten Anweisungen gebe, und daß er diesen Anordnungen auch stets nachgekommen sei. Er habe sich selbst damit der Anordnungsbefugnis der Bauleitung unterstellt. Habe sonach die Bauleitung den Anspruch auf Leistung der Dienste gehabt, so hätten ihr auch die Pflichten aus § 618 BGB. als eigene obgelegen. Der Bauleiter H. sei somit nicht Erfüllungsgehilfe der Beklagten gewesen.

Diese Begründung verkennt das Wesen des Arbeitsverhältnisses, insbesondere der Fürsorgepflicht, und die Bedeutung und den Zweck des § 618 BGB. und ist auch sonst von Rechtsirrtum beeinflußt.

Die Bestimmung des § 618 BGB. war bereits im System des bürgerlichen Gesetzbuches, das den Arbeitsvertrag im wesentlichen als Schuldvertrag behandelte, ein Ausfluß der Fürsorgepflicht, die dem Unternehmer neben der rein schuldrechtlichen Verpflichtung, der Zahlung des Arbeitsentgeltes, oblag. Die Beschränkung, daß er nur für Schäden hafte, die aus den von ihm zu stellenden Räumen, Einrichtungen oder Gerätschaften entstanden oder bei Dienstleistungen, die unter seiner Anordnung und Leitung vorzunehmen sind, ergab sich aus dem Wesen der Fürsorgepflicht. Denn der Unternehmer kann nur insoweit haftbar gemacht werden, als ihm eine Fürsorgepflicht zukommt. Das ist aber nicht der Fall, wenn nicht er, sondern der Arbeiter oder ein Dritter Einrichtungen und Gerätschaften stellt und instandzuhalten hat oder wenn Arbeiten ohne seine Kenntnis und seinen Willen vorgenommen werden. Soweit aber Arbeiten geleistet werden, zu denen der Gefolgsmann ausdrücklich bestellt ist oder die er auf Grund seiner Treupflicht zu leisten hat, so weit erstreckt sich auch die Fürsorgepflicht des Arbeitgebers. Dieser Fürsorgepflicht kann er sich nicht durch irgendwelche Abmachungen mit demjenigen, für den die Arbeiten auszuführen sind, entziehen. Das folgt erst recht nach der heutigen Rechtserkenntnis aus dem Wesen des Arbeitsverhältnisses als eines auf Treue und Fürsorge beruhenden personenrechtlichen Gemeinschaftsverhältnisses. Die Fürsorgepflicht ist ein so wesentlicher Bestandteil des Arbeitsverhältnisses, daß davon der Unternehmer niemals entbunden werden kann.

Das schließt nicht aus, daß er einen anderen mit der Erfüllung der Fürsorgepflicht betraut, dieser übt dann aber die Fürsorgepflicht für ihn aus, ist gegenüber dem Gefolgsmann Erfüllungsgehilfe im Sinne des § 278 BGB. Das ist insbesondere auch dann der Fall, wenn Arbeiter von einem Unternehmer einem anderen Unternehmer zur Leistung von Diensten zur Verfügung gestellt werden oder Arbeiten in dessen Betrieb leisten, also bei den Dienstverschaffungsverträgen oder den sogenannten Unternehmerarbeitern. Auch in diesen Fällen bleibt die Fürsorgepflicht des Unternehmers aus dem Arbeitsverhältnis bestehen und geht nicht deswegen auf den Dritten über, weil dieser die Arbeiten leitet und beaufsichtigt. Selbst wenn dieser die Erfüllung der Fürsorgepflicht ausdrücklich oder stillschweigend übernimmt, so kann er doch, da er zu dem Gefolgsmann in keinem Arbeitsverhältnis steht, nicht eine eigene Fürsorgepflicht, sondern nur die des Führers der Gefolgschaft erfüllen. Er ist also immer Erfüllungsgehilfe. Auch wenn man in einer solchen auf Übernahme der Erfüllung der Fürsorgepflicht gerichteten Vereinbarung einen Vertrag zugunsten eines Dritten im Sinne des § 328 BGB. erblickt, so gibt dieser Vertrag dem Gefolgsmann zunächst nur das Recht, nicht aber die Pflicht, den Anspruch gegen den dritten Unternehmer unmittelbar geltend zu machen (RAG. Bd. 19 S. 343). Ob der Gefolgschaftsführer von seiner Haftung frei wird, wenn der Gefolgsmann auf Grund dieses Vertrages den anderen Unternehmer in Anspruch nimmt, damit im Sinne des § 333 BGB. den Vertrag billigt, ob diese Bestimmung überhaupt mit dem Wesen des Arbeitsverhältnisse vereinbar ist, bedarf hier keiner Entscheidung, da nicht feststeht, daß der Kläger sich mit der Übernahme der Fürsorgepflicht durch die Bauleitung des Flughafens nachträglich einverstanden erklärt hat, seine

Klage gegen die Beklagte vielmehr auf das Gegenteil hindeutet. Im übrigen ist es aber auch mit der Fürsorgepflicht aus dem Arbeitsverhältnis nicht vereinbar, daß der Unternehmer den Gefolgsmann auf die angebliche Übernahme der Erfüllung der Fürsorgepflicht durch einen Dritten verweist, wenn der Dritte, wie vorliegend der Nebenintervenient, seine Haftpflicht bestreitet. Den Streit darüber muß der Unternehmer mit dem Dritten selbst ausfechten, er darf ihn nicht seinem Gefolgsmann aufbürden.

Aus der Tatsache, daß die Leitung und Aufsicht über die von dem Kläger auszuführenden Arbeiten nicht die Beklagte, sondern die staatliche Bauleitung des Flughafens gehabt hat, läßt sich also die Abweisung des Anspruchs des Klägers aus § 618 BGB. allein nicht herleiten. Denn unstreitig hat der Kläger zu der Beklagten in einem Arbeitsverhältnis gestanden, hat diese und nicht die Bauleitung die sonstigen Pflichten aus dem Arbeitsverhältnis, wie Zahlung des Lohnes, Abführung der Sozialbeiträge, insbesondere Zahlung der Beiträge zur Unfallversicherung und Anmeldung des Unfalls bei der Berufsgenossenschaft erfüllt. Der Kläger ist nach wie vor in dem Betrieb der Beklagten, nicht in dem Betrieb der Bauleitung des Flughafens eingeordnet gewesen, zumal diese nach den ministeriellen Anordnungen selbst keine Arbeiter einstellen durfte und wollte, also selbst gar keinen Betrieb hatte und der Kläger deshalb nicht zu ihrer Gefolgschaft gehören konnte.

Nicht frei von Rechtsirrtum sind aber auch die weiteren Ausführungen des Berufungsurteils. Das Landesarbeitsgericht hat offenlichtlich nicht einen Übergang sämtlicher Rechte und Pflichten aus dem Arbeitsverhältnis, also des ganzen Arbeitsverhältnisses, auf die Bauleitung feststellen wollen, da es selbst darauf hinweist, daß die Bauleitung keine Arbeiten in eigener Regie ausführen durfte, und deshalb das Einverständnis der Bauleitung zu dem Eintritt in das gesamte Arbeitsverhältnis fehlen würde. Es glaubte aber aus der Vereinbarung über Gestellung der Leute entnehmen zu sollen, daß der Anspruch auf die Leistung der Dienste, also ein einzelner Anspruch aus dem Arbeitsverhältnis, auf die Bauleitung übergegangen sei. Hier fehlt aber jede nähere Begründung dafür, daß dies der Wille der Bauleitung war, eine Begründung, die um so nötiger gewesen wäre, als der Nebenintervenient den gegenteiligen Standpunkt vertrat. Es kann dies aber dahingestellt bleiben. Weiter bedarf es auch keiner näheren Prüfung der Frage, ob bei Fortbestehen des Arbeitsverhältnisses im übrigen die Übertragung des Anspruchs auf die Dienstleistung im Sinne des § 613 Satz 2 BGB., selbst wenn sie mit Zustimmung des Gefolgsmanns geschieht, ohne weiteres den Übergang der Fürsorgepflicht zur Folge haben kann, ob nicht vielmehr auch in diesem Fall die Fürsorgepflicht des Betriebsführers grundsätzlich bestehen bleibt und sie nur von dem Dritten als Erfüllungsgehilfen ausgeübt wird. Denn die Annahme, daß der Kläger stillschweigend mit dieser Übertragung des Anspruchs auf seine Dienstleistung an die Bauleitung einverstanden gewesen sei, ist vom Rechtsstandpunkt aus nicht zu halten. Die Kenntnis des Klägers davon, daß er unter Aufsicht des Bauleiters H. arbeitete, dieser die Anweisungen gab und die Beklagte auf die Ausführung seiner Arbeiten bei der Eichung der Anlage keinen Einfluß ausübte, kann die Annahme eines solchen stillschweigenden Einverständnisses allein nicht rechtfertigen. Denn gerade bei staatlichen Bauten, insbesondere Wehrmachtsbauten, ist die Aufsicht der staatlichen Bauleitung naturgemäß sehr weitgehend und wird sich häufig auch unmittelbar gegenüber den Arbeitern der dabei beschäftigten Unternehmen geltend machen. Im übrigen handelte es sich bei der Eichung der Tankanlage um einfachere Arbeiten, namentlich soweit sie vom Kläger auszuführen waren, auch waren nur wenige Arbeiter dabei tätig, darunter noch zwei Monteure, also besondere Fachleute für die maschinellen Einrichtungen, so daß die Bestellung einer besonderen Aufsichtsperson durch die Beklagte als nicht erforderlich erscheinen mußte. Der Kläger brauchte also daraus, daß kein Vorarbeiter oder sonstige Aufsichtspersonen die Arbeiten überwachten, ein Vertreter der Beklagten nur zur Löhnung erschien, nicht ohne weiteres folgern, daß nicht mehr die Beklagte, sondern nur noch die Bauleitung den Anspruch auf Leistung seiner Dienste haben sollte. Konnte er demnach den bisherigen Betriebsführer nach wie vor als seinen Arbeitgeber ansehen, so wird er in der Regel diejenigen Personen, die ihm Anweisungen geben, nach deren Anleitung er die Arbeiten auszuführen hat, als dazu von seinem Betriebsführer ermächtigt betrachten. Daraus, daß er solchen Anweisungen nachkommt, ist also nicht ohne besondere Umstände eine rechtsgeschäftliche Willenserklärung des Gefolgsmanns hinsichtlich der Änderung seines Rechtsverhältnisses zu dem Unternehmer zu folgern. Zudem ist die Möglichkeit, daß trotz Fortbestehens des Arbeitsverhältnisses nur der Anspruch auf die Leistung der Dienste, nicht sämtliche Rechte und Pflichten aus dem Arbeitsverhältnis auf einen Dritten übergehen, im Arbeitsleben etwas so Außergewöhnlches, daß es der Darlegung ganz besonderer Umstände bedürfte, ehe aus dem Befolgen der von dem Besteller der Arbeiten gegebenen Weisungen auf ein stillschweigendes Einverständnis des Klägers zu einer solchen Abtretung eines einzelnen Anspruchs aus dem Arbeitsverhältnis geschlossen werden kann. Irgendsolche besonderen Umstände sind von dem Berufungsgericht nicht angeführt, auch von der Beklagten nicht vorgebracht, so daß für die Annahme des Einverständnisses des Klägers mit einer solchen Abtretung des Anspruchs auf seine Dienstleistung jeder Anhalt fehlt.

Die Beklagte ist sonach von der Verpflichtung aus § 618 BGB. gegenüber dem Kläger nicht befreit gewesen, mag nun die Bauleitung des Flughafens als von ihr mit der Erfüllung dieser Fürsorgepflichten betraut anzusehen sein oder die Erfüllung dieser Pflichten übernommen haben . . . (folgt Begründung des Erfordernisses der Zurückverweisung zur Aufklärung der Ursächlichkeit, des Verschuldens und der Schadenshöhe).

RAG. 23, 221.

Haben auch Angestellte Anspruch darauf, während des Urlaubs das Entgelt für Überstunden zu erhalten, das sie bei Weiterbchäftigung verdient hätten?

Tarifvertrag für kaufmännische und technische Angestellte im Stadtkreis Magdeburg vom 1. Dezember 1927.

Urteil vom 26. Juni 1940.

I. Arbeitsgericht Magdeburg. — II. Landesarbeitsgericht daselbst.

Der Kläger ist seit dem 1. Juli 1937 bei der Beklagten als Angestellter in dem technischen Büro für Kesselbau beschäftigt. Sein Gehalt beträgt monatlich 350 RM. Für geleistete Überstunden sind ihm im zweiten Halbjahr 1937 321 RM, im Jahre 1938 687 RM und im Jahre 1939 644 RM gezahlt worden. Für die Zeit des Urlaubs, der dem Kläger in den Jahren 1937, 1938 und 1939 gewährt worden ist, ist ihm nur das für eine Arbeitszeit von 48 Wochenstunden berechnete Monatsgehalt gewährt worden. Während der Urlaubszeit wurden in dem technischen Büro für Kesselbau jeweils Überstunden geleistet. Der Kläger ist der Anschauung, daß ihm auch für seine Urlaubszeit zu seinem Monatsgehalt ein entsprechender Zuschlag zu zahlen sei, da er während seiner Beschäftigungszeit regelmäßig und ununterbrochen Überstunden geleistet habe, und berechnet diesen Zuschlag auf den Betrag von 77,25 RM. Diese Berechnung ist von der Beklagten nicht bestritten worden.

Die Beklagte hielt den Anspruch für unbegründet. Sie meint, der vom Reichsarbeitsgericht in Auslegung verschiedener tariflicher Regelungen in ständiger Rechtsprechung entwickelte Grundsatz, daß das Urlaubsentgelt so festzusetzen sei, als hätte der Gefolgsmann während der Urlaubszeit gearbeitet, könne nicht ohne weiteres auf den Angestellten übertragen werden, da dessen Arbeitsbedingungen grundsätzlich ganz andere seien als die des Arbeiters. Während der Angestellte ein festes Monatsgehalt beziehe, ohne Rücksicht darauf, was er in seiner Arbeitszeit schaffe, werde der Arbeiter nach seiner tatsächlichen Arbeitsleistung bezahlt.

Arbeitsgericht und Landesarbeitsgericht haben nach dem Antrag des Klägers erkannt. Die Revision hatte keinen Erfolg.

Das Dienstverhältnis des Klägers unterliegt dem Tarifvertrag für kaufmännische und technische Angestellte im Stadtkreis Magdeburg vom 1. Dezember 1927, der als Tarifordnung weitergilt. Nach § 10 Nr. 2 dieser Tarifordnung ist die Ferienzeit zu bezahlen. Nach dem Kurzarbeitsabkommen vom 23. März 1931 Nr. 4 sind die Urlaubstage während der Kurzarbeitszeit ohne Rücksicht auf die Arbeitszeit voll zu vergüten. Daraus kann für die Bezahlung der Urlaubstage ohne weiteres gefolgert werden, daß der Angestellte während des Urlaubs jedenfalls nicht schlechter gestellt sein sollte, als wenn er in der fraglichen Zeit arbeiten würde.

Für diesen Fall hat das Reichsarbeitsgericht einen allgemeinen Grundsatz dahin entwickelt, daß einem Gefolgschaftsmitgliede, das vor und nach dem Urlaub Überstunden geleistet hat, bei Leistung von Überstunden durch die Gefolgschaft während der Urlaubszeit auch für diese das Entgelt für die Überstunden zu gewähren ist, die die Gefolgschaftsmitglieder während des Urlaubs geleistet haben (RAG. Bd. 18 S. 56, Bd. 20 S. 345, Bd. 21 S. 246). Während diese Entscheidungen die Urlaubsansprüche von Arbeitern betrafen, hat das Reichsarbeitsgericht in seinem Urteil vom 26. April 1939, RAG. 184/38 (ArbRSamml. Bd. 36 S. 184) jenen Grundsatz auch auf die Urlaubsvergütung eines Provisionsvertreters im Kraftwagenhandel angewendet, und es bestehen keine Bedenken, den Grundsatz, daß der Gefolgsmann während des Urlaubs das regelmäßige Einkommen unverkürzt weiter erhalten soll, auch auf den Angestellten zu übertragen. Das Arbeitsverhältnis ist nach heutiger Auffassung überwiegend personenrechtlicher Natur und beruht auf der gegenseitigen Treupflicht zwischen dem Betriebsführer und der Gefolgschaft. Diese Betrachtungsweise stellt als Zweck des Urlaubs die Ausspannung und Erholung in den Vordergrund, damit die Gesundheit und die Arbeitskraft des einzelnen Gefolgschaftsmitgliedes zum weiteren Dienst an der Volks- und Betriebsgemeinschaft erhalten bleiben. Dem

Wesen des Urlaubs in diesem Sinne entspricht es, daß die Bezüge für die Dauer des Urlaubs unverkürzt weitergewährt werden. Es entspricht auch dem Gedanken der Betriebsverbundenheit und der Fürsorgepflicht des Unternehmers, die Gefolgschaft in Zeiten günstiger Konjunktur auch an einem Mehrverdienst teilnehmen zu lassen und dabei den Beurlaubten nicht auszuschließen. Gerade bei dauernder Mehrarbeit werden die körperlichen, geistigen und seelischen Kräfte des Beschäftigten viel stärker angespannt als bei normaler Arbeit, und es darf daher während der Urlaubszeit erst recht keine Schlechterstellung eintreten, damit das Ziel des Urlaubs, die Arbeitskräfte für den Betrieb und die Volksgesamtheit zu erhalten, erreicht werden kann. Bei dauernder Mehrarbeit während der dem Urlaub vorhergegangenen Zeit muß auch, wie das Berufungsgericht richtig erkannt hat, berücksichtigt werden, daß das einzelne Gefolgschaftsmitglied seine Lebenshaltung allmählich auf das durch die dauernde Mehrarbeit erzielte höhere Einkommen eingerichtet hat und daß diese Lebenshaltung gerade während des Urlaubs nicht mehr aufrechterhalten werden könnte, wenn es nicht auch während dieser Zeit die gesamten Mehrarbeitsbezüge, wie sie ihm vor dem Urlaub zukamen, weitergezahlt erhielte. Diesen Gedanken tragen auch die Tarifordnungen neuen Rechts für Angestellte immer mehr Rechnung (vgl. § 2 Abs. 2 der Tarifordnung für Angestellte im öffentlichen Dienst — TO. A — vom 1. April 1938, RArbBl. VI S. 475). Die Meinung der Revision, daß es sich im Verhältnis zum Jahrenseinkommen des Klägers jeweils nur um einen verhältnismäßig kleinen Betrag handele, den der Kläger für die einzelne Urlaubsperiode geltend mache, und der Hinweis auf die verschiedenartigen Arbeitsbedingungen des Angestellten und des Arbeiters können zu keiner anderen Beurteilung führen. Auch der verhältnismäßig geringe Betrag, der übrigens nicht in Beziehung zum Jahreseinkommen, sondern zum Einkommen während der Urlaubszeit zu setzen ist, kann für die Urlaubszeit eine empfindliche Einbuße bedeuten, so daß das einzelne Gefolgschaftsmitglied verhindert sein könnte, den ganzen Urlaub zu seiner Erholung zu verwenden . . .

RAG. 23, 270.

Ist der Unternehmer berechtigt, ein Gefolgschaftsmitglied von dem Betrieb, in dem es eingestellt worden ist, in einen anderen Betrieb zu versetzen?

BGB. § 611.

Urteil vom 24. Juli 1940.

I. Arbeitsgericht Breslau. — II. Landesarbeitsgericht daselbst.

Der Kläger war längere Zeit leitender Inspektor auf dem dem Landwirt Sch. gehörigen Gute A. Sein Anstellungsvertrag war mit einer Frist von einem Jahr jeweils zum 1. Oktober kündbar. Als Vergütung für ihn war unter anderem eine Zuckerrüben-Tantieme vereinbart. Am 4. Januar 1939 übernahm die Beklagte das Gut auf Grund eines Kaufvertrags zu Siedlungszwecken. Sie trat in den Dienstvertrag des Klägers ein, behielt sich aber die Neuregelung auf tariflicher Grundlage vor. Durch Schreiben vom 5. Mai 1939 teilte die Beklagte dem Kläger mit, daß sie ihn mit Wirkung vom 15. Mai 1939 auf ihr Gut versetze. Der Kläger widersprach dieser Versetzung. Durch Schreiben vom 24. Mai 1939 entließ die Beklagte den Kläger fristlos, weil er eigenmächtig auf Urlaub gegangen sei, ohne die Übergabe des Gutes A. an seinen Nachfolger abzuwarten.

Der Kläger erkannte die Entlassung nicht an. Er bestreitet der Beklagten nach seinem Dienstvertrag, nach dem er nur zur Dienstleistung auf dem Gut A. verpflichtet gewesen sei, das Recht, ihn gegen seinen Willen auf ein anderes Gut zu versetzen. Er habe, so behauptet er, das größte Interesse daran gehabt, auf diesem Gute, mit dem er durch seine jahrelange Tätigkeit verwachsen gewesen sei, weiter tätig zu bleiben. Er würde durch eine Versetzung auch wirtschaftlich geschädigt. Ein großer Teil seiner Einnahmen bestehe in der Zuckerrüben-Tantieme. Deren Höhe sei aber abhängig von der Tüchtigkeit des wirtschaftenden Inspektors. Ein Nachfolger von ihm, der mit den Verhältnissen des Gutes nicht so vertraut und durch die Tantieme an dem Ergebnis der Zuckerrübenernte nicht so mitinteressiert sei, würde nicht so viel Erträge als er erzielen. Der Kläger begehrte hiernach im ersten Rechtszuge die Feststellung, daß seine fristlose Entlassung unwirksam, daß die Beklagte verpflichtet sei, ihm allen aus dieser Entlassung entstehenden Schaden zu ersetzen, und weiter, daß sie nicht berechtigt gewesen sei, ihn während der Dauer des laufenden Dienstverhältnisses wider seinen Willen auf ein anderes Gut zu versetzen.

Die Beklagte ist dem zunächst in allen drei Richtungen entgegengetreten. Nachdem das Arbeitsgericht dem Klageanspruch in vollem Umfange stattgegeben hatte, hat sie sich in der Berufungsinstanz nur noch gegen den Feststellungsanspruch in den beiden letztgenannten Richtungen gewendet. Sie nimmt insbesondere als Inhaberin des Gutsbetriebs das Recht auf Versetzung des Klägers für sich in Anspruch, behauptet auch, daß seine Versetzung aus zwingenden Gründen im Interesse des Gesamtbetriebes erforderlich gewesen sei. Einmal habe sich der Kläger um eine Siedlerstelle des aufzuteilenden Gutes beworben;

es ergäben sich aber erfahrungsgemäß leicht Unzuträglichkeiten mit anderen Siedlern, wenn dem wirtschaftenden Inspektor eine Stelle zugeteilt werde. Ferner mache die fortschreitende Besiedlung des Gutes allmählich dort einen Inspektor überflüssig, und aus diesem Grunde müsse die Beklagte als befugt angesehen werden, den Kläger im gegebenen Falle auf ein anderes Gut zu versetzen. Der Kläger werde auch in seinen Bezügen durch die Versetzung nicht beeinträchtigt. Zudem erfordere seine Treupflicht, daß er seine persönlichen Belange gegenüber dem allgemeinen Arbeitsinteresse auf ihren Gütern zurückstelle.

Das Berufungsgericht wies die Berufung der Beklagten zurück. Die Revision der Beklagten, die das Berufungsurteil nur in der Frage ihres Versetzungsrechts angriff, hatte keinen Erfolg.

Gründe:

Zur Nachprüfung steht allein die Frage, ob das Berufungsgericht ohne Rechtsirrtum das Recht der Beklagten, den Kläger während der Dauer des laufenden Dienstverhältnisses gegen seinen Willen auf ein anderes ihrer Landgüter zu versetzen, verneint hat. Das Recht des Dienstberechtigten, dem Dienstverpflichteten innerhalb des Betriebes eine andere Arbeitsstelle zuzuweisen, sowie insbesondere das Recht, ihn in einen anderen Betrieb zu versetzen, das im vorliegenden Falle in Betracht kommt, ist nach dem Inhalt der arbeitsvertraglichen Vereinbarungen, gegebenenfalls der tariflichen oder betrieblichen Regelung zu beurteilen. An das Recht der Versetzung in einen anderen Betrieb, die regelmäßig die Dienstverrichtung unter wesentlich anderen Verhältnissen und häufig, so auch vorliegend, den Wechsel des Wohnsitzes für den Dienstverpflichteten im Gefolge hat, sind allgemein strengere Anforderungen zu stellen. Voraussetzung für das Recht wird in der Regel eine dahingehende, bestimmte vertragliche Vereinbarung oder eine ausdrückliche Tarifbestimmung sein.

Mit Recht hat das Berufungsgericht nach dem zwischen dem Kläger und dem Rechtsvorgänger der Beklagten abgeschlossenen Dienstvertrag das Verlangen der Beklagten an den Kläger, die Stelle als leitender Inspektor auf dem Gut A. mit derjenigen auf einem anderen ihrer Güter zu vertauschen, für nicht gerechtfertigt erachtet. Es hebt dabei hervor, daß bei der bezeichneten Stellung des Klägers auf dem Gut des Sch., der nur dieses Gut besessen habe, eine Versetzung auf ein anderes Gut von vornherein schon nicht in Frage gekommen sei. Zudem sei, so führt es weiter aus, die Tätigkeit eines landwirtschaftlichen Inspektors so eng mit dem Gute, für das er eingestellt worden sei, verbunden, daß jede Beschäftigung auf einem anderen Gute, das naturgemäß andere wirtschaftliche Verhältnisse habe, im Zweifel eine wesentliche Änderung der vertraglich vereinbarten Leistungen bedinge. Dem ist zuzustimmen. Der Dienstvertrag, den der Gutseigentümer mit einem leitenden Inspektor für ein landwirtschaftliches Gut abschließt, wird, sofern zwischen den Vertragsparteien keine abweichende Vereinbarung getroffen wird, letzteren regelmäßig nur zur Dienstleistung auf diesem einen Gut verpflichten, auch wenn der Gutseigentümer zur Zeit des Vertragsschlusses Eigentümer mehrerer Güter sein sollte. Solchenfalls ist das spätere Verlangen auf Übernahme einer entsprechenden Stelle auf einem anderen Gute als mit dem Dienstvertrag nicht vereinbar und daher ungerechtfertigt anzusehen. Der zur Beurteilung stehende Fall bietet aber noch die Besonderheit, daß der Vertrag zwischen dem Kläger und Sch. nur das eine Gut A. betraf und betreffen konnte, und den Kläger nur zur Dienstleistung auf diesem Gute verpflichtete, weil Sch. nur dieses Gut besaß. Unter diesen Umständen schied das Recht auf Versetzung des Klägers auf ein anderes Gut von vornherein aus. An dieser Beurteilung ändert selbstverständlich nichts, daß Sch., wie die Revision hervorhebt — übrigens eine im Rechtszuge der Revision an sich unbeachtliche neue Behauptung —, nach seinen Vermögensverhältnissen etwa in der Lage war, andere Güter hinzuzuerwerben.

In den mit Sch. geschlossenen Anstellungsvertrag ist die Beklagte, wie im Urteil festgestellt, ohne Vorbehalt eingetreten. Dann war sie an das Vertragsverhältnis, wie es zwischen dem Kläger und Sch. vereinbart war, gebunden. Der Umstand, daß sie mehrere Güter besitzt und sich bei ihr das Bedürfnis ergeben kann — z. B. bei Aufteilung eines Gutes — den leitenden Inspektor auf ein anderes Gut zu versetzen, berührt als ein in ihrer Person neu auftretender Umstand das bestehende und von der Beklagten bei der Übernahme des Gutes anerkannte Vertragsverhältnis des Klägers nicht und gibt ihr keinesfalls das Recht, einseitig eine Versetzung des Klägers zu verfügen. Wollte die Beklagte sich, in Abweichung von dem Vertrag des Klägers, das Recht zu dieser Versetzung auf eines ihrer anderen Güter sichern, so hätte sie bei ihrem Eintritt in das Vertragsverhältnis mit dem Kläger eine entsprechende Vereinbarung treffen müssen, was unstreitig nicht geschehen ist. Das Berufungsgericht stellt dazu noch weiter fest, daß bei dem Übertritt des Klägers in den Dienst der Beklagten auch eine stillschweigende Abänderung seines Vertrags dahin, daß er sich die Versetzung auf ein anderes Gut gefallen lassen müsse, nicht eingetreten sei, zumal der Kläger nicht damit habe rechnen können, daß die Beklagte das Recht auf seine Versetzung auf ein anderes Gut in Anspruch nehmen würde, wenn sie nicht einen dahingehenden Willen zu erkennen gegeben habe. Er habe damit besonders deshalb nicht rechnen können, weil das Gut A. noch längere Zeit einen Inspektor benötige, und er nicht habe wissen können, daß die Beklagte etwa einen Siedlungsbewerber nicht auf dem zu besiedelnden Gute als Inspektor beschäftigen wolle. Die von der Revision hiergegen erhobenen Einwendungen sind tatsächlicher Art und richten sich gegen die rechtlich nicht zu beanstandende Auslegung der Art des Eintritts der Beklagten in das Vertragsverhältnis des Klägers. Sie sind daher im Rechtszuge der Revision nicht beachtlich. Das Berufungsgericht bemerkt im übrigen mit Recht, daß, wenn der Kläger als Gutsinspektor bei der fortschreitenden Aufteilung des Gutes A. nicht mehr benötigt werde, die Beklagte ihre Belange durch das Recht auf Kündigung des Arbeitsverhältnisses des Klägers wahren könne.

Auch in der Tatsache, daß dem Kläger in dem Anstellungsvertrag mit Sch. eine Zuckerrüben-Tantieme zugebilligt war, hat das Berufungsgericht, sofern sonst die Voraussetzungen für eine Versetzung des Klägers vorgelegen hätten, mit Recht einen Umstand gesehen, der dem Verlangen der Beklagten auf Übernahme der Inspektorstelle auf einem anderen ihrer Güter entgegenstand. Es führt dazu aus, da der Ertrag der Zuckerrübenernte, von der die Höhe der Tantieme abhängig sei, wesentlich mit von der Tüchtigkeit des leitenden Wirtschaftsbeamten abhänge, und mit der Möglichkeit zu rechnen sei, daß ein Nachfolger des Klägers, der sich erst einarbeiten müsse, nicht so gute Erfolge erziele, wie der mit der Art des Gutes vertraute und an der Höhe des Ertrages persönlich interessierte Kläger, so könne, zumal die Beklagte die Tantieme nach den Erträgnissen des Gutes A. an Zuckerrüben weiter berechnen wolle, eine wirtschaftliche Benachteiligung des Klägers mit seiner Versetzung verbunden sein, die der Kläger sich nach dem Vertrage nicht gefallen zu lassen brauche. Das ist ebenfalls für zutreffend zu erachten. Das Reichsarbeitsgericht hat besonders in früheren Entscheidungen (ArbRSamml. Bd. 4 S. 75 [77], Bd. 7 S. 253 [255], Bd. 8 S. 504 [506], Bd. 15 S. 168 [170]) wiederholt ausgesprochen, daß das Verlangen des Dienstberechtigten auf Wechsel des Arbeitsplatzes regelmäßig eine Schranke findet an der Beeinträchtigung des Dienstverpflichteten in seinen Bezügen (vgl. auch § 15 Satz 2 des Akademieentwurfs eines Arbeitsgesetzes). Das gilt ebenso auch für den Fall der Versetzung in einen anderen Betrieb.

Allgemein hat das Berufungsgericht dann noch zutreffend erwogen, daß die Weigerung des Klägers, sich auf ein anderes Gut versetzen zu lassen, auch nicht gegen seine Treupflicht der Beklagten gegenüber verstoße. Den Belangen der Beklagten, die eine Versetzung des Klägers auf ein anderes Gut möglicherweise als wünschenswert erscheinen ließen, ständen die ebenso berechtigten Belange des Klägers gegenüber, sich nicht in kurzer Frist aus seinem gewohnten, ihm liebgewordenen Arbeitsplatz auf einen fremden Arbeitsplatz mit einem möglicherweise durch eine geringere Tantieme geschmälerten Einkommen versetzen zu lassen.

Das angefochtene Urteil läßt hiernach in dem von der Revision angegriffenen Teil keinen Rechtsirrtum erkennen.

RAG. 23, 305.+

Ist die gegen eine Lohnforderung vorgebrachte Einrede der Verjährung als arglistig zurückzuweisen oder bedeutet ihre Geltendmachung eine Verletzung der Fürsorgepflicht, wenn der Lohnschuldner weiß, daß die Lohnforderung zu Recht besteht?

BGB. § 196 Nr. 8, § 242. AOG. § 2 Abs. 2.

Urteil vom 12. Juni 1940.

I. Arbeitsgericht Neuß. — II. Landesarbeitsgericht Düsseldorf.

. . .

Gründe:

. . .

Das Berufungsgericht meint aber, die Einrede der Verjährung sei als arglistig anzusehen, wenn der Schuldner wisse, daß die Forderung eines Gläubigers zu Recht bestehe. Die Beklagte habe angesichts der einen völlig gleichliegenden Fall betreffenden Entscheidung des Reichsarbeitsgerichts (RAG. Bd. 20 S. 331) sich der Einsicht nicht verschließen können, daß die jetzige Forderung der Klägerin begründet sei. Wolle man aber die Kenntnis der Beklagten für die Begründung des Gegeneinwandes der Arglist nicht genügen lassen, so sei der Gegeneinwand deswegen begründet, weil die Einrede der Verjährung im vorliegenden Falle gegen die der Beklagten der Klägerin gegenüber gemäß § 2 AOG. obliegende Fürsorgepflicht verstoße. Die Fürsorgepflicht des Unternehmers sei nicht mit der Beendigung des Arbeitsverhältnisses beendet. Auch nach dessen Ende könnten sich noch Auswirkungen aus ihm ergeben. Es komme hinzu, daß der Beklagten die nachträgliche Erfüllung wohl zuzumuten sei angesichts der von ihr zugegebenen guten Verhältnisse, in denen sie sich befinde.

Dem kann nicht beigepflichtet werden. Das Berufungsgericht verkennt zunächst, daß in der Berufung auf die Verjährung für sich allein niemals ein Verstoß gegen Treu und Glauben gesehen werden kann; denn sonst wären die Vorschriften über die Verjährung überhaupt zwecklos. Der Gesetzgeber wollte mit den Bestimmungen über die Verjährung nicht etwa die Geltendmachung unberechtigter Ansprüche nach einer gewissen Zeit ausschließen, sondern im Interesse geordneter Rechtsverhältnisse lediglich die Gläubiger zwingen, innerhalb einer bestimmten Frist ihre Ansprüche zu verfolgen. Der Umstand, daß der Schuldner gewußt hat, daß die Forderung des Gläubigers zu Recht besteht, ist also nicht geeignet, die Verjährungseinrede zu entkräften. Die Beklage hat nur von ihrem guten Rechte Gebrauch gemacht, nach Ablauf der zweijährigen Verjährungsfrist die Einrede der Verjährung zu erheben. Bei der Feststellung, daß die Beklagte aus dem schon erwähnten reichsarbeitsgerichtlichen Urteil habe entnehmen müssen, daß der Klageanspruch gerechtfertigt sei, übersieht das Berufungsgericht, daß der Klageanspruch bei der Erhebung der Klage durch die Klägerin bereits verjährt war. Aus welchem Grunde die rechtzeitige Klageerhebung versäumt ist, ob dem Gläubiger dabei ein Verschulden zur Last fällt oder nicht, ist für den Eintritt der Verjährung ohne Bedeutung. Es kann deshalb auch keinen Einwand gegen die Verjährungseinrede begründen, wenn die Fristversäumnis ohne Verschulden der Klägerin oder ihrer Vertreter geschehen ist (RGUrt. vom 26. Februar 1932 II 268/31, abgedr. in JW. 1932 S. 1648 Nr. 2). Auch die weitere Erwägung des Vorderrichters, daß die Einrede der Verjährung deshalb unbeachtlich sei, weil in ihrer Geltendmachung eine Verletzung der Fürsorgepflicht erblickt werden müsse, vermag die angefochtene Entscheidung nicht zu tragen. Das Berufungsgericht überspannt dabei den Pflichtenkreis, der sich für die Beklagte aus § 2 AOG. ergab. Es muß davon ausgegangen werden, daß es Sache des Gefolgschaftsmitgliedes selbst ist, streitige Ansprüche so rechtzeitig zu erheben, daß sie nicht der Verjährung verfallen. Daran ist die Klägerin nach den getroffenen Feststellungen durch die Beklagte nicht gehindert worden. Die Fürsorgepflicht geht aber nicht so weit, daß der Unternehmer verpflichtet wäre, verjährte Ansprüche eines Gefolgschaftsmitgliedes lediglich um deswillen zu erfüllen, weil gleichartige Ansprüche eines anderen Gefolgschaftsmitgliedes, das in ihrer Verfolgung nicht säumig war, entgegen der vom Unternehmer gutgläubig gehegten Rechtsauffassung durch gerichtliche Entscheidung als berechtigt anerkannt worden sind. Schließlich vermag auch der Umstand, daß die Beklagte sich in guten Vermögensverhältnissen befindet, den Einwand nicht zu begründen; denn sonst würde ein Schuldner in guten Vermögensverhältnissen mit der Verjährungseinrede niemals durchdringen können.

RAG. 23, 326.

1. Geht eine briefliche Kündigung dem Gekündigten schon mit Abgabe in dessen Wohnung zu?

2. Kann sich der Schwerbeschädigte, der den Unternehmer von seiner Eigenschaft als Schwerbeschädigter nicht unterrichtet hat, bei der Kündigung auf das Fehlen der Zustimmung der Hauptfürsorgestelle berufen?

3. Unter welchen Voraussetzungen ist er dem Unternehmer aus der unterlassenen Mitteilung seiner Schwerbeschädigteneigenschaft schadensersatzpflichtig?

BGB. §§ 130, 242; Schwerbeschädigtengesetz vom 12. Januar 1923 (RGBl. I S. 58) § 13.

Urteil vom 31. Juli 1940.

I. Arbeitsgericht Karlsruhe. — II. Landesarbeitsgericht daselbst.

Der Kläger ist Schwerkriegsbeschädigter. Er wurde von der Beklagten als Bauingenieur für Arbeiten am Westwall am 30. Juni 1938 mit einer nur zum Monatsschluß gestatteten Kündigungsfrist von 4 Wochen und mit einem Monatsgehalt von 450 RM eingestellt und war zuletzt auf der vom Büro der Beklagten in K. geleiteten Baustelle R. tätig. Dort wurde er am 23. April 1939 bis Ende Mai zur Erholung beurlaubt. Während er sich schon zur Kur in N. befand, kündigte ihm dann die Beklagte mittels eingeschriebenen Briefes vom 28. April ebenfalls zum 31. Mai, holte aber bisher eine Zustimmung der Hauptfürsorgestelle zur Kündigung nicht ein. Der Brief ging am 28. April an den Kläger nach seinem Wohnort Pf. ab. Er wurde von einem Angehörigen des Klägers in Empfang genommen und ihm nachgesandt, gelangte jedoch erst am 8. Mai in N. in seine Hände.

Der Kläger hält die Kündigung sowohl für verspätet als auch für unwirksam und hat mit der Klage das Gehalt für den Monat Juni nachgefordert.

Die Beklagte hat Klageabweisung beantragt. Sie entgegnete, das Kündigungsschreiben sei bereits am 29. April in der Wohnung des Klägers abgegeben und nur, weil die sofortige Weitersendung versäumt worden sei, dem Kläger nicht mehr im April bekannt geworden. Die

Kündigung müsse deshalb als ihm rechtzeitig noch im April zugegangen gelten. Ferner will sie dem Kläger das Recht versagt wissen, sich auf die Unwirksamkeit der Kündigung zu berufen, weil er ihr seine Schwerbeschädigteneigenschaft verschwiegen und infolgedessen durch sein eigenes Verhalten die Nichteinholung der Zustimmung der Hauptfürsorgestelle verschuldet habe. Bei Kenntnis davon, daß er Schwerbeschädigter sei, würde sie die Zustimmung rechtzeitig nachgesucht und, weil die Arbeiten am Westwall zu Ende gegangen seien, ebenso wie bei den anderen gleichzeitig gekündigten Schwerbeschädigten auch erhalten haben. Der Kläger habe sich ferner dadurch schadensersatzpflichtig gemacht, daß er ihr entgegen der Vorschrift der Betriebsordnung seinen Rentenbescheid nicht abgegeben habe. Sie sei weiter arglistig von ihm getäuscht worden und habe, als er sich ihrer Kündigung gegenüber auf seine Schwerbeschädigteneigenschaft berufen habe, ihm sofort unzweideutig erklärt, ihn unter keinen Umständen weiter zu beschäftigen. Darin liege eine Anfechtung seines Dienstvertrages, die sie fürsorglich hiermit wiederhole. Übrigens hätte sie ihm aus Mangel an weiterer Beschäftigungsmöglichkeit sogar fristlos kündigen können. Er dagegen habe sofort anderweit eine neue Stelle finden können.

Das Arbeitsgericht hat der Klage stattgegeben. Das Berufungsgericht hat sie abgewiesen.

Die zugelassene Revision des Klägers hat zur Zurückverweisung geführt aus folgenden

Gründen:

Nach § 130 BGB. wird eine empfangsbedürftige Willenserklärung wie die Kündigung, wenn sie einem Abwesenden gegenüber abgegeben wird, erst in dem Zeitpunkte wirksam, in welchem sie ihm zugeht. Unstreitig hat der Kläger von der ihm gegenüber in seiner Abwesenheit durch Schreiben der Beklagten vom 28. April 1939 ausgesprochenen Kündigung erst am 8. Mai Kenntnis erhalten, als das an seinen Wohnsitz in Pf. gerichtete und von dort ihm nachgesandte Schreiben in N., wo er sich damals zur Kur aufhielt, in seine Hände gelangte. Wäre deshalb die zum 31. Mai 1939 erklärte, nur zum Monatsschluß zulässig gewesene Kündigung wegen Nichteinhaltung der vereinbarten vierwöchigen Kündigungsfrist verspätet ausgesprochen worden, so hätte sie nicht vor dem 1. Juli wirksam werden können. Die lediglich auf das Juni-Gehalt gerichtete Klageforderung würde somit auf jeden Fall begründet sein. Darauf, ob die Kündigung auch von vornherein nichtig gewesen ist, käme es dann nicht mehr an.

Den daher vom Kläger in erster Linie geltend gemachten Klagegrund der Verspätung der Kündigung hat jedoch das Berufungsgericht zurückgewiesen, weil die Kündigung dem abwesenden Kläger schon dadurch zugegangen sei, daß das am 28. April an ihn nach seinem Wohnsitz abgegangene Kündigungsschreiben dort von einem seiner Angehörigen in Empfang genommen worden ist. Zu Unrecht erblickt darin die Revision eine Verletzung des § 130 BGB. Nach feststehender Rechtsprechung geht einem Abwesenden eine empfangsbedürftige Willenserklärung schon dadurch zu, daß sie in seinen Machtbereich gelangt und er dadurch unter gewöhnlichen Verhältnissen die Möglichkeit erhält, von ihr Kenntnis zu nehmen. Das ist regelmäßig der Fall, sobald das Schreiben, das die Erklärung enthält, am Wohnort des Erklärungsempfängers in dessen Wohnung von einem seiner Angehörigen in Empfang genommen wird, mag er selbst auch durch Krankheit oder zeitweilige Abwesenheit von Hause an der sofortigen Kenntnisnahme vom Inhalt des Schreibens gehindert gewesen sein (RGZ. Bd. 60 S. 334 nebst Anführungen).

Ob die Sachlage im vorliegenden Falle unter Umständen eine andere Beurteilung rechtfertigen könnte, wenn der Beklagten bei Absendung des Kündigungsschreibens der damalige Kuraufenthalt des Klägers bekannt gewesen wäre, bedarf keiner Erörterung. Nach der unwidersprochenen Behauptung der Beklagten in ihrem vorgetragenen Schriftsatz vom 18. Juli 1939 hatte der Kläger ihr seine neue Anschrift nicht mitgeteilt. Ob der eingeschriebene Kündigungsbrief, wie die Revision behauptet, nach den postalischen Vorschriften nur dem Kläger persönlich oder einer ausdrücklich zum Empfang bevollmächtigten Person hätte ausgehändigt werden dürfen, braucht ebenfalls nicht untersucht zu werden. Sollte es selbst zutreffen, so würde dadurch an der Tatsache, daß der Brief mit seiner Aushändigung in der Wohnung des abwesenden Klägers in dessen Machtbereich gelangt ist, sich nichts ändern. Schließlich ist die von der Revision vermißte Feststellung, daß das Schreiben noch im April in Pf. ausgehändigt worden ist, in Wirklichkeit vom Berufungsgericht mit der Begründung getroffen worden, daß der am 28. April von der Beklagten in K. abgesandte Brief bei den seinerzeit noch vorhanden gewesenen Friedensverhältnissen nur einen Tag gebraucht hat, um in die benachbarte Stadt Pf. zu gelangen. Die Rechtzeitigkeit der Kündigung läßt sich nach alledem nicht bestreiten.

Andererseits kann aber auch ihre Nichtigkeit nicht so, wie es vom Berufungsgericht geschehen ist, verneint werden. Mit Recht rügt die

Revision, daß es die Kündigung mit Rücksicht auf die dem Kläger zur Last gelegten besonderen Umstände des Falles trotz der fehlenden Zustimmung der Hauptfürsorgestelle als wirksam ansieht. Nach § 13 des Schwerbeschädigtengesetzes kann einem Schwerbeschädigten nur mit Zustimmung der Hauptfürsorgestelle gekündigt werden. Ohne diese Zustimmung bleibt die Kündigung unwirksam. Die Vorschrift duldet wegen des mit ihr bezweckten erhöhten Schutzes des Schwerbeschädigten grundsätzlich keine Ausnahme. Nur die gesetzlichen Bestimmungen über die fristlose Kündigung bleiben, abgesehen von dem hier nicht vorliegenden Fall, daß die Kündigung in einer durch Kriegsbeschädigung verursachten Krankheit begründet ist, nach ausdrücklicher Bestimmung des § 13 Abs. 2 unberührt. Die von der Beklagten behauptete Unmöglichkeit der Weiterbeschäftigung des Klägers nach damaliger Beendigung der ihr übertragenen Westwall-Arbeiten würde an sich geeignet sein, einen wichtigen Grund zur fristlosen Entlassung abzugeben. Sie ist jedoch vom Kläger unter Hinweis auf den sonstigen großen Umfang des Betriebes der Beklagten bestritten worden. Hierzu hat das Berufungsgericht bisher keine Stellung genommen. Dagegen ist die Notwendigkeit der Zustimmung der Hauptfürsorgestelle zur Kündigung des Klägers nicht etwa deswegen entfallen, weil die Beklagte durch Unkenntnis von der Schwerbeschädigteneigenschaft des Klägers an der Einholung der Zustimmung gehindert war (RAG. Bd. 1 S. 89; Bd. 2 S. 12; Bd. 3 S. 314; ArbRSamml. Bd. 6 S. 554 und oft).

Die Beklagte glaubt nun aber — darauf geht ihre Entgegnung in der Hauptsache hinaus —, den Klageanspruch mit der Einrede der allgemeinen Arglist abwehren zu können. Die entscheidende Frage ist daher die, ob der Kläger, der nach der Feststellung des Berufungsgerichts der Beklagten von seiner Schwerbeschädigteneigenschaft weder bei seiner Einstellung noch später Mitteilung gemacht hat, nach den vorliegenden besonderen Umständen mit der Forderung des Juni-Gehaltes gegen den nach der Rechtsprechung über den Bereich der §§ 157, 242 BGB. hinaus allgemein geltenden Grundsatz von Treu und Glauben im Verkehr (RGZ. Bd. 84 S. 136; Bd. 85 S. 108; Bd. 87 S. 283; Bd. 108 S. 110 und oft) verstößt. Das Berufungsgericht hat zwar auf Grund der Beweisaufnahme weiter festgestellt, daß die Personalkarte des Klägers im Betriebe der Beklagten bei ordnungsmäßiger Mitteilung der Schwerbeschädigteneigenschaft mit einem entsprechenden Vermerk versehen und daß, falls dies geschehen wäre, die Zustimmung der Hauptfürsorgestelle rechtzeitig nachgesucht und erteilt worden wäre. In dieser Richtung erscheint aber der Sachverhalt noch nicht hinreichend geklärt. Die Annahme des Berufungsgerichts, daß der Kläger vorsätzlich oder mindestens grob fahrlässig die Anzeige seiner Schwerbeschädigteneigenschaft unterlassen hat, kann nicht ohne weiteres allein damit begründet werden, daß der Kläger durch die Unterlassung pflichtwidrig gehandelt habe, weil ihm aus der Vorschrift des § 2f der ihm noch besonders zugesandten Betriebsordnung infolge seiner die Einstellung von Arbeitskräften mitumfassenden dienstlichen Aufgaben bekannt gewesen sei, daß der Schwerbeschädigte seinen Rentenbescheid an die Beklagte abzugeben habe. Es bedarf vielmehr einer näheren Darlegung und Feststellung, aus welchen Gründen der Kläger die Anzeige unterlassen hat, und ob diese Gründe so schwer wiegen, daß sie die Annahme eines Verstoßes gegen Treu und Glauben, trotz eines vielleicht auch auf seiten der Beklagten nicht völlig richtigen Verhaltens, wirklich rechtfertigen. Dabei ist die Beklagte in vollem Umfange beweispflichtig.

In diesem Zusammenhang kann freilich weiter von Bedeutung sein, ob der Kläger durch Nichtabgabe seines Rentenbescheides nicht auch eine aus § 2 f der Betriebsordnung folgende dienstvertragliche Verpflichtung schuldhaft verletzt hat. Dann hätte er den Schaden zu ersetzen, der der Beklagten durch die unterbliebene, auf seiner Versäumnis beruhende nicht rechtzeitige Einholung der Genehmigung der Hauptfürsorgestelle entstanden ist. Er hätte sie infolgedessen von der Verpflichtung zur Zahlung des Juni-Gehaltes zu befreien, was gleichfalls zur Abweisung der Klage führen müßte. Dem Kläger, der jedes Verschulden seinerseits bestreitet, wird jedoch Gelegenheit zu geben sein, sich hierzu näher auszulassen und ferner für ein etwa von ihm behauptetes Mitverschulden der Beklagten (§ 254 BGB.) Beweis anzutreten.

Schließlich hat das Berufungsgericht die Klage auch um deswillen für unbegründet gehalten, weil nach der Auskunft des Arbeitsamts Ende Mai 1939 Bauführer gesucht gewesen seien und der Kläger deshalb sofort eine neue Stellung hätte finden können. Der Kläger braucht sich aber nur das anrechnen zu lassen, was er durch anderweitige Verwendung seiner Dienste zu erwerben böswillig unterlassen hat (§ 615 Satz 2 BGB.). Nach dieser Richtung ist von der Beklagten bisher noch nichts vorgebracht worden.

RAG. 24, 1.

Besteht ein Anspruch auf Urlaubsabgeltung, wenn die Unmöglichkeit der Gewährung von Freizeit von dem inzwischen aus dem Betrieb ausgeschiedenen Gefolgschaftsmitglied selbst zu vertreten ist?

Tarifordnung A für Gefolgschaftsmitglieder im öffentlichen Dienst — TO. A — vom 1. April 1938 (RArbBl. VI S. 475) § 11 Abs. 6. BGB. § 242.

Urteil vom 21. August 1940.

I. Arbeitsgericht Stuttgart. — II. Landesarbeitsgericht daselbst.

Der Kläger war vom 27. Juni 1935 bis Ende Mai 1938 bei der Kreissparkasse A. als Angestellter beschäftigt. Die Beklagte ist die Rechtsnachfolgerin des Milchwirtschaftsverbandes W., der den Kläger ab 1. Juni 1938 auf eine Probezeit von 3 Monaten als Sachbearbeiter für Ausgleichswesen, allgemeine Rechtsfragen, Presse-Nachrichtenwesen und Werbung gegen ein vereinbartes Monatsgehalt von 425 RM einstellte. Der Kläger nahm in der Zeit vom 5. bis 7. Juli 1938 auf Veranlassung des Milchwirtschaftsverbandes an einem Schulungskursus in L. teil. Vom 13. bis 26. Juli war er krank und arbeitsunfähig.

Mit Schreiben vom 25. Juli 1938, das dem Kläger am 26. Juli zuging, hat der Milchwirtschaftsverband mitgeteilt, daß eine planmäßige Anstellung des Klägers nach Ablauf seiner Probezeit nicht erfolgen könne und daß daher sein Dienstverhältnis am 1. September 1938 endige. Am 31. August 1938 hat der Milchwirtschaftsverband dem Kläger eröffnen lassen, daß sein Vorsitzender die Weiterbeschäftigung des Klägers über den 1. September 1938 hinaus abgelehnt habe. Der Kläger hat darauf noch an demselben Tage schriftlich erwidert, daß die Kündigung unwirksam sei, und hat am 1. September 1938 seine Dienste weiter zur Verfügung gestellt.

Seit 4. November 1938 ist der Kläger als Assessor beim Hauptzollamt in F. beschäftigt.

In einem früheren Rechtsstreit machte der Kläger gegen die Beklagte als Rechtsnachfolgerin des Milchwirtschaftsverbandes einen Anspruch auf Zahlung des Gehalts für die Monate September und Oktober 1938, in denen er für den Milchwirtschaftsverband nicht mehr tätig war, in Höhe von 850 RM geltend. Während des Arbeitsgericht den Anspruch für unbegründet erachtete, sprach das Landesarbeitsgericht dem Kläger 765,95 RM zu. Es nahm an, daß die Beklagte auf Grund einer mündlich vereinbarten Übergangsregelung verpflichtet gewesen sei, den Kläger bis einschließlich 31. Oktober 1938 weiter zu beschäftigen.

Mit Schreiben vom 28. April 1939 hat der Kläger der Beklagten gegenüber auch einen Anspruch auf Zahlung einer Entschädigung für nicht erhaltenen Urlaub geltend gemacht und verlangt nunmehr von der Beklagten die Bezahlung einer Urlaubsentschädigung in Höhe von 393,94 RM nebst Zinsen für 27 Urlaubstage auf Grund des § 11 TO. A vom 1. April 1938.

Die Beklagte trat dem Anspruch entgegen. Da der Kläger nur auf Probe angestellt gewesen sei, könne er seinen Anspruch auf die Urlaubsbestimmungen der Tarifordnung A überhaupt nicht stützen, um so weniger, als das Probeverhältnis wegen Unfähigkeit des Klägers nicht verlängert worden sei. Jedenfalls aber hätte er den Urlaub in den Monaten August bis Oktober, in denen er voll bezahlt, aber nicht beschäftigt worden sei, nehmen können. Der Kläger hätte sofort nach der Mitteilung über die Nichtverlängerung seines Probeverhältnisses Ende Juli 1938 seinen Urlaubsanspruch geltend machen müssen. Die Geltendmachung eines Urlaubsentschädigungsanspruchs in einem Zeitpunkt, in dem der Kläger gar keinen Urlaub mehr nehmen konnte, müsse daher als verspätet angesehen werden. Er müsse sich auch die 6 Tage Urlaub, die er während seiner Beschäftigung beim Hauptzollamt in F. erhalten habe, anrechnen lassen.

Das Arbeitsgericht hat die Klage abgewiesen und das Landesarbeitsgericht die Berufung des Klägers zurückgewiesen. Die Revision des Klägers hatte keinen Erfolg.

Gründe:

Das Berufungsgericht ist zutreffend davon ausgegangen, daß das Dienstverhältnis des Klägers, wenn es auch zunächst als Probeverhältnis bestand, von der Tarifordnung A erfaßt wurde, und daß auch im übrigen die Voraussetzungen, die diese Tarifordnung an die Entstehung eines Anspruchs auf Erholungsurlaub stellt, im vorliegenden Falle gegeben waren.

Das Berufungsgericht hat ferner zu Recht angenommen, daß nach § 11 Abs. 6 Satz 1 TO. A auch solche Gefolgschaftsmitglieder Anspruch auf Urlaub haben, die sich in gekündigter Stellung befinden, und daß der Anspruch nur dann entfalle, wenn sie aus eigenem Verschulden entlassen werden. Das Berufungsgericht stellt hierzu fest, daß die Beklagte nicht behauptet habe, daß die Unfähigkeit des Klägers auf eigenem Verschulden, etwa auf mangelndem Fleiß des Klägers beruhe.

Das Berufungsgericht hat weiter ohne Rechtsirrtum angenommen, daß der Urlaubsanspruch des Klägers nicht nach § 11 Abs. 11 TO. A verfallen sei, da der Kläger die dort vorgesehene Frist zur Geltendmachung (ein Monat nach Ablauf des Urlaubsjahres) durch das vor dem 1. Mai 1939 bei der Beklagten eingegangene Schreiben vom 25. April 1939 gewahrt habe.

Das Berufungsgericht hält den Anspruch des Klägers aber deshalb für unbegründet, weil dem Verlangen des Klägers auf Bezahlung einer Urlaubsvergütung neben den auf Grund der Übergangsregelung bezahlten zwei Monatsgehältern die Einrede der unrichtigen Rechtsausübung nach § 242 BGB. entgegenstehe. Es führte hierzu aus: Das Gefolgschaftsmitglied sei auf Grund des § 2 Abs. 2 Satz 2 AOG. verpflichtet, dem Führer des Betriebs die in der Betriebsgemeinschaft begründete Treue zu halten. Daraus ergebe sich die Verpflichtung, den Betriebsführer vor jedem vermeidbaren Schaden zu bewahren. Der Kläger sei verpflichtet gewesen, seinen Urlaubsanspruch so frühzeitig als möglich geltend zu machen. Auf die schriftliche Eröffnung des Milchwirtschaftsverbandes vom 25. Juli 1938, daß sein Probeverhältnis nicht verlängert werde und deshalb am 1. September 1938 endige, hätte der Kläger, wenn er auf Grund seiner dreimonatigen Beschäftigungsdauer Urlaub beanspruchen wollte, diesen Anspruch sofort geltend machen müssen. Dazu sei er um so mehr verpflichtet gewesen, als er bei der nächsten Dienststelle im öffentlichen Dienst sowieso seinen tarifmäßigen Urlaub hätte beanspruchen können.

Dazu komme noch die von den Parteien vereinbarte Übergangsregelung, deren Bedeutung das Landesarbeitsgericht in dem früheren Urteil dargelegt habe. Im Hinblick auf das große Entgegenkommen, das der Milchwirtschaftsverband dem Kläger durch die Übergangsregelung gezeigt habe, sei die Vereinbarung über die Übergangsregelung gemäß §§ 133, 157 BGB. dahin auszulegen, daß der Kläger einen etwaigen Anspruch so rechtzeitig geltend machen müsse, daß die Beklagte dem Kläger den Urlaub noch während der Übergangszeit in Natur gewähren könne. Denn die Vereinbarung sei sinngemäß dahin zu verstehen, daß der Kläger neben dieser entgegenkommenden Übergangsregelung, soweit sie die Dauer seines Urlaubsanspruchs überschreite, nicht auch noch eine Urlaubsabgeltung sollte beanspruchen dürfen. Da die Dauer der Übergangsregelung zunächst nicht abzusehen gewesen sei, hätte der Kläger den Urlaub spätestens bei dem Beginn der Übergangsregelung, also spätestens am 1. September 1938, gegenüber dem Milchwirtschaftsverband geltend machen müssen.

Gegen diese Ausführungen richten sich die Angriffe der Revision, die die Verletzung des § 286 ZPO. und der §§ 133, 157, 242 BGB. und des § 2 AOG. rügt.

Was zunächst die Verfahrensrüge anlangt, so gibt die Revisionsbegründung die Tatsachen, welche den Mangel ergeben sollen, nicht an. Es ist aber auch kein Anhalt dafür gegeben, daß das Berufungsgericht etwa die tatsächlichen Ausführungen, die der Kläger zur Begründung seines Anspruchs vorgebracht hat, nicht hinreichend beachtet habe. Es liegt auch sonst keine mangelhafte Sachwürdigung des Berufungsgerichtes vor.

Auch die sachlichrechtlichen Rügen können keinen Erfolg haben, da den Ausführungen des Berufungsgerichts, wenn auch nicht allgemein, so doch im Ergebnis beizutreten ist.

Der Standpunkt des Klägers ist mit den allgemeinen Grundsätzen des Urlaubsrechts und mit den Bestimmungen der einschlägigen Tarifordnung nicht in Einklang zu bringen. Das Arbeitsverhältnis ist nach heutiger Auffassung nicht rein schuldrechtlicher, sondern überwiegend personenrechtlicher Natur und beruht auf der gegenseitigen Treupflicht zwischen dem Unternehmer und der Gefolgschaft. Der Zweck des Urlaubs ist die Erhaltung und Förderung der Arbeitskraft im Interesse des Volksganzen. Der Urlaubsanspruch ist daher seinem Wesen nach einheitlich auf bezahlte Freizeit gerichtet (RAG. Bd. 20 S. 99 und 234). Dem ist auch in § 11 Abs. 6 TO. A Rechnung getragen. Es ist dort in Satz 2 bestimmt: Ist für das laufende Urlaubsjahr noch Urlaub zu gewähren, so erhalten ihn die Gefolgschaftsmitglieder während der Kündigungsfrist, soweit diese ausreicht; soweit sie nicht ausreicht, sind die Dienstbezüge für den restlichen Urlaub zu bezahlen. Daraus ist zu folgern, daß das Gefolgschaftsmitglied nicht bereichert werden soll, sondern grundsätzlich den Urlaub zu seiner Erholung und Ausspannung zu verwenden hat, und daß nur in besonderen Ausnahmefällen die Zahlung einer Barabgeltung des Urlaubs zulässig sein soll. Ein solcher Ausnahmefall ist aber dann nicht gegeben, wenn das einzelne Gefolgschaftsmitglied es selbst zu vertreten hat, daß er den ihm zustehenden Urlaub während des Bestehens des Dienstverhältnisses nicht mehr hat nehmen können. Der Kläger hätte schon nach Erhalt der Mitteilung über die Nichtverlängerung der Probedienstzeit den Urlaub verlangen können und sollen. Der Kläger war damals noch nicht zwei Monate beim Milchwirtschaftsverband beschäftigt gewesen. Seine Sache wäre es daher gewesen, seine Urlaubsansprüche anzumelden. Der Milchwirtschaftsverband konnte nicht damit rechnen, daß der Kläger bei seiner kurzen Beschäftigungszeit, die noch dazu eine Probedienstzeit war, mit Urlaubsansprüchen hervortreten würde. Jedenfalls aber hätte der Kläger zu Beginn der sogenannten Übergangsregelung den Urlaub verlangen müssen. Er brauchte in den Monaten September und Oktober 1938 für den Milchwirtschaftsverband überhaupt keine Dienste mehr zu leisten. In diesen beiden Monaten, in denen ihm Freizeit gewährt war, wäre also sehr wohl die Möglichkeit gegeben gewesen, den Urlaub zu verlangen und zu erhalten. Da er es unterlassen hat, damals den Urlaub zu verlangen, und die jetzt bestehende Unmöglichkeit der Gewährung des Urlaubs als Freizeit selbst zu vertreten hat, verstößt der Anspruch des Klägers auf Urlaubsentschädigung für die nichtgenommene Urlaubszeit gegen Treu und Glauben. Schon aus diesem Grunde ist die Schlußfolgerung des Berufungsgerichtes, daß dem Urlaubsanspruch des Klägers die Einrede der unrichtigen Rechtsausübung entgegenstehe, nicht zu beanstanden. Bei dieser Sachlage braucht zu der Frage, ob das Berufungsgericht der Übergangsregelung im Zusammenhang mit der Urlaubsfrage eine richtige Auslegung gegeben hat, nicht Stellung genommen zu werden.

RAG. 24, 9.

1. Hat der Dienstverpflichtete im Falle seiner Freistellung vom Dienst vor Eintritt des Kündigungstages auf anderweitige Verwendung seiner Dienste Bedacht zu nehmen?

2. Stellt die erfolgreiche Ingangsetzung eines stilliegenden Betriebs durch den Dienstverpflichteten während seiner Freistellung vom Dienst und der Mehrwert, der dadurch in seinen Besitz gelangt, einen anrechenbaren Erwerb im Sinne des § 615 Satz 2 BGB. dar, auch wenn buchmäßig bis zum Ende des Dienstverhältnisses kein Gewinn erzielt wird?

3. Wie ist der Wert der Arbeit, die von dem Dienstverpflichteten auf den Betrieb in jener Zeit verwendet worden ist, zu ermitteln?

BGB. § 615.

Urteil vom 18. September 1940.

I. Arbeitsgericht Hameln. — II. Landesarbeistgericht Hannover.

Der Kläger war bei der Beklagten seit dem Jahre 1924, zuletzt als Gesamtprokurist mit einem Monatsgehalt von 600 RM, beschäftigt. Anfang Februar 1939 wurde der Betrieb von der Firma B. in Sp. übernommen. Mit Schreiben vom 25. März 1939 wurde dem Kläger die Stellung zu Ende September 1939 gekündigt. Er wurde nur bis Ende

Juli 1939 von der Beklagten weiterbeschäftigt und übernahm Anfang August 1939, als Inhaber und Leiter, die Firma Sch. in H., Fabrik für Kleinmöbel, die damals stillag. Er verlangte für die Monate August und September 1939, während deren die Beklagte seine Dienste nicht mehr in Anspruch nahm, sein Gehalt von je 600 RM und beantragte, die Beklagte zur Zahlung von 1200 RM mit 4 v.H. Zinsen von je 600 RM seit dem 1. September und 1. Oktober 1939 an ihn zu verurteilen.

Die Beklagte lehnte diesen Anspruch ab. Sie ist der Ansicht, der Kläger, der sich durch den Erwerb und die Ingangsetzung einer stillliegenden Fabrik eine neue Lebensgrundlage geschaffen habe, habe in den Monaten August und September seine Arbeitskraft für dieses Unternehmen gewinnbringend verwendet und dadurch einen Erwerb erzielt, der höher sei als sein Gehaltsanspruch. Damit sei dieser entfallen. Im übrigen hätte der Kläger Anfang August eine Stellung als Angestellter annehmen müssen, die damals leicht zu gewinnen gewesen sei und ihm auch von der Beklagten nachgewiesen worden sei.

Der Kläger machte demgegenüber geltend, er habe das Unternehmen, zumal wegen der durch den Krieg bedingten wirtschaftlichen Schwierigkeiten, noch nicht gewinnbringend gestalten können, im Gegenteil bisher nur zugesetzt. Einen Gewinn für die Monate August und September 1939 habe er also nicht erzielt.

Das Arbeitsgericht hat, unter Berücksichtigung eines zwischen den Parteien zu teilenden Betriebsrisikos für das von dem Kläger erworbene Unternehmen, die Beklagte zur Zahlung von 900 RM nebst 4 v.H. Zinsen von je 450 RM seit dem 1. September und 1. Oktober 1939 verurteilt und im übrigen die Klage abgewiesen. Die Berufung der Beklagten gegen dieses Urteil ist zurückgewiesen worden.

Die Revision der Beklagten führte zur Aufhebung und Zurückverweisung.

Gründe:

Das Dienstverhältnis des Klägers ist infolge der Kündigung der Beklagten zu Ende September 1939 beendet, und es sind dann von der Beklagten seine Dienste für die beiden letzten Monate, August und September, nicht mehr in Anspruch genommen worden. Es handelt sich danach ersichtlich um den Regelfall des § 615 BGB. Eine Vereinbarung zwischen den Parteien etwa dahin, daß die Beklagte unter Fortgewährung der Bezüge auf die weiteren Dienste des Klägers verzichtete, worin die Zusage einer Entschädigung wegen der Beendigung des Dienstverhältnisses unter gleichzeitiger Freistellung des Klägers vom

Dienste liegen würde und die die Anwendung des § 615 BGB. ausschlösse (Urteil des Reichsgerichts vom 3. Januar 1913 VII 438/12 in Warn. Jahrbuch 6 Nr. 137, RGUrteil vom 30. Juni 1916 in GewuKfmG. Bd. 22 S. 159), liegt nicht vor. Die Beklagte, die sich also während der beiden letzten Monate in der Annahme der Dienste des Klägers im Verzug befand, blieb hiernach gemäß der Bestimmung des § 615 BGB. verpflichtet, dem Kläger für diese Zeit die vereinbarte Vergütung weiterzugewähren, ohne Nachleistung der Dienste verlangen zu können. Gemäß § 615 Satz 2 BGB. hatte sich aber der Kläger auf die nach Satz 1 zu gewährende Vergütung den Wert desjenigen anrechnen zu lassen, was er infolge des Unterbleibens der Dienstleistung etwa erspart oder durch anderweitige Verwendung seiner Dienste erworben oder zu erwerben böswillig unterlassen hat. Hierüber besteht unter den Parteien auch weiter kein Streit. Der Streit geht nur darum, ob und inwieweit der Kläger im Sinne dieser Gesetzesbestimmung während der vorbezeichneten beiden Monate durch anderweitige Verwendung seiner Dienste einen anrechenbaren Erwerb erzielt oder zu erzielen böswillig unterlassen hat. Nach der Bestimmung ist der Dienstverpflichtete gehalten, seine freigewordene Arbeitskraft — diese ist vom Gesetzgeber, wie im Fall des § 324 Abs. 1 Satz 2 BGB., mit den „Diensten" gemeint — während der Freistellung vom Dienst anderweitig zu verwenden, und hat darauf nach der heutigen Anschauung, wonach keine Arbeitskraft mehr unnötig brachliegen darf, auch Bedacht zu nehmen. Wie er sie im übrigen verwenden will, bleibt zunächst seiner eigenen Entschließung vorbehalten. Er kann sich dafür entscheiden, anderweitig wieder in Dienst zu treten, wobei er jedoch, ähnlich wie im Falle des § 254 Abs. 2 BGB. (vgl. dazu RGZ. Bd. 160 S. 119 [121]), nicht verlangen kann, nur in einer genau gleichartigen Stellung beschäftigt zu werden, sondern verpflichtet ist, gegebenen Falles auch eine andere Tätigkeit zu übernehmen, die ihm nach seinen Kenntnissen, Fertigkeiten und Erfahrungen, wie auch nach seiner bisherigen Lebensstellung billigerweise zuzumuten ist. Es ist ihm aber andererseits freigestellt, seine Arbeitskraft auf eigene Rechnung, z. B. durch Erwerb oder Errichtung eines eigenen Unternehmens, nutzbringend einzusetzen (Urteil des Reichsgerichts vom 23. September 1927 II 116/27, im Auszug abgedruckt Recht 1927 S. 741 Nr. 2414; vgl. dazu auch die andere Fassung in § 36 Abs. 4 des Akademieentwurfs eines Gesetzes über das Arbeitsverhältnis).

Der Kläger hat sich, indem er im August 1939 die stilliegende Fabrik der Firma Sch. in H. erwarb und deren Ingangsetzung übernahm, für die letztere Möglichkeit entschieden. Er trug damit dem dem § 615 Satz 2 BGB. zugrunde liegenden Rechtsgedanken Rechnung und entsprach der ihm in dieser Bestimmung auferlegten Verpflichtung. Er brauchte sich danach auch nicht von der Beklagten darauf verweisen zu lassen, daß er eine anderweitige Dienststellung hätte übernehmen können, und er brauchte insbesondere nicht eine der von der Beklagten ihm etwa nachgewiesenen Stellungen anzunehmen. Eine böswillige Unterlassung des Klägers in dieser Richtung scheidet damit, worin dem Berufungsgericht zuzustimmen ist, von vornherein aus. Die von der Revision in dieser Hinsicht gegen das Urteil erhobenen Bedenken sind hinfällig. Bei der Übernahme der Fabrik war von dem Kläger, wollte er dem Vorwurf der böswilligen Unterlassung eines Erwerbs im Sinne des § 615 Satz 2 BGB. entgehen, allerdings zu verlangen, daß er dabei nach vernünftigen kaufmännischen Grundsätzen verfuhr und glauben konnte und glaubte, die Fabrik wieder ingangsetzen und das Unternehmen wirtschaftlich nutzbringend gestalten zu können, daß er weiter nicht in schuldhafter Weise in der Leitung des Unternehmens etwas verabsäumte. Daß der Kläger in dieser Richtung gefehlt hätte, behauptet die Beklagte nicht; sie erachtet es im Gegenteil als selbstverständlich, daß der Kläger bei dieser seiner Maßnahme nach jenen Grundsätzen verfahren ist, und meint eben deshalb, daß er durch die, wie sie behauptet, erfolgreiche Ingangsetzung der Fabrik einen in Geld abmeßbaren Gewinn erzielt habe. Wenn der Kläger sich, etwa infolge der Auswirkungen auf wirtschaftlichem Gebiet, die der bald nach dem Erwerbe der Fabrik ausbrechende Krieg im Gefolge hatte, oder auch aus sonstigen nicht voraussehbaren Gründen in seinen Erwartungen und Berechnungen getäuscht gesehen hat und wenn er gar genötigt gewesen wäre oder genötigt sein sollte, die Fortsetzung des Unternehmens wieder aufzugeben, wenn er aus diesem Grunde aus ihm keinen Gewinn erzielte, so geht das im Verhältnis zu der Beklagten nicht zu seinen Lasten. Er hatte, wie dargelegt, seiner Verpflichtung aus § 615 Abs. 2 BGB. genügt, wenn er in der geschehenen Weise alsbald seine freigewordene Arbeitskraft nutzbringend verwendete und jedenfalls glauben konnte, zu verwenden, und das Seine zu diesem Zweck tat. Ein Betriebsrisiko in dem Sinne, wie es das Arbeitsgericht erwogen hat, das etwa zu Lasten der einen oder anderen Partei ging, kann hiernach nicht in Betracht kommen. Das Landesarbeitsgericht hat diesen Rechtsgedanken denn auch mit Recht abgelehnt.

Dem Berufungsgericht ist nun weiter darin zuzustimmen, daß in der Selbständigmachung eines Dienstverpflichteten, etwa durch Erwerb einer Fabrik, noch nicht ohne weiteres eine gewinnbringende Ausnutzung der Arbeitskraft liegt. Ob das erworbene Unternehmen gewinnbringend ist, hängt von den Umständen des einzelnen Falles ab. Ein solcher Gewinn ist entgegen der Ansicht der Revision nicht zu vermuten, auch nach der Lebenserfahrung, auf die sie sich beruft, bei der Übernahme einer stilliegenden Fabrik nicht ohne weiteres anzunehmen. Daher verbleibt auch hier die Beweislast, daß der Dienstverpflichtete aus dem Unternehmen wirklich einen Gewinn erzielt hat, bei dem Dienstberechtigten, also bei der Beklagten.

Rechtsirrtümlich ist aber die Auffassung des Berufungsgerichts, und darin liegt, wie die Revision mit Recht rügt, eine Verletzung des Begriffs des Erwerbes im Sinne des § 615 Satz 2 BGB., wenn es meint, die geldwerte Leistung, den die erfolgreiche Wiederingangsetzung einer stilliegenden Fabrik darstelle, und der Mehrwert, der sich dadurch im Besitz eines diese Wiederingangsetzung bewirkenden Dienstpflichtigen befinde, bedeute nicht die Erzielung eines Gewinnes, der nach der genannten gesetzlichen Bestimmung zu berücksichtigen sei. Das Reichsgericht hat schon in dem vorerwähnten Urteil vom 23. September 1927 II 116/27 — die Stelle ist im Recht S. 741 nicht abgedruckt — ausgesprochen, daß solcher Vorteil als Erwerb im Sinne jener Bestimmung anzusehen und daher auf die Vergütung des Dienstverpflichteten anzurechnen ist. Abwegig ist weiter die Ansicht, daß erst die „Realisierung des Vermögens", wie es in dem angefochtenen Urteil heißt, den Gewinn ergebe. Der vom Berufungsgericht erwogene Gedanke des Verkaufs des Unternehmens, also vorliegend der Fabrik des Klägers, kommt erst dann in Betracht, wenn sich dieser Verkauf nach den gegebenen Umständen als notwendig erweist, die Wiederingangsetzung des Unternehmens also nicht gelungen ist. Das trifft vorliegend nach den Feststellungen des Berufungsgerichts gerade nicht zu. Danach ist die Ingangsetzung der Fabrik durch den Kläger zunächst jedenfalls von Erfolg gewesen. In solchem Falle ist abzuschätzen, welchen Wert die Arbeit, die der Dienstverpflichtete noch während des Fortbestehens seines Dienstverhältnisses auf die Wiederingangsetzung des Unternehmens verwendet hat, für dieses gehabt hat. Hierbei ist indes nur der Teil seiner Arbeitskraft zu berücksichtigen, den er im Falle der Dienstleistung seinem Dienstberechtigten zur Verfügung zu stellen verpflichtet war (RGZ. Bd. 58 S. 402 [404], RGUrteil vom 12. Juni 1903 in JW. 1903 Beilage 11 S. 99/100). Die darüber hinaus geleistete Arbeit, etwa als Unternehmertätigkeit gesehen, und deren Wert für den Fortgang des Unternehmens muß außer Betracht bleiben. Dasselbe gilt von dem Wert des eingesetzten Kapitals für den erzielten Gewinn. Hier können sich für die Abschätzung des Wertes der Arbeit freilich Schwierigkeiten ergeben. Diese können aber, wie auch in dem RGUrteil vom 23. September 1927 betont, nicht zur Verneinung der Anrechnung des Wertes jener Arbeit überhaupt führen; sie sind vielmehr notfalls auf dem Wege der freien richterlichen Schätzung nach § 287 ZPO. zu überwinden. Einfacher gestaltet sich die Erfassung des Wertes der Arbeit, wenn etwa der Dienstverpflichtete, der die Ingangsetzung oder Fortsetzung eines Betriebes für einen noch innerhalb seines Dienstverhältnisses liegenden Zeitpunkt ins Auge gefaßt und für diesen Zweck die Einstellung eines Angestellten als Leiter des Unternehmens vorgesehen hatte, durch die Freistellung vom Dienst in die Lage versetzt wird, statt des Angestellten die Leitung des Betriebes schon in dieser Zeit selbst zu übernehmen. Solchenfalls würde der erzielte Erwerb im Sinne des § 615 Satz 2 BGB. in der Ersparung des Gehaltes des Angestellten für die fragliche Zeit liegen. Ob ein solcher Fall bei dem Kläger in Betracht kommt, mag das Berufungsgericht in der notwendig werdenden weiteren Verhandlung mit prüfen.

Ob der Dienstverpflichtete während der Zeit, für die er vom Dienst freigestellt worden ist, also der Kläger während der Monate August und September 1939, schon buchmäßig einen Gewinn erzielt hat, wie das Berufungsgericht erwogen hat, darauf kommt es entscheidend nicht an, auch nicht darauf, ob in der Folgezeit alsbald schon ein Gewinn zu verzeichnen ist. Auch eine erst später eintretende gewinnbringende Entwicklung des Unternehmens kann einen Rückschluß darauf gestatten, daß die Anfangsarbeiten für den Fortgang des Unternehmens und den aus ihm sodann erzielten Gewinn nach Zeit und Höhe von abschätzbarem geldlichem Wert waren. Auf diese voraussichtliche Gesamtentwicklung des Unternehmens ist also die Prüfung abzustellen. Unter Umständen können auch bei einer schließlich verlustreichen Gestaltung des Unternehmens die Anfangsarbeiten dem Dienstverpflichteten einen Erwerb eingebracht haben, wenn er aus dem Unternehmen in dieser Zeit Gelder entnommen und etwa seinen Lebensunterhalt daraus mit bestritten hat.

Diese maßgebenden Gesichtspunkte für die Beurteilung des Wertes der Arbeiten hat das Berufungsgericht verkannt. Auch der von ihm gehörte Sachverständige ist ersichtlich nicht unter der richtigen rechtlichen Vorstellung an die von ihm zu beantwortende Frage herangetreten. Denn auch er geht in seinem Gutachten von der als unrichtig gekennzeichneten Ansicht aus, daß das Unternehmen des Klägers schon in den bezeichneten ersten beiden Monaten, jedenfalls aber in den nächsten Monaten des Jahres 1939 einen Gewinn abgeworfen haben müsse, wenn man von einem Wert der Anfangsarbeiten und einem Erwerb im Sinne des § 615 Satz 2 BGB sprechen wolle. Die vom Berufungsgericht für seine Beurteilung verwertete Erwägung des Sachverständigen, die für eine spätere Zeit sich ergebenden Gewinnmöglichkeiten, auf die die Beklagte hinweise, seien nur „nach rein ideellen Gesichtspunkten aufgestellt" und hingen vorläufig noch in der Luft, ist aus diesem Grunde nicht geeignet, die Entscheidung des Berufungsgerichts zu stützen. Die Beklagte hatte übrigens unter Bezugnahme auf die Geschäftsbücher des Klägers die Behauptung aufgestellt, daß das Geschäft des Klägers gut gehe. Dem hätte das Berufungsgericht unter den oben genannten rechtlichen Gesichtspunkten nachgehen müssen. In der Revisionsinstanz kann dieses Vorbringen allerdings keine unmittelbare Beachtung finden, da die Revision das Übergehen dieser Behauptung und des Beweisantritts hierfür nicht gerügt hat. Das Berufungsgericht wird aber in der neuen Verhandlung, die sich nach Aufhebung des Urteils als notwendig erweist, auch diese Behauptung zu berücksichtigen haben.

RAG. 24, 32.

Kann ein Lehrling, dessen Lehrvertrag nichtig ist, der aber einen Teil der vorgesehenen Lehrzeit als Lehrling ausgebildet worden ist, rückwirkend für diese Zeit in einem tarifgebundenen Betriebe den Tariflohn eines Hilfsarbeiters beanspruchen?

AOG. § 32. Abs. 2.

Urteil vom 16. Oktober 1940.

I. Arbeitsgericht Rastatt. — II. Landesarbeitsgericht Karlsruhe.

Der Kläger hat mit der Beklagten einen dreijährigen Lehrvertrag in Schriftform über seine Ausbildung als Möbelpolierer abgeschlossen. Das Lehrverhältnis begann am 16. April 1937.

Vor Beginn des Lehrverhältnisses der Streitteile hatte das Lehrlingswesen in der badischen Möbelindustrie der Handwerkskammer K. unterstanden. Diese hatte den Möbelpoliererberuf als Facharbeiterberuf anerkannt und Lehrlinge dieses Berufszweiges zur Gehilfenprüfung zugelassen. In der Folgezeit war das Lehrlingswesen in der Möbelindustrie auf die Industrie- und Handelskammer K. übergegangen. Diese lehnte die Anerkennung des Möbelpoliererberufs ab und verweigerte mit Schreiben vom 2. und 17. August 1937 demgemäß auch die Anerkennung des Lehrvertrages des Klägers und anderer gleichartiger Lehrverträge und deren Eintragung in die Lehrlingsrolle, weil der Möbelpolierer kein Lehrberuf sei. In der Folgezeit hat die Reichsgruppe Industrie im Einvernehmen mit der Arbeitsgemeinschaft der Industrie- und Handelskammern in der Reichswirtschaftskammer den Beruf des Beizers und Polierers in die Liste der anerkannten Lehr- und Anlernberufe aufgenommen und diese Aufnahme ist Ende des Jahres 1939 von dem Reichswirtschaftsminister genehmigt worden. Seitdem werden auch Möbelpolierer zur Prüfung als Facharbeiter zugelassen.

Der Kläger erhielt zunächst die im Lehrvertrag vorgesehene Erziehungsbeihilfe. Am 22. Februar 1938 erklärte er, das Lehrverhältnis nicht fortsetzen zu wollen, weil es ungewiß sei, ob der Möbelpoliererberuf als Lehrberuf anerkannt werde. Er wurde dann als Hilfsarbeiter beschäftigt und erhielt den Lohn als Hilfsarbeiter von 14 bis 16 Jahren nach der Tarifordnung für das Holzgewerbe (Industrie und Handwerk) im Wirtschaftsgebiet Südewestdeutschland vom 26. Juli 1936 (RArbBl. VI S. 790). Am 12. März 1938 schied er aus dem Dienst des Beklagten aus. Am 1. April 1938 trat er als Berufssoldat in den Dienst der Wehrmacht.

Er war der Auffassung, seine Tätigkeit bei der Beklagten könne ihm nicht als Lehrzeit angerechnet werden; er sei somit nicht als Lehrling tätig geworden. Er habe daher den tariflichen Anspruch auf Gewährung des Lohnes für Hilfsarbeiter zwischen 14 und 16 Jahren bereits vom Beginn seiner Tätigkeit bei der Beklagten ab erworben. Er verlangte aus der Zeit, in der er als Lehrling behandelt wurde, abzüglich der erhaltenen Erziehungsbeihilfe noch 515,20 RM.

Die Beklagte wendete ein, es stehe dem Kläger frei, nachdem der Möbelpoliererberuf als Lehrberuf anerkannt worden sei, das Lehrverhältnis fortzusetzen. Sie könne für die vorzeitige Auflösung des Lehrverhältnisses nicht verantwortlich gemacht werden. Der Kläger hätte mit der Auflösung des Lehrverhältnisses bis zur endgültigen Entscheidung darüber, ob er als Möbelpolierer die Facharbeiterprüfung ablegen könne, warten müssen.

Beide Vorinstanzen haben zu Gunsten des Klägers entschieden. Das Berufungsgericht erwog, der Lehrvertrag sei mangels Genehmigung durch die Industrie- und Handelskammer unwirksam gewesen. Nicht bewiesen sei, daß der Kläger und sein gesetzlicher Vertreter entschlossen gewesen seien, den Lehrvertrag in Kenntnis der Ungewißheit fortzusetzen. Ein Lehrverhältnis habe somit nicht bestanden. Daher müsse ein Arbeitsverhältnis angenommen werden. Der Kläger habe den unabdingbaren Anspruch aus der Tarifordnung erworben. Unerheblich sei, ob er als Lehrling ausgebildet worden sei oder als Hilfsarbeiter gearbeitet habe. Die Beklagte hätte ihn jedenfalls, wenn sie gewollt hätte, nicht als Lehrling, sondern als Hilfsarbeiter verwenden können.

Die Revision führte zur Aufhebung der angefochtenen Entscheidung und zur Abweisung der Klage aus den folgenden

Gründen:

Mit dem Berufungsgericht kann davon ausgegangen werden, daß die Ausbildung des Lehrlings in einem anerkannten Lehrberuf auch ohne ausdrückliche vertragliche Abmachung — von Ausnahmefällen abgesehen — Ziel des Lehrvertrages ist, daß es also insbesondere sein Ziel ist, dem Lehrling es nach Vollendung der Lehrzeit zu ermöglichen, eine ordnungsmäßige Prüfung als Geselle oder Facharbeiter abzulegen und damit die Voraussetzungen für sein späteres Berufsleben zu schaffen. Dies ist auch in dem Lehrvertrag der Streitteile durch die Bestimmung zum Ausdruck gekommen, daß der Lehrvertrag der Industrie- und Handelskammer zur Vormerkung für die Lehrlingsrolle einzureichen ist und daß die Beklagte den Kläger zur Ablegung der Facharbeiterprüfung vor dem Prüfungsausschuß der Industrie- und Handelskammer anzuhalten und ihm die hierzu erforderliche Freizeit zu gewähren hat.

Im Zeitpunkt des Vertragsabschlusses war die Erreichung dieses Zieles nicht möglich. Sie war auch im Zeitpunkt der Beendigung des jedenfalls tatsächlich bestehenden Lehrverhältnisses durch die Erklärung des Klägers nicht möglich, wäre aber durch die spätere Zulassung der Prüfung vor dem Ende der im Vertrag ursprünglich vorgesehenen Lehrzeit möglich geworden. Es kann fraglich sein, ob bei dieser Sachlage der Auffassung des Berufungsgerichtes beigetreten werden kann, daß der Lehrvertrag unwirksam geblieben sei. Dies ist insbesondere deswegen fraglich, weil noch vor dem Ende der vorgesehenen Lehrzeit das Vertragsziel doch erreicht werden konnte. Man könnte abgesehen von der Nichtigkeit des Lehrvertrages auch an die Möglichkeit eines Rücktrittsrechts des Klägers vom Lehrvertrag wegen der früheren Nichterreichbarkeit des Vertragsziels denken, ferner an ein Recht zur fristlosen Aufkündigung. Zu allen diesen Fragen braucht aber nicht endgültig Stellung genommen zu werden. Auch wenn der dem Klageanspruch günstigste Standpunkt, der der ursprünglichen Nichtigkeit des Lehrvertrages angenommen würde, ließe sich so wenig wie bei der Annahme der anderen Möglichkeiten der Anspruch des Klägers auf die tarifliche Bezahlung als Hilfsarbeiter während der Zeit seiner Ausbildung rechtfertigen.

Aus der Nichtigkeit des Lehrvertrages würde für die geldlichen Ansprüche des Klägers zunächst die Nichtigkeit der vorliegenden Vereinbarung über die Gewährung einer Erziehungsbeihilfe folgen. Ob dann der Anspruch auf die Erziehungsbeihilfe auf Grund des tatsächlichen Lehrverhältnisses gerechtfertigt werden könnte, kann unerörtert bleiben, da der Kläger diese Beträge erhalten hat und die Berechtigung dieser Zahlungen außer Streit ist. Mindestsätze für die Erziehungsbeihilfe enthält die Tarifordnung nicht.

Aus der Nichtigkeit des Lehrvertrages oder einem Rücktritt oder der fristlosen Aufkündigung folgt noch nicht das rechtliche Bestehen eines Arbeitsvertrages. Weder der Kläger noch die Beklagte haben vor dem 22. Februar 1938 die Absicht gehabt, die gegenseitigen Rechte und Pflichten, die sich aus einem Arbeitsvertrag ergeben würden, zu übernehmen.

Aber auch ohne Bestehen eines rechtswirksamen Arbeitsvertrages würde sich bei tatsächlichen Arbeitsleistungen, also bei dem Vorliegen eines Beschäftigungsverhältnisses, allerdings ein Lohnanspruch in Höhe des Tarifes oder des üblichen Lohnes ergeben können (vgl. RAG. Bd. 21 S. 257 [260]). Dies nimmt das Berufungsgericht an und spricht mit dieser Begründung den Tariflohn des Hilfsarbeiters zu. Es hält für unerheblich, daß der Kläger nicht als Hilfsarbeiter, sondern als Lehrling beschäftigt worden ist und hält sich durch die Unabdingbarkeit der Tarifordnung für gebunden. Damit verkennt das Berufungsgericht jedoch die Voraussetzung eines tarifrechtlichen Anspruchs, daß der Gefolgsmann die Arbeiten ausführt, für die der Tarif den Lohn vorsieht. Der Kläger ist nicht als Hilfsarbeiter beschäftigt, sondern als Lehrling ausgebildet worden. Beider Stellung im Betriebe ist grundsätzlich verschieden. Der Lehrling ist nicht verpflichtet, die Arbeiten eines Hilfsarbeiters zu übernehmen. Er hat die in das zu erlernende Fach einschlagenden Arbeiten unter Berücksichtigung des Ausbildungszwecks, und zwar zunächst die einfacheren, später auch schwierigere, zu leisten. Diese Arbeiten werden in der Regel nicht die Arbeiten sein, die der Hilfsarbeiter leistet. Der Lehrling wird allerdings nicht von jeder Einzelarbeit eine besondere Förderung zu erwarten haben (RAG. Bd. 10 S. 160 [164]). Er wird, zumal bei Beginn der Lehrzeit, unter Umständen auch Hilfsarbeiten, also die Unterstützungsarbeiten für den Facharbeiter, leisten müssen. Grundsätzlich gehören Hilfsarbeiten aber nicht zu der Tätigkeit eines Lehrlings. Weiter ist zu beachten, daß der Lehrling langsamer arbeitet und auch arbeiten soll als der ausgebildete Gefolgsmann. Auch wenn ein Lehrling vorübergehend mit Hilfsarbeiten beschäftigt wird, wird er — jedenfalls in der Regel — nicht die Menge an Arbeiten leisten, die der Tarif für den Hilfsarbeiter voraussetzt. Zum anderen würde ein Lehrherr, der seinen Lehrling über das für den Ausbildungszweck notwendige Maß Hilfsarbeiten zuweisen würde, die Pflicht der sachgemäßen Anlernung gröblich verletzen. Dies ist im vorliegenden Lehrvertrag noch besonders zum Ausdruck gebracht dahin, daß nur solche Nebenleistungen von dem Kläger verlangt werden sollen, die mit dem Wesen der Ausbildung vereinbar sind. Daß die Beklagte den Kläger während der Zeit, in der sie ihn als Lehrling behandelt hat, entgegen dieser Verpflichtung mit Hilfsarbeiten beschäftigt hat, behauptet der Kläger nicht. Das Berufungsgericht stellt im Gegenteil ausdrücklich fest, daß der Kläger als Lehrling ausgebildet und nicht als Hilfsarbeiter beschäftigt worden ist. Danach ist der Kläger nicht als Hilfsarbeiter tätig gewesen und kann den für den Hilfsarbeiter in der Tarifordnung vorgesehenen Lohn nicht beanspruchen.

Das geltende Recht kennt auch keinen Rechtssatz, daß jeder, der in einem tarifgebundenen Betriebe beschäftigt ist, in jedem Fall die Lohnsätze der Mindestgruppe des Tarifs zu erhalten hat. Für Tätigkeiten, die in der Tarifordnung nicht vorgesehen sind, kann auch in tarifgebundenen Betrieben der Lohn frei vereinbart werden. Ein Anspruch des Klägers auf Bezahlung als Hilfsarbeiter läßt sich insbesondere nicht aus der Bestimmung in § 2 Abs. 1 Satz 1 der Tarifordnung folgern: „Diese Tarifordnung erfaßt alle in den nachfolgend genannten Betrieben beschäftigten Gefolgschaftsmitglieder mit Ausnahme der Gehaltsempfänger". Aus dem Gesamtinhalt der Tarifordnung, zumal aus der Aufzählung der Lohngruppen im § 4 (Fachkräfte, angelernte Kräfte, Hilfskräfte), ergibt sich, daß sie die Lehrlinge nicht erfaßte. Dann läßt sich aber auch aus der wiedergegebenen Bestimmung nicht schließen, daß der Reichstreuhänder an die Fälle nichtiger Lehrverträge gedacht hätte und dem als Lehrling Beschäftigten den Lohn eines Hilfsarbeiters hätte zubilligen wollen. Hiernach läßt sich der Anspruch des Klägers auf die Bezahlung als Hilfsarbeiter nicht rechtfertigen.

Ein anderes Ergebnis könnte je nach der Sachlage aus dem Rechtsgrunde der ungerechtfertigten Bereicherung oder als Schadensersatzanspruch begründet werden. Auf beide Möglichkeiten ist der Klageanspruch indes nicht gestützt. Es fehlen auch im Klagevortrage jegliche Angaben in tatsächlicher Beziehung für beide Anspruchsmöglichkeiten. Es ist weder dargelegt, ob und in welcher Höhe die Beklagte durch die Tätigkeit des Klägers bereichert worden ist, noch auch ist ein schuldhaftes Verhalten der Beklagten oder die Höhe eines dem Kläger entstandenen Schadens schlüssig vorgetragen. Die spätere Geltendmachung eines Schadensersatzanspruches ist in der Klageschrift vielmehr ausdrücklich vorbehalten geblieben, die Klage also bislang darauf nicht gestützt.

RAG. 24, 51.

Können und müssen die Mitglieder einer für einen Gaststättenbetrieb in Dienst genommenen Tanz- und Unterhaltungskapelle bei Ausfall des Kapellenleiters von sich aus dem Gaststätteninhaber einen geeigneten Ersatzmann für den ausgefallenen Leiter anbieten, um den Gaststätteninhaber in Annahmeverzug zu setzen?

BGB. §§ 611 ff., AOG. § 2.

Urteil vom 29. Oktober 1940.

I. Arbeitsgericht Duisburg-Hamborn. — II. Landesarbeitsgericht Duisburg.

Am 20. Juli 1939 hat der Beklagte unter Benutzung eines von der Reichsmusikkammer genehmigten Vordrucks mit dem Kapellenleiter H. einen schriftlichen Vertrag dahin geschlossen, das letzterer sich „als Beauftragter und Leiter" der aus ihm und den beiden namentlich genannten Klägern bestehenden „Tanz- und Unterhaltungskapelle" verpflichtete, in der Zeit vom 1. November 1939 bis zum 31. Januar 1940 dem Beklagten in der „Kapuziner Diele" in D. täglich 8 Stunden von abends 21 bis früh 5 Uhr (außer in der Nacht zum Montag) „mit selbstgestellten Instrumenten" „zur Verfügung zu stehen". Die Gesamtvergütung für die Kapelle war auf monatlich 720 RM, bei Monaten mit 31 Tagen auf 744 RM festgesetzt. Die Kläger sollten davon monatlich je 240 RM erhalten. Unter Nr. 14 des Vertrages war bestimmt, daß durch den Vertrag zwischen dem Beklagten und einem jeden zur Kapelle gehörenden Mitglied Einzelarbeitsverträge zustande kämen.

Ende August 1939 wurde der Kapellenleiter H. zum Heeresdienst einberufen, so daß er die dem Beklagten gegenüber übernommene Verpflichtung nicht erfüllen konnte. Etwa am 18. Oktober 1939 hat der Beklagte von der Einberufung Kenntnis erhalten; er hat dann den Klägern erklärt, daß eine Erfüllung des Vertrages für ihn nicht mehr in Betracht käme, da die Kapelle in der vorgesehenen Besetzung nicht spielen könne. Er hat den Klägern damals angeboten, er wolle sie allein an drei Wochentagen beschäftigen, doch sind die Kläger auf dieses Angebot nicht eingegangen. Zu einem Dienstantritt ist es deshalb nicht gekommen. Im zweiten Rechtszuge haben die Kläger noch vorgetragen, der Erstkläger habe dem Sohne des Beklagten noch rechtzeitig mitgeteilt, daß sie einen anderen sog. Stehgeiger als Ersatzmann für den ausgefallenen Kapellenleiter H. an der Hand hätten.

Die Kläger forderten Zahlung des für sie vereinbarten Gehalts mit je 240 RM für die Monate November und Dezember 1939 abzüglich anderweitigen Verdienstes. Weitere Ansprüche für den Monat Januar 1940 haben sie sich vorbehalten.

Der Beklagte hält die Ansprüche für unbegründet und hat deshalb um Abweisung der Klage gebeten. Im Wege der Widerklage hat er weiter beantragt, festzustellen, daß den Klägern auch über die geforderten Beträge hinaus keine Ansprüche zuständen.

Beide Vorinstanzen haben die Klage abgewiesen und der Widerklage stattgegeben. Die Revision der Kläger blieb ohne Erfolg.

Gründe:

Die Kläger gründen ihre Ansprüche auf den vom Beklagten mit dem Kapellenleiter H. abgeschlossenen Vertrag vom 20. Juli 1939. Nach Nr. 14 dieses Vertrages, den H. „als Beauftragter und Leiter" der Kapelle abgeschlossen hat, sind durch den Vertrag unmittelbare einzelvertragliche Beziehungen zwischen dem Beklagten und den Klägern entstanden. Die Sachbefugnis der Kläger steht hiernach außer Zweifel.

Die vom Sondertreuhänder für die kulturschaffenden Berufe am 3. Oktober 1939 erlassene Anordnung zur Anpassung der Arbeitsverhältnisse der Musiker und Kapellenleiter in Gaststätten an den Kriegszustand (RArbBl. 1939 S. 487) findet im vorliegende Fall keine Anwendung. Darüber herrscht auch kein Streit unter den Parteien.

Die vertraglichen Beziehungen zwischen den Parteien hat das Berufungsgericht zutreffend als solche dienstvertraglicher Art gekennzeichnet. Diese dienstvertraglichen, unmittelbar zwischen dem Beklagten und den einzelnen Kapellenmitgliedern geknüpften Beziehungen schließen es nun, wie das Berufungsgericht mit Recht annimmt, keineswegs aus, den vorliegenden Vertrag als einen Gruppenarbeitsvertrag anzusehen. Das Vertragsverhältnis kleiner Musikkapellen zu den Inhabern der Gaststätten, in denen sie spielen, kann verschieden geregelt sein (vgl. hierzu Urt. des RAG. vom 11. November 1931 RAG. 217/31 abgedr. RAG. Bd. 9 S. 355 flg. und ArbRSamml. Bd. 13 S. 327 flg mit Anm. von Hueck). Wenn das Berufungsgericht den vorliegenden Vertrag dahin aufgefaßt hat, daß hier der Fall einer sog. Eigengruppe vorgelegen habe, so ist das entgegen der Ansicht der Revision nicht zu beanstanden, insbesondere steht die Vorschrift des § 2 der Tarifordnung für die in Gaststätten beschäftigten Musiker und Kapellenleiter im Treuhänderbezirk Westfalen vom 24. Februar 1936 (RArbBl. VI S. 958) der Auffassung nicht entgegen. Es liegt hier der von Hueck in seiner Anmerkung zu der genannten Entscheidung des Reichsarbeitsgerichts vom 11. November 1931 ArbRSamml. Bd. 13 S. 332 im vorletzten Absatz am Ende erwähnte Fall vor, daß der Vertrag zugleich im Namen der Gruppe und im Namen der einzelnen Gruppenmitglieder abgeschlossen wird. In einem solchen Fall kann keine Rede davon sein, daß die Einzelarbeitsverträge unabhängig voneinander bestünden, sie sind vielmehr, wie das Berufungsgericht auch für den vorliegenden Fall mit Recht angenommen hat, eng miteinander verbunden und namentlich hinsichtlich der Lösung voneinander abhängig.

Das Berufungsgericht hat dann im wesentlichen folgendes ausgeführt: Die Mitglieder der Eigengruppe seien nach ihren Arbeitsverträgen zu einem Zusammenspiel, also zu einem Mitwirken bei einer Gesamtleistung, einheitlich verpflichtet worden. Diese übernommene Verpflichtung hätten die Kläger infolge der Einberufung des Kapellenleiters H. nicht erfüllen können. Es habe sich dabei um eine Unmöglichkeit der Leistung gehandelt, die schon vor Antritt ihrer Tätigkeit, also vor Beginn des Arbeitsverhältnisses, bestanden habe, sowie auch um eine dauernde Unmöglichkeit der Leistung. In seiner Entscheidung vom 13. September 1939 RAG. 8/39 (ArbRSamml. Bd. 37 S. 238) habe das Reichsarbeitsgericht bemerkt, daß der Lohn das Entgelt für geleistete Arbeit sei und deshalb in der Regel voraussetze, daß die Arbeit wirklich geleistet werde. Aus dem Gesichtspunkt der Fürsorgepflicht des Unternehmers werde man nur dann das Fortbestehen des Lohnanspruchs unter Umständen ohne Arbeitsleistung bejahen müssen, wenn während eines bestehenden Arbeitsverhältnisses eine nur zeitweilige Unmöglichkeit der Leistung aus irgendeinem Grunde bestanden habe. Sodann sei jedenfalls zu berücksichtigen, daß diese Unmöglichkeit der Leistung für die Kläger nicht plötzlich eingesetzt habe, diese hätten vielmehr schon zwei Monate vor dem 1. November 1939 gewußt, daß sie als „Kapelle H." nicht würden spielen können. Sie hätten sich deshalb rechtzeitig noch andere Beschäftigung suchen können. Das Berufungsgericht hat dann geprüft, ob der Beklagte etwa aus dem Gesichtspunkt der Fürsorgepflicht (§ 2 AOG.) verpflichtet gewesen wäre, seinerseits das Erforderliche zu veranlassen, damit die Kläger in einer Kapelle hätten spielen können. Diese Frage hat es verneint. Es hat den Vertrag dahin ausgelegt, daß der Kapellenleiter Vertrauensmann sowohl der Kapellenmitglieder, also der beiden Kläger, als auch des Unternehmers, des

Beklagten, gewesen sei. Beiden Teilen gegenüber sei er verantwortlich dafür gewesen, daß die Kapelle habe spielen können. Wenn daher ein Kapellenmitglied, also einer der Kläger, aus irgendeinem Grunde ausgeschieden wäre, so sei er (H.) auch beiden Teilen gegenüber berechtigt und verpflichtet gewesen, für den erforderlichen Ersatz zu sorgen. Er sei deshalb der „notwendige Bestandteil der Kapelle" gewesen. Mit seinem Wegfall sei auch die Kapelle beendet worden. Es könne weder der Unternehmer den übrigen Kapellenmitgliedern, noch könnten diese dem Unternehmer einen anderen Kapellenleiter zuführen. Eine derartige Veränderung sei nur mit Zustimmung aller Beteiligten möglich, also nur durch einen neuen Vertrag. Mit dem Ausscheiden des Kapellenleiters sei die Geschäftsgrundlage des Anstellungsvertrages der Kapelle weggefallen. Da die Kläger nicht berechtigt gewesen seien, dem Beklagten einen anderen Kapellenleiter „vorzuschreiben", könne ihr neues Vorbringen, daß der Erstkläger dem Sohne des Beklagten Mitteilung von der Bereitwilligkeit eines anderen Stehgeigers zum Eintritt als Kapellenleiter gemacht habe, auch dann keinen Erfolg haben, „wenn dieses Vorbringen nicht sowieso als verspätet zurückgewiesen sein würde". Schließlich verneint das Berufungsgericht eine Verpflichtung des Beklagten auch noch aus dem Gesichtspunkt der Betriebsgefahr und kommt damit zu dem Ergebnis, daß der Beklagte gemäß § 323 BGB. berechtigt gewesen sei, die Entlohnung der Kläger abzulehnen.

Diese Ausführungen geben zu Bedenken Anlaß. Daß die §§ 323 flg. BGB. für die Beurteilung von Arbeitsverhältnissen heutiger Zeit nicht geeignet sind, hat das Reichsarbeitsgericht in der erwähnten Entscheidung vom 13. September 1939 grundsätzlich ausgesprochen. Daran ist festzuhalten. Zu beanstanden ist aber vor allem, wie das Berufungsgericht nach dem vorliegenden Vertrage die Stellung des Kapellenleiters aufgefaßt hat. Der Vertrag, der laut Tatbestand nach einem von der Reichsmusikkammer genehmigten Formular abgeschlossen worden ist, muß als ein sog. typischer Vertrag (vgl. RAG. Bd. 19 S. 112) angesehen werden und unterliegt deshalb der freien Auslegung des Revisionsgerichts. Auszugehen ist nun davon, daß es sich bei der „Kapelle H." offenbar nicht um eine Kapelle handelt, die durch besondere künstlerische Leistungen ihres Leiters ihr besonderes Gepräge erhielt — der Beklagte selbst hat etwas Derartiges auch nicht behauptet —, sondern um eine gewöhnliche Tanz- und Unterhaltungskapelle, die das Berufungsgericht bei Erörterung der Frage, ob die sonstigen Kapellenmitglieder hätten ausgewechselt werden können, als „Biermusik" bezeichnet hat. Geht man davon aber aus und berücksichtigt man dazu dann die

Nummer 14 des Vertrages mit ihrem Hinweis auf das Zustandekommen der Einzelarbeitsverträge, so muß die Ansicht, daß der Kapellenleiter eine nicht auswechselungsfähige Kraft sei und daß mit seinem Ausscheiden unter allen Umständen die Kapelle aufhöre zu bestehen, als verfehlt bezeichnet werden. Freilich kann es nicht, wie die Revision meint, Aufgabe des Unternehmers sein, allein von sich aus für den ausgefallenen Kapellenleiter einen Ersatzmann zu beschaffen. Eine so weit gehende Fürsorgepflicht kann jedenfalls dann nicht anerkannt werden, wenn, wie hier, das Arbeitsverhältnis als solches noch nicht einmal begonnen hat.

Ob im vorliegenden Fall die Umstände wirklich so lagen, daß dem Beklagten rechtzeitig ein geeigneter Ersatzmann angeboten worden ist, mit dessen Eintritt er auch seinerseits zur Vertragserfüllung verpflichtet gewesen wäre, kann jedoch dahingestellt bleiben, da das diesbezügliche Vorbringen der Kläger verspätet ist. Mit dem angeblichen Angebot eines Ersatzmannes für den ausgefallenen Kapellenleiter sind die Kläger erst in der mündlichen Verhandlung vor dem Berufungsgericht hervorgetreten, so daß sich die Gegenseite darauf im Termin nicht erklären konnte. Das Vorbringen war also gemäß § 67 ArbGG. verspätet und durfte danach nur zugelassen werden, wenn die Verspätung nach der freien Überzeugung des Landesarbeitsgerichts nicht von der Partei verschuldet war. Der Urteilsbegründung ist aber zu entnehmen, daß das Berufungsgericht das Vorbringen nicht nur als unerheblich, sondern auch als unzulässig, weil verspätet, angesehen hat. Bleibt aber das Vorbringen unberücksichtigt, so entfällt der Annahmeverzug des Beklagten und damit auch der Erfüllungsanspruch der Kläger. Der Gesichtspunkt der Betriebsgefahr muß ausscheiden, weil nach Lage der Sache eine Unmöglichkeit der Leistung nicht angenommen werden kann.

RAG. 24, 123.+

Nach welchen Rechtsgrundsätzen ist beim Fehlen einer tariflichen, betrieblichen oder arbeitsvertraglichen Regelung die Auswirkung der Betriebsgefahr auf die Lohnansprüche der Gefolgschaftsangehörigen zu beurteilen?

BGB. § 615. AOG. §§ 1 und 2.

Urteil vom 26. November 1940.

I. Arbeitsgericht Görlitz. — II. Landesarbeitsgericht daselbst.

Gründe:

Der zur Beurteilung stehende Tatbestand ist kurz gefaßt folgender: Der Kläger, der mit der Beklagten den Eintritt in deren Dienst zum 1. September 1939 vereinbart hatte, dem dann aber von ihr wegen der Einziehung ihres Inhabers zum Heeresdienst und wegen der Einwirkungen des erwarteten Kriegsausbruchs auch sonst auf das Geschäft vor dem Diensteintritt das Dienstverhältnis fristlos gekündigt wurde (§ 70 HGB.), erkennt die Rechtmäßigkeit der Kündigung nicht an und verlangt das vereinbarte Gehalt bis zum Ablauf der ordentlichen Kündigungsfrist (§ 66 HGB.), unter Abzug des Gehalts aus einer anderweitig angenommenen Dienststelle.

. . . Es handelt sich darum, ob in Anbetracht der durch den Kriegszustand bedingten Verhältnisse und deren Einwirkung auf das Wirtschaftsleben und so auf das Geschäft der Beklagten die fristlose Kündigung eines Dienstverhältnisses wie das des Klägers gerechtfertigt war und in welchem Umfang etwa, bei Unwirksamkeit der Kündigung, der Anspruch des Klägers auf Zahlung seines Gehalts bis zum Ende der ordentlichen Kündigungsfrist (§ 66 HGB.) angesichts jener besonderen Verhältnisse für begründet zu erachten ist.

Rechtlich verfehlt ist die Verweisung des Berufungsgerichts auf die Bestimmungen der §§ 323 und 324 BGB. Es verkennt, daß nach der heutigen Anschauung über das Arbeitsverhältnis als ein vorwiegend personenrechtliches Gemeinschaftsverhältnis die Bestimmungen des Bürgerlichen Gesetzbuchs über den gegenseitigen Vertrag (§§ 323 flg.), wie das Reichsarbeitsgericht neuerdings besonders in dem Urteil RAG. Bd. 22 S. 18 (20 flg.) ausgesprochen hat, auf das Arbeitsverhältnis keine Anwendung finden können. Sie müssen daher auch für die Beurteilung des vorliegenden Rechtsstreits, dem ein Vertrag über die Leistung unselbständiger Dienste, also ein Arbeitsverhältnis, zugrunde liegt, außer Betracht bleiben.

. . .

Geht man mit dem Berufungsgericht davon aus, daß die von der Beklagten ausgesprochene Kündigung des Dienstverhältnisses des Klägers der Rechtswirksamkeit entbehrte, so ergeben sich folgende möglichen rechtlichen Gestaltungen: Hatte die Beklagte keinen rechtlich beachtlichen Grund, die vom Kläger angebotenen Dienste abzulehnen, so liegt ein Fall vor, der nach der für den Gläubigerverzug in § 615 BGB. ausgesprochenen Grundregel zu beurteilen ist, d. h. der Kläger behielt seinen Anspruch auf Vergütung jedenfalls bis zum Ende der gesetzlichen Kündigungsfrist (§ 66 HGB.) unter Anrechnung des Wertes desjenigen, was er in dieser Zeit anderweitig erworben hat (§ 615 Satz 2 BGB.). In diesem Falle bestand kein Anlaß, dem Kläger, etwa unter dem Gesichtspunkt von Treu und Glauben (§ 242 BGB.), eine Kürzung seiner Bezüge zuzumuten. Hatte die Beklagte einen solchen Grund, konnte sie infolge der Auswirkungen des drohenden Kriegsausbruchs und der dann weiter eingetretenen Kriegsfolgen für ihr Geschäft tatsächlich von den Diensten des Klägers keinen Gebrauch machen, dann war damit eine Rechtslage gegeben, die als die Auswirkung des sogenannten „Betriebsrisikos" anzusehen ist. Mit diesem Begriff ist der in der Rechtsprechung schon vielfach behandelte Fall gekennzeichnet, daß der Beschäftigte zur Leistung der Dienste bereit und imstande ist, der Unternehmer aber ohne sein Verschulden, infolge eines äußeren auf den Betrieb einwirkenden Umstandes, gehindert ist, die angebotenen Dienste zu verwenden. Zu diesen Umfständen sind u. a. zu rechnen: Störungen betriebstechnischer Art, Naturereignisse, politische Verhältnisse und der Krieg mit seinen unmittelbaren und mittelbaren Auswirkungen auf das wirtschaftliche Gebiet. Ob Betriebsstörungen oder Betriebsstockungen aus wirtschaftlichen Gründen (wie Auftragsmangel, Mangel an Rohstoffen oder Absatzschwierigkeiten und dergleichen), etwa lediglich als Folgen naturgegebener Schwankungen des Wirtschaftslebens oder auch als Mitfolgen außergewöhnlicher Erscheinungen, wie sie z. B. die Wirtschaftskrise des Jahres 1930 und der folgenden Jahre darstellte, darin einzuschließen sind oder nicht, kann hier unerörtert bleiben, und es bedarf auch keiner weiteren Stellungnahme zu der auf diesem Gebiet vorliegenden Rechtsprechung des Reichsarbeitsgerichts (u. a. RAG. Bd. 5 S. 187, Bd. 9 S. 25, Urteil vom 12. Dezember 1931 RAG. 329/31, abgedruckt in ArbRSamml. Bd. 14 S. 78, RAG. Bd. 12 S. 362). Denn jedenfalls stellt der neuzeitliche, das ganze Volk ergreifende Krieg mit seinen Einwirkungen auf das Wirtschaftsleben, so vorliegend auf das Geschäft der Beklagten in Gestalt der Einziehung ihres Inhabers zum Heeresdienst, der Verdunkelung und der dadurch sowie durch sonstige Umstände, wie behauptet, hervorgerufenen Verminderung des Absatzes in Dekorationsgegenständen usw., solchen Umstand dar.

Die in den Fällen der Betriebsgefahr sich ergebende Rechtslage ist beim Fehlen einer tariflichen, betrieblichen oder arbeitsvertraglichen Regelung hinsichtlich der dem Beschäftigten zu gewährenden Vergütung für den Unternehmer und den Beschäftigten, wie das Rechtsverhältnis zwischen ihnen überhaupt, aus der jetzigen Anschauung über das Arbeitsverhältnis, wie es besonders in den §§ 1 und 2 AOG. Gestalt genommen hat, zu beurteilen. Wie hierbei die Bestimmungen des Bürgerlichen Gesetzbuchs im besonderen über den gegenseitigen Vertrag (§§ 323 flg.), aber auch die Bestimmung des § 615 BGB. keine geeignete Grundlage für die Beurteilung bilden (so schon RGZ. Bd. 106 S. 272 [275], weiter RAG. Bd. 2 S. 74 [78] u. a.), so kann dafür auch der vom Reichsarbeitsgericht nach dem früheren Arbeitsrecht angewendete Gedanke nicht mehr verwertet werden, daß derjenige Teil der Arbeitsvertragsparteien, aus dessen Gefahrenkreis jenes auf den Betrieb einwirkende Ereignis kommt, für die daraus sich ergebenden Folgen einzutreten habe (u. a. RAG. Bd. 2 S. 79, Bd. 3 S. 86 [88/89], Urteil vom 26. Februar 1930 RAG. 454/29 in ArbRSamml. Bd. 10 S. 150 [152], RAG. Bd. 15 S. 57 [62/63]). Dieser Gedanke verträgt sich nicht mit der Anschauung über das Arbeitsverhältnis als ein zwischen dem Unternehmer und den Gefolgschaftsmitgliedern bestehendes, durch das Band der Treue und Fürsorge zusammengeschlossenes Gemeinschaftsverhältnis, das eine Aufspaltung zwischen ihnen, wie sie jenem Gedanken zugrunde liegt, nicht zuläßt. Nach der in dem Gesetz zur Ordnung der nationalen Arbeit vom 20. Januar 1934 (RGBl. I S. 45), § 2 Abs. 1, festgelegten Ordnung der Aufgaben und Pflichten des Unternehmers und der Gefolgschaft ist dem Unternehmer als Führer des Betriebes, nach Maßgabe der weiter im Gesetz getroffenen Regelung, in allen betrieblichen Angelegenheiten gegenüber der Gefolgschaft die Entscheidungsbefugnis zuerkannt. Aus diesem Grunde sowie auch aus dem Gesichtspunkt der Fürsorgepflicht (§ 2 AOG.) erscheint es gerechtfertigt, ihm die Verantwortung für den Fortgang des Betriebes aufzuerlegen und ihn in dem Falle der Betriebsgefahr grundsätzlich zur Fortgewährung der Vergütung an die Gefolgschaftsmitglieder für verpflichtet zu erachten (vgl. dazu das Urteil RAG. Bd. 15 S. 64/65, in dem der Gedanke erwogen, dazu aber noch keine weitere Stellung genommen worden ist; ferner Urteil vom 12. Juni 1940 RAG. 17/40 in ArbRSamml. Bd. 39 S. 407 [410]).

Aus der Betriebsverbundenheit zwischen dem Unternehmer und den Gefolgschaftsmitgliedern (§ 1 AOG.) und aus dem Treuegedanken (§ 2 Abs. 2 AOG.), sowie aus dem allgemeinen Volksinteresse an der Erhaltung der Betriebe (§ 1 AOG.) kann aber unter besonderen Umständen, insbesondere wenn sonst der Bestand des Betriebes gefährdet würde, die Verpflichtung der Gefolgschaftsmitglieder abgeleitet werden, durch eine Beschränkung des Lohnanspruchs und äußerstenfalls durch Verzicht auf ihn die Folgen der Betriebsgefahr für ihr Teil mitzutragen (vgl. zu allem auch die Regelung, die im § 36 Abs. 2 und 3 des Akademieentwurfs eines Gesetzes über das Arbeitsverhältnis vorgeschlagen worden ist). Ein solcher Fall kann besonders in Zeiten der Schicksalsgemeinschaft aller Volksgenossen, wie sie in dem gegenwärtigen Kriege besteht, gegeben sein. Dieser Rechtsgedanke liegt auch dem § 1 der unter dem 16. September 1939 (RGBl. I S. 1869) erlassenen Ersten Durchführungsbestimmungen zum Abschnitt III (Kriegslöhne) der Kriegswirtschaftsverordnung vom 4. September 1939 (RGBl. I S. 1609) zugrunde, wonach der Reichstreuhänder oder Sondertreuhänder der Arbeit, wenn in Auswirkung des Kriegszustandes Betriebe stillgelegt, eingeschränkt oder umgestellt werden, die besonderen Kündigungsfristen für einzelne Gefolgschaftsmitglieder, für die Gefolgschaften einzelner Betriebe oder diejenigen einer Gruppe von Betrieben abkürzen oder über die Zahlung fällig werdender Entschädigungen (Abfertigungen) von den gesetzlichen Vorschriften oder sonst getroffenen Regelungen abweichende Bestimmungen treffen kann.

Ob Umstände der bezeichneten Art gegeben sind, bedarf aber im einzelnen Falle der näheren Prüfung und Darlegung. Das läßt das angefochtene Urteil, wie die Revision mit Recht rügt, vermissen. Es ist nicht näher zu ersehen, in welchem Ausmaß die durch den Kriegsausbruch bedingten Maßnahmen und deren Folgen, wie die Verdunkelung, die Einschränkung öffentlicher Veranstaltungen, der geringere Reklamebedarf auf das Geschäft der Beklagten, das Innen- wie das Außengeschäft, nachteilig eingewirkt haben, inwieweit ferner die Einziehung des Inhabers der Beklagten das Geschäft nachteilig beeinflußt hat und ob und inwieweit, etwa wegen der behaupteten Unmöglichkeit der Einführung des fachfremden Klägers in seinen Dienst, die Beklagte gehindert war, den Kläger für den in Aussicht genommenen Dienst oder sonst zu beschäftigen. Das alles hätte das Berufungsgericht, gegebenenfalls durch Heranziehung der Geschäftsbücher der Beklagten und Vernehmung eines Sachverständigen, wie verlangt, näher prüfen müssen. Dabei wäre aber auch zu berücksichtigen gewesen, daß die Beklagte sich verpflichtet hatte, außer dem Kläger noch einen weiteren Reisenden in der Person des Alfred H. zum 1. September 1939 einzustellen, und daß sie auch diesem das Gehalt zu bezahlen gehabt hätte. Mit der allgemeinen Bemerkung im Urteil, er erscheine glaubhaft, daß — bei Erhaltung des Geschäfts in seinem Bestande und bei Erzielung noch gewisser Einnahmen aus dem Außengeschäft in der Zeit von September bis Dezember 1939 — durch die gerade das Dekorationsgewerbe stark beeinträchtigenden Kriegsmaßnahmen, wie die Bezugsscheinpflicht, die Einschränkung der öffentlichen Veranstaltungen, bei denen eine Ausschmückung der Räume bisher üblich gewesen sei, den geringeren Reklamebedarf, ein nicht unerheblicher Rückgang des Geschäfts der Beklagten eingetreten sei, ist die Verpflichtung des Klägers zur Mittragung dieser Nachteile in Gestalt der Herabsetzung seines Gehalts überhaupt und in welchem Umfang nicht zu begründen.

Der bezeichnete Mangel mußte zur Aufhebung des Urteils und zur Zurückverweisung der Sache an das Berufungsgericht führen. Dieses wird eine nähere Klarstellung in der bezeichneten Richtung vorzunehmen haben. Sollte die Prüfung wieder zu dem Ergebnis führen, daß es gerechtfertigt ist, den Kläger an der Gefahrtragung der Beklagten in der Form der Herabsetzung seines Gehalts teilnehmen zu lassen, so wäre die Art und das Ausmaß dieses Ausgleichs zwischen den Parteien dann allerdings im wesentlichen eine Frage tatrichterlicher Würdigung. Im Rahmen dieser Prüfung bietet sich dann auch Gelegenheit, gegebenenfalls durch Anhörung eines Sachverständigen — diese Unterlassung rügt die Revision ebenfalls mit Recht — klarzustellen, ob und welche Provision der Kläger als Reisender für das Geschäft der Beklagten in den Monaten bis Ende Dezember 1939 hätte verdienen können, wenn er für dieses hätte tätig sein können. Darauf, daß der Kläger für die Beklagte tatsächlich nicht gearbeitet hat, wie das Berufungsgericht erwägt, kommt es dabei nicht an. Die Verneinung des Anspruchs auf Provision in der geschehenen Weise war ebenfalls rechtlich zu beanstanden.

Ergäbe allerdings die Prüfung, daß die Beklagte keinen rechtlich beachtlichen Grund zur Ablehnung der Dienste des Klägers hatte, so würde sich nach dem oben Ausgeführten eine Herabsetzung des Anspruchs des Klägers nicht rechtfertigen. Hatte sie hingegen einen solchen Grund und würde die Beschäftigung des Klägers mit, wie zu beachten, gleichzeitiger Beschäftigung des H. auch bei Herabsetzung ihrer Bezüge, das Geschäft der Beklagten zum Erliegen gebracht haben, so würde es nach dem oben Dargelegten als gerechtfertigt erscheinen, den Gehaltsanspruch des Klägers ganz zu verneinen, womit dann jedenfalls die Abweisung der Klage in dem Umfange, wie in dem angefochtenen Urteil geschehen, begründet wäre. Die Rechtsfolge wäre dann für den vorliegenden Fall im Ergebnis keine andere als bei Bejahung der fristlosen Kündigung (§ 626 BGB., § 70 HGB.) oder bei Auflösung des Vertrags wegen veränderter Verhältnisse (§ 242 BGB.).

RAG. 24, 142.+

Welchen Lohn hat ein Akkordarbeiter für die an Feiertagen ausfallende, aber zu bezahlende Arbeitszeit zu beanspruchen? Steht ihm ein durchschnittlicher Akkordlohn zu, auch wenn für ihn als Urlaubsvergütung tariflich eine andere Abgeltung vorgesehen ist?

Anordnung zur Durchführung des Vierjahresplans über die Lohnzahlung an Feiertagen vom 3. Dezember 1937 (RAnz. Nr. 280 vom 4. Dezember 1937, RArbBl. I S. 320).

Urteil vom 26. November 1940.

I. Arbeitsgericht Stettin. — II. Landesarbeitsgericht daselbst.

Der Kläger . . . arbeitet in Akkord und hat in den letzten sechs Wochen des Jahres 1939 einen durchschnittlichen Wochenarbeitsverdienst von 55,20 RM erzielt. Auf Grund der Anordnung zur Durchführung des Vierjahresplanes über die Lohnzahlung an Feiertagen vom 3. Dezember 1937 hat die Beklagte ihrer gesamten Gefolgschaft für die beiden Weihnachtstage 1939 und den Neujahrstag 1940 Lohn gezahlt, und zwar den Stundenlohn in Höhe des Tariflohnes für $8^1/_2$ Arbeitsstunden zuzüglich eines Aufschlages von 10 v. H. Das hat für den Kläger 6,68 RM für jeden der genannten Feiertage ausgemacht. Der Kläger ist der Ansicht, ihm stände nach seinem durchschnittlich erzielten Akkordlohn eine Bezahlung in Höhe von je 9,20 RM zu. Mit der Klage fordert er den Unterschiedsbetrag mit 3mal 2,52 RM = 7,56 RM.

Die Beklagte hat den Standpunkt vertreten, der Kläger habe für die genannten Feiertage an sich nicht mehr zu beanspruchen als die tarifliche Urlaubsvergütung. . . .

Beide Vorinstanzen haben der Klage stattgegeben. Die Revision der Beklagten blieb ohne Erfolg aus folgenden

Gründen:

. . .

Bereits in mehrfachen Entscheidungen hat das Reichsarbeitsgericht unter Würdigung des mit der Anordnung verfolgten Zwecks ausgesprochen, die Gefolgschaftsangehörigen sollten dadurch in ihrem Arbeitseinkommen so gestellt werden, als wenn an den betreffenden Feiertagen Werktag gewesen wäre und sie ihre regelmäßige Arbeit verrichtet hätten, nicht schlechter, aber auch nicht besser (vgl. RAG. Bd. 21 S. 19/20, S. 28, S. 297/298 und S. 301); es soll ihnen für den Wochenfeiertag der regelmäßige Arbeitslohn gezahlt werden, „ohne erst erdient werden zu müssen" (so Urteil v. 5. Dezember 1939 RAG. 62/39, abgedr. ArbRSamml. Bd. 37 S. 455 flg.). In der Regel wird sich der hiernach für die Feiertage zu zahlende Arbeitslohn freilich decken mit dem Betrag der Urlaubsvergütung, denn für diese gilt auch der in ständiger Rechtsprechung angenommene Grundsatz, daß ein beurlaubter Gefolgsmann hinsichtlich der Entlohnung im Zweifel ebenso gestellt sein soll, als wenn er in der Urlaubszeit gearbeitet hätte. Das rechtfertigt es aber keineswegs, eine für eine Urlaubsentschädigung zulässigerweise von der Grundregel abweichende Sonderregelung (vgl. RAG. Bd. 21 S. 243) wie sie vorliegend in der im Tatbestand genannten Tarifordnung vom 5. Dezember 1938 erfolgt ist (§ 4 Abs. 13 das.), nun auch ohne weiteres auf die Bezahlung der Wochenfeiertage anzuwenden. Die Befreiung der Gefolgschaft von der Arbeit an den genannten Feiertagen ist regelmäßig nicht als Beurlaubung anzusehen, die Art des dann zu zahlenden Arbeitslohns deshalb auch, wie das Berufungsgericht richtig erkannt hat, der Urlaubsvergütung nicht ohne weiteres gleichzusetzen.

. . .

Der „regelmäßige Arbeitsverdienst" des Klägers als Akkordlöhners läßt sich somit nur aus dem durchschnittlich erzielten Akkordlohn entnehmen, wobei eine angemessene Zeitspanne zugrunde zu legen ist. Die vom Kläger gewählte Zeitspanne von 6 Wochen ist von der Beklagten an sich nicht beanstandet. Die Klageforderung ist danach gerechtfertigt.

RAG. 24, 179.+

Ist die Unterrichtszeit in der Berufsschule auch dann zu entlohnen, wenn im Betriebe Kurzarbeit eingeführt ist und der berufsschulpflichtige Arbeiter die Kurzarbeit voll mitmacht, eine Anrechnung der Schulzeit auf die Arbeitszeit also nicht erfolgt?

Jugendschutzgesetz vom 30. April 1938 (RGBl. I S. 437) § 8.

Urteil vom 11. Dezember 1940.

I. Arbeitsgericht Erfurt. — II. Landesarbeitsgericht daselbst.

Der Kläger ist im Betriebe der Beklagten als jugendlicher Arbeiter im Stundenlohn beschäftigt. Anfang 1940 war in dem Betriebe Kurzarbeit eingeführt, die von Montag bis Freitag jeder Woche geleistet wurde. Sonnabends ruhte der Betrieb. An den Sonnabenden fand aber der Unterricht der Berufsschule statt, zu deren Besuch der Kläger verpflichtet war. Er hat auch an dem Unterricht teilgenommen, hat für die Unterrichtszeit von der Beklagten aber keinen Lohn bekommen.

Eine Anrechnung der Unterrichtszeit auf die Arbeitszeit hat nicht stattgefunden. Mit der Klage forderte der Kläger den Stundenlohn für 6 Berufsschulstunden, an denen er am Sonnabend, dem 3. Februar 1940, teilgenommen hat.

Das Arbeitsgericht hat die Klage abgewiesen, das Landesarbeitsgericht hat ihr stattgegeben. Die Revision der Beklagte wurde zurückgewiesen aus folgenden

Gründen:

. . .

Diese Vorschrift findet sich im dritten, die „Arbeitszeit der Jugendlichen" regelnden Abschnitt des Gesetzes. Der einleitende § 7 dieses Abschnittes setzt als Regel das Höchstmaß der täglichen Arbeitszeit auf 8 Stunden, dasjenige der Wochenarbeitszeit auf 48 Stunden fest. Nach § 8 kann dann kein Zweifel daran bestehen, daß das Gesetz einen Jugendlichen regelmäßig durch eigentliche Arbeit und Unterricht in der Berufsschule insgesamt nicht über die angegebenen Höchstmaße hinaus in Anspruch genommen wissen will, und ferner, daß der Jugendliche durch den pflichtmäßigen Besuch der Berufsschule in seinen regelmäßigen Einkünften durch den Schulbesuch nicht beeinträchtigt werden darf. Nicht ohne weiteres ergibt sich aber aus der Fassung des § 8, wie es mit der Bezahlung der Unterrichtsstunden sein soll, wenn die vorgeschriebene Anrechnung der Unterrichtszeit auf die Dauer der Arbeitszeit nicht stattfindet, weil im Betriebe Kurzarbeit durchgeführt ist.

In der amtlichen Begründung des Gesetzes (RArbBl. 1938 III S. 112) ist unter Nr. 4 u. a. folgendes ausgeführt: Da der (nationalsozialistische) Staat dem Jugendlichen die bestmögliche Berufserziehung zuteil werden lassen wolle, müsse die berufliche Ausbildung im Betriebe und in der Berufsschule stärker als bisher in Einklang gebracht werden. Abweichend vom bisher geltenden Recht beziehe das neue Gesetz die gesamte Unterrichtszeit in einer Berufsschule in die gesetzliche Arbeitszeit ein. Es berücksichtige hierbei die Tatsache, daß die Berufsschule ein wichtiger Bestandteil der Gesamtausbildung der Jugendlichen sei und daß sie ihren Zweck nur dann erfüllen könne, wenn die Jugendlichen dem Unterricht aufmerksam folgten und sich aufnahmefähig an ihm beteiligten. Das könne im allgemeinen von einem Jugendlichen nicht erwartet werden, der bereits eine achtstündige Arbeitszeit geleistet habe. Ebensowenig könne es als zulässig erachtet werden, daß die durch den Berufsschulunterricht ausfallende Zeit nachgearbeitet werde, da darin eine zu starke Beanspruchung der Jugendlichen erblickt werden müsse.

Hauptzweck der angeführten Vorschrift ist danach zweifellos, unter Vermeidung einer Überbeanspruchung der Jugendlichen eine bestmögliche Ausbildung zu erreichen. Um dieses Zweckes willen hat dann aber das Gesetz grundsätzlich die der Berufsschule gewidmete Unterrichtszeit der betrieblichen Arbeitszeit gleichgesetzt, und zwar — so ist der Satz des § 8 Abs. 2 aufzufassen — auch hinsichtlich der Entlohnung. Wenn es in dieser Beziehung dann hätte anders sein sollen, wenn im Betrieb kurzgearbeitet wird und dieserhalb zulässigerweise von einer Anrechnung der Unterrichtszeit gemäß Satz 1 des § 8 Abs. 2 Abstand genommen wird, so hätte das als Ausnahme von der Regel besonders gesagt sein müssen. Da das nicht geschehen ist, muß eben jeder pflichtmäßige Berufsschulbesuch als vollwertige Arbeitszeit gerechnet werden.

Wenn auch, worauf die Revision hingewiesen hat, im Vorspruch des Gesetzes unter den dort aufgeführten Grundgedanken wohl von der Begrenzung der Arbeitszeit, nicht aber von einer besonderen Bezahlung der Jugendlichen die Rede ist, so besagt das nichts gegen die obige Auffassung des § 8. Ebensowenig kann der Revision darin gefolgt werden, daß die Ausdrucksweise des § 8 Abs. 2 Satz 2, die Erziehungsbeihilfe oder der Lohn sei „weiter" zu zahlen, der hier vertretenen Auffassung im Wege stände. Und wenn die von der Beklagten angeführte Tarifordnung für die Schuhindustrie bestimmt, daß den Lehrlingen und jugendlichen Gefolgschaftsangehörigen nur die zum Pflichtschulbesuch wirklich „ausfallende" Arbeitszeit zu vergüten sei, so kann das gegenüber dem weitergehenden Gesetz keine Bedeutung haben. Im übrigen deckt sich die Auffassung, daß jede, auch nicht angerechnete Unterrichtszeit hinsichtlich der Bezahlung als normale Arbeitszeit zu gelten hat, mit dem vom Reichsarbeitsminister vertretenen Standpunkt, wie er in dem im RArbBl. 1939 III S. 293 veröffentlichten Erlaß vom 26. August 1929 — III a 14617/39 — und besonders in dem im RArbBl. 1940 I S. 127 abgedruckten Bescheid vom 20. März 1940 — III a 5791/40 — eindeutigen Ausdruck gefunden hat.

RAG. 24, 199.

1. In welchem Umfange ist der angestellte Kraftwagenfahrer seinem Dienstherrn gegenüber für Schäden aus Kraftwagenunfällen ersatzpflichtig, die er durch nur leichte Fahrlässigkeit herbeigeführt hat?

2. Inwieweit kann solchenfalls der Kraftwagenfahrer von seinem Dienstherrn Befreiung von Ersatzansprüchen geschädigter Dritter verlangen?

BGB. § 276. AOG. § 2 Abs. 2. AOGÖ. § 2 Abs. 2.

Urteil vom 18. Dezember 1940.

I. Arbeitsgericht Tübingen. — II. Landesarbeitsgericht daselbst.

Der Kläger war gemäß Dienstvertrag vom 22. Juni 1931 bis Ende Februar 1937 als Kraftwagenfahrer beim Landesgefängnis in R., einer Anstalt der Reichsjustizverwaltung, beschäftigt. Er hat in dieser Zeit mit dem ihm anvertrauten Lastkraftwagen folgende Verkehrsunfälle herbeigeführt:

1. Am 8. Juni 1935 verletzte er beim Vorüberfahren an einem Pferdefuhrwerk ein Pferd des Landwirts Br. Er wurde dieserhalb zu 4 RM Geldstrafe verurteilt. Der Geschädigte nahm sowohl das Deutsche Reich als auch den jetzigen Kläger auf Schadensersatz in Anspruch. Beide wurden als Gesamtschuldner zum Ersatze des Schadens verurteilt. Das Deutsche Reich hat an Hauptforderung und Kosten etwa 1800 RM tragen müssen. Im Einvernehmen mit dem Reichsminister der Justiz ist damals von einer Weiterverfolgung des Rückgriffsanspruchs gegen den jetzigen Kläger gemäß § 67 Abs. 1 der Wirtschaftsbestimmungen für die Reichsbehörden (RWB.) vom 11. Februar 1929 (RMinBl. S. 49) Abstand genommen worden, wovon der Kläger alsbald benachrichtigt worden ist. Der vorgenannte Unfall ist für den gegenwärtigen Rechtsstreit jedoch nur von mittelbarer Bedeutung.

2. Am 25. September 1935 fuhr der Kläger mit dem Lastkraftwagen auf einem Waldwege einen dort aufgestellten Langholzwagen des Sägewerksbesitzers Ba. an. Dieser nahm den jetzigen Kläger auf Schadensersatz an Anspruch, während er von einem Erstattungsanspruch gegen das Reich absah. Der jetzige Kläger wurde durch das rechtskräftig gewordene Urteil des Amtsgerichts R. vom 1. Oktober 1936 auf Grund von § 823 BGB. zu einer Schadensersatzleistung von 104,70 RM und zur Tragung der Kosten verurteilt. Die durch den damaligen Rechtsstreit und durch Vollstreckungsversuche seines Gläubigers entstandenen Kosten gibt er auf 107,48 RM an. Hieran knüpft die vorliegende Klage an.

Mit dieser verlangte der Kläger von dem verklagten Reich Freistellung von seiner vorgenannten Haupt- und Kostenschuld zum Gesamtbetrage von 212,18 RM. Zur Begründung machte er geltend: Sein Verschulden an dem Schaden des Ba. habe nur ganz gering sein können, es widerspreche daher Treu und Glauben, wenn unter solchen Umständen der Dienstherr von dem Dienstverpflichteten verlange, den gesamten Schaden auf sich zu nehmen. Das verklagte Reich habe zudem die selbstverständliche Pflicht, ihn als Kraftfahrer gegen Haftpflicht zu versichern, nicht erfüllt. Dann müsse es wenigstens insoweit in die Schuld eintreten, als das Reich als Fahrzeughalter diese ohnehin hätte tragen müssen.

Das verklagte Reich ist dem Verlangen des Klägers entgegengetreten. Der Kläger habe dem Reiche grundsätzlich für jedes Verschulden gehaftet. Für eine Verpflichtung des Reichs, ihn gegen Haftpflicht zu versichern, fehle es an jeder rechtlichen Grundlage. Das Reich sei weit davon entfernt, seine Kraftwagenfahrer über Gebühr aus ihrer Haftpflicht in Anspruch zu nehmen, wie schon die Behandlung des ersten Haftpflichtschadens zeige. Weil der Kläger aber wegen des verhältnismäßig kleinen Betrags aus dem zweiten Unfalle den Klageweg beschreite, werde seiner Forderung ein Zurückbehaltungsrecht wegen des früheren Erstattungsanspruchs entgegengestellt.

Das Arbeitsgericht hat die Klage abgewiesen. Das Berufungsgericht hat der Klage jedoch zu einem Teilbetrage von 95 v. H. = 201,57 RM stattgegeben, während es hinsichtlich des Restbetrags von 5 v. H. = 10,61 RM bei der Klageabweisung verblieben ist. Die vom beklagten Reich eingelegte Revision führte zur Aufhebung des Berufungsurteils und zur Zurückverweisung der Sache.

Gründe:

Die Ausführung der Kraftwagenfahrt am 25. September 1935, bei welcher das Langholzfuhrwerk des Ba. zu Schaden gekommen ist, erfolgte in Erfüllung einer Verrichtung, die dem Kläger auf Grund eines bürgerlich-rechtlichen Dienstvertrags oblag. Daraus folgt, daß bei der Beurteilung der Frage, welche von beiden Parteien im Innenverhältnis zueinander für den Schaden aufzukommen hat, lediglich bürgerlich- oder genauer gesagt arbeitsrechtliche Grundsätze anzuwenden sind. Das würde auch dann nicht anders sein, wenn die anscheinend mit einem Gefangenenkommando unternommene Fahrt etwa in den Umkreis einer dem Kläger anvertrauten Ausübung öffentlicher Gewalt gefallen wäre. Zwar bestimmt jetzt § 23 Abs. 4 in Verb. mit Abs. 2 des Deutschen Beamtengesetzes, daß der nichtbeamtete Angestellte, der seine Amtspflichten in Ausübung ihm anvertrauter öffentlicher Gewalt verletzt, im Innenverhältnisse zu seinem Dienstherrn den Schaden ebenso wie ein Beamter nur bei Vorsatz und grober Fahrlässigkeit zu tragen hat, Voraussetzungen, die hier nicht behauptet sind. Indessen könnte diese gesetzliche Sonderregelung auf den gegenwärtigen Fall schon deshalb nicht angewendet werden, weil sich die Rechtsfolgen von

Amtspflichtverletzungen, die vor dem 1. Juli 1937 geschehen sind, entsprechend der Zweiten Durchführungsverordnung zu dem genannten Gesetze vom 13. Oktober 1938 (RGBl. I S. 1421) zu § 23 Nr. 4 — abgesehen von Besonderheiten der Verjährung — nach bisherigem Rechte bestimmen, und es solchenfalls nur in das Ermessen der Behörde gestellt ist, unter bestimmten Voraussetzungen bei leichter Fahrlässigkeit von einem Rückgriff gegen den Angestellten abzusehen. Es muß daher, mag der Kläger in Ausübung öffentlicher Gewalt gehandelt haben oder nicht, auf jeden Fall von dem allgemeinen Rechtsgrundsatze des § 276 BGB. ausgegangen werden (vgl. dazu das reichsgerichtliche Urteil vom 6. September 1940 III 13/40). Demzufolge hat der Dienstverpflichtete dem Dienstberechtigten für jedes Verschulden, also auch für leichte Fahrlässigkeit zu haften, und zwar nicht nur für denjenigen Schaden, den der Dienstberechtigte an seinen Rechtsgütern unmittelbar erleidet, sondern auch für denjenigen, der ihm mittelbar dadurch entsteht, daß infolge des pflichtwidrigen Verhaltens des Dienstverpflichteten eine Ersatzverpflichtung des Dienstberechtigten gegenüber einem Dritten entsteht. Dieser Grundsatz ist übrigens auch in § 6 der (hier allerdings noch nicht anwendbaren) Allgemeinen Tarifordnung für Gefolgschaftsmitglieder im öffentlichen Dienst (ATO.) vom 1. April 1938 (RArbBl. VI S. 471) aufrechterhalten. Er bildet daher, wie das Berufungsgericht nicht verkannt hat, die Regel, die für die Betrachtung zunächst im Vordergrunde steht.

Gleichwohl braucht diese Regel nicht in allen Fällen zu der starren Folgerung zu führen, dem Dienstverpflichteten im schließlichen Ergebnisse die alleinige Tragung eines von ihm in Ausübung des Dienstes verursachten Schadens aufzubürden. Die Eigenart gewisser Dienste bringt es nämlich mit sich, daß auch einem gewissenhaften Dienstverpflichteten Fehlgriffe unterlaufen, die zwar für sich allein betrachtet jedesmal vermeidbar sind, mit denen aber angesichts der menschlichen Unzulänglichkeit als mit einem typischen, mehr oder minder genau voraussehbaren Abirren der Dienstleistung erfahrungsgemäß gerechnet wird. Es sei dafür z. B. auf die Geschäfte von Zahlkassen hingewiesen, bei denen große Umsätze in Gestalt zahlloser kleiner Einzelbeträge erfolgen. Hier pflegt die sogenannte Mankohaftung besonders geregelt zu werden, um die Haftung der Kassierer in angemessenen Grenzen zu halten. Ebenso wird dem Angestellten, dessen Tätigkeit im Umgang mit leicht zerbrechlichen Waren besteht, nicht zuzumuten sein, die Kosten des üblichen Bruchs, gegen den sich der Unternehmer meistens versichern läßt, zu tragen. Im Kraftfahrzeugverkehr haben sich ähnliche

Verhältnisse entwickelt. Leichte Versehen können und werden auch dem fahrtüchtigsten Kraftfahrer unterlaufen; sie fallen — namentlich nach außen hin — deshalb freilich noch nicht aus dem Bereiche des haftungsbegründenden Verschuldens, müssen aber bis zu einer gewissen Grenze von dem Unternehmer zugleich als eine Art von typischem Betriebsrisiko in Kauf genommen werden. Dem Unternehmer stand es frei, sich hiergegen im Wege der Haftpflichtversicherung zu schützen. Eine Pflicht zur Versicherung des Fahrzeughalters und zugleich des Fahrers ist — aus Gründen des öffentlichen Interesses — erst durch das Gesetz über die Einführung der Pflichtversicherung für Kraftfahrzeughalter usw. vom 7. November 1939 (RGBl. I S. 2223) eingetreten. Sie gilt nach Art. I § 2 dieses Gesetzes indessen nicht für das verklagte Reich. Für die hier in Betracht kommende Zeit kann jedenfalls nicht davon die Rede sein, daß der Unternehmer im Verhältnisse zu dem von ihm angestellten Kraftwagenfahrer schlechthin verpflichtet gewesen wäre, eine solche Haftpflichtversicherung einzugehen, ebensowenig wie ihm etwa die Pflicht aufzuerlegen wäre, wegen etwaiger Beschädigungen des eigenen Kraftfahrzeugs eine Kaskoversicherung zu nehmen.

Immerhin wird es aber, soweit Billigkeitserwägungen für die Rechtslage von Bedeutung sind, zu Ungunsten des Unternehmers in die Waagschale fallen können, wenn er auf die Möglichkeit des Versicherungsschutzes verzichtet hat. Freilich bot sich, worauf Herschel JW. 1939 S. 456 mit Recht hinweist, auch dem Kraftfahrer selbst die Möglichkeit, für seine Person eine Haftpflichtversicherung gegen geringe Prämie (Herschel gibt sie auf 1,40 RM im Monat an) zu nehmen. Jedoch wird ganz abgesehen von dem Zweifel, ob diese Möglichkeit den Kraftwagenfahrern allgemein bekannt war, beachtet werden müssen, daß der Kraftwagenfahrer eher von seinem Dienstherrn einen Schutz gegen das mit seiner Berufstätigkeit verbundene Risiko erwarten kann, als umgekehrt der Dienstherr vom Kraftwagenfahrer. Zu diesen Erwägungen kommt vor allem aber der auch vom Berufungsgericht verwertete Gesichtspunkt, daß im Kraftfahrzeugverkehr auch leichte Versehen zu unvorhersehbar großen Schäden führen können. Das Berufungsgericht betont hierzu, daß ein vermögensloser und auf seinen Lohn angewiesener Kraftwagenfahrer es angesichts der Gefahr, schon bei leichtesten Versehen großen Schadensersatzforderungen ausgesetzt zu sein, vernünftiger- und redlicherweise nicht auf sich nehmen will und kann, in vollem Umfange für solche Schäden einzustehen, wenn sie seine Leistungsfähigkeit übersteigen. So ist das Berufungsgericht dazu gelangt, daß der Kläger zwar in vollem Umfange für Vorsatz und grobe

Fahrlässigkeit zu haften hätte, daß aber bei nur leichter Fahrlässigkeit eine Einschränkung seiner Haftung entsprechend dem Grade seines Verschuldens und seiner Leistungsfähigkeit stattfinden muß.

Diese Erwägungen gehen allerdings nur von den allgemein vertraglichen Bestimmungen in §§ 157, 242 BGB. aus. Es mag indessen dahingestellt bleiben, ob sie hiernach schon gerechtfertigt sind, oder ob an den Bedenken, welche das Urteil des Reichsarbeitsgerichts vom 23. November 1938 RAG. 71/38 RAG. Bd. 20 S. 252 [254] gegen eine so weitgehende Vertragsauslegung erhebt, festzuhalten wäre. Denn es kommt für die zur Entscheidung stehende Frage weniger auf schuldrechtliche als vielmehr auf arbeitsrechtliche Gesichtspunkte an, und gerade diese ergeben die Richtigkeit der grundsätzlichen Auffassung des Berufungsgerichts. Zwar kann die Treue- und Fürsorgepflicht des Führers des Betriebs (§ 2 Abs. 2 AOG., § 2 Abs. 2 AOGÖ.) nicht schon als solche die Quelle für besondere Ansprüche des Gefolgsmannes sein, sondern erst in Verknüpfung mit bestimmten Notwendigkeiten, welche sich aus der konkreten Gestaltung des Arbeitsverhältnisses ergeben. Diese Notwendigkeiten sind für das Arbeitsverhältnis eines angestellten Kraftwagenfahrers oben aufgezeigt worden. Ein solcher bedarf des Schutzes vor übermäßiger Belastung mit Ersatzansprüchen, denen er infolge von in seinem Beruf praktisch unvermeidbaren leichten Versehen ausgesetzt ist. Den Schutz kann ihm der Arbeitgeber nicht verweigern, weil Schadensfälle dieser Art eine seinem Betriebe eigentümliche Gefahr bilden, deren Risiko er unmöglich auf seinen Angestellten allein abwälzen kann. Beides zusammen muß vom Standpunkte des gegenseitigen Treueverhältnisses aus notwendig zu einem Ausgleiche und zu einer Durchbrechung des in § 276 BGB. enthaltenen Haftungsgrundsatzes führen. Die höchstrichterliche Rechtsprechung hat im Grunde auch schon längst der Auffassung zugeneigt, daß eine Einschränkung der Haftung des angestellten Kraftwagenfahrers bei nur leichter Fahrlässigkeit geboten ist. Insoweit kann auf die Urteile des Reichsarbeitsgerichts vom 12. Juni 1937 RAG. 297/36 ArbRSamml. Bd. 30 S. 1, vom 23. November 1938 RAG. 71/38 RAG. Bd. 20 S. 252, vom 8. November 1939 RAG. 60/39 ArbRSamml. Bd. 37 S. 269 und das Urteil des Reichsgerichts vom 6. September 1940 III 13/40 verwiesen werden. Dabei hat man allerdings in der Weise zu helfen gesucht, daß dem Kraftwagenfahrer gegen eine übermäßige Inanspruchnahme seitens seines Dienstherrn der Einwand unzulässiger Rechtsausübung zugebilligt worden ist, was für jene Fälle ausreichen mochte. In Wirklichkeit handelt es sich aber, wie oben dargelegt, um eine besondere Ausgestaltung, welche die beiderseitige Rechtslage durch Grundsätze des objektiven Arbeitsrechts erfährt, wonach beim Vorliegen der angegebenen Voraussetzungen der Dienstherr schlechthin nicht mehr als eine angemessene Beteiligung des Kraftwagenfahrers an der Windergutmachung des angerichteten Schadens, der Kraftwagenfahrer dagegen die Abnahme weitergehender Belastungen durch seinen Dienstherrn beanspruchen kann. Hiernach ergibt sich auch ohne weiteres, daß es keinen Unterschied macht, ob der Kraftwagenfahrer als Beklagter einem Rückgriffsanspruch seines Dienstherrn gegenübersteht oder als Kläger Befreiung von Ersatzansprüchen des Geschädigten verlangt. In beiden Fällen muß die Entscheidung gleichermaßen auf einen angemessenen Schadensausgleich herauskommen.

Hinsichtlich der Durchführung dieses Ausgleichs im vorliegenden Falle bemerkt das Berufungsgericht zunächst, der Gedanke einer Schadloshaltung des Beklagten müsse zurücktreten, wesentlich sei nur die erzieherische Wirkung, die ein der wirtschaftlichen Leistungsfähigkeit des Klägers angepaßter Beitrag auf diesen ausübe. Dem kann so nicht zugestimmt werden. Sicherlich darf die erzieherische Wirkung, welche die Beteiligung des Kraftwagenfahrers an der Schadenstragung ausüben muß, schon um keine Leichtfertigkeit einreißen zu lassen, nicht außer acht gelassen werden. Es geht aber nicht etwa an, diese Beteiligung lediglich einer Ordnungsstrafe gleichzusetzen. Endlich darf die Höhe der Beteiligung auch nicht ausschließlich nach der wirtschaftlichen Leistungsfähigkeit des Kraftwagenfahrers bemessen werden, sondern sie wird vornehmlich von dem Grade seiner Fahrlässigkeit abhängen müssen, so daß, wenn diese sich dem groben Verschulden nähert, selbst eine recht empfindliche Belastung des Kraftwagenfahrers angebracht sein kann.

Das Berufungsgericht führt dann weiter aus, daß der beim Ausgleich anzuwendende Maßstab weniger aus den Umständen des Einzelfalles als vielmehr aus den Erfahrungen und Bedürfnissen des Lebens zu entnehmen sei, wie sie sich bei der Behandlung zahlreicher gleichartiger Fälle geltend machen. Das Berufungsgericht legt deshalb die Bestimmungen zugrunde, welche in der Allgemeinen Dienstanweisung der Deutschen Reichspost Abschnitt X, 2, IX „Abwicklung von Dienst- und Privatschulden" (Ausgabe März 1938) § 83 Unterabschnitt VI Abs. 1 a enthalten sind. Danach hat der Kraftfahrer zu den Kosten, die er durch leichtes Verschulden im Fahrdienst verursacht hat, zum mindesten 5 v. H. bis zu einem Betrage von 50 RM beizutragen. So gelangt das Berufungsgericht ohne weiteres zu dem Ergebnisse, daß der Klageantrag zu 95 v. H. gerechtfertigt ist. Mit Recht wird dieser Gedankengang von der Revision als rechtsirrtümlich beanstandet. Es widerspricht den zutreffenden grundsätzlichen Ausführungen des Berufungsgerichts, wonach daß Maß des Verschuldens des Kraftwagenfahrers und die Vermögenslage der Beteiligten im Einzelfalle entscheidend sein muß. Hierauf wäre also in erster Linie einzugehen gewesen. Das Berufungsurteil nimmt indessen zu dem Hergang des Unfalls und zu dem Ausmaße des dabei zutage getretenen Verschuldens des Klägers keine Stellung. Das wäre aber selbst vom Standpunkt der Dienstanweisung der Reichspost erforderlich gewesen. Denn diese bestimmt, daß der Kraftwagenfahrer nicht höchstens, sondern daß er mindestens 5 v. H. des Schadens selbst auf sich zu nehmen hat, und läßt als Spielraum eine Grenze bis zu 50 RM offen. Da der Satz 5 v. H. hiernach kein starrer Maßstab sein soll, hätte also unter Mitberücksichtigung des Grades des Verschuldens des Klägers näher bestimmt werden müssen, welchen angemessenen Betrag er zu tragen hat. Die Anwendung des Mindestsatzes würde auch noch nicht damit zu rechtfertigen sein, daß das Berufungsurteil sagt, weil der Beklagte hinsichtlich des ersten Schadensfalls von einer Einziehung des Rückgriffsanspruchs gegen den Kläger abgesehen habe, müsse der Beklagte folgerichtig auch im zweiten Schadensfalle für den Kläger eintreten. Die Abstandnahme von der Einziehung der zuerst genannten Forderung beruht nämlich, wie § 67 RWB. ergibt, lediglich auf verwaltungstechnischen Erwägungen und dem Zwecke, nutzlose Verwaltungsarbeit zu vermeiden. Mit den hier in Betracht kommenden sachlich-rechtlichen Gesichtspunkten hängt das nicht zusammen. Daher konnte das Berufungsgericht nicht die Folgerung ziehen, daß der Beklagte für den Schaden des Ba. schon deshalb zu 95 v. H. aufzukommen habe, weil die frühere Rückgriffsforderung sich als nicht einziehbar herausgestellt hat. Das Berufungsgericht vertritt ja auch selbst den Standpunkt, daß die Verteilung des Schadens nicht ausschließlich von der Vermögenslage der Beteiligten, sondern auch von dem Grade des Verschuldens des Kraftwagenfahrers abhängen soll. Ob aber dieses in dem einen und in dem anderen der beiden Schadensfälle gleich zu bewerten ist, darüber fehlt es an jeder Feststellung. Das Berufungsgericht hätte sich auch die Frage vorlegen müssen, ob der Beklagte das Eintreten für den nicht sehr erheblichen Schaden des Ba. nicht schon um deswillen ablehnen konnte, weil der Beklagte kurz zuvor schon den sehr erheblich viel größeren Schaden des Br. hatte ersetzen müssen.

Vor allem aber ist mit der Revision zu beanstanden, daß das Berufungsgericht die bei der Reichspost getroffene Regelung unmittelbar auf den gegenwärtigen Fall überträgt. Diese Regelung ist ersichtlich den besonderen Verhältnissen des Postfahrdienstes angepaßt, wo schon wegen der Einhaltung von Fahrplänen höhere Anforderungen an die Fahrer gestellt werden und deren Auswechselung und technische Überwachung besser durchgeführt werden kann. Die Häufigkeit von Schadensfällen im Postbetriebe dürfte auch zu der schematischen Art dieser Regelung geführt haben, um die Amtsstellen nicht mit einer weitgehenden Nachprüfung der Einzelfälle zu belasten. Die Bestimmungen sind von der Reichsjustizverwaltung, bei der andere Verhältnisse obwalten, nicht übernommen worden und können ihr daher auch nicht aufgezwungen werden. Das Berufungsgericht mißt ihnen daher für den gegenwärtigen Fall eine nicht zu rechtfertigende Bedeutung bei. Sie hätten höchstens als allgemeiner Anhalt, aber auch das nur unter Berücksichtigung der wesentlich verschiedenen Betriebsverhältnisse beider Verwaltungen, verwertet werden dürfen.

Ferner hätte die Einbeziehung der gesamten Prozeß- und Vollstreckungskosten, die durch die Rechtsverfolgung des Ba. entstanden sind, in den auszugleichenden Schadensbetrag einer besonderen Rechtfertigung bedurft. Der damalige Rechtsstreit ist, soweit ersichtlich, dadurch veranlaßt worden, daß der jetzige Kläger jegliches eigenes Verschulden an dem Unfalle in Abrede gestellt hatte. Die Revision bemerkt dazu mit Recht, daß das Berufungsurteil keinen Rechtsgrund dafür erkennen läßt, warum der Beklagte für diese Kosten aufzukommen hätte.

Endlich irrt das Berufungsgericht bei der Erörterung des Zurückbehaltungsrechts darin, daß es die Einstellung des Einziehungsverfahrens hinsichtlich des Rückgriffsanspruchs wegen des ersten Schadensfalles einem Verzichte des Beklagten auf diesen Anspruch gleichstellt. Die Einstellung des Einziehungsverfahrens gemäß § 67 Abs. 1 RWB. ist lediglich eine innere Verwaltungsmaßnahme der Behörde, die diese der Weiterverfolgung des in Betracht kommenden Anspruchs endgültig enthebt, aber auf den Bestand des Anspruchs selbst ohne jeden Einfluß ist (vgl. Reichard Anm. 1 zu § 67 RWB.). Diese Maßnahme steht der Niederschlagung im Sinne von § 66 Abs. 1 RWB., die unter bestimmten Voraussetzungen als Verzicht auf den Anspruch anzusehen ist, nicht gleich. Das Berufungsgericht hat sich in diesem Zusammenhange noch auf die Vollzugsbestimmungen der Reichsjustizverwaltung (RdErl. vom 25. Februar 1935 VI a 6209) zu § 67 RWB. bezogen. Jedoch enthalten diese Bestimmungen nichts, was die Auffassung des Berufungsgerichts stützen könnte. Das vom Beklagten geltend gemachte Zurückbehaltungsrecht durfte daher nicht aus den im Berufungsurteil dafür angegebenen Gründen abgelehnt werden. Vielmehr hätte an Hand der oben entwickelten Grundsätze geprüft werden müssen, ob und in welcher Höhe dem Beklagten aus dem ersten Unfalle ein Rückgriffsanspruch gegen den Kläger zusteht und ob es mit der Treue- und Fürsorgepflicht des Beklagten vereinbar ist, daß er dieserhalb dem aus dem zweiten Unfall hergeleiteten Befreiungsanspruch des Klägers mit einem Zurückbehaltungsrechte begegnet.

RAG. 24, 235.

1. Unter welchen Voraussetzungen kann der Angestellte einer öffentlichen Verwaltung der gegen seine Klage auf Zahlung rückständigen Lohns vorgebrachte Einrede der Verjährung insbesondere durch die Gegeneinrede der unrichtigen Rechtsausübung entgegentreten?

2. Liegt in der unrichtigen Berechnung des Lohns durch den Dienstherrn oder seinen Beauftragten immer oder wenigstens dann eine Verletzung der Fürsorgepflicht, wenn der Angestellte diesem Beauftragten gegenüber wegen der Richtigkeit der Berechnung Bedenken geäußert hat?

BGB. § 196 Nr. 8, § 242. AOG. § 2. AOGÖ § 2.

Urteil vom 21. Januar 1941.

I. Arbeitsgericht Plauen. — II. Landesarbeitsgericht Chemnitz.

Der Kläger wird seit dem 16. Januar 1926 beim Amtsgericht in Pl. als Angestellter beschäftigt. Im Jahre 1936 wurde festgestellt, daß er an Vergütung auf die Zeit vom 1. Juli 1928 bis 30. Juni 1936 933,12 RM zu wenig ausgezahlt erhalten hatte. Es war eine damals im Freistaat Sachsen bestehende Übung unberücksichtigt geblieben, derzufolge für die Berechnung seiner Bezüge von einem anderen Grundvergütungssatz auszugehen war. Der Beklagte zahlte die auf die Zeit vom 1. Januar 1934 ab entfallenden Bezüge nach. Für die weiter zurückliegende Zeit, für die der fehlende Betrag 810,81 RM ausmacht, verweigerte er die Nachzahlung.

Der Kläger begehrte seine Verurteilung zur Zahlung dieses Betrages nebst 4 v. H. jährlicher Zinsen seit der Klagezustellung. Der Beklagte erhob die Einrede der Verjährung. Der Kläger erblickte in dieser Geltendmachung eine unzulässige und sittenwidrige Rechtsausübung. Er behauptete auch, er habe von der Unrichtigkeit der sehr verwickelten Berechnung ohne sein Verschulden zunächst keine Kenntnis gehabt. Er sei erst dadurch auf die Unstimmigkeit aufmerksam geworden, daß Arbeitskameraden, deren Anstellungsbedingungen ähnlich wie die seinigen gewesen seien, erheblich mehr bezogen hätten. Auf seine dadurch veranlaßte Erkundigung habe ihn der Kassenleiter des Amtsgerichts kurz dahin beschieden, die Berechnung stimme; was er denn überhaupt wolle.

Das Arbeitsgericht erkannte nach dem Antrage des Klägers. Das Landesarbeitsgericht wies die Klage ab. Die Revision führte zur Aufhebung und Zurückverweisung.

Gründe:

Das Berufungsgericht legt unter Berücksichtigung der tariflichen Bestimmungen eingehend dar, daß der Kläger für die hier zur Erörterung stehende Zeit auf Grund einer Übung, die damals in dem Freistaat Sachsen bestand, einen Anspruch auf Zahlung der von ihm verlangten höheren Vergütung hatte. Diese Darlegungen sind vom Rechtsstandpunkt aus nicht zu bemängeln. Der Beklagte will sie, der Revisionsbeantwortung zufolge, in diesem Rechtszuge hinnehmen. Er hatte zwar in der Berufungsinstanz noch nachträglich geltend gemacht, die gedachte Übung habe einen Anspruch des Klägers für diese Zeit nicht erzeugt, da sie erst seit dem Jahre 1934 wirksam geworden sei; aber das Berufungsgericht hat dies neue, mit der vorherigen Darstellung des Beklagten nicht übereinstimmende Vorbringen nicht mehr berücksichtigt, da es eine Tatsachenbehauptung enthalte, die erst nach dem Ablauf der Berufungsbegründungsfrist geltend gemacht und daher nach § 67 ArbGG. verspätet sei. Auch gegen dies Verfahren bestehen keine rechtlichen Bedenken; solche sind von der Revisionsbeantwortung gleichfalls nicht erhoben worden. Für die weitere rechtliche Nachprüfung ist demnach davon auszugehen, daß der Rechtsvorgänger des Beklagten auch die mit der Klage verlangten Mehrbeträge an den Kläger hätte zahlen müssen.

Die Entscheidung hängt demgemäß davon ab, ob der Beklagte in der Lage ist, dem Verlangen des Klägers die von ihm erhobene Einrede der Verjährung entgegenzusetzen. Für die Prüfung dessen ist von der Natur des geltend gemachten Anspruchs auszugehen. Sofern es sich, was in erster Reihe in Betracht kommt, schlechthin um denjenigen aus dem Dienstvertrag auf Gewährung der vereinbarten (oder tarifmäßigen) Vergütung handelt (§ 611 Abs. 1 BGB.), greifen die Vorschriften des § 196 Abs. 1 Nr. 8 und des § 201 BGB. ein, denen zufolge die Verjährung für die einzelnen Vergütungsteile zwei Jahre nach dem Schlusse desjenigen Jahres eingetreten ist, in dem sie fällig geworden sind. Dies zeitliche Erfordernis ist für den ganzen Umfang der Klageforderung erfüllt.

Der Kläger hält der Einrede entgegen, daß ihre Geltendmachung gegen die guten Sitten verstoße und arglistig sei. Er meint, diese Entgegnung schon auf die allgemeinen Zusammenhänge des Falles gründen zu können. Er weist darauf hin, daß es sich um ein abhängiges Beschäftigungsverhältnis handele, in dem die Streitteile einander mit Treue- und Fürsorgepflichten gegenübergestanden hätten. Er hebt hervor, daß die Entstehung des Anspruchs außer jedem Zweifel sei, daß dieser Anspruch den Lohn für die von ihm geleistete Arbeit betreffe und daß der Beklagte ihm diesen im Gegensatz zu anderen Angestellten, die unter denselben Voraussetzungen bei der Sächsischen Justizverwaltung tätig gewesen seien, vorenthalten wolle.

Diesem Vorbringen, das die Revision wiederholt, kann aber kein Erfolg zuteil werden. In der Berufung auf die Verjährung kann für sich allein niemals ein Verstoß gegen Treu und Glauben erblickt werden, sogar dann nicht, wenn der Schuldner in dem Zeitpunkt, in dem die Forderung noch nicht verjährt war, selbst wußte, daß sie zu Recht bestehe. Noch viel weniger liegt in solchem Gebrauchmachen von einem Rechtsbehelf, den das Gesetz jedem Schuldner gewährt, ein Verstoß gegen die guten Sitten. Alles das gilt in vollem Umfange auch dann, wenn es sich um ein arbeitsrechtliches Beschäftigungsverhältnis handelt, wenn der Anspruch der eines Gefolgsmannes gegen seinen Dienstherrn auf Lohn ist und wenn dieser Dienstherr der Staat ist. Es kann statt weiterer Darlegungen auf das Urteil des Reichsarbeitsgerichts vom 12. Juni 1940 RAG. 6/40 (RAG. Bd. 23 S. 305) verwiesen werden, in dem das näher dargelegt worden ist. Beizufügen ist noch der Hinweis auf den ferneren zutreffenden Gesichtspunkt, mit dem das angefochtene Urteil die Unmöglichkeit dartut, daß die Erhebung der Verjährungseinrede durch den Unternehmer gegenüber dem Lohnanspruch eines Gefolgsmannes schon für sich allein sittenwidrig sein könne; In § 20 der Tarifordnung A für die Gefolgschaftsmitglieder im öffentlichen Dienst vom 1. April 1938 (RArbBl. VI S. 475) ist geradezu vorgeschrieben, daß nach dem Ablaufe der Verjährungsfrist Beanstandungen wegen des verjährten Teiles des Lohnanspruchs nicht mehr berücksichtigt werden.

Es können also nur besondere, in der Lage des Einzelfalles liegende Gründe sein, die die Erhebung der Einrede der Verjährung als Sittenwidrigkeit oder mindestens als unrichtige Rechtsausübung erscheinen lassen. In diesem Sinne aber reicht wiederum der Umstand, daß den Gläubiger an der Unterlassung der rechtzeitigen Klageerhebung kein Verschulden trifft, für sich allein nicht aus. Auch das ist in dem angeführten Urteil des Reichsarbeitsgerichts dargetan worden. Es muß, wie das Reichsgericht in ständiger Rechtsprechung gezeigt hat (RGR. Erl. Buch Nr. 3 zu § 222 BGB.), noch dazukommen, daß der Schuldner den Gläubiger durch sein Verhalten, sei es auch nur unabsichtlich, von der rechtzeitigen Erhebung der Klage abgehalten hat. Darum handelt es sich hier aber, entgegen der Meinung der Revision, nicht. Es kann in dieser Hinsicht auf die zutreffenden Ausführungen der Urteile der beiden Vorinstanzen verwiesen werden. Insbesondere ist jedenfalls in diesem Zusammenhang die Darlegung des angefochtenen Urteils nicht zu beanstanden, daß der von dem Reichsgericht geforderte Tatbestand auch nicht derjenigen Behauptung des Klägers zu entnehmen sein würde, die von dem Tatsachenrichter nicht nachgeprüft worden und daher hier als richtig zu unterstellen ist, daß nämlich der Kassenleiter des Amtsgerichts Pl. den Kläger auf seine Vorstellung mit der Äußerung abgefertigt habe, was er denn wolle; die Sache stimme doch. Um ein Abhalten von der gerichtlichen Verfolgung des Anspruchs, dessen sich der Kläger damals etwa berühmt hatte, handelt es sich dabei nicht, sondern nur um ein Bestreiten des Anspruchs.

Ein anderer Fall der unrichtigen Rechtsausübung liegt aber vor, wenn derjenige, der sich eines Rechtsbehelfs bedient, dadurch dem Gegner einen Schaden zufügen würde, den er ihm alsbald wieder — aus einem anderen selbständigen Rechtsgrunde — ersetzen müßte. Dieser Gesichtspunkt führt auf die Frage, ob für das Begehren des Klägers nach dem von ihm behaupteten Sachverhalt nicht noch eine andere Grundlage als die bisher behandelte des bloßen Lohnanspruchs gegeben sein kann. Auszuscheiden ist dabei von vornherein der Klagegrund der Amtspflichtverletzung (Art. 131 WeimVerf. in Verb. mit § 839 BGB.). Denn da das Rechtsverhältnis, in dem der Kläger zu dem Sächsischen Staat als dem Rechtsvorgänger der Beklagten stand, ausschließlich dem bürgerlichen Recht angehörte, nämlich einen Dienstvertrag darstellte, dessen Parteien sich gleichgeordnet gegenüberstanden, so waren die Verpflichtungen des Staates gegenüber dem Kläger aus diesem Verhältnis keine (öffentlich-rechtlichen) Amtspflichten (Urteil des Reichsarbeitsgerichts vom 21. September 1938 RAG. 54/38 [RAG. Bd. 20 S. 150]).

Damit ist aber anderseits zugleich gesagt, daß die Vertragsparteien einander die besonderen dienstvertraglichen Pflichten zu leisten hatten. Dazu gehört die Prüfung, ob es allein, oder jedenfalls auch, auf eine schuldhafte Verletzung der Fürsorgepflicht zurückzuführen ist, die dem Dienstherrn des Klägers diesem gegenüber oblag, wenn dieser die ihm zustehenden Bezüge nicht vor dem Eintritt der Verjährung erhalten hat. Ist das der Fall, so wäre der Dienstherr (oder an seiner Statt der Beklagte) zum Ausgleich des dadurch verursachten Schadens, mithin zur Nachzahlung des dem Kläger durch die Verjährung des Lohnanspruchs Entgangenen verpflichtet. Dieser Anspruch würde, da er nicht der Gruppe der in § 196 Abs. 1 Nr. 8 BGB. aufgeführten Forderungen, auch keiner anderen der in § 196 oder in § 197 BGB. behandelten Gruppen angehörte, der regelmäßigen Verjährungsfrist des § 195 BGB. von 30 Jahren unterliegen.

Die Revision will eine Verletzung der Fürsorgepflicht bereits darin erblicken, daß der Lohn des Klägers von der dafür zuständigen Stelle des Sächsischen Staates unrichtig berechnet worden ist. Solche Meinung ist von dem Reichsarbeitsgericht bereits anderen Ortes zurückgewiesen worden (Urt. vom 27. September 1939 RAG. 42/39, RAG. Bd. 22 S. 13). Er ist dort ausgesprochen worden, daß die Ansicht, ein Arbeiter (Angestellter) müsse sich ohne weiteres darauf verlassen können, daß sein Lohn richtig berechnet werde, und er dürfe deshalb diesen regelmäßig ohne nähere Nachprüfung in Empfang nehmen, eine Überspannung der Fürsorgepflicht bedeute. An dieser Meinung ist, entgegen den Bedenken, die gegen sie vorgebracht worden sind, — vgl. die Anmerkung von Hueck ArbRSamml. Bd. 37 S. 42 —, im Grundsatz festzuhalten. Die Berechnung des Lohnes, für die besondere Einrichtungen oder auch nur eine bestimmte Ordnung nicht vorgeschrieben, übrigens auch bei kleineren Arbeitgebern nicht möglich sind, ist nichts weiter als ein innerer Akt der Vorbereitung des Betriebsführers zur Erfüllung der Verpflichtung zur Zahlung des richtigen Lohnes; sie ermangelt einer selbständigen rechtlichen Bedeutung. Die Zahlung des richtigen Lohnes selbst aber ist unmittelbarer Gegenstand eines Anspruchs des Dienstverpflichteten gegen den Unternehmer aus dem einzelnen Arbeitsverhältnis (§ 611 Abs. 1 BGB.); für die Annahme einer denselben Gegenstand betreffenden Fürsorgepflicht ist daher kein Bedarf. Es würde nur zu einer Verwischung der beiderseitigen Rechte und Verpflichtungen führen, wollte man dem Begriff der Fürsorgepflicht dergestalt Ausdehnung und Inhalt geben, daß jede einzelvertragliche Verpflichtung sich zugleich als Gegenstand der Fürsorgepflicht darstellte. Es spricht für die Richtigkeit dieser Auffassung, daß die damit angenommene Verteilung der beiderseitigen Obliegenheiten dem Zustande entspricht, der durch § 20 der Tarifordnung A für Gefolgschaftsmitglieder im öffentlichen Dienst für das gegenwärtige Recht der Angestellten im öffentlichen Dienst geschaffen worden ist.

Ergibt sich hiernach, daß auch für das heutige Arbeitsrecht allein in einer unrichtigen Lohnberechnung eine Verletzung der Fürsorgepflicht nicht erblickt werden kann, so erübrigt sich damit die weitere Prüfung, ob für den früheren Rechtszustand des Zeitraums, für den die Klageforderung geltend gemacht wird, Gegenteiliges anzunehmen ist.

Alles das schließt aber nicht aus, daß im Einzelfall besondere Zusammenhänge eingetreten sein können, die gleichwohl ein fürsorgerisches Tätigwerden des Dienstherrn oder derjenigen, deren er sich zur Erfüllung dieser Pflichten bediente, erfordern konnten. Hier greift zunächst die schon in anderem Zusammenhang erörterte Behauptung des Klägers ein, daß er wegen der von ihm vermuteten Unstimmigkeit bei dem Kassenleiter des Amtsgerichts vorstellig geworden sei. Das Berufungsgericht hat sich mit diesem Vorbringen nur unter dem Gesichtspunkte auseinandergesetzt, ob der Rechtsvorgänger des Beklagten durch seinen Kassenbeamten den Kläger von einer Unterbrechung der Verjährung abgehalten habe. Es verneint das mit der Begründung, bei der Antwort des Kassenleiters habe sich der Kläger nicht beruhigen dürfen, da der Kassenleiter selbst sein Gehalt berechnet habe und daher zur Aufdeckung von Fehlern nicht die geeignete Stelle gewesen sei. Diese Begründung genügt indessen nicht, um darzutun, daß insoweit keine für den entstandenen Schaden ursächliche und schuldhafte Verletzung der Fürsorgepflicht eingetreten war. Der von dem Berufungsgericht unterstellte Sachverhalt spricht im Gegenteil bis zu weiterer Aufklärung für das Vorliegen einer solchen. Denn wenn der Kläger Zweifel über die richtige Berechnung seiner Vergütung hatte und sich mit ihnen an die dafür zuständige Stelle wandte, so erforderte es auch nach dem zeitlich maßgebenden Rechtszustand die Fürsorgepflicht, daß dem nachgegangen und der Sachverhalt klargestellt wurde. Daß der Kassenleiter die dazu berufene Persönlichkeit war, muß für diesen Rechtsgang schon deshalb angenommen werden, weil das Berufungsgericht auch die weitere Behauptung des Klägers als richtig unterstellt, daß der Vorstand des Amtsgerichts Pl. die Angestellten in Gehaltssachen an den Kassenleiter verwiesen hat. Es kommt daher darauf an, ob bei genügender Sorgfalt des angegangenen Beamten der Hinweis des Klägers hätte zu Nachforschungen Veranlassung geben müssen und ob diese dazu geführt hätten, den Fehler aufzuklären und die rechtzeitige Nachzahlung des Unterschiedes an den Kläger zu bewirken. Ist das nach dem Sachverhalt zu bejahen, so ist damit allerdings eine für den Schaden ursächliche schuldhafte Fürsorgepflichtverletzung festgestellt. Das angefochtene Urteil muß daher aufgehoben werden, damit das Berufungsgericht Gelegenheit erhält, den Sachverhalt unter diesem rechtlichen Gesichtspunkte zu prüfen.

Diese Tatsachenfeststellung wird dem Vorderrichter ferner Gelegenheit geben, zu untersuchen, ob bei der Entstehung des Schadens auch ein Verschulden des Klägers mitgewirkt hat (§ 254 BGB.). Hierzu ist aber gegenüber den Ausführungen des angefochtenen Urteils schon jetzt darauf hinzuweisen, daß es eine Überspannung der an den Kläger zu stellenden Anforderungen bedeuten würde, wenn ganz allgemein davon ausgegangen werden würde, daß der Kläger sich mit einer beruhigenden Auskunft des Kassenleiters keinesfalls hätte begnügen dürfen. Regelmäßigerweise konnte er sich im Gegenteil darauf verlassen, daß seine Beanstandung dem Beamten, dessen Dienstpflicht eben die Berechnung der Bezüge war, zu der gebotenen sorgfältigen Nachforschung Veranlassung gegeben hatte. Der Hinweis des angefochtenen Urteils, daß dies deswegen nicht hätte geschehen dürfen, weil gerade die Berechnungsart des Kassenleiters bemängelt und angegriffen worden sei, ist in dieser Allgemeinheit verfehlt. Nur in dem besonderen Fall wäre er begründet, wenn der Kläger bestimmten Anhalt zu der Annahme hatte, daß der Beamte seiner Beanstandung nicht mit der gebotenen Sorgfalt nachgegangen war, und wenn er gleichwohl untätig blieb.

Ebenfalls unter diesem rechtlichen Gesichtspunkte der Fürsorgepflichtverletzung wird aber noch ein fernerer Hinweis von Bedeutung, den das Berufungsgericht im Anschluß an die Rechtsprechung des Reichsarbeitsgerichts — es handelt sich um die bereits in anderem Zusammenhang angeführten Urteile vom 21. September 1938 RAG. 54/38 (RAG. Bd. 20 S. 150) und vom 27. September 1939 RAG. 42/39 (RAG. Bd. 22 S. 13) — gibt. In diesen Entscheidungen ist es als Pflicht des Dienstherrn bezeichnet, dafür Sorge zu tragen, daß dem Angestellten die Bestimmungen über die Berechnung seines Lohnes zugänglich werden und er auch im übrigen hinreichende Möglichkeit erhält, sich über die ihm zustehenden Ansprüche zu unterrichten. Das kommt hier insofern in Betracht, als nach der Feststellung des Berufungsgerichts der Anspruch dem Kläger kraft einer Übung zustand, so daß der Kläger nicht ohne weiteres ersehen konnte, was Rechtens war. Das Berufungsgericht hält das für bedeutungslos, weil der Kläger andere Erkundigungsmöglichkeiten habe benutzen können. Auch das kann aber in dieser Allgemeinheit nicht gebilligt werden. Es würde zwar eine Überspannung der an den Dienstherrn zu stellenden Anforderungen enthalten, wenn der Justizbehörde angesonnen werden würde, sich davon zu überzeugen, ob jeder einzelne Angestellte wirklich Kenntnis von der Übung hatte; aber es muß immerhin verlangt werden, daß Maßnahmen ergriffen wurden, die geeignet waren, die Kenntnis des eingetretenen Rechtszustandes in den Kreisen der Angestellten und ebenso auch der mit der Berechnung ihrer Vergütungen betrauten Beamten so hinreichend zu verbreiten, daß Benachteiligungen vermieden wurden. Auch zum Zwecke solcher Prüfung wird das Berufungsgericht zunächst die Zusammenhänge aufzuklären haben.

RAG. 24, 242.+

1. Ist der in der Rechtsprechung des Reichsarbeitsgerichts aufgestellte Grundsatz, daß es für die Streitwertfestsetzung durch das Arbeitsgericht als ausreichend anzusehen ist, wenn sich aus der Urteilsformel ein für die Berufung genügender Streitwert ergibt, auf die anderweitige Streitwertfestsetzung durch das Berufungsgericht zu übertragen?

2. . . .

ArbGG. § 61 Abs. 2, § 69 Abs. 2.

Urteil vom 7. Januar 1941.

I. Arbeitsgericht Berlin. — II. Landesarbeitsgericht daselbst.

. . .

Gründe:

In dem Urteil des Arbeitsgerichts vom 19. April 1939 ist der Wert des Streitgegenstandes auf 4403,28 RM festgesetzt worden. Das Urteil des Landesarbeitsgerichts enthält, trotz der Erweiterung des Klageantrags in der Berufungsinstanz und der dort von der Beklagten erhobenen Widerklage, keine anderweitige Wertfestsetzung. Auch ist die Revision in dem Urteil nicht zugelassen worden. Da die vom Arbeitsgericht vorgenommene Festsetzung des Wertes nach § 61 Abs. 2, § 69 Abs. 2, § 71 Abs. 1 Satz 1 ArbGG. für das weitere Verfahren, insbesondere auch für das Verfahren vor dem Revisionsgericht maßgebend ist, sofern das Landesarbeitsgericht bei einer Änderung des Wertes keine anderweitige Wertfestsetzung vorgenommen hat, so könnten Zweifel entstehen, ob die gesetzlich bestimmte Revisionssumme von mehr als 10 000 RM gegeben und die Revision zulässig sei. Das Reichsarbeitsgericht hat indes schon zu der Frage der Streitwertfestsetzung durch das Arbeitsgericht (§ 61 Abs. 2 ArbGG.) wiederholt ausgesprochen (Urteil vom 26. Januar 1929 RAG. 535/28 in ArbRspr. 1929 Nr. 96 S. 122, RAG. Bd. 3 S. 38 [39/40 mit Nachweisungen], Bd. 14 S. 33 [38], Bd. 23 S. 170 [172]), daß es als genügend anzusehen sei, wenn sich aus der Urteilsformel ohne weiteres ein für die Berufung genügender Streitwert ergebe, so wenn die Verurteilung auf die entsprechende Summe laute oder wenn eine im Urteil nach § 61 Abs. 1 Satz 1 ArbGG. vorgenommene Kostenfestsetzung klar erkennbar mache, daß das Arbeitsgericht einen die Berufungssumme übersteigenden Streitwert angenommen habe. Es muß sich aber, wie hervorzuheben ist, immer aus dem Urteilsspruch selbst eine Erklärung über die Höhe des Streitwertes, sei es auch in einer dieser besonderen Formen, ergeben; eine Ergänzung aus dem Tatbestand, etwa aus den dort gestellten Anträgen, ist nicht statthaft. Es bestehen keine durchgreifenden Bedenken, diesen Rechtsgedanken auf die Anwendung des § 69 Abs. 2 ArbGG., die Neufestsetzung des Streitwertes durch das Landesarbeitsgericht, zu übertragen, wenn eine Wertfestsetzung durch das Arbeitsgericht vorliegt. Aus dem vorliegenden Urteil des Landesarbeitsgerichts ist nun aus der Entscheidung zur Klage, die lediglich auf Abweisung lautet, nichts über den Streitwert zu entnehmen. Dagegen ist auf die Widerklage festgestellt, daß der Kläger von der Beklagten über den (erhöhten) Klageantrag hinaus keine weiteren 10 200 RM zu fordern habe. Darin ist eine ausreichende Erklärung des Landesarbeitsgerichts im Sinne des § 69 Abs. 2 ArbGG. zu finden, daß es, unabhängig vom Klageanspruch, schon für die Widerklage einen Wert von über 10 000 RM angenommen hat. Das muß für die Zulässigkeit der Revision als genügend angesehen werden, auch bei Berücksichtigung dessen, daß im arbeitsgerichtlichen Verfahren, abweichend von § 5 ZPO. zweiter Halbsatz, der Wert der Klage und der Widerklage, wenn sie verschiedene Gegenstände betreffen, wie nach § 13 Abs. 1 Satz 2 DGKG., zusammenzurechnen sind.

. . .

RAG. 24, 267.+

1. . . .

2. Wann ist eine Kündigung zugegangen?

3. Ist die Ehefrau bei Entgegennahme der Kündigung Erfüllungsgehilfin ihres Ehemannes, so daß die Entgegennahme für ihn wirksam ist, gegebenenfalls unter welchen Voraussetzungen?

4. Besteht eine Verpflichtung, sich zur Empfangnahme einer Willenserklärung (Kündigung) bereitzuhalten?

BGB. § 130.

Urteil vom 4. Februar 1941.

I. Arbeitsgericht Königsberg. — II. Landesarbeitsgericht daselbst.

. . . Mit dem Schreiben vom 12. September 1939 sprach die Beklagte die fristlose Kündigung des Klägers aus. Als der Überbringer des Schreibens am 14. September dieses in seiner Abwesenheit seiner Ehefrau aushändigen wollte, verweigerte sie die Annahme und die Unterzeichnung der Empfangsbescheinigung. Die Beklagte hat darauf das Schreiben dem Kläger am 16. September durch die Post zustellen lassen. Inzwischen war er am 15. September zur Wehrmacht eingezogen worden. Er machte geltend, daß die Kündigung mit Rücksicht auf seine Einberufung der Rechtswirksamkeit entbehre, daß aber auch kein sachlicher Grund für den Ausspruch der fristlosen Kündigung vorgelegen habe. . . . Er hat im ersten Rechtszuge die Feststellung begehrt, daß die fristlose Kündigung unwirksam sei, und er hat weiter die Zahlung seines Gehalts für die Zeit vom 15. bis 30. September 1939 verlangt.

Die Beklagte vertrat die Ansicht, daß dem Kläger das Kündigungsschreiben vor seiner Einberufung zum Wehrdienst zugegangen sei, und daß er sich jedenfalls so behandeln lassen müsse, als wenn es ihm vorher zugegangen wäre, und sie behauptet weiter, daß dem Kläger zu Recht das Dienstverhältnis aus wichtigem Grunde gekündigt worden sei.

Das Arbeitsgericht hat durch Teilurteil vom 19. April 1940 dem Feststellungsantrag entsprochen. In der Berufungsinstanz hat der Kläger den Feststellungsantrag dahin gefaßt, daß die Feststellung begehrt werde, daß das Arbeitsverhältnis zwischen den Parteien fortbestehe. . . .

Das Berufungsgericht hat die Berufung der Beklagten mit der Maßgabe zurückgewiesen, daß die Formel des Urteils zu lauten habe: Es wird festgestellt, daß das Dienstverhältnis des Klägers zu der Beklagten fortbesteht. Die Revision hatte keinen Erfolg.

Gründe:

. . .

Hiernach kommt es im vorliegenden Falle, wie auch das Berufungsgericht geprüft hat, darauf an, ob dem Kläger die Kündigung der Beklagten, als empfangsbedürftige Willenserklärung, in der Zeit vor seiner Einziehung im Sinne des § 130 BGB. zugegangen ist oder ob er sich etwa nach den gegebenen Umständen so behandeln lassen muß, als wenn sie ihm zugegangen wäre.

Der Begriff des „Zugehens" nach § 130 BGB. ist ein Rechtsbegriff, und es ist daher im Rechtszuge der Revision im einzelnen Falle nachzuprüfen, ob er von dem Tatrichter richtig verstanden und angewendet worden ist. Eine empfangsbedürftige Willenserklärung ist im Sinne der genannten Bestimmung als zugegangen anzusehen, wenn sie mit dem Willen des Erklärenden in den Machtbereich des Empfängers gelangt ist dergestalt, daß bei Annahme gewöhnlicher Verhältnisse damit zu rechnen war, daß er von ihr Kenntnis nehmen konnte (u. a. RGZ. Bd. 50 S. 191 [194], Bd. 96 S. 273 [275]). Wann das zutrifft, ist nach der Verkehrssitte zu entscheiden. Bei der Wahl einer schriftlichen Erklärung reicht die Aushändigung des Schriftstückes an den Empfänger stets aus, mag er davon Kenntnis nehmen oder nicht. Hat er besondere Einrichtungen für die Entgegennahme von Schriftstücken, z. B. in der Gestalt der Anbringung eines Briefkastens an seiner Wohnung getroffen, so genügt die Benutzung dieser Einrichtung, der Einwurf des Schreibens in den Briefkasten, wenigstens für die Zeit, in welcher mit der Leerung zu rechnen ist. Bei Abgabe des Schriftstücks an eine dritte Person ist zu entscheiden, ob sie nach der Verkehrsanschauung als zur Annahme für den Empfänger ermächtigt angesehen werden kann. Das ist im allgemeinen bei Haushaltsangehörigen, so bei Ehefrauen und Hausangestellten, für ein an den Haushaltungsvorstand gerichtetes Schreiben anzunehmen. Es hat das auch für die Entgegennahme eines Kündigungsschreibens zu gelten, zumal wenn dieses, wie vorliegend, in einem einfachen Brief durch einen Boten gegen Empfangsbescheinigung übermittelt werden soll (RGZ. Bd. 58 S. 406 [407/409]). Wie der Fall der Übermittelung der Kündigung mittels eingeschriebenen Briefs zu beurteilen ist, steht hier nicht zur Entscheidung (vgl. dazu Urteil vom 31. Juli 1940 RAG. 42/40, RAG. Bd. 23 S. 326). Die Ehefrau ist aber entgegen der Meinung der Revision nicht schlechthin als Erfüllungsgehilfe ihres Ehemannes im Sinne des § 278 BGB. hinsichtlich der Entgegennahme der an diesen gerichteten Schreiben zu erachten. Das wäre nur anzunehmen, wenn sie den besonderen Auftrag von ihm hat, etwa erwartete Schreiben für ihn in Empfang zu nehmen, oder wenn z. B. die Ehefrau eines Geschäftsmannes allgemein mit der Entgegennahme der für ihn bestimmten Schreiben beauftragt ist. Ist ein solcher Fall nicht gegeben, so braucht der Ehemann auch eine schuldhafte Verhinderung des Zugangs der Kündigung, so eine etwa unbegründete Verweigerung der Annahme eines Schreibens, wie hier des Kündigungsschreibens der Beklagten, durch seine Ehefrau, nicht mit der Wirkung gegen sich gelten zu lassen, daß es als ihm nach § 130 BGB. zugegangen anzusehen sei. Etwas anderes hätte nur dann zu gelten, wenn die Ehefrau im Einvernehmen mit ihrem Ehemann bewußt, also arglistig handelnd, die Aushändigung des Schreibens an sie und damit dessen Zugang vereitelt hätte. In dem Falle hätte sich der Ehemann gemäß dem in den Bestimmungen des § 162 und § 815 BGB. zum Ausdruck gekommenen Rechtsgedanken so behandeln zu lassen, als wenn ihm das Schreiben zugegangen wäre. In dieser Richtung hat aber das Berufungsgericht keine Feststellung getroffen.

Der Kläger war, wie es feststellt, am 14. September 1939, als der Bote der Beklagten das Kündigungsschreiben in der Wohnung abgeben wollte, unstreitig nicht zu Hause. Nach der für die Revisionsinstanz als richtig zu unterstellenden Angabe der Beklagten hat die Ehefrau des Klägers, die aus der von dem Boten ihr vorgelegten Empfangsbescheinigung ersah, daß es sich um eine an ihren Ehemann gerichtete Kündigung handelte, die Entgegennahme des Briefes mit dem Bemerken verweigert, ihr Ehemann sei derartig nervös und krank, daß sie ihm die Kündigung nicht vorlegen könne. Darauf hat der Bote das Schreiben wieder mitgenommen. Das Berufungsgericht stellt nicht fest, daß die Ehefrau des Klägers von ihrem Ehemann den Auftrag gehabt habe, für ihn bestimmte Briefe der Beklagten in Empfang zu nehmen, daß sie zur Verweigerung der Annahme des Briefes von ihrem Ehemann veranlaßt worden sei oder sonst hierbei im Einvernehmen mit ihm gehandelt oder etwa bewußt unter einem unwahren Vorwand die Annahme des Briefes abgelehnt habe. Bei diesem Sachverhalt ist es nach dem oben Ausgeführten als gerechtfertigt zu erachten, wenn das Berufungsgericht folgert, das Kündigungsschreiben der Beklagten sei bei dieser Gelegenheit dem Kläger nicht zugegangen, und er brauche sich auch nicht so behandeln zu lassen, als wenn es ihm hier zugegangen wäre. Daran ändert, wie es mit Recht hervorhebt, der Umstand nichts, daß die Ehefrau des Klägers wußte, daß es sich um ein Kündigungsschreiben der Beklagten handelte.

Nach der weiteren Feststellung im angefochtenen Urteil hat der Bote der Beklagten an demselben Tage noch einmal versucht, den Brief in der Wohnung des Klägers abzugeben, hat jedoch die Wohnung verschlossen gefunden. Das Urteil läßt es weiter dahingestellt, und es ist dies für diese Instanz zu unterstellen, daß die Ehefrau des Klägers noch an demselben Tage diesem von der versuchten Übermittelung des Kündigungsschreibens der Beklagten Mitteilung gemacht hat, und daß der Kläger sich dadurch mit veranlaßt gesehen hat, sich an dem folgenden Tage zum Wehrdienst zu melden.

Zutreffend lehnt das Berufungsgericht hierbei zunächst die Ansicht ab, daß das Kündigungsschreiben der Beklagten nach der bezeichneten Mitteilung seiner Ehefrau dem Kläger im Sinne des § 130 BGB. zugegangen sei. Es führt dazu aus, die Beklagte habe für ihre Kündigung den Weg der Übermittelung eines schriftlichen Kündigungsschreibens gewählt; der Bote habe lediglich den Auftrag gehabt, das Schreiben dem Kläger gegen Empfangsbescheinigung auszuhändigen, er sei aber nicht beauftragt und bevollmächtigt gewesen, die Kündigung für die Beklagte auszusprechen oder sonst zu übermitteln. Daher genüge es für das Zugehen der Kündigung nicht, daß die Ehefrau des Klägers davon Kenntnis genommen habe, daß es sich um eine Kündigung der Beklagten handelte, und ihrem Ehemann davon Mitteilung gemacht habe, dieses besonders auch aus dem Grunde nicht, weil die Ehefrau des Klägers keine Kenntnis von dem auch dem Boten nicht bekannten näheren Inhalt des Kündigungsschreibens erlangt habe, so davon, ob es sich um eine fristlose oder befristete Kündigung gehandelt habe.

Diese Ausführungen sind rechtsirrtumsfrei und werden von der Revision zu Unrecht angegriffen. Für das Zugehen einer schriftlichen Erklärung kann es gerade aus dem letztbezeichneten Grunde nicht genügen, daß der Empfänger durch eine mündliche Mitteilung von ihrem ungefähren Inhalt erfährt, vielmehr ist zu erfordern, daß er die Möglichkeit erhält, durch Einsichtnahme in das Schreiben selbst von seinem Inhalt Kenntnis zu nehmen und dadurch in die Lage versetzt wird, gegebenenfalls zu ihm Stellung zu nehmen (vgl. auch RGZ. Bd. 60 S. 334 [336/337]).

Das Berufungsgericht hat weiter erwogen, wenn der Kläger durch die Mitteilung seiner Ehefrau von der versuchten Übermittlung des Kündigungsschreibens der Beklagten veranlaßt worden sei, sich am folgenden Tage zum Wehrdienst zu melden, so könne darin eine arglistige Verhinderung des Zugehens der Kündigung an ihn vor seiner Einziehung zum Wehrdienst um deswillen nicht gefunden werden, weil er sich, wie jedenfalls nicht festzustellen sei, nicht nur zu dem Zwecke dazu gemeldet habe, um diese Kündigung vorher und damit in Rücksicht auf § 2 Satz 2 der vorbezeichneten Verordnung vom 1. September 1939 überhaupt eine wirksame Kündigung zu verhindern. Er habe schon im August 1939 einen Einberufungsbefehl des Wehrmeldeamts erhalten und habe diesem damals nur wegen seiner Erkrankung nicht Folge leisten können. Das Wehrmeldeamt habe ihm aber aufgegeben, sich sofort nach Wiederherstellung seiner Gesundheit zu melden; er würde dann sofort eingezogen werden. Wenn er unter diesen Umständen, nach der fraglichen Mitteilung seiner Ehefrau, wegen der Besorgnis der bevorstehenden Kündigung der Beklagten in seinem Entschlusse, sich beim Wehrmeldeamt zwecks Einziehung zu melden, bestärkt worden sei, so sei darin ein arglistiges Verhalten in dem vorbezeichneten Sinne nicht zu erblicken.

Gegen diese Rechtsauffassung sind keine Rechtsbedenken zu erheben, und es werden auch solche von der Revision nicht vorgebracht. Das Arbeitsverhältnis beruht allerdings auf dem Grundgedanken der Fürsorge des Dienstberechtigten einerseits und der Treue des Dienstverpflichteten andererseits (§ 2 AOG.). Es ist aber als ein Verstoß gegen die Treupflicht so wenig als ein Handeln gegen Treu und Glauben (§ 242 BGB.) überhaupt anzusehen, wenn der Kläger, sei es auch durch die ihm drohende Kündigung seines Dienstverhältnisses mit veranlaßt, die Beschwerden wegen seines Gesundheitszustandes überwindend, sich entschloß, der Verpflichtung zur Ableistung des Wehrdienstes, zu dem er schon durch den in seinen Händen befindlichen Einberufungsbefehl aufgerufen war, wenn er auch einstweilen wegen seines Gesundheitszustandes noch zurückgestellt war, nachzukommen, ohne erst den Zugang des Kündigungsschreibens der Beklagten abzuwarten. Eine Verpflichtung, sich zur Empfangnahme der Kündigung bereitzuhalten, bestand nicht. Daß er nur von dem Gedanken geleitet gewesen wäre, die Kündigung der Beklagten zu vereiteln, stellt das Berufungsgericht nicht fest. Die Beurteilung wäre eine andere und Arglist auf seiten des Klägers wäre zu bejahen, wenn er schon seine Ehefrau veranlaßt hätte, das Kündigungsschreiben nicht anzunehmen oder nach deren Mitteilung von dem Kündigungsschreiben am 14. September seine Wohnung verschlossen gehalten hätte — der Bote fand, wie erwähnt, bei dem wiederholten Versuch der Aushändigung des Kündigungsschreibens die Wohnung verschlossen — und den Zugang des Kündigungsschreibens an diesem Tage verhindert hätte, um am anderen Tage durch seinen Eintritt in den Wehrdienst den Ausspruch einer wirksamen Kündigung zu verhindern. In dieser, besonders auch in der letzten Richtung hat aber das Berufungsgericht keine Feststellung getroffen.

Hiernach ist mit dem Berufungsgericht anzunehmen, daß die Kündigung der Beklagten dem Kläger vor seinem Eintritt in den Wehrdienst im Sinne des Gesetzes (§ 130 BGB.) nicht zugegangen und nicht wirksam geworden ist. . . .

RAG. 24, 290.+

1. Zur Beschränkung der Haftung des Gefolgsmannes bei leichtem Versehen.

2. Kann der Gefolgsmann, wenn der Unternehmer nur einen Teil des Schadens unter Vorbehalt weiterer Ansprüche einklagt, wider-

klagend die Feststellung der Beschränkung seiner Haftung auf eine bestimmte Summe verlangen?

3. Gilt dies auch gegenüber öffentlichen Betrieben und Verwaltungen?

AOG. § 2. BGB. §§ 249, 276.

Urteil vom 14. Januar 1941.

I. Arbeitsgericht Stuttgart. — II. Landesarbeitsgericht daselbst.

Der Beklagte war auf Grund Privatdienstvertrages vom 1. Dezember 1935 bis 31. Mai 1937 bei der Heeresstandortverwaltung in H. beschäftigt, und zwar zunächst als Heizer, sei dem 1. September 1936 als Maschinenmeister. Er hatte die Dampfheizungsanlagen einer Kaserne zu bedienen und zu überwachen. Eine besondere Dienstanweisung für die Bedienung der Heizung war nicht vorhanden.

Am 5. November 1936 entstand in der Hochspannungsleitung, von der aus der elektrische Strom den Kasernenanlagen zugeführt wird, ein Kurzschluß, der schon nach etwa einer Stunde von den Angestellten des Elektrizitätswerks, zunächst behelfsmäßig, beseitigt war. In der darauffolgenden Nacht wurden in der Zentralheizungsanlage 14 Glieder von 7 Heizkesseln undicht, so daß sie später ersetzt werden mußten. Der Kläger führte diese Beschädigung auf Überhitzung zurück, die darauf beruhe, daß die Wasserzuführung infolge Versagens der Kodenswasserpumpen und infolge gleichzeitigen Festklemmens des Schwimmerventils für die Zuleitung von Leitungswasser unterblieb. Für dieses Versagen der selbständigen Kesselspeisungsanlage machte er den Beklagten verantwortlich, da dieser es pflichtwidrig unterlassen habe, nach Behebung des Kurzschlusses zu prüfen, ob die Kodenswasserpumpen und das Schwimmerventil tätig werden konnten, und da er insbesondere die Sicherung der Motorenschalter nach dem Kurzschluß nicht nachgesehen habe. Der Beklagte hat jegliches Verschulden bestritten. . . .

Dem Kläger sind für den Ersatz der beschädigten Kessel Unkosten in Höhe von 4055 RM entstanden, von denen er mit der zunächst vor dem Landgericht erhobenen Klage einen Teilbetrag von 1000 RM erstattet verlangte. Das Arbeitsgericht, an das der Rechtsstreit dann verwiesen wurde, hat den Beklagten zur Zahlung von 500 RM verurteilt und den Kläger mit seiner Mehrforderung abgewiesen. Das Landesarbeitsgericht hat auf die Berufung des Klägers den Beklagten zur Zahlung der eingeklagten 1000 RM verurteilt und auf die Anschlußberufung des Beklagten festgestellt, daß dem Kläger gegen den Beklagten aus dem entstandenen Kesselschaden keine Ansprüche über

1013,75 RM hinaus zustehen. Es nahm ein ursächliches Verschulden beider Parteien gemäß § 254 BGB. zu gleichen Teilen an, hielt aber eine Ersatzforderung von mehr als der Hälfte des auf den Beklagten fallenden Teiles nach den Grundsätzen von Treu und Glauben nicht für gerechtfertigt. Mit der zugelassenen Revision erstrebte der Beklagte Wiederherstellung des Urteils des Arbeitsgerichts und gemäß seinem Berufungsantrage die Feststellung, daß dem Kläger über den rechtskräftig zuerkannten Betrag von 500 RM hinaus keine weiteren Schadensersatzansprüche zustehen. Die Revision führte zur Aufhebung und Zurückverweisung.

Gründe:

I. Das Berufungsurteil ist zunächst hinsichtlich des Klaganspruchs aufgehoben worden, weil das Berufungsgericht die tatsächlichen Verhältnisse nicht genügend aufgeklärt habe, und weil ohne solche Aufklärung das Maß des beiderseitigen Verschuldens bei der Abwägung aus § 254 BGB. nicht hinreichend beurteilt werden könne.

II. Zur Widerklage wird dann fortgefahren: Solche genaue Feststellung des beiderseitigen Verhaltens und seines Einflusses auf die Entstehung des Schadens ist auch von wesentlicher Bedeutung für die Frage, ob ein Unternehmer von seinem Gefolgsmann Ersatz des ganzen Schadens verlangen und dieser bei Einklagung nur eines Teiles widerklagend die Feststellung, daß weitere Ersatzansprüche nicht bestehen, begehren kann. Das Reichsarbeitsgericht hat bereits in den Entscheidungen vom 12. Juni 1937 RAG. 297/36 in ArbRSamml. Bd. 30 S. 1, vom 23. November 1938 RAG. 71/38 in RAG. Bd. 20 S. 252 und vom 8. November 1939 RAG. 60/39 in ArbRSamml. Bd. 37 S. 269 ausgesprochen, daß die Haftung eines Gefolgsmanns für den von ihm verursachten Schaden, sei es auf Grund ausdrücklicher oder stillschweigender Vereinbarung, sei es mit Rücksicht auf Treu und Glauben unter Umständen auf ein besonders großes Maß von Fahrlässigkeit beschränkt sein könne. Es hat schließlich in dem Urteil vom 18. Dezember 1940 RAG. 49/40 (RAG. Bd. 24 S. 199) diesen Grundsatz aufrechterhalten, nunmehr aber aus dem Wesen des Arbeitsverhältnisses als eines Gemeinschaftsverhältnisses, insbesondere aus der Treu- und Fürsorgepflicht hergeleitet, die bei Vorhandensein bestimmter Umstände, wie der für einzelne Berufe (Kraftfahrer) bestehenden eigentümlichen Gefahr, daß leichte Versehen unvermeidbar seien, den Unternehmer hindere, diese Gefahr auf seine Angestellten allein abzuwälzen. Bei Vorhandensein solcher besonderen Umstände führe die Treu- und Fürsorgepflicht zu einer Durchbrechung des Grundsatzes des § 276 über Ersatz des vollen

Schadens und erfordere einen Ausgleich dahin, daß der Unternehmer nur noch eine angemessene Beteiligung des Gefolgsmannes an der Wiedergutmachung des Schadens verlangen könne, den darüber hinausgehenden Schaden aber selbst tragen oder, soweit er Dritten zu ersetzen sei, an Stelle des Gefolgsmannes übernehmen müsse. Diese Voraussetzungen sind auch für den Gefolgsmann gegeben, der mit der Wartung und Bedienung einer größeren Maschinenanlage betraut ist. Auch hier können aus leichten Versehen, die im Drange der betrieblichen Tätigkeit jedem Gefolgsmann einmal unterlaufen können, bei dem hohen Wert der Maschinen und der in ihnen waltenden Kräfte Schäden von außergewöhnlich großem Umfang entstehen. Dem Grundgedanken der Betriebsgemeinschaft entspricht es, daß die Gefahr der Entstehung solch hoher Schäden aus den besonderen Betriebsverhältnissen nicht dem Gefolgsmann allein aufgebürdet wird, sondern, daß der Unternehmer sie als Teil seines allgemeinen Wagnisses überwiegend selbst trägt. Dies gilt um so mehr, wenn der Gefolgsmann bei unerwarteten Ereignissen Maßnahmen zur Beseitigung von Störungen oder Verhinderungen vornehmen muß, die eine eingehende Kenntnis der Maschinenanlagen verlangen, wie sie von dem Heizer oder Maschinisten bei seiner Ausbildung ohne genaue Dienstanweisung nicht erwartet werden kann. Hat der Unternehmer solche Dienstanweisung nicht gegeben, und fehlen sonst übliche Warnungs- und Sicherungsanlagen, so wird es allerdings mit dem Grundsatz der beiderseitigen Treupflicht unvereinbar sein, dem Gefolgsmann den vollen oder auch nur einen großen Teil des Schadens aufzubürden, selbst wenn ihn ein geringes Verschulden trifft. Hier erfordern gerade die Grundsätze der Betriebsgemeinschaft eine Schadensverteilung, die noch über die durch § 254 BGB. gegebenen Grenzen, nämlich die der vorwiegenden Verursachung, hinausgeht. Maßgebend muß neben dem Grad des Verschuldens die augenblickliche und zukünftige wirtschaftliche Leistungsfähigkeit des Gefolgsmannes sein. Denn es ist mit dem Grundgedanken der Gemeinschaft nicht vereinbar, daß der Gefolgsmann wegen eines leichten Versehens jahrelang oder womöglich sein ganzes Leben mit Zahlungspflichten belastet wird, die seine Lebenshaltung auf das allernotwendigste herabdrücken, ihm auch die Mittel zu einer angemessenen Ausbildung seiner Kinder nehmen. Der Gefolgsmann darf auch nicht unter der ständigen Drohung leben, daß später einmal, wenn seine Einkünfte sich — womöglich auf Grund eigener Tüchtigkeit — bessern, neue Forderungen aus einem lange zurückliegenden kleinen Versehen gegen ihn erhoben werden. Es kann deshalb nicht von dem Ermessen des

Unternehmers abhängen, ob und welche Ansprüche er später noch geltend machen will. Die Haftung muß vielmehr in solchen Fällen von vornherein auf einen angemessenen Betrag beschränkt sein, weitere Forderungen dürfen nicht mehr bestehen.

Beschränkt der Unternehmer seine Forderung nicht auf einen bestimmten Betrag, verlangt er zunächst nur einen Teilbetrag, behält er sich in der mehr oder weniger begründeten Erwartung, von dem Gefolgsmann vielleicht später mehr zu erlangen, die Geltendmachung weiterer Ansprüche vor, so kann das rechtliche Interesse des Gefolgsmanns, gemäß § 256 ZPO. seine Haftungsbeschränkung bereits jetzt feststellen zu lassen, nicht bestritten werden. Auch der Einwand der Revision, daß es bei staatlichen Behörden einer solchen Begrenzung der Haftung nicht bedürfe, da die Praxis der Verwaltung den notwendigen Schutz auf dem sachlich angemessenen Weg der Niederschlagung nach Bezahlung eines Teilbetrages gewährleiste, ist nicht begründet. Es fehlt jeder Anlaß dazu, bei dem aufgestellten Grundsatz der Haftungsbeschränkung einen Unterschied zwischen privaten Unternehmern und öffentlichen Körperschaften zu machen, da die Fürsorgepflicht für beide nach denselben Grundsätzen zu beurteilen ist (RAG. vom 16. September 1936 RAG. 91/36 in ArbRSamml. Bd. 28 S. 109). Die von einzelnen Verwaltungen erlassenen Anordnungen über die Inanspruchnahme von Gefolgschaftsmitgliedern aus Fahrlässigkeiten (vgl. das erwähnte Urteil vom 18. Dezember 1940) sind nur innere Dienstanweisungen, gelten im allgemeinen nur für den Regelfall, schließen eine andere Beurteilung nicht aus und geben auch dem Gefolgsmann kein Recht auf diese Beschränkung. Nur wenn, wie in den Anordnungen der Post, die Haftung auf einen bestimmten Betrag begrenzt ist, würde das rechtliche Interesse des Gefolgsmanns auf die Feststellung seiner Haftung entfallen, da im allgemeinen erwartet werden kann, daß die Verwaltung sich nach diesen Anordnungen richtet. . . .

RAG. 24, 320.+

Unter welchen Umständen ist die Mitarbeit eines Sohnes in dem — landwirtschaftlichen — Betriebe der Eltern als eine nach Art und Umfang üblicherweise zu vergütende Dienstleistung und nicht bloß als Erfüllung der gesetzlichen Unterhaltspflicht anzusehen?

ZPO. § 850 d. BGB. §§ 1601 flg.

Urteil vom 18. März 1941.

I. Arbeitsgericht Schwäb. Hall. — II. Landesarbeitsgericht Stuttgart.

Der am 11. April 1914 geborene E. S. schuldet dem Kläger, seinem außerehelichen Sohn, auf Grund des Urteils des Amtsgerichts in W. . . . den Betrag von 300 RM. E. S. war bis zum 26. August 1939 . . . in dem landwirtschaftlichen Betrieb seines Vaters, des Beklagten, bei freier Wohnung und Verpflegung tätig. Durch Pfändungs- und Überweisungsbeschluß . . . ist wegen der Unterhaltsforderung des Klägers nebst Kosten die angebliche Lohnforderung des E. S. gegen den Beklagten aus dem Arbeitsverhältnis zu diesem in Höhe von monatlich 15 RM gepfändet und dem Kläger zur Einziehung überwiesen worden. . . .

Der Kläger verlangte auf Grund dieses Beschlusses und im Hinblick auf die Bestimmung des § 850 d ZPO. die Zahlung von zunächst 45 RM für die Monate Mai bis Juli 1938 und dann von 237 RM für die Zeit von Anfang Mai 1938 bis zum 25. August 1939.

Der Beklagte lehnte den Anspruch ab. Er war der Ansicht, daß § 850 d ZPO. auf das Beschäftigungsverhältnis zwischen ihm und seinem Sohn keine Anwendung finden könne. Dazu führte er an: Die Einnahmen aus seiner kleinen Landwirtschaft, die unstreitig nur 22 Morgen Acker und Wiesen umfaßt und auf der nur 3 Kühe gehalten werden, sei so gering, daß er Bargeld für eine fremde Arbeitskraft nicht aufbringen könne. Er sei auf die Hilfe seines Sohnes angewiesen gewesen, zumal er nur noch in geringem Umfange arbeitsfähig und seine Ehefrau kränklich und ebenfalls wenig arbeitsfähig sei. Ohne seine Hilfe hätte er den landwirtschaftlichen Betrieb nicht weiterführen können. Sein Sohn habe bei ihm nur freie Wohnung und Verpflegung gehabt und kein Bargeld, nicht einmal Taschengeld erhalten. Das für seinen Lebensunterhalt im übrigen, so für Kleidung, notwendige Bargeld habe er sich durch Arbeit auf benachbarten Besitzungen hinzuverdienen müssen.

Der Kläger ist dem entgegengetreten. Er machte geltend, wenn der Beklagte nicht die Hilfe seines Sohnes gehabt hätte, so hätte er eine fremde Arbeitskraft einstellen müssen, für die er monatlich 60 bis 70 RM hätte bezahlen müssen. Dann aber müsse er nach den gegebenen Umständen wenigstens 15 RM monatlich an den Kläger abführen.

Während das Arbeitsgericht die Klage abgewiesen hat, hat das Landesarbeitsgericht unter Abweisung der Mehrforderung dem Kläger einen Betrag von monatlich 10 RM, zusammen 158 RM zuerkannt. Die Revision führte zur Aufhebung des Urteils und zur Zurückverweisung.

Gründe:

Nach § 850 d ZPO. (vgl. jetzt § 10 Abs. 2 der Lohnpfändungsverordnung vom 30. Oktober 1940, RGBl. I S. 1451) gilt, wenn der

Schuldner einem Dritten in einem ständigen Verhältnis Arbeiten oder Dienste, die nach Art und Umfang üblicherweise vergütet werden, unentgeltlich oder gegen eine unverhältnismäßig geringe Vergütung leistet, im Verhältnis des Gläubigers zu dem Empfänger der Arbeits- oder Dienstleistungen eine angemessene Vergütung als geschuldet.

Voraussetzung und Anwendung dieser Bestimmung ist hiernach zunächst, daß die Arbeiten oder Dienste, die der Schuldner in einem ständigen Verhältnis einem Dritten leistet, nach Art und Umfang üblicherweise vergütet werden, und ferner, daß sie unentgeltlich oder gegen eine unverhältnismäßig geringe Vergütung geleistet werden. Bei der Prüfung dieser Voraussetzungen sind, ebenso wie bei der Bemessung der Vergütung, wie in der Bestimmung weiter vorgeschrieben ist, alle Umstände des Einzelfalles, insbesondere die Art der Arbeits- oder Dienstleistung, die verwandtschaftlichen oder sonstigen Beziehungen zwischen dem Dienstberechtigten und dem Dienstverpflichteten und die wirtschaftliche Leistungsfähigkeit des Dienstberechtigten zu berücksichtigen. Der Sinn und Zweck der Bestimmung geht, wie schon in dem Urteil RAG. Bd. 15 S. 325 (328/329), ebenso Bd. 16 S. 17 (20/21) ausgeführt worden ist, dahin, neben der Verhinderung der sog. Lohnverschiebungen und Lohnverschleierungen dem Gläubiger in den Fällen, in denen es ihm nach dem früher geltenden Recht versagt war, eine Befriedigung beim Schuldner zu erlangen, die Möglichkeit einer solchen dann zu verschaffen, wenn der Schuldner zwar nicht einen Rechtsanspruch auf Vergütung seiner Arbeitsleistung gegen den Dritten hat, wohl aber die besonderen Umstände nach dem allgemeinen Rechtsempfinden einerseits die Nichtbefriedigung des Gläubigers als eine grobe Unbilligkeit, andererseits die Zahlung eines Entgeltes für die Arbeitsleistung durch den Dienstberechtigten als gerechtfertigt erscheinen lassen. Dazu hat das Reichsarbeitsgericht, damals im Hinblick auf die Dienstleistung des Anerben auf dem väterlichen Hofe, weiter ausgeführt, es könnten für die Beurteilung dieser Frage nicht die Anschauungen eines örtlich und beruflich begrenzten Teiles der Bevölkerung maßgebend sein, vielmehr sei die Frage unter dem Gesichtspunkt zu prüfen, ob es sich um Dienste handele, für die nach der im Volke allgemein herrschenden Anschauung mit Rücksicht auf Art und Umfang die Zahlung einer Vergütung gerechtfertigt erscheint, wenn solche Dienste allgemein nur gegen Vergütung geleistet zu werden pflegen.

Das Berufungsgericht hat es, anders als das Arbeitsgericht, unterlassen, zu dieser ersten Voraussetzung der Anwendbarkeit des § 850 d ZPO. Stellung zu nehmen. Es geht vielmehr davon aus, daß durch den, dem Beklagten am 2. Mai 1938 zugestellten Pfändungs- und Überweisungsbeschluß des Amstgerichts in G. vom 29. April 1938 die Lohnforderung des E. S. gegen den Beklagten nach §§ 835, 836 ZPO. auf den Kläger übergegangen sei, nimmt also ohne weiteres das Bestehen einer solchen Forderung nach § 850 d ZPO. an und prüft nur die zweite für die Anwendung des § 850 d ZPO. in Betracht kommende Frage, nämlich, welcher Lohn im Sinne dieser Vorschrift im Verhältnis des Klägers zu dem Beklagten als angemessen anzusehen sei. Bei der Prüfung dieser Frage geht es dann allerdings in gewisser Hinsicht auf die in Betracht kommenden Umstände ein. Das kann aber zunächst schon grundsätzlich die Prüfung der ersten Grundfrage, die im gegenwärtigen Rechtsstreit zu erfolgen hat (RAG. Bd. 15 S. 291 [295/296]), nicht entbehrlich machen, und die Art, wie die Prüfung erfolgt ist, klärt nicht die Frage, ob, unter dem vorerwähnten Gesichtspunkt gesehen, bei den in Betracht kommenden Verhältnissen eine zu vergütende Dienstleistung des E. S. für den Beklagten im Sinne des § 850 d ZPO. anzunehmen ist. Das Berufungsgericht führt nur als unstreitig an, E. S. sei bis zu seiner Einberufung zur Wehrmacht (am 26. August 1939) auf dem Besitztum des Beklagten bei freiem Unterhalt wie ein landwirtschaftlicher Arbeiter tätig gewesen. Das Besitztum sei von ganz kleinem Umfang, es umfasse nur 22 Morgen Acker und Wiesen, und es würden nur drei Kühe gehalten. Der Beklagte sei, wie es weiter feststellt, fast arbeitsunfähig und seine Ehefrau wenig arbeitsfähig; E. S. hingegen sei gesund und arbeitsfähig und habe, weil er bei dem Beklagten nicht voll beschäftigt gewesen sei, anderwärts gegen Barlohn gearbeitet.

Damit wird das Berufungsgericht dem Vorbringen des Beklagten, vor allem im Hinblick auf jene erste Grundfrage des § 850 d ZPO., nicht gerecht. Der Beklagte hatte vorgetragen, die Kleinheit seines landwirtschaftlichen Besitzes und der geringe Ertrag, den er auch wegen der wirtschaftlich ungünstigen Lage abwerfe, erlaube die Einstellung einer fremden, bezahlten Arbeitskraft nicht. Da er und seine Ehefrau nur noch in einem geringen Maße arbeitsfähig seien, so sei er auf die Hilfe seines Sohnes in seinem landwirtschaftlichen Betriebe angewiesen gewesen, wobei er ihm nur in seinem Hause Wohnung und Verpflegung, ohne Taschengeld, habe gewähren können, während sein Sohn sich das notwendige Bargeld für seinen sonstigen Unterhalt, wie Kleidung usw., durch Arbeit auf benachbarten Höfen habe hinzuverdienen müssen. Ohne seine Mithilfe hätte er die Bewirtschaftung des Besitzes nicht fortsetzen können. Bei diesem für den Rechtszug der Revision zu unterstellenden Sachverhalt war zu erwägen, ob die Dienstleistung des

E. S. für seinen Vater nach allgemeiner Anschauung als eine gegen Vergütung zu geschehende im Sinne der bezeichneten Vorschrift anzusehen ist oder ob sie nicht vielmehr rechtlich als die Erfüllung der gesetzlichen Unterhaltspflicht dem Beklagten gegenüber in der vorerwähnten besonderen Gestalt nach §§ 1601 flg. BGB. zu werten ist. Der vorliegende, besonders gestaltete Fall ist im Hinblick auf die Bestimmung des § 850 d ZPO. nicht ohne weiteres dem Fall der Dienstleistung des Anerben auf dem väterlichen Hof gleichzusetzen, der in RAG. Bd. 15 S. 325 behandelt worden ist, und auch nicht einem Falle der in RAG. Bd. 16 S. 17 beurteilten Art. Gestattet bei einem Anerbenhof in der Regel und gestatteten auch in dem in RAG. Bd. 16 S. 17 in Betracht kommenden Falle die Größe des Besitzes und die sonstigen Verhältnisse die Einstellung einer fremden, bezahlten Arbeitskraft an Stelle des dienstleistenden Sohnes oder sonstigen Familienangehörigen, so kann allerdings in solchem Falle nach der im Volke sonst herrschenden Anschauung angenommen werden, daß die Dienstleistung im allgemeinen nur gegen Vergütung geschieht. Der Gesichtspunkt der Unterhaltsleistung gegenüber den Eltern oder der sonstigen Unterstützung von Familienangehörigen scheidet dort aus oder tritt jedenfalls so zurück, daß er der Dienstleistung nicht das rechtliche Gepräge gibt. Im vorliegenden Fall dagegen tritt dieser Rechtsgedanke mit in den Vordergrund, und es war daher zunächst die Prüfung erforderlich, ob die Dienstleistung des E. S. auf der elterlichen Besitzung rechtlich überhaupt als eine üblicherweise gegen Vergütung geschehene im Sinne des § 850 d ZPO. anzusehen ist. Die Bestimmung des § 1617 BGB. über die Verpflichtung der Kinder zur Dienstleistung für ihre Eltern, auf die das Arbeitsgericht seine Prüfung abstellt, hat allerdings als solche gegenüber der im Interesse des Gläubigers des Dienstverpflichteten getroffenen besonderen Regelung des § 850 d ZPO. außer Betracht zu bleiben. Daher beruft sich der Beklagte auch zu Unrecht auf die dazu ergangene Rechtsprechung des Reichsgerichts, so in Bd. 162 S. 116.

Der erörterte Rechtsmangel macht die Aufhebng des angefochtenen Urteils und die Zurückverweisung der Sache erforderlich. Das Berufungsgericht wird in der neuen Verhandlung zunächst die vorbezeichnete Prüfung vorzunehmen haben. Erst bei Bejahung der Anwendung des § 850 d ZPO. insoweit ist dann weiter zu prüfen, welche Vergütung nach den gegebenen Umständen als angemessen anzusehen ist. Für deren Bestimmung hat, wie gegenüber dem angefochtenen Urteil noch zu bemerken ist, aber für das hier allein in Betracht kommende Verhältnis zwischen dem Kläger und dem Beklagten, anders als bei der Frage der

Pfändungsbeschränkung, der Umstand außer Betracht zu bleiben, daß E. S. anderwärts gegen Barlohn gearbeitet hat. Dagegen sind, wie ebenfalls schon in dem Urteil Bd. 15 S. 330 betont worden ist, die persönlichen Verhältnisse des Dienstberechtigten, besonders auch die Frage seiner Leistungsfähigkeit, von wesentlicher Bedeutung.

Bei der Ermittlung des pfändbaren Teiles der etwa sich ergebenden angemessenen Vergütung für die Dienstleistungen des E. S. ist dann noch die Bestimmung des § 850 b Abs. 4 in Verb. mit § 850 Abs. 3 ZPO. zu beachten. Diese Bestimmung über die Pfändungsbeschränkung findet auch im Falle des § 850 d ZPO. Anwendung (vgl. RAG. Bd. 15 S. 297, Bd. 21 S. 46 [51]). Im Rahmen dieser Prüfung, die von Amts wegen zu erfolgen hat (RGZ. Bd. 151 S. 279 [285]), kann von Bedeutung sein, was E. S. etwa anderwärts noch an Bargeld hinzuverdient hat.

RAG. 24, 353.+

1. . . .

2. Ist ein Handlungsgehilfe, der sich einem von der Reichsversicherungsanstalt für Angestellte gewährten Heilverfahren unterzieht, während dessen Dauer durch unverschuldetes Unglück an der Leistung der Dienste gehindert?

HGB. § 63.

Urteil vom 18. März 1941.

I. Arbeitsgericht Stettin. — II. Landesarbeitsgericht daselbst.

. . .

Gründe:

. . .

Da der Kläger im laufenden Arbeitsverhältnis durch eine Erkrankung an der Leistung der von ihm geschuldeten Dienste gehindert worden ist, hat er nach § 63 Abs. 1 HGB. für die Dauer bis zu 6 Wochen den Anspruch auf die Vergütung erworben. Auch die Durchführung des Heilverfahrens ist als unverschuldetes Unglück im Sinne des § 63 HGB. anzusehen. Hier kann nicht gegen die Anwendung des § 63 HGB. entscheidend sein, daß der Zeitpunkt des Heilverfahrens in gewissem Umfange nicht vom Zustand des Erkrankten selbst, sondern auch von anderen Umständen, so etwa seinen Wünschen oder der Möglichkeit der Aufnahme in die Heilanstalt, abhängt, auch nicht, daß ohne die Durchführung des Heilverfahrens der Angestellte vielleicht in der entsprechenden Zeit zu Dienstleistungen fähig und verpflichtet wäre. Ein Heilverfahren erfordert eine tatsächliche Erkrankung, also mehr als eine

Erholungsbedürftigkeit. Dies ergibt die Gesetzgebung der sozialen Versicherung (§ 51 AVG. in Verbindung mit §§ 1310 flg. RVO.). Das Heilverfahren wird nur an Erkrankte gewährt und setzt voraus, daß Invalidität (Berufsunfähigkeit) droht. Daraus folgt aber auch, daß die durch das Heilverfahren bedingte Unterbechung der Dienstleistung auf einem „Unglück" des Handlungsgehilfen, nämlich auf seiner Erkrankung. beruht. Daß das Heilverfahren im Endziel der Wiederherstellung des Versicherten und damit seinem Wohl dient, nimmt ihm nicht die Eigenschaft eines Unglücks im Sinne des § 63 HGB. Diesen Zweck hat das Heilverfahren mit jeder ärztlichen Behandlung, auch dem Aufenthalt in einem Krankenhaus, gemein. Für ein Verschulden des Klägers bei der Entstehung seines Leidens gibt die Sachlage keinen Anhalt.

. . .

Der Anspruch wird endlich nicht dadurch ausgeschlossen, daß der Kläger die Beklagte, obwohl ihm dies möglich gewesen wäre, nicht alsbald von seinem Eintritt in das Heilverfahren unterrichtet hat. Dieses sein Verhalten ist zwar ungehörig und hätte möglicherweise der Beklagten das Recht gegeben, Maßnahmen gegen ihn zu ergreifen. Die Dienstversäumnis selbst bleibt trotzdem eine Folge der Erkrankung.

Danach ist der Anspruch auf die Weitergewährung der Vergütung auf die Dauer von sechs Wochen begründet. . . .

RAG. 25, 5.+

Kann eine Verletzung der dem Führer der Verwaltung oder des Betriebes obliegenden Fürsorgepflicht darin gefunden werden und kann es einen Schadensersatzanspruch des Angestellten begründen, wenn der Führer der Verwaltung oder des Betriebes aus haushaltlichen Gründen die Höhereinstufung und Entlohnung des Angestellten, der gegenüber seiner bisherigen Tätigkeit mit höher zu bewertenden Arbeiten beschäftigt wird, nicht dieser neuen Tätigkeit anpaßt.

Tarifordnung A für Gefolgschaftsmitglieder im öffentlichen Dienst — TO. A — vom 1. April 1938 (RArbBl. VI S. 475) § 3 Abs. 2 Satz 3.

Urteil vom 22. April 1941.

I. Arbeitsgericht Dresden. — II. Landesarbeitsgericht daselbst.

. . .

Gründe:

Die Klägerin erkennt an, daß ihre Einreihung in die Vergütungsgruppe IX für das erste Jahr ihrer Dienstleistung bei dem Umlegungsamt . . . der Art ihrer Tätigkeit entsprach. Sie verlangte nur für die

Folgezeit Entlohnung aus der Gruppe VIII für höher zu bewertende Dienste, weil sie seitdem, wie zwischen den Parteien unstreitig ist, mit dieser Gruppe entsprechenden Arbeiten beschäftigt wird. Der Streit der Parteien geht danach um die Frage, ob ein der TO. A unterstehender Angestellter, der beim Eintritt in den Dienst gemäß den von ihm zu verrichtenden Diensten richtig eingestuft worden ist, mit Rücksicht auf eine ihm inzwischen übertragene andere, an sich nach einer höheren Gruppe zu bewertende Tätigkeit ohne weiteres, ohne Einreihung in diese Gruppe durch den Führer der Verwaltung oder des Betriebes, die Entlohnung aus ihr verlangen kann.

Mit dieser Frage hat das Reichsarbeitsgericht sich an Hand der Bestimmung des § 3 Abs. 2 TO. A schon in den Urteilen vom 29. Mai 1940 RAG. 284/39, vom 2. Juli 1940 RAG. 27/40 und besonders vom 10. Juli 1940 RAG. 45/40(abgedr. RAG. Bd. 23 S. 187 [190], S. 232 flg. und S. 253 flg.) befaßt. Es hat sie verneint und ausgeführt: Für die Entlohnung eines Angestellten sei nach der genannten Bestimmung grundsätzlich seine Einreihung in eine bestimmte Vergütungsgruppe durch den Führer der Verwaltung oder des Betriebes maßgebend, der darüber nach freiem, durch das Gericht nicht nachprüfbarem Ermessen zu befinden habe. Das habe nach § 3 Abs. 2 Satz 1 und 2 a. a. O. für die erste Einstufung zu gelten, es gelte aber im besonderen für die Einreihung eines bereits im Dienst befindlichen Angestellten in eine höhere Gruppe bei Änderung seiner Tätigkeit, worüber § 3 Abs. 2 Satz 3 ausdrücklich eine entsprechende Bestimmung treffe. Der Führer der Verwaltung oder des öffentlichen Betriebes habe dabei freilich, nicht anders wie jeder Führer eines anderen Betriebes nach der Bestimmung des § 2 Abs. 2 AOG., aus seiner Pflicht zur Fürsorge für den Angestellten (§ 2 Abs. 2 AOGÖ.) gemäß dem geltenden Leistungsgrundsatz auf eine der Leistung entsprechende Einstufung und Entlohnung Bedacht zu nehmen. Ein Verstoß gegen diese Pflicht könne gegebenenfalls den Anspruch auf eine der Leistung gemäße Vergütung als Schadensersatz begründen, dessen Voraussetzung aber nicht schon damit gegeben sei, daß die Art der inzwischen übertragenen Tätigkeit die Entlohnung aus einer anderen, höheren Gruppe rechtfertige (vgl. besonders RAG. Bd. 23 S. 259 flg.).

Das angefochtene Urteil, das im wesentlichen diesen Gedankengängen gefolgt ist und danach den Anspruch der Klägerin verneint hat, läßt keinen Rechtsirrtum erkennen. Mit Recht hat es zunächst den Umstand, daß die Klägerin seit dem 1. Dezember 1939 unstreitig nach der Gruppe VIII zu bewertende Dienste verrichtet, für ihren Anspruch auf Entlohnung aus dieser Gruppe nicht entscheidend sein lassen, sondern ihre Einreihung in diese Gruppe durch den Leiter des Umlegungsamtes als den Führer dieser Verwaltung verlangt, die nicht vorliege. Dabei hat es zutreffend die Ansicht der Klägerin als rechtsirrig abgelehnt, diese Einstufung sei schon dadurch als vollzogen anzusehen, daß der Leiter des Umlegungsamts der Klägerin gegenüber anerkannt habe, ihre Tätigkeit entspreche der Vergütungsgruppe VIII, und daher ihre Einreihung in diese Gruppe — für das Haushaltsjahr 1940/41 — auch bei der vorgesetzten Dienststelle befürwortet habe. Die Einreihung eines Angestellten in eine Vergütungsgruppe und so im besonderen die Höhereinstufung eines Angestellten nach § 3 Abs. 2 Satz 3 TO. A erfordert eine dahinzielende Willenserklärung des Führers der Verwaltung oder des Betriebes. Eine solche ist in jener Meinungsäußerung des Leiters des Umlegungsamts gegenüber der Klägerin wie auch in der Befürwortung ihrer Höhereinstufung durch ihn nicht zu finden.

Der Umstand, auf den die Revision sich besonders beruft, daß über die Bewertung der Dienste der Klägerin für die hier in Betracht kommende Zeit zwischen den Parteien kein Streit bestehe, sondern daß der Beklagte ausdrücklich ihre Bewertung nach der Gruppe VIII anerkannt habe, ist nach dem Gesagten, beim Fehlen der Einreihung in diese Gruppe, nicht geeignet, ohne weiteres den Anspruch auf Entlohnung aus dieser höheren Gruppe zu begründen. Er könnte aber für die Frage Bedeutung haben, ob der Leiter des Umlegungsamts als Führer der Verwaltung es hinsichtlich der Höhereinstufung der Klägerin an der notwendigen Fürsorge habe fehlen lassen. Hätte er, trotz der von ihm nicht bezweifelten höheren Bewertung der Dienste der Klägerin, es ohne Grund unterlassen, ihre Höhereinstufung vorzunehmen, sondern sie in der für sie offensichtlich nicht mehr zutreffenden Gruppe IX belassen, so könnte darin allerdings eine Verletzung der Fürsorgepflicht erblickt werden, die der Klägerin einen Schadensersatzanspruch gegen den Beklagten gäbe, gerichtet auf Erstattung des ihr verlorengegangenen Gehaltsunterschieds zwischen der Gruppe VIII und der Gruppe IX, wie sie ihn mit der Klage verlangt (vgl. dazu RAG. Bd. 23 S. 232 [234], 260). Das Berufungsgericht hat aber das Vorliegen einer Verletzung der Fürsorgepflicht in dieser Hinsicht auf seiten des Leiters des Umlegungsamts aus dem Grunde verneint, weil für das Rechnungsjahr 1939/40 in dem Haushaltsplan, wie unstreitig, eine Stelle der Gruppe VIII für eine Stenotypistin nicht vorgesehen war und weil, wie weiter unstreitig ist, für den Haushaltsplan 1940/41 zwar eine solche Stelle vorgesehen worden ist, der Leiter des Umlegungsamts sich auch bei seiner vorgesetzten Dienststelle für die Bewilligung dieser Stelle eingesetzt hat, dieser Haushaltsplan aber vom Reichsminister der Finanzen noch nicht genehmigt worden ist, weshalb die Einreihung der Klägerin in die Gruppe VIII vorerst noch nicht habe stattfinden können.

Gegen diese Rechtsauffassung sind keine begründeten Rechtsbedenken zu erheben. Grundsätzlich ist zunächst zu bemerken: Der Angestellte im öffentlichen Dienst, der, wie der Beamte, dem er in seiner Stellung weithin angeglichen ist, in das Gesamtgefüge der öffentlichen Verwaltung eingegliedert ist, muß die damit zusammenhängenden Besonderheiten, die in solcher Gestalt im Privatdienst nicht bestehen, hinnehmen und für sich anerkennen, auch da, wo sie etwa mit gewissen Nachteilen für ihn verbunden sind. Er muß sich dabei auch der Vorzüge bewußt sein, die ihm im übrigen seine im allgemeinen gesichertere Stellung im öffentlichen Dienst bietet. Zu diesen Besonderheiten gehören haushaltsmäßige Bindungen, die für den Führer der Verwaltung oder des Betriebes hinsichtlich der Höhereinstufung eines Angestellten bestehen können. Wenn dem Angestellten danach nicht immer sogleich entsprechend der höher zu bewertenden Tätigkeit das höhere Entgelt gewährt werden kann, so handelt es sich dabei, wie zu bemerken ist, nicht um ein Abgehen von dem Leistungsgrundsatz, sondern um eine besondere Art der Verwirklichung desselben im öffentlichen Dienst (vgl. hierzu RAG. Bd. 23 S. 253 [258/260]). Der im Dienst befindliche und zunächst richtig eingestufte Angestellte — wie der Fall der ersten Einstufung eines neu in den Dienst eintretenden Angestellten zu beurteilen wäre, steht hier nicht zur Entscheidung — kann nun, auch aus dem Gesichtspunkt der Fürsorgepflicht, nicht mit Recht erwarten, wenn er zur Leistung höher zu bewertender Dienste herangezogen wird, mit der Ausübung dieser Dienste ohne weiteres höher eingestuft und entlohnt zu werden, sofern im Haushaltsplan noch keine Stelle für ihn zur Verfügung steht. Er muß sich damit zufrieden geben, daß der Führer der Verwaltung oder des Betriebes pflichtgemäß die ihm möglichen und erforderlich erscheinenden Maßnahmen zur Herbeiführung der der Tätigkeit entsprechenden Einstufung und Entlohnung des Angestellten trifft. Das ist im Falle der Klägerin, wo eine Stelle der Gruppe VIII für eine Stenotypistin im Haushaltsplan 1939/40 noch nicht vorgesehen war, durch die Aufnahme einer solchen Stelle in den Haushaltsplan 1940/41 und die Befürwortung der Bewilligung derselben durch den Leiter des Umlegungsamts geschehen. Daß dann erst die Bewilligung des Haushaltsplans durch den Reichsminister der Finanzen abgewartet werden mußte, gehört wieder mit zu jenen Besonderheiten des öffentlichen Dienstes, die, wie bemerkt, der Angestellte im öffentlichen Dienst hinnehmen muß und die ihm auch bei einer — gegenwärtig möglicherweise durch die besonderen Zeitumstände bedingten — Verzögerung der Entschließung des Reichsministers der Finanzen kein Recht geben, gegen den Führer der betreffenden Verwaltung oder des Betriebes den Vorwurf der Fürsorgepflichtverletzung zu erheben und daraus Ansprüche gegen das Gemeinwesen, in dessen Dienst er steht, herzuleiten. Ist die Genehmigung des Haushaltsplans erfolgt, dann wird es die Amts- und Fürsorgepflicht dem Führer der Verwaltung oder des Betriebes von selbst gebieten, die Einreihung des Angestellten in die ihm zukommende höhere Gruppe entsprechend dem Haushaltsplan vorzunehmen und ihm die ihm danach zustehende Vergütung zu gewähren, andernfalls dann allerdings ein Anspruch aus der Verletzung der Fürsorgepflicht gegeben wäre.

Das Berufungsgericht hat hiernach mit Recht den Rechtsstandpunkt des Beklagten gebilligt und den Klageanspruch für nicht begründet erachtet. Zu bemerken wäre nur noch, daß der Beklagte auch nicht, wie die Klägerin meint, mit der Weigerung ihrer Entlohnung aus der ihrer Tätigkeit gemäßen höheren Gruppe VIII gegen § 18 Abs. 2 Satz 2 AOGÖ. (Rechtsverbindlichkeit der in der TO. A enthaltenen Bestimmungen über die Entlohnung der Angestellten im öffentlichen Dienst als Mindestbedingungen) verstößt. Es ist in dem gegenwärtigen Rechtsstreit gerade Gegenstand der Prüfung, ob und inwieweit nach dem Sinne der in Betracht kommenden, vorerwähnten Bestimmung der TO. A der von der Klägerin geltend gemachte Anspruch auf Entlohnung aus der höheren Gruppe besteht. Ist das, wie gezeigt, zu verneinen, dann verletzt die Weigerung des Beklagten, der Klägerin die beanspruchte höhere Entlohnung zu gewähren, nicht die Tarifbestimmung, sondern steht im Einklang mit ihr.

RAG. 25, 21.

1. Können künftige Lohnforderungen aus noch nicht bestehenden Arbeitsverhältnissen rechtswirksam abgetreten werden?

2. Bewirkt die Vermögenslosigkeit des Schuldners unter allen Umständen die Sittenwidrigkeit einer solchen Abtretung?

BGB. §§ 138, 398, 400.

Urteil vom 8. April 1941.

I. Arbeitsgericht Kiel. — II. Landesarbeitsgericht daselbst

Die Klägerin hat am 19. März 1938 gegen Josef B., der jetzt bei der H. H. AG. in Stellung ist, einen Zahlungs- und Vollstreckungsbefehl wegen eines am 13. Juli 1937 gegebenen Darlehens von 370 RM erwirkt. Auf ihren Antrag ist durch Beschluß des Amtsgerichts H. vom 1. Februar 1940 die Lohnforderung des B. gegen die H. H. AG. bis zur Höhe von 209,14 RM gepfändet und ihr zur Einziehung überwiesen worden. Der Beschluß ist der Drittschuldnerin am 7. Februar 1940 zugestellt worden. Am 22. Juli 1940 hat die Beklagte der Drittschuldnerin eine Lohnabtretung des B. vom 17. Februar 1938 vorgelegt. B., der damals bei dem 2. Admiral der Ostseestation angestellt war, hatte von der Beklagten ein Darlehen von 300 RM erhalten und dafür einen Schuldschein ausgestellt, in dem er sich verpflichtete, das Darlehen in 25 monatlichen Abträgen von 12 RM zurückzuzahlen, und weiter erklärte:

> Zur Sicherheit für die Erfüllung meiner Verbindlichkeiten trete ich den abtretbaren Teil meiner jetzigen und künftigen Gehalts- bzw. Wartegeld- oder Ruhegehaltsforderung gegenüber meiner Behörde auch gegenüber jeder Stelle, von der ich in Zukunft Gehalt oder Ruhegehalt beziehen werde, in Höhe von 300 RM zuzüglich Verzugszinsen und Kosten an die Gläubigerin ab und gebe dieser die Befugnis, diese Abtretung jederzeit in ihr geeignet erscheinender Weise geltendzumachen.

Nach Vorlage des Schuldscheins stellte die H. H. AG. die Zahlungen an die Klägerin ein, da die Lohnabtretung der Pfändung vorgehe.

Die Klägerin erhob Klage und beantragte, die Beklagte zu verurteilen, darin einzuwilligen, daß die H. H. AG. die durch Pfändungs- und Überweisungsbeschluß vom 1. Februar 1940 gepfändeten Lohnbeträge an sie bis zur vollständigen Befriedigung auskehre. Zur Begründung trug sie vor, die Abtretung sei unwirksam, weil die abgetretenen Forderungen nicht genügend bestimmbar seien. Die Abtretung verstoße auch gegen die guten Sitten, weil B. damals völlig verschuldet gewesen sei. Die Abtretung sei wegen Formmangels nach § 311 BGB. nichtig, weil B. dadurch einen Teil seines gegenwärtigen Vermögens zu übertragen sich verpflichtet habe. Sie sei nach § 310 BGB. nichtig, weil sie eine Verpflichtung zur Übertragung des künftigen Vermögens oder eines Bruchteils dieses enthalte. Schließlich werde die Abtretung nach § 3 Nr. 1 Anfechtungsgesetz angefochten und der Anspruch auf § 826 BGB. gestützt, weil die Beklagte durch die Annahme der Abtretung dem Schuldner B. es unmöglich gemacht habe, seine Verpflichtung gegenüber der Klägerin zu erfüllen.

Die Klage wurde in zwei Rechtszügen abgewiesen. Die Revision blieb ohne Erfolg.

Gründe:

Die sogenannte stille Abtretung, das ist die Abtretung ohne Benachrichtigung des Drittschuldners, hindert die Rechtswirksamkeit der Abtretung nicht (RGZ. Bd. 136 S. 100 [102], RAG. Bd. 21 S. 167).

Künftige Forderungen können abgetreten werden, wenn sie ausreichend bestimmt sind. Der Bestimmtheit steht nicht entgegen, daß die Person des Schuldners noch nicht bezeichnet werden kann. Es genügt, daß dies im Zeitpunkt der Wirksamkeit der Abtretung möglich ist (RGZ. Bd. 136 a. a. O., Bd. 140 S. 250). In RAG. Bd. 21 S. 167 [171] sind ohne Stellungnahme Bedenken geäußert, ob eine Sicherungsabtretung künftiger Lohnteile ohne zeitliche Begrenzung, bei der damit der Umfang der abgetretenen Forderung unbestimmt gelassen werde, dem Erfordernis hinreichender Bestimmtheit genügen würde. Es könne sogar in Frage kommen, ob eine solche Abtretung, die — ähnlich wie hier — erst wirksam gemacht worden sei, als ein Pfändungsgläubiger sein Recht verfolgt habe, gegen die guten Sitten verstoße. Die Bedenken sind unter den gegebenen Umständen nicht berechtigt.

Die Abtretung wird zwar erst mit der Entstehung der Forderung, also mit dem Beginn des jeweiligen Arbeitsverhältnisses wirksam. In diesem Zeitpunkt steht aber auch die Person des Drittschuldners fest, die abgetretene Forderung ist nach Inhalt, Höhe und Person des Schuldners eindeutig bestimmt. Die Arbeit ist freilich keine Ware, aber bildet doch auch einen Vermögenswert, und soll immer mehr d e r Vermögenswert des schaffenden Menschen werden. Das Erfordernis ihrer verschiedenen Behandlung gegenüber der Ware hat seinen Grund in der engen Beziehung der Arbeit zu der die Arbeit leistenden Person. Die Achtung vor der Person und der aus Belangen der Volksgesamtheit gebotene Schutz der Arbeit verhindern die rechtliche Gleichbehandlung von Arbeit und Ware, soweit diese Zusammenhänge dadurch beeinträchtigt würden. Bei der Abtretung der Lohnforderung handelt es sich aber nicht mehr um die Arbeit, sondern erst um den aus ihr erzielten Geldwert. Über ihn kann ohne Rücksicht auf den Entstehungsgrund wie über andere Forderungen verfügt werden, soweit nicht wieder besondere Gründe die Abtretbarkeit einschränken. Diese Grenze ist durch § 400 BGB. gezogen.

Weil nur der aus der Arbeit gewonnene Geldwert Gegenstand der Abtretung ist, ist die Frage der Sittenwidrigkeit der Abtretung jedenfalls im Verhältnis zu Dritten nicht anders zu entscheiden als bei anderen Forderungsabtretungen. Die Klägerin behauptet nicht sittenwidrige Bindung des B. zu seinem Nachteil, die seine Persönlichkeitsrechte verkürzen würde, sondern zu ihrem Nachteil. Damit steht die Lohnforderung rein als Vermögenswert in Frage. Der Abtretungsvertrag vom 17. Februar 1938 hat den abtretenden Darlehensschuldner auch nicht in völlige wirtschaftliche Abhängigkeit von der Darlehnsbank gebracht. Es kommt nicht darauf an, ob er damals sonst ganz vermögenslos war. Wesentlich ist, daß es sich um ein Darlehen von einer Höhe handelte, daß es gerade durch die gebotene Sicherheit, den Arbeitsertrag, in der Zeit von wenig mehr als einem Jahr voraussichtlich abgetragen werden konnte. Insofern liegt der Fall nicht viel anders als der in RAG. Bd. 21 S. 167. Dort hatte der Tatrichter aus der Höhe des Darlehens und den vereinbarten Rückzahlungsbeträgen eine zeitliche Begrenzung der Abtretung hergeleitet. Hier ist eine solche nach der stillschweigenden Annahme des Berufungsgerichts nicht gewollt gewesen. Aber es war nach gewöhnlichem Ablauf der Dinge mit ihr zu rechnen, wenn auch die Vertragserfüllung auf alle Fälle bis zur Schuldentilgung vorbehalten war. Die vorauszusehende Zeit der Abtragung ließ das Berufungsgericht ohne Rechtsirrtum die Annahme eines Knebelungsvertrags ablehnen. Darlehen an vermögenslose Beamte oder Lohnempfänger wären sonst immer Knebelungsverträge, ein für das Verkehrsbedürfnis untragbares Ergebnis.

Nach der tatsächlichen Feststellung des Berufungsgerichts war der Beklagten nicht zu widerlegen, daß sie von anderen Schulden des B. nichts wußte. Ohne Rechtsirrtum ist daher auch Sittenwidrigkeit aus dem Grund der Täuschung anderer Gläubiger oder Anfechtbarkeit des Abtretungsvertrags nach § 3 Nr. 1 AnfG. aus der Absicht, andere Gläubiger zu benachteiligen, verneint worden. Eine unerlaubte Handlung nach § 826 BGB. kam unter diesen Umständen gleichfalls nicht mehr in Frage.

Die Übertragung eines gegenwärtigen Vermögensteils lag nicht vor, weil die abgetretenen Forderungen noch gar nicht entstanden waren, die Übertragung eines künftigen Vermögensteils nicht, weil nur ein nach Art, Ursprung und Umfang bestimmter und begrenzter Vermögensinbegriff, der Arbeitserlös in einem verhältnismäßig kleinen und zeitlich voraussichtlich kurzfristigen Teil abgetreten wurde. Weder die Formvorschrift des § 311 noch das Verbot des § 310 BGB. sind demnach verletzt.

RAG. 25, 36.+

1. . . .

2. Wann haben Angestellte im öffentlichen Dienst Anspruch auf Vergütung für geleistete Überstunden?

Tarifordnung A für Gefolgschaftsmitglieder im öffentlichen Dienst — TO. A — vom 1. April 1938 (RArbBl. VI S. 475) § 2. Allgemeine Dienstordnung (ADO.) für nichtbeamtete Gefolgschaftsmtiglieder bei öffentlichen Verwaltungen und Betrieben, insbesondere zur Tarifordnung A für Gefolgschaftsmitglieder im öffentlichen Dienst in der Fassung der Ersten Änderung vom 19. Dezember 1938 (RGBl. I S. 1830) zu § 2 TO. A Nr. 3 und 4.

Urteil vom 22. April 1941.

I. Arbeitsgericht Wiesbaden. — II. Landesarbeitsgericht Frankfurt (Main).

Der Kläger ist am 29. November 1939 als Abteilungsleiter und Bauleiter-Stellvertreter bei der Bauleitung der Luftwaffe in K. eingetreten. Er erhielt eine Vergütung nach Gruppe IV der Tarifordnung A für Gefolgschaftsmitglieder im öffentlichen Dienst (TO. A), die für sein Dienstverhältnis maßgebend war. . . . Der Kläger beansprucht die Vergütung geleisteter Überstunden. . . .

Gründe:

. . .

Die Revision bezieht sich nur auf die Vergütung, welche dem Kläger für geleistete Mehrarbeit zugesprochen ist. Ob und inwieweit Angestellte im öffentlichen Dienst einen Anspruch auf Vergütung für geleistete Mehrarbeit besitzen, kann jedenfalls nicht aus § 8 der Allgemeinen Tarifordnung für Gefolgschaftsmitglieder im öffentlichen Dienst (ATO., RArbBl. 1938 VI S. 471) entnommen werden. Diese Bestimmung verhält sich nur darüber, was gegenüber der regelmäßigen Arbeitszeit als Mehrarbeit anzusehen ist, regelt aber die Frage der Vergütung nicht. Es ist daher rechtsirrtümlich, wenn das Berufungsgericht auch auf diese Bestimmung zurückgreift, um damit die grundsätzliche Verpflichtung des Beklagten zur Vergütung der vom Kläger geleisteten Mehrarbeit zu rechtfertigen. Anscheinend hat dem Berufungsgericht dabei vorgeschwebt, es müsse jede zulässigerweise geleistete Mehrarbeit stets auch besonders bezahlt werden. Das Reichsarbeitsgericht hat jedoch bereits in seinem Urteil vom 16. Oktober 1940 RAG. 88/40 (RAG. Bd. 24 S. 44) dargelegt, daß ein Rechtsgrundsatz von so allgemeiner Bedeutung weder bestanden hat noch besteht, insbesondere nicht für Angestellte, von denen von jeher mit Rücksicht auf ihr festes Monatseinkommen gerade Überarbeit ohne besonderes Entgelt erwartet wurde. In jenem Urteil ist dazu noch ausgeführt, daß dieser Auffassung auch die Arbeitszeitordnung vom 30. April 1938 (RGBl. I S. 447) — die übrigens durch die Arbeitsrechts-Abänderungsverordnung vom 1. September 1939 (RGBl. I S. 1683) für männliche Arbeiter und Angestellte über 18 Jahre bis auf weiteres außer Kraft gesetzt ist, soweit in ihr die Dauer der werktäglichen Arbeitszeit der Beschäftigten geregelt ist — keineswegs entgegensteht. Denn die Arbeitszeitordnung gestattet in § 15 Abs. 2 den Parteien, die Vergütung selbst zu regeln, also auch zu vereinbaren, daß Überstunden durch einen einheitlichen Lohn abgegolten werden; sie erkennt ferner, wie sich aus § 13 Abs. 1 in Zusammenhalt mit § 15 Abs. 1 ergibt, einen Anspruch auf Sondervergütung nicht an für den Fall, daß die für die Beamten geltende längere Arbeitszeit auch auf die Angestellten derselben Verwaltung ausgedehnt wird.

Als Grundlage für den Anspruch des Klägers können daher, abgesehen von Einzelvereinbarungen, nur die Bestimmungen in § 2 TO. A und in Nr. 3 der dazu erlassenen Allgemeinen Dienstordnung (ADO.) — letztere in der Fassung der Ersten Änderung vom 19. Dezember 1938 — in Betracht kommen. Das Berufungsgericht ist der Ansicht, daß der Anspruch des Klägers hierdurch seinem Grunde nach gerechtfertigt werde. Der Revision ist jedoch zuzugeben, daß die Auslegung dieser Bestimmungen durch das Berufungsgericht in wesentlichen Punkten fehlgreift. Das Berufungsgericht meint nämlich, § 2 Abs. 1 TO. A gewähre den Gefolgschaftsmitgliedern im öffentlichen Dienst grundsätzlich ein Recht auf Vergütung sowohl für die Arbeit, die sie in einer auf mehr als 48 Stunden festgesetzten regelmäßigen Arbeitszeit leisten, als auch für darüber hinausgehende, nicht regelmäßige Dienstleistungen (Überstunden). Allein schon der Wortlaut der genannten Tarifvorschrift läßt keinen Zweifel darüber aufkommen, daß das Gegenteil der Fall ist. Er besagt ausdrücklich, daß Mehrleistungen dieser Art durch die regelmäßigen Dienstbezüge (§§ 3 flg. TO. A) abgegolten werden. Das hat auch seinen guten Grund, denn die Stellung der Angestellten im öffentlichen Dienst ist derjenigen der Beamten angenähert, die ebenfalls für Mehrarbeit keine besondere Vergütung zu beanspruchen haben. Nur hinsichtlich einer bestimmten Gruppe von Angestellten ist in § 2 Abs. 3 TO. A eine Ausnahme von diesem Grundsatze gemacht, ihnen steht unter gewissen Voraussetzungen ein Anspruch auf Vergütung für geleistete Überstunden zu. Es handelt sich dabei aber nur um solche

Gefolgschaftsmitglieder, denen keine bevorzugte Versorgung zuteil wird und die insoweit in größerem Abstande von den Beamten bleiben, nämlich um diejenigen Angestellten, die weder nach §§ 11 bis 14 des Reichsangestelltenversicherungsgesetzes versicherungsfrei sind noch Anwartschaft auf eine über die reichsgesetzliche Versicherungspflicht hinausgehende Alters- und Hinterbliebenenversorgung unter Beteiligung des Dienstberechtigten haben. Zu dieser Gruppe von Angestellten gehört, wie das Berufungsgericht zutreffend angenommen hat, der Klägern nicht, da er in dem zuletzt genannten Sinne unter Beteiligung des Beklagten überversichert war. Nach alledem steht ihm, soweit es auf die tarifrechtliche Regelung in § 2 TO. A ankommt, ein Anspruch auf Vergütung von Überstunden überhaupt nicht zu. Indessen bot § 1 des Gesetzes über die ergänzende Regelung der Dienstverhältnisse bei öffentlichen Verwaltungen und Betrieben vom 17. Februar 1938 (RGBl. I S. 206) die Möglichkeit, daß der Reichsminister der Finanzen im Einvernehmen mit etwa sonst zuständigen Reichsministern Abweichungen von den geltenden Vorschriften zugunsten der Angestellten durch Rechtsverordnung zuließ. Das ist durch die Neufassung von Nr. 3 ADO. zu § 2 TO. A in der Ersten Änderung der ADO. vom 19. Dezember 1938 geschehen. Dort wird die Vergütung für überversicherte Angestellte zu deren Gunsten anderweitig geregelt, und zwar (unter B der Vorschrift) dahin, daß ihnen die 52. usw. Arbeitsstunde zu bestimmten, je nach der in Betracht kommenden Vergütungsgruppe abgestuften Sätzen entschädigt werden kann, wenn von ihnen für die Zeit von mindestens drei zusammenhängenden Wochen regelmäßig Arbeitsstunden über 51 Stunden in der Woche hinaus gefordert werden. Außerdem schreibt die Bestimmung vor, daß die Anordnung zur Arbeitsleistung über 51 Stunden hinaus in der Woche für einen längeren Zeitraum als drei Wochen — durch die Zweite Änderung vom 13. April 1940 (RGBl. I S. 649) sind diese Worte später ersetzt worden durch „für einen Zeitraum von mindestens drei zusammenhängenden Wochen" — schriftlich unter Angabe des hierfür maßgebenden Grundes von dem zum Abschluß von Arbeitsverträgen ermächtigten Dienststellenleiter oder seinem Vertreter zu treffen ist. Die ADO. gibt somit für die Vergütung von Überstunden keine Muß-, sondern nur eine Kannvorschrift. Das Berufungsgericht vertritt hierzu die Auffassung, daß die ADO. die Vergütung nicht habe in das Ermessen der Verwaltung stellen dürfen, weil diese schon nach Tarifrecht (§ 3 Abs. 1 TO. A) grundsätzlich zur Bezahlung der Überstunden verpflichtet sei. Es ist jedoch bereits dargelegt, daß diese Auffassung rechtsirrig ist und das

Gegenteil davon zutrifft. Der Regelung im Wege einer Kannvorschrift stand also nichts im Wege. Es war daher zulässig, daß das zuständige Luftgaukommando die Zahl der zu vergütenden Überstunden durch die Anordnung vom 12. Dezember 1939 — anscheinend aber auch schon durch frühere gleichlautende Anordnungen — auf 92 im Monat beschränkt hat. Bis zu dieser Grenze hat der Kläger unstreitig die von ihm abgeleisteten Überstunden vergütet erhalten. Auf Grund der maßgeblichen Bestimmungen der TO. A und ADO. kann der Kläger also einen Mehranspruch nicht erheben. Die von der Revision angeschnittene Frage, ob dem Kläger auch auf Grund der Kannvorschrift in Nr. 3 ADO eine Mehrvergütung allein schon deshalb zu verweigern gewesen wäre, weil die Anordnung zur Leistung der streitigen Überstunden nicht schriftlich erlassen war, kann unerörtert bleiben, da es hierauf nicht mehr ankommt. Im übrigen mag insoweit auf die einschlägigen Ausführungen in dem Urteile des Reichsarbeitsgerichts vom 18. September 1940 RAG. 62/40 (RAG. Bd. 23 S. 354 [361]) verwiesen werden. Wesentlicher könnte der in dem vorgenannten Urteile (S. 358 flg.) entwickelte Rechtsgrundsatz sein, daß auch mit der Handhabung von Kannvorschriften der hier in Rede stehenden Art kein Ermessensmißbrauch getrieben werden darf, andernfalls die Verwaltung Schadenersatzansprüchen wegen Verletzung der ihr obliegenden Fürsorgepflicht (§ 2 Abs. 2 AOGÖ.) ausgesetzt sein würde. Aber auf diesen Gesichtspunkt ist die Klage nicht gestützt worden, und es ist auch kein Anhaltspunkt dafür ersichtlich, daß die Begrenzung der vergütungspflichtigen Überstunden auf 92 im Monat auf unsachlichen oder mißbilligenswerten Erwägungen beruhte.

So käme für den Anspruch des Klägers nur noch eine einzelvertragliche Vereinbarung in Betracht. Der Kläger hatte nach dieser Richtung hin vorgebracht, der Bauleiter habe ihm gesagt, daß alle Überstunden bezahlt werden müßten. Selbst wenn das richtig wäre und die Äußerung des Bauleiters nicht als eine bloße Auskunft, sondern als eine bindend gemeinte Zusicherung angesehen werden müßte, könnte das den hier in Rede stehenden Anspruch des Klägers nicht rechtfertigen. Denn nach der Vorschrift in Nr. 4 ADO. zu § 2 TO. A in der Fassung der Ersten Änderung vom 19. Dezember 1938 — die Vorschrift war schon in der ursprünglichen Fassung unter Nr. 3 enthalten — sind Abweichungen mit geldlicher Auswirkung an die Zustimmung des Reichsministers der Finanzen und des sonst zuständigen Reichsministers gebunden. Angesichts dessen wäre der Bauleiter gar nicht befugt gewesen, dem Kläger gegenüber eine Verpflichtung einzugehen, die den Rahmen der TO. A und der ADO. überschritt. Das aber hätte er getan, wenn er über die bestehende Kannvorschrift hinaus dem Kläger die Zahlung aller Überstunden fest zugesagt haben würde.

Der Anspruch des Klägers auf eine Vergütung seiner Mehrarbeit erweist sich daher in vollem Umfange als unbegründet.

RAG. 25, 56.

Zur Frage der Anwendbarkeit des Grundsatzes der Gleichbehandlung bei Versorgungszuschüssen, die einer gewissen Gruppe von Gefolgschaftsangehörigen und ihren Hinterbliebenen ausdrücklich als „widerrufliche" Zuwendungen gewährt werden.

AOG. § 2.

Urteil vom 13. Mai 1941.

I. Arbeitsgericht Berlin. — II. Landesarbeitsgericht daselbst.

Der Ehemann der Klägerin, der mit ihr in zweiter Ehe lebte, nachdem seine erste Ehe im Jahre 1931 durch Schuld der ersten Frau geschieden war, war leitender Angestellter der Beklagten. Er ist am 26. November 1939 verstorben. Während die Beklagte für die Mehrzahl ihrer Angestellten eine eigene Alters- und Hinterbliebenenversorgung eingerichtet hat, ähnlich, wie sie den Beamten gewährt wird, ist ein Teil ihrer Gefolgschaft, nämlich die Angestellten der früher selbständigen Hoch- und Untergrundbahnbetriebe, Mitglied der Pensionskasse Deutscher Privateisenbahnen geblieben. Einen Ruhegeldanspruch gegen diese Kasse hatte auch der Ehemann der Klägerin erworben, woraus sich für diese selbst gemäß § 25 der Pensionskassensatzung ein Anspruch auf Witwengeld ergab.

Mit Wirkung vom 1. April 1936 hat die genannte Pensionskasse notgedrungen ihre Leistungen um 25 v. H. kürzen müssen, während die Leistungen aus der eigenen Versorgungseinrichtung der Beklagten ungekürzt weitergewährt werden konnten. Zur Vermeidung von Härten hat dann die Beklagte zunächst einzelnen der von der Kürzung betroffenen früheren Pensionskassenmitglieder aus eigenen Mitteln einen Ausgleich durch Gewährung von zusätzlichen Leistungen verschafft, deren jederzeitigen Widerruf sie sich jeweils vorbehielt. Am 1. April 1938 hat sie ihrer Gefolgschaft durch Aushang folgendes bekanntgegeben:

Betr. Zuschußleistungen der BVG. an die Versorgungsempfänger der Pensionskasse Deutscher Privateisenbahnen.

Wir geben hiermit allen Mitgliedern der Pensionskasse Deutscher Privateisenbahnen bekannt, daß die BVG. vom 1. April 1938 ab mit Zustimmung des Herrn Oberbürgermeisters die durch die Pensionskasse vorgenommene 25%ige Kürzung der Versorgungsbezüge durch Gewährung entsprechender widerruflicher Zuschußleistungen voll ausgleicht.

An dieser allgemeinen Zusage ist bisher unstreitig nichts geändert worden. Als die Klägerin jedoch nach dem Tode ihres Mannes bei der Beklagten wegen Zahlung des den Pensionskassenmitgliedern zugesagten Ausgleichszuschusses vorstellig wurde, erhielt sie mit Schreiben vom 1. April 1940 einen abschlägigen Bescheid, weil die „Voraussetzungen für die Gewährung" des Zuschusses in ihrem Falle nicht gegeben seien. Die Beklagte hat dabei den Standpunkt vertreten, daß die Klägerin mit ihrer von der Pensionskasse bezogenen Witwenpension hinreichend versorgt sei und der genannte Ausgleichszuschuß deshalb der in bedürftigen Verhältnissen lebenden früheren Ehefrau des verstorbenen Ehemannes der Klägerin zugewendet werden müsse, zumal der Verstorbene bis zu seinem Tode die geschiedene Frau auch noch fortlaufend unterstützt habe.

Die Klägerin beansprucht den genannten Ausgleichszuschuß für sich. Sie leitete ihren Anspruch aus der angeführten Bekanntmachung her und ist der Ansicht, daß ihr dieser Anspruch durch die erste Ehefrau ihres verstorbenen Mannes, die nach der durch ihre Schuld geschiedenen Ehe keinen Unterhaltsanspruch behalten habe, nicht geschmälert werden könne.

Die Beklagte bat um Abweisung der Klage, weil ein Anspruch auf den Zuschuß wegen der ausdrücklich vorbehaltenen Widerrufsmöglichkeit als gerechtfertigt nicht anerkannt werden könne. Von einer willkürlichen Versagung des Zuschusses könne nach Lage der Sache keine Rede sein.

Beide Vorinstanzen gaben der Klage statt. Die Revision blieb erfolglos aus folgenden

Gründen:

Die Klägerin gründet ihren Anspruch auf die zu Lebzeiten ihres Ehemannes erfolgte Bekanntmachung vom 1. April 1938. Sie nimmt danach als Rechtsgrundlage ihres Anspruchs eine stillschweigende Vereinbarung zwischen der Beklagten und den zur Pensionskasse Deutscher Privateisenbahnen gehörenden Gefolgschaftsangehörigen an. Da der Ehemann der Klägerin versorgungsberechtigtes Mitglied der Kasse war, würde eine in solcher Vereinbarung ihm gegenüber übernommene

Verpflichtung der Bekelagten zur Zahlung von Versorgungszuschüssen an sich auch gegenüber der Klägerin als seiner versorgungsberechtigten hinterbliebenen Ehefrau bestehen.

Unstreitig war für die Beklagte eine Rechtspflicht zur Gewährung der fraglichen Zuschüsse an sich nicht gegeben. Es handelte sich bei der in der Bekanntmachung gegebenen Zusage vielmehr um ein aus Gründen freiwilliger Fürsorge gemachtes Versprechen. Wenn die Beklagte dabei dann die in Aussicht gestellten Zuschußleistungen, wie es geschehen ist, ausdrücklich als „widerruflich" bezeichnete, so ergab sich daraus, für die Gefolgschaftsmitglieder ohne weiteres erkennbar, daß sie mit der Zusage an sich einen Rechtsanspruch nicht einräumen wollte. Diese Absicht hat die Beklagte in allen Fällen bereits eingetretener Pensionierung dadurch noch besonders zum Ausdruck gebracht, daß sie in den den Versorgungsempfängern zugegangenen Mitteilungen über die Bewilligung der Ausgleichszuschüsse darauf hinwies, daß sie die Unterstützung als eine „jederzeit widerrufliche" gewähre und daß die Zahlung der Unterstützung „freiwillig, ohne Anerkennung einer Rechtspflicht" erfolge. Daß ein solcher, die Freiwilligkeit der Zuwendung betonender Vorbehalt des freien Widerrufs eines Ruhegeldversprechens rechtlich zulässig ist, hat das Reichsarbeitsgericht bereits wiederholt anerkannt (vgl. RAG. Bd. 6 S. 91, Bd. 20 S. 20, Bd. 22 S. 290).

Es ist somit davon auszugehen, daß es sich bei den mit der Klage geforderten Zuschüssen um freiwillige, jederzeit widerrufliche Zuwendungen handelt. Das haben die Vorinstanzen auch nicht verkannt. Bei solcher Gestaltung der Dinge kann der Beklagten die Befugnis, künftighin ihre Zusage anders zu gestalten oder sie ganz zu widerrufen, nicht abgesprochen werden (vgl. hierzu auch Urteil vom 3. April 1940 RAG. 148/1939, abgedr. ArbRSamml. Bd. 39 S. 49 flg.). Wenn die Beklagte es aber, wie es unstreitig der Fall ist, bei ihrer allgemeinen Zusage beließ, dann muß sie auch dem vom Reichsarbeitsgericht bereits in ständiger Rechtsprechung aus dem Wesen der Betriebsgemeinschaft und der Treu- und Fürsorgepflicht des Unternehmers hergeleiteten Grundsatz der gleichmäßigen Behandlung der Gefolgschaftsmitglieder Beachtung schenken, d. h. sie darf nicht einzelnen Gefolgschaftsmitgliedern oder deren versorgungsberechtigten Hinterbliebenen willkürlich und ohne triftigen Grund den sonst allgemein gewährten Versorgungszuschuß vorenthalten (vgl. hierzu u. a. RAG. Bd. 19 S. 286, Bd. 20 S. 24, Bd. 21 S. 329, ferner Urteil vom 29. März 1939 RAG. 171 und 172/1938, abgedr. ArbRSamml. Bd. 36 S. 12 flg. [16], Urteil vom

7. Februar 1940 RAG. 254/1939, abgedr. das. Bd. 38 S. 252 flg. [258] und Urteil vom 21. Mai 1940 RAG. 4/1940, abgedr. das. Bd. 39 S. 66 flg.).

Mit Recht ist deshalb von den Vorinstanzen der Frage entscheidende Bedeutung beigemessen worden, ob die Beklagte mit der Vorenthaltung des Zuschusses gegenüber der Klägerin gegen den Grundsatz der Gleichbehandlung verstieß. Daß unter besonderen Umständen, d. h. beim Vorliegen triftiger Gründe, auch ein einzelnes Gefolgschaftsmitglied von einer sonst allgemein gewährten freiwilligen Unterstützung ausgeschlossen werden kann, hat das Berufungsgericht nicht verkannt. Die Ausschließung darf nur nicht willkürlich, d. h. nach Gutdünken, ohne triftigen Grund, erfolgen. Ob ein solcher Grund im Einzelfall gegeben ist, ist im wesentlichen Tatfrage. Hier hat die Beklagte ihr Verhalten damit begründet, sie halte es für geboten, den umstrittenen Zuschußbetrag nicht der mit ihrer von der Pensionskasse bezogenen Pension ausreichend versorgten Klägerin, sondern der in bedrängten Verhältnissen lebenden ersten Ehefrau des verstorbenen Ehemannes der Klägerin zukommen zu lassen. Dabei war unstreitig, daß die erste Ehe schon im Jahre 1931 durch Schuld der ersten Frau geschieden war und daß dieser deshalb kein Unterhaltsanspruch gegen den Mann zustand. Wenn das Berufungsgericht unter solchen Umständen einen triftigen Grund für die Versagung des Zuschusses an die Klägerin verneint hat, so ist das rechtlich nicht zu beanstanden.

RAG. 25, 65.+

Dient eine übertarifliche Bezahlung oder eine zu einem frei vereinbarten Lohn ausbedungene Leistungszulage ohne weiteres zugleich der Abgeltung etwa geleisteter Mehrarbeit?

Arbeitszeitordnung vom 30. April 1938 (RGBl. I S. 447) § 15.

Urteil vom 24. Juni 1941.

I. Arbeitsgericht Leipzig. — II. Landesarbeitsgericht daselbst.

. . .

Gründe:

. . .

Nun ist der Kläger zwar nach dem Vortrag der Beklagten übertariflich bezahlt worden. Die Beklagte billigt dem Kläger als Tarifgehalt nur 220 RM monatlich zu. Der hierüber hinausgehende Betrag ist nach ihrem Vortrag außertariflich bezahlt worden. Daraus folgt aber noch nicht, daß der Mehrbetrag zur Bezahlung von Überstunden dienen sollte. Aus einer übertariflichen Bezahlung kann nicht ohne weiteres gefolgert werden, daß damit auch eine etwaige Mehrarbeit abgegolten sein soll. Dazu bedürfte es einer besonderen Bestimmung des Zwecks der Mehrbetragsbezahlung, die an sich aus den Umständen beim Fehlen einer ausdrücklichen Vereinbarung entnommen werden kann (vgl. u. a. RAG. Bd. 20 S. 145 und Bd. 24 S. 169). Daß vorliegend das übertarifliche Gehalt nicht zur Abgeltung etwaiger Mehrarbeit gezahlt worden ist, stellt das Berufungsgericht tatrichterlich einwandfrei fest. . . .

RAG. 25, 160.+

1. Zum Begriff „Unglück" in § 63 HGB.

2. Ist einer Verlobten bei Arbeitsbehinderung infolge Schwangerschaft der Lohn fortzuzahlen?

HGB. § 63. BGB. § 616.

Urteil vom 29. Juli 1941.

I. Arbeitsgericht Magdeburg. — II. Landesarbeitsgericht daselbst.

. . .

Mit der Klage verlangte die Klägerin für die Zeit vom 10. bis 19. Oktober, für die von der Ärztin ihre Arbeitsunfähigkeit festgestellt sei, den Lohn in Höhe von 41,30 RM. Die Beklagte verweigerte die Zahlung des Lohnes mit der Begründung, daß die Arbeitsunfähigkeit nicht auf ein unverschuldetes Unglück zurückzuführen sei, da die Schwangerschaft überhaupt kein Unglück im Sinne des § 63 HGB. und außerdem die Schwangerschaft einer unverheirateten Frau nach ständiger Rechtsprechung nicht unverschuldet sei.

Während das Arbeitsgericht die Klage abgewiesen hat, hat das Landesarbeitsgericht ihr stattgegeben, zwar nicht auf Grund des § 63 HGB., sondern auf Grund des § 616 BGB., da der Geschlechtsverkehr eines Mädchens mit ihrem Verlobten nicht als ein Verschulden gegenüber dem Unternehmer angesehen werden könne und die Arbeitsverhinderung nur eine unerhebliche Zeit gedauert habe.

Die Revision der Beklagten hatte keinen Erfolg.

Gründe:

Die Parteien sind in den Vorinstanzen übereinstimmend davon ausgegangen, daß die Klägerin Handlungsgehilfin bei der Beklagten war. Der Sachverhalt ergibt keine Anhaltspunkte dafür, daß diese Auffassung rechtsirrig wäre. Gleichwohl hat das Landesarbeitsgericht die Anwendung des § 63 HGB. abgelehnt, weil nach ständiger Rechtsprechung die Schwangerschaft kein Unglück im Sinne des § 63 HGB. sei. Das Reichsarbeitsgericht hat allerdings in mehreren Entscheidungen (RAG. Bd. 10 S. 343, Bd. 11 S. 306, ArbRSamml. Bd. 30 S. 297) ausgesprochen, daß als ein Unglück im Sinne des § 63 HGB. nur ein Ereignis anzusehen sei, das den Menschen abweichend von dem normalen Verlauf des Lebens unerwartet und hart treffe, daß aber für eine Frau nach den allgemeinen Lebensanschauungen die Schwangerschaft weder an sich noch dann als ein solches Unglück bezeichnet werden könne, wenn deren natürliche Begleiterscheinungen eine zeitweilige Arbeitsunfähigkeit verursachen. An dieser Rechtsansicht kann indessen nicht mehr festgehalten werden.

Denn die Bestimmung des § 63 HGB. ist ebenso wie die des § 616 BGB. und des § 133 c Abs. 2 RGewO. von den heutigen Anschauungen über das Arbeitsverhältnis als eines auf Treue und Fürsorge beruhenden Gemeinschaftsverhältnisses aus gesehen eine Ausgestaltung der dem Unternehmer obliegenden Fürsorgepflicht (RAG. Bd. 24 S. 68 [73] und S. 281). Diese Bestimmungen sollen ebenso wie ähnliche tarifliche Bestimmungen den Rechtsgedanken verwirklichen, daß die Betriebsgemeinschaft für die Betriebsangehörigen einzustehen hat, wenn sie vorübergehend ohne Verschulden ihre Arbeit unterbrechen müssen (RAG. Bd. 16 S. 73 [75]). Von diesen Grundsätzen aus kann es aber keinen Unterschied machen, ob diese Arbeitsverhinderung auf ein Ereignis zurückzuführen ist, das das Gefolgschaftsmitglied abweichend von dem normalen Verlauf des Lebens unerwartet und hart trifft, oder ob diese Arbeitsbehinderung eine Folge der natürlichen Körperveranlagung ist. Das Gefolgschaftsmitglied bedarf der Fürsorge des Unternehmers nicht weniger, wenn es nicht infolge von Krankheitserscheinungen, sondern infolge der natürlichen Begleiterscheinungen der Körperfunktion, die das eine Mal weniger, das andere Mal schwerer auftreten, zu seiner Dienstleistung nicht fähig ist. Wenn durch die Bestimmung des § 63 HGB., die schon aus dem allgemeinen deutschen Handelsgesetzbuch (Art. 60) entnommen ist, ihre Fassung also schon in den Jahren vor 1861 erhalten hat, dem Unternehmer Fortzahlung des Gehaltes nur bei einem Unglück, also bei einem besonders schweren, nur ausnahmsweise eintretenden Ereignis auferlegt worden ist, so ist dies aus dem damaligen allgemeinen Bestreben geschehen, möglichst wenig den Unternehmer mit unnötigen Ausgaben zu belasten und dadurch in dem freien Spiel der Kräfte und des Wettbewerbes zu behindern. Von den damaligen Anschauungen aus mochte es gerechtfertigt erscheinen, die Fortzahlung des Gehaltes dem Unternehmer nur bei unerwarteten, den Angestellten besonders hart treffenden Ereignissen aufzuerlegen, dem Angestellten aber in allen sonstigen, in seiner Person liegenden Fällen der Arbeitsbehinderung das Risiko selbst aufzubürden. An dieser strengen Auslegung des Wortes „Unglück" ist indessen schon seit langem nicht festgehalten worden. Denn der § 63 HGB., namentlich mit dem Verbot der Anrechnung der Leistungen aus der Sozialversicherung (Absatz 2), ist bei allen Krankheiten für anwendbar erachtet worden, obwohl z. B. Erkältungskrankheiten, wenn sie nur von kurzer Dauer sind und ein Aussetzen mit der Arbeit nur wenige Tage mit sich bringen, doch nicht als ein Unglück, d. h. als ein den Angestellten hart treffendes, außergewöhnliches Ereignis anzusehen sind (vgl. jetzt auch § 616 Abs. 2 BGB.). Auch bei Arbeitsverhinderung während des regelmäßigen Unwohlseins der Frau, die bei schwächeren Naturen häufiger eintritt, ist, obwohl diese Arbeitsbehinderung eine natürliche Begleiterscheinung der Körperfunktionen der Frau, also kein Unglück ist, der § 63 HGB. immer angewendet worden, und zwar ohne Rücksicht darauf, ob die Dauer der Behinderung zu der bisherigen Dauer der Beschäftigung in einem entsprechenden Verhältnis stand. Ebenso ist in diesem Falle keine Anrechnung des Krankengeldes gefordert worden. Irgendwelche Entscheidungen in beiden Hinsichten sind nicht bekannt geworden. Schon das zeigt, daß in der Praxis dem Begriff „Unglück" im § 63 HGB. nicht mehr der engere Wortsinn gegeben worden ist. Die Anschauungen über die Fürsorgepflicht des Unternehmers haben sich eben seit der Fassung des Grundsatzes des § 63 HGB. immer mehr gewandelt. Vor allem kann aber nach dem Inkrafttreten des Arbeitsordnungsgesetzes nicht mehr der Wortlaut einer solchen alten, unter ganz anderen Grundanschauungen getroffenen gesetzlichen Regelung und die bei der Abfassung der Bestimmung geltende Auffassung über den Wortsinn maßgebend sein, entscheidend muß vielmehr der Sinn und Zweck der gesetzlichen Bestimmung sein, wie er sich aus der heutigen Auffassung von dem Wesen des Arbeitsverhältnisses ergibt.

Hinzu kommt noch, daß die enge Auslegung gerade auch für den Fall der Schwangerschaft nicht mit den Anschauungen über die Pflichten der Volksgemeinschaft und der einzelnen Volksgenossen gegenüber Mutter und Kind vereinbar ist. Von dieser gewandelten Anschauung heraus ist es nicht zu verstehen, weshalb zwar eine Frau bei einer vorübergehenden Erkrankung, die ihr keine besonderen Kosten macht, ihren Lohn behalten soll, nicht aber während der Schwangerschaft, obwohl während dieser die Aufwendungen für die Ernährung größer werden, sie also ihre bisherigen Einkünfte zur Erhaltung ihrer Kräfte für sich und das werdende Kind ganz besonders bedarf.

Die veränderten Anschauungen über die Fürsorgepflicht des Unternehmers, die eine Fortzahlung des Lohnes auch während der Schwangerschaft erfordern, müssen also bei der Anwendung des § 63 HGB. ebenso wie der gleichlautenden Bestimmung des § 133 c Abs. 2 RGewO. zu einer erweiterten Auslegung des Begriffes „Unglück" führen. Das zeigt auch die neue Bestimmung des Abs. 2 des § 616 BGB., die den Grundsatz der Unabdingbarkeit des § 63 HGB. und des § 133 c Abs. 2 RGewO. auf alle anderen Angestellten ausdehnt, aber nur allgemein von Krankheit spricht. Daß damit wiederum nur außergewöhnliche, den Angestellten hart treffende Ereignisse gemeint sind, nicht auch die natürlichen Begleiterscheinungen der Körperfunktionen, wenn sie nach außen wie Krankheitserscheinungen auftreten, kann nicht angenommen werden. Für die Aufrechterhaltung der bisherigen engen Auslegung des § 63 HGB. spricht auch nicht etwa, daß neben § 63 HGB. und § 133 c RGewO. grundsätzlich der § 616 BGB. anwendbar und auf Grund des Abs. 1 der Anspruch auf Fortzahlung des Lohnes während nicht erheblicher Zeit auch bei Schwangerschaft gegeben ist (RAG. Bd. 10 S. 347). Denn solange nun einmal bei kaufmännischen und gewerblichen Angestellten für die Zeit der Arbeitsbehinderung eine Sonderregelung besteht, ihnen danach ohne Prüfung, was als erhebliche Zeit anzusehen ist, d. h. ohne Rücksicht auf die Dauer der Beschäftigung, und ohne Anrechnung der Leistungen der Krankenkasse der Lohn für 6 Wochen fortzuzahlen ist, kann aus den dargelegten Gründen kein Unterschied zwischen einer Arbeitsbehinderung infolge einer Krankheit oder infolge einer Schwangerschaft mehr gemacht werden.

Von diesen gewandelten Anschauungen aus kann auch die bisherige Rechtsprechung (RAG. Bd. 11 S. 306 u. a.), daß eine Arbeitsbehinderung infolge unehelicher Schwangerschaft nicht als schuldlos im Sinne des § 616 BGB., § 63 HGB., § 133 c RGewO. anzusehen sei, nicht aufrechterhalten werden. Wie das Landesarbeitsgericht zutreffend ausführt, ist das Gefolgschaftsmitglied auf Grund seiner Treupflicht gegenüber dem Unternehmer nicht gehalten, sein privates Leben den Belangen des Betriebes unterzuordnen, bei der Ausgestaltung seines persönliches Lebens in jedem Fall, z. B. bei sportlicher Betätigung zu prüfen, ob nicht die Möglichkeit einer künftigen Arbeitsbehinderung daraus erwachsen kann. Nach den heutigen Anschauungen trifft es auch nicht mehr zu, worauf noch die Entscheidung in RAG. Bd. 11 S. 306 Gewicht legt, daß das Gefolgschaftsmitglied die Folgen seines Verhaltens in jedem Falle selbst zu tragen hat. Die Grundsätze der Gemeinschaft erfordern vielmehr in vielen Fällen, daß die Betriebsgemeinschaft für das Gefolgschaftsmitglied eintritt, einen Teil solcher Folgen selbst übernimmt. So hat nach den Entscheidungen RAG. Bd. 24 S. 199 und 290 der Unternehmer dem Gefolgsmann unter gewissen Umständen einen Teil des durch leichtes Versehen entstandenen Schadens abzunehmen. Deshalb kann es auch für die Pflicht zur Fortzahlung des Lohnes bei vorübergehenden Arbeitsbehinderungen nur darauf ankommen, ob das Verhalten des Gefolgschaftsmitgliedes, das die Ursache für die Arbeitsbehinderung ist, zugleich eine Verletzung der Treupflicht gegenüber dem Unternehmer ist oder ob dieses Verhalten so verwerflich und von allgemeinen Anschauungen aus so sehr zu mißbilligen ist, daß das Gefolgschaftsmitglied ein Einstehen der Gemeinschaft, eine Erfüllung der Fürsorgepflicht nicht verlangen kann, ein derartiges Verlangen vielmehr als eine Ausnutzung, eine Überspannung der Fürsorgepflicht erscheinen würde. Der erstere Fall würde etwa vorliegen, wenn das Gefolgschaftsmitglied in der Erwartung, daß es ja doch keinen Lohnausfall hat, seine Gesundheit und seine Arbeitskraft leichtsinnig aufs Spiel setzt. . . . Dagegen ist der außereheliche Verkehr eines unverheirateten Mädchens nach hautigen Anschauungen nicht in jedem Falle als so unsittlich und verwerflich anzusehen, daß eine Weiterzahlung des Lohnes während der Arbeitsbehinderung infolge Schwangerschaftsbeschwerden mit dem Grundgedanken der Treupflicht nicht vereinbar wäre. Auch kann eine daraus folgende zeitweilige Arbeitsunfähigkeit nicht als leichtfertig herbeigeführt bezeichnet werden. Dies gilt vor allem für den vorehelichen Verkehr zwischen Verlobten. In diesem Falle scheint es nicht angebracht, dem unverheirateten Gefolgschaftsmitglied während der Schwangerschaft nicht dieselbe Fürsorge wie einer verheirateten Frau angedeihen zu lassen.

RAG. 25, 203.

1. Zum Begriff des Großhandels.

2. Wie ist die tarifliche Bezahlung eines Angestellten in einem gemischten Unternehmen zu bestimmen, daß sich zu einem Teile mit dem Betriebe von Gaststätten, zum anderen Teile mit dem Vertriebe von Waren befaßt, wenn der Angestellte in beiden Betriebsteilen beschäftigt wird und außerdem noch in den Gaststättenbetrieben mehrere Tätigkeiten ausübt, die nach der zeitlich und räumlich anzuwendenden Lohnordnung für Gaststättenbetriebe verschieden vergütet werden?

Lohntarifordnung für das Gaststättengewerbe der Kreishauptmannschaft

Leipzig vm 28. April 1937 (RArbBl. VI S. 518) § 2 A I Nr. 4 Tarifvertrag für die Angestellten des Leipziger Großhandels vom 15. Juli 1931. Tarifordnung des Treuhänders der Arbeit für das Wirtschaftsgebiet Sachsen für die kaufmännischen Angestellten der Stadt und Amtshauptmannschaft Leipzig vom 30. August 1934 (RArbBl. VI S. 338). Tarifordnung für die Angestellten im Großhandel für das Wirtschaftsgebiet Sachsen vom 1. August 1940 (RArbBl. IV S. 911).

Urteil vom 12. August 1941.

I. Arbeitsgericht Leipzig. — II. Landesarbeitsgericht daselbst.

Der Beklagte ist Konditormeister. Er betreibt in L. die Kaffeehäuser „C." und „R.". Außerdem verkauft er sogenanntes „Trockeneis", das ist in eigener Verdunstungskälte zu fester Form erstarrtes Kohlendioxyd, das in zylindrischen Blöcken geliefert wird und sich wie Kreide schneiden läßt. Der Beklagte bezieht es käuflich von der Herstellerin, der I. G. F. Aktiengesellschaft.

Der Kläger, der jetzt im 64. Lebensjahre steht und 48 Jahre beruflich tätig ist, wurde als unterzubringender „älterer Angestellter" im Sommer 1938 an den Beklagten gewiesen. Dieser stellte ihn am 27. August 1938 ein. Das mündlich zwischen ihnen Vereinbarte faßte er in einem Brief vom gleichen Tage zusammen. Darin heißt es u. a.:

> Auf Grund des Vierjahresplanes und unserer mündlichen Aussprache engagiere ich Sie hiermit als Hilfskraft für meine beiden Betriebe „C." und „R.". Es liegt der Gastwirtstarif zugrunde — bei dreistündiger Arbeitszeit RM 175 brutto im Monat. Da sich auf Grund Ihrer Tätigkeit einige Überstunden erforderlich machen, vergüte ich Ihnen pro Monat RM 5 extra, so daß Sie ein Gehalt von monatlich RM 180 erhalten . . .

Der Brief umschrieb ferner die Einteilung der täglichen Tätigkeit des Klägers. Diese wurde in der Folgezeit gemäß einem Schreiben des Beklagten vom 5. Dezember 1938 geändert.

Der Kläger machte geltend, er sei nicht tarifgemäß bezahlt worden. Er beantragte die Verurteilung des Beklagten zur Nachzahlung von insgesamt 850 RM. Er trug vor:

a) In den 2 Monaten 26 Tagen vom 5. September bis 30. November 1938 sei er nach dem Schreiben des Beklagten vom 27. August 1938 an 4 Tagen der Woche als Aufsichtsführender in den Kaffeehausbetrieben beschäftigt worden. Somit hätten ihm nach den tariflichen Bestimmungen für das Gaststättengewerbe monatlich 225,31 RM zugestanden; für diese Zeit habe er also 129 RM zu wenig erhalten.

b) Vom 1. Dezember 1938 bis 31. Juli 1939, 8 Monate, sei er als Buchhalter im Trockeneisvertrieb verwendet worden. Dafür hätten ihm statt der gezahlten je 180 RM nach dem zeitlich und örtlich geltenden Großhandelstarif 225,50 RM Monatsgehalt gebührt; er habe also für die 8 Monate 364 RM zu wenig bekommen.

c) Für dieselbe Tätigkeit seien ihm in den folgenden 14 Monaten vom 1. August 1939 bis 31. Oktober 1940 200 RM monatlich gezahlt worden, also 357 RM zu wenig.

Der Beklagte bestritt die Tarifwidrigkeit der Bezahlung. Der Kläger sei nur zur Hilfe des Aufsichtsführenden im „C." tätig gewesen. Die Anwendbarkeit des Großhandelstarifs entfalle, weil die Veräußerung von Trockeneis nur ein zum Konditoreibetriebe gehöriges Nebengewerbe sei. Bei einer anderen Auffassung könne höchstens der Einzelhandelstarif zur Anwendung kommen. Nach ihm würde der Kläger in der Zeit, für die er je 200 RM erhielt, nur 190 RM monatlich zu bekommen gehabt haben.

Das Arbeitsgericht erkannte nach dem Klageantrag. Die Berufung des Beklagten blieb ohne Erfolg. Seine Revision führte zur Aufhebung und Zurückverweisung.

Gründe:

Der Kläger gründet seinen Anspruch für die Zeit vom 5. September bis 30. November 1938 einerseits und von da ab bis zum 31. Oktober 1940 andererseits auf verschiedene Gesichtspunkte: Für den ersten Zeitabschnitt will er nach § 2 A I Nr. 4 der Lohntarifordnung für das Gaststättengewerbe der Kreishauptmannschaft Leipzig vom 28. April 1937 als „Aufsichtsführer in einem Kaffeehaus", für den anderen nach den zeitlich und örtlich in Betracht kommenden Bestimmungen für den Leipziger Großhandel — d. s. bis zum 15. August 1940 der als Tarifordnung weiter geltende Tarifvertrag für die Angestellten des Leipziger Großhandels vom 15. Juli 1931 und die Tarifordnung für die kaufmännischen Angestellten der Stadt und Amtshauptmannschaft Leipzig vom 30. August 1934, von da ab die Tarifordnung für die Angestellten im Großhandel für das Wirtschaftsgebiet Sachsen vom 1. August 1940 — als Buchhalter bezahlt werden. Die Vordergerichte haben ihm beide Teile des Klaganspruchs zuerkannt. Die Revision greift das ihrem Antrag zufolge in vollem Umfang an; die Revisionsbegründung hat jedoch, ebenso wie der Vortrag des Prozeßbevollmächtigten des Revisionsklägers in der mündlichen Verhandlung, unmittelbare Ausführungen nur zu dem zweiten Teile des Anspruchs gebracht. Es ergibt sich daher die auch von dem Revisionsbeklagten berührte Frage, ob das Rechtsmittel nicht als in diesem Teile der vorgeschriebenen (§ 554 ZPO.) Begründung ermangelnd zu behandeln und daher insoweit als unzulässig zu verwerfen ist. Dem ist jedoch nicht so; vielmehr leidet, wie die späteren Ausführungen erkennen lassen werden, die Begründung, die das Berufungsgericht dem zweiten Teile des Anspruchs gegeben hat, an Unzulänglichkeiten, die bei der noch darzulegenden Art eines möglichen Zusammenhanges der beiden Anspruchsteile ohne weiteres befürchten lassen, daß sie auch die Beurteilung des ersten Anspruchsteils beeinflußt haben. Das, was die Revisionsbegründung vorbringt, erheischt hiernach von vornherein auch Beachtung für den ersten Anspruchsteil; dieser ist also weder ohne Revisionsbegründung geblieben, noch überhaupt bei der derzeitigen Streitlage von dem übrigen Streitstoff so unlösbar, daß er unbedingt einer besonderen Behandlung in der Revisionsbegründung bedurft hätte und daß das Rechtsmittel bei ihrem Fehlen einer (teilweisen) Verwerfung verfallen müßte.

Für die folgenden, die Sache selbst betreffenden Erörterungen bleibt zweckmäßig der erste Teil des Anspruchs zunächst außer Betracht, da es der Klarheit dient, wenn zunächst allein erörtert wird, welche rechtlichen Gesichtspunkte für die Vergütung der Tätigkeit des Klägers vom 1. Dezember 1938 ab in Betracht zu ziehen sind. Wegen der Tätigkeit des Klägers für den Trockeneisvertrieb des Beklagten bewegt sich insoweit der Streit um die Frage, nach welcher Tarifordnung der Kläger zu bezahlen ist, ob nach der schon erwähnten Lohntarifordnung vom 28. April 1937, wie der Beklagte in erster Reihe will, oder nach den ebenfalls genannten Tarifbestimmungen für den Leipziger Großhandel, wie der Kläger möchte, oder schließlich nach den zeitlich und örtlich geltenden Bestimmungen für den Einzelhandel, die die Vordergerichte jedoch nicht näher bezeichnen. Wäre die zuerst genannte dieser Tarifordnungen anzuwenden, so würde die fachliche Zugehörigkeit des überwiegenden Teiles des Gesamtunternehmens des Beklagten maßgebend sein; dagegen würde die Anwendung der beiden an zweiter und dritter Stelle bezeichneten tariflichen Regelungen auf die wirtschaftliche Einordnung desjenigen besonderen Teiles des Gesamtunternehmens abstellen, dem die zur Erörterung stehende Tätigkeit des Klägers diente. Es handelt sich demgemäß in Wahrheit in diesem Teile des Streits um zwei voneinander zu trennende Fragen, die jedoch andererseits in einem bestimmten Abhängigkeitsverhältnis voneinander stehen: An erster Stelle steht die, ob der Tarif, der für die Bezahlung des Klägers maßgebend ist, durch die fachliche Einordnung des Gesamtunternehmens oder ob er durch diejenige des Betriebsteils bestimmt wird, für den der

Kläger gearbeitet hat. Nur wenn das letztere richtig wäre, erhöbe sich die weitere Frage, ob die Verhältnisse der Gefolgschaftsmitglieder des Betriebsteiles dem Großhandelstarif oder dem Einzelhandelstarif unterfallen würden.

Das angefochtene Urteil hat sich zu diesem Teil des Anspruchs zunächst mit der hier an die zweite Stelle gerückten Frage befaßt. Es führt aus, daß der Trockeneisvertrieb im Sinne der tariflichen Regelungen Großhandel, nicht Einzelhandel sei. Die Erzeugerin des Trockeneises habe, nachdem der Beklagte zunächst durch die Bedürfnisse seines Konditoreiunternehmens zu dessen regelmäßigen Bezug veranlaßt worden sei, ihm den Alleinvertrieb an andere für einen größeren, geographisch festgelegten Teil Deutschlands übertragen, und das so entstandene Trockeneisvertriebsgeschäft des Beklagten habe dann bald einen nicht unbeträchtlichen Umfang angenommen. Für die Zeit vom 1. Januar 1938 bis 31. August 1940 habe der Sachverständige ermittelt, daß der Gesamtverkauf 238 900,72 RM ergeben habe und daß sich in diesen Umsatz nur 338 Abnehmer geteilt hätten. Mindestens 90 % des Umsatzes entfalle dabei auf die Industrie, der Rest auf Versuchsanstalten, Konditoreien und dergleichen. Sogenannte Privatabnehmer habe der Sachverständige — stichprobeweise für 2 Monate — nicht feststellen können.

Mit den Unterscheidungsmerkmalen von Großhandel und Einzelhandel im Sinne der tariflichen Regelungen hat sich das Reichsarbeitsgericht in Urteilen vom 18. April 1931 RAG. 618 und 691/30 sowie RAG. 616 und 690/30, abgedr. ArbRSamml. Bd. 12 S. 220 (228), befaßt. Es hat dargelegt, daß für den hier zu verwendenden Begriff des Einzelhandels nicht der offene Ladenverkauf, sondern der Absatz in kleinen Mengen und der unmittelbare Verkauf an Selbstverbraucher wesentlich sei. Umgekehrt ist dann Großhandel derjenige Einkauf und Absatz von Waren, der an Zwischenglieder der Güterverteilung, also einerseits an Gewerbetreibende zwecks Verwendung bei der Herstellung von Erzeugnissen, andererseits an Zwischen- oder Einzelhändler zwecks Weiterleitung in der Richtung auf den Verbraucher, und daher naturgemäß in nicht unbeträchtlichen Mengen erfolgt. Damit stimmt die Begriffsbestimmung überein, die die nach ihrem § 12 Abs. 1 am 15. August 1940 in Kraft getretene, also nur noch auf einen kleinen Teil des hier zu betrachtenden Zeitraumes anwendbare Tarifordnung für die Angestellten im Großhandel für das Wirtschaftsgebiet Sachsen vom 1. August 1940 gibt, wenn sie nach ihrem § 1 Abs. 1 Nr. 2 „sachlich" gelten will für alle Großhandelsbetriebe, die Waren irgendwelcher Art an den Einzelhandel oder gewerbliche Verbraucher direkt oder indirekt liefern,

wohingegen sich die für die vorherige Zeit anwendbaren tariflichen Bestimmungen, der Tarifvertrag für die Angestellten des Leipziger Großhandels vom 15. Juli 1931 und die Tarifordnung vom 30. August 1934, eine Bestimmung ihres sachlichen Geltungsbereichs enthalten.

Als unerheblich erweist sich hiernach alles dasjenige, was das angefochtene Urteil über die Entwicklung des Trockeneisvertriebes des Beklagten und über die Regelung seines Verhältnisses zu der Erzeugerin dargelegt hat. Dagegen mag es zutreffen, daß die Feststellungen des Berufungsgerichts über die Art der Abnehmer die Folgerung rechtfertigen würden, nach der auf das Beschäftigungsverhältnis des Klägers nicht einzelhandelstarifliche Regelungen, sondern die Großhandelstarifordnungen Anwendung zu finden hätten, vorausgesetzt jedoch, daß nicht überhaupt beide durch die Tarifordnung für das Gaststätten- und Beherbergungsgewerbe ausgeschaltet würden.

Das führt auf die erste der beiden oben aufgeworfenen Fragen zurück. Sie hat das Berufungsgericht nur anhangswesie erörtert, nachdem es festgestellt hat, daß der Kläger für seine Beschäftigung in dem Trockeneisvertrieb nach dem Großhandelstarif zu bezahlen sei. Das angefochtene Urteil fährt nämlich fort, dem Grundsatz der Tarifeinheit widerstreite das nicht. Denn der Trockeneisvertrieb sei nach dem, was der Wirtschaftsberater G. darüber berichte, kein unmittelbarer Bestandteil der Konditoreibetriebe des Beklagten. Der Sachverständige sage, daß der Beklagte der Unternehmer von vier Betrieben sei, den Kaffeehäusern „C." und „R.", der Konditorei in der K.straße und dem Trockeneisvertriebe, und daß diese vier Betriebe in der Weise aufgebaut seien, daß jeder Teilbetrieb eine Zelle für sich sei. Daraus erhelle, daß solche einzelne Zelle dann so beschaffen sein könne, daß sie einem besonderen Tarif unterfalle, der für die anderen Zellen nicht in Betracht komme. Unerheblich sei dabei, daß über den vier Teilbetrieben eine die wirtschaftlichen Ergebnisse zusammenfassende kaufmännische Oberleitung stehe. Unter deren einheitlicher Führung könnten die Teilbetriebe oder Zellen je ein tarifgetrenntes Sonderdasein führen.

Diese Darlegungen halten den Angriffen, die die Revision gegen sie erhebt, nicht stand. Über die Frage, was Rechtens ist, wenn ein Betrieb mehrere Geschäftszweige umfaßt, die den Gegenstand verschiedener Tarifordnungen bilden, hat sich das Reichsarbeitsgericht mehrfach ausgesprochen, besonders eingehend in dem Urteil RAG.

Bd. 21 S. 202 (mit weiteren Nachweisungen). Dort ist ausgeführt, daß sich auch in derartigen Fällen der — vom Berufungsgericht erwähnte — Grundsatz der Tarifeinheit durchsetzen muß, dergestalt, daß für die Anwendbarkeit eines Tarifs die Betriebstätigkeit maßgebend ist, die als die überwiegende anzusehen ist und dem Betriebe das Gepräge erteilt. Diese Regel findet aber die Grenze ihrer Anwendung, wenn die Verhältnisse so liegen, daß von einem einheitlichen Betrieb nicht mehr gesprochen werden kann. So verhält es sich nicht nur, wenn es sich um verschiedene Betriebe handelt, sondern auch dann, wenn die verschiedenen Geschäftszweige den Gegenstand selbständiger Betriebsabteilungen bilden. Das ist es, was auch das Berufungsgericht bei seinen Erörterungen zu diesem Punkt im Auge hat. Aber seine Angaben genügen nicht, um die Annahme zu rechtfertigen, daß im gegenwärtigen Fall der Trockeneisvertrieb des Beklagten eine solche „selbständige Betriebsabteilung" sei.

Über diesen Begriff hat sich das Reichsarbeitsgericht ebenfalls in dem zuletzt angeführten Urteil, eingehender noch in der RAG. Bd. 16 S. 299 mitgeteilten Entscheidung ausgesprochen. Danach sind als Merkmale der besondere Betriebszweck der Abteilung und ihre deutliche räumliche und organisatorische Absonderung von dem übrigen Betriebe zu fordern. Die organisatorische Absonderung bedeutet, daß die Abteilung in ihrem Aufbau und ihrer Ausgestaltung nach dem Willen des Betriebsinhabers hinsichtlich der zur Erreichung des Betriebszwecks verwendeten sachlichen und persönlichen Mittel von dem übrigen Betrieb getrennt ist. Zum Nachweise dessen aber reichen die Darlegungen des angefochtenen Urteils nicht aus; sie lassen vielmehr die Möglichkeit offen, daß es sich bei dem Gesamtunternehmen des Beklagten um einen zwar gemischten, aber einheitlichen Betrieb handelt. Denn das angefochtene Urteil zerlegt das Gesamtunternehmen in vier Zellen, gibt aber über den Gesichtspunkt, der diese Betrachtungsweise rechtfertigen soll, keine Auskunft. Aus den persönlichen und sachlichen Zusammenhängen erwähnt das Urteil nur die eine Tatsache der zusammenfassenden kaufmännischen Oberleitung. Diese spricht eher gegen das Vorliegen selbständiger Betriebsabteilungen. Allerdings verweist das Berufungsgericht noch auf die Angaben des Sachverständigen G. Abgesehen davon aber, daß es nicht gebilligt werden kann, wenn der Richter die ihm obliegende eigene Würdigung tatsächlicher Zusammenhänge in so weitgehendem Maße durch den Hinweis auf die umfangreichen und noch dazu uneinheitlichen Angaben eines Sachverständigen ersetzt, spricht das, was die Auslassungen des G. an wirklich Tatsächlichem ergeben, ebenfalls eher dagegen, daß der Trockeneisvertrieb in dem geforderten Sinne eine selbständige Betriebsabteilung ist. So sagt er beispielsweise: „Über diesen Teilbetrieben steht eine Art Zentralverwaltung, ein kaufmännisches Büro, das räumlich verbunden ist mit den Räumen im „C.“, die sich auf vier Teilbetriebe erstreckt. In dieser kaufmännischen Verwaltung fließt demnach alles, was das Kaufmännische betrifft, zusammen.“ Ferner: „Diese Betriebe werden, rein finanziell gesehen, alle von der Zentralverwaltung aus gespeist. So fließen auch die Betriebsmittel wie das Geld und die Materialien durcheinander. Auch die räumlichen Verhältnisse sind nicht immer starre.“ Schließlich noch: „Im übrigen ist es so, daß alle Gefolgschaftsmitglieder die Pflicht haben, in allen Betrieben tätig zu sein.“ Darüber hinaus weist die Revision darauf hin, daß die Hilfskräfte des Trockeneisvertriebes von Anfang an „in Personalunion“ mit Hilfskräften der anderen Teilbetriebe gestanden hätten; auch der Kläger selbst habe ja z. T. im Kaffee R. und z. T. im Trockeneisvertrieb gearbeitet. Alle Teilbetriebe des Beklagten ständen unter einer kaufmännischen Gesamtverwaltung. Die Teilbetriebe wickelten nur das rein Gewerbliche ab und besorgten die niedrigere Rechnungslegung. Im Trockeneisvertrieb würden also weder vollständige Handelsbücher geführt noch solche von einem kaufmännischen Angestellten mit Gewinn- und Verlustrechnung abgeschlossen. Denn dazu gehörten das Hauptbuch, das Inventarbuch und das Bilanzbuch. Im Trockeneisvertrieb würden aber nur Grundbücher, d. i. Aufzeichnungen über die laufenden täglichen Geschäftsvorfälle geführt, während das Hauptbuch in der Gesamtbuchhaltung über den gesamten Betrieb des Beklagten geführt werde. Auch die höhere kaufmännische Verwaltung und zumal die Verwaltung der Gefolgschaftsangelegenheiten würden im gemeinsamen Hauptbüro besorgt, das sich räumlich bei dem Kaffee C. befinde. Dort leite der Beklagte unter Mitarbeit von kaufmännischen Angestellten die Teilbetriebe von übergeordneten Gesichtspunkten aus. Für alle Teilbetriebe bestehe ein gemeinsamer Vertrauensrat und für sämtliche Gefolgschaftsmitglieder einschließlich der des Trockeneisvertriebes sei nur ein Vertrauensratobmann vorhanden. Mit dem Sachverhalt, der in allen diesen Beziehungen gegeben ist, hat sich das Berufungsgericht indessen nicht auseinandergesetzt; es hat ihn nicht einmal festgestellt, jedenfalls in seinem Urteil nicht dargelegt.

Dieses kann daher keinen Bestand haben. Denn erst, wenn feststeht, daß es sich bei dem Gesamtunternehmen des Beklagten nicht um einen einheitlichen, wenn auch gemischten Betrieb handelt, bei dem der gaststättenmäßige Teil überwiegt und somit in tariflicher Hinsicht ausschlaggebend ist, kann die tarifliche Sonderbehandlung der Gefolgschaftsmitglieder des Trockeneisvertriebes in Betracht kommen. Erst dann kann ferner die weitere Frage auftauchen, ob für sie der Großhandelstarif oder der Einzelhandelstarif maßgebend ist. Die Sache bedarf daher, zunächst zu diesem Teile des Anspruchs, der Zurückverweisung an den Tatsachenrichter.

Darüber hinaus ist jedoch nicht auszuschließen, daß die Behandlung des bisher erörterten Anspruchsteils in dem angefochtenen Urteil, indem sie auf einer unrichtigen Verteilung des Schwergewichts der rechtlichen Beurteilung beruhte, auch das Ergebnis beeinträchtigt hat, zu dem das Berufungsgericht wegen des ersten Anspruchsteils gelangt ist. Insoweit verhält sich der Streit darüber, ob der Kläger im Sinne von § 2 A I Nr. 4 der Lohntarifordnung vom 28. April 1937 als „Aufsichtsführer in Restaurants, Kaffeehäusern, Weinhäusern, Likörstuben, Dielen, Kabaretts, Automaten und dergl." zu behandeln und demgemäß mit 225,31 RM zu entlohnen war. Die Vordergerichte haben das bejaht. Das Berufungsgericht stellt dazu fest, daß der Kläger in jener Zeit tatsächlich an 4 Tagen der Woche die Aufsicht geführt hat, ferner, daß er dabei nicht „unselbständig" gewesen ist, indem er etwa dem anderen Aufsichtsführer nur in dessen Anwesenheit helfend zur Seite gestanden hätte, daß er vielmehr auch in Abwesenheit jenes Aufsichtsarbeiten so zu erledigen hatte, wie es einem Aufsichtsführer im Kaffeehausbetriebe überlicherweise zukommt.

Es mag sein, daß es sich bei den in diesem Sinne ins Auge gefaßten Beschäftigungen des Klägers wirklich um die Ausfüllung der Stelle eines Aufsichtsführers im Sinne der Lohnordnung gehandelt hat. Das Berufungsgericht mag mit Recht die bloße Tatsache, daß noch ein anderer — „erster" — Aufsichtsführer vorhanden war, nicht für entscheidend, vielmehr für ausschlaggebend gehalten haben, daß die Tätigkeit des Klägers ihrer Art nach der üblichen eines Aufsichtsführers in einem Kaffeehaus entsprach und daß sie nicht unselbständig ausgeübt wurde; auch mögen die Ausführungen mit den Darlegungen des Reichsarbeitsgerichts über dasjenige im Einklang stehen, was in einem ähnlichen Fall unter einer Aufsichtsführung zu verstehen war (RAG. Bd. 21 S. 348). Aber der Kläger hat nicht nur Aufsichtführertätigkeit geleistet. Er hat erstens während des Zeitraums vom 5. September bis 30. November 1938, für den er die Bezahlung als Aufsichtsführer verlangt, daneben noch andere, von der Tarifordnung geringer abgegoltene Tätigkeiten ausgeübt, zweitens in der Folgezeit — für die er demnach auch seine Vergütung aus einer völlig anderen Tarifbestimmung entnommen wissen will — im wesentlichen, wenn nicht sogar durchweg, andere Arbeiten erledigt. Es bedarf daher der Klarstellung, welche rechtliche Bedeutung dieser Verschiedenheit seiner Beschäftigung in gegenständlicher und zeitlicher Beziehung für die Anwendung der tariflichen Bestimmungen zukommt.

Auch unter diesem Gesichtspunkte können die Darlegungen des angefochtenen Urteils nicht als ausreichend angesehen werden. Nach der ständigen Rechtsprechung des Reichsarbeitsgerichts ist, wenn ein Beschäftigter eine Tätigkeit leistet, die mehreren verschieden vergüteten Stellen der tariflichen Regelung entspricht, seine Bezahlung gleichwohl einheitlich festzusetzen. Es entscheidet dabei die von dem Gefolgschaftsmitglied überwiegend ausgeübte Beschäftigung. In diesem Sinne will das Berufungsgericht ersichtlich für den Kläger feststellen, daß seine Tätigkeit als Aufsichtsführer damals seine übrigen Beschäftigungen zeitlich und auch in gegenständlicher Bedeutung überwogen habe. Das hätte jedoch näherer Darlegung bedurft. Es konnte nicht ohne weiteres, der einseitigen Einteilung der Klageschrift folgend, der Zeitabschnitt vom 5. September bis 30. November 1938 als eine abgeschlossene, der weiteren Beschäftigung des Klägers getrennt gegenüberstehende Einheit behandelt werden. Denn der Grundsatz der einheitlichen Vergütung bezieht sich ja gerade auf zeitlich nebeneinander liegende, verschiedene Tätigkeiten desselben Gefolgschaftsmitglieds. Wie aber anderseits derselbe Beschäftigte gewöhnlich bei verschiedenen Betriebsführern in zeitlicher Aufeinanderfolge mit tariflich verschieden einzuordnenden und demgemäß verschieden abzugeltenden Tätigkeiten befaßt wird, so kann auch seine Dienstzeit bei demselben Betriebsführer in selbständige, tariflich verschieden zu behandelnde Abschnitte zerfallen. Dazu ist aber erforderlich, daß das Beschäftigungsverhältnis in einem Zeitpunkt durch das Verhalten der Vertragsteile, insbesondere, soweit der Einzelarbeitsvertrag das zuläßt, durch das Direktionsrecht des Betriebsführers, hinsichtlich der Beschäftigung des Gefolgschaftsmitgliedes auf eine neue Grundlage gestellt wird. Ob sich das im gegenwärtigen Fall wirklich so verhält, vor allem, ob der Kläger beim Empfang des Schreibens des Beklagten vom 5. Dezember 1938 den Eindruck gewinnen sollte und gewonnen hat, daß eine wesentliche Neugestaltung seines Aufgabenkreises eingetreten sei, wird das Berufungsgericht zu erörtern haben. Es wird sich dabei mit den Gesichtspunkten auseinanderzusetzen haben, die demgegenüber darauf hinweisen, daß es sich bei der Anstellung des Klägers durch den Beklagten um die Schaffung eines einheitlich gedachten und von vornherein zur Aushilfeleistung in allen Abteilungen des Gesamtbetriebes bestimmten Arbeitsverhältnisses des Klägers handelte, das diesem Inhalt zufolge der Zerlegung in einen Teil, in dem die Beschäftigung als Aufsicht im „C." oder „R.", und in einen zweiten, in dem die Beschäftigung für den Trockeneisvertrieb überwiegt, widerstrebt, und demgemäß die einheitliche Bestimmung der Vergütung für den gesamten von der Klage umfaßten Zeitraum erfordert.

Die Nachprüfung unter diesen rechtlichen Gesichtspunkten macht die Zurückverweisung der Sache an das Berufungsgericht in ihrem ganzen Umfang nötig.

RAG. 25, 360.

Können in einem Unternehmen selbständige, eigener tariflicher Regelung folgende Betriebe nebeneinander bestehen und können sie als solche im Rahmen eines Unternehmens erwachsen oder sich später dazu entwickeln?

Reichstarifordnung für die gewerblichen Gefolgschaftsmitglieder in der chemischen Industrie vom 1. Oktober 1939 (RArbBl. VI S. 1609), § 1 Nr. 1 Abs. 2 und Nr. 2, § 3 Nr. 2a. Tarifordnung für die Eisen-, Metall- und Elektroindustrie im Reg.Bez. Kassel (mit Ausnahme der Kreise Hanau, Gelnhausen, Herrschaft Schmalkalden und Schlüchtern) vom 13. April 1938 (RArbBl. VI S. 462), Nr. 1 Abs. 2 Abschn. III Nr. 4.

Urteil vom 2. Dezember 1941.

I. Arbeitsgericht Kassel. — II. Landesarbeitsgericht daselbst.

Die Beklagte ist ein Großunternehmen der Metallindustrie. Sie hat ihre Hauptniederlassung in B. Dort ist sie auch handelsgerichtlich eingetragen. Sie befaßt sich mit der Herstellung von Glühlampen, Gasapparaten, Gasmessern, Gasanstaltseinrichtungen, Maschinen aller Art, der Herstellung von Eisenbahnsignalen, von in der chemischen und Pulvertrocknungsindustrie zur Verwendung gelangenden Apparaten, geschweißten Gefäßen usw. Daneben betreibt sie im Reichsgebiet 49 Ölgasanstalten. Diese sind auf reichsbahneigenem Gelände errichtet und dienen zur Erzeugung von Ölgas, das von der Reichsbahn für die Beleuchtung von Personenwagen und Lokomotiven gebraucht wird. Eine solche Ölgasanstalt befindet sich auch in K. In diesem Betriebe ist der Kläger seit dem Jahre 1928 als Schlosser gegen einen Nettolohn von wöchentlich 36,94 RM beschäftigt.

In der Zeit vom 7. September bis 17. Oktober 1940 war er infolge Krankheit arbeitsunfähig. Er erhielt ein Krankengeld von täglich 3,05 RM ausgezahlt. Die Beklagte leistete während der Zeit der Krankheit keine Zahlungen an den Kläger. Dieser glaubt aber, auf Grund der von dem Sondertreuhänder für die chemische Industrie im Deutschen Reiche erlassenen Reichstarifordnung für die gewerblichen Gefolgschaftsmitglieder in der chemischen Industrie vom 1. Oktober 1939 — weiterhin kurz TO. für chemische Industrie — Anspruch auf den Krankengeldzuschuß zu haben, den die Tarifordnung in ihrem § 3 Nr. 2a für den Fall der Arbeitsunfähigkeit infolge Erkrankung gewährt. Diese Tarifordnung gelte für die Arbeitsverhältnisse in den Ölgasanstalten der Beklagten, weil diese Anstalten als ein selbständiger Betrieb in dem Unternehmen der Beklagten anzusehen und daher nach der Art des Betriebes der chemischen Industrie zuzurechnen seien. Dieselbe rechtliche Beurteilung ergebe sich aber auch, wenn man die Ölgasanstalten als eine selbständige Betriebsabteilung in dem Gesamtbetrieb der Beklagten ansehe. Hilfsweise machte der Kläger geltend, daß, wenn die Ölgasanstalten mit dem übrigen Betriebe der Beklagten der Tarifordnung für die Eisen-, Metall- und Elektroindustrie des Regierungsbezirks Kassel (mit Ausnahme der Kreise Hanau, Gelnhausen, Herrschaft Schmalkalden und Schlüchtern) vom 13. April 1938 — weiterhin kurz TO. für Eisen — unterstehen sollten, er den nach dieser Tarifordnung (unter Abschn. III Nr. 4) für den Fall der Arbeitsverhinderung infolge Erkrankung zu gewährenden Zuschuß zum Krankengeld zu verlangen habe. Hiernach beanspruchte er in erster Linie die Zahlung des Zuschusses nach der chemischen Tarifordnung in Höhe von 44,33 RM, hilfsweise die Zahlung des Zuschusses, den die zweite Tarifordnung gewähre.

Weiter nahm der Kläger, der verheiratet ist und fünf Kinder hat, die Kinderzulage von 2 Rpf. je Arbeitsstunde in Anspruch, die im § 5 der Lohntarifordnung für die gewerblichen Gefolgschaftsmitglieder in der chemischen Industrie des Wirtschaftsgebietes Hessen (einschließlich der Kreise Biedenkopf und Dillenburg) vom 11. April 1940 (RArbBl. IV S. 515) für jedes nicht erwerbsfähige eheliche und jedes in der Hausgemeinschaft lebende Kind der Ehefrau unter 18 Jahren als Sozialzulage bestimmt sei. Unter Beschränkung dieses Anspruchs auf den Zeitraum von einer Woche begehrte er einen Betrag von 4,80 RM. Insgesamt verlangte er Verurteilung der Beklagten zur Zahlung von 44,33 + 4,80 = 49,13 RM. Über die rechnerische Richtigkeit des Betrages besteht unter den Parteien kein Streit.

Die Beklagte, die die Ölgasanstalten als eine selbständige Betriebsabteilung ihres Gesamtbetriebes bezeichnet, hielt die angezogenen Tarifordnungen auf den Kläger nicht für anwendbar. Sie meinte, daß auf den Fall der Arbeitsverhinderung durch Erkrankung die Bestimmung des § 5 Nr. 7 ihrer Betriebsordnung zur Anwendung zu kommen habe, wonach das Gefolgschaftsmitglied einen Lohn nur für die Zeit erhalte, die es gearbeitet habe. Durch diese Bestimmung sei ein Anspruch auf Zuschuß zum Krankengeld ausgeschlossen.

Das Arbeitsgericht hat die TO. für Eisen auf das Arbeitsverhältnis des Klägers für anwendbar erachtet und, unter Abweisung der Klage im übrigen, gemäß dem Hilfsverlangen des Klägers die Beklagte zur Zahlung des aus dieser Tarifordnung sich ergebenden Krankengeldzuschusses von 24,94 RM verurteilt. Das Landesarbeitsgericht hat auf die Berufung des Klägers hin die Beklagte gemäß dem Hauptklageverlangen verurteilt. Die Revision gegen dieses Urteil hatte keinen Erfolg.

Gründe:

Nach § 1 Nr. 1 Abs. 4 Nr. 1 der im Tatbestande näher bezeichneten TO. für die chemische Industrie gehört zu dieser Industrie u. a. diejenige der Grundchemikalien (Herstellung von Säuren, Salzen, Oxyden, Karbiden, verdichteten und verflüssigten Gasen sowie sonstiger Verbindungen organischer und unorganischer Natur). Die Herstellung von Ölgas, wie sie in den Ölgasanstalten der Beklagten vorgenommen wird, ist danach an sich zur chemischen Industrie zu rechnen. Zu entscheiden ist die Frage, ob das Arbeitsverhältnis des in diesem Betriebe der Beklagten tätigen Klägers, obwohl die Beklagte als Großunternehmen der Metallindustrie und auch nach ihren eingangs des Urteils ausgeführten Erzeugnissen für sich unter die ebenfalls im Tatbestande näher bezeichnete TO. für Eisen fällt, von der TO. für chemische Industrie erfaßt wird, auf die der Kläger seinen Anspruch auf Gewährung des Krankengeldzuschusses stützt. Diese Tarifordnung bestimmt über ihren fachlichen Geltungsbereich im § 1 unter Nr. 1 Abs. 2 und unter Nr. 2:

(Nr. 1): Der Geltungsbereich der Tarifordnung erfaßt die Betriebe der chemischen Industrie sowie deren unselbständige Nebenbetriebe mit nichtchemischer Erzeugung, sofern sie räumlich oder durch eigene Verkehrseinrichtungen mit dem Hauptbetriebe im Zusammenhange stehen; ferner die zur chemischen Industrie zählenden selbständigen Nebenbetriebe anderer Industrien; ferner die Gemischtbetriebe, bei denen die chemische Erzeugung Hauptbetriebszweck ist . . .

(Nr. 2): Der Geltungsbereich der Tarifordnung erstreckt sich nicht auf

a) selbständige Betriebsabteilungen in Gemischtbetrieben, die unter besondere Fachtarife fallen,

b) und c) . . .

Ein Betrieb der chemischen Industrie ist die Beklagte, die, wie bemerkt, wenigstens nach ihrem Hauptzweige ein Betrieb der Metallindustrie ist, nicht. Sie ist aus demselben Grunde auch kein Gemischtbetrieb mit chemischer Erzeugung als Hauptbetriebszweck im Sinne des § 1 Nr. 1 Abs. 2 dritter Halbsatz der bezeichneten Tarifordnung. Insoweit scheidet die Anwendung dieser Tarifordnung auf sie ohne weiteres aus. Mit Recht hat das Berufungsgericht auch die Frage verneint, ob die fraglichen Ölgasanstalten als Nebenbetriebe des Unternehmens der Beklagten im Sinne des § 1 Nr. 1 Abs. 2 zweiter Halbsatz anzusehen seien. Das Kennzeichen des Nebenbetriebes ist, wie das Reichsarbeitsgericht mehrfach ausgesprochen hat (Urteil vom 19. Oktober 1938 RAG. 113/38 in ArbRSamml. Bd. 34 S. 171, RAG. Bd. 22 S. 63 [66]), darin zu sehen, daß sein arbeitstechnischer Betriebszweck einen Hilfszweck für den Hauptbetrieb darstellt. Mit dem Hauptbetriebszweck des Unternehmens der Beklagten, der Verarbeitung von Metallen, hat der technische Zweck der Ölgasanstalten nichts zu tun. Ihre Erzeugnisse dienen den Bedürfnissen der Reichsbahn, die das Ölgas zur Beleuchtung von Personenwagen und Lokomotiven gebraucht. Soweit etwa früher einmal, als die Beklagte noch die entsprechenden Lampen für die Reichsbahn lieferte, insofern eine Verbindung zwischen den Ölgasanstalten und dem Hauptbetriebszweck als bestehend angenommen werden konnte, besteht diese seit der vor Jahren erfolgten Einstellung der Herstellung und Lieferung dieser Lampen durch die Beklagte jedenfalls nicht mehr. Die letztbezeichnete Bestimmung der TO. für chemische Industrie begründet hiernach ebenfalls nicht ihre Anwendbarkeit auf das Arbeitsverhältnis des Klägers.

Die Beklagte als Betrieb der Metallindustrie untersteht nun, wie bereits bemerkt, der TO. für Eisen. Diese umschreibt, gemäß dem Grundsatz der Tarifeinheit (RAG. Bd. 18 S. 242 [245/246], Bd. 21 S. 202 [205/206]), ihren fachlichen Geltungsbereich unter Nr. 1 Abs. 2 dahin:

Die Tarifordnung erfaßt die Arbeitsverhältnisse der gewerblichen Gefolgschaftsmitglieder einschließlich der Nichtmetallarbeiter in allen Betrieben und Betriebsabteilungen der Eisen-, Metall- und Elektroindustrie und deren Hilfs- und Nebenbetriebe, soweit sie dem Betriebszweck des Hauptbetriebes dienen . . .

Ungeachtet des Grundsatzes der Tarifeinheit sind nach anerkannter Rechtsprechung selbständige Betriebsabteilungen, das sind solche, die sich räumlich und organisch von dem übrigen Betriebe abheben und einen besonderen Betriebszweck verfolgen (RAG. Bd. 16 S. 299, Bd. 21 S. 202 [207]), der besonderen Regelung durch eine andere Tarifordnung, etwa eine Fachtarifordnung, zugänglich. Die TO. für Eisen hat aber zunächst die Arbeitsverhältnisse in den Betriebsabteilungen, worunter auch selbständige Betriebsabteilungen zu rechnen sind, mit geregelt. Zu einer anderen Auffassung käme man nur dann, wenn man den einschränkenden Satzteil „soweit sie dem Betriebszweck des Hauptbetriebes dienen" mit auf die Betriebsabteilungen beziehen wollte, was aber nach dem ganzen Satzbau und jedenfalls nach dem Begriff der selbständigen Betriebsabteilung nicht möglich ist, obwohl andererseits die bezeichnete Einschränkung für die Hilfs- und Nebenbetriebe wiederum nicht nötig war, weil sich die gemachte Voraussetzung bei diesen Betrieben aus dem Begriff ergibt. Ist aber die erstere Auffassung, von der auch die Vorinstanzen ausgegangen sind, richtig, dann findet die TO. für die chemische Industrie schon nach der Bestimmung ihres § 1 Nr. 2 auf die Arbeitsverhältnisse in den Ölgasanstalten, wenn man diese als selbständige Betriebsabteilungen in dem Gemischtbetriebe der Beklagten, was sie mindestens wären, ansehen wollte, keine Anwendung, weil nach dieser Bestimmung selbständige Betriebsabteilungen in solchen Gemischtbetrieben dann nicht von ihr betroffen werden, wenn sie unter besondere Fachtarife fallen. Letzteres träfe, wie ausgeführt, vorliegendenfalls zu.

Dann kommt es für die Entscheidung noch besonders darauf an, ob die Ölgasanstalten etwa einen selbständigen Betrieb in dem Unternehmen der Beklagten darstellen. Als selbständiger Betrieb würden sie von der TO. für Eisen nicht betroffen, sondern tarifmäßig einen eigenen Weg gehen und als, wie eingangs bemerkt, der chemischen Industrie angehörend der TO. für die chemische Industrie unterstehen. Das Berufungsgericht hat diese Frage des näheren geprüft und sie bejaht. Es hat dazu ausgeführt: Der selbständige Betrieb habe mit der Betriebsabteilung die räumliche Trennung und die organisch selbständige Einrichtung gemeinsam; nur gehöre die selbständige Betriebsabteilung als Betriebsteil immer zum Hauptbetriebe eines Unternehmens. Es könnten aber auch mehrere Betriebe von einem Betriebsinhaber eines entfernten Zweckes wegen, z. B. zur Erzielung höheren Gewinnes, zu einem einheitlichen Unternehmen vereinigt werden, ohne daß sie damit ihren Charakter als selbständige Betriebe verlören und zu (selbständigen) Betriebsabteilungen des Unternehmens würden. Daher spreche der Umstand, daß die Ölgasanstalten — das Berufungsgericht meint, wenn auch zunächst von der Ölgasanstalt (in der Einzahl) die Rede ist, offenbar, wie die weiteren Ausführungen S. 6 und flg. UA. zeigen, die 49 Ölgasanstalten der Beklagten insgesamt, die auch bei dieser Betrachtung zusammengefaßt werden müssen — zum Unternehmen der Beklagten gehören und der gemeinsamen, am Hauptsitze des Unternehmens geführten Oberleitung unterstehen, nicht gegen die Annahme eines selbständigen Betriebes; aus diesem Grunde könne auch nicht auf die handelsgewerbliche Selbständigkeit des Betriebes abgestellt werden. Entscheidend könne nur sein, ob ein selbständiger Wirtschaftskörper vorliege, der nach Organisation, Betriebsmitteln, Gefolgschaft und Absatzmöglichkeit den übrigen Teilen des Unternehmens gegenüber so unabhängig gestaltet sei, daß er eine produktionsfähige Selbständigkeit besitze und darin auch bei Stillegung der anderen Teile des Unternehmens nicht weiter berührt werde.

Dem Berufungsgericht ist darin zuzustimmen, und es ist von dem Reichsarbeitsgericht wiederholt ausgesprochen worden (u. a. Bd. 16 S. 52 [54/55], Bd. 18 S. 329 [332/334]), daß zwei in der Hand eines Unternehmens vereinigte Betriebe mit solcher Selbständigkeit ausgestattet sein können, daß der eine im Verhältnis zu dem anderen, gegebenenfalls dem Hauptbetriebe, nicht bloß eine selbständige Betriebsabteilung darstellt, sondern den Charakter eines selbständigen Betriebes besitzt. Ob ein solcher vorliegt, ist nach den besonderen Umständen des einzelnen Falles zu beurteilen und in erster Linie Sache tatrichterlicher Würdigung. Für die Annahme eines selbständigen Betriebes können die vom Berufungsgericht zutreffend bervorgehobenen Eigenschaften des Betriebes sprechen, und es ist besonders auch richtig, daß die gemeinsame Oberleitung wie auch die handelsgerichtliche Behandlung des Unternehmens dieser Annahme im gegebenen Falle nicht entgegenzustehen brauchen.

In der in Betracht kommenden Richtung hat nun das Berufungsgericht hinsichtlich der Ölgasanstalten festgestellt, sie seien von dem übrigen Unternehmen der Beklagten räumlich getrennt auf reichsbahneigenem Gelände, nicht auf eigenem Grunde der Beklagten errichtet. Sie unterständen einem besonderen Prokuristen. Sie hätten eine gesonderte Buchführung und führten eine selbständige Lohnabrechnung. Diese seien von den entsprechenden Abteilungen des Hauptbetriebes völlig getrennt. In technischer Hinsicht läge die Betriebsführung und Aufsicht über die Ölgasanstalten in Händen besonderer Ingenieure, die nur für sie, nicht auch irgendwie für den anderen Betrieb tätig seien. Zwischen der Gefolgschaft der Ölgasanstalten und derjenigen des übrigen Unternehmens fehle jede Verbindung persönlicher oder räumlicher Art. Die Einstellung und Entlassung der Gefolgschaft der Ölgasanstalten seien, von der Einstellung und Entlassung des leitenden Angestellten abgesehen, dem leitenden Prokuristen der Ölgasanstalten vorbehalten. Die Lebensbedingungen der Gefolgschaft der Ölgasanstalten seien von den Lebensbedingungen der Gefolgschaft des anderen Betriebes entsprechend den besonderen Verhältnissen der Niederlassungsorte verschieden. Kein Gefolgschaftsmitglied könne ohne eine Änderung des Arbeitsvertrags von dem Hauptbetriebe her bei den Ölgasanstalten und umgekehrt beschäftigt werden. Ein Austausch der Gefolgschaft zwischen den Betrieben finde nicht statt. Die Betriebe arbeiteten auch nicht Hand in Hand. Der einzige Abnehmer der Ölgasanstalten sei die Reichsbahn. Ihr Bedarf sei maßgebend für die Herstellung ihres Erzeugnisses. Ein zusammengefaßter Arbeitsbereich für beide Betriebe bestehe nicht. Die Ölgasanstalten würden auch von der Berufsgenossenschaft als besondere Betriebe behandelt; sie seien bei der Gas- und Wasser-Berufsgenossenschaft versichert.

Die Ölgasanstalten tragen hiernach, worin dem Berufungsgericht zuzustimmen ist, mögen sie auch mit dem übrigen Betriebe der Beklagten einer gemeinsamen verwaltungsmäßigen Oberleitung unterstehen, in der Tat deutlich die Kennzeichen eines selbständigen Betriebes, und sie sind daher auch tarifordnungsmäßig als solche zu behandeln. Es mag dazu noch besonders auf die in dem Urteil RAG. Bd. 18 S. 332 und namentlich S. 334 angeführten Gesichtspunkte für die Beurteilung der Selbständigkeit eines Betriebes verwiesen werden, die vorliegend auch für die Annahme eines selbständigen Betriebes bei den Ölgasanstalten sprechen. Die Meinung der Revision, von selbständigen Betrieben eines Unternehmens könne nur dann gesprochen werden, wenn zwei schon bestehende unabhängige Betriebe durch Zusammenschluß in einer Hand vereinigt würden, ist abzulehnen; sie faßt den Begriff des selbständigen Betriebes zu eng. Es können auch zwei selbständig nebeneinanderstehende Betriebe in der Hand eines Unternehmens erwachsen oder sich dazu später entwickeln. Die Zusammenfassung der beiden Betriebe unter einer Oberleitung und auch die Vertretung des Gesamtunternehmens nach außen hin durch eine Stelle, worauf die Revision sich noch besonders beruft, ist mit dem Bestehen selbständiger Betriebe im Rahmen des Unternehmens sehr wohl vereinbar.

Der selbständige Betrieb unterliegt im gegebenen Falle der besonderen Regelung der in ihr bestehenden Arbeitsverhältnisse durch eine andere, für den übrigen Betrieb des Unternehmens nicht in Betracht kommende, nur ihren Industriezweig betreffende Tarifordnung, gegebenen Falles eine Fachtarifordnung, wie hier die Tarifordnung für die chemische Industrie. Diese ist daher von dem Berufungsgericht mit Recht auf das Arbeitsverhältnis des Klägers für anwendbar erklärt worden. Sie billigt dem Gefolgschaftsmitglied im § 3 Nr. 2a den von dem Kläger verlangten Krankengeldzuschuß zu. Mit der Anwendbarkeit dieser Tarifordnung kommt zugleich die auf sie abgestellte, im Tatbestand näher bezeichnete Lohntarifordnung für die gewerblichen Gefolgschaftsmitglieder in der chemischen Industrie des Wirtschaftsgebiets Hessen zur Anwendung, die in ihrem § 5 dem Gefolgschaftsmitglied, das verheiratet ist und Kinder hat, die von dem Kläger beanspruchte Kindergeldzulage gewährt. Durch die Regelung des Krankengeldzuschusses im § 3 Nr. 2a der TO. für chemische Industrie ist, wie noch zu bemerken ist, zugleich die nachgiebige Bestimmung des § 616 Abs. 1 BGB. (RAG. Bd. 24 S. 68), auf die der Kläger sich hilfsweise noch berufen hatte, hinsichtlich der Arbeitsverhinderung durch Krankheit ersetzt; andererseits hat jener Regelung der Tarifordnung gegenüber die Bestimmung im § 5 Nr. 7 der Betriebsordnung der Beklagten, daß das Gefolgschaftsmitglied Lohn nur für die Zeit erhält, die es gearbeitet hat, weil der Tarifordnung nachgeordnet, für diesen Fall der Arbeitsverhinderung keine Rechtsbedeutung.

RAG. 26, 1.+

Besteht ein allgemeiner Rechtssatz, daß der Betriebsführer die Kleidung, die die Beschäftigten an dem ihnen dazu von ihm zur Verfügung gestellten Ort zurücklassen, gegen Feuer zu versichern hat? Kann sich eine dertrtige Verpflichtung aus den besonderen Umständen des Falles ergeben?

BGB. §§ 157, 242, 276. AOG. § 2.

Urteil vom 18. November 1941.

I. Arbeitsgericht Wilhelmshaven. — II. Landesarbeitsgericht Oldenburg.

Der Kläger ist bei der Beklagten, einer größeren Baufirma, auf einer Baustelle in W. als Maurer beschäftigt. Auf dem Baugelände der Hafenneubaudirektion W. befand sich ein Schuppen; darin brachten der Kläger und andere Gefolgschaftsmitglieder mit Wissen und auf Weisung der Beklagten ihre Arbeitskleidung unter. Am 22. März 1940 brannte der Schuppen mit den darin befindlichen Gegenständen ab. Der Kläger büßte dabei eine Anzahl Kleidungsstücke ein. Die Beklagte veranstaltete nach dem Brande eine Schadensverhandlung; sie stellte darin den Schaden des Klägers auf 64,40 RM fest.

Der Kläger ist mit dieser Berechnung einverstanden. Er verlangte von der Beklagten Ersatz des ermittelten Schadens mit der Begründung, daß die Beklagte zur Versicherung der in dem Schuppen untergebrachten Sachen verpflichtet gewesen sei. Er trug auf Verurteilung der Beklagten zur Zahlung von 64,40 RM an.

Die Beklagte bestritt jegliche Haftpflicht, insbesondere aber eine Verpflichtung, die Arbeitskleidung ihrer Gefolgschaftsmitglieder gegen Feuer zu versichern.

Das Arbeitsgericht erkannte nach dem Antrage des Klägers. Die Berufung der Beklagten hatte keinen Erfolg. Ihre Revision wurde zurückgewiesen.

Gründe:

Es ist in vielen gewerblichen Unternehmungen üblich oder sogar unumgänglich, daß die Beschäftigten in unmittelbarem örtlichem Zusammenhange mit der Betriebs- oder Arbeitsstätte die Straßenkleidung ablegen und Arbeitskleidung anziehen, und daß die letztere in der Zeit, in der die Gefolgsleute nicht arbeiten, an der Betriebs- oder Arbeitsstätte zurückgelassen wird. Es ergibt sich dann die Notwendigkeit, daß der Betriebsführer ihnen zur Aufbewahrung der Kleidung einen Raum zur Verfügung stellt. Dieser Raum muß zu dem gedachten Zwecke geeignet sein; damit ist ausgesprochen, daß die möglichen und üblichen Vorkehrungen getroffen sein müssen, um die Beschäftigten vor Abhandenkommen, Beschädigung oder Vernichtung der Kleidung zu bewahren. Diese Verpflichtung des Betriebsführers ist zwar nicht unmittelbar durch gesetzliche Vorschrift festgelegt, da § 120a RGewO., ebenso wie § 618 BGB., nur den Schutz des Dienstverpflichteten gegen Gefahren für Leben und Gesundheit zum Gegenstande hat. Doch handelt es sich dabei überhaupt nicht um eine selbständige Rechtsbeziehung eigener Art, die bei solchem Fehlen einer gesetzlichen Grundlage zu ihrer Entstehung einer ausdrücklichen Festlegung in Einzelarbeitsvertrag, Tarifordnung oder Betriebsordnung bedürfte, sondern lediglich um eine Nebenverpflichtung des Dienstberechtigten, die durch die besonderen Umstände, unter denen die Arbeit nach dem Willen der Beteiligten geleistet werden soll, nämlich durch die bestehende Notwendigkeit oder Üblichkeit des Kleiderwechsels, ohne weiteres mit gesetzt wird. Das ist in der Rechtsprechung, insbesondere des Reichsarbeitsgerichts, seit jeher anerkannt worden (Urteil vom 26. Juni 1929, RAG. 673/28, abgedr. in ArbRSamml. Bd. 6 S. 370, Urteil vom 23. Oktober 1929, RAG. 137/29, Urteil vom 30. November 1929, RAG. 305/29, abgedr. in ArbRSamml. Bd. 7 S. 482, Urteil vom 9. Mai 1931, RAG. 629/31).

Daraus erhellt, daß eine solche Nebenverpflichtung des Dienstherrn weder allgemein in abhängigen Arbeitsverhältnissen besteht, noch ihrem Inhalt nach von vornherein eindeutig umschrieben werden kann. Es verhält sich daher auch keineswegs so, daß eine derartige Pflicht der Ermöglichung sicherer Aufbewahrung der Kleidung, wenn sie überhaupt besteht, notwendigerweise die Sorge für die Beschaffung von Versicherungsschutz gegen Feuersgefahr einschlösse. Vielmehr können wiederum nur die besonderen Umstände des Falles eine derartig weitgehende Erstreckung der gedachten Verpflichtung begründen. Davon geht auch das angefochtene Urteil aus, wenn es ablehnt, „eine grundsätzliche Entscheidung für alle Betriebe zu treffen".

Anderseits folgt aber aus dem Gesagten, daß es für das Bestehen und den Inhalt dieser Verpflichtung ohne Belang ist, wenn die tariflichen Bestimmungen sich der Regelung dieses Gegenstandes enthalten. Denn es handelt sich, wie gesagt, um Rechtspflichten, die den Umständen zufolge nach allgemeinen Grundsätzen des Vertragsrechts gemäß dem Willen der Beteiligten entstehen, die daher zwar einer näheren Regelung, selbst eines Ausschlusses, durch Tarifordnung zugänglich sind, aber, um Geltung zu gewinnen, einer Einführung in das Rechtsverhältnis durch tarifliche Vorschriften nicht bedürfen. . . .

Es ist demnach allein den Umständen des Einzelfalls zu entnehmen, was dem Betriebsführer wegen Gewährung einer geeigneten Gelegenheit zur Aufbewahrung der Kleidung obliegt und welches des Näheren der Inhalt dieser Verpflichtung ist. Daß in den größeren Betrieben des Baugewerbes der Kleiderwechsel der Bauarbeiter und demgemäß die Zurücklassung der Arbeitskleidung üblich und notwendig sind und daß demzufolge bei diesen überhaupt eine solche Verpflichtung des Betriebsführers festzustellen ist, hat das Berufungsgericht mit Recht angenommen; es entspricht das den allgemein bekannten Verhältnissen dieses Gewerbes. Über den näheren Inhalt dieser Verpflichtung, in dessen Bereich die hier wesentliche Frage fällt, ob die Beklagte die Kleidung ihrer Gefolgsleute auch gegen Feuer zu versichern hatte, ist dadurch jedoch noch nicht entschieden. Auch ihre Beantwortung ist mangels tariflicher Regelung auf die Umstände des

Falles abzustellen. Diese können unter verschiedenen Gesichtspunkten solche Notwendigkeit begründen.

So kann es sein, daß in dem Gewerbezweige solche Versicherung allgemein üblich ist. Dann darf auch ohne besondere Verabredung mit dem Betriebsführer das Gefolgschaftsmitglied damit rechnen, daß der Betriebsführer zu seinem Gunsten eine solche Versicherung genommen hat, und daher von eigener Vorsorge in dieser Richtung absehen. Stellt sich später in einem Schadensfalle heraus, daß der Betriebsführer unter Abweichung von dem Brauch nicht versichert hatte, so hat er eine Vertragspflicht unerfüllt gelassen, die ihm gegenüber dem Gefolgschaftsmitglied oblag, und er hat diesem daher nach § 276 BGB. den eingetretenen Schaden zu ersetzen. Um für den gegenwärtigen Fall das Eingreifen einer derartigen wirklichen Übung darzutun, reichen aber die Feststellungen des angefochtenen Urteils nicht aus. Wenn es auch einer Auskunft der O.schen Industrie- und Handelskammer entnimmt, daß im engeren Wirtschaftsgebiet des Landes O. die Eingehung einer Feuerversicherung „bei größeren Betrieben die Regel bildet", so beziehen sich doch die daran geknüpften Einzelfeststellungen nur auf unbestimmt bleibende Teile der hervorgehobenen Gruppen von Unternehmungen, da das Urteil Wendungen gebraucht, wie „ein großer Teil der Unternehmungen", „überwiegend", „viel Firmen", „der größere Teil der Firmen".

Indessen kann sich die Verpflichtung des Betriebsführers zu solcher Versicherung auch unmittelbar aus den Umständen des Einzelfalls ergeben. Einen derartigen Sachverhalt durfte der Tatsachenrichter annehmen, wenn diese Umstände zur Abwendung einer wesentlichen Gefahr für das Eigentum der Gefolgschaftsmitglieder die Eingehung der Versicherung erforderten, wenn die Versicherung auch zweckmäßigerweise gerade von dem Betriebsführer zu besorgen war und wenn diesem die damit verbundenen Aufwendungen an Geld und Arbeit zugemutet werden konnten.

Das Berufungsgericht hat die Zusammenhänge in diesem Sinne gewürdigt. Es stellt fest, daß der Kläger, wie andere Gefolgschaftsmitglieder, die Arbeitskleidung mit Wissen und auf Weisung der Beklagten in einem Schuppen untergebracht hatte, den die Beklagte auf dem Baugelände der Hafenneubaudirektion W. von dieser geliehen hatte. Die Aufbewahrung geschah also an einem Ort, der nach der Feststellung des Tatrichters — anders, als etwa Räume in massiven Fabrikgebäuden, die durch ihre Beschaffenheit, Verschließung oder Bewachung eine verhältnismäßig große Sicherheit gegen Abbrennen bieten — die Gefahr eines Schadenfeuers schon von vornherein als nicht fernliegend erkennen ließ. Es entsprach unter diesen Umständen einer sorgsamen Behandlung der Dinge, daß die Sachen gegen Feuer versichert wurden.

Es entsteht damit aber die Frage, ob die Beklagte es nicht den Gefolgschaftsmitgliedern selbst überlassen durfte, solche Vorsorge zu treffen. Auch mit dieser Einwendung haben sich die Vordergerichte auseinandergesetzt. Das Berufungsgericht sah sich in diesem Zusammenhange der Auskunft der H.-B. Feuerversicherungsgesellschaft vom 22. April 1941 gegenüber, aus der sich ergibt, daß nach den allgemeinen Feuerversicherungsbedingungen 10 v. H. der Versicherungssumme für Hausrat und Arbeitsgerät auch außerhalb des Versicherungsortes innerhalb Europas bis zur Höchstsumme von 3000 RM gegen Brandschäden kostenlos als versichert gelten und daß das Gefolgschaftsmitglied schon bei einer Jahresprämie von 3 RM vollen Versicherungsschutz für diese Gegenstände genießen kann. Demgegenüber hat das Berufungsgericht es jedoch für ungenügend erachtet, daß nur diejenigen Gefolgschaftsmitglieder ausreichenden Versicherungsschutz genießen, die selbst eine Hausratsversicherung eingegangen sind oder als Jugendliche mit ihren Kleidungsstücken unter den Versicherungsschutz ihrer Eltern fallen, falls sie deren Haushalt angehören und diese ihren Haushalt versichert haben. Es sei vielmehr auch die große Zahl von unverheirateten Gefolgschaftsmitgliedern zu berücksichtigen, für die diese Voraussetzungen nicht zutreffen, weil sie keinen Hausstand haben, auch keinem solchen angehören. Damit bestätigt das Berufungsgericht die eingehenderen Erwägungen, die das Urteil des Arbeitsgerichts zu diesem Punkte anstellt. Sie gehen von der Feststellung aus, daß ein großer Teil der Gefolgschaftsmitglieder im Baugewerbe unverheiratet ist, außer den notwendigen Kleidungsstücken keine versicherbaren Vermögenswerte besitzt und daher, um Versicherungsschutz zu erlangen, schon bei einer Versicherungssumme von nur 1000 RM als Mindestgrenze eine Überversicherung vornehmen müßte. Außerdem würde nach Ansicht des Arbeitsgerichts der bei diesen Gefolgschaftsmitgliedern häufige Wechsel des Arbeitsortes zu derartigen Unzuträglichkeiten führen, daß für einen großen Teil der im Baugewerbe Beschäftigten eine Versicherungsmöglichkeit praktisch nicht besteht. Es sei dabei auch an die bekannte Abneigung der Agenten gegen Bagatellversicherungen zu denken, die angeblich nichts einbrächten und viel Arbeit machten. Dagegen sei es wenigstens größeren Unternehmungen, wie der Beklagten mit ihren etwa 5000 Gefolgschaftsmitgliedern, ein Leichtes, eine Pauschalversicherung zu nehmen. Bei der ausgezeichneten Rentabilität aller Bauunternehmungen könne der Beklagten eine solche Belastung für das Wohl ihrer Gefolgschaftsmitglieder auch zugemutet werden.

Mit diesen Ausführungen ist der Tatsachenrichter zu der, wie gesagt, weiter noch erforderlichen Prüfung gekommen, ob der Beklagten die mit der Eingehung der Versicherung verbundenen Aufwendungen an Geld und Arbeit zugemutet werden konnten. Mit Recht wird in diesem Zusammenhang der Umfang des Betriebes der Beklagten als maßgeblich hervorgehoben. Denn es verhält sich so, daß angesichts des Fehlens einer gesetzlichen, tariflichen oder einzelvertraglichen Regelung die zuvor behandelten Gründe der Zweckmäßigkeit allein nicht ausreichen können, um die hier in Rede stehende Verpflichtung zu begründen. Der Maßgeblichkeit jener Gesichtspunkte kann entgegenstehen, daß sie zu einer unzumutbaren Belastung des Unternehmens und damit zu einer ungerechtfertigten Verteilung der Lasten führen würde. Diese Befürchtung kann zumal bei kleinen Unternehmen gerechtfertigt sein. Es bedurfte daher jener Klarstellungen; sie zeigen, daß bei der Beklagten nach der Größe und dem Erfolg ihres Unternehmens derartige Bedenken nicht bestehen. Damit sind die weiteren Feststellungen des Berufungsgerichts im Einklang, nach denen in dem hier in Betracht kommenden Landesteil der Notwendigkeit einer Versicherung der zurückgelassenen Kleider der Gefolgsleute gegen Feuergefahr in dem Kreise der Unternehmer, und zumal der größeren und mittleren Unternehmer der Bauindustrie, jedenfalls in sehr weitem Umfange Rechnung getragen worden ist. Übrigens hat die Revision in der Richtung, daß der Beklagten die ihr von den Vordergerichten angesonnene Sorge wegen der Größe der Aufwendungen an Geld und Arbeit nicht zugemutet werden könne, nichts vorgebracht.

Nach alledem konnte auf Grund der festgestellten Gesamtumstände des gegenwärtigen Falles die Verpflichtung der Beklagten zur Eingehung einer Feuerversichung ohne Rechtsirrtum bejaht werden.

RAG. 26, 18.+

Kann dem Handlungsagenten — besonders als Einfirmenvertreter — je nach seiner wirtschaftlichen Abhängigkeit von dem Unternehmer im Konkurs des Unternehmers das Konkursvorrecht des § 61 Nr. 1 KO. zustehen?

KO. § 61 Nr. 1. HGB. §§ 84 flg.

Urteil vom 2. Dezember 1941.

I. Arbeitsgericht Wiesbaden. — II. Landesarbeitsgericht Frankfurt (Main).

. . .

Gründe:

. . .

Der Hauptstreit der Parteien geht nun darum, ob die Forderung des Klägers das Vorrecht des § 61 Nr. 1 KO. genießt. Die Beantwortung dieser Frage hat das Berufungsgericht darauf abgestellt, ob die Stellung des Klägers zu der Gemeinschuldnerin rechtlich als diejenige eines Handlungsgehilfen (§§ 59 flg. HGB.) oder eines Handlungsagenten (§§ 84 flg. HGB.) zu werten ist. Während der Forderung des ersteren aus seiner abhängigen Dienststellung das Vorrecht zukomme, bestehe ein solches für die Forderung des letzteren aus seiner grundsätzlich selbständigen Tätigkeit für ein Unternehmen nicht. Dieser Rechtsstandpunkt steht im Einklang mit der in der Rechtsprechung und im Schrifttum seither übereinstimmend vertretenen Auffassung. Die Anwendbarkeit der Bestimmung des § 61 Nr. 1 KO. setzt danach voraus, daß eine persönliche, nicht lediglich wirtschaftliche Abhängigkeit der forderungsberechtigten Person von dem Gemeinschuldner bestand (RAG. Bd. 1 S. 253, Bd. 15 S. 339, Bd. 16 S. 272/273, Bd. 19 S. 110 [112/113], Bd. 22 S. 271/273). Denn nur wo solche Abhängigkeit gegeben sei, könne, so wird betont, von einer „Verdingung" im Sinne dieser Bestimmung gesprochen werden. Da diese bei dem Handlungsagenten nach der bestehenden gesetzlichen Regelung fehle, so habe er auf das Konkursvorrecht keinen Anspruch.

Hierbei darf allerdings nicht unbeachtet bleiben, das sich, worauf das Reichsarbeitsgericht schon in den vorerwähnten Entscheidungen RAG. Bd. 16 S. 275 und Bd. 19 S. 114 hingewiesen hat, in neuerer Zeit auf vielen Gebieten der Wirtschaft eine wesentliche Veränderung der Stellung des Handlungsagenten, und zwar in der Richtung zunächst der wirtschaftlichen Abhängigkeit von dem Unternehmer, vollzogen hat. Das trifft besonders auf den sog. Einfirmenvertreter d. h. den Handlungsagenten zu, der nach der getroffenen Vereinbarung andere Vertretungen nicht übernehmen darf oder, was dem gleichzusetzen ist, nach seiner Tätigkeit für den Unternehmer und gegebenenfalls nach der Art des Wirtschaftszweiges nicht übernehmen kann, wobei es sich freilich im einzelnen Falle fragt, ob und inwieweit sich seine Stellung infolge der engen Bindung an das Unternehmen der Stellung eines persönlich abhängigen Angestellten genähert oder sich schon in eine solche verwandelt hat. Es könnte erwogen werden, ob der Agent, der — wie der Kläger — als arbeitnehmerähnliche Person für seine Ansprüche gegen den Unternehmer schon der Arbeitsgerichtsbarkeit untersteht, auch in sachlich-rechtlicher Hinsicht, und so hinsichtlich der Anwendbarkeit des § 61 Nr. 1 KO., dem Gefolgsmann des Unternehmers gleichzubehandeln sei. Aus jener Veränderung der sozialen und wirtschaftlichen Stellung des Agenten hat das Reichsarbeitsgericht in dem erstgenannten Urteil die Folgerung gezogen, dem Agenten den Anspruch auf Erteilung eines Zeugnisses über Führung und Leistung gemäß § 630 BGB. zuzuerkennen. Ob sie die Anwendbarkeit noch anderer sonst nur für Gefolgschaftsmitglieder geltender gesetzlicher Bestimmungen, wie etwa die des § 616 BGB. betreffend die Fortgewährung der Vergütung im Falle einer unverschuldeten Dienstverhinderung, oder tariflicher Bestimmungen wie der Urlaubsregelung für Gefolgschaftsmitglieder für den Einfirmenvertreter rechtfertigen kann, wie dieses in der Denkschrift der Akademie für Deutsches Recht zum Entwurf eines Gesetzes über die Rechtsverhältnisse der Handelsvertreter und Handelsreisenden (Handelsvertretergesetz) S. 184/185 erwogen wird, mag dahinstehen. In jedem Falle erfordert aber, wie auch in dem Urteil RAG. Bd. 19 S. 114 betont worden ist, die Übertragung von für Gefolgschaftsmitglieder geltenden Bestimmungen auf das Agenturverhältnis bei der grundsätzlichen Verschiedenheit der Rechtsgeltung der Stellung des Agenten und derjenigen des Angestellten besondere Vorsicht.

Der Gesetzgeber hat im Interesse der sonst gleichmäßigen Befriedigung der Konkursgläubiger in den §§ 61 flg. KO. den Kreis der Forderungen, die an dem dort gewährten Vorzug teilnehmen sollen, klar und fest umgrenzt und so im § 61 Nr. 1 das Vorrecht nur den Forderungen derjenigen Personen zuerkannt, die sich ihrem Dienstherrn „verdungen" haben, also zu ihm in ein Abhängigkeitsverhältnis auch persönlicher Art getreten sind und sich seinen Weisungen unmittelbar unterstellt haben. Der Rechtsprechung kommt es nicht zu, den Handlungsagenten, auf den diese Voraussetzung an sich nicht zutrifft, sofern seine Stellung noch diesen Charakter trägt, darunter zu begreifen; vielmehr muß es der gesetzlichen Regelung des Konkursrechtes vorbehalten bleiben, aus jener Umschichtung im Bereiche der Agenturverhältnisse gegebenenfalls hinsichtlich der Bevorzugung ihrer Forderungen im Konkurse die etwa als notwendig erachteten Folgerungen zu ziehen. Dazu hat sich auch die Denkschrift der Akademie für Deutsches Recht zum Handelsvertretergesetz S. 113 bekannt. Danach bleibt es für die Anwendbarkeit des § 61 Nr. 1 KO. entscheidend, ob ein Handlungsgehilfenverhältnis zum Gemeinschuldner bestand oder ein, wenn dem Angestelltenverhältnis vielleicht auch angenähertes, Agenturverhältnis.

Ob die eine oder andere Rechtsstellung gegeben ist, richtet sich nach den Umständen des einzelnen Falles und ist vorwiegend Gegenstand der tatrichterlichen Würdigung. Zu beachten ist dabei, daß es maßgebend auf die tatsächliche Ausgestaltung der Stellung zu dem Unternehmer ankommt, nicht etwa darauf, welche Bezeichnung die Vertragsparteien der Stellung beigelegt haben, und weiter, daß in der Regel auch nicht einzelne Kennzeichen entscheidend sind, die für das eine oder andere Rechtsverhältnis sprechen können, wie etwa ein festes Gehalt für ein Anstellungsverhältnis als Handlungsgehilfe und die Vereinbarung von Provision (§ 88 HGB.) für ein Agenturverhältnis. Die Beurteilung hat vielmehr nach den gesamten für die Rechtsstellung in Betracht kommenden Umständen zu erfolgen.

Unter diesem rechtlichen Gesichtspunkt hat auch erkennbar das Berufungsgericht die Rechtsstellung des Klägers zur Gemeinschuldnerin geprüft. Es hat dabei folgende Feststellungen getroffen: Der Kläger habe nach der zwischen den Vertragsparteien mündlich getroffenen Vereinbarung als Verlagsvertreter für die Gemeinschuldnerin im Außendienst tätig sein und Abschlüsse mit Kunden vermitteln sollen. Dafür, daß dem Kläger eine Tätigkeit für andere Firmen untersagt gewesen sei, seien keine Anhaltspunkte gegeben. Der Kläger sei bei der Gemeinschuldnerin nicht in der Lohnliste als Angestellter geführt gewesen. Lohnsteuern und soziale Beiträge seien für ihn nicht abgeführt worden. Eine Meldung zur Ortskrankenkasse sei nicht erfolgt. Der Kläger sei andererseits bei der Reichsschrifttumskammer in der Fachschaft „Buchvertreter, Gruppe Buchhandel" geführt worden und hätte dorthin Beiträge gezahlt. Nach der eigenen Erklärung des Klägers sei er in der Ausführung seiner Reisetätigkeit, besonders in der Zeiteinteilung keiner Beschränkung unterworfen gewesen. Er habe nur Anweisung gehabt, bestimmte Kunden zur Erledigung von Zweifelsfragen, gute Kunden auch öfters zu besuchen. Innerhalb des ihm zustehenden Tätigkeitsgebietes habe er als Reisender der Gemeinschuldnerin seine Einteilungen (Reiseziel, Arbeitszeit, Dauer der Reise) selbständig treffen können. Insoweit hätte also eine persönliche Unterordnung des Klägers unter den Betriebsführer der Gemeinschuldnerin nicht bestanden. Daß der Kläger über seine Reisetätigkeit Bericht erstattet habe, spreche nicht entscheidend gegen seine Stellung als Handlungsagent, da auch dieser nach § 84 Abs. 2 HGB. verpflichtet sei, dem Geschäftsinhaber die erforderlichen Nachrichten zu geben, namentlich ihm von jedem Geschäftsabschluß unverzüglich Anzeige zu machen. Der Kläger habe sich u. a. den Zeugen K. und N. gegenüber selbst als selbständigen Handlungsagenten bezeichnet und erklärt, daß er mit dem Vertrauensrat nichts zu tun habe. Der Betriebsführer H. habe die Stellung des Klägers ebenso gekennzeichnet. Der Kläger habe unstreitig auch im vollen Umfange seine Spesen selbst getragen und sei nicht berechtigt oder verpflichtet gewesen, mit der Gemeinschuldnerin hierüber abzurechnen.

Aus diesen Kennzeichen der Stellung des Klägers hat das Berufungsgericht ohne Rechtsirrtum gefolgert, daß er zu der Gemeinschuldnerin in einem Agenturverhältnis gestanden habe. Mit Recht legt es dem Umstand besondere Bedeutung bei, daß der Kläger im allgemeinen in der Gestaltung seiner Tätigkeit für die Gemeinschuldnerin, in der Art der Ausführung seiner Reise und der Zeiteinteilung für sie frei und an keine Weisung der Gemeinschuldnerin gebunden gewesen sei. Denn das Fehlen der Weisungsgebundenheit ist ein wesentliches Merkmal für die Rechtsstellung des Handlungsagenten. Dazu treten die weiteren hierfür sprechenden Umstände wie die Arbeit auf Provision (§ 88 HGB.), die eigene Tragung der Reisekosten sowie auch das in dem Urteil noch festgestellte Recht des Klägers, über die Höhe des dem einzelnen Kunden zu gewährenden Rabatts in gewisser Weise selbst zu bestimmen. Im Zusammenhang zumal mit den anderen Kennzeichen für das Bestehen des Agenturverhältnisses hat auch Bedeutung und spricht ebenfalls hierfür, daß die Gemeinschuldnerin den Kläger nicht, wie sie das für den Handlungsgehilfen hätte tun müssen, in der Lohnliste als Angestellten geführt und weder Lohnsteuer noch soziale Beiträge für ihn abgeführt hat. Das läßt auch erkennen, wie die Vertragsparteien selbst die Stellung des Klägers gewollt und beurteilt haben, nämlich als diejenige eines Handlungsagenten, als welchen der Kläger sich ja auch bewußt selbst bezeichnet hat. Demgegenüber kann es dann nicht ins Gewicht fallen, wenn der Kläger, wie einige Zeugen bekundet haben, an den Gemeinschaftsveranstaltungen der Gemeinschuldnerin teilgenommen und sich an dem Sparen der Gefolgschaftsmitglieder für Geschenkzwecke beteiligt und so seine Verbundenheit mit dem Unternehmen bezeugt hat. Das ist für den nur für ein Unternehmen tätigen und von ihm wirtschaftlich abhängigen Einfirmenvertreter nicht außergewöhnlich und beweist nicht seine organische Eingliederung in den Betrieb, wie sie bei dem Handlungsgehilfen besteht. Darüber, welche Bewandtnis es mit dem Arbeitsbuch hat, das für den Kläger im September 1935 besorgt sein soll, hat sich das Berufungsgericht nicht weiter ausgelassen. Doch kann daraus nach den sonstigen für das Bestehen eines Agenturverhältnisses sprechenden Umständen ebenfalls kein weiterer Schluß gegen dieses gezogen werden.

Das Berufungsgericht hat schließlich noch geprüft, ob sich etwa die Stellung des Klägers gegen Ende der Vertragszeit geändert habe. Dazu hat es folgendes festgestellt: Der Kläger habe etwa seit dem Jahre 1936 neben der Vermittlerprovision ein festes Einkommen von 200 bis 300 RM monatlich bezogen. Er sei in der letzten Zeit im Innendienst für die Gemeinschuldnerin tätig geworden, habe in der Mahnabteilung gearbeitet und sich mit der laufenden Post und Manuskriptbearbeitung befaßt. Diese Tätigkeit habe er aber nur auf ausdrücklichen Wunsch der Gemeinschuldnerin ausgeübt. Diese habe sich damals in wirtschaftlichen Schwierigkeiten befunden, und der Kläger habe selbst ein Interesse daran gehabt, für den Eingang der Außenstände zu sorgen. Dies möge auch der Beweggrund für die Einschränkung seiner Reistetätigkeit und die Übernahme anderer Arbeiten gewesen sein. Eine grundlegende Änderung seiner Stellung in dem Betriebe der Gemeinschuldnerin sei damit weder beabsichtigt noch durchgeführt worden. Das feste Einkommen habe nur einen gewissen Ersatz oder Ausgleich für die dem Kläger entgehende Provision infolge der Einschränkung seiner Reisetätigkeit dargestellt. Letztere sei aber immer noch als die Hauptsache angesehen worden. Dazu trete, daß die von dem Kläger ausgeübte Vermittlung von Geschäftsdarlehen und Verlagsverträgen eine Tätigkeit darstelle, die im allgemeinen von selbständigen Kaufleuten, nicht von Geschäftsangestellten ausgeübt werde.

Wenn das Berufungsgericht abschließend meint, daß die nur als vorübergehend gedachte und behelfsmäßig ausgeübte Tätigkeit des Klägers im Innendienst der Gemeinschuldnerin an dem rechtlichen Charakter seiner Stellung zu dem Betriebe, nichts geändert habe, und der Kläger weiter als Handlungsagent zu betrachten gewesen sei, so begegnet das ebenfalls keinen Rechtsbedenken.

Die Einwendungen der Revision gegen die Darlegung, daß die Stellung des Klägers in dem Betriebe der Gemeinschuldnerin die eines Handlungsagenten gewesen sei, enthalten im wesentlichen nur eine Bemängelung der Beweiswürdigung des Berufungsgerichts und bewegen sich auf tatsächlichem, der Revision verschlossenem Gebiete.

Die Rechtsauffassung des Berufungsgerichts, daß der Kläger als Handlungsagent anzusehen gewesen sei und daher für seine Forderung an die Konkursmasse nicht das Vorrecht beanspruchen könne, das § 61 Nr. 1 KO. gewähre, erscheint nach allem rechtsbedenkenfrei. Die von dem Kläger begehrte Feststellung der Bevorrechtigung seiner im Streit befangenen Forderungen gemäß dieser Bestimmung ist ohne Rechtsirrtum als sachlich nicht begründet erachtet worden.

Die Abweisung der Klage würde sich damit aber nur dann ohne weiteres rechtfertigen, wenn der Kläger nur die Bevorrechtigung der im Streit befangenen Forderungen nach § 61 Nr. 1 KO. festgestellt zu sehen gewünscht hätte, nicht etwa auch, in dem Klagebegehren eingeschlossen, das Bestehen dieser Forderungen als einfache Konkursforderungen. Letztere Feststellung wird aber offenbar mit begehrt, und auch das Berufungsgericht hat das augenscheinlich selbst angenommen. Denn es hat die Höhe der Forderungen als solche geprüft und festgestellt, was sonst nicht notwendig gewesen wäre. Unter diesen Umständen wäre die Klage dann abzuweisen — und zwar wegen fehlenden Rechtsschutzinteresses —, wenn die Anerkennung und Feststellung der unter dem 29. November 1937 geschehenen Anmeldung in Höhe von 1779,32 RM die im Streit befangenen Forderungen — nunmehr in Höhe von 1409,88 RM, wie sie vom Berufungsgericht festgestellt worden ist —, mitumfaßte. Das muß aber nach der Aufstellung der Konkursakten zweifelhaft erscheinen. Außer den hier streitigen Forderungen an Provision (Nr. 1, 2 und 6) kommen noch die Posten 3, 4 und 5 mit 420, 400 und 90 RM und ferner die unter „sonstigen Forderungen" aufgeführten 169,75 RM mit zusammen 1079,76 RM in Frage. Diese Forderungen zusammen mit der Forderung von 1409,88 RM übersteigen aber den anerkannten Betrag von 1779,32 RM. Danach ist nicht klar, ob die Forderung von 1409,88 RM mitanerkannt und zur Konkurstabelle festgestellt worden ist. Dieser Umstand machte die Aufhebung des Urteils und die Zurückverweisung der Sache an das Berufungsgericht erforderlich.

RAG. 26, 63.

1. Ist bei einer tariflichen Mehrarbeitsvergütung für Wochenlöhner eine außertarifliche Wochenzulage zu berücksichtigen, wenn die Tarifordnung als Vergütung nur einen bestimmten Hundertsatz des „tariflichen" Lohnes vorsieht?

2. Zur Frage der Häufung tariflicher Zuschläge.

3. Kann ein Wochenlöhner auf Grund der Anordnung über die Lohnzahlung an Feiertagen eine Vergütung für angeblich infolge eines solchen Feiertags ausgefallene Überarbeit beanspruchen?

Tarifordnung für Bäckereien, Brotfabriken usw. im Wirtschaftsgebiet Brandenburg vom 28. Oktober 1936 (RArbBl. VI S. 1162) § 4 Nr. 3. Anordnung zur Durchführung des Vierjahresplans über die Lohnzahlung an Feiertagen vom 3. Dezember 1937 (RAnz. Nr. 280 vom 4. Dezember 1937, RArbBl. I S. 320).

Urteil vom 16. Dezember 1941.

I. Arbeitsgericht Berlin. — II. Landesarbeitsgericht daselbst.

Der Kläger ist in der Brotfabrik der Beklagten als Bäcker im Wochenlohn beschäftigt. Für sein Arbeitsverhältnis gilt die Tarifordnung für Bäckereien, Brotfabriken usw. im Wirtschaftsgebiet Brandenburg vom 28. Oktober 1936. Sein tariflicher Wochenlohn beträgt 43,50 RM, zu dem ihm die Beklagte seit dem 1. Januar 1941, um eine regelmäßige und ordnungsmäßige Reinigung der Maschinen zu erreichen, wöchentlich eine als jederzeit widerruflich bezeichnete außertarifliche Zulage von 3,50 RM gewährt. Der Kläger hat mit der Klage folgende Ansprüche erhoben:

1. In der zweiten Hälfte Januar 1941 hat er insgesamt 12 Überstunden geleistet. Den Überstundenzuschlag hat die Beklagte nur aus dem Tariflohn von 43,50 RM errechnet. Der Kläger ist der Ansicht, bei der Berechnung müsse der seit dem 1. Januar 1941 regelmäßig gezahlte Sonderzuschlag von wöchentlich 3,50 RM mitberücksichtigt werden. Als Unterschied hat er insgesamt 1,26 RM nachgefordert.

2. Am 22. Dezember 1940, einem Sonntag, hat er von 13 bis 23.40 Uhr gearbeitet, wofür ihm der aus dem Wochenlohn von 43,50 RM errechnete Stundenlohn zuzüglich eines Sonntagszuschlages von 50 v. H. gezahlt worden ist. Er verlangte hierzu noch für $2^2/_3$ Stunden, nämlich für die Zeit von 21 bis 23.40 Uhr, die nach der Tarifordnung (§ 4 Nr. 3 Abs. 2) als Nachtarbeit zu gelten hat, einen weiteren Zuschlag von 50 v. H., den er unter Einbeziehung des Sonntagszuschlags in der Rechnung insgesamt mit 1,80 RM errechnet hat.

3. Für die beiden Weihnachtstage 1940 und den Neujahrstag 1941 ist der Kläger jeweils im laufenden Wochenlohn entlohnt worden. Er hat den Standpunkt vertreten, für die genannten Tage müßten die Überstundenvergütungen, wie er sie an anderen Tagen verdient habe, irgendwie mitberücksichtigt werden. Nach einem in sechs Wochen erzielten Gesamtverdienst hat er so eine Nachforderung für die genannten Tage in Höhe von je 1,31 RM errechnet und hiernach weitere 3,93 RM gefordert.

Die Beklagte hielt die Ansprüche für unbegründet.

Das Arbeitsgericht hat nur den Anspruch zu 3 für begründet angesehen, im übrigen hat es die Klage abgewiesen. Das Landesarbeitsgericht hat auf die Berufung beider Parteien das erstinstanzliche Urteil abgändert. Es hat den Anspruch zu 1 in voller Höhe, den zu 2 nur in Höhe von 1,20 RM für berechtigt anerkannt, weil bei der Errechnung des Nachtzuschlags der Sonntagszuschlag nicht mit in Rechnung gestellt werden dürfe, und hat danach die Beklagte zur Zahlung von 2,46 RM verurteilt. Im übrigen hat es die Klage abgewiesen.

Hiergegen haben beide Parteien Revision eingelegt, die des Klägers blieb ohne Erfolg, die der Beklagten führte zur Abweisung der Klage in vollem Umfang.

Gründe:

I. Zur Revision der Beklagten:

1. Was zunächst die streitigen Überstundenzuschläge anlangt, so bestimmt der die „Mehrarbeit" regelnde § 4 der maßgebenden Tarifordnung unter Nr. 3 Abs. 1 über die Mehrarbeitsvergütung folgendes:

> Die Mehrarbeit nach Ziffer 1 ist für jede Stunde mit dem tariflichen Stundenlohn (bei Wochenlöhnern mit 1/48 des Wochenlohns, bei Monatslöhnern oder Gehältern mit 1/200 des Monatsbezuges) unter Gewährung eines Zuschlags von 25 v. H. zu bezahlen.

Daß es sich hier um Mehrarbeit im Sinne der Ziffer 1 des § 4 handelt, ist unstreitig. Der Streit beschränkt sich auf die Frage, ob bei der Berechnung des Zuschlags nur der tarifliche Wochenlohn oder aber dieser zuzüglich der übertariflichen Wochenzulage in Rechnung zu stellen ist.

Das Berufungsgericht war im Gegensatz zum Erstrichter der Auffassung, daß die Wochenzulage mit berücksichtigt werden müsse. Es hat dazu auf § 15 der Arbeitszeitordnung verwiesen, worin als Mehrarbeitsvergütung „eine angemessene Vergütung über den Lohn für die regelmäßige Arbeitszeit hinaus" vorgesehen ist. Es hat dazu ausgeführt, der Lohn des Klägers für seine regelmäßige Arbeitszeit sei nicht nur der tarifliche Wochenlohn von 43,50 RM, sondern auch die Zulage von 3,50 RM; mit beiden werde die 48stündige Wochenarbeit abgegolten. Diese gesetzliche Regelung werde durch die angeführte Tarifvorschrift nicht geändert. Mit dem darin genannten tariflichen Stundenlohn sei der Lohn schlechthin gemeint, der in einer Tarifordnung ja nur ein tariflicher sein könne. Ob der Wochenlohn von vornherein ein übertariflicher sei oder später durch eine Zulage erhöht werde, sei gleichgültig. Daß dem Wort „tariflich" nicht die von der Beklagten gewollte Bedeutung zukomme, gehe auch daraus hervor, daß in der Vorschrift weiterhin von Monatsbezügen die Rede sei. Der Anspruch sei deshalb gerechtfertigt.

Diese Ausführungen werden von der Revision der Beklagten mit Recht angegriffen. Es kann dahinstehen, ob die Wochenzulage wirklich als eine allgemeine Erhöhung des Tariflohns aufzufassen ist oder ob sie nicht vielmehr eine besondere Leistungsprämien — ähnlich der Umsatzprämie eines Verkäufers — ist. Jedenfalls kann nach der eindeutigen Tarifvorschrift, die hier mangels abweichender einzelvertraglicher Sonderabmachung maßgebend sein muß, eben nur der „tarifliche" Lohn als Berechnungsgrundlage für die Mehrarbeitsvergütung in Betracht kommen, das ist für den Kläger als Wochenlöhner der tarifliche Wochenlohn von 43,50 RM. Entgegen der Meinung des Berufungsgerichts läßt sich daraus, daß in der Tarifvorschrift (im eingeklammerten Satzteil) von Bezügen („1/200 des Monatsbezuges") die Rede ist, nichts für das Gegenteil herleiten. Zweifellos ist dort auch der tarifliche Monatsbezug gemeint. Daß der Reichstreuhänder der Arbeit das Wort „tariflich" versehentlich gebraucht und in Wirklichkeit den tatsächlichen Lohn gemeint haben sollte, kann nicht angenommen werden. Zwischen beiden wird in Tarifordnungen sehr wohl unterschieden (vgl. hierzu das Urteil des Reichsarbeitsgerichts vom 4. November 1941, RAG. 53/41, RAG. Bd. 25 S. 327).

Danach ist die Revision der Beklagten insoweit begründet und war insoweit das klagabweisende Urteil des Arbeitsgerichts wiederherzustellen, ohne daß noch auf die in den Vorinstanzen unerörtert gebliebene Frage eingegangen zu werden brauchte, ob die Gewährung der Wochenzulage nicht gegen die Lohnstopverordnung (Zweite Durchführungsbestimmungen zum Abschnitt III [Kriegslöhne] der Kriegswirtschaftsverordnung vom 12. Oktober 1939 — RGBl. I S. 2028 —) verstößt.

2. Der weitere Streit betrifft den Anspruch auf einen Sonderzuschlag für 2²/₃ am Sonntag geleistete Nachtarbeitsstunden. Die maßgebende Tarifvorschrift (§ 4 Nr. 3 Abs. 2) lautet:

> Für gesetzlich zulässige Sonn- oder Feiertagsarbeit oder durch das Gewerbeaufsichtsamt genehmigte Nachtarbeit (zwischen 21 und 4 Uhr) beträgt der Lohn- oder Gehaltszuschlag 50 v. H.

Das Berufungsgericht war hier anders als der Erstrichter der Ansicht, daß nach dieser Vorschrift für Nachtarbeitsstunden, die an Sonn- oder Feiertagen geleistet werden, ein zweimaliger Zuschlag von je 50 v. H. gezahlt werden müsse. Es hat dazu erwogen, daß der Sonn- oder Feiertagszuschlag gewährt würde, weil das Gefolgschaftsmitglied gerade an dem Tage seiner Familie entzogen werde, an dem alle Familienmitglieder zu Hause seien, der Nachtzuschlag aber, weil die Nachtarbeit einen erhöhten Kräfte- und Verpflegungsaufwand erfordere. Beim Vorliegen beider Erschwernisfälle müßten deshalb grundsätzlich beide Zuschläge nebeneinander gewährt werden, da das hier nicht wie in einer Reihe anderer Tarifordnungen ausdrücklich ausgeschlossen sei.

Die Revision ist dem entgegengetreten. Zunächst vermißt sie eine Feststellung, ob es sich bei den in Rede stehenden $2^2/_3$ Arbeitsstunden um durch das Gewerbeamt genehmigte Nachtarbeit gehandelt habe oder nicht. Dann führt sie weiter aus: Die behördliche Genehmigung wäre hier an sich nach § 6 des Gesetzes über die Arbeitszeit in Bäckereien und Konditoreien i. d. Fass. der Verordnung vom 30. April 1938 (RGBl. I S. 446) erforderlich gewesen. Für Sonn- und Feiertagsarbeit aber gelte der § 15 der Arbeitszeitordnung nicht. Es fehle hier also an einem gesetzlichen Zwang zur Mehrarbeitsbezahlung, dem eine Tarifordnungsregelung Rechnung zu tragen hätte. Es fehle ferner die Feststellung, daß es sich um eine im Sinne der §§ 5 und 10 der Bäckereiverordnung genehmigte Nachtarbeit gehandelt habe. Wenn nun die Tarifordnung vorschreibe, daß für gesetzlich zulässige Sonn- und Feiertagsarbeit ein Zuschlag von 50 v. H. zu zahlen sei, so müsse im Hinblick auf § 15 der Arbeitszeitordnung und § 11 der Bäckereiverordnung zunächst festgehalten werden, daß die gesetzliche Verpflichtung zur Mehrarbeitsvergütung von Arbeitsstunden an Sonn- und Feiertagen entfalle und schon deshalb mangels entgegenstehender Regelung neben dem angeordneten Zuschlag von 50 v. H. für jede an Sonn- und Feiertagen geleistete, einerlei wie lange Arbeitszeit nicht auch noch der Mehrarbeitsbegriff und Mehrarbeitszuschlag anzuwenden sei. Dasselbe habe dann aber mangels einer gegenteiligen Regelung auch für den Nachtarbeitszuschlag zu gelten. Der § 5 der Bäckereiverordnung sei zwar im Verhältnis zum § 6 nicht so aufzufassen, daß an Sonn- und Feiertagen geleistete Nachtarbeit nicht auch unter den § 5 falle. Jedoch müsse auch hier als Grundsatz angenommen werden, daß bei tariflicher Regelung von Sonntags- und Nachtarbeitszuschlägen nicht eine Häufung beider Zuschläge gemeint sei, solange dies nicht besonders zum Ausdruck gebracht sei. Das sei hier nicht geschehen.

Hierzu ist zunächst zu sagen, daß man in den Vorinstanzen offenbar allseitig davon ausgegangen ist, daß die nach § 4 Nr. 3 Abs. 2 der Tarifordnung für einen Zuschlagsanspruch erforderlichen Voraussetzungen einer gesetzlich zulässigen Sonntagsarbeit sowie einer durch das Gewerbeaufsichtsamt genehmigten Nachtarbeit hinsichtlich der in Betracht kommenden $2^2/_3$ Arbeitsstunden gegeben waren. War das der Fall, dann bedurfte es einer besonderen Feststellung im Urteil nicht.

Im übrigen müßte auch nicht genehmigte Sonntagsarbeit angemessen bezahlt werden.

Das Reichsarbeitsgericht hat sich mit der Frage, ob tarifliche Zuschläge, wie sie hier in Rede stehen, gehäuft beansprucht werden können, schon mehrfach befaßt (vgl. RAG. Bd. 25 S. 147 flg. und Urteil vom 4. November 1941, RAG. 87/41, RAG. Bd. 25 S. 332). Aus diesen Entscheidungen, denen andere Tarifordnungen mit besonderer Vorgeschichte zugrunde lagen und bei deren ersterer auch eine behauptete Tarifübung eine Rolle spielte, ließ sich aber für den vorliegenden Fall nichts gewinnen. Hier geben die von der Revision angeführten Vorschriften der Bäckereiverordnung, wonach als Nachtarbeit im Sinne dieser Verordnung nur die an Werktagen verrichtete Nachtarbeit in Betracht kommt, in der Tat einen Fingerzeig dafür, daß die maßgebende Tarifvorschrift eine Häufung beider Zuschläge nicht gewollt hat. Dem entspricht auch der Wortlaut der Vorschrift, wonach „der" Zuschlag, der für Sonn- oder Feiertagsarbeit oder Nachtarbeit zu zahlen ist, 50 v. H. beträgt. Ob man sonst bei einem Zusammentreffen derartiger tariflicher Zuschläge, zumal wenn sie zusammen eine Höhe von 100 v. H. erreichen, allgemein sagen könnte, daß mangels ausdrücklicher gegenteiliger Regelung grundsätzlich jeweils nur der höhere Zuschlag oder bei gleich hohen Zuschlägen nur einer zu zahlen ist, kann hier dahingestellt bleiben. Im Bäckereigewerbe jedenfalls muß angesichts der angeführten Vorschriften der Bäckereiverordnung eine klare gegenteilige Regelung verlangt werden, wenn eine Häufung der Zuschläge Platz greifen soll. Die Erwägungen des Berufungsgerichts über die doppelte Erschwernis zwingen nicht zu einer anderen Auffassung, denn vielfach müssen solche Erschwernisse hingenommen werden, ohne daß dadurch ein Anspruch auf einen Zuschlag begründet wird.

Der Revision der Beklagten war deshalb in vollem Umfang stattzugeben.

II. Zur Revision des Klägers:

Diese betrifft den im Tatbestand unter Nr. 3 gekennzeichneten Anspruch auf Mitberücksichtigung von Überstundenvergütungen bei Bezahlung der dort genannten Feiertage. Der Anspruch ist gestützt auf die Anordnung zur Durchführung des Vierjahresplans über die Lohnzahlung an Feiertagen vom 3. Dezember 1937, worin bestimmt ist:

> Für die Arbeitszeit, die infolge des Neujahrstages, des Oster- und Pfingstmontags sowie des ersten und zweiten Weihnachtsfeiertags ausfällt, ist den Gefolgschaftsangehörigen der regelmäßige

Arbeitsverdienst zu zahlen. Dies gilt nicht, soweit der Neujahrstag und die Weihnachtstage auf einen Sonntag fallen. Durch Tarifordnung oder Betriebs- (Dienst-) Ordnung kann bestimmt werden, was als regelmäßiger Arbeitsverdienst anzusehen ist.

Darüber, daß vorliegend eine Regelung der Wochenfeiertagsbezahlung weder durch Tarif-, noch durch Betriebsordnung erfolgt ist, herrscht unter den Parteien kein Streit. Das Arbeitsgericht hat der Klage insoweit stattgegeben, weil nach der angeführten Anordnung durch einen Wochenfeiertag kein Lohnausfall eintreten dürfe, was aber der Fall wäre, wenn sonst Überstunden gemacht würden, in den Wochen aber, in die die Feiertage fielen, nur der normale Lohn gezahlt werde. Das Landesarbeitsgericht hat den Anspruch abgewiesen, weil nach den Einleitungsworten der Anordnung sich diese nur auf Gefolgschaftsangehörige beziehe, die durch den Feiertag einen Lohnausfall hätten, was aber bei Wochenlohn- und Gehaltsempfängern nicht zutreffe, da ihnen die Wochenfeiertage immer bezahlt würden.

Das Reichsarbeitsgericht hat sich bereits in zahlreichen Entscheidungen mit der genannten Anordnung befaßt (vgl. u. a. RAG. Bd. 20 S. 302, Bd. 21 S. 17, 26, 296, 300, Bd. 24 S. 142 und 221). Unter Würdigung des mit der Anordnung verfolgten Zwecks ist dabei wiederholt ausgesprochen, daß die Gefolgschaftsangehörigen dadurch in ihrem Arbeitseinkommen so gestellt werden sollten, als wenn an den betreffenden Feiertagen gewöhnlicher Werktag gewesen wäre und sie ihre regelmäßige Arbeit verrichtet hätten. Danach scheiden Wochenlöhner, die unabhängig davon, ob in die Woche ein Feiertag fällt, ihren vollen Wochenlohn bekommen, in aller Regel aus dem Anwendungsbereich der Anordnung aus (vgl. hierzu insbesondere RAG. Bd. 21 S. 21/22 und S. 301). Das gilt jedoch nicht ausnahmslos, was das Berufungsgericht verkannt zu haben scheint. Auch Arbeiter, die im Wochen- oder Monatslohn stehen, dürfen grundsätzlich durch die in der Anordnung genannten Feiertage keinen Lohnausfall erleiden. Das könnte der Fall sein, wenn sie sonst regelmäßig Überstundenarbeit gegen Gewährung einer besonderen Bezahlung der Überstunden zu leisten hätten. Nur vorübergehend aus besonderem Anlaß geleistete Überarbeit, so die im Bäckereigewerbe vor den Festtagen sich häufende Mehrarbeit, kann aber nicht als regelmäßige Mehrarbeit und die dafür gezahlte Mehrarbeitsvergütung nicht als regelmäßiger Arbeitsverdienst, wie ihn die genannte Anordnung gewährleisten will, angesehen werden. Der Kläger hätte also dartun müssen, daß, wenn die betreffenden Feiertage gewöhnliche Werktage gewesen wären, er dann auch einen Überstundenverdienst gehabt hätte (vgl. hierzu RAG. Bd. 21 S. 306 und Urteil vom 29. April 1941, RAG. 213/40, abgedr. ArbRSamml Bd. 42 S. 49 flg. [51]). In dieser Beziehung ist aber das Vorbringen des Klägers völlig unzureichend. Es läßt in keiner Weise erkennen, daß ihm gerade dadurch, daß an den fraglichen drei Feiertagen nicht wie werktags gearbeitet worden ist, wirklich ein Verdienstausfall entstanden ist.

Die Abweisung dieses Anspruchs durch das Berufungsgericht ist deshalb gerechtfertigt, so daß der Revision des Klägers der Erfolg versagt bleiben mußte.

RAG. 26, 70.

Zur Frage der Gleichbehandlung, wenn bei der freiwilligen Gewährung von Weihnachtsgeld eine bestimmte Gruppe von Gefolgschaftsangehörigen ausgenommen ist.

AOG. § 2.

Urteil vom 16. Januar 1942.

I. Arbeitsgericht Darmstadt. — II. Landesarbeitsgericht daselbst.

Die Beklagte betreibt ein Elektrizitätswerk, aus dem sie elektrischen Strom liefert. Zur Einziehung der Stromgebühren beschäftigt sie etwa 130 sogenannte Gelderheber, die je in einem ihnen zugeteilten Bezirk monatlich bei den Abnehmern den von den Strommessern angezeigten Stromverbrauch festzustellen und regelmäßig sofort die dafür zu zahlende Gebühr einzukassieren haben. Die Einteilung der Arbeit im einzelnen ist den Gelderhebern überlassen, die Betriebsordnung der Beklagten findet auf sie keine Anwendung. Ihre Bezahlung erfolgt in der Weise, daß ihnen für jeden Kundenbesuch ein bestimmter Betrag gezahlt wird. Die Klägerin, die seit 1939 als Gelderheberin beschäftigt wird, erzielt so ein Monatseinkommen von etwa 80 bis 100 RM.

Die Beklagte gewährt seit Jahren einem Teil ihrer Gefolgschaft ein Weihnachtsgeld. Ursprünglich erhielten es nur die mit der Stromversorgung im Außendienst beschäftigten Gefolgsleute. Später wurde der Kreis der Empfänger erweitert, und schließlich wurde die gesamte Gefolgschaft mit Ausnahme der Gruppe der Gelderheber einbezogen. Das Weihnachtsgeld ist nach sozialen Gesichtspunkten unterschiedlich hoch bemessen und von jeher ausdrücklich nur als freiwillige Zahlung gewährt worden.

Die Klägerin ist der Meinung, die Beklagte verstoße mit dem Ausschluß der Gelderheberinnen von dem Weihnachtsgeld gegen ihre

Fürsorgepflicht und den Grundsatz der Gleichbehandlung. Wenn hier an sich auch kein Rechtsanspruch auf die Gewährung von Weihnachtsgeld gegeben sei, so gehe es doch nicht an, das Geld lediglich den Gelderheberinnen vorzuenthalten. Mit der Klage forderte sie ein Weihnachtsgeld von 20 RM für Weihnachten 1940. Die Beklagte hielt den Anspruch für unbegründet.

Beide Vorinstanzen haben der Klage stattgegeben. Auf die Revision der Beklagten wurde die Klage abgewiesen.

Gründe:

In Übereinstimmung mit dem beiderseitigen Parteivorbringen ist das Berufungsgericht davon ausgegangen, daß für die Gefolgschaft der Beklagten an sich ein Rechtsanspruch auf Gewährung von Weihnachtsgeld nicht besteht, weil diese Zuwendungen den damit Bedachten stets ausdrücklich nur als freiwillige Zahlungen gemacht worden sind. Rechtliche Bedenken sind hiergegen nicht zu erheben.

Das Berufungsgericht ist dann der Frage nachgegangen, ob die Nichtgewährung des Weihnachtsgeldes an die Gruppe der Gelderheberinnen dem von der Rechtsprechung anerkannten Grundsatz der Gleichbehandlung (vgl. RAG. Bd. 25 S. 59 mit Nachw.) widerspricht und ob danach der Klaganspruch begründet ist. Es hat dazu zunächst betont, daß nach der Rechtsprechung des Reichsarbeitsgerichts der Unternehmer bei Gewährung freiwilliger Leistungen grundsätzlich jeweils die Bedingungen und Voraussetzungen, unter denen er sie gewähren wolle, festsetzen könne, daß er auch gewisse Gruppen von Angestellten unterschiedlich behandeln oder sie gänzlich von der Zuwendung ausnehmen könne. Eine solche Ausnahme sei mit den Grundsätzen der Betriebsgemeinschaft nicht unvereinbar. Die Nichtgewährung des Weihnachtsgeldes an einzelne Angestellte könne aber gegen die Treu- und Fürsorgepflicht des Unternehmers verstoßen. Hier sei in der Weigerung der Beklagten, das Weihnachtsgeld an die Gelderheber ihres Betriebes zu zahlen, ein Verstoß gegen die betriebliche Fürsorgepflicht zu erblicken. Das Berufungsgericht hat dazu weiter ausgeführt, die Gründe, die die Beklagte für ihre Weigerung anführe, seien „wenig überzeugend". Die Tätigkeit, die die Gelderheber leisten, sei mindestens ebenso wichtig wie die anderer Gefolgschaftsmitglieder. Daß sie nicht an bestimmte Arbeitszeiten gebunden seien, sei „völlig nebensächlich", da das Maß ihrer Arbeitsleistung Monat für Monat festliege und es ihnen lediglich überlassen bliebe, wie sie die Arbeit auf die einzelnen Tage verteilen wollten. Die Tatsache, daß sie im

Stücklohn und nicht im Stundenlohn bezahlt würden, sei belanglos. Sie seien Gefolgschaftsmitglieder, unterlägen auch der Sozialversicherungspflicht. Nicht entscheidend sei, daß die Gelderheber nicht voll beschäftigt seien, da sich diese Tatsache ohne weiteres bei der Höhe ihres Verdienstes und damit auch bei der Höhe des Weihnachtsgeldes auswirke. Wenn die Beklagte darauf hinweise, daß die Gelderheber auch nicht der straffen Betriebsordnung unterständen, so sei dazu zu bemerken, daß die Gelderheber bei Wind und Wetter ihren Beruf ausüben müßten, was namentlich in den ländlichen Bezirken mit erheblichen Anstrengungen verbunden sein könne. Hiernach ist das Berufungsgericht zu dem Ergebnis gelangt, daß es nicht angehe, die Gelderheber „völlig von dem Genuß des Weihnachtsgeldes auszuschließen und sie damit augenfällig aus der Betriebsgemeinschaft herauszustellen", und daß deshalb der Klaganspruch als begründet anerkannt werden müsse. Eine Begründung dafür, warum die Klägerin bei dem im Betriebe sonst verschieden hoch gewährten Weihnachtsgeld nun gerade ein solches in Höhe von 20 RM zu beanspruchen habe, enthält das Berufungsurteil nicht.

Die Ausführungen des Berufungsgerichts werden von der Revision mit Recht beanstandet. Der Grundsatz der Gleichbehandlung darf nicht überspannt werden. Das Reichsarbeitsgericht hat den Grundsatz stets dann gelten lassen, wenn ein Unternehmer einzelne Gefolgsleute von einer sonst im Betriebe ganz allgemein oder in der Berufsgruppe der Betreffenden gewährten freiwilligen Zuwendung ausschließen wollte, ohne daß in der Person der Ausgeschlossenen ein hinreichend triftiger Grund für den Ausschluß gegeben war. Das Reichsarbeitsgericht hat aber anderseits — das Berufungsurteil weist selbst darauf hin — auch schon wiederholt betont, daß, wenn es sich um freiwillige Leistungen handelt, der Unternehmer grundsätzlich freie Hand hat, wie weit er den Kreis der Bedachten ziehen will, daß er gewisse Gruppen von Beschäftigten ganz ausnehmen und jeweils auch die Bedingungen und Voraussetzungen, unter denen er die Leistungen gewähren will, bestimmen kann (vgl. RAG. Bd. 21 S. 73 flg., Bd. 22 S. 91 flg. [93], insbesondere Urteil vom 3. April 1940 RAG. 148/39 abgedr. ArbRSamml. Bd. 39 S. 49 flg. [51], auch Urteil vom 19. November 1940 RAG. 69/40 abgedr. ArbRSamml. Bd. 40 S. 356 flg. [358]). Nur der willkürliche Ausschluß einzelner Gefolgsleute von Zuwendungen, die den unter gleichen Bedingungen arbeitenden anderen Gefolgsleuten allgemein gewährt werden, stellt sich also als ein derartiger Verstoß gegen die Betriebsgemeinschaft dar, daß dem willkürlich Ausgeschlossenen ein

Anspruch auf die Vergünstigung nicht versagt werden kann. Die Willkür darzutun, ist Sache desjenigen, der aus dem Gesichtspunkt der Gleichbehandlung einen Rechtsanspruch auf die sonst freiwillige Zuwendung glaubt herleiten zu können.

Hier liegt die Sache nun so, daß die Beklagte nicht einige wenige Gefolgsleute mit dem Bezug des Weihnachtsgeldes anders gestellt hat als die anderen Gefolgsleute der betreffenden Arbeitsgruppe, sondern hier ist eine größere Gruppe von Gefolgsleuten ganz allgemein noch nicht in den Kreis der mit der freiwilligen Zuwendung Bedachten einbezogen worden. Daß diese Gruppe durch die Art ihrer Arbeit, durch die Freistellung von einer fest geregelten Arbeitszeit, insbesondere auch durch die Nichtunterstellung unter die sonst im Betrieb geltende Betriebsordnung eine Sonderstellung in der Gefolgschaft einnimmt, kann nicht zweifelhaft sein. Die vom Berufungsgericht angeführten Gesichtspunkte mögen es erwünscht erscheinen lassen, daß auch sie in irgendeiner Form an der Weihnachtsspende beteiligt werden, jedoch kann von einer Willkür der Beklagten und einem derartigen Verstoß gegen die Fürsorgepflicht, daß daraus ein Rechtsanspruch aller Gelderheber auf ein Weihnachtsgeld hergeleitet werden könnte, keine Rede sein. Fürsorgerische Leistungen eines Unternehmers, die freiwillig aus dem Gefühl der Betriebsverbundenheit heraus gewährt werden, würden in ihrem sittlichen Wert stark verkleinert werden, wenn sie von der Rechtsprechung zu weitgehend einem rechtlichen Zwang unterworfen würden. Es könnte sich daraus die Gefahr ergeben, daß von derartigen freiwilligen Zuwendungen überhaupt Abstand genommen wird.

RAG. 26, 74.+

1. Verliert der Kündigungsberechtigte — zumal in Zeiten großen Mangels an Arbeitskräften — sein Recht zur Kündigung aus wichtigem Grunde, wenn er die Kündigung nach Erteilung der Zustimmung des Arbeitsamts nicht sofort ausspricht, sondern sich erst um die Gewinnung einer Ersatzkraft bemüht?

2. Ist die außerordentliche Kündigung im Arbeitsrecht in allen Fällen unbefristet zu erklären?

BGB. § 626. Verordnung über die Beschränkung des Arbeitsplatzwechsels vom 1. September 1939 (RGBl. I S. 1685).

Urteil vom 16. Januar 1942.

I. Arbeitsgericht Hannover. — II. Landesarbeitsgericht daselbst.

Der Kläger wurde von dem Beklagten am 1. April 1940 als Melkermeister für dessen aus 35 Kühen bestehende Abmelkwirtschaft eingestellt. Die Vergütung für den Kläger wurde in einer schriftlichen Vereinbarung näher festgelegt, die später zum Teil abgeändert wurde. Für das Arbeitsverhältnis galt die tarifliche Kündigungsfrist von drei Monaten. Am 5. Juli 1940 kündigte der Beklagte dem Kläger das Dienstverhältnis zum 30. September 1940, ohne jedoch die Zustimmung des Arbeitsamtes dazu einzuholen. Der Beklagte beantragte dann am 21. August 1940 beim Arbeitsamt die Zustimmung zu der fristlosen Kündigung des Klägers. Diese wurde ihm am 27. August 1940 erteilt. Der Beklagte kündigte dem Kläger darauf nicht sogleich, sondern erst am 16. September zum 30. September 1940, und zwar, wie er behauptet und das Berufungsgericht auch feststellt, weil er die Abmelkwirtschaft nicht ohne einen Melkermeister versehen konnte, und weil er erst eine Ersatzkraft für den Kläger gewinnen mußte, was ihm nach seiner weiteren unbestrittenen Behauptung erst am 16. September zum Ende dieses Monats gelungen ist.

Der Kläger erkannte die außerordentliche Kündigung nicht als rechtswirksam an. Er vertrat einmal die Ansicht, daß die nicht sofort nach Erhalt der Zustimmung des Arbeitsamts ausgesprochene Kündigung verspätet erfolgt sei und schon aus diesem Grunde keine Rechtswirksamkeit haben könne. Ferner bestritt er, daß er in seiner Dienstführung dem Beklagten einen wichtigen Grund zur fristlosen Kündigung gegeben habe. Er verlangte die ihm zustehende Vergütung für die Zeit vom 1. August bis zum 1. November 1940, dem Tage des Antritts einer anderen Stellung, abzüglich im August und September bar erhaltener 275 RM und zuviel entnommenen Deputates im Werte von 13,60 RM, mit insgesamt 701,13 RM zuzüglich Zinsen.

Der Beklagte lehnte den Anspruch ab. Er erhielt wegen der Notwendigkeit der vorhergehenden Beschaffung einer Ersatzkraft für den Kläger den Ausspruch der fristlosen Kündigung für zeitig genug erfolgt. Auch die Rücksicht auf die Belange der Allgemeinheit, die Versorgung der Bevölkerung mit Milch, habe ihm die Verpflichtung auferlegt, zur Vermeidung einer Gefährdung der Fortführung der Milchwirtschaft zunächst einen anderen Melkermeister zu gewinnen, ehe er die Kündigung des Klägers ausgesprochen habe. Er behauptete weiter, daß der Kläger in grober Weise die Milchwirtschaft vernachlässigt und diese gefährdet habe, so daß er ihn nicht länger in seinem Dienst habe behalten können und zu einer fristlosen Kündigung habe schreiten müssen. Er bestritt auch die Höhe des Anspruchs und rechnete ihm gegenüber mit einer Schadensersatzforderung wegen Futtermittelvergeudung und von dem Kläger verschuldeten Rückganges des Milchertrages sowie mit einem Bereicherungsanspruch wegen der Weiterbenutzung der Deputatwohnung nebst Gartenland noch im Oktober 1940 auf.

Während das Arbeitsgericht der Klage stattgegeben hat, hat das Landesarbeitsgericht die Klage abgewiesen. Die Revision des Klägers führte zur Aufhebung des Urteiles und zur Zurückverweisung an das Berufungsgericht.

Gründe:

Das Urteil leidet an Rechtsmängeln, die seine Aufhebung erforderlich machen.

(Es ist zunächst ausgeführt, daß das Berufungsgericht die fehlende Stellungnahme zu dem von der Rechtswirksamkeit der fristlosen Kündigung unabhängigen Anspruch des Klägers auf Gehalt für die Monate August und September 1940 und zu dem diesem Anspruch entgegengesetzten Einwand der Aufrechnung mit der Schadensersatzforderung und dem Bereicherungsanspruch nachzuholen hat. Es heißt dann weiter:)

Die Berechtigung des Anspruchs auf Gehalt für den Monat Oktober 1940 hängt von der Beurteilung der Rechtswirksamkeit der Kündigung des Beklagten ab. Es handelt sich um die außerordentliche Kündigung nach § 626 BGB. Das Berufungsgericht hat hier zunächst zu der zwischen den Parteien umstrittenen Frage Stellung genommen, ob der Ausspruch der Kündigung am 16. September 1940, nach Eingang der Zustimmung des Arbeitsamts hierzu vom 27. August, zeitig genug erfolgt ist, um dem Beklagten das Recht zur Kündigung zu erhalten. Es hat das bejaht. Hiergegen wendet sich die Revision.

Die Ausübung des Rechts zur Kündigung aus wichtigem Grunde ist an keine besondere Frist gebunden. Nach anerkannter Rechtsprechung des Reichsgerichts und Reichsarbeitsgerichts (RGZ. Bd. 122 S. 38 [41], RAG. Bd. 1 S. 222 [225], Bd. 17 S. 82 [85], RAG.-Urteile vom 9. Juli 1930 RAG. 54/30, abgedr. ArbRSamml. Bd. 9 S. 543/544, und vom 25. Mai 1938 RAG. 14/38, abgedr. ArbRSamml. Bd. 33 S. 97 [101]) geht es indes verloren, wenn der Kündigungsberechtigte nicht innerhalb eines nach Treu und Glauben zu bestimmenden Zeitraums seit Kenntnis von dem Kündigungsgrunde von diesem Recht Gebrauch macht und im besonderen im Falle der Kündigung aus Verschulden des Kündigungsempfängers diesem durch sein Zuwarten berechtigterweise Anlaß zur Annahme gibt, er werde aus seinem Verhalten keine Folgerungen in Hinsicht auf die Beendigung des Dienstverhältnisses mehr ziehen. Dem Kündigungsberechtigten ist aber ausreichende Zeit zur Prüfung des Sachverhalts und zur Überlegung seiner Entschließung zu lassen. Zu den Erwägungen, die er vor der Ausübung des Kündigungsrechts anstellen kann, ist jedenfalls in Zeiten des außergewöhnlichen Mangels an Arbeitskräften und so jetzt in der Kriegszeit im gegebenen Falle auch die Frage der Beschaffung einer notwendigen Ersatzkraft zu rechnen. Das hat besonders zu gelten für einen lebenswichtigen Betrieb, dessen Fortführung nicht nur im Interesse des betreffenden Dienstberechtigten liegt, sondern zugleich auch vom Standpunkt des allgemeinen Volkswohles zu fordern ist. Hier ist es nicht nur als das Recht, sondern auch als die Pflicht des Dienstberechtigten zu erachten, nicht durch eine unzeitige Kündigung gegebenenfalls die Fortführung des Betriebs zum Schaden der Allgemeinheit zu gefährden. Freilich hat er von dem Augenblick an, in dem er die Überzeugung gewinnt, daß ein Zusammenarbeiten mit dem Dienstverpflichteten nicht mehr weiter möglich und ihm zumutbar ist, sich ernstlich um die Gewinnung einer Ersatzkraft zu bemühen, um sobald als möglich eine Klärung der Stellung des Dienstverpflichteten auch in dessen Interesse herbeiführen zu können. Daß er bei allem durch sein Verhalten in dem Dienstverpflichteten nicht den berechtigten Glauben erwecken darf, er werde von seinem Rechte zur Kündigung keinen Gebrauch mehr machen, wurde bereits bemerkt. Es mag hierzu noch auf das Urteil des Reichsarbeitsgerichts vom 14. November 1928 RAG. 317/28, abgedr. in ArbRSamml. Bd. 4 S. 161 [162/163], und das Urteil vom 26. Juli 1939 RAG. 291/38, abgedr. in ArbRSamml. Bd. 37 S. 29 [33], verwiesen werden. In dem ersteren Urteil ist der Kündigungsberechtigte für befugt erachtet worden, vor der Entschließung über die Kündigung, zumal mit Rücksicht auf deren schwerwiegende Folgen für ihn und den Angestellten, in nähere Ermittlungen und Erwägungen einzutreten. In der zweiten Entscheidung ist gebilligt worden, daß der Dienstberechtigte in Berücksichtigung der Belange des Dienstverpflichteten zunächst den Ausspruch der Kündigung zurückgestellt hat. Was hinsichtlich der Belange des Dienstverpflichteten gilt, muß billigerweise auch hinsichtlich derjenigen des Dienstberechtigten gelten.

Die Notwendigkeit der Einholung der Zustimmung des Arbeitsamts zur Kündigung eines Arbeitsverhältnisses nach § 1 Abs. 1 der Verordnung über die Beschränkung des Arbeitsplatzwechsels vom 1. September 1939 — sie ist, wie sich schon aus § 1 Abs. 3 Satz 2 ergibt, auch für die fristlose Kündigung erforderlich — schafft nun eine besondere Rechtslage zunächst insofern, als der Kündigungsberechtigte vor der Erteilung dieser Zustimmung an dem Ausspruch einer rechtswirksamen Kündigung gehindert ist. Das Abwarten der Zustimmung kann also seine Rechtsstellung im Hinblick auf den Ausspruch der Kündigung nicht beeinträchtigen. Andererseits gibt ihm die Zeit, die bis zur Erteilung der erbetenen Zustimmung verstreicht, schon Gelegenheit, die Sachlage weiter zu überprüfen, das Für und Wider und die Folgewirkung des Ausspruchs der Kündigung für seinen Betrieb zu überdenken und möglicherweise auch die Frage der Beschaffung der notwendigen Ersatzkraft einer Klärung zuzuführen oder jedenfalls vorbereitende Schritte in dieser Richtung zu tun. Soweit das möglich ist, ist es nach Treu und Glauben zur baldmöglichen Klärung der Rechtslage für den Kündigungsempfänger zu fordern.

Dem Beklagten, der auf seinem Hofe eine Abmelkwirtschaft von 35 Kühen betreibt und der, wie das Berufungsgericht feststellt, die Milchwirtschaft ohne eine Ersatzkraft für den Kläger in Gestalt eines anderen Melkermeisters nicht fortzusetzen imstande war, war nach dem oben Ausgeführten grundsätzlich das Recht zuzuerkennen, die Frage der Beschaffung einer Ersatzkraft vor dem Ausspruch der Kündigung zu klären. Bei der Fortführung einer Milchwirtschaft zumal in der gegenwärtigen Kriegszeit stehen nicht allein persönliche Belange des Inhabers derselben, sondern in hohem Maße auch öffentliche Belange, nämlich die Versorgung des Volkes mit der notwendigen Milch, in Frage, auf die er Rücksicht zu nehmen hat und die in seine Erwägungen über den Ausspruch einer fristlosen Kündigung einzuschließen er nicht nur berechtigt, sondern auch verpflichtet ist. Wenn der Beklagte daher mit dem Ausspruch der Kündigung, nach dem Eingang der Zustimmung des Arbeitsamts vom 27. August hierzu, noch bis zum 16. September, als er eine Ersatzkraft für den Kläger fand, wartete, so ging er dadurch seines Rechts auf die Kündigung insoweit nicht verlustig. Ob im gegebenen Falle etwa eine andere Beurteilung stattfinden müßte, wenn das Bemühen um die Gewinnung einer Ersatzkraft längere Zeit, vielleicht monatelang keinen Erfolg hätte, kann dahingestellt bleiben. Daß der Beklagte in seinem Bemühen um die Gewinnung einer Ersatzkraft für den Kläger etwas verabsäumt hätte, ist nicht ersichtlich. Wenn aber, wie aus dem Zusammenhange der Urteilsgründe zu entnehmen ist, infolge des Verhaltens des Klägers das Spannungsverhältnis zwischen den Parteien weiter bestand und dem Kläger weiter bewußt war, daß das Warten des Beklagten mit dem Ausspruch der Kündigung nur in dem Fehlen einer Ersatzkraft für ihn seinen Grund hatte, so konnte der Kläger aus dem Zuwarten des Beklagten mit dem Ausspruch der Kündigung nicht mit Recht die Meinung gewinnen, dieser werde sein Verhalten nicht mehr zum Anlaß einer vorzeitigen Beendigung seines Dienstverhältnisses nehmen.

Nicht beigepflichtet werden kann der Ansicht des Berufungsgerichts, der Beklagte sei nach dem sich fortsetzenden pflichtwidrigen Verhalten des Klägers auf Grund der ihm auf seinen Antrag erteilten Zustimmung des Arbeitsamts zur fristlosen Kündigung berechtigt gewesen, wegen dieses Verhaltens des Klägers nach seinem Belieben, also auch zu einem ihm beliebten Zeitpunkt die Kündigung auszusprechen. Wenn das Arbeitsamt, wie im vorliegenden Falle, die Zustimmung zu einer auszusprechenden außerordentlichen Kündigung auf einen bestimmten, ihm vorgetragenen Sachverhalt hin, wenn freilich auch grundsätzlich nach Gesichtspunkten des Arbeitseinsatzes, erteilt, so hat der Kündigungsberechtigte, will er seines Kündigungsrechts nicht verlustig gehen, die Kündigung aus dem in diesem Sachverhalt gegebenen wichtigen Grunde in einer gemäß den obigen Grundsätzen zu bestimmenden angemessenen Frist auszusprechen. Der Umstand, daß etwa der Dienstverpflichtete durch sein ferneres Verhalten einen weiteren Kündigungsgrund setzt, befreit ihn davon nicht. Eine „Ermächtigung" des Arbeitsamts, seine Zustimmung zu einer außerordentlichen Kündigung für eine solche Kündigung auf Grund des ferneren Verhaltens des Dienstverpflichteten und zu einer dem Kündigenden beliebten Zeit zu verwenden, wie das Berufungsgericht meint, besteht nicht.

Das Reichsarbeitsgericht hat nun bisher (vgl. u. a. RAG. Bd. 18 S. 257 [259/260]) den Standpunkt vertreten, daß die außerordentliche Kündigung im Arbeitsrecht zulässigerweise nur unbefristet geschehen könne. Dem lag die Erwägung zugrunde, daß der Gefolgsmann, dem gegenüber der Unternehmer durch den Ausspruch der außerordentlichen Kündigung zum Ausdruck bringt, daß sein Verbleiben im Dienst, auch bis zum nächsten Kündigungstermin, nicht mehr tragbar und ihm nicht zumutbar sei, die Möglichkeit haben müsse, eine für ihn alsbald nach der Kündigung sich bietende Gelegenheit, anderweitig Arbeit aufzunehmen, auszunutzen, anstatt das Ende der gesetzten Frist abzuwarten, um dann womöglich eine Zeitlang ohne Arbeit und Verdienst zu sein. Diese Erwägung kann aber in dem Falle nicht Platz greifen, wenn in der Gewährung einer Frist bis zur Beendigung des Arbeitsverhältnisses nur oder zugleich ein Entgegenkommen gegenüber dem Gefolgsmann liegt. Der letztere Fall ist aber vorliegend gegeben, wo der Beklagte dem Kläger statt fristlos zum 16. September mit Frist von 14 Tagen erst zum 30. September gekündigt hat, einem Termin, an dem sich erfahrungsgemäß besonders im Rahmen der Landwirtschaft häufig Arbeitsplatzwechsel vollziehen und der daher auch dem Kläger günstige Gelegenheit zur Gewinnung einer anderen Stelle bieten konnte. Die außerordentliche Kündigung mit dieser Frist und zu diesem Termin ist damit als rechtlich zulässig zu erachten, wobei noch zu berücksichtigen ist, daß das Arbeitsverhältnis unter Einhaltung der tariflichen Frist zum 16. September erst zum 31. März 1941 hätte gekündigt werden können. Der gegebene Tatbestand könnte im übrigen rechtlich auch dahin gewürdigt werden, daß der Beklagte dem Kläger — vorbereitenderweise — am 16. September eröffnet habe, daß er das Arbeitsverhältnis zu Ende September fristlos lösen müsse. Das könnte dann einer unbefristeten Kündigung gleichgeachtet werden.

. . .

RAG. 26, 116.

Unter welchen Voraussetzungen sind einem erkrankten Angestellten Mehrarbeitsverdienste zu vergüten?

BGB. § 616.

Urteil vom 27. Februar 1942.

I. Arbeitsgericht Friedeberg (Hessen). — II. Landesarbeitsgericht Darmstadt.

Der Kläger ist als Steiger in einem Grubenbetrieb der Beklagten beschäftigt. Seine Bezahlung erfolgt nach der Gehaltsordnung zur Betriebsordnung der Beklagten vom 1. September 1939 für technische Angestellte. Nach Ausbruch des Krieges hat die Beklagte in dem Grubenbetrieb längere Zeit hindurch regelmäßig Überstunden leisten lassen. Ein Teil dieser täglichen Überstunden war gemäß einer Anordnung des Reichstreuhänders der Arbeit für das Wirtschaftsgebiet Hessen vom 15. Mai 1939 mit Pauschalbeträgen von monatlich 15 RM abzugelten. Wegen mehrfacher Erkrankung des Klägers hat die Beklagte dem Kläger diese Pauschalbeträge nicht voll ausgezahlt. Zur Nachzahlung der Abzüge mit insgesamt 32,62 RM ist die Beklagte im ersten Rechtszuge rechtskräftig verurteilt worden. Den restlichen Teil der geleisteten Überstunden hat die Beklagte dem Kläger auch nur insoweit mit dem Mehrarbeitszuschlag vergütet, als er an der Mehrarbeit tatsächlich beteiligt war; soweit er in der Zeit von Oktober 1939 bis März 1940 krankheitshalber nicht gearbeitet hat, hat sie ihm keine Mehrarbeitsvergütung gewährt. Der Kläger glaubt, gemäß § I Nr. 4 Satz 1 der genannten Gehaltsordnung auch für diese Überstunden die

Mehrarbeitsvergütung beanspruchen zu können, die er bei Zugrundelegung seines Gehalts aus der Vergütungsgruppe 2 mit 60,78 RM errechnet hat. Die Beklagte ist dem Anspruch entgegengetreten, weil es sich hier um „außerordentliche Mehrarbeit" im Sinne des § I Nr. 4 Satz 2 der Gehaltsordnung gehandelt habe, für die in Krankheitsfällen keine Vergütung zu zahlen sei.

Während das Arbeitsgericht insoweit die Klage abgewiesen hat, hat das Landesarbeitsgericht den Anspruch als begründet anerkannt. Die Revision der Beklagten blieb ohne Erfolg aus folgenden

Gründen:

Das Berufungsgericht ist davon ausgegangen, daß die in Frage kommenden Überstunden nach dem die Bezahlung von Mehrarbeit regelnden § II der im Betriebe der Beklagten geltenden Gehaltsordnung grundsätzlich mit dem Mehrarbeitszuschlag zu vergüten waren. Die Verpflichtung der Beklagten, dem Kläger die Zuschläge auch für die Tage seiner Krankheit zu zahlen, hat es dabei aus § 616 BGB. hergeleitet, indem es feststellte, daß es sich um Überstunden gehandelt hat, die in dem Betriebe schon vor wie auch während und nach der jeweiligen Erkrankung des Klägers von allen Gefolgsleuten allgemein geleistet worden sind. Maßgebend war dabei der Gedanke, daß ein vorübergehend erkrankter Angestellter grundsätzlich in seinen Bezügen so gestellt werden müsse, als wenn er auch in den Tagen seiner Erkrankung seinen Dienst verrichtet hätte.

Das Berufungsgericht ist dann der Frage nachgegangen, ob die mit Genehmigung des zuständigen Reichstreuhänders der Arbeit am 29. Juni 1940 mit Rückwirkung vom 1. September 1939 vorgenommene Neufassung der Gehaltsordnung das gefundene Ergebnis hat ändern können. Die Neufassung brachte zu dem die Entlohnung im allgemeinen regelnden § I unter Nr. 4 folgende neue Vorschrift:

> Bei Krankheit oder Urlaub wird für die Dauer der gesetzlich festgelegten Fristen das vereinbarte Gehalt einschließlich der im Einzelarbeitsvertrag vorgesehenen Zulagen bezahlt. Mehrarbeitsbeträge, die für außerordentliche Mehrleistungen vorgesehen sind, werden bei Krankheit, Urlaub oder sonstigem Fehlen nicht gezahlt.

Während nun der Erstrichter angenommen hat, bei den hier fraglichen Überstunden habe es sich um „außerordentliche Mehrleistungen" im Sinne dieser Vorschrift gehandelt und es sei deshalb der zunächst begründete Anspruch des Klägers auf Bezahlung dieser Überstunden durch die mit Rückwirkung geänderte Betriebsordnung (Gehaltsordnung) wieder vernichtet worden, hat das Berufungsgericht einen gegenteiligen Standpunkt eingenommen. Es hat dazu im wesentlichen folgendes ausgeführt:

Zu der Streitfrage, ob eine Betriebsordnung überhaupt mit rückwirkender Kraft erlassen werden könne, sei eine endgültige Stellungnahme nicht erforderlich, denn auch bei ihrer Bejahung sei der Anspruch des Klägers begründet. Die Belegschaft der Beklagten leiste die Überstunden bereits seit Kriegsausbruch, wie auch schon vorher, allgemein und regelmäßig täglich. Die Überstunden seien angeordnet worden, um eine bestimmte Leistung des Werkes zu gewährleisten. Wenn es danach auch richtig sei, daß der Anlaß zu der Mehrarbeit ein außerordentlicher gewesen sei, so hätten sich doch arbeitseinsatzmäßig daraus Tatbestände ergeben, die diesen Charakter verlören. Von der Arbeit aus gesehen verliere eine Leistung dann ihre Eigenschaft als „außerordentliche Mehrarbeit", wenn sie, wie hier, seit Jahren tagtäglich von allen Gefolgschaftsmitgliedern auf unbestimmte Zeit hinaus als regelmäßige und normale durchgeführt werde. Eine solche Arbeitsleistung könne man nicht, ohne den Wortsinn zu pressen, als außerordentliche Mehrleistung bezeichnen, zumal die kriegsmäßig bedingte Mehrarbeit im gesamten Wirtschaftsleben des deutschen Volkes zu einem Normalzustand geworden sei und der Normalarbeitstag geradezu als eine „außerordentliche Minderleistung" anzusehen sei. Es könne nicht entscheidend sein, daß der Reichstreuhänder der Arbeit anderer Meinung sei. Denn einerseits handele es sich um eine Betriebsordnung, die allein von dem Betriebsführer, wenn auch nach vorheriger Beratung mit dem Reichstreuhänder erlassen worden sei, andererseits könne eine abweichende Meinung der rechtsetzenden Stelle dann nicht berücksichtigt werden, wenn sie in der Satzung keinen ausreichenden Niederschlag gefunden habe und mit dem nach den sozialen Bedürfnissen ausgelegten Text der autonomen Satzung nicht vereinbar sei. Im übrigen sei der Anspruch des Klägers, der unstreitig Angestellter im Sinne des Angestelltenversicherungsgesetzes sei, aber auch aus § 616 Abs. 2 BGB. gerechtfertigt. Nach allgemeiner Meinung sei zu der Vergütung, die danach dem Angestellten zu zahlen sei, auch die Vergütung für regelmäßig geleistete Überstunden zu rechnen, da der Angestellte grundsätzlich das Gehalt erhalten solle, das ihm auch ohne Erkrankung gezahlt geworden wäre. Eine Bestimmung der Betriebsordnung (Gehaltsordnung), wonach der Gehaltsanspruch des erkrankten Angestellten für die Sechswochenfrist ausgeschlossen oder irgendwie eingeschränkt werde, sei danach ungültig, deshalb sei der streitige Anspruch als begründet anzuerkennen.

Die Revision greift diese Ausführungen in mehrfacher Richtung als verfehlt an. Sie rügt in erster Linie, das Berufungsgericht habe die Vorschrift des § 616 Abs. 2 BGB. unrichtig ausgelegt und angewendet. Ein Verstoß gegen diese Gesetzesvorschrift ist jedoch nicht ersichtlich. Das Gesetz schreibt zwingend vor, daß der Anspruch eines Angestellten im Sinne des Angestelltenversicherungsgesetzes „auf Vergütung" im Falle einer Erkrankung bis zu sechs Wochen „nicht durch Vertrag ausgeschlossen oder beschränkt werden" kann. Daß ein derartiger Ausschluß oder eine Beschränkung des Anspruchs auch nicht durch eine Betriebsordnung erfolgen kann, hat das Berufungsgericht mit Recht angenommen. Es fragt sich nur, was unter „Vergütung" im Sinne des Gesetzes zu verstehen ist, insbesondere, ob auch eine Mehrarbeitsvergütung darin einbegriffen werden kann. In der vom Vorderrichter angeführten Entscheidung vom 21. Dezember 1935 RAG. 224/35 (abgedr. ArbRSamml. Bd. 26 S. 16 flg.) hat das Reichsarbeitsgericht in Anwendung einer Tarifvorschrift, die als eine Auswirkung der in § 616 BGB., § 133 c Abs. 2 RGewO. und § 63 HGB. enthaltenen Gesetzesvorschriften angesehen wurde, ausgeführt, daß das für die Krankheitsdauer zu zahlende volle Gehalt nicht eine aus der regelmäßigen Arbeitszeit zu errechnende feste Größe sei, sondern gleichbedeutend sei mit dem an nicht erkrankte gleichartige Angestellte jeweilig während der Behinderungsdauer des Anspruchsberechtigten auszuzahlenden Gehalt. Die Frage, ob dabei auch etwa geleistete Überstunden einzurechnen seien, spielte bei dem dort vorliegenden Sachverhalt keine Rolle und wurde ausdrücklich offen gelassen. In einer späteren Entscheidung vom 20. Januar 1937 RAG. 219/36 (RAG. Bd. 18 S. 124/125) hat das Reichsarbeitsgericht zu § 63 HGB. und § 616 BGB. ausgeführt, daß „Gehalt und Unterhalt" im Sinne des § 63 HGB. nicht weniger sein könne als die „Vergütung" im Sinne des § 616 BGB. und daß danach ein Handlungsgehilfe während der Sechswochenfrist „dasjenige an Bezügen erhalten soll, was er haben würde, wenn er seine Dienste leisten könnte". Und in RAG. Bd. 25 S. 193 ist noch darauf hingewiesen, daß § 616 BGB. keinen Unterschied hinsichtlich der Art der Entlohnung mache und daß der dort gebrauchte Begriff der Vergütung des Dienstverpflichteten ein ganz allgemeiner sei und jede Art der Entlohnung umfasse.

Diese Auffassung von der dem Angestellten bei kursfristiger Erkrankung zu zahlenden Vergütung deckt sich mit der, wie sie in ständiger Rechtsprechung mangels abweichender Sonderregelung auch für die Urlaubsvergütung sowie die Vergütung für zu entlohnende Feiertage anerkannt ist (vgl. hierzu betr. Urlaubsvergütung RAG. Bd. 24

S. 7 mit Nachw., betr. Feiertagsbezahlung RAG. Bd. 24 S. 143 und 223 und das Urteil vom 16. Dezember 1941 RAG. 123/41, RAG. Bd. 26 S. 63 [68]). Der Grundgedanke bei allen diesen Entscheidungen war der, daß ein Angestellter durch eine kurzfristige Unterbrechung seiner Dienstleistung aus den jeweils in Betracht kommenden Gründen in seinem regelmäßigen Arbeitsverdienst keine Einbuße erleiden dürfe.

Im Schrifttum ist nun die Frage aufgeworfen, ob es nicht über den Sinn und Zweck des § 616 Abs. 2 BGB. hinausgehe, wenn man in Anwendung der erörterten Grundauffassung auch Mehrarbeitsvergütungen den dort gewährleisteten Einkünften hinzurechne, und die Revision hat nähere Ausführungen darüber gemacht, daß man zwischen der durch § 616 Abs. 2 BGB. für den Krankheitsfall gewährleisteten „Vergütung" und der Urlaubsvergütung unterscheiden müsse und beide nicht grundsätzlich gleichbehandeln dürfe.

In letzterer Beziehung muß auf § I Nr. 4 der Gehaltsordnung der Beklagten hingewiesen werden, wo die Vergütungen bei Krankheit und Urlaub, auch soweit Mehrleistungen in Frage kommen, völlig gleichgestellt werden, so daß die von der Revision gewollte unterschiedliche Behandlung hier jedenfalls ausgeschlossen ist. Was aber die Frage anlangt, ob die Einbeziehung von Mehrarbeitsvergütungen unter § 616 BGB. dem Sinn und Zweck dieser Gesetzesvorschrift entspricht, so kann es dahingestellt bleiben, ob außergewöhnliche Mehrarbeitsleistungen von kürzerer Dauer, wie sie sich in den jetzigen Kriegszeiten des öfteren ergeben werden, nach den in den angeführten Entscheidungen entwickelten Grundsätzen stets mit zu berücksichtigen sind oder ob diese Grundsätze insofern eine gewisse Einschränkung erfahren müssen. Nicht zu beanstanden ist es jedenfalls, wenn Mehrarbeitsleistungen von der Regelmäßigkeit und Dauer, wie sie hier tatrichterlich festgestellt worden sind, einbezogen werden. Die Feststellung geht dahin, die Überstunden seien zwar aus Anlaß des Krieges, also eines ungewöhnlichen Ereignisses, aber doch schon vor Kriegsausbruch und dann auch weiterhin ständig, von der ganzen Belegschaft erfordert und von ihr regelmäßig täglich auf unbestimmte Zeit hinaus geleistet worden. Eine Verfahrensrüge zu diesen tatsächlichen Feststellungen des Berufungsgerichts hat die Revision nicht erhoben. Soweit sie neuen Tatsachenstoff vorbringt, kann sie damit nicht gehört werden. Es ist nicht rechtsirrtümlich, wenn das Berufungsgericht danach die Mehrarbeitsvergütung für die hier fraglichen Überstunden als unter die unabdingbare Vorschrift des § 616 Abs. 2 BGB. fallend angesehen hat.

Nach diesem Ergebnis konnte es dann freilich dahingestellt bleiben, ob die Neufassung der Gehaltsordnung an sich mit rückwirkender Kraft erlassen werden konnte — was übrigens gemäß RAG. Bd. 24 S. 301 in den dort aufgezeigten Grenzen unbedenklich zu bejahen gewesen wäre —, ferner aber auch, wie die Beklagte und der Reichstreuhänder der Arbeit den Begriff der „außerordentlichen Mehrarbeit" im Sinne von § I Nr. 4 Satz 2 der Gehaltsordnung aufgefaßt wissen wollen. Denn mit Recht sieht das Berufungsgericht die Vorschrift für rechtsunwirksam an, sofern damit eine Einschränkung des Begriffs der Vergütung in dem dargelegten Sinne der zwingenden Gesetzesvorschrift des § 616 Abs. 2 BGB. beabsichtigt sein sollte. Eine solche Einschränkung würde es aber bedeuten, wenn damit, wie die Beklagte es will, für den Fall der Erkrankung eines Angestellten Mehrarbeiten von der hier festgestellten Regelmäßigkeit und Dauer für die weiterzuzahlende Vergütung ausgeschaltet werden sollten. Es bedarf deshalb auch keines Eingehens mehr auf die von der Revision gegen die Auslegung der genannten Vorschrift der Gehaltsordnung gerichteten Angriffe. Auch eine heute nicht mehr zu vertretende Verschärfung der unterschiedlichen Behandlung von erkrankten Angestellten und erkrankten Arbeitern kann in der Einbeziehung der Mehrarbeiten in die Krankenbezüge nicht gesehen werden (vgl. besonderes RAG. Bd. 24 S. 68 [74]).

RAG. 26, 127.+

Ist ein schon erworbener, aber noch nicht erfüllter Urlaubsanspruch vererblich?

AOG. § 2 Abs. 2. Tarifordnung über die Urlaubsregelung im rheinisch-westfälischen Steinkohlenbergbau vom 3. Mai und 15. Juni 1937 (RArbBl. VI S. 469, 654).

Urteil vom 20. März 1942.

I. Arbeitsgericht Bochum. — II. Landesarbeitsgericht Dortmund.

Der Ehemann der Klägerin, der seit 14 Jahren im Bergbau tätig und seit dem Jahre 1938 bei der Beklagten beschäftigt war, ist am 24. April 1941 als Hauer bei einer Schlagwetteretplosion auf der Zeche B. ums Leben gekommen. Ihm war bis dahin der ihm für das Urlaubsjahr 1940/41 zustehende Urlaub aus betrieblichen Gründen noch nicht gewährt worden. Die Klägerin verlangte als Alleinerbin ihres verstorbenen Ehemannes die Urlaubsentschädigung in Höhe von 86,40 RM. Die Beklagte lehnt dies mit der Begründung ab, daß nach feststehender

Rechtsprechung der Urlaubsanspruch nur dann vererblich sei, wenn er schon in einen reinen Geldanspruch übergegangen sei, was hier nicht der Fall sei. . . .

Die Klage wurde in allen Rechtszügen abgewiesen.

Gründe:

Das Landesarbeitsgericht hat die Klage abgewiesen, da zur Zeit des Todes des Ehemannes der Klägerin dessen Urlaubsanspruch trotz Ablauf des Urlaubsjahres auf Grund der Anordnung des Reichsarbeitsministers vom 11. Dezember 1940 (RArbBl. I S. 623) noch nicht verfallen und noch nicht in einen Anspruch auf Abgeltung des Urlaubes übergegangen gewesen sei. Der Urlaubsanspruch sei aber nach heutigen Anschauungen kein zusätzliches Entgelt für früher geleistete Dienste, sondern ein aus der Fürsorgepflicht des Unternehmers fließender, höchst persönlicher, dem Wohl des Gefolgsmanns dienender unteilbarer Anspruch auf Gewährung von bezahlter Erholungszeit und könne deshalb nicht vererblich sein. Das Landesarbeitsgericht stützte sich hierbei im wesentlichen auf seine frühere Entscheidung vom 18. Juni 1937 (ArbR-Samml. Bd. 30 LAG. S. 29). Die Revision machte demgegenüber geltend, daß der Zweck des Urlaubs sich nicht in der Erhaltung der Arbeitskraft des Gefolgsmannes erschöpfe, die gewährte Freizeit ihm nicht allein zugute komme, sondern auch seiner Familie, die ebenso wie er den Urlaub zu ihrer Erholung benütze. Auch die Stärkung der Arbeitskraft der Frau in der mit dem Manne genossenen Freizeit komme der Gefolgschaft zugute und trage zur Erhaltung der Arbeitskraft des Gefolgsmannes bei. Außerdem höre die Fürsorgepflicht des Unternehmers nicht mit dem Ende des Arbeitsverhältnisses auf und der Urlaubsanspruch verwandle sich in einen Anspruch auf die Geldvergütung, soweit die Freizeitgewährung nicht möglich sei.

Diese Erwägungen können jedoch den Anspruch der Klägerin nicht rechtfertigen, den Ausführungen des Landesarbeitsgerichts ist vielmehr zuzustimmen.

Nach der neueren ständigen Rechtsprechung (RAG. Bd. 19 S. 299, Bd. 20 S. 99 und S. 234, Bd. 23 S. 267 u. a.) dient der Urlaub dazu, die Arbeitskraft des Gefolgsmannes zu erhalten und neu zu beleben, und zwar nicht nur im Interesse des einzelnen, sondern auch des Betriebes und des Volksganzen. Der Urlaubsanspruch ist seinem Wesen nach einheitlich auf bezahlte Freizeit gerichtet. Hat der Gefolgsmann bei Beendigung seines Dienstverhältnisses noch Urlaub zu beanspruchen, so beschränkt sich zwar sein Urlaubsanspruch praktisch auf Zahlung des

Urlaubsgeldes. Damit wird aber dieser Anspruch nicht zu einem rein vermögensrechtlichen. Denn die Verwirklichung des Urlaubszweckes wird durch das Ausscheiden aus dem Betriebe nicht unmöglich, durch die Abgeltung soll vielmehr der Gefolgsmann gerade in den Stand gesetzt werden, sich noch die Erholung zu verschaffen, sei es in der Zwischenzeit zwischen der bisherigen und der neuen Beschäftigung, sei es dadurch, daß er sich von seinem neuen Betriebe eine unbezahlte Freizeit gewähren läßt oder das Urlaubsgeld anderweit zur Kräftigung seines Körpers verwendet. Der Gefolgsmann hat zumindest die sittliche Verpflichtung, die ihm gewährte Urlaubsvergütung zu diesem Zweck zu benützen. Steht zweifelsfrei fest, daß diese Absicht fehlt, so würde sein Anspruch hinfällig werden (RAG. Bd. 20 S. 233 [240], Bd. 23 S. 263 [267]). Mit dem Tode des Gefolgsmanns scheidet aber diese Möglichkeit der zweckentsprechenden Verwendung der Urlaubsvergütung aus, und damit ist auch dieser Anspruch des Gefolgsmanns erloschen, es kann nicht ein Teil des Anspruchs auf seine Erben übergehen.

Aus dem Wesen des Urlaubsanspruchs folgt auch, daß es entgegen der Meinung der Revision nicht darauf ankommen kann, ob der Gefolgsmann Familie hat oder nicht und ob die Familie an seinem Urlaub teilnehmen kann. Selbst wenn man annehmen wollte, daß die Frau sich in der Urlaubszeit des Mannes auch erholen kann und die Arbeitskraft des Mannes dadurch gestärkt wird, daß er eine gesunde und kräftige Frau hat, so ist doch nicht ersichtlich, inwiefern die Erholung, die sich die Frau nach dem Tode ihres Mannes durch das Urlaubsgeld verschaffen kann, noch der Betriebsgemeinschaft oder, wie die Revision sagt, der Gefolgschaft zugute kommen soll, so daß ihr deshalb in Fortwirkung der Fürsorgepflicht das Urlaubsgeld zu gewähren sei.

Die Revision verkennt schließlich die Bedeutung des sogenannten Urlaubsgeldes oder der Urlaubsvergütung. Diese ist nicht ein besonderer Anspruch, sondern nach wie vor nur der Lohn, der dem Gefolgsmann zustehen würde, wenn er während des Urlaubs gearbeitet hätte. Er ist dem Gefolgsmann nur deshalb, ohne daß er Arbeit leistet, zu gewähren, damit er seine Lebenshaltung während der Erholungszeit nicht einzuschränken braucht, was die Gewinnung neuer Kräfte eher verhindern als begünstigen würde. Der während der Freizeit gewährte Lohn dient also nicht in anderer Weise dem Lebensunterhalt der Familie wie jeder Lohn. Ist der Mann gestorben, so entfällt damit für seine Familie der durch Arbeitsleistung verdiente Lohn als Grundlage ihres Lebensunterhalts, dieser muß vielmehr aus anderen Mitteln, sei es aus einer Witwenrente oder durch Unterstützung der Volksgemeinschaft oder des Betriebsinhabers als des Führers der früheren Betriebsgemeinschaft bestritten werden.

Zutreffend hat das Landesarbeitsgericht noch darauf hingewiesen, daß der Anspruch der Frau auf Zahlung der Urlaubsvergütung des verstorbenen Mannes nicht daraus hergeleitet werden könne, daß der Betriebsinhaber dadurch eine Ausgabe erspare, zu der er an sich schon verpflichtet gewesen sei. Nur wenn man die Gewährung des Urlaubs noch als eine Gegenleistung des Unternehmers für früher geleistete Dienste betrachtet, könnte die Ersparung als unbillig angesehen werden. Ist der Urlaub aber auf Grund der Fürsorgepflicht zu gewähren, so hat der Unternehmer auch die damit verbundenen Lasten nur insoweit zu tragen, als die Fürsorgepflicht dies verlangt. Bedarf der Gefolgsmann infolge seines Todes der Fürsorge nicht mehr, so ist damit die Pflicht der Fürsorge für ihn ebenso entfallen wie dann, wenn er dieser Fürsorge wegen eigenen treulosen Verhaltens nicht würdig ist (RAG. Bd. 22 S. 88). Es kann deshalb auch keine Rolle spielen, ob der Gewinn des Unternehmers sich damit erhöht oder ob er dadurch nur Mittel erhält, die er zur Erfüllung anderer Fürsorgepflichten verwenden kann. Unter Umständen kann zwar aus dem Tode des Gefolgsmanns, namentlich wenn er im Dienst verunglückt, eine Fürsorgepflicht des Unternehmers für die Familie erwachsen. Es handelt sich aber um einen ganz anderen Anspruch, der auch von ganz anderen Voraussetzungen abhängig ist.

Nach alledem liegt kein Anlaß vor, die Vererblichkeit des Anspruchs auf Zahlung der Urlaubsvergütung entgegen der früheren Rechtsprechung zu bejahen, die die Vererblichkeit eines noch nicht in einen Geldanspruch übergegangenen Urlaubsanspruches schon zu einer Zeit verneint hat, als der Urlaub im wesentlichen noch als eine Gegenleistung für früher geleistete Dienste angesehen wurde (RAG. Bd. 8 S. 133).

RAG. 26, 187.

Zum Begriff der Einstellung für eine Baustelle und der Entsendung.

Tarifordnung für das Baugewerbe im Deutschen Reich vom 26. November 1936 (RArbBl. VI S. 1229) § 5 Nr. 5.

Urteil vom 24. April 1942.

I. Arbeitsgericht Kaufbeuren. — II. Landesarbeitsgericht Augsburg.

Der Kläger ist seit dem 4. Oktober 1939 bei der Beklagten als Zimmerer beschäftigt. Er wurde zunächst mit einem Stundenlohn von

0,94 RM an der Baustelle der Beklagten in N. eingesetzt. Am 1. April 1940 wies ihn die Beklagte an eine andere Großbaustelle in K. Dort wurde ihm bis Mitte November 1940 derselbe Stundenlohn wie in N. gezahlt. Von da ab erhielt er nur einen Stundenlohn von 0,77 RM.

Der Kläger beruft sich auf § 5 Nr. 5 der Tarifordnung für das Baugewerbe im Deutschen Reich vom 26. November 1936. Er ist der Meinung, daß er von der Beklagten auf die Baustelle in K. entsendet worden sei und daß er daher die Fortzahlung des für N. geltenden Ortslohnes verlangen könne, da er für jene Baustelle eingestellt worden sei. Er richtete die Klage auf einen Teilbetrag von 10 RM des Lohnunterschiedes für die Zeit seit Mitte November 1940.

Das Arbeitsgericht erkannte nach dem Antrage des Klägers. Die Berufung und die Revision der Beklagten blieben ohne Erfolg.

Gründe:

§ 5 Nr. 5 der Tarifordnung für das Baugewerbe im Deutschen Reich vom 26. November 1936 bestimmt:

> Grundsätzlich ist der Lohn des Bauortes zu zahlen. Ein Gefolgschaftsmitglied, das vom Betriebsführer oder dessen Beauftragten auf eine andere Baustelle des gleichen Unternehmens entsandt wird als die, für die es eingestellt ist, erhält den höheren der in beiden Lohngebieten gültigen Tariflöhne.

Es kommt also darauf an, ob der Kläger „für" die frühere, höher bezahlte Baustelle „eingestellt" worden ist und ob sich demgemäß die Veränderung des Arbeitsortes als „Entsendung" darstellt. Ob er „Stammarbeiter" ist, hat keine Bedeutung. Dieser Begriff ist erst durch die Reichstarifordnung für das Baugewerbe vom 20. Februar 1940 (RArbBl. IV S. 309) eingeführt worden, die aber nie in Geltung getreten ist, und durch die Reichstarifordnung für das Baugewerbe vom 1. November 1941 übernommen worden, die am 1. März 1942 in Kraft getreten ist (RArbBl. IV S. 1592).

Das angefochtene Urteil führt unter Hinweis auf die Feststellungen des Arbeitsgerichts aus, es sei nicht erwiesen, daß bei der Einstellung des Klägers für die Baustelle N. diese Einstellung zugleich auch für eine oder mehrere auswärtige Arbeitsstellen vorgenommen oder doch bestimmt in Aussicht gestellt werden sollte. Nach dem Urteil des Arbeitsgerichts hätten Anhaltspunkte dafür, daß die Einstellung des Klägers mit dessen Einverständnis gleich von vornherein für mehrere Baustellen der Beklagten erfolgt ist, nicht vorgelegen. Die Beklagte habe eine Einstellung des Klägers von vornherein für mehrere Baustellen ernstlich nicht behaupten können. Sie habe nur ausgeführt, daß der Kläger bei der Einstellung auf die Baustelle N. gewußt habe, daß die Arbeiten auf dieser Baustelle mit der Fertigstellung der Baracken beendet seien, und daß er damit rechnen müsse, anschließend auf eine andere Baustelle versetzt zu werden, wenn er vorhabe, bei der Beklagten weiterbeschäftigt zu werden. Aus dieser Erklärung der Beklagten gehe hervor, daß die Einstellung des Klägers nicht von vornherein für eine weitere Baustelle der Beklagten in einem anderen Ort als N. erfolgt sei.

Diese Feststellungen lassen, entgegen den Ausführungen der Revision, keinen Rechtsirrtum erkennen. Sie folgern aus den Sachumständen sowie, was ebenfalls nicht beanstandet werden kann, aus dem Verhalten der Streitteile im Rechtsstreit, daß der Inhalt des Einzelarbeitsvertrags, den die Beklagte mit dem Kläger geschlossen hat, ausschließlich auf seine Beschäftigung in N. abgestellt war. Dieser Vertragsinhalt umfaßte also nicht die Verwendung des Klägers gemäß einseitiger Weisung der Beklagten an verschiedenen Orten. Ob, wie die Revision hervorhebt, der Kläger von vornherein mit der baldigen Fertigstellung der Baracken in N. rechnen mußte und ob er erwartete, dann von der Beklagten an einem anderen Orte beschäftigt zu werden, ist unerheblich, wenn es nicht in die getroffene Vereinbarung eingegangen ist. Das verneint das Berufungsgericht. Diese Beurteilung liegt auf tatsächlichem Gebiet und ist daher weiterer Nachprüfung durch das Revisionsgericht entzogen.

RAG. 26, 219.+

1. . . .

2. Zur Frage der Verwirkung des Entlassungsrechts. Genügt es zur Verwirkung, daß der unmittelbare, aber nicht kündigungsberechtigte Vorgesetzte den Kündigungsgrund kennt, ohne darüber in angemessener Zeit an den für die Kündigung maßgebenden Vorgesetzten zu berichten?

BGB. §§ 242, 626. HGB. §§ 70, 72. RGewO. §§ 123, 124a, 133b, 133c.

Urteil vom 15. Mai 1942.

I. Arbeitsgericht Wiesbaden. — II. Lanresarbeitsgericht Frankfurt (Main).

. . .

Gründe:

. . .

Hilfsweise wird es darauf ankommen, ob die Beklagte das Recht zur fristlosen Entlassung verwirkt hat. Das Berufungsgericht nimmt eine Verwirkung an. Aber auch insoweit beruht seine Entscheidung auf unzureichenden tatsächlichen Feststellungen und zudem auf Rechtsirrtümern. Der Ausgangspunkt freilich kann nicht zweifelhaft sein. Hat der Dienstherr längere Zeit Kenntnis von einem Entlassungstatbestand und macht er von seinem Entlassungsrecht keinen Gebrauch, so kann dieser Tatbestand keinen selbständigen Entlassungsgrund mehr bilden. Im einzelnen wird es für den Eintritt der Verwirkung auf den Zeitablauf an sich und daneben auf die besonderen Umstände des Einzelfalls ankommen. Im vorliegenden Falle konnte der Zeitablauf zwischen der Kenntnisnahme durch den Abteilungsleiter von Oe. und dem Ausspruch der fristlosen Entlassung (Mai 1940 bis März 1941) die Annahme einer Verwirkung des Entlassungsrechtes begründen, zumal keinerlei Umstände, wie etwa ein wegen der Vorwürfe schwebendes Ermittlungsverfahren, erkennbar sind, die ein Hinausschieben der Entscheidung über die Entlassung gerechtfertigt hätten, vorausgesetzt jedoch, daß die Kenntnis des Abteilungsleiters maßgeblich war. Aber nicht die Kenntnis eines jeden Vorgesetzten reicht zur Annahme einer Verwirkung hin. Erforderlich ist grundsätzlich die Kenntnis des Vorgesetzten, der zum Ausspruch der Entlassung berechtigt ist. Das braucht nicht notwendig der Vorstand einer Aktiengesellschaft oder der Geschäftsführer einer Gesellschaft mit beschränkter Haftung, bei Behörden der Behördenvorstand, bei einer Stadtgemeinde der Oberbürgermeister zu sein. Es muß aber immerhin die Kenntnis desjenigen Vorgesetzten verlangt werden, der in Personalfragen entscheidend ist, der also in Vertretung des Behördenvorstands zu handeln befugt ist. Diese Befugnis wird nachgeordneten Stellen je nach der Bedeutung der Stellung des zu Betreuenden innerhalb der Betriebsgemeinschaft in verschiedenem Umfange übertragen. Hier nun fehlt eine Feststellung des Berufungsgerichts über das Verhältnis des Klägers zu dem Abteilungsleiter von Oe. Nur so viel ist ersichtlich, daß sich auch der Kläger als Betriebsingenieur und technischer Abteilungsleiter in gehobener Stellung befand. Diese gehobene Stellung des Klägers spricht eher gegen die Schlußfolgerung des Berufungsgerichtes, der Eintritt der Verwirkung aus der Kenntnis des von Oe. sei der allgemeinen Sachlage zu entnehmen. Hier wird das Berufungsgericht also das dienstliche Verhältnis des Klägers zu dem Abteilungsleiter und dessen Dienstbefugnisse näher zu ermitteln haben, um der Bedeutung der Kenntnis des von Oe. für die Verwirkung des Entlassungsrechts gerecht zu werden.

Das Berufungsgericht führt im Zusammenhang weiter aus, die Kenntnis des unmittelbaren Vorgesetzten des beschuldigten Gefolgsmannes müsse in jedem Falle deswegen die Verwirkung des Entlassungsrechtes herbeiführen, weil der Dienstherr durch innerdienstliche Anweisungen dafür Sorge zu tragen habe, daß Entlassungstatbestände den zuständigen Stellen, unter Umständen also dem Betriebsführer, zur Entscheidung vorgelegt werden. Versäumnisse nachgeordneter Stellen könnten dann nicht zu Lasten des Gefolgschaftsmitgliedes gehen. Diesen Ausführungen kann nicht beigepflichtet werden. Wenn dem Wissen des nachgeordneten Vorgesetzten eine so weittragende Bedeutung beigelegt werden müßte, würde das Ergebnis eine Verlagerung des Entlassungsrechtes auf die nachgeordnete Stelle sein.

. . .

RAG. 26, 227.+

Kann einem in Akkord arbeitenden Gefolgschaftsmitglied auf Grund der Bestimmung der Betriebsordnung, daß auch andere Arbeiten zu übernehmen sind, eine Zeitlohnarbeit mit geringerem Stundenlohn als dem bisherigen Akkorddurchschnittsverdienst übertragen werden?

Tarifordnung für die Eisen-, Metall- und Elektroindustrie des Wirtschaftsgebietes Westfalen vom 28. Mai 1937 (RArbBl. VI S. 589) Abschn. III und IV.

Urteil vom 12. Juni 1942.

I. Arbeitsgericht Duisburg. — II. Landesarbeitsgericht daselbst.

Der Kläger ist seit 2 Jahren bei der Beklagten als Schweißer tätig. Er arbeitet in der Regel auf dem Werk der Beklagten in der Schweißhalle im Akkord, ist aber im Jahre 1939/40 fünfmal auf auswärtigen Montage- und Baustellen gegen einen Stundenlohn von 0,98 RM und mit Erschwerniszuschlägen von 30 oder 15 Rpf. beschäftigt worden. In der Zeit vom 7. bis 17. Februar 1941 führte er auf dem der A.Th.-Hütte gehörenden Hüttenwerk Schweißarbeiten an einer eingestürzten Staubfanganlage eines Hochofens aus. Er erhielt hier einen Stundenlohn von 0,98 RM und eine Schmutzzulage von 0,15 RM. Während seiner Arbeit auf dem Werk der Beklagten selbst betrug sein durchschnittlicher Akkordverdienst 1,05 RM einschließlich einer Prämie von 0,05 RM für besonders gute Schweißarbeiten. Er ist der Meinung, daß ihm der durchschnittliche Stundenverdienst von 1,05 RM auch während der Arbeit auf der Hütte neben der Schmutzzulage hätte gezahlt werden müssen, und verlangte mit der Klage den Unterschied von 0,07 RM für 132 Stunden, also 9,24 RM.

Die Beklagte machte dagegen geltend, daß dem Kläger bei der Einstellung ein fester Stundenlohn nicht zugesagt sei, daß er im Jahre 1939/40 auch gegen denselben Stundenlohn wie jetzt gearbeitet habe und daß er nach ihrer Betriebsordnung verpflichtet sei, Arbeiten auf anderen Stellen des Unternehmens zu verrichten.

Das Arbeitsgericht und das Landesarbeitsgericht wiesen die Klage ab. Die Revision führte zur Aufhebung und Verurteilung der Beklagten.

Gründe:

Nach Nr. II, 1 Abs. 2 der Betriebsordnung der Beklagten sind die Gefolgschaftsmitglieder verpflichtet, nicht nur die Arbeiten, für die sie besonders angestellt wurden, sondern auf Verlangen auch alle sonstigen, ihren Fähigkeiten und Leistungen entsprechenden Arbeiten auch an anderen Stellen des Unternehmens zu verrichten. Daraus kann nur gefolgert werden, daß der Kläger von der Beklagten nicht nur auf ihrem Werk, in der Schweißhalle, sondern auch auf auswärtigen Baustellen beschäftigt werden konnte. Dagegen folgt entgegen der Meinung des Landesarbeitsgerichts daraus nicht das Recht der Beklagten, dem Kläger eine geringer bezahlte Arbeit zuzuweisen. Denn die Bestimmung gestaltet nur das Weisungsrecht der Beklagten aus, besagt aber nichts darüber, welchen Lohn der Kläger bei den verschiedenen Arbeiten zu erhalten hat und daß mit der Zuweisung eines anderen Arbeitsplatzes auch eine Minderung des Lohnes verknüpft werden kann. Nur bei einer ausdrücklichen und unzweideutigen Bestimmung kann das Weisungsrecht des Unternehmers so weit gehen (RAG. Bd. 25 S. 75 [78], Bd. 26 S. 95).

Ein solch weitergehendes Weisungsrecht steht nun zwar der Beklagten nach der Bestimmung des Abschnittes III Nr. 3 der Tarifordnung für die Eisen-, Metall- und Elektroindustrie des Wirtschaftsgebietes Westfalen vom 28. Mai 1937 zu, da hiernach der Arbeiter verpflichtet ist, bei Mangel an geeigneter Arbeit, bei Betriebsstörungen, bei Kohle-, Strom-, Rohstoff- oder Auftragsmangel vorübergehend eine schlechter bezahlte Arbeit zu leisten. Indessen sind die hier vorgesehenen, einschränkenden Voraussetzungen im vorliegenden Falle nicht gegeben....

RAG. 26, 229.

Bindet ein Berichtigungsbeschluß im arbeitsgerichtlichen Verfahren, durch den der im Urteil festgesetzte Wert des Streitgegenstandes dahin erhöht wird, daß ein Rechtsmittel zulässig wird, die Rechtsmittelgerichte auch dann, wenn die Voraussetzungen für eine Berichtigung schlechterdings nicht in Frage kommen konnten?

ZPO. § 319. ArbGG. §§ 61 Abs. 2, 64 Abs. 1, 72 Abs. 1.

Beschluß vom 19. Juni 1942.

I. Arbeitsgericht Berlin. — II. Landesarbeitsgericht daselbst.

Der Kläger stand seit 17 Jahren im Angestelltenverhältnis zur Beklagten. Er bezog zuletzt ein monatliches Gehalt von 346 RM. Die Beklagte sprach am 24. Oktober 1940 seine fristlose Entlassung aus. Am 20. November 1940 wurde er zum Wehrdienst in der Waffen-SS eingezogen.

Der Kläger bestritt die Rechtswirksamkeit der fristlosen Entlassung. Ein Grund hierzu habe nicht vorgelegen. Für eine befristete Kündigung sei die Kündigungsfrist nach dem Kündigungsschutzgesetz bis zum 31. März 1941 gelaufen. Da er aber am 20. November 1940 zum Wehrdienst einberufen worden sei, sei das Arbeitsverhältnis auch dadurch nicht beendigt worden.

Der Kläger begehrte im Rechtsstreit 1. die Feststellung der Unwirksamkeit der am 24. Oktober 1940 ausgesprochenen Kündigung, 2. die Fortzahlung des Gehaltes bis Ende November 1940 mit 426,50 RM und 3. hilfsweise den Widerruf der Kündigung.

Das Arbeitsgericht anerkannte durch Teilurteil, das im schriftlichen Verfahren erging und den Parteien am 27. und 30. Dezember 1940 zugestellt wurde, die Rechtsunwirksamkeit der fristlosen Entlassung und verurteilte die Beklagte unter Abweisung des weitergehenden Anspruches zur Zahlung des Gehalts von 299 RM bis zum Tage der Einziehung des Klägers zum Wehrdienst. Den Streitwert setzte es auf 1000 RM fest.

Im zweiten Rechtszuge ist anscheinend im Verhandlungstermin vom 7. März 1941 — die Akten lassen hierüber nichts erkennen — zur Sprache gekommen, daß der Kläger vertragliche Ruhegehaltsansprüche habe, die durch die fristlose Entlassung möglicherweise verloren gegangen wären. Das Berufungsgericht hat jedenfalls in dem auf Grund dieser Verhandlung ergangenen Beweisbeschluß in Ausübung des richterlichen Fragerechtes dem Kläger aufgegeben, darzulegen, welche Pensionsansprüche er zu erheben habe. Beiden Streitteilen ist weiter aufgegeben worden, sich über den Streitwert zu äußern. Der Kläger erklärte dazu, daß er ein Ruhegehalt in Höhe von 200 RM monatlich haben würde und daß mit Rücksicht hierauf der Streitwert auf 30 000 RM festzusetzen sei. Die Beklagte bezifferte das etwaige Ruhegehalt auf 169,54 RM monatlich.

Das Landesarbeitsgericht übersandte darauf die Akten an das Arbeitsgericht mit dem Anheimstellen, im Hinblick auf den Pensionsanspruch über eine Streitwertberichtigung zu befinden. Das Arbeitsgericht hat dann den Streitwert in Anwendung des § 319 ZPO. durch Beschluß vom 19. Juni 1941 auf 27 000 RM „berichtigt".

Eine Änderung der Anträge in der Berufungsinstanz ist nicht erfolgt. Es ist insbesondere kein Feststellungsanspruch etwa dahin erhoben worden, daß der Ruhegehaltsanspruch durch die fristlose Entlassung nicht berührt würde. Die Berufung der Beklagten ist zurückgewiesen worden. Eine Streitwertfestsetzung ist im Berufungsurteil nicht vorgenommen. Die Zulassung der Revision ist mit der Begründung abgelehnt worden, der Rechtsstreit habe keine grundsätzliche Bedeutung.

Die Beklagte beantragte im dritten Rechtszuge die Aufhebung des Berufungsurteils und die Abweisung der Klage.

Die Revision ist unzulässig. Der vom Arbeitsgericht in seinem Urteil ursprünglich festgesetzte Streitwert erreicht nicht 6000 RM. Die nachträglich in die Form eines Berichtigungsbeschlusses nach § 319 ZPO. gekleidete Änderung der Streitwertfestsetzung ist ohne Wirkung. Die Voraussetzungen für eine Berichtigung haben ohne Zweifel nicht vorgelegen. Das Urteil gab in seiner Streitwertfestsetzung das wieder, was das Arbeitsgericht verkünden wollte. Es ist insbesondere auch kein Rechenfehler in der Festsetzung des Streitwertes untergelaufen. Das Arbeitsgericht konnte zu keinem höheren Streitwert als 1000 RM kommen, weil ihm von dem Ruhegehaltsanspruch nichts bekannt war. Ein Berichtigungsbeschluß aber, der offenkundig unzulässig ist, weil es sich nicht um eine Unstimmigkeit zwischen Wille und Ausdruck handelt, ist für das spätere Verfahren unbeachtlich. Das Arbeitsgericht konnte nicht durch einen Beschluß, für den eine gesetzliche Grundlage fehlte, nachträglich die Revisionsfähigkeit des Berufungsurteils herbeiführen (vgl. RAG. Bd. 1 S. 5).

Im Berufungsurteil ist eine Neufestsetzung des Streitwerts nicht erfolgt, auch nicht die Zulassung der Revision ausgesprochen. Das Urteil blieb deshalb mangels der Revisionssumme unanfechtbar.

RAG. 26, 270.

Unter welcher Voraussetzung sind Überstunden als regelmäßige Mehrarbeit anzusehen, die einem erkrankten Angestellten zu vergüten ist?

BGB. § 616. HGB. § 63. RGewO. § 133c Abs. 2. Runderlaß des Reichsarbeitsministers III b 23 951 betr. Anspruch des Angestellten im Krankheitsfalle, wenn im Betrieb Mehrarbeit geleistet wird, vom 8. Dezember 1941 (RArbBl. I S. 539).

Urteil vom 17. Juli 1942.

I. Arbeitsgericht Erfurt. — II. Landesarbeitsgericht daselbst.

Der Kläger war vom 10. Juli 1940 bis zum 30. Juni 1941 als kaufmännischer Angestellter gegen ein festes Monatsgehalt bei der Beklagten in deren Werk in A. tätig. In dem Betriebe wurde seit längerer Zeit, und so auch während der Zeit der Beschäftigung des Klägers, mit verlängerter Arbeitszeit gearbeitet. Die Mehrarbeit wurde nach der Behauptung des Klägers auch an Angestellte besonders vergütet. Währen der Zeit der Erkrankung wurde ihnen gemäß langjähriger Übung das Gehalt — ohne Vergütung für Mehrarbeit — ausbezahlt. Der Kläger war in den Jahren 1940 und 1941 erkrankt

vom 4. bis 5. November 1940	= 2 Tage
vom 6. bis 8. Dezember 1940	= 3 Tage
am 13. und 16. Dezember 1940	= 2 Tage
vom 18. Dezember 1940 bis 4. Januar 1941	= 15 Tage
am 28. Februar 1941	= 1 Tag
vom 17. bis 24. März 1941	= 7 Tage
vom 6. Mai bis 15. Juni 1941	= 38 Tage
zusammen:	68 Tage.

Diese Tage erhielt er entsprechend seinem festen Monatsgehalt vergütet. Er beanspruchte auch die Vergütung für die Überstunden, die er geleistet hätte, wenn er nicht erkrankt wäre. Er errechnete hierfür einen Satz von 3,80 RM für den Tag und beantragte danach Verurteilung der Beklagten zur Zahlung von 68 × 3,80 RM = 258,40 RM. an ihn.

Die Beklagte hielt den Anspruch nicht für begründet. Sie erklärte, sie habe in ihrem Werk in A. wohl mit Kriegsbeginn eine wöchentliche Arbeitszeit von 56 Stunden einführen müssen. Wenn vom Kläger mehr als 56 Stunden wöchentlich gearbeitet worden sei, so handele es sich um Arbeitsanfälle vorübergehender Natur. Sie berief sich auf die jahrelange, von ihrem Vertreter Dr. St. bestätigte Übung in ihrem Betrieb, in Krankheitsfällen nur das Monatsgehalt ohne Berücksichtigung der Überstunden zu zahlen, von der erst in Verfolg des Runderlasses des Reichsarbeitsministers vom 8. Dezember 1941 III b 23 951/41 abgegangen sei. Sie bestritt auch die Höhe der Forderung, da die Zahl der Überstunden, die der Kläger seiner Berechnung zugrunde lege, unrichtig sei.

Beide Vorinstanzen haben den Klageanspruch wegen der behaupteten Übung in dem Betriebe der Beklagten für unbegründet erklärt und ihn abgewiesen. Die Revision führte zur Aufhebung des Berufungsurteils und zur Zurückverweisung.

Gründe:

Nach § 616 Abs. 1 BGB. geht der Gefolgsmann des Anspruchs auf die Vergütung nicht dadurch verlustig, daß er u. a. infolge Erkrankung für eine verhältnismäßig nicht erhebliche Zeit an der Dienstleistung verhindert wird. § 616 Abs. 2 gibt dem Angestellten einen entsprechenden unabdingbaren Anspruch (vgl. dazu das Urteil RAG. Bd. 24 S. 68 [74 flg.]). Nach § 63 HGB. behält im besonderen der Handlungsgehilfe, als welcher der Kläger anzusehen ist (§ 59 HGB.), im Falle der Verhinderung an der Dienstleistung durch Erkrankung den Anspruch auf Gehalt und Unterhalt bis zur Höchstdauer von sechs Wochen. Danach, was unter „Vergütung" im Sinne des § 616 BGB. oder — was damit gleichbedeutend ist (RAG. Bd. 18 S. 122 [124]) — unter „Gehalt und Unterhalt" im Sinne des § 63 HGB. oder „vertragsmäßige Leistungen" in dem entsprechenden § 133c Abs. 2 RGewO. zu verstehen ist, beurteilt sich, ob und inwieweit die Vergütung für eine Mehrarbeit durch Leistung von Überstunden mit darunter zu begreifen und im Falle der Erkrankung zu gewähren ist.

Bei der Vergütung ist jedenfalls zunächst an den vereinbarten oder tariflich bestimmten Arbeitslohn zu denken, der auf einen Normalarbeitstag abgestellt ist und das Entgelt für eine Mehrarbeit nicht ohne weiteres mitumfaßt. Der Anspruch auf Gewährung dieses Entgelts in der Zeit der Erkrankung läßt sich, wie vielfach versucht, nicht mit dem für den Urlaub geltenden, in Rechtsprechung und Schrifttum anerkannten Grundsatz (RAG. Bd. 18 S. 56 [60], Bd. 20 S. 40/41 und S. 345 [348], Bd. 21 S. 242/243 und S. 246 [249]) rechtfertigen, daß der Gefolgsmann während seines Urlaubs das Arbeitsentgelt zu erhalten hat, das er verdient haben würde, wenn er während der Urlaubszeit gearbeitet hätte. Für das Urlaubsrecht ist der Gedanke maßgebend, daß der Gefolgsmann während seines Urlaubs, um ihm den vollen Genuß des Urlaubs zu sichern und ihm die erstrebte Erholung und Wiederherstellung der Arbeitskraft zu ermöglichen, hinsichtlich seines Arbeitslohnes so gestellt sein muß, wie wenn er in dieser Zeit gearbeitet hätte. Dieser Rechtsgedanke ist für den anders liegenden Fall der Erkrankung nicht verwertbar; hier will das Gesetz dem Gefolgsmann durch Gewährung der arbeitsvertraglichen oder tariflichen Arbeitsvergütung über die Zeit der Erkrankung für eine gewisse Zeitspanne hinweghelfen. Es kommt dabei nicht darauf an, was der Gefolgsmann gerade während der Zeit der Erkrankung, wenn er gearbeitet hätte, verdient haben würde, sondern darauf, was nach der Gestaltung seines Arbeitsverhältnisses im allgemeinen als seine Arbeitsvergütung anzusehen ist.

Hierfür muß nun allerdings gelten: Wenn der Gefolgsmann über die Normalarbeitszeit hinaus nicht nur vorübergehend, sondern längere Zeit hindurch regelmäßig Mehrarbeit durch Überstunden geleistet hat, sie auch, wenn er nicht erkrankt wäre, weiter geleistet hätte, so gewinnt die so verlängerte Arbeitszeit den Charakter der Normalarbeitszeit. Die für diese Arbeitszeit insgesamt gewährte Vergütung, also einschließlich der etwaigen Vergütung für die Mehrarbeit, auf die der Gefolgsmann seine Lebenshaltung einstellen konnte und eingestellt hat — mag er auch in der Folge einmal mit dem Wegfall der Mehrarbeit und dem Wiedereintritt der normalen Arbeitszeit, damit der entsprechenden Arbeitsvergütung rechnen müssen —, ist dann als die Arbeitsvergütung im Sinne der eingangs bezeichneten Bestimmungen anzusehen. Es kann insbesondere nicht zwischen Gefolgschaftsleuten, die erst nach Einführung der regelmäßigen Mehrarbeit und unter den darauf beruhenden Arbeitsbedingungen, und solchen Gefolgschaftsleuten, die schon vorher in den Betrieb eingetreten sind, unterschieden werden. Daß die Mehrarbeit etwa kriegsbedingt ist, ändert daran nichts; sie trägt, wenn sie sonst in der gedachten Weise längere Zeit hindurch geleistet worden ist, nicht deshalb den Charakter einer außerordentlichen Mehrleistung, die bei der Vergütung im Falle der Erkrankung nicht zu berücksichtigen wäre. Diese Rechtsauffassung hat das Reichsarbeitsgericht bereits in dem Urteil vom 27. Februar 1942, RAG. 130/41 (RAG. Bd. 26 S. 116) vertreten. Sie kommt auch in dem Erlaß des Reichsarbeitsministers vom 8. Dezember 1941 zum Ausdruck.

Die Mehrarbeit bedingt bei einem Angestellten mit festem Gehalt nicht ohne weiteres auch die Gewährung einer Vergütung für sie. Maßgebend sind dafür die Umstände des Falles, etwa bestehende vertragliche oder tarifliche (betriebliche) Regelungen. Wenn indes einem Angestellten die Vergütung vor seiner Erkrankung gewährt worden ist, dann hat er nach den eingangs angeführten Bestimmungen einen unabdingbaren Anspruch auf ihre Weitergewährung im Falle seiner Erkrankung. Eine hiervon abweichende Übung in dem Betrieb ist, was die Vorinstanzen verkannt haben, gegenüber jenen zwingenden gesetzlichen Vorschriften rechtlich ohne Bedeutung, und sie berührt den Rechtsanspruch des Angestellten nicht. Die Klage konnte daher nicht wegen des Bestehens einer solchen Übung in dem Betriebe der Beklagten abgewiesen werden. Dieser Rechtsirrtum mußte zur Aufhebung des Urteils führen.

Aus dem im Urteil mitgeteilten Sachverhalt ist jedoch nicht klar zu ersehen, ob und in welchem Umfange der Kläger vor seinen Erkrankungen regelmäßige Mehrarbeit durch Überstunden im erörterten Sinne geleistet hat und inwieweit ihm für sie eine besondere Vergütung gewährt worden ist. Der Kläger behauptet — ohne nähere Angabe —, es sei in dem Betriebe der Beklagten in A., in dem er tätig gewesen ist, seit längerer Zeit mit Überstunden gearbeitet worden, und die Überstunden seien auch an Angestellte besonders vergütet worden. Er beansprucht eine Vergütung in Höhe von 3,80 RM für den Tag. Die Beklagte hält dem entgegen, sie habe mit Kriegsbeginn in ihrem Werk eine wöchentliche Arbeitszeit von 56 Stunden einführen müssen; wenn vom Kläger mehr als 56 Stunden wöchentlich gearbeitet worden sei, so habe es sich um einen Arbeitsanfall nur vorübergehender Art gehandelt. Danach bleibt unklar, ob sich die vom Kläger beanspruchte Vergütung auf die regelmäßige Mehrarbeitszeit bezieht, die sich aus dem Vergleiche der Normalarbeitszeit von 48 Stunden in der Woche mit der 56-Stundenwoche ergibt, oder auch auf die darüber hinaus geleistete, nach Behauptung der Beklagten nur vorübergehende Mehrarbeit, und weiter, ob und für welche Mehrarbeit die Beklagte den Angestellten, und so dem Kläger, neben dem festen Gehalt für die Mehrarbeit eine besondere Vergütung gewährt hat und in welcher Höhe. An einer tariflichen oder betrieblichen Regelung der Vergütung für Überstunden in dem Betriebe der Beklagten fehlt es. Ohne Klärung jener Fragen, mit denen sich das Berufungsgericht bei seiner Abweisung des Klageanspruchs allerdings nicht zu befassen brauchte, ist nach dem oben Dargelegten eine abschließende Beurteilung des Klageanspruchs nicht möglich.

Dieser steht auch noch folgender Umstand entgegen: Der Kläger ist nach seinem Vortrag in den Jahren 1940 und 1941 mehrere Male infolge Krankheit an der Dienstleistung verhindert gewesen. In der Rechtsprechung des Reichsarbeitsgerichts zu § 616 BGB. wie auch zu § 63 HGB. – für § 133c Abs. 2 RGewO. gilt dasselbe – ist zwar anerkannt, daß die dort bestimmte Verpflichtung zur Weitergewährung der Vergütung für eine gewisse Zeit im Falle einer Dienstverhinderung durch Erkrankung nicht auf einen Krankheitsfall im Laufe eines Jahres beschränkt ist (u. a. RAG. Bd. 16 S. 73 [76/77], Bd. 17 S. 281, Bd. 25 S. 244), sondern auch im Falle wiederholter Erkrankung besteht. Das gilt für die nachgiebige Vorschrift des § 616 Abs. 1, sofern nicht arbeitsvertraglich oder tariflich etwas anderes bestimmt ist. § 616 Abs. 2 BGB. wie § 63 HGB. und § 133c Abs. 2 RGewO. begründet aber auch insoweit eine zwingende Verpflichtung des Unternehmers gegenüber den dort genannten Angestellten. Daß etwa die wiederholte Erkrankung auf dasselbe Grundleiden zurückgeht, steht dem nicht entgegen; doch muß es sich um eine neue Erkrankung nach Ausheilung der vorhergehenden Erkrankung handeln (RAG. Bd. 17 S. 281, RAG.-Urt. vom 4. Oktober 1930, RAG. 178/30, in ArbRSamml. Bd. 10 S. 349 [355]). Wie es damit bei den wiederholten, z. T. schnell aufeinanderfolgenden Erkrankungen des Klägers bestellt gewesen ist, ist nicht zu erkennen. Auch diese Frage bedarf erst noch der Klärung durch das Berufungsgericht.

RAG. 27, 1.

1. Zur Frage der Feuerversicherung der Arbeiterkleidung durch den Bauunternehmer.

2. Zur Frage der Beweislast bei der Verbrennung von Arbeiterkleidung in einer Bauhütte.

AOG. § 2. BGB. §§ 157, 242, 276. Gesetz über die Unterkunft bei Bauten vom 13. Dezember 1934 (RGBl. I S. 1234). Ausführungsverordnung zum Gesetz über die Unterkunft bei Bauten vom 24. Oktober 1938 (RGBl. I S. 1516) § 1 Abs. 2, § 5 Abs. 14.

Urteil vom 3. Juli 1942.

I. Arbeitsgericht Freiburg i. Br. — II. Landesarbeitsgericht daselbst.

Die verklagte Baufirma führte im Winter 1940/41 am J. Klotz Tiefbauarbeiten aus. Sie unterhielt dort eine Bauhütte, in der sich außer Holz und anderen Gegenständen auch einige Rollen Dachpappe, ein Korb mit etwa 1 Ztr. Holzkohlenteer und eine mit Schraubenverschluß versehene Kanne mit etwa 4 l Petroleum befanden. Die dortigen 12 bis

15 Arbeiter der Beklagten, darunter der Kläger, legten während der Arbeit ihre Straßenkleidung und ihr sonstiges Eigentum in der Hütte ab und nahmen in ihr während der Mittagspause das mitgebrachte Essen ein. Dies wurde auf einem alten Herd in der Hütte aufgewärmt und warmgehalten, auf dem auch der bei der Arbeit verwendete Teer gekocht wurde. Für die Bedienung des Feuers hatte der dazu vom Vorarbeiter besonders bestellte Arbeiter S. zu sorgen. Soweit nicht der Vorarbeiter in der Hütte noch schriftliche Arbeiten zu erledigen hatte, ließ man nachmittags das Feuer ausgehen, dann arbeitete S. auf der Baustelle mit. Die Hütte war verschließbar, blieb jedoch tagsüber offen. Den Schlüssel hatte der Vorarbeiter.

Am 23. Januar 1941 brach einige Zeit nach der Mittagspause, als niemand anwesend, S. zum Holen von Brennholz fortgegangen war, in der Hütte Feuer aus, das sich so schnell verbreitete, daß nichts mehr gerettet werden konnte. Die von der Beklagten eingegangene Feuerversicherung hatte sich nicht auf die von den Arbeitern eingebrachten Sachen erstreckt.

Der Kläger berechnet den Wert seiner mitverbannten Sachen auf 177,50 RM und hat mit der Klage diese Summe nebst 4 v. H. Zinsen seit dem 1. Februar 1941 gezahlt verlangt. Er vertritt die Ansicht, daß die Beklagte, noch dazu bei der Lagerung leicht entzündlicher Stoffe in der Bauhütte, für eine ständige Bewachung der Hütte und die Mitversicherung seiner mitverbrannten Sachen habe Sorge tragen müssen, und hat sich für die Versicherungspflicht auf das auch dem Berufungsgericht nur auszugsweise aus der Zeitung bekanntgewordene, später in RAG. Bd. 26 S. 1 veröffentlichte Urteil des Reichsarbeitsgerichts bezogen.

Die Beklagte hat eine so weitgehende Fürsorgepflicht bestritten und um Klageabweisung gebeten.

Beide Vorinstanzen haben abgewiesen, die Revision des Klägers führte zur Aufhebung und Zurückverweisung aus folgenden

Gründen:

Wie die Gründe des vom Kläger angeführten Urteils des Reichsarbeitsgerichts vom 18. November 1941 in ihrem Eingang darlegen, bildet dort, wo, wie im Baugewerbe, vor und nach der Arbeit ein Kleiderwechsel der Arbeiter üblich ist, die Fürsorge des Unternehmers für die an der Arbeitsstelle vor Beginn der Arbeit abgelegten und die dort nach der Arbeit zurückgelassenen Sachen — diese betraf der frühere, jene betrifft der gegenwärtige Rechtsstreit — eine Nebenverpflichtung aus dem Arbeitsverhältnis. Dieses wird heute nach § 2 AOG. von dem

Grundsatz gegenseitiger Treue der Arbeitsparteien beherrscht, der jedoch für die inhaltliche Ausgestaltung der Fürsorgepflicht des Unternehmers allein nicht ausreicht. Inhalt und Umfang der Fürsorgepflicht sind gesetzlich nicht geregelt. Ist dies, wie im vorliegenden Falle, auch durch keine Tarifordnung geschehen, so können sie, in dem betreffenden Gewerbezweige allgemein oder doch in einem gewissen Bezirk, durch Übung bestimmt worden sein. Fehlt es aber auch an solcher Übung, wie es das Berufungsgericht für das Baugewerbe zutreffend annimmt, so lassen sie sich nur den besonderen Verhältnissen des im Einzelfall in Betracht kommenden Gewerbezweiges oder Betriebes entnehmen.

Ergeben diese im Rechtsstreit der Parteien, was der Kläger annimmt, das angefochtene Urteil aber im zweiten Teil seiner Begründung verneint, die Verpflichtung der Beklagten, die auf die Baustelle eingebrachten Sachen ihrer Arbeiter gegen Feuersgefahr zu versichern, so erweist sich die ihrer Höhe nach unbestrittene Klageforderung ohne weiteres als begründet. Der Kläger würde mit der Versicherungssumme den eingeklagten Wert der Sachen erhalten haben, wäre also in dessen Höhe vor Schaden bewahrt geblieben. Es erübrigte sich dann eine Stellungnahme zu dem ersten Teil der Urteilsgründe, in denen das Berufungsgericht auch den der Beklagten gemachten Vorwurf zurückweist, das Abbrennen der in der Bauhütte aufbewahrten Sachen schuldhaft verursacht zu haben.

In dem zugunsten des klagenden Bauarbeiters entschiedenen früheren Fall, in welchem dessen nach Schluß der Arbeitszeit zurückgelassene, nicht versichert gewesene Arbeitskleidung verbrannt war, hatte der Unternehmer seiner Gefolgschaft für die Aufbewahrung ihrer Sachen einen Schuppen zur Verfügung gestellt, der auch nur aus Brettern leicht gebaut war. Damals hat das Revisionsgericht im Urteil betont, daß der Schuppen wegen seiner baulichen Beschaffenheit und des Mangels jeder Bewachung in viel höherem Maße als ein massives und bewachtes Fabrikgebäude der Gefahr eines Schadenfeuers ausgesetzt ist. Es hat deshalb eine Versicherung der im Schuppen zurückgelassenen Sachen gegen Feuersgefahr an sich als geboten angesehen; doch hat es daraus allein noch nicht die von ihm festgestellte Versicherungspflicht des Unternehmers hergeleitet. Erst das Hinzutreten weiterer besonderer Umstände hat das Revisionsgericht zu dem Schlusse veranlaßt, daß auf Grund der festgestellten Gesamtumstände die Verpflichtung des Unternehmers zur Eingehung einer Feuerversicherung für die im Schuppen verbrannten Sachen seiner Arbeiter vom Berufungsgericht ohne Rechtsirrtum habe bejaht werden können. Der jetzt zu entscheidende Fall weist aber nicht nur mit denen des früheren übereinstimmende, sondern auch von ihnen abweichende Sonderheiten auf. Es bleibt daher zu untersuchen, ob nicht diesmal die Gesamtumstände den aus ihnen vom Berufungsgericht gezogenen umgekehrten Schluß rechtfertigen, daß eine Versicherungspflicht des Unternehmers ohne Rechtsirrtum verneint werden durfte.

Ein Unterschied zwischen beiden Fällen ergibt sich schon daraus, daß, worauf das Berufungsgericht hinweist, für eine gewisse Bewachung der abgebrannten Bauhütte Sorge getragen war. Der Arbeiter S. war bestellt worden, in ihr das Herdfeuer zu unterhalten und mithin auch zu überwachen. Zudem erledigte der Vorarbeiter nicht selten darin schriftliche Arbeiten und war die Hütte ferner von der nahen Arbeitsstelle aus stets zu überblicken. Bedeutung für die Frage der Versicherungspflicht könnte dies alles freilich nur dann beanspruchen, wenn die Arbeiter der Beklagten in der Hütte nur ihre während der Arbeitszeit abgelegte Straßenkleidung, aber nicht auch während der arbeitsfreien Zeit ihre Arbeitskleidung aufbewahrt, sondern diese nach Schluß der Arbeitszeit regelmäßig mit nach Hause genommen haben sollten und dies mit Wissen oder gar auf Weisung der Beklagten geschehen wäre. Eine Feststellung darüber ist nicht getroffen; deshalb mag der Unterschied unberücksichtigt bleiben.

Davon, daß der Abschluß einer Versicherung gegen Feuersgefahr im allgemeinen die Sache des Eigentümers der zu schützenden Gegenstände ist, geht jedenfalls das Revisionsgericht auch in seinem früheren Urteil aus. Es führt aber in eingehender Würdigung der Versicherungsmöglichkeiten aus, daß für die große Zahl unverheirateter Gefolgschaftsmitglieder, die weder einen eigenen Hausstand haben, noch einem anderen angehören und außer den notwendigen Kleidungsstücken keine versicherbaren Vermögenswerte besitzen, bei dem häufigen Wechsel der Arbeitsstellen der Bauarbeiter und bei der Abneigung der Agenten gegen Bagatellversicherungen eine Versicherungsmöglichkeit praktisch nicht bestehe, daß es dagegen wenigstens größeren Unternehmungen ein Leichtes sei, eine Pauschalversicherung für ihre Gefolgschaftsmitglieder zu nehmen. In Verbindung mit diesen Erwägungen ist es sodann zu der Feststellung gelangt, daß der damals verklagten Baufirma mit ihren etwa 5000 Gefolgschaftsmitgliedern nach ihrer Größe und dem Erfolg ihres Unternehmens die Aufwendung der mit einer Pauschalversicherung verbundenen Kosten und Arbeit auch zuzumuten gewesen ist, und nur auf Grund aller dieser Umstände hat es schließlich die seinerzeit vom

Berufungsgericht ausgesprochene Bejahung einer Versicherungspflicht der Beklagten als rechtsirrtumsfrei angesehen.

Nun kann schon zweifelhaft sein, ob die Frage der Zumutbarkeit für die jetzige Beklagte in gleicher Weise zu beantworten ist. Umfang und Einträglichkeit ihres Unternehmens sind nicht festgestellt worden. Offensichtlich steht es aber seiner Größe nach weit hinter dem Riesenunternehmen der früheren Beklagten zurück. Vor allem darf jedoch nicht übersehen werden, daß noch ein weiterer vom Sachverhalt des gegenwärtigen Rechtsstreits abweichender Umstand die frühere Entscheidung des Revisionsgerichts maßgebend mit beeinflußt hat. Das Revisionsgericht hat nämlich nach vorheriger Erörterung des Punktes später am Schlusse seines früheren Urteils noch einmal ausdrücklich hervorgehoben, daß in dem Landesteil Oldenburg, in welchem die damalige Beklagte ihren Sitz hatte und die Bauarbeiten ausführte, der Abschluß einer Feuerversicherung der gedachten Art durch den Unternehmer sich zwar noch nicht zu einer wirklichen Übung herausgebildet, sich aber doch schon im Kreise der Bauunternehmer, zumal der größeren und mittleren, in sehr weitem Umfange eingebürgert hatte. Im Gegensatz dazu hat im Bezirk Baden, dem die jetzige Beklagte angehört, nach der unwidersprochen gebliebenen Angabe ihres Inhabers, des Fachgruppenleiters des Bezirks, bisher soweit bekannt geworden, noch keine einzige Baufirma das Einbringen ihrer Arbeiter auf die Baustelle mitversichert. Und dieser wichtige Unterschied rechtfertigt es, daß das Berufungsgericht im vorliegenden Falle eine Versicherungspflicht der Beklagten verneint hat.

Eine ganz andere Frage ist es jedoch, ob nicht die Entstehung des Brandes, der die Hütte samt den darin abgelegten Sachen des Klägers vernichtet hat, auf ein schuldhaftes Verhalten zurückzuführen ist, welches der Beklagten zur Last fällt. Ihre Fürsorgepflicht erforderte, daß der von ihr für die Aufbewahrung der abgelegten Sachen ihrer Arbeiter zur Verfügung gestellte Raum auch eine hinreichende Sicherheit gegen Feuersgefahr bot. Eine leicht gebaute Bauhütte, wie sie allerdings mangels einer aus Stein errichteten Baulichkeit auf Baustellen während der Arbeitszeit ganz allgemein zur Unterbringung der gewechselten Kleidungsstücke der Gefolgschaft dient, verliert die verkehrserforderliche Sicherheit zwar nicht schon dadurch, daß ihrer Bestimmung gemäß auch Baustoffe in ihr gelagert werden, und zwar auch dann nicht, wenn sich darunter, wie im vorliegenden Falle, einige Rollen Dachpappe, ein Korb mit Holzkohlenteer und eine ordnungsmäßig mit Schraubenschluß versehene Kanne Petroleum mit wenigen Litern Inhalt befunden haben.

Sie besitzt sie aber nicht mehr, wenn in ihr eine offene Feuerstelle unterhalten wird. Mit der Feuerstelle bot die Bauhütte, für deren Zustand die Beklagte gegenüber ihrer Gefolgschaft verantwortlich war, für deren darin abgelegte Sachen nicht ohne weiteres noch eine ausreichende Sicherheit, und zwar um so weniger, als auf dem Herde auch Teer zum Gießen gekocht wurde und durch die dort gelagerten leicht entzündlichen Stoffe zum mindesten die Gefahr einer schnellen Ausbreitung eines auskommenden Schadenfeuers erhöht war. Dabei kommt es darauf nicht mehr an, daß die Lagerung dieser Gegenstände entgegen der Ansicht des Berufungsgerichts nach § 5 Abs. 14 der mit dem 1. Januar 1939 in Kraft getretenen, zum Gesetz über die Unterkunft bei Bauten vom 13. Dezember 1934 ergangenen Ausführungsverordnung vom 24. Oktober 1938 auch unzulässig war, weil die Bauhütte zugleich zum Aufenthalt der Arbeiter während der Essenspause und wohl auch bei ungünstiger Witterung bestimmt gewesen ist. Derartige Unterkünfte (Tagesräume) umfaßt nämlich der Geltungsbereich der genanten Ausführungsverordnung nach Abs. 2 ihres § 1 ebenfalls, wogegen die durch sie ersetzte Ausführungsverordnung vom 10. Januar 1935 (RGBl. I S. 10) nur für Unterkunftsräume gegolten hat, die auch zum Schlafen dienten.

Es bedurfte also zur Herbeiführung der verkehrserforderlichen Sicherheit für die abgelegten Sachen der Gefolgschaft der Beklagten noch einer weiteren Sicherungsmaßnahme. Ausreichend war jedoch, daß für eine ebenfalls den Verkehrsbedürfnissen entsprechende Überwachung der Feuerstelle während ihrer Benutzung Sorge getragen wurde. Solche im Rahmen ihrer Fürsorgepflicht gelegene Bewachung brauchte die Beklagte selbstverständlich nicht persönlich auszuführen. Sie konnte sich dazu einer Hilfsperson bedienen, haftet jedoch nach § 278 BGB. für deren Verschulden.

Das Berufungsgericht verneint nun aber eine Schadenshaftung der Beklagten schon deshalb, weil die Brandursache nicht habe aufgeklärt werden können. Es rechnet einerseits mit der Möglichkeit, daß einer der Arbeiter in der Hütte einen glimmenden Zigarrenstummel achtlos weggeworfen oder ein Kleidungsstück zu nahe dem Herd aufgehängt und dadurch den Brand verursacht hat. Andererseits sieht es als nicht einwandfrei erwiesen an, daß der Herd schadhaft gewesen oder eine Pfanne mit flüssigem Teer auf ihm stehengeblieben ist, oder daß der mit der Beaufsichtigung des Herdes betraute Arbeiter S. irgendwie nachlässig gehandelt hat. Damit hat es die Beweispflicht des Klägers überspannt. Die darauf gestützte Verfahrensrüge der Revision ist nach § 286 ZPO. begründet.

Wenn das Berufungsgericht nur von einem nicht einwandfreien Nachweis eines nicht ordnungsmäßig gewesenen Zustandes der Bauhütte oder einer von S. begangenen Nachlässigkeit in der Bewachung des Herdes spricht, so gibt es damit zu erkennen, daß es solchen Zustand oder solche Nachlässigkeit, mithin Umstände, für welche die Beklagte die Verantwortung trägt, für die nächstliegende und wahrscheinliche Ursache des Brandes hält. Die Beklagte selbst hat ja gemäß ihrem Schriftsatz vom 8. Dezember 1941 es als nach der Beweisaufnahme sehr wahrscheinlich bezeichnet, daß der Brand von dem Topf mit dem heißen Teer ausgegangen ist, mag dieser noch auf oder schon neben dem Herd bei Ausbruch des Feuers gestanden haben, und hat ihre Überzeugung weiter dahin ausgesprochen, daß der Arbeiter S. durch Fahrlässigkeit bei der Betreuung des Herdfeuers den Brand hervorgerufen haben müsse. Sie hat nur rechtsirrtümlich angenommen, für die Nachlässigkeit des S. nicht verantwortlich zu sein und ihrer Fürsorgepflicht bereits dadurch genügt zu haben, daß ihr dabei für sie handelnder Vorarbeiter den S. mit der Sorge für das Herdfeuer beauftragt hat. Das Berufungsgericht hat unter diesen Umständen unverkennbar die durch die Rechtsprechung herausgebildeten Grundsätze des Anscheinsbeweises verletzt. Nach ihnen ist der Beweis für den ursächlichen Zusammenhang zwischen dem eingetretenen Schaden und einem gefahrvollen Zustand oder Vorgang als geführt anzusehen, wenn der Schaden nach dem gewöhnlichen Verlauf der Dinge auf den Zustand oder Vorgang zurückgeführt werden muß. Es ist dann Sache des Gegners, diesen Beweis durch Aufdeckung einer anderen möglichen Schadensursache zu erschüttern. Dazu genügt aber nicht der Hinweis auf die bloße Möglichkeit einer anderen Ursache, also im vorliegenden Fall nicht der Hinweis darauf, daß einer der Arbeiter, welche die Hütte zur Einnahme ihres Essens aufgesucht hatten, vor ihrem Verlassen einen glimmenden Zigarrenstummel achtlos weggeworfen haben kann, sondern es ist der Nachweis erforderlich, daß dies entweder tatsächlich geschehen ist oder dafür doch eine hohe Wahrscheinlichkeit besteht.

Im übrigen könnte eine Außerachtlassung der verkehrserforderlichen Sorgfalt und deshalb eine nach § 276 BGB. fahrlässige Unterlassung sich schon daraus ergeben, daß die Beklagte oder ihr Arbeiter S., wenn ein derart gefahrbringendes Verhalten etwa leichtsinniger jugendlicher Arbeiter zu befürchten gewesen oder gar beobachtet wäre, dagegen keinerlei Maßnahmen getroffen und die Arbeiter nicht wenigstens ernstlich verwarnt hätte. Ebenso verkennt das Berufungsgericht den Umfang der verkehrserforderlichen Sorgfalt, insofern es annimmt, daß S., als er die Bauhütte nach der Essenspause als letzter verließ, es ohne Fahrlässigkeit habe übersehen können, daß in gefährlicher Nähe des Herdfeuers ein Kleidungsstück gehangen oder gar der Topf mit dem siedenden Teer gestanden hat. Die mit der Betreuung des Herdfeuers dem S. aufgetragene Fürsorge für die Feuersicherheit der Hütte erforderte, daß er auf solche Gefahrenumstände achtgab und sie vor Verlassen der Hütte beseitigte.

Die vorher erwähnte, von der Revision gerügte Überspannung der Beweispflicht würde nicht bloß die Verletzung der verfahrensrechtlichen Beweiswürdigung, sondern sogar die der sachlichrechtlichen Beweislast enthalten, wenn, was den Ausführungen der Revision entsprechen würde, die für den Bereich der an Leib oder Leben erlittenen Personenschäden durch die Rechtsprechung namentlich im Anschluß an § 618 BGB. entwickelten Beweisgrundsätze, wonach unter Umständen eine völlige Umkehr der Beweislast stattfindet, auch auf Sachschäden anzuwenden wären. Es braucht jedoch hierzu nicht weiter Stellung genommen zu werden; denn schon die aufgezeigten Mängel des angefochtenen Urteils müssen dessen Aufhebung und die Zurückverweisung der Sache herbeiführen.

In der erneuten Verhandlung wird das Berufungsgericht vor allem die Beweiswürdigung unter Beachtung der Grundsätze für den Anscheinsbeweis auf Grund der aus dem Parteivorbringen und dem Beweisergebnis hervorgehenden Tatsachen zu wiederholen haben. Bei einer etwaigen Ergänzung der Beweisaufnahme dürfen allerdings die im § 7 der inzwischen in Kraft getretenen Dritten VereinfachungsVO. vom 16. Mai 1942 (RGBl. I S. 333) dem Vorbringen neuer Behauptungen und Beweismittel gezogenen engen Grenzen nicht überschritten werden.

RAG. 27, 21.

Endet das Lehrverhältnis, wenn dem vorzeitig geprüften Lehrling vorläufig eröffnet wird, daß er die Prüfung bestanden habe?

RGewO. § 130 a Abs. 2 in der Fassung der Verordnung zur Änderung der Bestimmungen der Gewerbeordnung für das Deutsche Reich über das Lehrlingswesen vom 7. März 1940 (RGBl. I S. 478). Erlasse des Reichswirtschaftsministers vom 26. Februar 1941, III Bl. 2605/41, und vom 1. April 1941, III Bl. 3204/41.

Urteil vom 23. Oktober 1942.

I. Arbeitsgericht Kolberg. — II. Landesarbeitsgericht Köslin.

Der Kläger hatte mit dem Inhaber der Beklagten zur Erlernung des Kraftfahrzeughandwerks einen Lehrvertrag geschlossen, der eine Lehrzeit vom 11. Juli 1938 bis zum 11. Januar 1942 vorsah. Mit Rücksicht auf eine mögliche Einberufung zur Wehrmacht wurde er zusammen mit noch anderen Lehrlingen vorzeitig, nämlich schon am 3. Juni 1941, zur Gesellenprüfung zugelassen. Er hat die Prüfung bestanden. Das Ergebnis der Prüfung ist ihm und den anderen Prüflingen nach seiner Behauptung sogleich am Prüfungstage von der Prüfungskommission bekanntgegeben worden. Da seine Einberufung zur Wehrmacht nicht erfolgte, ist er weiter im Betrieb der Beklagten verblieben. Der Gesellenbrief ist ihm erst bei Ablauf der vertraglichen Lehrzeit, am 11. Januar 1942, ausgehändigt worden. Der Kläger ist der Ansicht, daß er auf Grund des § 130a Abs. 2 RGewO. (n. F.) vom 1. Juli 1941 an den tariflichen Gesellenlohn zu beanspruchen habe.

Die Beklagte ist dem entgegengetreten. Sie hat bestritten, daß das Prüfungsergebnis dem Kläger am Prüfungstage förmlich bekanntgegeben ist. Sie vertrat den Standpunkt, der Kläger müsse sich, weil die erwartete Einberufung zur Wehrmacht unterblieben sei, trotz der angeführten Gesetzesvorschrift bis zum Ende der vereinbarten Lehrzeit als Lehrling behandeln lassen, die „Notprüfung" könne daran nichts ändern. Darauf sei er am Prüfungstage auch ausdrücklich hingewiesen worden.

Beide Vorinstanzen erkannten nach dem Klageantrage. Die Revision der Beklagten führte zur Klageabweisung.

Gründe:

Bei dem vorliegenden Rechtsstreit handelt es sich um ein handwerkliches Lehrverhältnis, auf das die Reichsgewerbeordnung Anwendung findet. Der Kläger stützt seinen Anspruch auf deren § 130a Abs. 2 in der Fassung der Verordnung vom 7. März 1940, worin bestimmt ist:

> Das Lehrverhältnis endigt mit Ablauf der Lehrzeit. Besteht der Lehrling vor Ablauf der Lehrzeit die Gesellenprüfung, so endigt das Lehrverhältnis ohne Rücksicht auf entgegenstehende Vereinbarungen spätestens mit Ablauf des Prüfungsmonats. Ein Anspruch auf Schadensersatz oder Entschädigung wegen vorzeitiger Beendigung des Lehrverhältnisses besteht in diesem Falle nicht.

Das Reichsarbeitsgericht hat erst kürzlich in der Entscheidung vom 5. Juni 1942 RAG. 25/42 (RAG. Bd. 26 S. 232) den Grundsatz aufgestellt, daß unter „Prüfungsmonat" im Sinne der angeführten Gesetzesvorschrift der Monat zu verstehen ist, in dem dem Lehrling das Bestehen der Prüfung verkündet wird. Es hat dabei den Standpunkt eingenommen, daß, wenn die Prüfung des Lehrlings vorzeitig in Erwartung seiner Einberufung zum Reichsarbeitsdienst oder zum Wehrdienst erfolgt, es mit dem Sinn der Vorschrift in Einklang steht, wenn die Verkündung des Bestehens der Prüfung bis zur Einberufung, längstens bis zum Zeitpunkt der allgemeinen Prüfungen und der Verkündung ihrer Ergebnisse, aufgeschoben wird. Mit diesen Grundsätzen hat sich das Reichsarbeitsgericht der Rechtsansicht angeschlossen, die in den auch im vorliegenden Rechtsstreit vorgelegten Erlassen des Reichswirtschaftsministers vom 26. Februar 1941 — III Bl. 2605/41 — und vom 1. April 1941 — III Bl. 3204/41 — gerichtet an die Reichswirtschaftskammer, zum Ausdruck gekommen ist. In diesen Erlassen hatte der Reichswirtschaftsminister auch der Verkündung des Prüfungsergebnisses entscheidende Bedeutung beigemessen und sich damit einverstanden erklärt, daß in die Bedingungen für die vorzeitige Zulassung zu den Facharbeiter- und Gehilfenprüfungen bei bevorstehender Einberufung zum Arbeits- und Wehrdienst, also zu den sogenannten Notprüfungen, die Bestimmung aufgenommen werde, daß die Aushändigung des Facharbeiter- oder Gehilfenbriefes nur dann erfolge, wenn der Prüfling tatsächlich zum Arbeits- oder Wehrdienst eingezogen werde. Solchenfalls könne, so heißt es in dem Erlaß vom 1. April 1941, die Verkündung des Prüfungsergebnisses bis zur Aushändigung des Briefes ausgesetzt werden mit der Folge, daß dann erst das Lehrverhältnis endige. Die diesen Erlassen entsprechende Auslegung des § 130a RGewO. war um so unbedenklicher, als die Neufassung dieser Gesetzesvorschrift auch vom Reichswirtschaftsminister verordnet worden ist.

Das damit gutgeheißene Verfahren ist nun auch im Falle des Klägers angewendet worden. Dabei ist freilich nach tatrichterlicher Feststellung dem Kläger und seinen Mitprüflingen das Bestehen der Prüfung schon sogleich am Tage der Prüfung selbst, am 3. Juni 1941 mitgeteilt, es sind ihnen aber, worüber kein Streit herrscht, keine Einzelheiten des Prüfungsergebnisses, insbesondere ist ihnen keine Einzelbeurteilung in den einzelnen Fächern bekanntgegeben worden. Nach eigener Angabe des Klägers ist ihnen auch noch gesagt worden, sie seien nun zwar Gesellen, ständen jedoch weiterhin im Lehrverhältnis, bis ihre Lehrzeit abgelaufen sei oder bis sie Soldaten würden; den Gesellenbrief würden sie bekommen, sobald sie beim Reichsarbeitsdienst eintreten müßten.

Es kann dem Berufungsgericht nicht gefolgt werden, wenn es unter solchen Umständen für die Beendigung des Lehrverhältnisses die am Prüfungstage selbst erfolgte kurze Mitteilung des Gesamtergebnisses der Prüfung entscheidend sein läßt. Diese Mitteilung sollte offenbar nur zur vorläufigen Beruhigung der Prüflinge über ihre gezeigten Leistungen dienen, war aber noch keine förmliche Bekanntgabe des Prüfungsergebnisses. Diese sollte vielmehr, wie die Prüflinge aus dem Hinweis darauf, daß sie vorläufig noch im Lehrverhältnis blieben und daß sie den Gesellenbrief erst später bei ihrer Einziehung ausgehändigt erhalten würden, ersehen mußten, ausgesetzt werden, bis sich entschieden hätte, ob die erwartete Einberufung, die den Anlaß zu der vorzeitigen Prüfung gegeben hatte, auch wirklich einträte. Solchenfalls ersetzt dann erst die Aushändigung des Gesellenbriefes (Lehrbriefes), auf dem der Prüfungsausschuß das Ergebnis der Prüfung zu beurkunden hat (§ 131 c RGewO.), die mündliche Bekanntgabe des Ergebnisses, und es ist dann erst die Aushändigung des Briefes mit der in ihm enthaltenen förmlichen Mitteilung des Prüfungsergebnisses der für die Beendigung der Lehrzeit gemäß § 130 a Abs. 2 RGewO. maßgebende Zeitpunkt. Diese Auffassung wird allein dem Sinn und Zweck der angeführten Erlasse des Reichswirtschaftsministers gerecht, wie er in RAG. Bd. 26 S. 235 bereits dargelegt ist, nämlich, im Interesse des Arbeitsfriedens eine Bevorzugung der wegen ihrer bevorstehenden Einberufung zum Arbeits- oder Wehrdienst vorzeitig zur Prüfung zugelassenen Lehrlinge gegenüber anderen, in der gleichen Ausbildungslage befindlichen, aber noch nicht arbeits- oder wehrdienstpflichtigen Lehrlingen zu vermeiden, wenn die erwartete Einberufung nicht erfolgt.

Hiernach konnte der Anspruch des Klägers, da dieser unstreitig nicht einberufen und der Gesellenbrief, in dem die Prüfungsergebnisse beurkundet waren, ihm erst bei Ablauf der vertraglichen Lehrzeit ausgehändigt worden ist, nicht als begründet anerkannt werden.

RAG. 27, 27.

Findet der Rechtsgrundsatz, daß die Wiedereinsetzung wegen unabwendbaren Zufalls dann zu erteilen ist, wenn die Versäumung einer Notfrist oder einer gleich zu behandelnden Frist durch einen Rechtsanwalt auf einem Versehen des sonst gut geschulten und überwachten Büros beruht, entsprechende Anwendung auf eine Rechtsabteilung einer Behörde oder eines Privatunternehmens, in der die Führung des Termin-

kalenders und die Kontrolle der Termine und Fristen in Rechtsstreitigkeiten in derselben Weise wie in einem Rechtsanwaltsbüro eingerichtet ist?

ZPO. §§ 233, 345, 513 Abs. 2. ArbGG. § 64 Abs. 2.

Urteil vom 13. November 1942.

I. Arbeitsgericht Berlin. — II. Landesarbeitsgericht daselbst.

Der Kläger ist von der Beklagten am 26. September 1941 in Dienst genommen und von ihr am 20. Dezember 1941 fristlos entlassen worden. Da er seine Entlassung nicht für gerechtfertigt hielt, beanspruchte er Weiterzahlung seines nach seiner Behauptung 1250 RM monatlich betragenden Gehalts mit den ausstehenden Nebenbezügen, und zwar zunächst bis Ende Dezember 1941 im Betrage von insgesamt 5802,80 RM nebst 4 v. H. Zinsen seit dem 1. Januar 1942.

In dem auf den 31. Januar 1942 vor dem Arbeitsgericht anberaumten Verhandlungstermin erschien für die Beklagte niemand. Es erging daher gegen sie ein Versäumnisurteil gemäß dem Klageantrag. Die Beklagte legte gegen das Urteil rechtzeitig Einspruch ein. In dem neuen Verhandlungstermin vom 19. Februar 1942 erschien der Kläger und für die Beklagte Rechtsanwalt Dr. N. mit Terminsvollmacht. Es wurde nicht verhandelt, sondern die Parteien schlossen einen Vergleich mit Widerrufsvorbehalt für die Beklagte. Die Beklagte sprach den Widerruf rechtzeitig aus. In dem folgenden Verhandlungstermin vom 12. Mai 1941 erschien trotz ordnungsmäßiger Ladung für die Beklagte wieder niemand. Darauf erging auf Antrag des Klägers ein weiteres Versäumnisurteil dahin, daß der Einspruch gegen das Versäumnisurteil vom 31. Januar 1942 verworfen wurde.

Gegen dieses Urteil legte die Beklagte Berufung ein mit der Begründung, daß der Fall der Versäumung des Verhandlungstermins auf ihrer Seite nicht vorgelegen habe. Die Nichtwahrnehmung des Termins sei auf einen unabwendbaren Zufall insofern zurückzuführen, als die in der Rechtsabteilung der Beklagten tätige und mit der Führung des Terminkalenders betraute Angestellte R. es versehentlich unterlassen habe, die Handakten am Tage vor dem Termin dem Sachbearbeiter Rechtsanwalt Dr. N. vorzulegen. Bei der R. handle es sich um eine in Anwaltsbürogeschäften bewährte Kraft. Der Antrag der Beklagten ging auf Abänderung des Urteils und Abweisung der Klage.

Der Kläger hielt einen unabwendbaren Zufall nicht für vorliegend und rechnete der Beklagten die Versäumung des Verhandlungstermins als Verschulden an. Nach seiner Ansicht habe Rechtsanwalt M. als

Leiter der Rechtsabteilung die Termine persönlich vermerken und beachten müssen.

Das Berufungsgericht wies die Berufung zurück. Die Revision führte zur Aufhebung des Berufungsurteils und zur Zurückverweisung der Sache an das Berufungsgericht.

Gründe:

Nach der gemäß § 64 Abs. 2 ArbGG. im arbeitsgerichtlichen Verfahren anwendbaren Bestimmung des § 513 Abs. 2 ZPO. unterliegt ein mit dem Einspruch nicht mehr angreifbares Versäumnisurteil wie ein gemäß § 345 ZPO. erlassenes zweites Versäumnisurteil, insoweit der Berufung, als sie darauf gestützt wird, daß der Fall der Versäumung nicht vorgelegen habe. Dieser Fall ist gegeben, wenn das Gericht in tatsächlicher oder rechtlicher Hinsicht zu Unrecht das Vorliegen der Versäumung angenommen hat, so wenn die Partei zu dem Verhandlungstermin nicht oder nicht rechtzeitig geladen war oder, was dem gleichzusetzen ist, wenn sie durch ein Naturereignis oder einen anderen unabwendbaren Zufall im Sinne des § 233 ZPO. daran gehindert war, im Verhandlungstermin zu erscheinen oder sich vertreten zu lassen, und das Gericht in Kenntnis dieser Umstände nach § 337 ZPO. Anlaß gehabt hätte, den Verhandlungstermin zu vertagen (RAG. Bd. 11 S. 210 und RAG. Urteil vom 24. April 1940 RAG. 216/39, abgedr. ArbR.-Samml. Bd. 39 S. 238).

Die Beklagte behauptet das Vorliegen eines unabwendbaren Zufalls hinsichtlich des Verhandlungstermins vom 12. Mai 1942 vor dem Arbeitsgericht, in dem das zweite Versäumnisurteil gegen sie ergangen ist. Sie macht geltend, daß von der in ihrer Rechtsabteilung tätigen und von dem Leiter der Abteilung, Rechtsanwalt M., mit der Führung des Terminkalenders betrauten und über die Führung des Kalenders und die Vorlage der Akten vor dem Termin genau unterwiesenen R. infolge eines Versehens die Handakten dem Sachbearbeiter nicht vor dem Verhandlungstermin vorgelegt worden seien und er so nicht auf den Termin aufmerksam gemacht worden sei. Das Berufungsgericht hat jedoch eine schuldhafte Versäumung des Termins durch die Beklagte angenommen. Es vertritt die Auffassung, daß der Terminsvertreter der Beklagten, Rechtsanwalt Dr. N., oder Rechtsanwalt M. persönlich die Termine hätten vermerken und beachten müssen, und daß insbesondere auch Rechtsanwalt M. sich wegen der Vorlage der Akten nicht auf die Angestellte R. hätte verlassen dürfen. Die für ein Rechtsanwaltsbüro hinsichtlich der Termin- und Fristenkontrolle geltenden Grundsätze könnten bei der Beklagten, in deren Rechtsabteilung wegen der geringen Zahl der vorkommenden Rechtsstreitigkeiten nicht wie in einem Anwaltsbüro laufend Termine und Fristen zu beachten seien, keine Anwendung finden.

Die Revision wendet sich mit Recht gegen diese Rechtsauffassung. Nach feststehender Rechtsprechung des Reichsgerichts und des Reichsarbeitsgerichts ist das Vorliegen eines unabwendbaren Zufalls nach § 233 ZPO. dann anzunehmen, wenn die Nichteinhaltung einer Notfrist oder einer anderen dort erwähnten Frist durch einen Rechtsanwalt auf einem Versehen des sonst gut geschulten und überwachten Büros beruht (RGZ. Bd. 164 S. 52 [57/58], RAG. Urteil vom 18. September 1940 RAG. 62/40 in ArbRSamml. Bd. 40 S. 195 [197/200 mit weiteren Nachweisungen]). Dieser Rechtsgrundsatz ist nicht auf den freien Anwalt zu beschränken. Er ist nur für ihn, zu dessen beruflicher Tätigkeit die ständige Beachtung der gerichtlichen Termine und Fristen gehört, besonders ausgebildet worden. Er entspringt aber einem allgemeinen Gedanken, und er legt fest, was billigerweise von einer Person, der wie einem Anwalt die Beobachtung der gerichtlichen Termine und Fristen obliegt, an Sorgfaltsmaßnahmen zu ihrer Einhaltung verlangt werden kann. Aus diesem Grunde muß er auch bei einer, zumal wie vorliegend, von einem Rechtsanwalt geleiteten Rechtsabteilung einer Behörde oder eines Privatunternehmens Anwendung finden, wenn in dieser die Führung des Terminkalenders und die Kontrolle der Termine und Fristen in Rechtsstreitigkeiten in derselben Weise wie in einem Anwaltsbüro eingerichtet ist. Dabei kann es entgegen der Ansicht des Berufungsgerichts nicht darauf ankommen, in welchem Umfange dort Rechtsstreitigkeiten bearbeitet werden und Termine und Fristen zu beachten sind. In dem vorbezeichneten RAG.-Urteil vom 18. September 1940 (ArbRSamml. Bd. 40 S. 199) ist schon für die Rechtsberatungsstelle der Deutschen Arbeitsfront von der Anwendbarkeit jenes Rechtsgrundsatzes ausgegangen.

Die Beklagte hat unstreitig eine besondere Rechtsabteilung eingerichtet, zu deren Aufgabe u. a. die Führung der vorkommenden Rechtsstreitigkeiten gehört, und zu deren Leiter einen Anwalt in der Person des Rechtsanwalts M. bestellt. Sie hatte in der Berufungsbegründung unter Vorlegung einer eidesstattlichen Versicherung des Rechtsanwalts M. behauptet, daß dieser die in der Rechtsabteilung beschäftigte Angestellte R. damit beauftragt hatte, einen Terminkalender anzulegen und in diesem alle Termine zur mündlichen Verhandlung und Fristen, wie in einem Anwaltsbüro üblich, zu vermerken, daß er ihr weiter Anweisung gegeben hatte, die Handakten rechtzeitig, am Tage vor dem Termin oder dem Fristablauf, dem zuständigen Sachbearbeiter vorzulegen. Weiter hatte die Beklagte unter Bezugnahme auf die eidesstattliche Versicherung vorgetragen, daß die R. vor ihrer Einstellung bei der Beklagten längere Zeit im Büro des Rechtsanwalts M. tätig gewesen, von diesem in allen vorkommenden Büroarbeiten und im besonderen auch in der Führung der Terminkalenders unterwiesen, daß sie in dieser ihrer Tätigkeit von ihm durch regelmäßige Kontrolle hinsichtlich der Eintragungen in den Kalender und der rechtzeitigen Vorlage der Akten überwacht worden sei und daß sie sich stets als zuverlässig in ihrer Arbeit erwiesen habe. Als Leiter der Rechtsabteilung der Beklagten habe M. die Sache dann weiter genau so gehandhabt.

Das Berufungsgericht hätte nach dem Ausgeführten prüfen müssen, ob die Beklagte zur Überzeugung des Gerichts dargetan hatte, daß, wie behauptet, die Kontrolle der Termine und Fristen in der Rechtsabteilung der Beklagten in derselben Weise wie in einem Anwaltsbüro eingerichtet ist; gegebenenfalls hätte es gemäß § 139 ZPO. Beweisantritt hierfür durch die Beklagte anregen und Beweis erheben müssen. Gelangte es zur Bejahung der Frage, dann hätte es gemäß dem vorerwähnten Rechtsgrundsatz weiter prüfen müssen, ob die Angestellte R. in der Führung des Terminkalenders und der rechtzeitigen Vorlage der Akten danach durch den Leiter der Rechtsabteilung, Rechtsanwalt M., in genügender Weise unterwiesen und überwacht worden ist und sich darin bewährt hat. Dabei wäre dem Umstand besondere Beachtung zu schenken gewesen, daß vorliegend in derselben Sache zweimal der gerichtliche Verhandlungstermin versäumt worden ist, und es wäre zu untersuchen gewesen, worauf das zurückzuführen ist, ob etwa daraus ein Schluß auf eine nicht genügende Belehrung und Überwachung der R. gestattet ist, ob für Rechtsanwalt M. Anlaß bestanden hätte, ihr nach der Versäumung des ersten Termins die rechtzeitige Vorlage der Akten vor dem weiteren Verhandlungstermin besonders einzuschärfen. Danach wäre dann zu beurteilen gewesen, ob Rechtsanwalt M. hinsichtlich der Versäumung des zweiten Verhandlungstermins entlastet ist und ihn und damit die Beklagte an der Versäumung des Termins kein Verschulden trifft, die Versäumung vielmehr auf einem für die Beklagte unabwendbaren Zufall beruht.

RAG. 27, 36.

Liegt unentschuldigtes Fernbleiben von der Arbeit vor, wenn der Arbeiter am Tage der Wiederaufnahme der Arbeit nach Feiertagen erst mehrere Stunden nach dem festgesetzten Beginn der Arbeitsaufnahme wieder zur Arbeit kommt? Kann ihn die Duldung früherer kürzerer Verspätungen entschuldigen?

Anordnung zur Durchführung des Vierjahresplanes über die Lohnzahlung an Feiertagen vom 3. Dezember 1937 (RArbBl. I S. 320). Bestimmungen über den Fortfall der Feiertagsbezahlung bei unentschuldigtem Fernbleiben von der Arbeit vor und nach Feiertagen vom 16. März 1940 (RArbBl. I S. 125).

Urteil vom 20. November 1942.

I. Arbeitsgericht Wuppertal. — II. Landesarbeitsgericht daselbst.

Der Kläger ist seit einigen Jahren bei der Beklagten als Schleifer im Akkord beschäftigt. Die Beklagte hat ihm den Lohn für den 2. Pfingstfeiertag, den 25. Mai 1942, verweigert, weil er am Dienstag nach Pfingsten seine Arbeit nicht um 7 Uhr, sondern erst nach der Frühstückspause um 9½ Uhr aufgenommen habe. Der Kläger bestritt dies nicht, ist aber der Ansicht, daß sein Zuspätkommen zur Arbeit die Verweigerung der Bezahlung des Feiertages nicht rechtfertige, weil er als Schleifer an eine bestimmte Arbeitszeit nicht gebunden und mit Einverständnis des Betriebsführers ständig später zur Arbeit gekommen sei. Das Arbeitsgericht wies die Klage auf Zahlung seines Durchschnittstagesverdienstes von 16,36 RM ab, das Berufungsgericht erkannte dagegen nach dem Klageantrage. Die Revision führte zur Wiederherstellung des arbeitsgerichtlichen Urteils.

Gründe:

Wie in der Entscheidung RAG. Bd. 26 S. 88 eingehend dargelegt ist, bezweckt die Anordnung über den Fortfall der Feiertagsbezahlung bei unentschuldigtem Fernbleiben von der Arbeit vor und nach den Feiertagen vom 16. März 1940, die Unzuträglichkeiten und Schwierigkeiten zu beseitigen, die den Betrieben dadurch entstehen, daß Gefolgschaftsmitglieder in Verkennung der ihnen durch die Feiertagsanordnung gewährten Wohltat glauben, den Arbeitslohn an dem letzten Tage vor oder an dem ersten Tage nach den Feiertagen entbehren zu können, infolgedessen an diesen Tagen — ohne Grund — ganz oder teilweise der Arbeit fernbleiben und die Betriebe so in die Ungewißheit versetzen, ob und inwieweit die Arbeitskraft der Gefolgschaftsmitglieder bei Schluß der Arbeit vor einem Feiertag und bei Wiederbeginn nach demselben zur Verfügung steht. Um diesen den Betrieb wie die Kriegswirtschaft gefährdenden Mißbräuchen entgegenzutreten, wurde die den Arbeitern durch die Anordnung über die Feiertagsbezahlung vom 3. Dezember 1937 gewährte Vergünstigung für den Fall des unentschuldigten Fortbleibens vor und nach dem Feiertag wieder zurückgenommen. Dieser Zweck, die volle Inganghaltung des Betriebes bis zu dem Feiertag und die volle Inbetriebsetzung nach dem Feiertag zu sichern, erfordert, wie das Landesarbeitsgericht mit Recht annimmt, die Anwendung dieser Bestimmung nicht nur dann, wenn der Arbeiter am Tage der Wiederaufnahme der Arbeit eine Schicht ganz versäumt, sondern auch dann, wenn er einem wesentlichen Teil derselben unentschuldigt fernbleibt. Ein Fernbleiben von der Arbeit im Sinne der Anordnung vom 16. März 1940 liegt somit auch schon dann vor, wenn der Arbeiter sich nicht nur etwas verspätet, sondern seine Arbeit ohne Grund erst mehrere Stunden „nach dem festgelegten Zeitpunkt" wiederaufnimmt. In diesem Falle hat der Arbeiter, wie es in der Anordnung ausdrücklich heißt, keinen Anspruch auf Bezahlung des vorhergehenden Feiertages. Dieser Anspruch ist somit von der pünktlichen Wiederaufnahme der Arbeit nach dem Feiertage, sei es aufschiebend, sei es auflösend, bedingt. Hat der Arbeiter ohne Grund seine Arbeit nicht zum festgelegten Zeitpunkt wieder aufgenommen, so ist ihm ein Anspruch auf die Bezahlung des Feiertages überhaupt nicht erwachsen.

Ein solches unbefugtes Fernbleiben würde nun allerdings nicht vorliegen, wenn der Kläger bisher schon ohne Widerspruch des Betriebsführers die Arbeit ständig oder zumindest nach Sonn- und Feiertagen nach seinem Belieben aufgenommen hatte, er in der Gestaltung seiner Arbeitszeit völlig frei war. Das hat der Kläger zwar behauptet, aber nicht bewiesen; es ergibt sich insbesondere nicht aus der Bekundung seines Arbeitskameraden L., der ebenso wie er im Akkord Schleifarbeiten macht. Das Berufungsgericht hat denn auch nur festgestellt, daß der Kläger seine Arbeiten morgens dauernd unpünktlich, d. h. einige Minuten bis 1/4 oder höchstens 1/2 Stunde später aufgenommen hat. Selbst wenn die Beklagte das mit Rücksicht auf die verwandtschaftlichen Beziehungen des Klägers oder aus sonstigen Gründen mehr oder weniger geduldet und ihn nur ermahnt hat, aber gegen seine Unpünktlichkeit nicht ernstlich eingeschritten ist, so konnte der Kläger daraus doch nicht die Berechtigung entnehmen, nach dem Feiertag seine Arbeit erst nach der Frühstückspause, d. h. erst 2 1/2 Stunden später aufzunehmen. Die Duldung von kleinen Pflichtwidrigkeiten berechtigt den Arbeiter nicht zu größeren Pflichtwidrigkeiten und nimmt dem Unternehmer nicht das Recht, nunmehr von allen ihm zu Gebote stehenden Mitteln zur künftigen Verhinderung von Pflichtwidrigkeiten Gebrauch zu machen. Da der Fortfall der Bezahlung des Feiertages bei unentschuldigtem Fernbleiben gerade auf die ihrer Pflichten sich nicht bewußten Gefolgschaftsmitglieder erzieherisch einwirken soll (RAG. Bd. 26 S. 90), kann es auch entgegen der Meinung des Landesarbeitsgerichts von den Grundsätzen der Betriebsgemeinschaft, d. h. der beiderseitigen Treupflichten aus, nicht mißbilligt werden, wenn die Beklagte sich auf den Wegfall des Anspruchs gemäß der Anordnung vom 16. März 1940 beruft. Selbst wenn sie, wie das Berufungsgericht meint, nur diese Gelegenheit benutzt haben sollte, um den Kläger für seine dauernden Unpünktlichkeiten zu bestrafen, d. h. erzieherisch auf ihn einzuwirken, so kann das nicht dazu führen, dem Kläger einen Anspruch auf Bezahlung des Feiertages zuzuerkennen, den er durch eigenes Verhalten verwirkt hat.

RAG. 27, 43.+

Kann von einem wegen seiner besonderen Sachkenntnisse zur Vermeidung eines Zuwiderhandelns gegen gesetzliche Vorschriften in einem Betriebe angestellten Fachmann, der durch gröbliche Pflichtverletzung die Verhängung einer Ordnungsstrafe (Geldstrafe) gegen den Betriebsführer verschuldet hat, Ersatz der Strafe verlangt werden? Unterliegt dieser Schadensersatzanspruch der 6monatigen Ausschlußfrist der Ansprüche aus dem Angestelltenverhältnis?

ABGB. §§ 1295, 1489. Öst. Gesetz vom 11. Mai 1921 (BGBl. Nr. 292) über den Dienstvertrag der Privatangestellten (Angestelltengesetz) — AngG. — § 34. Öst. Strafgesetz vom 27. Mai 1852 (öst. RGBl. Nr. 117) § 310.

Beschluß vom 27. November 1942.

I. Gewerbegericht Klagenfurt. — II. Landgericht daselbst.

Die Klägerin machte gegen den Beklagten einen Schadensersatzanspruch in der Höhe von 5000 RM geltend. Sie behauptet, der Beklagte sei von ihr in ihrem Betriebe ausdrücklich zur Überwachung und Einhaltung sämtlicher Vorschriften der Überwachungsstellen angestellt worden, weil er angegeben habe, die erforderlichen Fachkenntnisse im Zivil- und Handelsrecht, im Arbeitsrecht und in der Buchhaltung sowie im Mahnwesen und der Vermögensverwaltung nach den Gesetzen des Altreiches zu besitzen. Durch grobe Pflichtverletzung habe er es verschuldet, daß im Betriebe der Klägerin die Preise für Militärleder nicht ordnungsgemäß errechnet worden seien und daß es deshalb zu einem Einspruch des Preiskommissars in Berlin und zur Verhängung einer Ordnungsstrafe von 5000 RM gegen sie durch die Preisüberwachungsstelle beim Reichsstatthalter in Kärnten gekommen sei. Der Beklagte bestritt jedes Verschulden an dieser Bestrafung der Klägerin und wandte überdies Verjährung und Verwirkung des Anspruches ein. Beide Untergerichte erachteten unter Ablehnung aller Beweisanträge den Klageanspruch für unbegründet, weil sie in Übereinstimmung mit der Entscheidung des ehemaligen Obersten Gerichtshofes in Wien vom 23. Januar 1917 (OGSlg. Nowak, Neue Folge Bd. XIX Nr. 1817) den Rechtsstandpunkt einnahmen, daß die von einer Behörde verhängte Geldstrafe nicht auf jemanden anderen abgewälzt werden könne.

Die Revision der Klägerin führte zur Aufhebung des Berufungsurteils und zur Zurückverweisung der Sache an das Berufungsgericht aus folgenden

Gründen:

Das Reichsgericht hat sich bereits in seiner Entscheidung vom 10. Juni 1942, III 14/42 (RGZ. Bd. 169 S. 267) mit der auf ähnlichem Gebiete liegenden Frage befaßt, ob ein Steuersachberater seinem Auftraggeber verantwortlich sei, wenn er ihn durch schuldhaft fehlsamen Rechtsrat daran gehindert habe, wegen verübter Steuerhinterziehungen rechtzeitig eine Selbstanzeige (§ 410 der Reichsabgabenordnung) zu erstatten, und der Auftraggeber dann mit einer Steuergeldstrafe belegt worden sei. Das Reichsgericht bejahte in jenem Falle den ursächlichen Zusammenhang für den vertraglichen Schadensersatzanspruch schon aus dem Grunde, daß der Steuerberater dem Auftraggeber die Erlangung der Straffreiheit vereitelt habe, und erklärte, daß das Steuervergehen des Auftraggebers nur eine historische Vorbedingung für den Schaden bilde. Es sprach namentlich aus, daß der Ersatz der Geldstrafe solchenfalls keine Begünstigung nach § 257 des Reichsstrafgesetzbuches darstelle und auch sonst keinen grundsätzlichen Bedenken unterliege.

Die in jener Entscheidung ausgesprochenen Rechtsgrundsätze sind auch für den vorliegenden Rechtsfall anzuwenden.

Die Untergerichte haben bisher ausgehend von ihrer gegenteiligen Rechtsauffassung den tatsächlichen Vorgang noch nicht festgestellt. Insbesondere steht daher noch nicht fest, daß die Klägerin, wie der Beklagte einwendet, durch einen Vorgang, an dem er überhaupt nicht beteiligt war, gegen die Preisbildungsvorschriften verstoßen habe. Sie habe es nämlich ohne sein Wissen und ohne sein Zutun unterlassen, die Grundpreise für einzelne von ihr vertriebene Ledersorten durch den Reichskommissar für die Preisbildung genehmigen zu lassen, und habe einige Ledersorten nicht mit den ursprünglichen Sortimentbezeichnungen angeboten und geliefert, sondern neue Sortimente gebildet, obwohl eine Veränderung der in der Vergleichszeit aus den Häutepartien durchschnittlich herausgebrachten Sortimente nicht zulässig sei. Es ist daher bei der Prüfung der hier zu lösenden Frage einstweilen von den Tatsachenbehauptungen der Klägerin auszugehen, welche den begangenen Verstoß gegen die Preisbildungsvorschriften ausschließlich auf eine grobe Pflichtversäumnis des Beklagten zurückführt. Unter der Voraussetzung, daß eine solche gröbliche Pflichtverletzung des Beklagten, der gerade wegen seiner Gesetzes- und Fachkenntnisse bei der Klägerin angestellt wurde, nachgewiesen würde, könnte der Klägerin das Recht nicht abgesprochen werden, Schadensersatz von dem Beklagten zu verlangen, sofern ihre Verurteilung nicht wegen eigener schuldhafter Säumigkeit in der Aufsicht über den Beklagten erfolgt ist. . . . Die Besonderheit des von der Klägerin geltend gemachten Ersatzanspruches für die ihr auferlegte Ordnungsstrafe liegt vielmehr darin, daß sie eben zur Vermeidung eines Zuwiderhandelns gegen gesetzliche Vorschriften einen Fachmann angestellt hat, der nach ihrer Behauptung durch Verletzung der ihm obliegenden Pflichten ihre Bestrafung verschuldet hat. Die Klägerin darf sich in einem solchen Falle darauf verlassen, daß der von ihr angestellte Fachmann die dem Gesetz entsprechenden notwendigen Maßnahmen treffe, um seine Dienstgeberin vor Nachteilen zu bewahren. Eine Überprüfung der Tätigkeit ihres fachkundigen Angestellten kann der Klägerin in einem solchen Falle nur insoweit zugemutet werden, als ihr etwa von dem Fachmann begangene Verstöße auch ohne eingehende Sachkenntnisse hätten auffallen müssen. Daß dies aber der Fall gewesen wäre, wird gleichfalls nicht behauptet. Ausgehend von diesen Grundsätzen wird daher das Berufungsgericht die Akten über die Verhängung der Geldstrafe heranzuziehen und zu prüfen haben, ob der Klägerin wegen eines eigenen Verschuldens ihres Inhabers oder Leiters an der Verletzung der Preisbildungsvorschriften oder bloß aus dem Grunde der Haftung für vom Beklagten begangene Verstöße ohne Rücksicht auf den Mangel eines Verschuldens der Klägerin die Ordnungsstrafe auferlegt wurde.

Das Verlangen der Klägerin nach Schadensersatz widerspricht keinem gesetzlichen Verbot. Es wurde schon oben erwähnt, daß der Ersatz einer bezahlten Geldstrafe durch einen anderen nicht als Begünstigung nach § 257 des deutschen Strafgesetzes anzusehen ist. . . .

RAG. 27, 87.+

1. Ist bei der Kündigung von Dienstverträgen die Beifügung von Bedingungen zulässig, deren Eintritt ausschließlich von dem Willen des Kündigungsempfängers abhängig ist?

2. . . .

3. . . .

BGB. §§ 158, 620.

Urteil vom 8. Januar 1943.

I. Arbeitsgericht Breslau. — II. Landesarbeitsgericht daselbst.

. . .

Gründe:

. . .

Die Revision macht demgegenüber zunächst geltend, es liege eine wirksame Kündigung durch den Kläger schon deshalb nicht vor, weil der Kündigung eine Bedingung angefügt gewesen sei, die Kündigung aber unbedingt erfolgen müsse. Richtig ist, daß der Kläger nur für den Fall die Kündigung des Arbeitsvertrages ausgesprochen hat, daß seine Abordnung nach T. nicht erfolge, richtig ist auch, daß die Kündigung grundsätzlich unbedingt erfolgen muß und daß Kündigungen, die unter einer Bedingung ausgesprochen werden, grundsätzlich nichtig sind. Eine Ausnahme gilt aber für Bedingungen, deren Eintritt ausschließlich von dem Willen des Kündigungsempfängers abhängt, wie vorliegend die Kündigung von der Entscheidung des Beklagten über die Abordnung des Klägers nach T. abhängig gemacht ist. Derartige Bedingungen, die bei Kündigungen gesetzt werden, mit denen der kündigende Teil eine Änderung der Arbeitsbedingungen erreichen und für den Fall der Ablehnung das Arbeitsverhältnis beendigen will, sind im Arbeitsleben üblich und stehen der Gültigkeit der Kündigung nicht entgegen (RAG. Bd. 4 S. 14 [17], ArbRSamml. Bd. 6 S. 176, Bd. 8 S. 67). Es handelt sich im vorliegenden Fall um eine solche Bedingung, deren Eintritt ausschließlich vom Willen des Beklagten abhing und die die Kündigung nicht nichtig machen konnte.

. . .

RAG. 27, 109.

Muß der Unternehmer einem Gefolgschaftsmitglied, das im Zusammenhang mit dem Arbeitsverhältnis durch Fahrlässigkeit eines Arbeitskameraden verletzt worden ist, unter allen Umständen zur Klärung der Haftung Hilfe leisten und Auskunft geben? Inwieweit ist

insbesondere die Reichsbahn zur Auskunft über die Zusammenhänge eines Unfalls verpflichtet, wenn sie selbst seine eindeutige Klärung nicht für möglich hält?

AOG. § 2.

Urteil vom 15. Januar 1943.

I. Arbeitsgericht Berlin. — II. Landesarbeitsgericht daselbst.

Der Kläger ist Betriebsarbeiter der Beklagten. Am 15. Juli 1939 erlitt er auf dem Bahnbetriebswerk K. einen Unfall. Er stürzte bei seiner Arbeit von dem Tender einer Lokomotive, als eine andere Lokomotive dagegen fuhr, die von einer dritten angestoßen worden war. Die dritte Lokomotive bediente der Lokomotivführer M.

Der Kläger verlangte in einem Rechtsstreit von M. Ersatz des durch Krankengeld und Unfallrente nicht gedeckten Lohnausfalles mit 879,50 RM und mindestens 300 RM Schmerzensgeld. Die Klage wurde durch rechtskräftig gewordenes Urteil des Landgerichts vom 15. November 1941 abgewiesen. Die zuständige Reichsbahnstelle hatte gegen M. einen Strafbescheid erlassen, den aber die Reichsbahndirektion in dem Rechtsstreit als nicht richtig begründet bezeichnete.

Der Kläger verlangte darauf von der Beklagten die Namhaftmachung der Personen, die den Unfall nach dem Gutachten herbeigeführt haben, das der Sachverständige F. in dem Rechtsstreit gegen M. erstattet hatte. Die Beklagte hielt sich dazu nicht für verpflichtet und verweigerte die verlangten Angaben, um dienstliche Reibungen zu vermeiden und nicht eine Scheu vor verantwortlichem Handeln zu wecken. Außerdem bestritt sie ein Verschulden eines ihrer Gefolgschaftsmitglieder und ein Rechtsschutzinteresse des Klägers, der durch die Unfallversicherung entschädigt sei.

Das Arbeitsgericht verurteilte die Beklagte auf Grund des § 2 AOG., dem Kläger diejenigen Personen namhaft zu machen, die nach dem angeführten Gutachten den Unfall herbeigeführt haben können. Das Berufungsgericht wies die Berufung der Beklagten zurück. Die Revision der Beklagten führte zur Aufhebung und Klagabweisung.

Gründe:

An die Ausdeutung des Inhalts eines jeden Arbeitsvertrages ist von der im Wesen des Arbeitsverhältnisses liegenden, nun auch in § 2 AOG. gesetzlich verankerten Grundlinie der Fürsorgepflicht des Unternehmers aus heranzutreten. So gesehen, legt der Arbeitsvertrag ganz allgemein dem Unternehmer nicht nur die Pflicht auf, die Gefolgschaft vor Schäden im Betrieb und durch den Betrieb zu bewahren, sondern auch die Pflicht, einem verletzten Gefolgschaftsmitglied bei der Wiedergutmachung eines im Zusammenhang mit dem Arbeitsverhältnis entstandenen Schadens beizustehen, auch soweit der Unternehmer selbst für den Schaden nicht haftet. Diese Beistandspflicht hat sich in zumutbaren Grenzen zu halten, der Unternehmer darf durch seine Inanspruchnahme nicht mit höheren Pflichten oder mit Interessen, die berechtigterweise voranzustellen sind, in Widerspruch gebracht werden. Soweit solche Gründe nicht entgegenstehen, hat er dem Gefolgschaftsmitglied insbesondere betriebstechnische Auskünfte zu geben, die ihm zur Verfolgung seiner Rechte auf Wiedergutmachung des Schadens dienlich sein können. Auch der Anspruch auf Auskunftserteilung ist also durch die Zumutbarkeit der Hilfeleistung begrenzt, die Grenze im Einzelfall im Rechtsweg zu prüfen.

Der Kläger hat nicht nur die Angabe der Personen verlangt, die bestimmte Verrichtungen ausgeführt haben, sondern die Namhaftmachung derjenigen, die den Unfall nach dem in dem Rechtsstreit gegen M. erstatteten Sachverständigengutachten als die möglichen Schuldigen herbeigeführt haben oder herbeigeführt haben können. Die Reichsbahn war an jenem Rechtsstreit nicht beteiligt. Sie konnte daher auf die Berichtigung oder Ergänzung des Gutachtens keinen Einfluß nehmen. Ihre eigenen Ermittlungen über den Unfall hatten kein eindeutiges Ergebnis gezeitigt. Die Reichsbahn sollte durch das Ansinnen des Klägers gezwungen werden, ohne Rücksicht auf ihr eigenes Urteil über die Ursache des Unfalles den Kläger in der Ausmittlung derjenigen Gefolgschaftsmitglieder zu unterstützen, die nach dem betriebsfremden Gutachten schuldig gewesen sein können. Insofern war eine Stellungnahme der Reichsbahn zur Schuldfrage wenigstens dahin verlangt, daß sie sich dem Gutachten unterwerfe und zur Verfolgung von Gefolgschaftsangehörigen beitragen sollte, die sie selbst nicht für schuldig hielt. Dadurch geriet die Beklagte in die Gefahr, den Kläger zu einem Rechtsstreit zu ermutigen, den sie für aussichtslos ansah, und auf der anderen Seite Gefolgschaftsmitglieder zu belasten, die sie für schuldlos hielt. Sie sollte dem Kläger eine Unterstützung leihen, mit der sie ihm nicht zu nützen glaubte und von der sie eine zwecklose Beunruhigung in die übrige Gefolgschaft hineinzutragen fürchtete. Wenn sie unter solchen Umständen ihre weitere Hilfe verweigerte, kann ihr daraus nicht der Vorwurf der Verletzung ihrer in der Betriebsverbundenheit wurzelnden Fürsorgepflicht gemacht werden. Die Ausdehnung der bahnamtlichen Ermittlungen kann und will der Kläger selbst der Beklagten nicht vorschreiben. Sein Verlangen müßte aber doch zwangsläufig zu dieser Folge führen, da die bloße Unterwerfung der Beklagten unter das Gutachten, das sie für irrig hielt, nach ihrer Auffassung alles andere als eine fürsorgliche Unterstützung des Klägers wäre. Anhaltspunkte dafür, daß die Reichsbahn zu ihrer Auffassung über die Sach- und Rechtslage ohne die erforderliche Sorgfalt gekommen wäre, sind nicht gegeben, das entgegenstehende Gutachten in dem vorhergegangenen Rechtsstreit ist dafür kein Beweis.

Der Hinweis des Berufungsgerichts auf die §§ 158, 159 StPO. — richtig jetzt § 161 — läßt unbeachtet, daß hier das Ermessen über die Ausdehnung der Ermittlungen der staatlichen Behörde vorbehalten und ebenfalls dem Verletzten entzogen ist. Nur von dem Ermessen der Staatsanwaltschaft hängt es weiter ab, wieweit das Ergebnis der Ermittlungen dem Verletzten mitzuteilen ist. Es ist also nicht richtig, daß der Kläger zum Ziel gekommen wäre, wenn er den Umweg gegangen wäre.

Die Behauptung des Klägers in der Revision, M. sei ihm von der Beklagten selbst zunächst als der Schuldige bezeichnet worden, sie habe also damit den jetzt von ihr aufgestellten Grundsatz selbst durchbrochen, kann — ihre Richtigkeit unterstellt — die Beklagte nicht hindern, weitere Angaben zu verweigern, wenn sie auf Grund ihrer Ermittlungen nun zu der Überzeugung gekommen ist, daß sich die Schuldfrage nicht eindeutig klären läßt.

RAG. 27, 126.

Kann der Angestellte, der Monatsgehalt bezieht, an den Feiertagen Überstundenbezahlung verlangen, wenn ihm sonst Überstunden besonders vergütet wurden und die Überstunden längere Zeit zu leisten waren?

Anordnung zur Durchführung des Vierjahresplans über die Lohnzahlung an Feiertagen vom 3. Dezember 1937 (RAnz. Nr. 280 vom 4. Dezember 1937, RArbBl. I S. 320).

Urteil vom 29. Januar 1943.

I. Arbeitsgericht Magdeburg. — II. Landesarbeitsgericht daselbst.

Der Kläger ist im Betriebe der Beklagten gegen ein Monatsgehalt angestellt. Mehrere Monate vor dem 1. Januar 1942 und mehrere Monate nachher hat er ständig an jedem Donnerstag und Freitag mindestens zwei Überstunden geleistet und hat dafür einen Mehrarbeitszuschlag erhalten. Er verlangte diese Zuschläge mit insgesamt

10,56 RM auch für die Weihnachtsfeiertage, Donnerstag den 25. und Freitag den 26. Dezember 1941, und den Neujahrstag, Donnerstag den 1. Januar 1942, an denen nicht gearbeitet wurde, sonst aber die Überstunden ebenfalls zu leisten gewesen wären.

Das Arbeitsgericht und das Landesarbeitsgericht erkannten nach dem Klageantrag. Die Revision der Beklagten wurde zurückgewiesen.

Gründe:

Nach der Anordnung des Beauftragten für den Vierjahresplan über die Lohnzahlung an Feiertagen vom 3. Dezember 1937 ist den Gefolgschaftsmitgliedern an den Weihnachtsfeiertagen und am Neujahrstag der regelmäßige Arbeitsverdienst zu zahlen. Durch Tarifordnung oder Betriebs-(Dienst-)Ordnung kann bestimmt werden, was als regelmäßiger Arbeitsverdienst anzusehen ist. Eine solche Bestimmung ist für den Betrieb der Beklagten nicht getroffen worden.

Für das Urlaubsrecht gilt der Grundsatz, daß der Beurlaubte so zu bezahlen ist, als wenn er in der Urlaubszeit gearbeitet hätte (RAG. Bd. 20 S. 347 und oft). Für den Fall der Erkrankung hat die Rechtsprechung aus einem ganz anderen Rechtsgedanken die Verpflichtung, regelmäßige Mehrarbeit zu bezahlen, anerkannt, nämlich aus der Erwägung, daß die so verlängerte Arbeitszeit den Charakter der normalen Arbeitszeit bekomme und damit ihre Entschädigung zu der fortzuzahlenden „Vergütung" gehöre (RAG. Bd. 26 S. 270).

Nach dem Vorspruch der Feiertagsanordnung sollen die Arbeiter die Feiertage in Freude verleben können und dazu den regelmäßigen Arbeitsverdienst erhalten. Die Fassung der Vorschrift geht nicht so weit wie die Rechtsprechung im Urlaubsrecht, sie sieht nicht schlechthin die Bezahlung vor, die verdient worden wäre, wenn gearbeitet worden wäre. Sie rechtfertigt daher andererseits auch nicht die Anwendung einer Sonderregelung für die Urlaubsentschädigung auf die Feiertagsentschädigung (RAG. Bd. 24 S. 142). Aber sie deckt sich ganz offensichtlich mit dem von der Rechtsprechung für den Fall der Krankheit entwickelten Rechtsgedanken, daß die Mehrarbeit zu bezahlen ist, wenn sie zur normalen, zur regelmäßigen Arbeitszeit geworden ist. Dazu wird die Mehrarbeit, wenn sie, wie in dem Betrieb der Beklagten mehrere Monate vor und nach dem Jahreswechsel, so lange gedauert hat, daß die Gefolgschaft ihre Lebenshaltung nicht nur hinsichtlich des Arbeitsverdienstes, sondern hinsichtlich der Einteilung des Tages darauf eingestellt hat. Der so zur regelmäßigen Arbeitszeit gewordenen Mehrarbeit entspricht es, daß der Mehrverdienst der regelmäßige Arbeitsverdienst geworden ist. Anders wäre es bei Überstundenarbeit mit Mehrarbeitsverdienst, die nur vorübergehend infolge des Weihnachtsverkehrs oder des Jahresabschlusses oder gerade wegen des Arbeitsanfalles an den Feiertagen zu leisten ist.

Der Mehrarbeitsverdienst ist aber unter den hier gegebenen Umständen auch dem Angestellten zu zahlen, wenn ihm die Überstunden sonst besonders vergütet wurden (RAG. Bd. 26 S. 273). Auch bei ihm ist regelmäßiger Arbeitsverdienst nicht mehr das ursprünglich vereinbarte, für größere Zeitabschnitte bemessene Gehalt, sondern die Monate vorher und nachher wirklich verdiente Arbeitsvergütung. Die in RAG. Bd. 21 S. 300 erörterte Frage, ob der Monatsgehaltsempfänger die besondere Feiertagsbezahlung verlangen kann, wenn er die verlorene Arbeitszeit und den dadurch ausfallenden Verdienst durch vermehrte Arbeit wieder einbringen kann, ist hier, wo nur der Begriff der festen regelmäßigen Arbeitszeit und des damit zusammenhängenden regelmäßigen Arbeitsverdienstes zu bestimmen ist, gar nicht erst aufzuwerfen. Unerheblich ist auch, ob die Mehrarbeit einmal wieder eingestellt werden kann. Entscheidend ist, daß sie zur Zeit der Feiertage die regelmäßige und besonders bezahlte Arbeitszeit auch für den Kläger geworden war und daß sie auch an den Feiertagen eingehalten worden wäre, wenn an ihnen gearbeitet worden wäre.

RAG. 27, 137.

Sind die bei chronischen Gallenleiden auftretenden einzelnen Kolikanfälle als selbständige Krankheits- oder Unglücksfälle lohnvergütungspflichtig?

BGB. § 616. HGB. § 63. RGewO. § 133c Abs. 2. ZPO. § 412.

Urteil vom 12. Februar 1943.

I. Arbeitsgericht Aschaffenburg. — II. Landesarbeitsgericht Würzburg.

Die klagende Ortskrankenkasse macht aus abgetretenem Recht Lohnansprüche ihres Mitglieds, des technischen Zeichners H., in Höhe von 40 RM geltend. H. ist Angestellter der beklagten Firma. Er ist seit Jahren gallenleidend. Infolge des Leidens sind bei ihm mehrfach Gallenkoliken aufgetreten. Unstreitig ist er dieserhalb arbeitsunfähig gewesen:

1. vom 4. September bis 31. Oktober 1939.
2. vom 9. bis 28. Januar 1940,
3. vom 7. bis 17. Mai 1941.

Während der zuletzt genannten Erkrankung hat ihm die Beklagte keinen Lohn gezahlt, wogegen er von der Klägerin 40 RM Krankengeld erhalten hat. Der Lohn ist ihm verweigert worden, weil er in dem zu 1 genannten Falle, also im Jahre 1939, den vollen Lohn für 6 Wochen erhalten hatte. Die Klägerin, welche sich den Lohnanspruch in Höhe von 40 RM hat abtreten lassen, meint, es habe sich bei H. im Mai 1941 zwar um dasselbe Grundleiden wie 1939 gehandelt; darauf komme es nach § 133c Abs. 2 RGewO. aber nicht an, vielmehr sei jede Gallenkolik als neues Unglück (neuer Krankheitsfall) anzusehen, weil sie sich erst geraume Zeit nach Abheilung der früheren wiederholt habe.

Die Beklagte ist der Klage entgegengetreten. Sie ist der Auffassung, alle Ansprüche des H. gemäß der obengenannten Bestimmung seien schon im Jahre 1939 erschöpft gewesen, denn es habe sich immer um dieselbe Krankheit gehandelt. H. sei übrigens auch noch im Mai 1938 an drei Tagen, im November 1938 an zwei Tagen, im März 1939 an zehn Tagen und schließlich im Juli 1942 an zwei Tagen wegen Gallenkolik arbeitsunfähig gewesen.

Das Arbeitsgericht hat nach Einholung eines Gutachtens des Staatl. Gesundheitsamts in A. die Klage abgewiesen. Das Berufungsgericht hat ein Gutachten des Dozenten Dr. habil. S. eingeholt und hat der Klage daraufhin stattgegeben. Die von der Beklagten eingelegte Revision war erfolglos aus folgenden

Gründen:

Die Klage stützt sich auf § 133c Abs. 2 RGewO., eine Vorschrift, die mit § 63 HGB. und § 616 BGB. gleichbedeutend ist. Hiernach muß dem zur Dienstleistung Verpflichteten der Dienstlohn, jedoch nicht über die Dauer von sechs Wochen hinaus, weitergezahlt werden, wenn er durch unverschuldetes Unglück an der Leistung seiner Dienste verhindert wird. Im vorliegenden Falle hat dieses Unglück darin bestanden, daß der gallenleidende H. im Mai 1941 infolge eines Kolikanfalls für einige Tage arbeitsunfähig wurde. Er hatte aber schon früher derartige Anfälle erlitten, und während eines solchen im Jahre 1939 war ihm sein Dienstlohn für volle sechs Wochen seiner Arbeitsunfähigkeit weitergewährt worden. Die Frage, ob damit der Anspruch aus § 133c Abs. 2 RGewO. erschöpft war, hat das Berufungsgericht verneint.

Das Berufungsgericht folgt dabei den Grundsätzen, die in der Rechtsprechung des Reichsarbeitsgerichts entwickelt worden sind. Hiernach schließt die Wiederholung einer akuten Erkrankung die Anwendung der eingangs genannten Bestimmungen nicht aus, selbst wenn die wiederholten Krankheitsfälle auf demselben Grundleiden beruhen; nur muß bei Eintritt der späteren Erkrankung die frühere ausgeheilt und die volle Arbeitsfähigkeit wieder eingetreten sein. Insoweit kann auf das Urteil vom 4. Oktober 1930 RAG. 178/30 in ArbRSamml. Bd. 10 S. 349 [355] sowie auf RAG. Bd. 17 S. 281 und Bd. 26 S. 270 [275] verwiesen werden. Dagegen ist die von der Beklagten mehrfach erwähnte Entscheidung RAG. Bd. 22 S. 241 für den gegenwärtigen Rechtsstreit ohne wesentliche Bedeutung; denn sie behandelt den hier nicht in Betracht kommenden Fall, daß die zuerst eingetretene Erkrankung eine andersgeartete weitere Erkrankung nach sich zieht.

Über die Beurteilung der medizinischen Zusammenhänge waren in den Vorinstanzen zwei Gutachten erholt worden. Das erste davon — vom Staatl. Gesundheitsamt in A. erstattet — sieht die einzelnen Anfälle des H. nicht als in gewisser Weise selbständige Erkrankungen, sondern als eine einzige Erkrankung mit bloß teilweiser Unterbrechung der ärztlichen Behandlungsbedürftigkeit an, weil die zeitweise auftretenden Schmerzen und Kolikbeschwerden durch das chronische Gallenleiden des H. bedingt gewesen seien. In dem Gutachten des Dr. habil. S. ist dagegen folgendes ausgeführt: Die durch Kolikanfälle gekennzeichnete Cholecystopathie (Gallenleiden) sei von den schubweise verlaufenden chronischen Erkrankungen zu unterscheiden, da die einzelnen Kolikanfälle durchaus kein Fortschreiten der Erkrankung zu bedeuten brauchten. Das Grundleiden sei sozusagen als eine mit chronischer Krankheitsbereitschaft verbundene, nicht auszuheilende Anomalie, aber nicht als eine Krankheit im klinischen Sinne aufzufassen, und stehe daher im Gegensatze zu anderen chronischen und erst recht zu akuten Krankheiten. Zu einer Krankheit im klinischen Sinne komme es beim Hinzutreten exogener und endogener Reize erst durch den einzelnen Kolikanfall, der nach dem Verschwinden der klinischen Erscheinungen als ausgeheilt anzusehen sei, dem aber neue Anfälle folgen könnten. Der Sachverständige hat es der Beurteilung des Gerichts überlassen, ob der Anspruch in rechtlicher Hinsicht die Ausheilung des Grundleidens oder nur des einzelnen Kolikanfalls voraussetze. Für den zuletzt genannten Fall hat er sich dahin ausgesprochen, daß bei H. in der Tat jedesmal eine Ausheilung des Anfalls anzunehmen sei und daß jeder weitere Kolikanfall als neuer Unglücks-(Krankheits-)fall angesehen werden müsse. Das Berufungsgericht hat sich dieser Annahme des Sachverständigen angeschlossen. Da das Berufungsgericht, wie schon gesagt, in Übereinstimmung mit der herrschenden Rechtsprechung auf die Ausheilung des jeweils vorausgehenden Kolikanfalls abgestellt hat, ist es folgerichtig zur Bejahung des Klageanspruchs gelangt.

Die Revision macht demgegenüber geltend, das Berufungsgericht habe wegen der verschiedenen Auffassungen der Sachverständigen dem Antrage der Beklagten auf Anhörung eines Obergutachters entsprechen müssen. Dabei verkennt die Revision in verfahrensrechtlicher Hinsicht, daß die Erhebung weiteren Sachverständigenbeweises nach § 412 ZPO. dem pflichtgemäßen Ermessen des Berufungsgerichts anheimstand, dessen Ausübung im dritten Rechtszuge nicht nachgeprüft werden kann. In sachlicher Hinsicht besteht der Gegensatz zwischen beiden Gutachten im wesentlichen auch nur darin, daß das Gesundheitsamt eine einheitliche Erkrankung des H. schon deshalb annimmt, weil seine einzelnen Gallenkoliken auf demselben Grundleiden beruhen. Das entspricht aber nicht der Bedeutung, welche die oben angeführte herrschende Rechtsprechung mit dem Begriffe des Unglücks- oder Krankheitsfalls im Sinne der einschlägigen gesetzlichen Bestimmungen verbindet. Es mag dahinstehen, ob ausnahmsweise, nämlich wenn die Einzelerkrankungen besonders eng aufeinanderfolgen, das Grundleiden nach dem sich bietenden Gesamtbilde für die Beurteilung in den Vordergrund rücken kann. Ein solcher Fall ist jedoch hier nicht gegeben. Denn abgesehen davon, daß das Grundleiden des H. nach der Annahme des Berufungsgerichts eigentlich nur in einer fortdauernden Krankheitsbereitschaft besteht, hat das Berufungsgericht bereits darauf hingewiesen, daß zwischen dem hier in Betracht kommenden Kolikanfall vom Mai 1941, dem vorausgehenden vom Januar 1940 und dem nächstfolgenden vom Juli 1942 je ein Zwischenraum von mehr als einem Jahre gelegen hat. Dann aber können keine Rechtsbedenken dagegen obwalten, daß der Anfall vom Mai 1941 vom Berufungsgericht als selbständiger Krankheits- oder Unglücksfall angesehen worden ist.

RAG. 27, 140.

Ist der Unternehmer verpflichtet, die Habe seiner in einem Lager untergebrachten Gefolgschaftsmitglieder gegen Einbruchsdiebstahl zu versichern?

BGB. §§ 157, 242, 276. AOG. § 1 und § 2 Abs. 2. Gesetz über die Unterkunft bei Bauten vom 13. Dezember 1934 (RGBl. I S. 1234). Ausführungsverordnung zum Gesetz über die Unterkunft bei Bauten vom 24. Oktober 1938 (RGBl. I S. 1516) § 5 Abs. 5.

Urteil vom 19. Februar 1943.

I. Arbeitsgericht Düsseldorf. — II. Landesarbeitsgericht daselbst.

Der in Diensten der Beklagten stehende Kläger war in der Zeit, in der er als Betonarbeiter auf der Baustelle der Luftwaffe in A. beschäftigt war, mit den übrigen dort beschäftigten Gefolgsleuten der Beklagten und den Gefolgsleuten anderer mit dem Bau befaßten Unternehmerfirmen in einem von der Deutschen Arbeitsfront (DAF.) verwalteten Gemeinschaftslager des Reichsluftfahrtministeriums, Bauleitung Luftwaffe, untergebracht, und zwar seit November 1939. Im November 1940 wurde das dort von dem Kläger benutzte, ordnungsmäßig verschlossene Spind erbrochen, und es wurde ihm eine Reihe von Sachen gestohlen. Wegen des ihm dadurch entstandenen Schadens (Wert der entwendeten Sachen, Unkosten) nimmt er die Beklagte auf Ersatz in Höhe von 354,20 RM nebst Zinsen in Anspruch. Er behauptet, die Beklagte habe ihre Sorgfalts- und Fürsorgepflicht ihren in dem Lager untergebrachten Gefolgsleuten und so auch ihm gegenüber dadurch verletzt, daß sie es unterlassen habe, ihre in den Spinden während der Arbeit aufzubewahrende Habe gegen Einbruchsdiebstahl zu versichern. Das sei besonders auch deshalb erforderlich gewesen, weil das Lager nicht verschlossen gewesen sei und von Fremden habe betreten werden können. Die zuständige Gauwaltung der DAF. habe die Beklagte auf die Notwendigkeit dieser Versicherung noch besonders aufmerksam gemacht.

Die Beklagte bestritt den Anspruch. Sie erklärte das Verlangen der Versicherung der Sachen ihrer Gefolgsleute in dem Lager gegen Diebstahl als eine Überspannung ihrer Sorgfalts- und Fürsorgepflicht. Die Versicherung sei ihr auch nach den gegebenen Umständen nicht zuzumuten, übrigens auch nicht durchführbar gewesen, weil die Versicherungsgesellschaften solche Versicherungen gegen Einbruchsdiebstahl ablehnten.

Der Kläger erzielte in allen 3 Instanzen ein obsiegendes Urteil.

Gründe:

Die Rechte und Pflichten des Unternehmers und des Gefolgsmanns aus einem Dienst- und Arbeitsverhältnis beurteilen sich außer nach den bestehenden Gesetzen, den Tarif- und Betriebsordnungen und einzelvertraglichen Vereinbarungen im gegebenen Falle nach den besonderen Umständen gemäß dem Grundsatz von Treu und Glauben mit Rücksicht auf die Verkehrssitte (§§ 167, 242 BGB., vgl. hierzu die Urteile des Reichsarbeitsgerichts vom 26. Juni 1929 (RAG. 673/28 und vom 30. November 1929 RAG. 305/29 in ArbRSamml. Bd. 6 S. 370 und Bd. 7 S. 482) und entsprechend der jetzt herrschenden Anschauung über das Arbeitsverhältnis nach dem Grundgedanken der Betriebsgemeinschaft und der Treue- und Fürsorgepflicht (§ 1, § 2 Abs. 2 AOG.). Die Besonderheit der Bauunternehmungen bringt es nun mit sich, daß die Arbeiten vielfach an außerhalb des Betriebssitzes des Unternehmens gelegenen Orten ausgeführt werden müssen. Das hat zur Folge, daß die Gefolgsleute häufig weite Wege unter Benutzung von Verkehrsmitteln machen müssen, um zu ihrer Arbeitsstätte zu gelangen, oder daß sie, wenn sie nicht täglich den Weg zur und von der Arbeitsstätte nach Hause machen können, an den auswärtigen Bauorten übernachten müssen und so etwa nur Sonntags zu ihrem Wohnort zurückkehren können. Er erschien recht und billig und dem Fürsorgegedanken entsprechend, die Gefolgsleute unter gewissen Voraussetzungen, besonders wenn sie für Arbeiten am Betriebssitz eingestellt waren und zunächst mit auswärtigen Arbeiten nicht zu rechnen brauchten, wegen der ihnen durch die auswärtige Beschäftigung verursachten Unbequemlichkeiten und Unkosten zu entschädigen. So wurde in den Bautarifordnungen (vgl. §§ 4 flg. der früheren Reichsbautarifordnung vom 26. November 1936, RArbBl. VI S. 1229, und §§ 6 flg. der gegenwärtig geltenden Reichstarifordnung für das Baugewerbe vom 1. November 1941, RArbBl. IV S. 1592) entsprechende Bestimmungen über das an die Gefolgsleute solchenfalls zu zahlende Wegegeld, die Auslösung und Trennungsentschädigung sowie die Unterkunftsgewährung getroffen.

Der Gesetzgeber des Reichs sah sich aber — nach dem Vorgang der Gesetzgeber von Ländern — weiter veranlaßt, für die Unterkunft zumal der an solchen auswärtigen Baustellen beschäftigten Arbeiter besondere Regelungen zu treffen. Durch das Gesetz über die Unterkunft bei Bauten vom 13. Dezember 1934 wurde den Unternehmern die Verpflichtung auferlegt, für Arbeiter, wenn sie keine eigene leicht erreichbare Unterkunft haben, geeignete Schlaf- und Aufenthaltsräume bereitzustellen (§ 1 des Ges.). In der gemäß § 2 zu diesem Gesetz zunächst erlassenen Ausführungsverordnung vom 10. Januar 1935 (RGBl. I S. 10) und sodann in der jetzt geltenden Ausführungsverordnung vom 24. Oktober 1938 wurden für die Herrichtung dieser Unterkünfte nähere Vorschriften gegeben. Dabei wurde auch bestimmt, daß, wenn auf einer Baustelle gleichzeitig mehrere Unternehmer tätig sind, sie eine gemeinsame Unterkunft errichten können (§ 1 Abs. 6 der letztgenannten Verordnung). Diese gesetzlichen Bestimmungen gewannen besondere Bedeutung mit den großen Bauvorhaben des Reichs (u. a.

Reichsautobahnen) und mit den mit der Wehrwirtschaft und der Kriegswirtschaft im Zusammenhange stehenden Bauvorhaben, die vielfältig die Heranziehung von mit ihrem Betriebssitz weit entfernten Unternehmungen und die Abordnung von Arbeitern durch diese zu den Baustellen notwendig machten.

So hatte auch die Beklagte eine größere Zahl von Gefolgsleuten zu der Baustelle in A. entsandt, die dort entsprechend der Bestimmung des § 1 Abs. 6 der Verordnung in einem von dem Reichsluftfahrtministerium, Bauleitung Luftwaffe, zur Verfügung gestellten, von der DAF. verwalteten Lager gemeinsam mit Gefolgsleuten anderer Unternehmer untergebracht waren. Wenn die Arbeiter auch von der Bauleitung der Luftwaffe in diese Lager eingewiesen wurden, so blieb doch die nähere Sorge für die Unterkunft ihrer Gefolgsleute, wie sie in dem Gesetz und im besonderen in der Verordnung vorgeschrieben ist, den Unternehmern, als wenn sie das Lager selbst bereitgestellt hätten.

§ 5 Abs. 5 der Verordnung bestimmt nun hinsichtlich der Aufbewahrung der Kleider und anderer Sachen, daß jedem Arbeiter ein verschließbarer Kleiderbehälter oder Schrank zur Unterbringung der für die Dauer der Beschäftigung benötigten Kleider und Eßvorräte zuzuweisen ist. Mit dieser und den weiter in der Verordnung enthaltenen Bestimmungen über die Unterkunft der Gefolgsleute, so auch über die Aufbewahrung des Werkzeugs und von Fahrrädern (§ 1 Abs. 15 und 16), ist entgegen der Ansicht der Beklagten nicht eine erschöpfende Regelung der dem Unternehmer gegenüber seinen Gefolgsleuten in solcher Lage obliegenden Verpflichtungen hinsichtlich der Sicherung ihrer Habe getroffen worden. Sie stellen vielmehr nur Mindestanforderungen an den Unternehmer in dieser Richtung dar. Im § 9 der Verordnung ist denn auch der Aufsichtsbehörde das Recht eingeräumt, im Einzelfalle weitere Anforderungen zu stellen, sofern sie diese nach der Art der Arbeiten und nach der Lage der Baustelle für notwendig hält. Die Besonderheit des einzelnen Falles kann aber für sich schon aus dem Gedanken der Betriebsgemeinschaft und dem Fürsorgegedanken heraus hinsichtlich der Bewahrung der Gefolgsleute vor Schaden wegen ihrer in der Unterkunft aufzubewahrenden Sachen weitere Verpflichtungen des Unternehmers begründen. Es kann gegebenenfalls als eine Rechtspflicht des Unternehmers angesehen werden, dem Gefolgsmann für seine Sachen Versicherungsschutz, so gegen Feuersgefahr, zu gewähren. Letzteres hat das Reichsarbeitsgericht in dem Urteil vom 18. November 1941, RAG. 70/41 (RAG. Bd. 26 S. 1) für den dort beurteilten Fall bejaht, während es in einem weiteren Urteil vom 3. Juli 1942, RAG.

48/42 (RAG. Bd. 27 S. 1) die Verneinung dieser Versicherungspflicht nach den besonderen Umständen des zur Entscheidung stehenden Falles gebilligt hat.

Gegenwärtig handelt es sich um die Frage, ob und inwieweit eine Rechtspflicht des Unternehmers anzunehmen ist, die Habe seiner in der vorgeschriebenen Weise in einem Arbeitslager untergebrachten Gefolgsleute gegen Einbruchsdiebstahl zu versichern. Eine allgemeine Verpflichtung zu solchen Versicherungen, für die sich nach den Auskünften der Industrie- und Handelskammer in D. vom 5. Mai 1942 und der Wirtschaftsgruppe Bauindustrie, Bezirksgruppe Westfalen-Niederrhein, vom 8. April 1942 auch in dem hier in Betracht kommenden Bereiche noch keine Übung herausgebildet hat, ist nicht anzunehmen, wie das auch für die Versicherung gegen Feuersgefahr in den genannten Urteilen des Reichsarbeitsgerichts verneint worden ist. Doch ist dem Berufungsgericht darin zuzustimmen, daß nach den besonderen Umständen des einzelnen Falles eine Verpflichtung des Unternehmers zur Versicherung der Sachen des Gefolgsmanns gegen Einbruchsdiebstahl anzuerkennen sein kann.

. . .

Die etwa 50 Mann umfassende Gefolgschaft der Beklagten, die in dem von der DAF. verwalteten Gemeinschaftslager untergebracht gewesen und von weit her gekommen sei, hätte, wie der Beklagten bewußt gewesen sei, nicht nur ihre Straßenkleidung, sondern auch bessere Kleidung und andere wertvollere Sachen in das Lager mitgebracht und dort verwahrt, weil sie längere Zeit nicht hätte nach Hause kommen können. Außer ihren Gefolgsleuten seien, wie der Beklagten nicht entgangen sein könne, in dem Lager noch Gefolgschaften anderer Unternehmer untergebracht gewesen. Schon diese beiden Tatsachen hätten das Augenmerk der Beklagten auf die für das Eigentum ihrer Gefolgsleute bestehende größere Gefahr des Abhandenkommens lenken müssen. Durch das vorbezeichnete Rundschreiben der DAF. sei sie auf die erhöhte Gefahr, in der sich die Habe ihrer Gefolgsleute nach den bezeichneten Umständen befunden habe, noch besonders aufmerksam gemacht worden. Dazu komme noch, daß das Lager, wie der Beklagten bekannt gewesen sei, nicht verschlossen gewesen sei, so daß Unberufene Zutritt zu ihm gehabt hätten, und daß die Sicherheitsverhältnisse im Lager überhaupt zu wünschen übrig gelassen hätten. Das habe noch besonders ihre Verpflichtung zur Versicherung begründet.

Dieser Rechtsauffassung ist beizutreten. Mit Recht hat das Berufungsgericht die Frage der Gewährung des fraglichen Versicherungsschutzes auf den Grad der Gefährdung der in dem Lager aufbewahrten Habe der Gefolgsleute der Beklagten und ihren Wert abgestellt, und es hat die Erhöhung der Gefahr für die Entwendung der Sachen aus den Schränken vor allem darin gesehen, daß die Gefolgsleute auch wertvollere Kleidungsstücke und andere Sachen in den Schränken aufbewahrten, und ferner darin, daß das Lager nicht abgeschlossen war. Bei den wertvolleren Sachen entstand den Gefolgsleuten im Falle der Entwendung ein größerer Verlust, und diese Sachen mußten naturgemäß einem Dieb einen stärkeren Anreiz zu ihrer Entwendung geben als etwa einfache Arbeits- oder Straßenkleidung. Das Recht, bessere Kleidung und auch sonstige wertvollere Gegenstände mitzubringen und in dem Lager aufzubewahren, um sie in Freizeiten benutzen zu können, mußte unter den gegebenen Verhältnissen den Gefolgsleuten auch nach der ganzen Lebenshaltung des deutschen Arbeiters zugestanden und es mußte daher damit gerechnet werden, daß solche Gegenstände von den Gefolgsleuten der Beklagten mit- und in den Spinden untergebracht wurden. Die Tatsache, daß das Lager nicht abgeschlossen war und fremden Personen die Möglichkeit des Zutritts bot, schloß noch eine besondere Gefahr für die Sachen in sich. Die Kenntnis der Beklagten von der Tatsache, daß das Lager nicht abgeschlossen war, hat das Berufungsgericht aus ihrem Schreiben an die N. Allgem. Versicherungs-AG. vom 24. Juli 1941 festgestellt. Die weitere Annahme, daß die Sicherheitsverhältnisse in dem Lager allgemein viel zu wünschen übrig gelassen hätten, wogegen die Revision sich mit einer Verfahrensrüge wendet, kann dabei auf sich beruhen.

Bei den bezeichneten Verhältnissen genügte allerdings die Bereitstellung verschließbarer Schränke für die Aufbewahrung der Sachen nicht, sondern die Fürsorge der Beklagten für ihre Gefolgschaftsleute mußte ihr gebieten, für eine weitere Sicherung in Gestalt der Versicherung der Sachen gegen Einbruchsdiebstahl zu sorgen. Dieser ihrer Pflicht mußte sie sich aus Anlaß des Hinweises der DAF. auf die Notwendigkeit der Gewährung dieses Versicherungsschutzes noch besonders bewußt werden.

Dieser Verpflichtung hat die Beklagte, wie weiter in dem angefochtenen Urteil rechtsirrtumsfrei dargelegt ist, schuldhafterweise nicht genügt. Außer der fernmündlichen Anfrage durch den Zeugen A. bei der N. Allgem. Versicherungs-AG., ob die Versicherung der Sachen gegen Einbruchsdiebstahl übernommen werde, hat sie vor dem Einbruchsdiebstahl beim Kläger nichts in dieser Richtung unternommen, und diese Anfrage hat, wie im Urteil festgestellt ist, keine genügende Klärung über die Bereitschaft der N. Allgem. Versicherungs-AG. zur Versicherung gebracht. Diese Gesellschaft hätte sich nämlich, wie weiter festgestellt ist, auf einen entsprechenden ordnungsmäßigen Antrag bereit gefunden, die Versicherung gegen Einbruchsdiebstahl, ohne die Bedingung des Abschlusses weiterer Versicherungen, zu übernehmen. Daß von den Gefolgsleuten die eigene Versicherung ihrer Sachen nicht zu verlangen, der Beklagten dagegen die Versicherung auch hinsichtlich der entstehenden Unkosten bei einem Prämiensatz von 10 v. H. zuzumuten war, nimmt das Berufungsgericht ebenso mit Recht an.

RAG. 27, 168.

Ist der Grundsatz der Gefahrenteilung nach dem Unternehmerwagnis einerseits, dem Grad des Verschuldens des Gefolgsmannes anderseits auch bei Verletzung eines Dritten infolge nachlässiger Erfüllung der Streupflicht durch einen nebenberuflichen Hauswart anzuwenden?

BGB. § 276. AOG. § 2.

Urteil vom 26. März 1943.

I. Arbeitsgericht Berlin. — II. Landesarbeitsgericht daselbst.

Die Beklagten sind nebenberuflich Hauswarte in einem dem Kläger gehörigen Haus in Berlin-Charlottenburg und haben die Streuung bei Schnee und Glatteis zu besorgen. Am 23. Januar 1941 vormittags ist eine Untermieterin des Hauses vor dem Hause infolge der Schneeglätte gestürzt und zu Schaden gekommen, den ihr der Kläger mit 916,02 RM ersetzen mußte. Er verlangte von den Beklagten seinerseits Ersatz dieses Betrages, da sie ihrer vertraglichen Streupflicht nicht genügt hätten. Die Klage gegen die beklagte Ehefrau wurde vom Arbeitsgericht rechtskräftig abgewiesen, weil sie an dem Tag arbeitsunfähig krank gewesen sei. Der beklagte Ehemann wurde nach Antrag verurteilt. Auf seine Berufung änderte das Landesarbeitsgericht das Urteil dahin ab, daß er nur zur Zahlung von 300 RM verurteilt wurde. Die Revision des Klägers hatte keinen Erfolg.

Gründe:

Das Reichsarbeitsgericht hat in zwei Urteilen (RAG. Bd. 24 S. 199 und S. 290) aus den Rechtsgedanken der Betriebsgemeinschaft und der Fürsorgepflicht die grundsätzliche Haftung des Gefolgsmannes für einen dem Unternehmer fahrlässig verursachten Schaden eingeschränkt, wenn die Eigenart des Betriebes gewisse Gefahren in sich schließt. Solche Umstände erfordern nach diesen Urteilen einen billigen Ausgleich der Gefahrentragung dahin, daß der Unternehmer die Gefahr als Ausfluß seines allgemeinen Wagnisses wenigstens zum Teil selbst trage. Die Verteilung des Schadens habe sich auf der einen Seite nach der Gefährlichkeit des Wagnisses, auf der anderen Seite nach dem Grad des Verschuldens des Gefolgsmannes zu richten. Das Schrifttum hat die Rechtsprechung im Ergebnis gebilligt.

Ausgehend von dieser Rechtsprechung hat das Berufungsgericht erwogen, daß auch die Haltung eines Hauses wesenseigene Gefahren mit sich bringe, Gefahren, denen auch der Hauswart ausgesetzt sei. Es hat weiter festgestellt, daß der Beklagte den Kläger nicht von der Arbeitsunfähigkeit seiner Ehefrau und nicht davon verständigt habe, daß er selbst infolge seines Hauptberufes die Arbeiten der Hauswartung nicht ausreichend erfüllen könne. Er habe bei dieser Säumnis und bei der ungenügenden Erfüllung der Streupflicht fahrlässig gehandelt. Von einem groben Verschulden könne aber angesichts seiner Behinderung durch seinen Hauptberuf nicht gesprochen werden.

Zutreffend ist, daß die Haltung eines Hauses an sich mit Gefahren verknüpft ist, die den Hauseigentümer zur tunlichsten Vorbeugung gegen daraus entstehende Schäden veranlassen müssen. Glaubt er insbesondere einer Haftpflichtversicherung für sich und für den Hauswart entraten zu können, so übernimmt er bewußt die typische Gefahr des Hausbesitzes selbst. Die Streupflicht ist eine einfache Verrichtung, die durch sie abzuwendenden Gefahren liegen aber gleichfalls im Rahmen des für den Hausbesitz typischen Gefahrenkreises. Auch die Entlohnung des Hauswarts mit einer Vergütung nur in Hinsicht auf die körperliche Dienstleistung ohne Gefahrenprämie ist vom Berufungsgericht ohne Rechtsirrtum nach der Richtung der eigenen Tragung des Wagnisses durch den Hauseigentümer in Rechtung gestellt worden. Der Beklagte war nur nebenberuflich Hauswart, für die Beseitigung von Schnee und Eis vom Bürgersteig und Bestreuen sieht die Tarifordnung für die Berlin beschäftigten Hauswarte vom 15. Oktober 1937 (RArbBl. 1938 VI S. 221) in der Lohnordnung für den Regefall nur einen monatlichen Lohnzuschlag von 4 RM vor.

Der andere Posten für die Gefahrenteilung ist der Grad des Verschuldens des Hauswarts. Wenn das Berufungsgericht ein grobes Verschulden des Beklagten aus den angeführten Gründen verneint hat, ist ihm aus Rechtsgründen um so weniger entgegenzutreten, als der Beklagte, der durch seinen Beruf in der Wahrnehmung der Vertretung seiner erkrankten Ehefrau behindert war, seinen Vater mit dem Streuen beauftragt hatte und die Einfachheit dieser Verrichtung in der Auswahl oder Überwachung des bestellten Vertreters keine besondere Sorgfalt erforderte.

Da demnach gegen die Abwägung der beiden Schadensursachen, der Unternehmergefahr auf der einen Seite, des Verschuldens des Beklagten auf der anderen Seite, keine rechtlichen Bedenken bestehen, war die Revision zurückzuweisen.

RAG. 27, 204.

Setzt die Verpflichtung des Unternehmers zur Weitergewährung der Vergütung für Mehrarbeiten an Angestellte im Krankheitsfalle für die gesetzlich bestimmte Zeit voraus, daß die Mehrarbeiten in ununterbrochener Folge, täglich, geleistet worden sind?

BGB. § 616 Abs. 2, HGB. § 63, RGewO. § 133 c Abs. 2. Erlaß des Reichsarbeitsministers betr. Anspruch des Angestellten im Krankeitsfalle, wenn im Betrieb Mehrarbeit geleistet wird. III b 23 951/41 vom 8. Dezember 1941 (RArbBl. I S. 539).

Urteil vom 7. Mai 1943.

I. Arbeitsgericht Berlin. — II. Landesarbeitsgericht daselbst.

Die Kläger sind seit dem Jahre 1938 bei der Beklagten als Ingenieure im Entwicklungslaboratorium tätig. Die Bezüge betragen bei 48stündiger Arbeitszeit nach dem als Tarifordnung weiter geltenden Tarifvertrag für die in der Berliner Metallindustrie beschäftigten Angestellten und Werkmeister vom 20. Oktober 1928/5. Juni 1936 beim Kläger zu 1. 360 RM, bei dem Kläger zu 2. 500 RM monatlich. Die Dienstverhältnisse bestehen ungekündigt fort. Der Kläger zu 1. war in der Zeit vom 2. bis 28. April und vom 26. September bis 11. Oktober 1941, der Kläger zu 2. in der Zeit vom 24. April bis 10. Juni und vom 26. Juli bis 15. August 1941 krank und arbeitsunfähig. Die Kläger haben für die Krankheitszeiten ihre entsprechenden Gehaltsbezüge erhalten. Sie verlangten auch die Vergütung für die in den Krankheitszeiten ausgefallenen Mehrarbeiten. Vor ihren Erkrankungen hatten sie seit mindestens Dezember 1940 solche, durch den Leiter der Versuchsabteilung angeforderten und bewilligten, Mehrarbeiten durch Überstunden geleistet, die auch nach ihrer Wiederherstellung fortgesetzt wurden. Der Kläger zu 1. fordert insgesamt 180,36 RM, der Kläger zu 2. 315 RM, welche Beträge ziffernmäßig nicht bestritten sind.

Die Beklagte bestritt das Recht der Kläger auf Vergütung für die Überstunden. Nach ihrer Ansicht haben sie für die Krankheitszeiten nur Anspruch auf Weitergewährung des tarifmäßigen Gehalts, nicht auf Vergütung für die nach ihrer Behauptung auch nicht regelmäßigen Mehrarbeiten. Der Rechtsstandpunkt der Kläger wurde in den drei Instanzen gebilligt.

Gründe:

Bei der Beantwortung der Frage, ob die Vergütung für Mehrarbeiten durch Leistung von Überstunden dem Gefolgsmann, dem Arbeiter abdingbar (§ 616 Abs. 1 BGB.), dem Angestellten unabdingbar (§ 616 Abs. 2 BGB., § 63 HGB., § 133 c Abs. 2 RGewO.), im Falle seiner Erkrankung weiterzugewähren ist, ist, wie in dem Urteil des Reichsarbeitsgerichts vom 17. Juli 1942 RAG. 70/42 (RAG. Bd. 26 S. 270) hervorgehoben, davon auszugehen, was unter Vergütung im Sinne dieser Gesetzesbestimmungen zu verstehen ist. In dem Urteil ist ausgeführt, daß dabei zunächst an den vereinbarten oder tariflich bestimmten Arbeitslohn, den „Grundlohn" zu denken ist, der auf eine Normalarbeitszeit abgestellt ist und das Entgelt für eine Mehrarbeit nicht ohne weiteres mitumfaßt. Es komme für die Frage der Fortgewährung der Vergütung auch nicht, wie beim Urlaub, darauf an, was der Gefolgsmann gerade während der Zeit der Erkrankung, wenn er gearbeitet hätte, verdient haben würde, sondern darauf, was nach der Gestaltung seines Arbeitsverhältnisses allgemein als seine Arbeitsvergütung zu gelten habe.

Es ist in dem Urteil aber weiter, wie entsprechend schon in dem Urteil des Reichsarbeitsgerichts vom 27. Februar 1942 RAG. 130/41 (RAG. Bd. 26 S. 116 [120 ff.]), der Rechtsstandpunkt vertreten, daß dann, wenn der Gefolgsmann nicht nur vorübergehend, sondern längere Zeit hindurch regelmäßig über die Normalarbeitszeit hinaus Mehrarbeiten durch Überstunden geleistet hat, sie auch, wenn er nicht erkrankt wäre, weiter geleistet hätte, die so verlängerte Arbeitszeit den Charakter der Normalarbeitszeit gewinne und die dafür insgesamt gewährte Vergütung, einschließlich der etwaigen Vergütung für die Mehrarbeiten, als die Arbeitsvergütung im Sinne der genannten Gesetzesbestimmungen anzusehen sei, auf die der Gefolgsmann seine Lebenshaltung eingestellt habe. Daß die Mehrarbeit etwa kriegsbedingt sei, nehme ihr, wenn sie sonst längere Zeit hindurch geleistet worden sei, nicht den Charakter der Regelmäßigkeit und mache sie nicht zu einer außerordentlichen Mehrarbeit, die allerdings bei der Vergütung im Falle der Erkrankung nicht zu berücksichtigen wäre.

Von dieser Rechtsauffassung abzugehen, bieten die Ausführungen der Revision keinen Anlaß. Sie ist maßgeblich auch für die Beurteilung des gegenwärtigen Falles. Dieser bietet allerdings das Besondere, daß die Kläger die Mehrarbeiten durch Überstunden nicht in ununterbrochener Folge, täglich, geleistet haben, sondern entsprechend der Besonderheit ihrer Arbeiten in dem Entwicklungslaboratorium je nach deren Anfall und Eilbedürftigkeit. Die Leistung von Überstunden in jener ununterbrochenen Folge ist indessen, worin dem Berufungsgericht zuzustimmen ist, zur Bejahung der Regelmäßigkeit der Mehrarbeit nicht erforderlich; es genügt vielmehr ihre Wiederkehr mit solcher Häufigkeit, daß eine zusammenhängende Folge der Arbeiten deutlich wird, die ihnen den Charakter der Unregelmäßigkeit nimmt.

Diese Voraussetzung ist bei den von den Klägern geleisteten Mehrarbeiten nach Art, Zahl und Umfang gegeben. Nach der Feststellung im angefochtenen Urteil hat der Kläger zu 1. 134,5 Überstunden, davon 37 Sonntagsstunden, innerhalb von drei Monaten vor der ersten Erkrankung und vor der zweiten Erkrankung an sämtlichen Werktagen, mit Ausnahme von 5 Werktagen, der Kläger zu 2. 142 Überstunden einschließlich der Sonntagsstunden in den drei Monaten vor seiner ersten Erkrankung und in der Zeit vom 10. Juni bis 26. Juli vor seiner zweiten Erkrankung 33,5 Überstunden geleistet. Weiter haben die Kläger jeweils nach Wiedereintritt ihrer Arbeitsfähigkeit bis zu ihrer erneuten Erkrankung und auch in der Folge nach ihrer Wiederherstellung die Überstunden geleistet. Darin tritt der ständig sich wiederholende Bedarf an der Leistung solcher Überstunden und damit der Mehrarbeit deutlich zutage, der danach mit dem Berufungsgericht der Charakter der Regelmäßigkeit zuzuerkennen ist. Das Erfordernis der „ununterbrochenen" Leistung der Mehrarbeiten in dem Sinne, daß sie täglich geleistet sein müsse, ist wohl auch entgegen der Meinung der Beklagten in dem diese Frage behandelnden Runderlaß des Reichsarbeitsministers vom 8. Dezember 1941 III b 23 951]41 nicht aufgestellt. Übrigens trägt dieser an den Reichstreuhänder der Arbeit gerichtete Erlaß nicht den Charakter einer Rechtsnorm, sondern den einer innerdienstlichen Anweisung.

Die Leistung der Mehrarbeiten in der vorerwähnten Gestalt mindestens drei Monate hindurch vor der ersten Erkrankung der Kläger, wie sie nach der Feststellung im angefochtenen Urteil bei beiden Klägern zu verzeichnen ist, genügt weiter zur Annahme ihrer Regelmäßigkeit auch für die gegenwärtige Kriegszeit, was auch der Ansicht des Reichsarbeitsministers in dem Runderlaß entspricht. Diese volle Zeitspanne braucht aber nicht etwa vor der zweiten Erkrankung des Gefolgsmanns in demselben Jahre erneut erfüllt zu sein; es genügt ihre Erfüllung vor der ersten Erkrankung für die zweite Erkrankung, wenn die Mehrarbeit entsprechend, wie vorliegend, nach der Wiederherstellung von der ersten Erkrankung weiter geleistet wird.

Der Anspruch des Gefolgsmanns auf di e Vergütung für die Mehrarbeiten unter den bezeichneten Voraussetzungen im Falle der Erkrankung besteht, da ihm eben diese Vergütung während der Erkrankung erhalten bleiben soll, unabhängig davon, ob die ausfallende Mehrarbeit während seiner Erkrankung von anderer Seite mit verrichtet wird oder ob sie unverrichtet bleibt. Daher kommt es nicht darauf an, ob Arbeitskameraden der Kläger während ihrer Krankheit diese Mehrarbeit übernommen haben oder ob die Kläger sie, gegebenenfalls auch in Überstunden, nach ihrer Wiederherstellung nachgeholt haben.

Daß der Anspruch auf Fortgewährung der Vergütung während der Erkrankung nicht auf einen Krankheitsfall im Laufe eines Jahres beschränkt ist, sondern auch für den Fall der wiederholten Erkrankung besteht, ist in der Rechtsprechung des Reichsarbeitsgerichts anerkannt (RAG. Bd. 16 S. 73 [76/77], Bd. 17 S. 281 [282], Bd. 25 S. 244). Dem steht auch nicht entgegen, daß die wiederholte Erkrankung auf dasselbe Grundleiden zurückgeht, wenn nur der Gefolgsmann von der ersten Erkrankung wiederhergestellt ist und eine gemessene Zeit seine Arbeit wieder hat verrichten können (RAG. Bd. 26 S. 275 mit Nachweisungen). Das ist nach der Feststellung im angefochtenen Urteil für beide Kläger zu bejahen.

Der Anspruch des Klägers zu 1., dessen Krankheit in keinem Falle mehr als 6 Wochen gedauert hat, auf Fortgewährung der Vergütung für die Mehrarbeiten entsprechend der ihm vor seiner Erkrankung zugebilligten besonderen Vergütung für sie (RAG. Bd. 26 S. 273) als Teil seiner Arbeitsvergütung ist demnach nach dem vorliegend zur Anwendung kommenden § 133 c Abs. 2 RGewO. und dem ihm entsprechenden § 10 des im Tatbestand näher bezeichneten Tarifvertrags zu bejahen.

Zu dem Anspruch des Klägers zu 2. ist noch zu bemerken: Der Anspruch auf Fortgewährung der Vergütung im Falle der Erkrankung besteht nach § 133 c Abs. 2 RGewO. (ebenso § 63 HGB.) unabdingbar nur für die Zeit von sechs Wochen. Die erste Erkrankung des Klägers zu 2. hat aber über sechs Wochen, d. h. über die Zeit vom 24. April bis 4. Juni 1941 hinaus bis zum 10. Juni, gedauert. Die Beklagte hat nun zwar dem Kläger zu 2., wozu sie nach § 10 des Tarifvertrags nicht verpflichtet war, freiwillig das Gehalt selbst — ohne die Vergütung für die Mehrarbeiten — für die ganze Zeit dieser Erkrankung weitergezahlt. Damit hat sie indes eine Verpflichtung zur Zahlung der Vergütung für die Mehrarbeiten für die außerhalb der Zeit von sechs Wochen liegende Zeit vom 4. bis 10. Juni nicht anerkannt. Zur Zahlung dieser Vergütung ist sie daher nicht für verpflichtet zu erachten. Die auf diese Zeit entfallende Vergütung war von dem Klageanspruch abzusetzen. Sie berechnet sich nach dem Verhältnis dieser Zeit zu der Gesamtheit der ersten Erkrankung und der dafür errechneten, zahlenmäßig nicht bestrittenen Vergütung von 241,50 RM mit 34,50 RM. Der Klageanspruch des Klägers zu 2. besteht danach nur in Höhe von 315 — 34,50 = 280,50 RM.

Während hiernach die Revision hinsichtlich des Klägers zu 1. unbegründet ist, ist sie hinsichtlich des Klägers zu 2. nur unbegründet, soweit die Verurteilung der Beklagten den Betrag von 280,50 RM nicht übersteigt. Im übrigen ist sie jedoch begründet und sie mußte zur Aufhebung des Urteils und zur Abweisung der Klage insoweit führen.

Zu bemerken ist noch: Das grundsätzliche Bedenken der Revision gegen die Einbeziehung der Vergütung für Mehrarbeiten in die Krankengeldbezüge der Angestellten, das dahin geht, dadurch werde die unterschiedliche Behandlung der Arbeiter und Angestellten im Falle ihrer Erkrankung noch verschärft, was nicht vertreten werden könne, ist nicht begründet. Das Bedenken schlägt nicht durch, wenn man auf den eigentlichen gesetzgeberischen Grund für die verschiedene Regelung der Krankengeldbezüge der Arbeiter und der Angestellten, nämlich die Entlastung der Krankenkassen hinsichtlich der Angestellten, sieht, wie dies in dem Urteil des Reichsarbeitsgerichts vom 24. April 1940 RAG. 145/39 (RAG. Bd. 23 S. 102 [108]), des näheren dargelegt ist.

In Mitbeachtung des § 565 Abs. 3 Nr. 1 und des § 4 Nr. 12 der Vierten VereinfVO. v. 12. Januar 1934 (RGBl. I S. 7) war nach dem Ausgeführten in der Sache, wie geschehen, zu erkennen.

RAG. 27, 221.+

1. Hat ein schwerkriegsbeschädigter kaufmännischer Angestellter bis zur ordnungsmäßigen Lösung des Dienstverhältnisses Anspruch auf Gehalt, auch wenn er länger als sechs Wochen wegen Krankheit arbeitsunfähig ist?

2. Kann dieser Anspruch abgedungen werden?

3. Zur Frage der wiederholten Entstehung des Anspruchs auf Krankheitsvergütung im Falle mehrfacher akuter Erkrankungen bei fortbestehendem Grundleiden.

Gesetz über die Beschäftigung Schwerbeschädigter vom 12. Januar 1923 (RGBl. I S. 58). Tarifordnung für das private Versicherungsgewerbe im Deutschen Reich vom 1. August 1939 (RArbBl. VI S. 1456). § 6. HGB. § 63, BGB. § 616, RGewO. § 133 c Abs. 2.

Urteil vom 28. Mai 1943.

I. Arbeitsgericht Köln. — II. Landesarbeitsgericht daselbst.

Der Kläger ist seit 1935 bei der Beklagten als Schwerkriegsbeschädigter in der Stellung eines kaufmännischen Angestellten beschäftigt. Infolge seines Versorgungsleidens (Lungenschuß) mußte er öfter mit der Arbeit aussetzen, so im Jahre 1942 in der Zeit vom 13. Januar bis zum 7. Februar und wiederum vom 20. April bis zum 20. Juni. Für diese Zeiten hat er kein Gehalt bekommen. Unstreitig hat die Beklagte ihm früher, im Jahre 1940, bei einer auf dem Kriegsleiden beruhenden Arbeitsunfähigkeit bereits für die Dauer von 91 Tagen das Gehalt weitergezahlt. Sie ist der Ansicht, daß danach bei späteren Erkrankungen an demselben Leiden ein Anspruch auf Weiterzahlung des Gehalts nicht gegeben sei.

Der Kläger vertritt demgegenüber den Standpunkt, daß ihm als Schwerkriegsbeschädigten das Gehalt bei jeder Erkrankung unter allen Umständen weitergezahlt werden müsse. Er forderte mit der Klage das Gehalt für die angegebenen Krankheitszeiten im Jahre 1942.

Beide Vorinstanzen haben die Klage abgewiesen. Die Revision des Klägers führte zur Aufhebung und Zurückverweisung.

Gründe:

Die Vorinstanzen sind davon ausgegangen, daß ein Schwerbeschädigter, der infolge einer auf sein Versorgungsleiden zurückzuführenden Krankheit die ihm obliegenden Arbeiten nicht verrichten kann, nach dem Gesetz über die Beschäftigung Schwerbeschädigter vom 12. Januar 1923 zwar grundsätzlich die Weiterzahlung seines Gehaltes oder Lohnes bis zur Lösung des Arbeitsverhältnisses beanspruchen kann, daß dieser Anspruch aber abdingbar ist, soweit nicht besondere Vorschriften zwingender Art im Wege stehen. Dieser Standpunkt entspricht der ständigen Rechtsprechung des Reichsarbeitsgerichts (vgl. hierzu RAG. Bd. 2 S. 9 flg., Bd. 4 S. 60 flg., Bd. 5 S. 44 flg., Bd. 6 S. 101 flg. und 243 flg.). Wenn die Revision demgegenüber geltend macht, es erscheine mit der neueren Rechtsanschauung nicht mehr vereinbar, daß die Fortzahlung des Lohnes in Krankheitsfällen des Schwerbeschädigten durch Tarifordnung solle wegbedungen werden können, und, wenn es sich bei dem Schwerbeschädigten um einen Schwer**kriegs**beschädigten handele, so widerspreche die Zulässigkeit der Abdingung der Fürsorge, die das Reich den Kriegsbeschädigten ganz besonders angedeihen lassen wolle, so kann dem nicht beigetreten werden Das Reichsarbeitsgericht hat, wie die erwähnten Entscheidungen ergeben, den Gedanken, daß das Schwerbeschädigtengesetz dem Schwerbeschädigten neben dem Kündigungsschutz und damit verbundener Sicherung der Arbeitsstelle gleichzeitig eine Sicherung des Lohnanspruches habe gewähren wollen, aus dem Gesamtzweck und dem Gesamtinhalt des Gesetzes entwickelt, und zwar eigens im Hinblick auf die vom Gesetzgeber den Schwer**kriegs**beschädigten zugedachte besondere Fürsorge. Es hat aber in Ermangelung einer diesen Gedanken im Gesetz ausdrücklich und zwingend festlegenden Bestimmung die Abdingung als mit der Absicht des Gesetzgebers nicht in Widerspruch stehend und deshalb als zulässig angesehen. Diese letztere Erwägung hat auch noch heute ihre Berechtigung und muß gegenüber den Bedenken der Revision durchgreifen. . . . Sind demnach die Vorinstanzen mit Recht davon ausgegangen, daß bei einem Schwerbeschädigten die Abdingung des Anspruches auf Fortzahlung des Gehaltes oder Lohnes in gleicher Weise zulässig ist wie bei sonstigen Schwerbeschädigten, so kann es sich nur fragen, ob und in welchem Umfange eine solche Abdingung im vorliegenden Falle durch Tarifordnung oder Betriebsordnung erfolgt ist und wie sich diese Abdingung im Hinblick auf das Kriegsleiden des Klägers auf dessen Gehaltsansprüche auswirkt.

Als kaufmännischer Angestellter hat der Kläger nach § 63 HGB. zunächst einen **unabdingbaren** Anspruch auf Weiterzahlung seines Gehalts für die Dauer von sechs Wochen, wenn er durch unverschuldetes Unglück an seiner Dienstleistung verhindert ist. Eine Erkrankung ist regelmäßig ein solches unverschuldetes Unglück. Über den Umfang des § 63 HGB. hinaus sind aber den Gefolgschaftsmitgliedern der Beklagten zunächst in § 6 der für sie geltenden Tarifordnung für das private Versicherungsgewerbe im Deutschen Reich vom 1. August 1939 fürsorgliche Zusatzleistungen zum Krankengeld oder bei nicht krankenversicherungspflichtigen Gefolgschaftsmitgliedern Krankenbeihilfebeträge bis längstens zum Ablauf der 26. Woche gewährleistet. Noch darüber hinaus gibt die Betriebsordnung der Beklagten vom 13. Januar 1938 der Gefolgschaft eine Einkommenssicherung, indem deren § 33 vorschreibt:

Anspruch auf Fortzahlung des Gehalts besteht in folgenden Fällen:
1. bei durch Krankheit oder Unfall hervorgerufener Arbeitsunfähigkeit

a) bei Betriebszugehörigkeit bis zu 2 Jahren für 6 Wochen
b) „ „ „ „ 5 „ „ 13 „
c) „ „ „ „ 10 „ „ 26 „ .

Dauert die Arbeitsunfähigkeit länger als 26 Wochen, so wird bei Betriebszugehörigkeit von mehr als 10 Jahren das halbe Gehalt weitergezahlt, längstens für weitere 26 Wochen.

2. . . .

Eine Sonderregelung für Schwerbeschädigte ist weder in der Tarifordnung noch in der Betriebsordnung enthalten. Wenn die Vorinstanzen danach in Anlehnung an die Entscheidung RAG. Bd. 5 S. 44 flg. die Vorschriften der Tarifordnung und der Betriebsordnung dahin ausgelegt haben, daß sie für Schwerbeschädigte ebenso wie für andere Gefolgsleute gelten sollen und daß damit der grundsätzlich unbeschränkte Gehaltsanspruch schwerbeschädigter Angestellter hat abgedungen werden sollen, so kann dem nur beigetreten werden. Beide Ordnungen regeln die Bezüge der Angestellten für den Krankheitsfall in großzügiger und umfassender Weise. Die Regelung ist ersichtlich als eine erschöpfende gewollt, die, indem sie alle Angestellten, für die die Ordnungen Geltung haben, also auch die Schwerbeschädigten, umfaßt, gleichzeitig auch alle bestehenden weitergehenden Ansprüche bewußt ausschließt. Damit sind aber auch die den Schwerbeschädigten im Krankheitsfalle zustehenden weiteren Gehaltsansprüche abgedungen.

Unstreitig hat nun der Kläger das ihm in § 33 der Betriebsordnung gewährleistete Gehalt im Jahre 1940 bis zur Dauer von 26 Wochen erhalten, wobei die Beklagte nach ihrer zu den Akten gereichten Aufstellung mehrere zeitlich getrennt liegende Erkrankungen in der Zeit vom September 1939 bis Ende Januar 1940 als eine fortgesetzte, durch dasselbe Versorgungsleiden bedingte Erkrankung behandelt hat. Bei einer späteren Arbeitsunfähigkeit des Klägers vom 21. April bis zum 18. Mai 1941 infolge desselben Leidens hat sie das Gehalt dann ebensowenig weitergezahlt wie für die der Klage zugrunde gelegten Zeiträume im Jahre 1942, weil sie sich dazu nach der Entscheidung des Reichsarbeitsgerichts vom 28. Oktober 1936 RAG. 120/36 (RAG. Bd. 17 S. 281) nicht für verpflichtet hielt.

Bei der letztgenannten Entscheidung, auf die die beiden Vorinstanzen übereinstimmend die Klageabweisung gegründet haben, handelte es sich um die Frage, unter welchen Voraussetzungen der infolge Krankheit mehrfach dienstunfähig gewordene Handlungsgehilfe die Gehaltsansprüche aus § 63 HGB. wiederholt geltend machen kann. Dazu sagt die Entscheidung, daß das Gesetz die Verpflichtung des

Prinzipals in wirtschaftlich erträglichen Grenzen halten wolle und daher nicht auf den Wiedereintritt von Arbeitsfähigkeit ohne gleichzeitige Ausheilung abstellen könne, so daß bei einem fortbestehenden Leiden infolge kurzer Zwischenräume von Arbeitsfähigkeit für den Kaufmann Zwangsverpflichtungen entständen, die zu einer auch bei weitgehenden sozialen Rücksichten nicht zu rechtfertigenden Last würden. Die wiederholte Zahlungspflicht sollte also davon abhängen, ob die Arbeitsunfähigkeit jeweils auf einer neuen selbständigen Erkrankung, wenn auch derselben Art, beruhte; bei fortbestehendem Leiden, also bei nichterfolgter Heilung der früheren Erkrankung und nur vorübergehender Wiederaufnahme des Dienstes sollte die Zahlungsverpflichtung nur einmal bis zur Höchstdauer von sechs Wochen gegeben sein. Es sei hierzu auch noch auf zwei weitere Entscheidungen des Reichsarbeitsgerichts, nämlich RAG. Bd. 26 S. 270 flg. [274/275] und Bd. 27 S. 137 flg. verwiesen. In diesen Entscheidungen ist auch grundsätzlich ausgeführt, daß die Wiederholung einer akuten Erkrankung die Anwendung des § 63 HGB. wie der gleichbedeutenden §§ 133 c Abs. 2 RGewO. und 616 BGB. nicht ausschließe, selbst wenn die wiederholten Krankheitsfälle auf einer durch dasselbe Grundleiden hervorgerufenen Krankheitsbereitschaft beruhten; nur müsse bei Eintritt der späteren Erkrankung die frühere ausgeheilt und die volle Arbeitsfähigkeit wieder eingetreten sein.

Die damit aufgestellten Grundsätze auch auf Schwerbeschädigte hinsichtlich ihres Versorgungsleidens anzuwenden, bestehen an sich keine Bedenken, nur dürfen an die zwischenzeitliche Ausheilung der mehreren Erkrankungen keine zu hohen Anforderungen gestellt werden. Von erheblicher Bedeutung kann dabei die Dauer der zwischen den einzelnen Erkrankungen liegenden Arbeitszeiten sein. In der Entscheidung RAG. Bd. 27 S. 137 flg. ist darauf hingewiesen, daß möglicherweise dann, wenn die Einzelerkrankungen besonders nahe aufeinander folgen, das Grundleiden für die Beurteilung ganz in den Vordergrund rücken könne. Umgekehrt muß die Annahme einer zwischenzeitlichen Ausheilung um so eher gerechtfertigt erscheinen, je länger der Betreffende zwischendurch seinen Dienst wieder hat verrichten können. Ob danach im Einzelfall eine die Wiederentstehung des Anspruchs rechtfertigende Ausheilung vorgelegen hat, ist im wesentlichen Tatfrage.

Was hier für den § 63 HGB. ausgeführt worden ist, muß aber auch für die durch die Betriebsordnung der Beklagten getroffene Regelung gelten. Denn diese bedeutet lediglich eine Erweiterung des dem kaufmännischen Angestellten durch das Gesetz in § 63 HGB. unabdingbar gewährten Anspruches und es muß daher mangels entgegenstehender Bestimmung auch angenommen werden, daß die Beklagte damit ihren Angestellten diese erweiterten Bezüge nach denselben Grundsätzen gewährt wissen will, wie sie Anwendung zu finden haben, wenn nur § 63 HGB. in Frage kommen würde.

Hier ist nun der Kläger nach der von der Beklagten vorgelegten Aufstellung in der Zeit vom September 1939 bis Juni 1942, abgesehen von mehrfachen sonstigen Erkrankungen, insgesamt neunmal durch sein „Versorgungsleiden (Lungenschuß)" krank gewesen. Wie der durch den Lungenschuß bedingte Dauerzustand des Klägers, sein „Grundleiden" im Sinne der angeführten Rechtsprechung, beschaffen ist und worin sich die mehrfachen Erkrankungen, die jeweils eine Arbeitsunfähigkeit mit sich brachten, im einzelnen geäußert haben, darüber ergibt das Parteivorbringen nichts. Insofern hat auch das Berufungsurteil keinerlei Feststellungen getroffen. In der Revisionsverhandlung konnte die Frage nicht geklärt werden. Ohne solche Klärung erscheint aber eine abschließende Beurteilung des Streitfalles nicht möglich; jedenfalls bestehen Bedenken, ob das Berufungsgericht, als es die Frage der zwischenzeitlichen Ausheilung des Versorgungsleidens verneinte, die oben angeführten Gesichtspunkte und Rechtsgrundsätze berücksichtigt hat.

RAG. 27, 241.+

1. . . .

2. Kann das Gefolgschaftsmitglied nach seinem Ausscheiden aus dem Betriebe das in diesem Gelernte auch insoweit gewerblich verwerten, als es sich um Geschäfts- oder Betriebsgeheimnisse des Unternehmens handelt? Kann die Verwertung oder Preisgabe solcher Geheimnisse dem Gefolgschaftsmitglied auch für die Zeit nach seinem Ausscheiden aus dem Betriebe durch Vereinbarung untersagt werden?

UnlWG. §§ 1, 17. AOG. § 2 Abs. 2 Satz 2. BGB. § 242, § 823 Abs. 2, § 826.

Urteil vom 4. Juni 1943.

I. Arbeitsgericht Erfurt. — II. Landesarbeitsgericht daselbst.

Die Klägerin stellt auf chemischem Wege Heilmittel her, darunter ein Mittel zum äußerlichen Gebrauch gegen Rheumatismus und ähnliche Leiden. Der Beklagte trat bei ihr im Jahre 1925 als kaufmännischer Angestellter ein. Zum Schutze ihrer Betriebs- und Geschäftsgeheimnisse ließ sie ihn, wie sie das allgemein bei ihren Angestellten zu tun pflegt, einen Verpflichtungsschein unterzeichnen, in dem sie ihm unter Vereinbarung einer Vertragsstrafe auch für die Zeit nach Ausscheiden aus ihrem Dienste Beschränkungen in der Verwertung ihrer Geheimnisse auferlegte. Die Aufgaben des Beklagten betrafen Werbung und Versand. Streit besteht darüber, ob und in welchem Maße er durch seine Tätigkeit mit der Zusammensetzung und Herstellung der Erzeugnisse der Klägerin in Berührung kam oder darüber Kenntnisse gewinnen konnte.

Im September 1936 kam es zu einem Streit zwischen dem Beklagten und einem Gesellschafter der Klägerin, in dem sich dieser grober Beleidigungen des Beklagten schuldig machte. Da Versuche der Beilegung ergebnislos blieben, sprach der Beklagte mit Schreiben vom 8. November 1936 die fristlose Kündigung des Anstellungsverhältnisses aus. Sie wurde von der Klägerin angenommen. . . .

Nach seinem Ausscheiden eröffnete der Beklagte ein Unternehmen, in dem er äußerliche Rheumatismusmittel „Rn., Rf. und Rs." herstellt und vertreibt. In der Zeit vom 1. Februar bis August 1937 bediente er sich dabei der Hilfe des approbierten Apothekers U., den er zu diesem Zwecke anstellte.

Die Klägerin behauptet, der Beklagte verwerte in seiner gewerblichen Betätigung Geschäfts- und Betriebsgeheimnisse von ihr, und zwar sowohl durch die Zusammensetzung und Herstellung seiner Erzeugnisse wie durch deren Verpackung und bei seiner Werbung. Den Plan, gegenüber der Klägerin mittels eigenen Unternehmens in solcher Weise in Wettbewerb zu treten, habe er schon seit 1934 vorbereitet. . . .

Aus den Gründen:

. . .

Nach Meinung des Berufungsgerichts hängt die Entscheidung allein davon ab, ob der Beklagte „geheimzuhaltende Vorschriften gekannt und verwertet hat, bzw. — für den Unterlassungsanspruch — noch jetzt verwertet". Denn solches werde ihm, und zwar auch für die Zeit nach Beendigung des Dienstverhältnisses bei der Klägerin, erstens durch den Verpflichtungsschein verboten, dasselbe folge aber zweitens ohnehin aus einer Reihe gesetzlicher Bestimmungen, als welche das angefochtene Urteil die §§ 1 und 17 des Gesetzes zur Bekämpfung des unlauteren Wettbewerbs, § 2 AOG., § 823 Abs. 2, § 826 BGB. sowie — für den Unterlassungsanspruch — § 1004 BGB. anführt.

Das zweite ist freilich in dieser allgemeinen Fassung nicht zutreffend. Sowohl § 1 und § 17 Abs. 2 UnlWG. — § 18 UnlWG. ist auf die Beziehungen des Unternehmens zu Betriebsangehörigen nicht anwendbar (RAG. 438/29 vom 5. Februar 1930, abgedruckt ArbRSamml. Bd. 8 S. 193 und JW. 1931 S. 244 Nr. 3) — wie § 826 BGB. setzen sittenwidriges Handeln des in Anspruch Genommenen voraus. Für eine weitergehende Erstreckung der Treupflicht des Gefolgschaftsmitgliedes nach § 2 Abs. 2 Satz 2 AOG. fehlt jede Unterlage. Es kann auch nicht anerkannt werden, daß sie durch allgemeine Gesichtspunkte des Arbeitsrechts gefordert werde, vielmehr stehen den Belangen der Unternehmer dringende gegenteilige Bedürfnisse, beispielsweise der Nachwuchsförderung, der Verwertung guter Arbeitsmethoden, gegenüber. Seit der Entscheidung RGZ. Bd. 65 S. 333 ist es ein feststehender Grundsatz der Höchstrichterlichen Rechtsprechung, daß „für Personen, die als Angestellte, Arbeiter usw. in einem gewerblichen Betrieb tätig gewesen sind, nicht die Rechtspflicht besteht, was sie aus Anlaß ihrer Tätigkeit über die Einrichtungen dieses Betriebes und das dort angewendete Verfahren kennengelernt haben, auch nach Beendigung des Dienstverhältnisses geheimzuhalten und insbesondere nicht in eigenem Nutzen zu verwerten, auch nicht, soweit es sich um Dinge handelt, an deren Geheimhaltung der Betriebsinhaber offenbar oder ausgesprochenermaßen ein großes Interesse hat" (a. a. O. S. 337, Urteil des Reichsgerichts II 298/36 vom 19. Oktober 1937, abgedruckt JW. 1938 S. 118 Nr. 13 unter 1 mit weiteren Nachweisungen). Die von der Revision angeführten Urteile II 223/35 vom 17. März 1936, abgedruckt JW. 1936 S. 2081 Nr. 17 und GRUR. 1936 S. 573, sowie II 176/37 vom 14. Mai 1938, abgedruckt GRUR. 1938 S. 784, ergeben keine Abweichung von diesem Standpunkt. Er hat nur dann keine Geltung, wenn das frühere Gefolgschaftsmitglied für die Zeit nach dem Ausscheiden aus der Beschäftigung eine entsprechende vertragliche Verpflichtung eingegangen war oder wenn es sich um Kenntnisse handelt, die es während des Dienstverhältnisses auf unredliche Weise erworben hatte. Als solchen unredlichen Erwerb hat die Rechtsprechung freilich die Benutzung jedes den Belangen des Dienstherrn nicht dienlichen und nicht üblichen Weges angesehen (vgl. die Hinweise in den zuletzt angeführten Urteilen), wie beispielsweise die Anlegung von Aufzeichnungen, absichtliches Auswendiglernen, die Ausforschung anderer Angestellter. Gerade ein derartiger Sachverhalt liegt auch dem schon angeführten Urteil des Reichsarbeitsgerichts vom 5. Februar 1930 zugrunde; die allgemeinere Fassung der Überschrift des Abdrucks erweist demgemäß keinen weitergehenden Standpunkt des Reichsarbeitsgerichts. Eine sich aus dem Gedanken der Treuepflicht des § 2 Abs. 2 Satz 2 AOG. ergebende Verpflichtung des ehemaligen Beschäftigten zur Verschwiegenheit in Hinsicht auf Betriebsgeheimnisse über den nach dem Vorstehenden von der Rechtsprechung bisher anerkannten Umfang hinaus — etwa im Sinne der von der Revision angeführten Bemerkung in Hueck-Nipperdey-Dietz Erl. 22 zu § 2 AOG. oder der in der Revisionsbegründung abschriftlich wiedergegebenen Stelle aus der Festschrift für Hedemann 1938 S. 330 (Abhandlung von Dietz „Die Pflicht der ehemaligen Beschäftigten zur Verschwiegenheit über Betriebsgeheimnisse") — kann auch nach den heute herrschenden Anschauungen aus dem Wesen und Inhalt des in Frage kommenden Arbeitsverhältnisses nicht hergeleitet werden. Es ist vielmehr im Einzelfalle dem Unternehmer überlassen, sich durch besondere Vereinbarung gegen eine Verwendung der seinem Unternehmen eigenen Betriebsgeheimnisse in weiterem Umfange zu sichern.

Im gegebenen Falle hat der Beklagte in dem Verpflichtungsschein versprochen, auch in der Zeit nach dem Ausscheiden aus der Tätigkeit bei der Klägerin „alle Betriebs- und Geschäftsgeheimnisse" und „alles, was ihm über die Art des besonderen technischen und Propagandabetriebes bekannt geworden ist und noch bekannt wird, nicht zu eigenem Vorteil zu verwenden und als Betriebs- und Geschäftsgeheimnis . . . zu wahren". Das ist im § 4 noch dahin erläutert, daß sich die „Verpflichtungen nicht auf allgemein bekannte, brancheübliche Dinge beziehen, sondern nur auf solche Dinge, die neuartig und dem Betrieb der Firma eigentümlich sind". Das Berufungsgericht hat diese Erklärungen dahin verstanden, daß sie die Betriebs- und Geschäftsgeheimnisse in dem üblichen Sinne von Schrifttum und Rechtsprechung betreffen, daß sie also das Verbot, zu ihrer Verletzung durch fremde oder eigene Tätigkeit beizutragen, nur zeitlich, nicht sachlich erweitern. Diese Auslegung ist möglich und darum für das Revisionsgericht bindend; die von der Revision hervorgehobene Aneinanderreihung einerseits der Betriebs- und Geschäftsgeheimnisse, anderseits desjenigen, was über die Art des besonderen technischen und Propagandabetriebes bekannt wird, offenbart nicht so deutlich einen weitergehenden Willen des Erklärenden (des Beklagten), daß sie zu einer anderen Auffassung nötigte. Dazu kommt, daß der von der Klägerin gewollten Auslegung Bedenken wegen der rechtlichen Wirksamkeit des sich dadurch ergebenden Inhalts der Erklärung entgegentreten würden, da es der Billigkeit widerspricht, ein Gefolgschaftsmitglied nach dem Ausscheiden aus dem

Betriebe auf unbegrenzte Zeit über die Wahrung der wirklichen Betriebs- und Geschäftsgeheimnisse hinaus an der Verwertung dessen zu hindern, was es in dem Betriebe gelernt hat (§ 74 HGB., § 138 Abs. 1 BGB.). Solche Anstände werden durch die Auslegung des Berufungsgerichts vermieden, die daher auch aus diesem Grunde zu bevorzugen war. Ihretwegen bestehen keine Hindernisse rechtlicher Gültigkeit; solche würden selbst dann nicht gegeben sein, wenn etwa andere Verpflichtungen, die der Beklagte in dem Schein übernommen hat, der Zulässigkeit ermangelten, da anzunehmen ist, daß die Klägerin die hier in Rede stehende Vereinbarung unter allen Umständen gefordert und erlangt haben würde (§ 139 BGB.).

Der Beklagte ist also nach der getroffenen Vereinbarung verpflichtet, auch nach seinem Ausscheiden aus dem Betriebe der Klägerin die Verwertung von deren Geschäfts- und Betriebsgeheimnissen zu unterlassen. Mit Recht hat daher das angefochtene Urteil für die Frage nach dem Klagegrunde alles dasjenige als unwesentlich angesehen, was die Klägerin darüber vorgetragen hat und von der Revision wiederholen läßt, daß der Beklagte sich auf eine seinen Vertragspflichten sowie dem allgemeinen Anstandsgefühl widersprechende Weise in den Besitz derjenigen Kenntnisse gesetzt habe, die er jetzt gewerblich auswertet. Diese Behauptungen können kein Ergebnis begründen, das über dasjenige hinausginge, welches bereits aus der vertraglichen Verpflichtung abzuleiten ist. Insbesondere ist niemand an der Benutzung eines Wissens, das nicht Betriebs- oder Geschäftsgeheimnis, also allgemein zugänglich ist, gehindert, mag er es sich auf welche Weise immer beschafft haben; die Geheimnisse der Klägerin aber darf der Beklagte infolge der übernommenen Verpflichtungen auch dann nicht verwerten, wenn jene Behauptungen über unredlichen Erwerb seines Wissens nicht zutreffen sollten. Die Darlegung des angefochtenen Urteils, daß die Entscheidung, soweit sie die gewerbsmäßige Herstellung und den Vertrieb der Heilmittel Rn., Rf. und Rs. oder ähnlicher betrifft, nur davon abhänge, ob der Beklagte dabei Geschäfts- oder Betriebsgeheimnisse der Klägerin verwertet, ist also in ihrem Ergebnis nicht zu beanstanden.

Die hiermit aufgeworfene entscheidende Frage umfaßt zweierlei. Erstens: Es muß sich um Geschäfts- oder Betriebsgeheimnisse handeln. Nach dem angefochtenen Urteil ist darunter etwas zu verstehen, was dem Gewerbe- oder Geschäftsbetriebe der Klägerin so eigentümlich ist, daß es in anderen Kreisen nicht oder höchstens vereinzelt zur Anwendung kommt, und dessen Geheimhaltung für den Geschäftsbetrieb der Klägerin wichtig ist. Diese Begriffsbestimmung ist, wie auch die

Revision nicht verkennt, an sich nicht zu beanstanden. Die Prüfung hat sich also darauf zu richten, ob das Berufungsgericht von ihr eine zutreffende Anwendung gemacht hat. Zweitens: Der Beklagte muß diese Geheimnisse verwertet haben. Das erfordert zunächst die Übereinstimmung seiner Arbeitsweise in einem wesentlichen Teile mit derjenigen der Klägerin, außerdem aber das Vorliegen eines inneren Tatbestandes. Für diesen bedarf es freilich nicht seines Bewußtseins, daß die Arbeitsweisen, die er anwendet, Geheimnisse der Klägerin sind, wohl aber der Herkunft seines Wissens um sie aus seiner Beschäftigung bei der Klägerin; es darf sich also nicht um Dinge handeln, auf die der Beklagte selbständig, das ist unabhängig von der Klägerin, gekommen ist, mag er bei dieser Bemühung auch die allgemeinen, jedermann zugänglichen Kenntnisse verwertet haben, die er im Dienste der Klägerin erlangt hat . . .

RAG. 27, 260.

Welche Zeit ist nach der Anordnung über die Entlohnung von Wochenfeiertagen als Feiertagszeit anzusehen, wenn bei regelmäßig am Sonntagabend beginnender Nachtschicht die Nachtschicht von Sonntag zu Montag infolge des auf den Montag fallenden Feiertags ausfällt, von dem Montagabend auf den Dienstag-Werktag aber gearbeitet wird?

Anordnung zur Durchführung des Vierjahresplans über die Lohnzahlung an Feiertagen vom 3. Dezember 1937 (RAnz. Nr. 280 vom 4. Dezember 1937, RArbBl. I S. 320). Anordnung des Reichstreuhänders der Arbeit für das Wirtschaftsgebiet Rheinland vom 15. April 1939, § 1.

Urteil vom 25. Juni 1943.

I. Arbeitsgericht Köln. — II. Landesarbeitsgericht daselbst.

Der Kläger ist bei der Beklagten in der Plattengießerei tätig. Er arbeitet nur in der Nachtschicht, die der Gießertagesschicht vorangeht, weil er vorbereitende Arbeit zu verrichten hat. Fällt die Gießerschicht wie am Sonntag oder Feiertag aus, so fällt auch die vorhergehende Nachtschicht des Klägers fort. Seine Schichtarbeit endet danach am Sonnabendvormittag und beginnt wieder am Sonntagabend. Da die Gießer am Oster- und Pfingstmontag 1942 infolge der Feiertage nicht arbeiteten, so fielen auch für den Kläger die Schichten von Oster- und Pfingstsonntag zu Oster- und Pfiingstmontag aus. Für diese Schichten erhielt der Kläger auf Grund der Anordnung zur Durchführung des Vierjahresplanes über die Lohnzahlung an Feiertagen vom 3. Dezember

1937 den vollen Lohn mit einem Zuschlag von 50 v. H. für Sonntagsarbeit. Der Kläger arbeitete dann wieder in der Nachtschicht von Oster- und Pfingstmontag zum Dienstag und erhielt dafür den Normalwerktagslohn.

Er verlangte für die letztbezeichneten Schichten als Feiertagsarbeiten auf Grund des § 1 der Anordnung des Reichstreuhänders der Arbeit für das Wirtschaftsgebiet Rheinland vom 15. April 1939 einen Zuschlag von 100 v. H. Die fragliche Bestimmung lautet:

Arbeiten Gefolgschaftsmitglieder an Wochenfeiertagen, für die ihnen nach der Anordnung zur Durchführung des Vierjahresplanes über die Lohnzahlung an Feiertagen vom 3. Dezember 1937 oder nach dem Gesetz über die Lohnzahlung am nationalen Feiertag des Deutschen Volkes vom 26. April 1934 der Arbeitsausfall zu vergüten wäre, so tritt für sie an die Stelle eines sonst vorgesehenen Feiertagszuschlags ein Zuschlag von 100 v. H. Dies gilt nicht, soweit ein Ausgleich der Feiertagsarbeit durch Gewährung von Freizeit an einem anderen Tage auf Grund von bestehenden Bestimmungen oder Vereinbarungen erfolgt und ein Lohnausfall durch die Gewährung der Freizeit nicht eintritt.

Der Kläger meinte, nach dieser Vorschrift und der Bestimmung unter A Nr. VI 3 Satz 2 des als Tarifordnung weitergeltenden Tarifvertrags der Metallindustrie für das Kölner Wirtschaftsgebiet vom 17. August 1921, nach der der Sonntag von Sonntagmorgen 6 bzw. 7 Uhr bis Montagmorgen 6 bzw. 7 Uhr zu rechnen ist, seien die Nachtschichten von Oster- und Pfingstmontag zum Dienstag als an Wochenfeiertagen geleistete Arbeiten anzusehen. Gemäß § 1 der Anordnung des Reichstreuhänders der Arbeit habe er daher den Zuschlag von 100 v. H. mit 15,62 RM zu beanspruchen.

Die Beklagte ist dagegen der Auffassung, der Kläger habe seinen bezahlten Wochenfeiertag für Oster- und Pfingstmontag 1942 durch die Vergütung für die in der Nacht von Oster- und Pfingstsonntag zu Oster- und Pfingstmontag ausgefallenen Schichten gehabt. Damit sei der Anordnung vom 3. Dezember 1937 genügt. Ein Anspruch auf den verlangten Zuschlag von 100 v. H. auf den Arbeitslohn für die Schichten von Oster- und Pfingstmontag auf Dienstag bestehe demnach nicht.

Während das Arbeitsgericht dem Kläger recht gab und die Beklagte antragsgemäß verurteilte, wies das Landesarbeitsgericht die Klage ab. Die Revision gegen das Urteil hatte keinen Erfolg.

Gründe:

Bei der Beurteilung der Streitfrage, ob der ständig in Nachtschichten arbeitende Kläger nach dem Ausfall der Nachtschichten von Sonnabend auf Oster- und Pfingstsonntag und von Oster- und Pfingstsonntag auf Oster- und Pfingstmontag bei voller Entlohnung für die letztere Schicht gemäß § 1 der Anordnung des Reichstreuhänders der Arbeit für das Wirtschaftsgebiet Rheinland vom 15. April 1939 Anspruch auf einen Zuschlag von 100 v. H. auf den Lohn für die von ihm gearbeiteten Schichten von Oster- und Pfingstmontag auf Dienstag hat, ist das Berufungsgericht mit Recht auf die Anordnung zur Durchführung des Vierjahresplanes über die Lohnzahlung an Feiertagen vom 3. Dezember 1937 zurückgegangen, auf der auch die Anordnung des Reichstreuhänders der Arbeit fußt. Unter Hinweis auf die Rechtsprechung des Reichsarbeitsgerichts (vgl. u. a. RAG. Bd. 21 S. 17 [19/20], S. 26 [28] und Bd. 24 S. 142/143 und S. 221 [222/223]) erklärte es zutreffend als Zweck der Anordnung vom 3. Dezember 1937, daß dem Gefolgsmann trotz des Arbeitsausfalles an den Wochenfeiertagen der volle Lohn einer Arbeitswoche von 6 Tagen bleiben und er also so gestellt sein soll, nicht schlechter, aber auch nicht besser, als wenn er an dem Wochenfeiertag gearbeitet hätte.

Der Kläger hat nun nach Ansicht des Berufungsgerichts durch die Entlohnung der Nachtschichten von Oster- und Pfingstsonntag auf Montag seinen Arbeitslohn für die für ihn infolge des Oster- und Pfingstmontags ausgefallenen Arbeitszeiten, wie die Anordnung es verlange, erhalten. Diese Schichten seien für den Kläger die infolge der Feiertage ausgefallenen und zu entlohnenden Arbeitszeiten im Sinne der Anordnung. Die in den Nachtschichten von Oster- und Pfingstmontag zum Dienstag geleistete Arbeit sei keine solche, für die nach der Anordnung infolge der Feiertage ohne Arbeitsleistung Vergütung zu gewähren gewesen wäre. Für die Anwendung der Anordnung des Reichstreuhänders der Arbeit vom 15. April 1939 auf sie sei daher kein Raum.

Dieser Rechtsauffassung ist beizupflichten. Nach dem Sinn und Zweck der Anordnung vom 3. Dezember 1937, dem Gefolgsmann den vollen Lohn einer Arbeitswoche von 6 Tagen zu erhalten, ist zu beurteilen, was jeweils als an einem Wochenfeiertag ausfallende Arbeitszeit anzusehen ist, für die Vergütung zu gewähren ist. Liegt die Arbeitszeit nicht innerhalb des Rahmens des Wochenwerktags, sondern beginnt sie, wie im vorliegenden Falle, als Nachtschicht schon am Sonntagabend und greift sie in den Montag über, dann ist sie, wie das

Berufungsgericht zu Recht angenommen hat, bei ihrem Ausfall infolge eines auf den Montag fallenden Feiertages, so das Oster- und Pfingstmontags, als die nach der Anordnung zu vergütende Arbeitszeit zu erachten. Durch Vergütung für diese Arbeitszeit wird dem Zwecke der Anordnung genügt. Der Gefolgsmann erhält damit den vollen Lohn der 6-Tage-Woche; die Nachtschicht von Montag zum Dienstag wird von der Anordnung nicht mehr betroffen, sie ist eine von dem Gefolgsmann zu leistende Arbeitszeit. Anderenfalls würde der Gefolgsmann infolge des Oster- und Pfingstmontags je zwei bezahlte Arbeitszeiten ohne Arbeitsleistung haben. Das ist nicht der Wille des Gesetzgebers.

Für die Arbeit in den Nachtschichten von Oster- und Pfingstmontag zum Dienstag fehlt es hiernach auch an der in der Anordnung des Reichstreuhänders der Arbeit aufgestellten Bedingung für die Gewährung des Zuschlags von 100 v. H., daß die Arbeit an einem Wochenfeiertag geleistet wird, für die nach der Anordnung vom 3. Dezember 1937 und nach dem gleichliegenden Gesetz über die Lohnzahlung am nationalen Feiertag des Deutschen Volkes vom 26. April 1934 (RGBl. I S. 337) bei Arbeitsausfall Vergütung zu gewähren wäre.

Die Bestimmung unter A VI 3 Satz 2 des im Tatbestand näher bezeichneten Tarifvertrags, daß der Sonntag von Sonntagmorgen 6 bzw. 7 Uhr bis Montagmorgen 6 bzw. 7 Uhr gerechnet wird, ist für den Streitfall ohne Bedeutung. Durch sie werden nur allgmein die Sonntags- und Werktagsarbeitszeiten für die Betriebe festgelegt. Die Frage, was im gegebenen Falle als ohne Arbeitsleistung zu vergütende Arbeitszeit im Sinne der Anordnung vom 3. Dezember 1937 anzusehen ist, ist allein aus dem Inhalt der Anordnung zu beantworten.

Dem Kläger ist der Lohn für die infolge des Oster- und Pfingstmontags ausgefallenen Schichten von Oster- und Pfingstsonntag zu Oster- und Pfingstmontag gewährt worden. Damit hat er seinen Lohn für die ausgefallenen Arbeitszeiten gemäß der Anordnung vom 3. Dezember 1937 erhalten. Da, wie ausgeführt, die Nachtschichten von Oster- und Pfingstmontag zum Dienstag nicht mehr als solche zu gelten haben, für die nach der Anordnung ohne Arbeitsleistung Vergütung zu gewähren wäre, so kam die Anordnung des Reichstreuhänders vom 15. April 1939 auf sie bei der Leistung dieser Schichten nicht zur Anwendung. Daher hat der Kläger auch nach dieser Bestimmung keinen Anspruch auf den Zuschuß von 100 v. H. auf den Lohn für diese Schichten.

Nach A VI 3 Satz 1 des Tarifvertrags war für sie als Feiertagsschichten allerdings ein Zuschlag von 75 v. H. auf den Werktagslohn zu bezahlen. Der Anspruch hierauf steht aber nicht zur Entscheidung. Es ist auch aus den vorhandenen Unterlagen nicht mit Sicherheit zu erkennen, ob der Kläger diesen Zuschlag erhalten hat oder aus welchen Gründen er ihm nicht bezahlt worden ist.

RAG. 27, 268.+

Muß der Handlungsagent, besonders der Einfirmenvertreter, eine Kürzung oder den Wegfall seiner Provisionen hinnehmen, wenn das von ihm vertretene Unternehmen infolge der Kriegseinwirkungen ganz oder teilweise zum Erliegen kommt?

AOG. § 1, § 2 Abs. 2, BGB. § 242, HGB. § 84.

Urteil vom 30. Juli 1943.

I. Arbeitsamt München. — II. Landesarbeitsgericht daselbst.

Durch Vertrag vom 15. April 1941 übernahm der Kläger die Vertretung der Firma des Beklagten für bestimmte Gebiete. Seine Vergütung bestand in Provisionen für die verkauften Waren; sie waren fällig nach Begleichung der Rechnung durch die Kunden. Ein fester monatlicher Satz wurde nicht gewährt. Die Spesen für seine Reisetätigkeit hatte der Kläger zu tragen. Eine Tätigkeit für ein anderes Unternehmen jedweder Art war ihm, bei Vermeidung einer Vertragsstrafe von 1000 RM für jeden Fall der Zuwiderhandlung und der sofortigen Entlassung, verboten. Der Vertrag wurde zunächst auf die Dauer von zwei Jahren geschlossen; er war während dieser Zeit von keiner Seite kündbar. Ende 1941 und Anfang des Jahres 1942 ergaben sich in dem Geschäft des Beklagten mehr und mehr Schwierigkeiten in der Beschaffung der Ware (Bodenreinigungsmittel). Von Anfang des Jahres 1942 an wurden von dem Kläger hereingebrachte Aufträge nicht mehr ausgeführt; am 7. Februar 1942 meldete der Beklagte sein Geschäft beim Gewerbeamt ab.

Der Kläger verlangte von dem Beklagten Weiterzahlung der Provisionen in Höhe von monatlich 400 RM für die Zeit von Januar bis einschließlich Juli 1942, insgesamt 2800 RM. Er machte geltend, sein Vertragsverhältnis zu dem Beklagten habe auch im Jahre 1942 unverändert fortbestanden; daher sei der Beklagte verpflichtet, ihm die laufenden Provisionen weiterzuzahlen. Daß der Beklagte wegen Mangels an Ware keine Lieferungen mehr habe ausführen können, bestritt er. . . .

Aus den Gründen:

. . .

Das Berufungsgericht stellt fest, der Beklagte habe schon gegen Ende des Jahres 1941 und zunehmend Anfang 1942 infolge der Kriegswirtschaft mit Schwierigkeiten in der Beschaffung der in seinem Geschäft vertriebenen Ware (Fußbodenreinigungsmittel) zu kämpfen gehabt und von dem Kläger hereingebrachte Aufträge aus diesem Grunde nicht mehr ausführen, überhaupt seinen Geschäftsbetrieb nur noch in ganz geringem Umfange aufrechterhalten können und das Geschäft am 7. Februar 1942 beim Gewerbeamt abgemeldet. . . . Ferner ist festgestellt, daß der Beklagte diese Entwicklung bei der Einstellung des Klägers nicht vorausgesehen hat und nicht hat voraussehen können. . . . Hiernach ist davon auszugehen, daß das Unternehmen des Beklagten infolge der Kriegseinwirkungen zum Erliegen gekommen und daß er ohne sein Verschulden dauernd außerstande gesetzt worden ist, die Dienste des Klägers in seiner Vermittlertätigkeit anzunehmen. Die Tatsache, daß die Zeugin H. noch Gelegenheit hatte, für das Geschäft des Beklagten den Posten Lederfett einzukaufen, ändert an der Beurteilung nichts.

Das Berufungsgericht nimmt bei diesem Sachverhalt, bei dem es sich um die Auswirkung des Krieges auf das Geschäft, also um ein außergewöhnliches, der kaufmännischen Berechnung sich entziehendes Ereignis, nicht um Wirtschaftsschwankungen handelt, mit Recht einen Tatbestand als vorliegend an, der hinsichtlich der danach sich ergebenden Rechte und Pflichten des Unternehmers einerseits und seiner Gefolgsleute andererseits unter dem Gesichtspunkt der Betriebsgefahr zu betrachten und nach den hierfür geltenden, in dem Urteil des Reichsarbeitsgerichts vom 26. November 1940 RAG. 104/40 (RAG. Bd. 24 S. 123 [128/129]) aufgestellten Rechtsgrundsätzen zu beurteilen wäre. Diese Rechtsfolgerung aus dem Sachverhalt zu ziehen, wäre jedenfalls dann gerechtfertigt, wenn der Kläger im Verhältnis zu dem Beklagten die Stellung eines Angestellten, etwa eines Handlungsgehilfen (§ 59 HGB.), gehabt hätte. Das kann aber nach dem das Rechtsverhältnis zwischen den Parteien regelnden Vertrag vom 15. April 1941 nicht ohne weiteres gesagt werden. Nach Inhalt dieses Vertrags, der den Kläger als Einfirmenvertreter zwar eng an das Unternehmen des Beklagten band, ihm aber doch im wesentlichen die Freiheit der Bestimmung über die Art seiner Reise- und Werbetätigkeit bei eigener Tragung der Spesen gab, kann zwefeilhaft sein, ob es sich um ein Anstellungsverhältnis oder um ein Agenturverhältnis handelte. Das dem ersteren eigentümliche persönliche Abhängigkeitsverhältnis des Angestellten von dem Unternehmer und seine Eingliederung in den Betrieb tritt jedenfalls nicht hervor. Die Rechtsnatur des Vertrages mag indessen dahinstehen; für die weitere Beurteilung wird das Vorliegen eines Agenturverhältnisses angenommen.

Dann erhebt sich die Frage, wie die Ansprüche des auf Provision arbeitenden Handlungsagenten beim Vorliegen einer Betriebsgefahr für das Unternehmen, für das er tätig ist, zu beurteilen sind und ob und inwieweit die hier für die Bezüge der Angestellten maßgebenden Grundsätze (vgl. das vorerwähnte Urteil des Reichsarbeitsgerichts) auch bei dem Handlungsagenten Anwendung finden können. Ihre Anwendbarkeit ist beim Agenturverhältnis trotz seines Charakters als eines selbständigen Unternehmens, besonders nach der Entwicklung, die dieses in neuerer Zeit vielfach, so besonders bei dem Einfirmenvertreter, genommen hat (vgl. RAG. Bd. 16 S. 272 [275], Bd. 19 S. 110 [114], Bd. 26 S. 18 [24]), nicht grundsätzlich auszuschließen. Das Agenturverhältnis kann durch einen auf mehrere Jahre lautenden Vertrag, durch die Verpflichtung, nur für einen Unternehmer tätig zu sein, und durch sonstige Vertragsbestimmungen so sehr dem Anstellungsverhältnis angenähert sein, daß es innerlich gerechtfertigt ist, ihm in jenem Falle die entsprechende rechtliche Behandlung zuteil werden zu lassen wie dem Anstellungsverhältnis. Der in der Bestimmung des § 242 BGB. bereits enthaltene Gedanke der Treue und Fürsorge, der im § 2 Abs. 2 AOG. noch eine besondere Ausprägung erfahren hat, kann es nach der Art des einzelnen Agenturverhältnisses, zumal wenn dieses wegen der engen Verbundenheit mit dem Unternehmen einen personenrechtlichen Einschlag zeigt, als eine Rechtspflicht des Unternehmers erscheinen lassen, dem in das Schicksal seines Unternehmens hineingezogenen und beschäftigungslos gewordenen Handlungsagenten die Provisionen, je nach den Umständen nur in beschränkter Höhe oder auf eine begrenzte Zeit, weiterzuzahlen. Die Entscheidung ist jeweils nach der Besonderheit des einzelnen Falles zu treffen.

Das Agenturverhältnis des Klägers, dessen Vertrag mit dem Beklagten für zwei Jahre unter Ausschluß der Kündigungsmöglichkeit abgeschlossen war, der unter Androhung von Vertragsstrafen gehalten war, nur für den Beklagten tätig zu sein, dessen wirtschaftliches Bestehen von der Entwicklung des Unternehmens des Beklagten abhängig war, ist von der besonderen Art, die es rechtfertigt, die in RAG. Bd. 24 S. 123 für die Behandlung der Bezüge von Angestellten aufgestellten

Grundsätze auf seine Provisionsansprüche von dem Stillstande des Geschäfts des Beklagten an entsprechend anzuwenden.

In dem Berufungsurteil ist das zum Teil nicht in rechtlich einwandfreier Weise geschehen, doch ist ihm im Ergebnis zuzustimmen. Da der Unternehmer grundsätzlich die Auswirkungen der Betriebsgefahr für sein Unternehmen zu tragen hat, so blieb trotz des Rückganges und des Stillstandes des Geschäfts des Beklagten im Jahre 1942 die Verpflichtung zur Zahlung der Provisionen an den Kläger an sich bestehen. Zu erwägen war aber, ob nicht von dem Kläger aus dem Treuegedanken und aus dem Gedanken der Betriebsgemeinschaft heraus (§ 242 BGB., § 1 und § 2 Abs. 2 AOG.) billigerweise verlangt werden konnte, die ungünstigen Folgen der Kriegsverhältnisse für das Geschäft in Gestalt der Minderung oder des Wegfalls seiner Provisionsansprüche von einem bestimmten Zeitpunkt ab mitzutragen. Das ist nach den gegebenen Umständen aus der besonderen, trotz äußerer Selbständigkeit doch eine gewisse Betriebsverbundenheit aufweisenden Gestaltung des Vertragsverhältnisses und aus dem dem § 242 BGB. zugrunde liegenden und für die Fälle engster Betriebsverbundenheit (Betriebsgemeinschaft) im § 2 AOG. noch besonders zum Ausdruck gelangten Treuegedanken heraus zu bejahen; wenn das Berufungsgericht dem Kläger die laufende monatliche Provision noch für die ersten 6 Monate des Jahres 1942 zugebilligt hat, so ist das nach Lage der Sache rechtsbedenkenfrei.

Das Berufungsgericht verlangte dabei auch nicht mit Unrecht, daß der Kläger seine freiwerdende Arbeitskraft anderweitig zu verwenden suchte. Das mußte ihm schon der Treuegedanke und in der gegenwärtigen Kriegszeit bei der Schicksalsverbundenheit aller Volksgenossen die schuldige Rücksicht auf die Belange des ohne sein Verschulden in die geschäftliche Notlage geratenen Geschäftsherrn gebieten. Das vertraglich vereinbarte Verbot für den Kläger, für ein anderes Unternehmen tätig zu sein, stand dem nicht entgegen, nachdem ihm die Zeugin H. als Vertreterin des Beklagten schon Ende des Jahres 1941 und besonders Anfang 1942 erklärt hatte, daß man für seine Dienste keine Verwendung mehr habe und er sich nach einer anderen Beschäftigung umsehen möchte. Darin lag, was dem Kläger bewußt sein mußte, nach Treu und Glauben ein Verzicht auf jene dem Kläger auferlegte Verpflichtung. Die Bestimmung des § 615 BGB., auf die sich das Berufungsgericht bei seiner Erwägung mitgestützt hat, muß allerdings für die Beurteilung ausscheiden. Sie befaßt sich mit den Folgen des Verzuges des Dienstberechtigten in der Annahme der Dienste, der im Falle der Betriebsgefahr nicht in Betracht kommt. Übrigens hat das Reichsarbeitsgericht in dem Urteil vom 18. September 1940 RAG. 79/40 (RAG. Bd. 24 S. 9 [11]) auch zu der Bestimmung des § 615 Satz 2 BGB. ausgesprochen, daß der Dienstverpflichtete in heutiger Zeit darauf Bedacht zu nehmen hat, seine freiwerdende Arbeitskraft anderweitig zu verwenden, und daß er nicht verlangen kann, in einer genau gleichartigen Stellung beschäftigt zu werden, sondern daß er verpflichtet ist, gegebenenfalls auch eine andere Tätigkeit zu übernehmen, die ihm nach seinen Kenntnissen, Fertigkeiten und Erfahrungen wie auch nach seiner bisherigen Lebensstellung billigerweise zuzumuten ist. Das muß bei einer Betriebsgefahr, die den Unternehmer ohne sein Verschulden an der Annahme der Dienste verhindert, für den Dienstverpflichteten um so mehr gelten.

(Weiter ist ausgeführt, das Berufungsgericht habe ohne Rechtsirrtum die von dem Kläger verdienten Provisionen mit monatlich 200 RM angenommen. Dem Anspruch des Klägers auf Weiterzahlung der Provisionen für 6 Monate stehe jedoch eine Gegenforderung der Beklagten gegenüber, die die Provisionsforderung des Klägers um den auf die Widerklage hin zuerkannten Betrag von 1238,27 RM übersteige.)

RAG. 27, 313.+

1. Ist es Klageänderung, wenn der Kläger den Sachverhalt nachträglich einem neuen rechtlichen Gesichtspunkt (eheliches Güterrecht statt Dienstvertrag oder Gesellschaftsverhältnis) unterstellt?

2. Welche Ansprüche kann der Mann nach Scheidung der Ehe auf Grund seiner Tätigkeit in dem Erwerbsgeschäft geltend machen, das die Frau vor der Ehe betrieben hatte und das während der Ehe mit Gewinn fortgesetzt und erweitert worden ist?

ZPO. §§ 264, 268 Nr. 1. BGB. § 612 Abs. 1, §§ 730 flg., § 812, §§ 1367, 1381, 1383 flg., 1390, 1405.

Urteil vom 17. September 1943.

I. Arbeitsgericht Dresden. — II. Landesarbeitsgericht daselbst.

Die Beklagte, deren erste Ehe geschieden war, gründete im Jahre 1933 in dem ihr gehörigen Villengrundstück W.-Straße 50 in D. ein Altersheim. Das Gewerbe war und blieb bei dem Gewerbeamt auf ihren Namen angemeldet. 1936 erweiterte sie das Heim durch Hinzunahme des Grundstücks W.-Straße 47; 1939 kaufte sie es und wurde als Eigentümerin im Grundbuch eingetragen.

Am 28. Februar 1936 hatte sie den Kläger geheiratet. Die Eheleute lebten im gesetzlichen Güterstande. Beide betätigten sich gemeinsam im Betriebe des Altersheims. Sie hatten dort ihre Wohnung und bezogen ihre Beköstigung aus dem Heim. Der Geschäftskasse wurden die Beträge entnommen, die sie zum Bestreiten ihrer persönlichen Bedürfnisse, insbesondere zur Kleidung, benötigten. Der Kläger erhielt für die von ihm ausgeübte Tätigkeit keine besondere Vergütung. Im Laufe des Jahres 1940 kam es zu ehelichen Zerwürfnissen, die schließlich dazu führten, daß die Beklagte die Ehescheidungsklage erhob. Die Ehe wurde im Dezember 1942 rechtskräftig geschieden.

Der Kläger macht geltend: Auf Wunsch der Beklagten habe er seit Anfang 1936 die Geschäftsführung und Vertretung des Heimes übernommen und ununterbrochen bis Anfang Mai 1942 ausgeübt. Die Beklagte habe sich nicht darum gekümmert, sondern sich lediglich in der Küche betätigt. . . . Nachdem die Streitteile aus Gründen, die die Beklagte zu vertreten habe, in Streit geraten seien, könne er für seine langjährige erfolgreiche Geschäftsführung und für seine sonstigen Arbeiten im Betriebe des Heims eine angemessene Vergütung fordern. . . .

Im ersten Rechtszuge beantragte der Kläger daher, die Beklagte zu verurteilen, ihm 23 700 RM als Entgelt für geleistete Dienste, für den Fall aber, daß ein Dienstverhältnis nicht anerkannt werde, 31 624,28 RM als Gewinnanteil aus dem Gesellschaftsverhältnis zu zahlen.

Die Beklagte räumte nur ein, daß der Kläger ihr als Ehemann im Betrieb des Heims geholfen habe. . . .

Das Arbeitsgericht wies die Klage ab. Mit der Berufung beantragte der Kläger, die Beklagte zur Zahlung von 23 700 RM zu verurteilen. In der (einzigen) mündlichen Verhandlung vor dem Berufungsgericht erklärte er auf rechtliche Vorhaltungen des Gerichts, den Klageanspruch auch auf den Gesichtspunkt der Nutznießung am Frauenvermögen stützen zu wollen. Die Beklagte hat dem als einer unzulässigen Klageänderung widersprochen. Das Landesarbeitsgericht wies die Berufung zurück.

Die Revision des Klägers führte zur Aufhebung und Zurückverweisung.

Gründe:

Das angefochtene Urteil führt aus, der Pensionsbetrieb der Beklagten habe der Verwaltung und Nutznießung des Klägers unterlegen, da er nicht von ihr selbständig betrieben worden und deshalb kein Vorbehaltsgut gewesen sei. Es knüpft daran die Folgerung, daß dienstvertragliche Beziehungen zwischen den Streitteilen nicht obgewaltet hätten, fügt hinzu, daß der Klaganspruch auch nicht aus dem Gesichtspunkte des Gesellschaftsvertrages gerechtfertigt sei, weil der Kläger keine genügend bestimmte Behauptung darüber aufgestellt habe, daß ein solcher Vertrag geschlossen worden sei, und weist schließlich den erst in der mündlichen Verhandlung vor dem Berufungsgericht gemachten Versuch des Klägers, den Anspruch noch auf den Gesichtspunkt der Nutznießung am Frauenvermögen zu stützen, als Klageänderung zurück.

Diese Beurteilung wird dem Sinn des Streits nicht gerecht. Dieser beruht darauf, daß die Beklagte, als der Kläger sie heiratete, ein Erwerbsgeschäft betrieb, daß dieser Betrieb während der Ehe fortgesetzt und erweitert wurde und daß die Streitteile nunmehr geschieden worden sind. Der Kläger will den Geldbetrag erhalten, der ihm auf Grund dieses Sachverhalts zusteht. Ob und was er zu verlangen hat, richtet sich nach der Gestaltung, die das Verhältnis der Streitteile zu dem Erwerbsgeschäft während der Ehe angenommen hat. Diese Gestaltung bildet den Kern des Streits. In Fällen dieser Art kommen drei rechtliche Möglichkeiten in Betracht:

a) Die Frau betreibt das Geschäft, das sie vor der Eheschließung besaß, selbständig weiter: Dann werden zwar die dazu gehörigen Sachen und Rechte selbst eingebrachtes Gut; aber nach § 1405 BGB. kann die Frau darüber ohne Zustimmung des Mannes verfügen, nach § 1367 BGB. sind die Einkünfte Vorbehaltsgut der Frau. Also beruht auch der Zuwachs, der etwa in Gestalt von Erweiterungen und Neuanschaffungen dem Geschäft aus Überschüssen zuteil wird, auf Mitteln der Frau. Daraus folgt, daß nach Auflösung der Ehe der Mann ein so betriebenes Erwerbsgeschäft der Frau belassen muß, ohne deswegen aus familienrechtlichem Grunde irgendwelche Ansprüche gegen sie geltend machen zu können.

Diese Gestaltung schließt aber nicht aus, daß der Mann in dem Geschäfte mitarbeitet. Aber, anders als für die Frau (§ 1356 Abs. 2 BGB.), besteht dazu für ihn keine familienrechtliche Verpflichtung. Daraus ist zu folgern, daß eine solche Betätigung regelmäßig als eine dienstvertragliche angesehen werden muß. Auf diese Mitarbeit des Mannes im Geschäft der Frau müssen daher erst recht die Gesichtspunkte angewendet werden, die in RAG. Bd. 23 S. 80 sowie RGZ. Bd. 133 S. 381 und Bd. 158 S. 380 für den umgekehrten Fall der Mitarbeit der Frau im Geschäfte des Mannes entwickelt worden sind. Wenn daher das Verhältnis ein unerwartetes Ende nimmt, wie im gegenwärtigen Falle, so ist, wie dort zugunsten der Frau, zu fragen, ob die Tätigkeit des Ehemannes durch das, was er während der Ehe erhalten hat, genügend abgegolten ist oder ob ihm nicht noch Ansprüche gemäß § 612 Abs. 1 oder § 812 Abs. 1 Satz 2 BGB. zustehen. Freilich werden ihm als schon erhaltene Abgeltung nicht nur sein Unterhalt und seine Entnahmen in Geld anzurechnen sein, sondern auch diejenigen der Frau in dem Umfange, in dem er ihr nach § 1360 BGB. Unterhalt zu gewähren hatte.

b) Nach der Eheschließung betreibt der Mann das von der Frau eingebrachte Erwerbsgeschäft seinerseits weiter: Auch hier sind dessen Bestandteile eingebrachtes Gut. Das rechtliche Schicksal von Neuanschaffungen richtet sich nach § 1381 BGB. Aber die Nutzungen werden Vermögen des Mannes (§ 1383 BGB.). Verwendet er sie also außerhalb der Tatbestände der §§ 1384 bis 1388 zu Erweiterungen des Erwerbsgeschäfts, so bewirkt er diese mit seinen Mitteln und erwirbt dadurch Ansprüche auf Ersatz, sei es auf Grund von § 1390 BGB., sei es aus § 812 BGB.

Dagegen ist bei einer derartigen Gestaltung für die Anwendung dienstvertraglicher Grundsätze kein Raum. Denn die Tätigkeit des Mannes in dem Geschäft vollzieht sich dann ausschließlich auf Grund eigenen Rechts, nämlich seiner ehemännlichen Verwaltung, deren Leistung, obwohl auch Pflicht, unentgeltlich ist. Er ist dann Unternehmer, nicht Angestellter.

c) Es bleibt den Eheleuten indessen unbenommen, von sich aus die Dinge noch anders zu regsln. Das kann auch in Gestalt eines Gesellschaftsverhältnisses geschehen, das beide Teile zur Mitarbeit und zur Teilnahme an den Erträgnissen berechtigt und verpflichtet (RGUrt. IV 146/38 vom 1. Dezember 1938, abgedruckt JW. 1939 S. 245 Nr. 37). Der Form des Ehevertrages bedarf eine solche Vereinbarung, wenn sie sich nur auf diese gemeinschaftliche Führung des Erwerbsgeschäftes bezieht, nicht, da die Beteiligung der Frau an dieser vom Standpunkte des ehelichen Güterrechts nur die Zustimmung des Mannes zu dem (teilweise) selbständigen Betrieb des Erwerbsgeschäfts erfordert und da diese Zustimmung erteilt werden kann.

Diese rechtlichen Gesichtspunkte stehen in einem einander ausschließenden Verhältnis, so, daß nur eine der Gestaltungen durch den einheitlichen Tatsachenzusammenhang verwirklicht sein kann, den der Kläger im Auge hat. Die Ermittlung der hiernach richtigen Betrachtungsweise ist Anwendung des Rechts auf den Tatsachenstoff. Sie obliegt also dem Richter; der Kläger hätte über die rechtliche Einordnung seines Verlangens nichts vorzubringen brauchen. Er hatte nur den Sachverhalt zu geben, den der Richter dann nach allen drei Richtungen hin prüfen mußte. Das hat der Kläger getan und damit die Beurteilung von vornherein genötigt, auch denjenigen rechtlichen Gesichtspunkt in Betracht zu ziehen, dessen verspätete Hervorhebung ihm jetzt als Klageänderung entgegengehalten wird. Eine Klageänderung liegt jedoch nicht vor; denn sowohl der Antrag, wie das Sachverhältnis, aus dem er als Folgerung abgeleitet wird, sind dieselben geblieben. Daran ändert nichts, daß freilich die Bestimmung der Höhe des Anspruchs sich bei jeder der drei verschiedenen Rechtsgestaltungen nach abweichenden Gesichtspunkten richtet. Das läßt aber die Einheitlichkeit des Anspruchgrundes als eines lebensmäßigen Zusammenhanges unberührt und kann daher nur dazu führen, daß das Gericht, wenn es sich für eine der Möglichkeiten entscheiden will, erforderlichenfalls dem Kläger sinngemäße Auflagen macht. Es ist daher unzutreffend, wenn das Berufungsgericht sagt, der Kläger „subsumiere" mit dem neuen Vorbringen nicht nur die vorgetragenen Tatsachen unter einen neuen rechtlichen Gesichtspunkt, sondern mache einen neuen Klagegrund geltend, der in jeder Beziehung, insbesondere ziffernmäßig, völlig anders zu begründen sei, als die Klage begründet worden sei. Die Sache liegt vielmehr so, daß das Berufungsgericht denjenigen rechtlichen Gesichtspunkt, unter dem der Sachverhalt gerade nach seinen übrigen Ausführungen rechtlich gewürdigt werden müßte, zurückgestellt und damit seine Beurteilung der Vollständigkeit beraubt hat. Das angefochtene Urteil könnte daher selbst dann nicht bestehenbleiben, wenn seine sachlich-rechtlichen Ausführungen an sich rechtlich einwandfrei wären.

Doch geben auch diese zu Bedenken Anlaß. Ob der Mann oder ob die Frau das Geschäft betrieb (oben a und b), konnte angesichts der von beiden Teilen vorgetragenen widersprechenden Behauptungen nur auf Grund einer eingehenden Tatsachenwürdigung entschieden werden. Von einer solchen enthält das Urteil nichts. Es scheint insoweit der Entscheidung des Landesarbeitsgerichts Görlitz vom 19. September 1929 (HRR. 1930 Nr. 22) gefolgt zu sein, die es nach dem Tatbestande dem Kläger vorgehalten hat, und wie sie die Gestaltung b seiner Beurteilung zugrunde gelegt zu haben. Das war an sich möglich, konnte aber nur auf Grund einer Würdigung des wirklichen Herganges geschehen. Unzulänglich sind ferner die Ausführungen, mit denen das Berufungsgericht die Entstehung eines Gesellschaftverhältnisses ablehnt. Die Herstellung solcher Beziehungen durch schlüssiges Verhalten würde in der Lage, in der sich die Streitteile befanden, keineswegs so ungewöhnlich sein, daß sie von vornherein außer Betracht zu lassen wäre. Sie könnte zumal von der Vorstellung eines gemeinschaftlichen Unternehmens beruht haben, in das die Frau die Nutzungen ihres Vermögens, der Mann seine Arbeitskraft einbrachte.

. . .

Es bedarf nach alledem einer neuen Behandlung der Sache durch den Tatsachenrichter.

RAG. 27, 330.+

1. Können die Rechtsgrundsätze über die Geschäftsgrundlage und die für eine Vertragspartei aus deren Wechsel sich ergebenden Rechte für das Gebiet der Dienst-(Arbeits-)verträge Anwendung finden?

2., 3. und 4. . . .

BGB. §§ 157, 158, 242.

Urteil vom 24. September 1943.

I. Arbeitsgericht Heilbronn. — II. Landesarbeitsgericht Stuttgart.

. . .

Gründe:

. . .

Dieser Rechtsauffassung des Berufungsgerichts ist zunächst entgegenzuhalten, daß nach der Rechtsprechung des Reichsgerichts und des Reichsarbeitsgerichts die Rechtsgrundsätze betreffend die Geschäftsgrundlage und die für eine Vertragspartei aus deren Wegfall sich ergebenden Rechte für das Gebiet der Dienst-(Arbeits-)verträge keine Anwendung finden, weil das Recht zur Lossagung vom Vertrage durch die Bestimmung des § 626 BGB., die Möglichkeit der fristlosen Kündigung, ausgeschlossen ist (vgl. Urteile des Reichsarbeitsgerichts vom 26. Oktober 1935 RAG. 118/35 in ArbRSamml. Bd. 25 S. 119 und von demselben Tage RAG. 186/35 in ArbRSamml. Bd. 26 S. 7, vom 15. Januar 1943 RAG. 109/42 in ArbRSamml. Bd. 46 S. 97). . . .

Gesamt-Fundstellenverzeichnis

Die abgedruckten Entscheidungen aus der amtlichen Sammlung (RAG.) entsprechen jeweils den nachstehend aufgeführten Entscheidungen aus der Bensheimer-Sammlung (ARS.).

Beispiel: Die in der Bensheimer-Sammlung Band 1 Seite 21 abgedruckte Entscheidung ist die gleiche, wie die hier aufgenommene Entscheidung RAG 1, 5. Die Stelle des Abdrucks ergibt sich sodann aus dem Verzeichnis der aufgenommenen Entscheidungen.

ARS		RAG
1, 1—3	=	1, 1—3
1, 9—10	=	1, 11—12
1, 14—18	=	1, 7—11
1, 19—20	=	1, 20—23
1, 21—22	=	1, 5—6
1, 29—34	=	1, 23—27
1, 38—40	=	1, 28—30
1, 54—62	=	1, 30—37
1, 73—75	=	1, 64—67
1, 100—103	=	1, 81—84
2, 19—23	=	1, 167—171
2, 27—30	=	1, 104—109
2, 33—35	=	1, 146—151
2, 44—46	=	1, 99—104
2, 56—58	=	1, 89—91
2, 59—63	=	1, 127—132
2, 67—68	=	1, 118—127
2, 71—76	=	1, 153—158
2, 76—78	=	1, 195—198
2, 79—83	=	1, 198—203
2, 91—94	=	1, 176—179
2, 94—98	=	1, 162—167
2, 141—145	=	1, 222—226
2, 153—155	=	1, 294—297
2, 159—161	=	1, 240—243
2, 171—175	=	1, 226—230
2, 194—201	=	1, 306—313
2, 211—213	=	1, 336—339
2, 247—249	=	1, 342—344

ARS		RAG
2, 264—265	=	1, 263—268
2, 282—284	=	1, 355—357
3, 3—5	=	1, 361—364
3, 5—7	=	1, 357—361
3, 7—10	=	2, 15—18
3, 13—16	=	2, 5—9
3, 16—19	=	2, 9—14
3, 21—23	=	2, 1—5
3, 24—28	=	2, 28—33
3, 29—31	=	2, 25—27
3, 39—41	=	2, 84—87
3, 43—47	=	2, 22—25
3, 48—52	=	2, 49—52
3, 58—60	=	2, 41—44
3, 61—65	=	2, 64—68
3, 83—86	=	2, 122—125
3, 87—92	=	2, 119—122
3, 104—108	=	2, 56—60
3, 114—116	=	2, 92—94
3, 116—123	=	2, 74—80
3, 186—188	=	2, 129—131
3, 188—190	=	2, 131—134
3, 190—192	=	2, 138—140
3, 195—197	=	2, 52—55
3, 207—208	=	2, 141—143
3, 210—213	=	2, 179—181
4, 17—22	=	2, 191—196
4, 22—24	=	2, 232—235
4, 60—64	=	2, 208—211

ARS		RAG
4, 66—70	=	2, 211—215
4, 71—75	=	2, 196—200
4, 97—99	=	2, 256—259
4, 113—117	=	2, 186—190
4, 123—126	=	2, 245—248
4, 127—130	=	2, 259—262
4, 131—136	=	2, 266—271
4, 149—155	=	2, 305—310
4, 164—166	=	2, 276—279
4, 166—169	=	2, 336—341
4, 211—215	=	2, 316—319
4, 239—245	=	2, 299—304
4, 255—257	=	3, 15—17
4, 278—281	=	2, 350—354
4, 291—294	=	3, 12—14
4, 294—303	=	2, 289—299
4, 304—307	=	3, 17—20
4, 315—317	=	3, 100—104
4, 367—371	=	2, 347—350
4, 379—381	=	3, 27—28
4, 381—387	=	3, 40—48
4, 411—416	=	2, 310—315
5, 32—33	=	3, 69—72
5, 34—37	=	3, 86—90
5, 52—54	=	3, 134—137
5, 55—61	=	3, 55—57
5, 123—127	=	3, 174—178
5, 190—197	=	3, 140—146
5, 209—213	=	3, 244—248
5, 238—243	=	3, 162—167
5, 243—248	=	3, 209—211
5, 253—258	=	3, 125—129
5, 308—310	=	3, 238—240
5, 330—332	=	3, 221—223
5, 350—352	=	3, 320—323
5, 369—374	=	3, 298—302
5, 379—382	=	3, 281—286
5, 403—406	=	3, 265—268
5, 411—416	=	3, 231—234
5, 462—464	=	3, 252—255
5, 470—475	=	3, 313—317
5, 479—482	=	3, 241—243
5, 500—504	=	3, 261—265

ARS		RAG
5, 532—537	=	4, 14—18
5, 537—543	=	4, 1—6
5, 543—551	=	3, 357—364
6, 45—52	=	5, 193—201
6, 96—100	=	4, 23—27
6, 161—166	=	4, 76—80
6, 203—205	=	4, 65—69
6, 206—207	=	4, 73—75
6, 215—218	=	4, 117—120
6, 245—247	=	4, 46—48
6, 253—260	=	4, 109—114
6, 290—295	=	4, 60—64
6, 335—341	=	4, 88—93
6, 348—352	=	4, 139—143
6, 368—370	=	4, 114—117
6, 420—423	=	4, 27—30
6, 427—431	=	4, 19—23
6, 565—568	=	4, 125—128
6, 618—621	=	4, 159—162
7, 108—112	=	4, 197—202
7, 137—141	=	4, 202—206
7, 259—264	=	4, 323—327
7, 294—298	=	4, 250—252
7, 305—309	=	4, 245—249
7, 349—354	=	4, 222—226
7, 359—367	=	4, 273—280
7, 397—400	=	4, 288—291
7, 401—403	=	4, 234—235
7, 418—422	=	4, 281—284
7, 444—446	=	4, 351—353
7, 476—482	=	4, 332—338
7, 485—489	=	4, 310—314
7, 507—510	=	5, 22—25
8, 33—37	=	4, 341—345
8, 39—43	=	5, 12—15
8, 87—92	=	5, 47—52
8, 101—107	=	5, 25—31
8, 128—138	=	5, 1—11
8, 39—43	=	5, 12—15
8, 101—107	=	5, 25—31
8, 128—140	=	5, 1—11
8, 184—186	=	5, 67—70
8, 193—201	=	5, 98—107

ARS		RAG
8, 210—213	=	5, 173—176
8, 227—236	=	5, 125—130
8, 386—387	=	5, 115—117
8, 388—390	=	5, 157—159
8, 407—411	=	5, 139—143
8, 413—416	=	5, 243—247
8, 422—424	=	5, 205—208
8, 451—454	=	5, 151—156
9, 38—41	=	5, 222—225
9, 97—102	=	5, 279—284
9, 163—169	=	5, 273—279
9, 186—191	=	4, 212—216
9, 215—216	=	5, 317—319
9, 230—233	=	5, 348—351
9, 234—238	=	5, 351—355
9, 316—322	=	6, 182—189
9, 352—356	=	5, 355—360
9, 357—359	=	6, 93—95
9, 359—361	=	6, 91—92
9, 386—389	=	6, 87—90
9, 393—403	=	6, 12—22
9, 473—477	=	6, 45—48
9, 478—486	=	6, 63—71
9, 487—492	=	6, 139—144
9, 492—495	=	6, 279—282
9, 496—500	=	6, 275—278
9, 525—529	=	6, 118—123
9, 565—570	=	6, 40—45
10, 40—43	=	6, 154—158
10, 97—100	=	6, 101—104
10, 100—106	=	6, 49—54
10, 156—159	=	6, 233—237
10, 177—179	=	7, 25—27
10, 223—226	=	6, 288—290
10, 296—301	=	6, 327—331
10, 349—355	=	6, 243—249
10, 391—396	=	6, 208—212
10, 407—410	=	6, 308—310
10, 411—415	=	5, 360—364
10, 419—425	=	6, 225—230
10, 482—487	=	7, 31—36
10, 497—499	=	7, 206—208
10, 499—502	=	7, 212—215

ARS		RAG
10, 502—506	=	7, 235—239
10, 523—525	=	7, 1—3
10, 579—584	=	7, 166—171
10, 594—599	=	7, 172—176
11, 11—13	=	5, 235—237
11, 32—35	=	7, 53—57
11, 75—79	=	6, 268—272
11, 86—87	=	7, 89—93
11, 121—125	=	7, 215—219
11, 134—140	=	7, 189—195
11, 189—192	=	7, 108—111
11, 197—201	=	7, 99—103
11, 281—288	=	7, 360—364
11, 297—301	=	7, 349—353
11, 301—304	=	8, 50—53
11, 317—325	=	7, 250—260
11, 348—353	=	8, 64—69
11, 353—357	=	7, 289—293
11, 363—365	=	7, 353—356
11, 391—398	=	8, 69—77
11, 398—401	=	8, 32—35
11, 465—471	=	6, 212—219
11, 501—504	=	8, 133—136
11, 518—520	=	8, 117—121
11, 560—565	=	8, 101—106
11, 578—580	=	8, 188—190
11, 589—592	=	7, 240—243
12, 53—59	=	8, 15—21
12, 95—99	=	8, 258—262
12, 111—115	=	8, 195—199
12, 124—131	=	8, 251—258
12, 133—139	=	8, 165—173
12, 147—152	=	8, 207—213
12, 159—162	=	8, 275—278
12, 256—258	=	9, 25—27
12, 347—351	=	8, 161—165
12, 423—426	=	9, 1—4
12, 488—492	=	9, 53—61
12, 603—606	=	8, 216—219
13, 31—39	=	9, 32—40
13, 139—144	=	9, 176—181
13, 200—203	=	9, 204—206
13, 236—250	=	9, 142—157

ARS		RAG
13, 291—295	=	9, 191—194
13, 321—326	=	9, 337—344
13, 327—331	=	9, 355—359
13, 391—395	=	9, 181—184
13, 397—401	=	9, 269—273
13, 409—413	=	8, 219—223
13, 449—452	=	9, 223—226
13, 470—479	=	10, 6—15
13, 533—536	=	9, 366—368
13, 591—595	=	9, 302—307
14, 56—61	=	10, 67—71
14, 72—78	=	10, 27—34
14, 96—101	=	10, 72—77
14, 227—232	=	10, 102—108
14, 293—301	=	10, 34—40
14, 341—345	=	10, 174—179
14, 345—352	=	10, 180—186
14, 420—423	=	10, 134—140
14, 537—544	=	10, 153—160
14, 587—592	=	10, 350—354
14, 595—602	=	10, 258—265
14, 614—620	=	10, 275—284
14, 587—592	=	10, 350—354
15, 28—34	=	10, 291—297
15, 55—59	=	11, 29—34
15, 59—64	=	11, 5—10
15, 151—157	=	11, 61—68
15, 176—180	=	11, 17—22
15, 331—335	=	11, 125—129
15, 402—406	=	11, 96—100
15, 410—413	=	11, 163—166
15, 429—434	=	11, 187—194
15, 467—469	=	11, 185—187
15, 522—526	=	11, 137—140
15, 540—547	=	11, 37—45+
15, 568—570	=	11, 306—308
15, 582—583	=	11, 321—323
15, 626—628	=	11, 312—314
16, 3—6	=	11, 308—312
16, 26—35	=	11, 273—282
16, 62—64	=	11, 198—201
16, 116—118	=	11, 357—360
16, 146—150	=	12, 28—33

ARS		RAG
16, 190—198	=	11, 117—125
16, 233—238	=	12, 59—63
16, 284—287	=	12, 36—40
16, 297—300	=	12, 44—47
16, 312—316	=	12, 47—52
17, 62—66	=	12, 127—130
17, 113—116	=	12, 152—154
17, 121—127	=	12, 199—206
17, 199—211	=	12, 137—152
17, 237—241	=	12, 174—179
17, 295—300	=	12, 218—223
17, 382—391	=	12, 275—284
17, 396—399	=	12, 284—288
17, 429—433	=	12, 334—338
17, 445—447	=	12, 245—247
17, 452—455	=	12, 338—342
17, 523—527	=	13, 1—5
18, 3—11	=	13, 5—14
18, 13—19	=	12, 354—362
18, 28—33	=	12, 362—368
18, 67—72	=	13, 18—24
18, 103—107	=	13, 39—44
18, 146—149	=	13, 31—34
18, 164—166	=	13, 48—50
18, 257—259	=	13, 80—83
19, 210—214	=	13, 137—143
19, 227—229	=	13, 157—160
19, 272—279	=	13, 233—239
20, 8—14	=	13, 143—148
20, 72—76	=	13, 240—242
20, 94—97	=	13, 331—335
20, 99—102	=	13, 335—339
20, 145—147	=	13, 242—245
20, 158—165	=	13, 344—350
20, 188—191	=	13, 256—259
20, 225—230	=	13, 290—295
20, 304—308	=	14, 70—77
20, 308—310	=	14, 77—80
21, 208—214	=	14, 143—149
21, 214—217	=	14, 180—183
22, 5—15	=	14, 196—202
22, 31—33	=	14, 214—216
22, 183—186	=	14, 266—269

ARS	RAG	ARS	RAG
22, 193—196	= 14, 299—302	29, 104—109	= 18, 23—28
23, 103—107	= 14, 337—341	29, 237—240	= 18, 172—174
23, 116—124	= 14, 316—324	30, 117—119	= 18, 299—302
23, 129—132	= 15, 27—29	30, 138—139	= 18, 318—319
23, 168—170	= 14, 356—357	30, 140—141	= 18, 316—318
23, 170—173	= 15, 46—49	30, 157—160	= 18, 261—265
23, 200—203	= 15, 37—41	30, 263—267	= 18, 281—284
24, 84—90	= 15, 80—87	30, 276—283	= 18, 310—316
24, 142—151	= 15, 158—171	31, 83—85	= 19, 12—14
24, 175—178	= 15, 221—225	31, 181—185	= 19, 24—28
24, 261—267	= 15, 174—178	31, 198—207	= 18, 345—350
25, 59—63	= 15, 281—284	31, 207—211	= 19, 28—32
25, 107—113	= 15, 314—320	31, 221—224	= 19, 55—59
25, 124—126	= 16, 14—17	31, 371—375	= 19, 97—100
25, 185—189	= 16, 35—40	31, 393—399	= 19, 49—55
25, 190—192	= 16, 22—24	32, 3—9	= 19, 86—92
25, 247—249	= 15, 297—300	32, 84—90	= 19, 158—165
26, 7—13	= 16, 41—46	32, 153—156	= 19, 212—215
26, 22—24	= 16, 257—258	32, 174—180	= 19, 178—186
26, 34—38	= 16, 69—73	32, 180—186	= 19, 250—256
26, 52—56	= 15, 199—203	32, 297—301	= 19, 316—320
26, 123—125	= 16, 209—211	32, 366—368	= 20, 1—3
26, 146—148	= 16, 149—151	33, 27—36	= 19, 289—295
26, 185—189	= 16, 125—128	33, 81—84	= 19, 340—344
26, 197—199	= 16, 211—213	33, 172—179	= 19, 281—289
26, 217—220	= 16, 170—173	33, 195—200	= 20, 3—7
26, 256—261	= 16, 226—231	33, 216—220	= 20, 55—58
26, 272—276	= 16, 173—179	33, 324—327	= 20, 65—68
27, 7—11	= 16, 272—276	33, 345—355	= 20, 88—99
27, 79—83	= 17, 9—13	34, 21—26	= 20, 99—104
27, 249—252	= 17, 114—117	34, 26—34	= 20, 143—150
28, 44—47	= 17, 139—142	34, 120—124	= 20, 119—124
28, 92—96	= 17, 194—198	34, 158—162	= 20, 124—129
28, 97—101	= 17, 178—183	34, 180—186	= 20, 129—135
28, 177—181	= 17, 219—224	34, 316—322	= 20, 228—233
28, 202—213	= 17, 296—308	34, 341—351	= 20, 255—265
28, 269—273	= 17, 281—283	35, 99—101	= 20, 302—304
28, 273—274	= 18, 12—14	35, 144—146	= 20, 362—364
28, 295—298	= 18, 33—36	35, 184—200	= 21, 9—17
28, 350—351	= 17, 205—207	35, 257—264	= 20, 322—328
29, 25—27	= 18, 52—54	36, 17—18	= 21, 54—55
29, 65—67	= 18, 139—142	36, 18—24	= 21, 68—73
29, 73—76	= 18, 145—148	36, 34—39	= 21, 41—46

ARS		RAG
36, 44—48	=	21, 55—58
36, 91—96	=	21, 95—99
36, 96—100	=	21, 102—105
36, 147—151	=	21, 109—113
36, 188—198	=	21, 77—85
36, 294—298	=	21, 172—176
36, 363—366	=	21, 268—272
36, 377—380	=	21, 296—300
37, 13—20	=	21, 202—208
37, 21—28	=	21, 300—307
37, 38—42	=	22, 13—17
37, 71—81	=	21, 322—331
37, 196—200	=	22, 41—44
37, 213—217	=	21, 364—368
37, 273—277	=	22, 91—94
37, 303—306	=	22, 88—91
37, 307—315	=	22, 63—71
38, 23—28	=	22, 154—159
38, 40—46	=	22, 49—55
38, 50—54	=	22, 172—176
38, 63—65	=	22, 182—185
38, 90—98	=	22, 257—265
38, 152—155	=	22, 241—244
38, 166—168	=	22, 362—364
38, 168—171	=	22, 219—222
38, 182—185	=	22, 271—273
38, 223—226	=	22, 327—330
38, 306—310	=	22, 81—85
38, 355—364	=	23, 16—23
38, 384—388	=	22, 358—362
39, 83—85	=	23, 141—143
39, 97—106	=	23, 80—91
39, 153—156	=	23, 91—95
39, 180—188	=	23, 102—110
39, 189—192	=	23, 118—122
39, 193—197	=	23, 170—173
39, 211—214	=	23, 173—177
39, 419—425	=	23, 187—193

ARS		RAG
40, 10—16	=	23, 206—212
40, 43—46	=	23, 221—223
40, 65—68	=	23, 305—309
40, 68—73	=	23, 270—275
40, 126—130	=	24, 1—5
40, 181—186	=	23, 326—331
40, 231—238	=	24, 9—15
40, 250—255	=	24, 32—37
40, 351—355	=	24, 51—56
41, 43—52	=	24, 123—131
41, 55—64	=	24, 199—208
41, 97—99	=	24, 179—181
41, 99—102	=	24, 142—144
41, 151—159	=	24, 235—242
41, 174—186	=	24, 242—254
41, 206—215	=	24, 267—275
41, 259—267	=	24, 290—295
41, 389—393	=	24, 353—358
42, 10—15	=	25, 5—11
42, 16—24	=	25, 36—44
42, 53—58	=	24, 320—325
42, 60—63	=	25, 21—25
42, 141—144	=	25, 56—60
42, 279—282	=	25, 65—69
42, 389—395	=	25, 160—165
42, 402—413	=	25, 203—214
43, 261—267	=	26, 1—7
44, 3—11	=	26, 63—70
44, 45—57	=	26, 18—29
44, 64—67	=	26, 70—74
44, 121—129	=	26, 74—81
44, 149—155	=	26, 116—121
44, 185—188	=	26, 127—130
44, 260—263	=	26, 187—189
45, 21—26	=	26, 219—224
45, 41—43	=	26, 227—229
45, 208—213	=	26, 270—275
45, 257—259	=	26, 229—231

Sachregister

Die Ziffern vor dem Schrägstrich bedeuten die Bände, die Ziffern nach dem Schrägstrich die Seitenzahlen des betr. Bandes. (Beispiel: 1/123 = Band 1 Seite 123.)

A

C

D

E

M

N

O

P

Q

R

S

Z

Bitte beachten Sie

die folgenden Seiten

FSC
www.fsc.org
MIX
Papier | Fördert
gute Waldnutzung
FSC® C083411

Kolibri 360 GmbH
Ferdinand-Jühlke-Straße 7
99095 Erfurt, Deutschland
produktsicherheit@kolibri360.de